EDIÇÕES BESTBOLSO

A marcha da insensatez

Barbara W. Tuchman (1912–1989) nasceu em Nova York, nos Estados Unidos. Considerada pela crítica a maior historiadora do país, Tuchman escreveu inúmeros livros e ensaios que tiveram ampla repercussão e foram traduzidos para vários idiomas. A autora foi laureada com o Prêmio Pulitzer duas vezes: pelo seu clássico *Canhões de agosto*, que a consagrou internacionalmente em 1963, e por *Stilwell and the American Experience in China*, inédito no Brasil. Publicado em 1984, *A marcha da insensatez* tornou-se um best-seller mundial.

BARBARA W. TUCHMAN

A MARCHA DA INSENSATEZ

Tradução de
CARLOS DE OLIVEIRA GOMES

11ª edição

EDIÇÕES
BestBolso
RIO DE JANEIRO – 2025

CIP-BRASIL. CATALOGAÇÃO-NA-FONTE
SINDICATO NACIONAL DOS EDITORES DE LIVROS, RJ

Tuchman, Barbara Wertheim, 1912-1989.
T824 A marcha da insensatez: de Troia ao Vietnã / Barbara W. Tuchman; tradução
11ª ed. de Carlos de Oliveira Gomes. – 11ª edição – Rio de Janeiro: BestBolso, 2025.
12 × 18 cm

Tradução de: The March of Folly: from Troy to Vietnam
ISBN 978-85-7799-238-6

1. História moderna. 2. História - Erros, invenções, etc. 3. Poder (Ciências sociais). I. Título.

12-0671 CDD: 909.08
CDU: 94(8)

A marcha da insensatez, de autoria de Barbara W. Tuchman.
Título número 297 das Edições BestBolso.
Texto revisado conforme o Acordo Ortográfico da Língua Portuguesa de 1990.

Título original inglês:
THE MARCH OF FOLLY: FROM TROY TO VIETNAM

Design de capa: Rafael Nobre sobre imagem de Joseph Baylor Roberts (Getty Images).

Impresso no Brasil

ISBN 978-85-7799-238-6

Não vejo razão alguma que possa induzir alguém a supor que, no futuro, os mesmos argumentos já escutados não venham a ressoar ainda [...] trazidos à luz por homens sensatos para fins sensatos, ou por criaturas ensandecidas, visando o absurdo e o desastre.

JOSEPH CAMPBELL

(No prefácio de *The Masks of God: Primitive Mythology*, 1969.)

Sumário

Agradecimentos

Gostaria de expressar meu reconhecimento àqueles que de diversas maneiras contribuíram na feitura deste livro: ao Prof. William Wilcox, editor dos *Benjamin Franklin Papers*, da Universidade de Yale, pela leitura crítica do capítulo 4; a Richard Dudman, ex-chefe de escritório do *St. Louis Post-Dispatch* em Washington e autor de *Forty Days with the Enemy* (relato de sua captura no Kampuchea, Camboja), pela leitura do capítulo 5; ao Prof. Nelson Minnich, da Universidade Católica da América, pela leitura do capítulo 3. Leitura não significa concordância, especialmente no caso do último citado. Sou eu tão somente a responsável por todas as interpretações e opiniões.

Por consultas ou auxílios em diversos assuntos, manifesto-me grata ao Prof. Bernard Bailyn, do Departamento de História da Universidade de Harvard; ao Dr. Peter Dunn, por suas pesquisas sobre o retorno das tropas francesas ao Vietnã em 1945; a Jeffrey Race, por me apresentar ao conceito escondido sob o jargão "dissonância cognitiva"; ao coronel Harry Summers, do Army War College; a Janis Kreslins, da Biblioteca do Conselho de Relações Exteriores; e a todas as pessoas relacionadas nas referências do capítulo 5, que tiveram a gentileza de me permitir questionamentos orais.

Agradeço à Profª. Emily Vermeule, do Departamento de Clássicos de Harvard; a Joan Sussler, do Museu Lewis-Walpole em Farmington, Connecticut, e suas colegas; a Marc Pachter, da Galeria Nacional de Retratos de Washington, D.C.; ao Departamento de Estampas e Desenhos e ao Departamento Greco-romano do Metropolitan Museum of Art em Nova York; ao Departamento de Estampas e Fotografias, da Biblioteca do Congresso; a Charles Green, do Museum of Cartoon Art, e a Catherine Prentiss; da Newspaper Comics Council; a Hester Green, de A. M. Heath and Company, Londres, por suas magníficas indicações na National Portrait Gallery (Londres) e no Museu Britânico. Sou grata a Mary McGuire, da Alfred A. Knopf, que coordenou um fluxo de material desconexo, dando-lhe unidade. Agradecimentos adicionais destino a Robin Sommer, por devotado e eficiente controle no tocante à perfeição das provas.

Tenho, ainda, que agradecer a meu marido, o Dr. Lester R. Tuchman, por sugerir Roboão e por ter descoberto referências a velhos artefatos de bloqueio bélico e a ilustração de um engenho usado nos cercos assírios; a minha filha e genro, Lucy e David Eisenberg, e a minha filha Alma Tuchman, por terem lido o manuscrito, cooperando com comentários úteis; a meu agente, Timothy Seldes, de Russell e Volkening, por sua eficácia e ajuda sempre que necessária; e a meu editor, Robert Gottlieb, pelas opiniões críticas e grande paciência em função das ansiedades da autora, manifestadas inúmeras vezes por telefone.

1
Em busca de uma política contrária aos próprios interesses

Fenômeno observável ao longo da história, que não se atém a lugares ou períodos, tem sido o da busca, pelos governos, de políticas contrárias aos seus próprios interesses. Nossa espécie, ao que tudo indica, quando se trata de governar, apresenta resultados bem menos brilhantes do que os obtidos em outras atividades humanas. Nessa esfera, a sabedoria – que pode ser definida como exercício de julgamento atuando à base de experiência, senso comum e informações disponíveis – é menos operativa e mais decepcionante do que seria de se esperar. Por que os homens com poder de decisão política tão frequentemente agem de forma contrária àquela apontada pela razão e que os próprios interesses em jogo sugerem? Por que o processo mental da inteligência, também, frequentemente, parece não funcionar?

Por que – começando pelo princípio – os dirigentes de Troia permitiram o ingresso daquele cavalo de madeira extremamente suspeito, não obstante terem todos os motivos para imaginar tratar-se de um ardil por parte dos gregos? Por que os sucessivos Ministérios de Jorge III preferiram coagir em vez de conciliar as colônias da América, apesar de advertidos inúmeras vezes, por conselheiros diversos, de que os danos advindos de tal política seriam provavelmente maiores do que eventuais vantagens a serem assim obtidas? Por que Carlos XII, depois Napoleão, depois Hitler, em sequência, invadiram a Rússia sem considerar os desastres sofridos pelos respectivos predecessores? Por que Montezuma, líder de um exército feroz e disposto à luta, numa cidade de trezentos mil habitantes, sucumbiu passivamente a um bando de poucas centenas de invasores alienígenas, mesmo depois de os intrusos se terem revelado criaturas obviamente humanas e não deuses? Por que Chiang Kai-shek recusou atenção às vozes que falavam em reformas ou bradavam seu alarme, até acordar com o país inteiramente fora de controle? Por que as nações importadoras de petróleo se engajaram na disputa dos suprimentos disponíveis quando uma frente unida firme, ante os exportadores, faria com que obtivessem o domínio da situação? Por que, em tempos recentes, os sindicatos britânicos, num espetáculo de puro desvario, aparentemente visavam levar seu país à paralisia, dando impressão de que se julgavam separados da comunidade nacional? Por que empresários americanos insistem na tônica do "crescimento" quando tal coisa, provadamente, vem causando o esgotamento de três elementos básicos da vida em nosso planeta – terra, água e ar puro? (Embora sindicatos e empresários não representem governo, estritamente, eles integram situações governamentais.)

Em outros campos que não o de governo, o homem vem realizando maravilhas: inventou meios, no curso de uma geração, de deixar o planeta e viajar à Lua; no passado, utilizou o vento e a eletricidade, transformou a rocha bruta em comoventes catedrais, obteve brocados de seda a partir da fiação produzida por um verme, derivou a força motriz do vapor d'água, controlou ou eliminou doenças, construiu instrumentos musicais, fez recuar o mar do Norte e surgir terra em seu lugar, classificou as formas da natureza, penetrou nos mistérios do cosmos. "Enquanto todas as demais ciências progrediram", confessou John Adams, segundo presidente norte-americano, "a de governar marcou passo; está sendo praticada, hoje, apenas um pouco melhor do que há três ou quatro milênios..."

O desgoverno é de quatro tipos, muitas vezes, combinados: 1) tirania ou opressão, com tantos modelos históricos que se torna supérfluo comentarmos a respeito; 2) ambição desmedida, como a tentativa de conquista da Sicília por Atenas na Guerra do Peloponeso, e da Inglaterra por Felipe II com sua Invencível Armada, as duas vezes em que a Alemanha buscou dominar a Europa se autoproclamando "raça de senhores", a tentativa do Japão de conseguir um império na Ásia; 3) incompetência ou decadência, de que são parâmetros o Império

Romano em seus últimos dias, os derradeiros Romanov e a também derradeira dinastia imperial da China.

Finalmente, a quarta característica do desgoverno: insensatez ou obstinação. Nosso livro diz respeito a esse ângulo em manifestação específica, ou seja, no da execução de política adversa aos próprios interesses da comunidade ou nação envolvidas. O interesse de um grupo nacional tende a atingir o bem-estar social e todas as demais vantagens comunitárias; insensatez é política que, nesse enfoque, conduz a resultados contraproducentes.

Para os propósitos deste trabalho, a qualificação de insensatez ou loucura política deve atender a três critérios simultâneos: em primeiro lugar, o de que foi percebida em seu próprio tempo, e não retrospectivamente. Eis algo importante, pois toda política é determinada pelos valores de sua própria época. "Nada mais injusto", como bem disse um historiador inglês, "do que julgar homens do passado pelas ideias do presente. Tudo aquilo que se possa dizer a respeito de moralidade e sabedoria política se constitui, certamente, em conceito passível de alteração." Para evitarmos julgamentos baseados em valores de nosso tempo, devemos consultar a opinião da época sob exame e investigar apenas aqueles episódios cujo dano ao interesse coletivo foi assim reconhecido pelos contemporâneos.

Segundo critério: um curso viável de ação alternativa deveria ser, então, disponível. Para separar esse fator dos meros problemas de personalidade, um terceiro critério deve ser o de que a política em questão poderia ter sido a do grupo e não somente a de um governante isolado, tendo persistido além do termo temporal de qualquer dos dirigentes envolvidos. Desgoverno ao sabor de um soberano ou tirano isolados tem sido algo demasiado frequente e individual, para valer uma investigação generalizada. Governos coletivos ou uma sucessão de dirigentes no mesmo cargo, como no caso dos papas da Renascença, trazem à tona aspectos bem mais significativos. O episódio do Cavalo de Troia, que examinaremos em seguida, faz exceção ao critério temporal, e Roboão às demandas do grupo, mas todos eles são de tal sorte clássicos em seus contornos, e ocorreram tão nos primórdios da história conhecida dos governos, que servem para ilustrar como o fenômeno da loucura política deitou fundas raízes.

O surgimento da insensatez independe de época ou lugar; é intemporal, universal, embora hábitos e crenças de eras e regiões específicas determinem a forma de que se revestirá. Não guarda relação com o tipo de regime em vigor: monarquia, oligarquia ou democracia produzem-na indiferentemente. Tampouco revela-se peculiar a uma classe ou nação. O proletariado, tal como se fez representar nos governos comunistas, não funciona mais racional ou efetivamente do que a classe média no poder, como vem sendo demonstrado de forma notável pela história recente. Mao Tsé-tung pode ser admirado por muitos motivos, mas "O Grande Salto em Direção ao Futuro", com uma fábrica de aço em cada esquina, e a "Revolução Cultural" foram exercícios de insensatez que prejudicaram gravemente o progresso e a estabilidade da China, para não mencionarmos os danos à reputação do próprio dirigente. As conquistas do proletariado soviético no poder dificilmente podem ser consideradas o efeito de uma ação esclarecida, embora após os setenta anos de governo comunista, deva ser reconhecida uma espécie de sucesso grosseiro. Se é verdade que os russos encontravam-se materialmente melhores no fim do regime comunista do que estavam antes, o custo, em termos de crueldade e tirania, não foi menor, e provavelmente esteve acima do sofrido sob o domínio dos czares.

A Revolução Francesa, protótipo máximo de um governo populista, reverteu-se rapidamente à autocracia coroada tão logo surgiu um administrador hábil. Os regimes revolucionários dos jacobinos e do Diretório podem ter reunido força suficiente para exterminar inimigos internos e derrotar os externos, mas não lhes foi possível disciplinar suficientemente seus próprios seguidores visando a manutenção da ordem doméstica, a instalação de administração sólida e a coleta de tributos. A nova ordem foi salva graças às campanhas militares de Bonaparte, que levou as pilhagens das guerras externas para os cofres nacionais e, depois, revelou-se administrador excepcional. Escolheu assessores no espírito do princípio "*la carrière ouverte aux talents*", sendo, esses desejados talentos, os da inteligência, indústria, energia e disciplina. Isso tudo funcionou durante certo tempo, até que ele também, vítima clássica do orgulho desmedido, destruiu-se por ambição exacerbada.

Seria de se perguntar, a essa altura, por que, uma vez que a insensatez ou a perversidade são inerentes aos indivíduos, deveríamos imaginar algo diferente quando se trata de governos? As razões que nos induzem a tal preocupação repousam na circunstância de que os governos têm mais impacto em maior número de pessoas do que a loucura individual, além do que, eles devem obedecer a um dever maior no sentido de agir em consonância com a razão. Isso posto, e considerando que tais fatos são sabidos desde há muito tempo, por que não ocorreu à espécie humana a tomada de precauções, erigindo salvaguardas contra o desvario político? Algumas tentativas foram feitas, a começar com a proposta de Platão para que se selecionasse uma classe treinada para exercer profissionalmente a governança. De acordo com seu projeto, a categoria dirigente em uma sociedade justa seria composta de homens capacitados na arte de dirigir, haurida em fontes racionais e sábias. Por reconhecer que, nos limites da seleção natural, tais indivíduos são raros, acreditava na necessidade de prepará-los de forma eugênica através de alimentação e condições especiais de vida e desenvolvimento. Governar, dizia ele, era uma arte perfeitamente definida na qual a competência, como em qualquer outra profissão, somente poderia ser adquirida pelo estudo da disciplina e não de outra forma qualquer. A solução platônica, bela e inatingível, era a dos reis-filósofos. "Os filósofos devem se tornar reis em nossas cidades, ou aqueles que já são reis ou potentados necessitam buscar a sabedoria como verdadeiros filósofos e, assim, poder político e preparo intelectual estarão reunidos em uma só pessoa." Até o dia em que isso venha a ser alcançado, ele acrescentava, "não haverá trégua para os problemas das cidades e tampouco para os da raça humana, penso". É o que vem acontecendo.

Uma mente inflexível, fonte do autoengano, é fator que desempenha papel de grande significado nos governos. Consiste na abordagem de determinada situação à luz de noções fixas e preconceitos, enquanto são ignorados ou rejeitados quaisquer sinais contrários. Faz com que as ações decorram obedientes ao desejo, sem que o agente se deixe dobrar pelos fatos. O epítome do que ficou dito pode ser encontrado na observação feita por certo historiador a respeito de Felipe II da Espanha, o mais irredutível de todos os soberanos: "Nenhum fracasso de sua política poderia abalar-lhe a crença na excelência de seus atos."

Um caso clássico em ação foi o Plano 17, a estratégia francesa de 1914, concebido num ânimo de total envolvimento com a ofensiva. Concentrou-se tudo no avanço francês em direção ao Reno, permanecendo o flanco esquerdo virtualmente desguarnecido, algo somente justificável pela inamovível certeza de que os alemães não poderiam contar com tropas suficientes para estender sua invasão em torno e através da Bélgica ocidental e das províncias costeiras da França. Tal premissa estava assente, por sua vez, na concepção igualmente fixa de que os alemães jamais utilizariam reservas na linha de frente. Provas em contrário, que começavam a se configurar ante o Estado-maior francês em 1913, tinham que ser, e foram, resolutamente ignoradas a fim de que nenhuma preocupação sobre uma possível invasão germânica através do oeste viesse permitir o desvio de forças destinadas à ofensiva direta dos franceses a oeste do Reno. Quando veio a guerra, afinal, os alemães usaram reservas na linha de frente e empreenderam a longa volta pelo oeste, com resultados que determinaram uma guerra prolongada e suas terríveis consequências para século XX.

A visão inflexível consiste, também, na recusa ao benefício da experiência, uma característica em que os governantes do século XIV foram mestres supremos. Por mais que a desvalorização da moeda desorganizasse a economia de um modo frequente e óbvio, e que isso enfurecesse o povo, os monarcas Valois, na França, buscavam esse recurso sempre que se encontravam em apertos de caixa, até que provocaram a insurreição da burguesia. Em tempos de guerra, atividade que se constituía no *métier* da classe dominante, a visão irredutível tornava-se algo conspícuo. Por mais que a tentativa de invasão de um país inimigo houvesse representado, antes, privações e até mesmo morte pela fome para os invasores, como nas expedições inglesas ao território francês durante a Guerra dos Cem Anos, outras campanhas, em que tal resultado era inevitável, foram regularmente empreendidas.

Houve outro rei da Espanha, nos começos do século XVII, Felipe III, que conforme consta, morreu de uma febre contraída quando o colocaram muito próximo ao calor de um braseiro, ficando superaquecido e sem ajuda, porque o funcionário que tinha o dever de proceder à remoção das brasas, quando chamado, não foi encontrado. No século XX, parece que a humanidade se aproximou de estágio similar em matéria de loucura suicida. Os exemplos, grosseiros e constantes, são de tal ordem que basta selecionar o mais gritante de todos: por que as superpotências não iniciam mútuo desarmamento dos meios de suicídio da espécie humana? Por que investimos toda nossa habilidade e recursos na corrida por superioridade em armas, que nunca poderá ser mantida por tempo longo, em vez de buscarmos um *modus vivendi* com os antagonistas, ou seja, um modo de viver, não de morrer?

Ao longo de 2.500 anos, filósofos-políticos, de Platão e Aristóteles a Tomás de Aquino, Maquiavel, Hobbes, Locke, Rousseau, Jefferson, Madison e Hamilton, Nietzsche e Marx, devotaram seu pensamento aos temas de ética, soberania, contrato social, direitos do homem, corrupção do poder, equilíbrio entre liberdade e ordem. Poucos, exceto Maquiavel, que se preocupou com a arte de governar tal como é, não como deveria ser, abordaram a corriqueira insensatez política, embora essa insensatez tenha sido um problema crônico e avassalador. O conde Axel Oxenstierna, chanceler da Suécia durante a turbulência da Guerra dos Trinta Anos, no reinado do muito ativo Gustavo Adolfo, tinha ampla experiência quando disse, momentos antes de sua morte: "Veja, meu filho, como este mundo está governado sem sabedoria..."

CONSIDERANDO-SE QUE O regime monárquico representou forma comum de governo por tão longo espaço temporal, foi por isso mesmo, aquele que exibiu características de insensatez humana mais nítidas, assinaladas desde os mais antigos registros históricos.

Roboão, rei de Israel, filho de Salomão, sucedeu a seu pai aos 41 anos, aproximadamente em 930 a.C., cerca de um século antes de Homero compor o poema épico nacional de seu povo. Sem perda de tempo o novo rei cometeu o ato de insensatez que foi dividir sua nação, perdendo para sempre as dez tribos do norte, coletivamente denominadas Israel. Entre esses clãs havia muitos que se revelavam descontentes com as pesadas taxações impostas já ao tempo do rei Salomão, sob forma de trabalho forçado, e durante seu reinado fizeram esforços para separar-se. Eles haviam captado o apoio de um dos generais de Salomão, Jeroboão, "um poderoso homem de valor", que aceitou liderá-los na revolta baseado em certa profecia que o apontava para governante dessas dez tribos, depois da vitória. Jeová, falando através da voz de um tal Ahijá, o silonita, teve sua participação nesse caso, mas seu envolvimento, então e depois, foi algo obscuro: ao que parece, narradores, depois, enfeitaram o episódio, naturalmente concluindo que a mão do Senhor deveria fazer-se presente. Quando a rebelião fracassou, Jeroboão fugiu para o Egito, onde Shizak, rei daquele país, deu-lhe abrigo.

Tendo sido ungido na condição de rei, sem qualquer dúvida, por Judá e Benjamim, as duas tribos meridionais, Roboão, perfeitamente ciente da inquietação em Israel, imediatamente viajou para Sechem, espécie de capital do norte, visando obter vassalagem de seu povo. Foi, em vez disso, procurado por uma delegação de representantes de Israel que solicitou o abrandamento da ríspida servidão imposta pelo pai do novo rei, dizendo que, em troca, haveriam de servi-lo, como súditos fiéis. Entre os delegados encontrava-se Jeroboão, vindo às carreiras do Egito tão logo teve conhecimento da morte de Salomão; essa presença certamente deveria ter advertido Roboão de que ele enfrentava um episódio crítico.

Contemporizando, Roboão pediu aos delegados que o deixassem a sós, retornando ao cabo de três dias, quando teria uma solução ao pedido feito. Nesse ínterim, iniciou consultas com os velhos membros do antigo Conselho paterno que lhe disseram para aceder ao pedido do povo, tendo acrescentado que, se ele agisse de forma branda e graciosa, "falando boas palavras para esses enviados", obteria, como resultado, "uma vassalagem perpétua". Com as primeiras emoções do poder a correr-lhe no sangue, Roboão achou tal conselho dócil em demasia e voltou-se para "os jovens que o acompanhavam, seus companheiros de infância". Estes, bem conhecendo a íntima disposição do soberano, e a exemplo dos conselheiros de todos os tempos, que desejam consolidar sua posição no "Oval Office", ofereceram sugestões que sabiam bem mais viáveis. O rei não deveria fazer concessão de espécie alguma, dizendo, ao contrário, que a regra imposta pelo pai se tornaria mais rígida ainda. Orquestraram palavras que se tornaram famosas, verdadeiro hino do déspota em qualquer lugar e tempo: "E vós lhes direis: onde meu pai vos colocou em dura servidão, tornarei tal obra ainda mais áspera. E enquanto meu pai vos marcava com as cicatrizes do açoite, marcarei vossas carnes com picadas de escorpiões." Deliciado com fórmula de tamanha ferocidade, Roboão acolheu os delegados ao fim do terceiro dia, dizendo-lhes "em voz de trovão", palavra por palavra, o que seus jovens assessores haviam sugerido.

A hipótese de que os súditos não estivessem dispostos a aceitar tal solução, obviamente, parece não ter ocorrido ao rei em tempo hábil. Não sem razão, portanto, veio a merecer na história dos hebreus a qualificação de "modelo de insensatez". Instantaneamente – tão de imediato que é de se supor que tenham decidido, antes, o curso de ação a ser seguido em caso de fracasso das gestões – os homens de Israel declararam seu rompimento com a Casa de Davi, lançando um grito de batalha: "Para as tendas, ó Israel! Cuida de tua própria casa, Davi!"

Demonstrando tão escassa sensatez que seria de molde a espantar o próprio conde Oxenstierna, Roboão adotou a providência mais provocativa possível em tal emergência. Chamou à sua presença Adoram, o homem que simbolizava o odiado trabalho escravo nas funções de comandante ou feitor da servidão, ordenando, aparentemente sem lhe propiciar meios para tanto, que estabelecesse sua autoridade. O povo matou Adoram a pedradas, seguindo-se a fuga do rei precipitado e insensato; fez voar sua carruagem até Jerusalém onde reuniu todos os guerreiros de Judá e Benjamim, disposto à guerra de reunificação. A essa altura o povo de Israel fizera de Jeroboão o seu rei. Ele reinou por 22 anos e Roboão, durante 17, "e entre ambos houve guerra sem intervalo de um só dia".

Essas lutas prolongadas enfraqueceram os dois Estados, encorajando regiões vassalas conquistadas por Davi a leste do Jordão – Moab, Edom, Amon e outras – a reconquistarem sua independência, além de abrir caminho à invasão dos egípcios. O rei Shizak, "com enorme exército", capturou fortalezas na fronteira e se aproximou de Jerusalém, que Roboão salvou da conquista somente através do pagamento de tributo ao inimigo, com ouro tirado do Templo e do palácio real. Shizak penetrou também no território de Jeroboão, seu antigo aliado, alcançando Megido, mas por evidente falta de recursos indispensáveis ao estabelecimento de efetivo controle acabou retornando ao Egito.

As 12 tribos jamais se reunificaram. Ceifados pelo conflito, os dois Estados não conseguiram manter o orgulhoso império estabelecido por Davi e Salomão, que se estendia desde o norte da Síria até as bordas do Egito, com domínio sobre as rotas internacionais das caravanas e acesso ao comércio externo através do Mar Vermelho. Reduzidas e divididas, viram esgotar-se sua capacidade de resistência à agressão de vizinhos. Após duzentos anos de existência secionada, as dez tribos de Israel acabaram sob o domínio dos assírios, em 722 a.C., e, de acordo com a política assíria para os povos dominados, foram expulsas de suas terras e dispersadas à força, desaparecendo e se transformando, desde então, em uma das grandes interrogações da história, fonte de perenes especulações.

O reino de Judá, contendo Jerusalém, continuou existindo como terra do povo judeu. Embora recuperando, em diversas épocas, grande parte do território do Norte, padeceu conquista, também, e exílio junto às águas da Babilônia, renascendo depois; passou, ainda, por guerras civis, domínio estrangeiro, rebeliões, nova conquista, outro remoto exílio e dispersão, opressão, gueto e massacre – mas não desapareceu. O curso alternativo que Roboão poderia ter adotado ao ser advertido pelos conselheiros mais idosos, mas que rejeitou de forma tão superficial, abriu, com essa longa vingança, uma cicatriz de 2.800 anos.

IGUAL EM RUÍNA, embora oposta nas causas, foi a insensatez que resultou na conquista do México. Enquanto Roboão não é difícil de ser interpretado, o caso de Montezuma serve para demonstrar que a insensatez política nem sempre é explicável. O Estado asteca, de que ele foi imperador de 1502 a 1520, era rico, sofisticado e predatório. Cercado por montanhas, em uma planície do interior (onde atualmente está localizada a Cidade do México), sua capital contava com sessenta mil construções sobre patamares escalonados, diques e ilhotas de um lago, com casas de estuque, ruas e templos, brilhante em pompa e ornamentos, poderosa em armas. Suas colônias estendiam-se até a região leste da costa do Golfo e oeste do Pacífico, abrangendo, todo o império, uma provável população de cinco milhões de almas. Os governantes astecas eram adiantados no domínio de artes, ciências, agricultura, em contraste com a ferocidade da religião, cujos rituais de sacrifícios humanos eram insuperáveis em termos de crueldade sanguinária. Os exércitos astecas dirigiam campanhas anuais em busca de trabalhadores-escravos e vítimas para os altares de sacrifício, que tomavam às tribos vizinhas, além do saque de alimentos de que pareciam eternamente carentes, ao tempo em que sujeitavam novas áreas ou puniam levantes. Nos primeiros tempos de seu governo, Montezuma comandava pessoalmente essas razias e assim expandiu de forma notável as fronteiras do império.

A cultura asteca era escrava do conceito dos deuses: deuses-pássaros, deuses-serpentes, deuses-jaguares, Tlaloc, o deus da chuva, e o deus-sol, Tezcatlipoc, senhor da superfície terrestre, o "Tentador" que "sussurrava ideias de selvageria na mente dos humanos". O deus-fundador do Estado, Quetzalcoatl, havia caído de seu pedestal e sumira nas águas orientais, embora seu retorno à terra fosse esperado, quando surgiriam, de um limbo antecipatório, inúmeros presságios e aparições; ele viria como arauto da ruína do império.

Em 1519, um grupo de conquistadores espanhóis, vindo de Cuba sob o comando de Hernán Cortés, aportou em Vera Cruz, na costa do Golfo do México. Nos 25 anos decorridos desde a descoberta, realizada por Colombo, das ilhas do Caribe, os invasores da Espanha haviam estabelecido um sistema que rapidamente devastava as populações nativas: caso seus corpos não sobrevivessem ao regime de trabalho imposto pelos espanhóis, suas almas, na concepção cristã, seriam salvas. Vestidos com cotas de malha e capacetes de metal, os espanhóis não albergavam propósitos de colonização nem pareciam dispostos a derrubar florestas e deitar lavouras; eram inquietos e ásperos aventureiros à cata de escravos e ouro. Cortés representava o paradigma da espécie. Meio às turras com o governador de Cuba, ele se pôs em campo à testa de 600 homens, 17 cavalos, 10 peças de artilharia, ostensivamente em busca de comércio e exploração de terras novas, mas na realidade, como sua conduta posterior deixou flagrante, ansioso por glória e um domínio independente, prestando contas apenas à Coroa. Seu primeiro ato ao colocar os pés em terra foi o de queimar os navios do transporte, tornando, assim, impossível uma retirada.

Informado pelos habitantes locais, que odiavam os astecas, da riqueza e poder da capital nativa, Cortés, com a maior parte de sua gente corajosamente disposta, decidiu conquistar a grande cidade no coração do país. Embora de temperamento inquieto e audacioso, ele não era imprudente: ao longo da jornada fez alianças com tribos hostis aos astecas, especialmente com Tlaxcala, o chefe rival do império. Enviou avisos prévios, dizendo-se embaixador de um rei estrangeiro, mas sem qualquer sugestão de que seria Quetzalcoatl reencarnado, o que para os espanhóis estava fora de questão. Marchavam com seus próprios padres bem à mostra, carregando crucifixos e insígnias da Virgem, e com a meta proclamada de ganharem almas para Cristo.

Ante as notícias do avanço, Montezuma reuniu os membros do conselho, alguns dos quais insistiram fortemente na necessidade de resistir aos estrangeiros pela força ou pela fraude, enquanto outros arguiram que, se os viajantes eram embaixadores de um príncipe ultramarino, seria recomendável dar-lhes boas-vindas e, caso fossem criaturas sobrenaturais, como seus estranhos atributos indicavam, qualquer resistência não passaria de fútil tentativa. Suas faces "de cinza", suas roupas "de pedra", a chegada à costa em casas sobre as águas, com asas brancas, o fogo mágico a explodir de tubos, para matar a distância, os animais inacreditáveis nos quais os chefes vinham montados, tudo sugeria trato com o sobrenatural para um povo em que os deuses predominavam sobre tudo. A ideia, porém, de que o chefe dos invasores poderia ser Quetzalcoatl, parece ter sido um pavor que somente a Montezuma ocorreu.

Hesitante e apreensivo, ele adotou a pior providência que poderia ter escolhido nas circunstâncias: enviou esplêndidos presentes que demonstravam riqueza, e cartas pedindo aos estrangeiros que voltassem em seus passos, o que indicava sua fraqueza. Carregados por uma centena de escravos, os presentes de joias, têxteis, maravilhosos enfeites de plumagens e dois enormes pratos de prata e ouro, "grandes como rodas de carruagens", excitaram a cobiça dos espanhóis. Por outro lado, as mensagens proibindo maior aproximação da capital, quase a implorar que retornassem para suas terras, numa linguagem branda destinada a não ofender embaixadores, ou deuses, quiçá, pouco significavam em termos dissuasores. Os espanhóis seguiram em frente.

Montezuma não moveu um dedo para detê-los ou barrar-lhes o caminho quando o grupo alcançou a cidade. Em vez disso, foram saudados com cerimônia e conduzidos a aposentos no palácio e em outros locais nobres. O exército asteca, esperando nas colinas sinal para ataque, jamais foi chamado a entrar em ação, embora pudesse ter aniquilado os invasores cortando sua retirada através dos diques e levando os espanhóis a um tipo de assédio em que acabariam por rendição à fome. Tais planos, de fato, haviam sido urdidos, mas foram revelados a Cortés por um intérprete traidor. Alertado, ele colocou Montezuma sob prisão domiciliar no próprio palácio, fazendo-o refém contra um ataque.

O soberano de um povo de guerreiros, que suplantavam seus captores na proporção de mil por um, submeteu-se, entretanto. Por excesso de misticismo ou superstição, ele aparentemente se convenceu de que os espanhóis eram, sem dúvida, enviados de Quetzalcoatl, chegados para testemunhar os estertores finais de seu império e, acreditando-se condenado irremissivelmente, nenhum esforço fez para enfrentar o destino.

As incessantes demandas dos visitantes por mais ouro e provisões demonstravam, obviamente, serem eles humanos, em demasia até: seus constantes rituais de adoração a um homem nu pregado em madeiras cruzadas ou a uma dama com um menino nos braços serviam para tornar claro que nada tinham a ver com Quetzalcoatl em relação a cujo culto, por sinal, manifestavam-se de forma subitamente hostil.

Quando, num espasmo de arrependimento, ou pressionado por alguém, Montezuma ordenou emboscar a guarda deixada por Cortés em Vera Cruz, seus homens mataram dois espanhóis, enviando a cabeça de um deles à capital, como prova. Sem pedir quaisquer explicações, sem parlamentar, Cortés imediatamente colocou o imperador em correntes e forçou-o a entregar os perpetradores, que foram queimados vivos junto aos portões do palácio, sem esquecer-se de exigir um imenso tributo punitivo em ouro e joias. Quaisquer ilusões acaso remanescentes de uma relação entre espanhóis e deuses desapareceram à vista da cabeça espanhola cortada.

Cacama, sobrinho de Montezuma, denunciou Cortés como assassino e ladrão e ameaçou iniciar uma revolta, porém Montezuma permaneceu silencioso e passivo. Tão confiante estava Cortés que, à notícia de uma força vinda de Cuba com a missão de prendê-lo, partiu ao seu encontro para negociações deixando atrás de si apenas um grupo de ocupação, o qual, posteriormente, ainda mais enfureceu a população ao se dedicar a pôr abaixo os altares nativos e a exigir grandes estoques de alimentos. Tendo perdido sua autoridade, Montezuma não podia comandar a situação e tampouco diminuir a ira popular. No retorno de Cortés, os astecas, sob a chefia de um irmão do imperador, iniciaram o levante. Os espanhóis, que não dispunham de mais que 13 mosquetes entre os soldados, defenderam-se com espadas, lanças e bestas. Com suas tochas incendiaram as casas. Debaixo de pressão, embora tivessem a vantagem do aço, trouxeram Montezuma para que determinasse a seus súditos o término das hostilidades, mas quando ele apareceu o povo o apedrejou, chamando-o de covarde e traidor. Levado de volta ao palácio, morreu três dias depois. Os habitantes da cidade recusaram-se a prestar-lhe pompas fúnebres. Os espanhóis evacuaram a capital durante a noite com perda de um terço de sua força e do butim.

Reagrupando seus aliados mexicanos, Cortés derrotou um exército asteca bem superior, em batalha de campo aberto, nos arredores da cidade. Com a ajuda dos tlaxcalanos organizou um assédio apertado, cortou suprimentos de água potável e alimentos à cidade e gradualmente penetrou em seus muros, jogando os destroços dos edifícios no lago à medida que avançava. Em 13 de agosto de 1521 os remanescentes da antiga população, esfomeados e sem liderança, renderam-se. Os conquistadores aterraram o lago, construíram sua própria cidade sobre os escombros e impuseram novas leis ao México, atingindo astecas e antigos aliados, indiferentemente, durante os trezentos e cinquenta anos seguintes.

Ninguém deve discutir crenças religiosas, especialmente quando se trata de uma cultura estranha, remota e pouco compreendida. Mas quando tais crenças se tornam uma ilusão mantida até mesmo contra as evidências naturais e a ponto de jogar por terra a independência de um povo, elas podem ser consideradas pura insensatez, com justiça. Pertencem à categoria das visões obtusas, na variedade especial de mania religiosa. Jamais uma dessas manias causou maior devastação.

As LOUCURAS POLÍTICAS não significam, necessariamente, consequências negativas para todas as partes envolvidas. A Reforma, surgida da insensatez do papado renascentista, não passa por matéria de infortúnio para os protestantes. Os americanos jamais considerariam lamentável sua independência, fruto da insensatez dos ingleses. Embora a conquista da Espanha pelos mouros, que durou, para a maior parte do país, cerca de trezentos anos e, em áreas menores, oitocentos, possa ser classificada tanto de forma positiva quanto negativa em seus resultados, dependendo da posição do analista, é fora de dúvida ter sido causada pela insensatez dos governantes espanhóis da época.

Esses dirigentes eram os visigodos que invadiram o Império Romano no século IV e pelos fins do século seguinte se estabeleceram no controle da maior parte da Península Ibérica, dominando a população hispano-românica, bem superior em número. No curso de duzentos anos estiveram em querelas e, frequentemente, em disputas armadas com seus súditos. Devido a incontido egoísmo, comum nos soberanos daqueles tempos, criaram apenas acrimônia tornando-se, afinal, vítimas do que haviam semeado. Essa hostilidade foi aguçada por animosidade religiosa, já que os habitantes locais eram católicos do rito romano, e os visigodos pertenciam à seita ariana. Disputas posteriores surgiram em torno do método para selecionar soberanos. A nobreza nativa tentou manter o princípio eletivo consuetudinário, enquanto os reis, preocupados com seus desejos dinásticos, estavam determinados a estabelecer e manter o processo hereditário. Usaram, para tanto, de todos os recursos disponíveis - exílio ou execução, confisco de propriedades, tributações arbitrárias, distribuição desigual de terras - visando eliminar rivais ou enfraquecer a oposição local. Esses procedimentos, como é óbvio, levaram os nobres a fomentar insurreições, enquanto a flor do ódio abria pétalas.

Nesse meio-tempo, através de bem mais forte organização e mais ativa intolerância religiosa, a Igreja romana e seus bispos de Espanha ganharam terreno e, ao final do século VI, conseguiram converter dois herdeiros do trono. O primeiro deles foi condenado à morte pelo próprio pai, mas o segundo, de nome Recaredo, reinou; finalmente, um governante consciente da necessidade de união nacional. Foi o primeiro dos godos a reconhecer que, para um rei hostilizado por dois grupos inimigos, seria insensatez continuar antagônico aos dois simultaneamente. Convencido de que a união jamais seria obtida sob o arianismo,* Recaredo agiu energicamente contra seus antigos associados e proclamou o catolicismo como religião oficial. Vários de seus sucessores igualmente envidaram esforços no sentido de aplacar os antigos adversários, chamando de volta banidos e restaurando suas propriedades, mas as divisões e tendências antagônicas já eram por demais vigorosas, e eles tinham perdido influência para a Igreja, que se transformou, por obra deles próprios, em seu Cavalo de Troia.

Confirmado no poder, o episcopado católico mergulhou fundo nas coisas do governo secular, proclamando suas leis, utilizando-lhe

---

*Arianismo: doutrina pregada por Ario (280-336), heresiarca de Alexandria, famoso em todo o mundo naqueles tempos. Segundo ele, Cristo era um misto de homem e Deus. (*N. do T.*)

os poderes, dirigindo assembleias decisórias, legitimando usurpadores favorecidos e promovendo, fielmente, campanhas incessantes e normas punitivas contra tudo que fosse "não cristão", ou em outras palavras, contra os judeus. Sob tal superfície moviam-se e persistiam as lealdades arianas; deboche e decadência afligiam a corte. Ativada por cabalas e conspiratas, usurpações, homicídios e levantes, a rotatividade dos reis durante o século VII foi visível, nenhum deles ocupando o trono além de dez anos.

Nesse século, os muçulmanos, animados por uma nova religião, explodiram em vertiginosa carreira de conquistas que se estenderam da Pérsia ao Egito e, por volta do ano 700, atingiram Marrocos, pelo estreito, partindo da Espanha. Seus navios atacaram as costas espanholas; embora batido, o novo poder nas praias contíguas ofereceu aos grupos hostis à regra dos godos o prospecto sempre tentador de ajuda externa contra o inimigo interno. Não importa quantas vezes tenha sido repetida na história, essa solução desesperada sempre termina de uma mesma maneira, como os imperadores de Bizâncio aprenderam ao acolher os turcos nas lutas contra a oposição doméstica: o poder convidado permanece no país e toma o controle da vida nacional.

Para os judeus espanhóis o tempo era chegado. Antiga minoria tolerada, que havia chegado com os romanos, tendo prosperado como mercadores, eram agora evitados, perseguidos, sujeitos à conversão forçada, privados de direitos, propriedades, trabalho; até mesmo suas crianças lhes eram arrebatadas à força e entregues a cristãos proprietários de escravos. Ameaçados de extinção, fizeram contato com os mouros e lhes passaram informações úteis através de correligionários do norte da África. Para eles, qualquer alternativa seria melhor que o domínio cristão. O ato decisivo veio, porém, do núcleo de discórdia existente na sociedade nacional. Em 710, através de conspiração, os nobres recusaram-se a reconhecer como rei o filho do último soberano; derrotaram-no e o retiraram do trono, elegendo, em seu lugar, um de seus pares, o duque Rodrigo, o que lançou o país em cerradas disputas e confusões. O rei deposto e seus partidários atravessaram o estreito e com a doce ilusão de que os mouros gentilmente haveriam de recuperar o trono para eles, pediram sua assistência.

A invasão muçulmana de 711 abateu-se sobre um país que se dilacerava. O exército de Rodrigo ofereceu medíocre resistência, e os mouros ganharam terreno com sua força de 12 mil homens. Capturando cidade após cidade, estabeleceram delegados – em um caso entregaram a direção de certa cidade aos judeus – e seguiram adiante. Em sete anos tinham conquistado toda a Península Ibérica. A monarquia goda, que fracassou em desenvolver princípios de governo hábeis e até mesmo em obter fusão com seus súditos, caiu ante o assalto por não ter conseguido firmar raízes.

NESSES ANOS SOMBRIOS entre a queda de Roma e o despertar medieval, os governos não conheceram teoria, estrutura ou instrumentalidade além do puro exercício da força do arbítrio. Como, entretanto, a desordem é a menos tolerável das condições sociais, o ato de governar começou a tomar forma na Idade Média, como função reconhecida, com reconhecidos princípios, métodos, agências, parlamentos, burocracias. Adquiriu autoridade, mandatos, criou meios e capacidade, mas não cresceu visivelmente em sabedoria ou imunidade contra a insensatez. Não queremos com isso estabelecer que cabeças coroadas e ministros sejam incapazes de governar com proveito, e bem. Periodicamente surgem as exceções de forma efetiva e vigorosa, até mesmo benigna, ocasionalmente, e ainda mais ocasionalmente governos aparecem que se conduzem de maneira sábia. Tal como acontece com a insensatez, essas eventualidades não guardam relação com tempo e espaço. Sólon de Atenas, talvez o mais sábio desses governantes, foi dos primeiros a governar. E merece referência especial.

Escolhido arconte ou magistrado-chefe no século VI a.C., em época de inquietação política e social, Sólon foi incumbido de salvar o Estado e conciliar as contradições. Ásperas leis relacionadas com as dívidas permitiam aos credores tomarem as terras como garantia de pagamento e até mesmo o devedor, para reduzi-lo ao trabalho escravo, o que vinha empobrecendo e desesperando as camadas plebeias e alimentava crescente ânimo de insurreição. Não tendo participado do sistema opressivo instituído pelos ricos, tampouco apoiado a causa dos pobres, Sólon desfrutou da insólita vantagem de ser aceito por ambos os estratos: pelos ricos, de acordo com o que diz Plutarco, por ser homem de recursos e substância; pelos pobres, graças à sua honestidade. No corpo das leis que proclamou, não teve preocupações laterais, apenas a de fazer justiça, atuando com equanimidade em função dos interesses de poderosos e fracos, visando construir um governo estável. Aboliu a servidão por débitos, estendeu o sufrágio aos plebeus, reformou a moeda para encorajar o comércio, criou normas legais relacionadas com heranças, direitos civis dos cidadãos, penalidades para os crimes e, finalmente, buscando segurança para sua obra, exigiu do Conselho ateniense um juramento solene de que suas reformas seriam mantidas pelo prazo mínimo de dez anos.

Tomou, então, uma atitude extraordinária, possivelmente única entre todos quantos dirigiram Estados: comprou um navio e, sob o pretexto de conhecer o mundo, viajou durante dez anos, em exílio voluntário. Equilibrado e justo como estadista, Sólon não era menos sábio como homem. Poderia ter retido em mãos o poder supremo, aumentando sua autoridade ao nível de um tirano – e foi, na verdade, recriminado por não ter procedido assim –, mas, sabendo que petições sem fim e projetos para modificar essa ou aquela lei só lhe trariam má vontade desde que não aquiescesse, determinou-se a partir para que sua norma permanecesse intacta, pois os atenienses não poderiam rejeitar o corpo de leis sem sua sanção. Seu gesto sugere que a ausência de preponderante ambição pessoal aliada ao bom-senso figuram entre os componentes básicos da sabedoria. Em anotações biográficas, escrevendo a respeito de si mesmo na terceira pessoa, Sólon disse com humildade: "A cada dia ele se tornava mais velho e aprendia alguma coisa nova."

Governantes fortes e eficazes, embora sem possuir todas as qualidades de Sólon, aparecem de tempos em tempos, com heroica estatura sobre os demais, transformados em torres visíveis na planície do tempo. Péricles presidiu Atenas em seu século áureo, ostentando julgamento sábio, moderação, elevado conceito. Roma possuiu Júlio César, homem de notável talento para a liderança, embora tenha levado seus oponentes a assassiná-lo, o que provavelmente não o recomenda como tão sábio quanto poderia ser. Mais tarde, sob os "bons imperadores" da dinastia antonina – Trajano e Adriano, organizadores e construtores; Antonino Pio, o benevolente; Marco Aurélio, filósofo reverenciado –, os cidadãos romanos desfrutaram de bom governo, prosperidade e respeito durante cerca de um século. Na Inglaterra, Alfredo, o Grande, repeliu invasores e patrocinou a união de seus compatriotas. Carlos Magno teve a habilidade de impor ordem a um universo de elementos em conflito. Protegeu as artes da civilização em não menor escala do que as da guerra e gozou de supremo prestígio na Idade Média, só igualado, quatro séculos depois, por Frederico II, apelidado "Stupor Mundi" ou Assombro do Mundo. Frederico envolveu-se com tudo: artes, ciências, leis, poesia, universidades, cruzadas, parlamentos, guerras, política e inúmeras disputas com o papado, que, afinal, não obstante seus notáveis talentos, o levaram à frustração total. Lourenço de Médici, o Magnífico, promoveu a glória de Florença, mas devido a suas ambições dinásticas minou as bases da república. Duas rainhas, Elizabeth I, da Inglaterra, e Maria Teresa, da Áustria, foram, ambas, dirigentes hábeis, que souberam conduzir seus países a estágios elevados.

Produto de uma nova nação, George Washington foi líder que brilhou entre os melhores. Enquanto Jefferson era mais cultivado, com mente de mais ampla percepção e incomparável inteligência, verdadeiro homem universal, Washington possuía caráter firme e uma espécie de nobreza natural, que lhe permitia exercer predominância sobre outras pessoas, além de ser dotado de grande força interior e perseverança, responsáveis por seu êxito apesar do dilúvio de obstáculos com que se defrontou. Ele tornou possível tanto a vitória física da independência norte-americana como a sobrevivência da rebelde e cambaleante república em seus anos iniciais.

À volta dele, em extraordinária floração, o talento político se multiplicou como se tocado pelos benefícios de um sol tropical. Apesar de todas as suas divergências e equívocos, os patriarcas fundadores mereceram a frase de Arthur M. Schlesinger: "A mais notável geração de homens públicos já surgida nos Estados Unidos e quiçá em qualquer outra nação." São dignas de nota as qualidades que esse historiador lhes atribui: eles eram destemidos, de elevados princípios, profundamente versados no pensamento político de seu tempo e dos tempos antigos, astutos e pragmáticos. Não temiam novas experiências e – isso é significativo – "estavam convencidos da capacidade do homem em melhorar suas condições pelo uso da inteligência". Era essa uma marca característica da Idade da Razão, na qual se formaram e, embora o século XVIII tivesse a tendência a considerar os homens como sendo mais racionais do que realmente são, tais princípios permitiram que esses dirigentes oferecessem o melhor de si mesmos quando no governo.

Ser-nos-ia sumamente valioso saber a que atribuir o surgimento de tamanha explosão de talentos a partir de uma base nacional de apenas 2,5 milhões de habitantes. Schlesinger sugere alguns fatores constitutivos: ampla difusão educacional, oportunidades econômicas desafiadoras, mobilidade social, treinamento em autogovernança, tudo tendente a encorajar os cidadãos no cultivo, ao máximo, de suas aptidões políticas. Com a Igreja declinando em prestígio, e os negócios, as ciências e as artes não oferecendo, ainda, terreno de aplicação competitiva, a arena política permanecia quase como objetivo único para homens de energia e propósito. Talvez, acima de tudo mais, as necessidades do momento tenham sido responsáveis pela resposta colhida, essa oportunidade de construir um novo sistema político. O que poderia ser mais emocionante, capaz de colocar em ação homens enérgicos, dispostos à luta?

Jamais antes, ou desde então, foram investidos tantos e tamanhos raciocínios cuidadosos e razoáveis na formação de um sistema de governo. Nas revoluções francesa, russa e chinesa, houve excesso de ódio de classes e muito sangue acabou derramado sem permitir, ao fim, resultados justos e Constituições permanentes. Durante mais de dois séculos a fórmula norte-americana conseguiu sempre manter-se fiel sob pressão, sem enfraquecer o sistema ou tentando novo arranjo ao cabo de cada crise, ao contrário do ocorrido na Itália, Alemanha, França e Espanha. Sob os efeitos de uma incompetência acelerada, entretanto, isso poderá mudar também na América. Os sistemas sociais podem resistir a fortes doses de insensatez, se as circunstâncias são historicamente favoráveis, ou quando os atos insensatos acabam absorvidos por imensos recursos e se diluem no tamanho do país, como no caso dos Estados Unidos em seu período de expansão. Hoje em dia, porque já escasseiam os amortecedores, a insensatez é bem menos aceitável. Contudo, os patriarcas fundadores permanecem fenômeno para guardarmos em mente, capaz de encorajar nossas estimativas sobre as possibilidades humanas, mesmo quando seus exemplos se tornam demasiado raros para servir de base a expectativas normais.

Entre lampejos de bons governos a insensatez marchou no seu cotidiano. No caso dos Bourbon da França, por exemplo, teve grande florescência.

Luís XIV é vulgarmente considerado monarca magistral, em grande parte porque as pessoas tendem a aceitar autorretratos com bem-sucedida dramatização. Na realidade, ele exauriu as fontes humanas e econômicas de seu país mediante guerras incessantes e seu custo em termos de débito nacional, mortes, fome e doenças, impelindo a França para o colapso inexorável, tal como aconteceu duas gerações depois, com a deposição da monarquia absoluta, *raison d'être* dos Bourbon. Visto a essa luz, Luís XIV é a síntese daqueles que buscam uma política contrária aos próprios interesses. Não foi ele, mas a amante de seu sucessor, Madame de Pompadour, quem vaticinou em frase famosa: "Depois de nós, o dilúvio."

Os historiadores concordam em que o ato mais condenável e o erro mais clamoroso na carreira de Luís foi sua revogação do Edito de Nantes, em 1685, cancelando o decreto de tolerância de seu avô e reabrindo as perseguições aos huguenotes. Não classificamos como insensatez perfeita tal ato porquanto lhe faltou admoestação ou reprovação dos coevos, tendo sido saudado com grande entusiasmo e considerado, mesmo trinta anos após o funeral do rei, um de seus atos mais acertados. Essa circunstância reforça, entretanto, o critério já exposto de que a política insensata deve ser produto de um grupo e não apenas de um indivíduo. Mas o reconhecimento da insensatez não demorou tanto a ser feito. Algumas décadas depois, Voltaire classificou tal ato como "uma das maiores calamidades já ocorridas na França", com resultados "inteiramente opostos àqueles que se buscavam".

Como todas as loucuras políticas, essa estava condicionada pelas atitudes, crenças e correntes do tempo, e tanto que, em alguns casos, para não dizer em todos, foi providência inteiramente desnecessária. A força do cisma na velha religião e a ferocidade doutrinária do calvinismo encontravam-se em curva descendente; os huguenotes, cujo número era pouco acima de dois milhões, cerca de um décimo da população, tinham provado ser leais e árduos trabalhadores, tão dedicados ao trabalho a ponto de gerar desconforto entre os católicos. Aí estava o nó da questão. Como os huguenotes guardavam apenas o sábado contra os mais de cem feriados por dias santos dos católicos, produziam melhor e tinham maior sucesso no comércio. Suas lojas e oficinas prosperavam a olhos vistos, consideração que estava por detrás das demandas católicas insistindo na repressão aos rivais. O pedido era justificado, porém, sob o argumento transcendental de que uma crença dissidente se constituía em desafio ao rei, e que a abolição da liberdade de consciência – "essa mortífera liberdade" – serviria bem, tanto à nação quanto a Deus.

O apelo calou no rei assim que ele se tornou mais autocrático e se livrou do jugo inicialmente exercido pelo cardeal Mazarino. Quanto maior sua autocracia, mais lhe parecia inaceitável a existência de uma seita dissidente representando fissura no princípio de submissão à vontade real. "Uma só lei, um só rei, um só Deus", eis seu conceito de Estado; e depois de 25 anos de reinado as artérias políticas haviam endurecido, e se atrofiara sua capacidade em tolerar divisões. Cultivava a síndrome da "missão divina", tantas vezes catastrófica para os governantes, convencido de que era vontade do Todo-Poderoso que "eu seja Seu instrumento, fazendo aportar ao rebanho todos os extraviados que são, também, meus súditos". Tinha, além disso, o móvel das razões políticas. Atento às inclinações católicas de Jaime II da Inglaterra, Luís começava a acreditar que o pêndulo da Europa estava oscilando em direção à supremacia católica: poderia, portanto, auxiliar o movimento através de um gesto dramático contra os protestantes. Ademais, face a querelas com o papa em torno de outros problemas, desejava mostrar-se como uma espécie de campeão da ortodoxia, reafirmando o antigo título francês de "o mais cristão dos reis".

A perseguição começou em 1681, antes da Revogação. Os serviços religiosos dos protestantes foram suspensos, escolas e igrejas fechadas, prestigiado o batismo católico; crianças eram separadas de suas famílias ao atingirem a idade de 7 anos para serem criadas como católicos; profissões e ocupações gradualmente restritas acabaram proibidas; funcionários huguenotes viram-se forçados a resignar; organizaram-se esquadrões clericais de conversões, com prêmios em dinheiro para cada uma delas. Decreto após decreto discriminava e arrancava os huguenotes de suas próprias comunidades e da vida nacional.

As perseguições geram suas brutalidades características e o recurso à violência logo foi adotado, sendo o mais efetivo e maligno o das *dragonnades*, ou emprego dos dragões contra famílias huguenotes, encorajando-os a proceder de maneira tão viciosa quanto possível e desejável. Notoriamente estúpidas e indisciplinadas, as tropas de dragões entregaram-se à carnificina, espancando e roubando proprietários, estuprando mulheres; esmagavam, despedaçavam, emporcalhavam tudo à vista enquanto as autoridades omitiam-se de reprimi-los como incentivo para conversões. Conversões em massa em tais circunstâncias dificilmente poderiam ser aceitas como genuínas, causando ressentimento entre os católicos, porque envolviam a Igreja em perjúrio e sacrilégio. Comungantes forçados eram levados às missas e havia os que resistiam cuspindo ou pisoteando as hóstias, sendo imediatamente queimados vivos por terem profanado o sacramento.

Começou, pois, a emigração dos huguenotes – também em desafio aos decretos que proibiam sua saída do país sob pena de sentença a trabalhos forçados, se apanhados. Os pastores do credo, por outro lado, quando se recusavam a abjurar, eram forçados ao exílio, por temerem suas pregações em segredo, que encorajariam os conversos a se tornarem relapsos. Os teimosos continuavam ministrando serviços religiosos: eram quebrados nas rodas de tortura, surgindo, daí, mártires inspiradores de maior resistência nos fiéis.

Quando anunciaram ao rei conversões em massa – cerca de sessenta mil em uma única região, no decurso de três dias –, ele tomou a decisão de revogar o Edito de Nantes considerando-o desnecessário, uma vez que não havia mais huguenotes. Algumas dúvidas cresciam, quanto à prudência dessa medida. Num concílio que se realizou às vésperas da Revogação, o delfim, possivelmente dando voz a preocupações que lhe teriam sido transmitidas em privado, advertiu o rei de que a revogação do Edito poderia causar revoltas e emigração maciça que repercutiria no comércio francês, mas parece que a sua foi a única intervenção em contrário, sem dúvida por estar a salvo de represálias. Uma semana depois, a 18 de outubro de 1685, a Revogação acabou formalmente decretada; sendo o ato saudado como "milagre de nosso tempo". "Jamais ocorreu tamanha explosão de alegria", escreveu o cáustico Saint-Simon, que atirou essas farpas após a morte do rei: "Nunca se ouviu tal profusão de louvores... Tudo que o rei escutava eram elogios..."

Trabalhadores têxteis, fabricantes de papel, artesãos diversos, todos huguenotes, cujas técnicas tinham sido monopólio de França, levaram suas habilidades para o exterior, principalmente para a Inglaterra e Alemanha; banqueiros e mercadores carregaram consigo seus capitais; impressores, livreiros, construtores de navios, advogados, médicos, muitos pastores, todos abandonaram o país. No decurso de quatro anos, oito a nove mil homens da Marinha e dez a doze mil do Exército, além de quinhentos a seiscentos oficiais, fugiram rumo aos Países-Baixos, onde engrossaram as forças de Guilherme III, inimigo de Luís, logo duplamente inimigo ao se tornar rei da Inglaterra, três anos depois, substituindo Jaime II, destronado. A indústria da seda de Tours e Lyon ficou arruinada, e algumas cidades importantes, como Reims e Rouen, perderam metade de seus artesãos especializados.

Houve exageros, a começar pelas virulentas censuras de Saint-Simon, quando bradou contra o "despovoamento" do reino que, segundo ele, seria da ordem de um quarto de seus antigos habitantes; isso, todavia, é inevitável sempre que são descobertas desvantagens depois de um acontecimento. Estima-se, atualmente, como número total de emigrantes, em conta elástica, um montante entre cem mil e duzentos e cinquenta mil. Mas pouco importam números exatos: seu valor para os oponentes da França foi imediatamente reconhecido nos Estados protestantes. A Holanda lhes garantiu direito de cidadania imediata além de isenção de taxas durante três anos. Frederico Guilherme, o Eleitor de Brandemburgo (a futura Prússia), divulgou um decreto, sete dias depois da Revogação, convidando os huguenotes a irem para seus territórios, onde as empresas industriais dos emigrantes iriam, afinal, contribuir decisivamente para o progresso de Berlim.

Análises recentes demonstraram que o dano econômico causado à França pela emigração dos huguenotes foi muito aumentado, tendo sido apenas um dos elementos na ruína maior derivada das guerras. Quanto aos prejuízos políticos, porém, não restam quaisquer dúvidas. O dilúvio de panfletos e sátiras divulgados pelos impressores huguenotes e seus amigos nas cidades onde se estabeleceram elevou severamente o antagonismo ao universo francês. A coalizão protestante contra os franceses ficou bem mais fortalecida quando Brandemburgo aliou-se à Holanda, juntando-se-lhes principados germânicos de menor expressão. Na França o movimento protestante acabou revigorado e o conflito com os católicos azedou ainda mais. A prolongada revolta dos huguenotes *camisards* nas Cevenas, região montanhosa meridional, gerou guerra repressiva que em muito enfraqueceu o Estado. Nesta região, e entre outras comunidades também calvinistas, tomou corpo uma base receptiva para a revolução ainda por vir.

Bem mais profundo foi o descrédito lançado sobre o conceito de monarquia absoluta. A rejeição, pelos dissidentes, do poder do rei quanto à imposição de unidade religiosa significou um esvaziamento do direito divino ligado à autoridade real, o que se irradiou, e foi ponto de convergência para desafios constitucionais do século seguinte. Quando Luís XIV morreu, em 1715, depois de sobreviver a filho e neto, deixou por herança não a unidade nacional, que fora seu objetivo, mas, sim, visível e amarga dissensão. Tendo reinado por 72 anos, em vez de aumento da riqueza e poderio legou um Estado fraco, desorganizado, empobrecido. Jamais um soberano, voltado para si mesmo de forma tão característica, contrariou, como ele, seus próprios interesses.

A alternativa aceitável teria sido a de deixar os huguenotes em paz ou, ao menos, satisfazer os reclamos contra eles eriçados mediante decretos civis, em vez do uso de força e do cometimento de atrocidades. Embora ministros, clero e povo aprovassem plenamente as perseguições, nenhuma razão digna desse nome resistiria a uma análise. A peculiaridade de toda a questão residia nisto, essencialmente: não se tratava de medida necessária. Sublinha-se, aqui, duas características da insensatez política: frequentemente ela não advém de grandes desígnios, e suas consequências, muitas vezes, acabam por surpreender. A insensatez, depois de vir à luz, tem o hábito de continuar persistindo em seus efeitos, posteriormente. Com agudo embora inconsciente significado, um historiador francês escreveu a respeito do ato da Revogação: "Grandes desígnios são raros em política; o rei procedeu de forma empírica, seguidamente impulsiva." Esse ponto de vista foi reforçado por fonte inesperada, quando, em estudo perceptivo, Ralph Waldo Emerson produziu o seguinte comentário: "Ao analisarmos a história não devemos ser muito profundos, pois na maior parte das vezes as causas estão bem na superfície." Eis o fator superestimado usualmente pelos cientistas políticos ao discutirem a natureza do poder: sempre tratam do assunto, mesmo em seus aspectos negativos, com imenso respeito. Não conseguem perceber o fenômeno, aqui e ali, como obra de homens às tontas, agindo de forma insensata, ignorante ou cruel, tal qual fazem pessoas comuns em circunstâncias banais. Os ardis e o impacto do poder nos levam a equívocos, revestindo seus titulares com qualidades acima das dimensões naturais. Despojado de sua tremenda peruca de cabelos cacheados, de seus sapatos de salto alto, de seus arminhos, esse Rei Sol era homem sujeito a preconceitos, erros e impulsos – tal como você e eu.

O ÚLTIMO SOBERANO francês a reinar, Carlos X, irmão de Luís XVI, que foi guilhotinado, e de seu breve sucessor Luís XVIII, pôs em jogo uma espécie de insensatez que pode ser classificada como "do tipo Humpty-Dumpty";* tentou reinstalar uma estrutura liquidada, espatifada, buscando volver as páginas da história. Nesse processo, denominado reação ou contrarrevolução, o direito reacionário tendia a restaurar privilégios e propriedades do velho regime conferindo-lhes um vigor de certa maneira inexistente antes.

Quando Carlos X, aos 67 anos, ascendeu ao trono, em 1824, a França havia experimentado 35 anos das mudanças mais radicais já ocorridas na história até então, que iam da revolução total ao império napoleônico, a Waterloo, à restauração dos Bourbon. Luís XVIII, considerando impossível, ao tempo em que reinou, o cancelamento de todos os direitos, liberdades e reformas legais incorporados ao governo desde a maré revolucionária, aceitou uma Constituição, embora jamais se tivesse acostumado à idéia de uma monarquia constitucional; seu irmão Carlos, entretanto, ia além: simplesmente não conseguia compreender tais mudanças. Tendo acompanhado o processo em andamento na Inglaterra, quando de seu exílio, Carlos afirmava que preferiria ser lenhador a rei dos ingleses. Não é de admirar, pois, que se transformasse na esperança dos emigrados que retornaram com os Bourbon e desejavam o velho regime de volta, completo, com classes sociais, títulos e, especialmente, suas propriedades confiscadas.

Na Assembleia Nacional eles eram representados pelos ultradireitistas, os quais, aliados aos frangalhos ainda existentes da extrema direita, formavam o partido mais forte. Tinham conseguido esse domínio mediante a limitação do direito de voto somente às classes mais ricas, utilizando o interessante e criativo processo de reduzir as taxações de oponentes conhecidos, de modo que não pudessem se situar na faixa de contribuintes até 300 francos, condição obrigatoriamente exigida para ser eleitor. Os quadros governamentais

Humpty-Dumpty: personagem de história infantil que é representado por um ovo. *(N. do T.)*

restringiram-se de forma similar. Os reacionários controlavam todos os postos ministeriais, tendo, inclusive, um extremista religioso como ministro da Justiça, homem cujas ideias políticas, dizia-se então, eram aperfeiçoadas na leitura regular do Apocalipse. Seus colegas impuseram rígidas leis de censura e normas elásticas de busca e apreensão: como primeira conquista criaram um fundo destinado a compensar aproximadamente setenta mil emigrantes ou seus herdeiros com uma taxa anual de 1.377 francos. Não se constituía no suficiente para satisfazer os beneficiários, mas o bastante para enfurecer os burgueses cujos tributos pagavam essas dotações.

Os herdeiros da situação revolucionária e da corte de Napoleão não estavam dispostos a ceder espaço aos emigrantes e ao clero do velho regime; o descontentamento, por isso, elevou-se, embora ainda em tom surdo. Cercado por seus reacionários, o rei poderia ter completado seu governo mais ou menos confortavelmente se não tivesse, por excessiva tolice, buscado a própria queda. Carlos estava determinado a governar e, embora apenas ligeiramente dotado para a tarefa, do ponto de vista intelectual, possuía riquíssimas reservas daquela capacidade bourbônica de nada aprender e tampouco nada esquecer. Quando a oposição na Assembleia lhe soou um tanto bulhenta, ele aceitou o conselho de seus ministros no sentido de dissolver a sessão; através de suborno, ameaças e outras pressões, visando manipular uma eleição aceitável, os realistas acabaram derrotados, por quase dois votos a um. Recusando-se a aceitar o resultado como se fosse qualquer desamparado rei inglês, Carlos decretou nova dissolução e, debaixo de ainda mais duras limitações, aliadas a rígido sistema de censura, realizou outra eleição.

A imprensa abriu baterias, bradando por resistência. Enquanto o rei se entregava aos lazeres de uma caçada sem esperar conflito aberto, e por isso não tendo providenciado apoio militar, o povo de Paris, como havia feito tantas vezes antes e desde então, construiu barricadas e entusiasticamente dedicou-se a três dias de lutas nas ruas, denominados pelos franceses *les trois glorieuses*. Deputados da oposição organizaram um governo provisório. Carlos abdicou e foi para aquele éden desprezível de monarquia limitada, além do Canal.

Nenhuma grande tragédia, pois. O episódio torna-se historicamente significativo apenas por representar um marco entre a contrarrevolução e a subsequente monarquia "burguesa" de Luís Felipe. Serve, porém, como mais um quadro ilustrativo na história da insensatez, ao mostrar a sempre renovada futilidade de se tentar reconstruir um ovo quebrado, o que de forma alguma é exclusividade dos Bourbon.

ATRAVÉS DA HISTÓRIA têm sido inumeráveis os episódios de insensatez militar, mas estão fora dos objetivos deste ensaio. Dois dos mais expressivos, porém, envolvendo situações de guerra com os Estados Unidos, representam atitudes políticas de nível governamental. Um deles foi a decisão dos alemães em restabelecer a guerra submarina irrestrita, em 1916, e o outro, o ataque japonês a Pearl Harbour, em 1941. Nos dois casos, vozes em contrário fizeram ouvir suas insatisfações relacionadas com o curso adotado, de maneira urgente e desesperada na Alemanha, discretamente mas com enorme carga de dúvida no Japão, sem sucesso nas duas oportunidades. A insensatez presente nesses exemplos pertence à categoria de autoaprisionamento ao raciocínio do "não dispomos de outra alternativa" e, também, à mais frequente e fatal das ilusões, a que nos leva a subestimar o oponente.

Guerra submarina *irrestrita* significa afundamento, sem prévio aviso, de navios mercantes encontrados em zonas de bloqueio declarado, sejam eles beligerantes ou neutros, estejam armados ou não. Rispidamente repelida pelos Estados Unidos, ao amparo do princípio que lhes era muito caro de que a neutralidade permitia liberdade de curso em todos os mares, a prática fora suspensa em 1915 depois do frenesi causado pelo afundamento do *Lusitânia*, não devido à fúria americana com ameaça de rompimento de relações, e ao antagonismo de outros países neutros, mas, principalmente, porque a Alemanha não possuía submarinos em número suficiente para lhe assegurar efeitos decisivos, se forçasse a mão.

Por essa altura, na verdade em fins de 1914, depois de fracassada a ofensiva inicial destinada a pôr de joelhos Rússia ou França, os dirigentes alemães reconheceram a impossibilidade de vencer uma guerra contra três oponentes em aliança, caso eles se conservassem unidos: ao contrário, como disse o chefe do Estado-maior ao chanceler, "parece mais provável que acabemos exaustos".

Tornara-se necessária uma ação política destinada a obter paz em separado com a Rússia, mas isso havia falhado, como igualmente ocorreria com outras sondagens e aberturas a serem feitas para ou pela Alemanha com respeito à Bélgica, França e até mesmo Inglaterra, nos dois anos seguintes. E tudo falhava por uma só razão: os termos da Alemanha eram punitivos em cada caso, colocando-se ela na posição de vitoriosa que exigia do adversário retirada pura e simples, enquanto bradava por anexações e indenizações. Oferecia sempre o porrete, jamais a "cenoura", obviamente, nenhum dos oponentes sentia-se tentado a trair seus aliados em tais bases.

Antes do final de 1916, estavam ambos os lados quase completamente exaustos em recursos e soluções de índole militar, tendo perdido milhões de vidas em Verdun e no Somme, para ganhos ou perdas medidos em metros. A Alemanha curtia uma dieta de batatas ao tempo em que chamava às fileiras adolescentes de 15 anos de idade. Os aliados mantinham-se também de modo escasso, sem sinais de vitória à vista – a menos que o poder intocado dos americanos viesse fortalecer seu esforço.

Durante esses dois anos, enquanto os estaleiros de Kiel empenhavam-se em produzir incansavelmente novos submarinos, a um ritmo de duzentos por mês, o Alto-comando batalhava nas conferências de alto nível pela renovação da campanha de torpedeamentos, enfrentando forte oposição por parte dos ministros civis. Resumindo o ponto de vista civil a propósito dos afundamentos indiscriminados, eles causariam, nas palavras do chanceler Bethmann-Hollweg, "a inevitável presença americana no bloco inimigo". O Alto-comando não negava tal possibilidade, desconsiderando-a, porém. Afirmava, isso sim, que se tornara indiscutível faltarem meios para que a Alemanha vencesse a guerra em terra apenas; seu objetivo era derrotar a Inglaterra, já padecendo com a escassez, cortando-lhe completamente os suprimentos que recebia por via marítima, antes que os Estados Unidos pudessem preparar, mobilizar e transportar suas tropas à Europa em número suficiente para alterar o panorama geral. Eles insistiam em que seu plano poderia completar-se em três a quatro meses. Os almirantes faziam exposições com seus mapas e cartas marítimas provando quantas toneladas os submarinos poderiam afundar em dado período de tempo, até fazerem com que os britânicos "pulassem na rede como peixes em agonia".

As vozes em contrário, a começar pela do chanceler, entendiam que a presença beligerante da América traria enorme ajuda financeira aos aliados, além de representar o encorajamento moral, permitindo-lhes resistir até o desembarque das tropas americanas: afora isso, teriam a utilização da tonelagem alemã apreendida nos portos da América e, eventualmente, também a que existia em outros portos de países neutros. O vice-chanceler Karl Helfferich acreditava que soltar os submarinos "levaria à ruína". O departamento do Ministério do Exterior que lidava com os assuntos americanos cerrava fileiras com os demais opositores. Dois banqueiros alemães de grande projeção retornaram às pressas de uma missão nos Estados Unidos expressamente com o propósito de advertir contra o menosprezo às energias potenciais do povo norte-americano, que, eles disseram, uma vez convencido a lutar numa boa causa, saberia mobilizar forças e recursos em escala inimaginável.

De todos os dissuasores o que mais se empenhava era o embaixador alemão em Washington, conde von Bernstorff; sua origem e formação alheias à índole prussiana libertaram-no de muitas das ilusões de seus pares. Bem-ilustrado na realidade americana, Bernstorff reiterou a seu governo por diversas vezes que a campanha submarina despertaria a beligerância da América, levando a Alemanha a perder a guerra. À medida que aumentava a insistência militar, ele mais tornava ao assunto em cada uma de suas mensagens, buscando evitar que o país adotasse um rumo que lhe soava fatal. Estava convencido de que a fórmula única para ser evitada a derrota seria suspender o estado de guerra através de mediação, visando uma paz de compromisso tal como o presidente Wilson cuidava de propor. Bethmann revelou-se ansioso por ver adotado esse plano baseado na teoria de que se os aliados rejeitassem tal paz, como era provável, enquanto a Alemanha, ao contrário, a aceitasse, ficaria livre o caminho para a guerra submarina indiscriminada, que poderia ser levada a termo *sem* provocar a beligerância americana.

O grupo belicista a bradar pelo emprego dos submarinos incluía os *junkers* e o círculo de cortesãos, juntamente com grupos expansionistas, partidos de direita e a maior parte do povo, ao qual foi ensinado depositar sua fé em submarinos como meio hábil de romper o bloqueio inglês de alimentos, levando o país, assim, à vitória. Umas poucas vozes dos desprezados social-democratas bradaram no Reichstag: "O povo não deseja a guerra submarina, quer apenas *paz e pão*!", mas ninguém lhes deu ouvidos, pois os cidadãos da Alemanha, por mais famintos que estivessem, permaneciam obedientes. O kaiser Guilherme II, embora assaltado por muitas dúvidas, não desejava parecer menos truculento que seus comandados, e, assim, juntou sua voz às deles.

A oferta de Wilson, em dezembro de 1916, para que os beligerantes negociassem uma "paz sem vitória", foi rejeitada por ambos os lados. Nenhum deles estava disposto a aceitar um acordo sem ganho e indenizações dos gastos de guerra, que pudessem justificar tantos sacrifícios de vidas e outros sofrimentos. A Alemanha não lutava pela manutenção do *status quo*, mas, sim, pela hegemonia alemã na Europa e pela expansão de seu império ultramarino. Desejava, em vez da paz de mediação, uma paz ditada, e não tinha a menor intenção, como deixou expresso o ministro do Exterior Arthur Zimmermann, de "correr o risco de vir a ser despojada daquilo que buscamos ganhar com a guerra" através dos ofícios de um mediador. Qualquer negócio que viesse a requerer renúncias e indenizações por parte da Alemanha, única espécie de acordo que os aliados aceitariam, significaria o fim dos Hohenzollern e das classes então no poder. Eles igualmente necessitavam que alguém pagasse pela guerra, ou então iriam à bancarrota. Uma paz sem vitória representaria não apenas o fim dos sonhos de domínio como, ainda, requereria enormes taxas destinadas a pagar os anos de conflito que nada haviam produzido em matéria de receita. Seria a revolução, em suma. Para o trono, a casta militar, os grandes proprietários de terras, industriais e barões do comércio, somente uma guerra com lucros permitia esperança de sobrevivência no poder.

A decisão foi adotada numa conferência entre o kaiser, o Alto-comando e o chanceler, em 9 de janeiro de 1917. O chefe do Estado-maior naval, almirante Von Holtzendorff, apresentou uma compilação com duzentas páginas contendo estatísticas da tonelagem que entrava em portos britânicos, taxas de frete, espaços destinados às cargas, sistemas de racionamento, preços dos alimentos, comparações das colheitas dos últimos anos e detalhes outros que iam até o consumo de calorias no *breakfast* dos ingleses; jurou que seus submarinos poderiam afundar 600 mil toneladas mensais, forçando assim a Inglaterra a capitular antes da próxima colheita. Disse ser essa a última oportunidade da Alemanha, e não poderia vislumbrar outra maneira de vencer a guerra "de forma a garantir nosso futuro como potência mundial".

Bethmann falou durante uma hora; ordenou todos os argumentos já expendidos por conselheiros que o haviam advertido de que a beligerância dos Estados Unidos traria a derrota da Alemanha. Cenhos franzidos e murmúrios incessantes em volta da mesa o confrontaram. Ele sabia que a Marinha, por sua conta e risco, já havia despachado os submarinos. Lentamente foi fazendo concessões. Na verdade, um número maior de submarinos oferecia maiores possibilidades de sucesso do que anteriormente. Sim, a última colheita tinha sido insuficiente para os aliados. Por outro lado, a América... O marechal de campo Von Hindenburg interrompeu-o para afirmar que "o Exército cuidaria da América", enquanto Von Holtzendorff ofereceu sua "garantia" de que "nenhum americano pisará no continente!". O melancólico chanceler acabou por render-se. "É óbvio", disse, "que se o sucesso nos acena, devemos seguir em frente."

Ele não se demitiu. Um oficial que o encontrou mais tarde afundado em sua poltrona, olhar perdido no vácuo, indagou, alarmado, se tivera más notícias da frente. "Não", respondeu-lhe Bethmann, "penso apenas no... *finis Germaniae.*"

Nove meses antes, numa crise anterior sobre a guerra submarina, Kurt Riezler, assistente de Bethmann designado para atuar no Estado-maior, chegara a conclusão similar quando escreveu em seu diário a entrada relativa ao dia 24 de abril de 1916: "A Alemanha é como uma pessoa petrificada à beira do abismo, mas desejando ardentemente jogar-se em suas profundezas."

Os fatos concordaram com o prognóstico. Embora os afundamentos de navios houvessem sido uma terrível experiência antes que o sistema de comboios viesse a funcionar, os britânicos, revigorados pela declaração de guerra dos americanos, não capitularam. A despeito da garantia de Von Holtzendorff, dois milhões de soldados dos Estados Unidos finalmente chegaram à Europa e, nos oito meses seguintes à primeira ofensiva dessas tropas, a Alemanha rendeu-se.

Havia alternativa? Considerando-se a insistência na vitória e a recusa em admitir a realidade, provavelmente não. Todavia, um melhor curso poderia ter sido obtido se a proposta de Wilson tivesse sido aceita, sabendo de antemão que ela chegaria a ponto-morto. Isso teria evitado ou certamente atrasado a adição do poderio americano ao do inimigo. Sem a América, os aliados não teriam marchado para a vitória que, da mesma forma, estava além das possibilidades da Alemanha. Assim, ambos os lados teriam chegado a uma paz de exaustão mais ou menos igual. Para o mundo, as consequências dessa alternativa desprezada representariam funda alteração na história. Sem vencedor, reparações de guerra, sentimentos de culpa, sem Hitler e, possivelmente, sem a Segunda Guerra Mundial.

Como acontece com tantas alternativas, entretanto, essa era psicologicamente impossível. O caráter é o destino, como os gregos acreditavam. Os alemães estavam doutrinados para vencer objetivos mediante emprego de força, mas despreparados para ajustamentos. Eles não saberiam recuar, olvidando seus sonhos de grandeza mesmo com o risco da derrota. O abismo imaginado por Riezler define-os perfeitamente.

Em 1941, o Japão enfrentou decisão semelhante. Seu plano de império, denominado Esfera de Co-prosperidade da Grande Ásia Oriental, que trazia em seu cerne a subjugação da China, correspondia à visão de um governo japonês alongando-se desde a Manchúria e através das Filipinas, Índias Holandesas, Malásia, Sião, Burma, até (e algumas vezes, inclusive, dependendo da discrição do porta-voz) Austrália, Nova Zelândia e Índia. O apetite nipônico funcionava na razão inversa de seu tamanho. A fim de mover as forças indispensáveis a tão vasto empreendimento, era-lhes essencial o acesso às fontes de ferro, petróleo, borracha, arroz e outras matérias-primas, em quantidades muito superiores às suas reservas. O momento chegou quando irrompeu a guerra europeia e as potências coloniais do Ocidente, maiores oponentes japonesas na área, lutavam pela sobrevivência ou já se encontravam liquidadas – a França, derrotada; a Holanda, invadida, embora mantendo um governo no exílio; a Inglaterra, devastada pela Luftwaffe e dispondo de poucos meios para ações no outro lado do mundo.

A pedra no caminho dos japoneses eram os Estados Unidos, que de forma persistente se recusavam a reconhecer suas progressivas conquistas na China e mostravam-se cada vez menos dispostos a fornecer materiais destinados a facilitar novas aventuras nipônicas. As atrocidades na China, o ataque à canhoneira *Panay*, de bandeira norte-americana, além de outras provocações, eram dados que pesavam na opinião pública da América. Em 1940, o Japão concluiu o Tratado Tripartite, tornando-se membro dos poderes do Eixo, e entrou na Indochina francesa quando a França sucumbiu na Europa. Os Estados Unidos, em represália, congelaram os ativos japoneses no país e embargaram as vendas de refugos de ferro, petróleo e gasolina para aviação. Prolongadas negociações diplomáticas durante 1940 e 1941, no esforço de ser encontrado terreno para entendimento, resultaram inúteis. A despeito de sua vocação isolacionista, a América não concordava com o controle japonês sobre a China, enquanto o Japão não aceitava limitações ali ou restrições à sua liberdade de agir onde bem lhe aprouvesse no território asiático.

Líderes japoneses responsáveis, bem distintos dos militares extremistas e dos politiqueiros inflamados, não desejavam conflito aberto com os Estados Unidos. Queriam, apenas, manter os americanos aquiescentes, enquanto progrediam na conquista do império oriental.

Acreditavam possível tal coisa com a intimidação implícita em uma aliança com o Eixo. Quando tais métodos pareceram tornar ainda mais áspera a não concordância norte-americana, os japoneses, após análise perfunctória, ficaram convencidos de que os Estados Unidos lhes declarariam guerra na hipótese de se moverem rumo a seu primeiro objetivo, representado pelos recursos vitais das Índias Holandesas. Como obter uma coisa sem provocar a outra, eis o grande dilema que os torturou durante 1940-1941.

Os estudos estratégicos demonstravam que, a fim de dominar as Índias e transportar suas matérias-primas para o Japão, seria necessário proteger o flanco de qualquer ameaça por ação naval dos Estados Unidos no sudoeste do Pacífico. O almirante Yamamoto, comandante em chefe da Marinha japonesa e arquiteto do ataque a Pearl Harbour, sabia perfeitamente que o Japão não tinha qualquer possibilidade de vitória final sobre os Estados Unidos. Chegou a dizer ao *premier* Konoye: "Não guardo ilusão alguma para depois de dois ou três anos de guerra." Entretanto, por julgar o ataque às Índias Holandesas como uma espécie de "antecipação do estado de guerra com a América", seu plano era o de forçar o destino, expulsando os Estados Unidos do meio do caminho mediante "um golpe decisivo". Então, uma vez conquistado o Sudoeste Asiático, poderiam dispor dos recursos indispensáveis a uma guerra prolongada destinada a impor sua hegemonia sobre a esfera de co-prosperidade. Assim sendo, propôs que o Japão "atacasse duramente, com o objetivo de destruir a frota principal dos Estados Unidos logo no começo da guerra, de tal modo que o moral do povo e da Marinha norte-americana afundasse para não mais voltar à tona". Essas curiosas lucubrações partiam de um homem que não era estranho à maneira de ser dos americanos, pois havia estudado em Harvard e servira como adido naval em Washington.

O planejamento para esse golpe de audácia suprema, visando esmagar a frota americana do Pacífico, em Pearl Harbour, começou em janeiro de 1941, enquanto a decisão final continuava objeto de agônicas transações entre governo e forças armadas, prolongadas durante o ano. Os advogados do ataque antecipado acreditavam, mas não muito confiantemente, que isso faria com que os Estados Unidos perdessem toda e qualquer possibilidade de interferência e – assim esperavam – se afastassem de beligerâncias futuras também. Mas e se tal não acontecesse, indagavam aqueles que estavam em dúvida, o que deveriam contemplar, então? Argumentavam que o Japão não tinha condições de vencer uma guerra prolongada contra os Estados Unidos, que a vida do país estava sendo apostada como em um jogo de azar. Em nenhum momento dessas discussões silenciaram as vozes admonitórias. O primeiro-ministro, príncipe Konoye, demitiu-se, comandantes mostravam-se relutantes, conselheiros hesitavam, o imperador andava taciturno. Quando ele perguntou se um ataque surpresa significaria vitória tão expressiva quanto a ocorrida em Porto Arthur, durante a guerra russo-japonesa, o almirante Nagano, chefe do Estado-maior naval, replicou ser duvidoso que o Japão vencesse. (É possível que, em se tratando de uma entrevista com o imperador, esse fato pudesse ter ocorrido em meio a um ritual de submissão que mostrasse a autocrítica oriental, mas em momento tão grave a etiqueta provavelmente seria dispensada.)

Nessa atmosfera de dúvidas assim nítidas, por que foi aprovado o risco extremo? Em parte, porque a exasperação resultante de haverem falhado todos os esforços que buscavam intimidar levou a um estado psicológico de tudo ou nada, com os consequentes lamentos dos civis desesperançados aos militares, exatamente como no caso de Bethmann. Além disso, as grandiosas expectativas dos poderes fascistas, para quem nenhuma conquista se afigurava impossível, devem ser levadas em conta. O Japão, por seu turno, mobilizou um contingente militar de terrível vitalidade e que iria, na verdade, obter triunfos extraordinários de que são exemplos a tomada de Cingapura e o próprio ataque a Pearl Harbour, levando os Estados Unidos às fronteiras do pânico. Fundamentalmente, o motivo que induziu o Japão a correr tamanho risco foi o da escolha entre seguir avante com seu projeto ou recolher-se ao *status quo*, uma tônica em tudo contrária ao desejo de todos, que ninguém tinha ânimo em defender. As pressões de seu exército de agressão operando na China, juntamente com os agressores que tinham ficado em casa, levaram o Japão a aspirar por um império impossível, ideia da qual não podia mais se libertar. Tornara-se prisioneiro de ambições desmesuradas.

A estratégia alternativa teria sido a de marchar contra as Índias Holandesas, deixando os Estados Unidos intocados. Embora tal política criasse uma incógnita à retaguarda, incógnitas são sempre preferíveis a inimigos certos, com potencial imensamente superior àquele que se dispõe.

Houve, no caso, estranho erro de julgamento. Numa época em que ao menos metade dos Estados Unidos era fortemente isolacionista, os japoneses adotaram a única providência capaz de unir os americanos, motivando toda a nação para a guerra. De tal sorte era a divisão na América, nos meses anteriores a Pearl Harbour, que a renovação da lei relativa a um ano de serviço militar foi aprovada no Congresso com maioria de apenas um voto. Um voto! A verdade é que o Japão poderia ter tomado as Índias Holandesas sem qualquer risco quanto à beligerância dos americanos. Nenhum ataque ao império colonial holandês, britânico ou francês conduziria os Estados Unidos ao conflito armado.

O ataque ao território dos Estados Unidos era, assim, justamente o único ato capaz de se transformar em estopim. O Japão parece jamais ter considerado a ideia de que uma agressão a Pearl Harbour não iria enfraquecer o moral do país, ao contrário, uniria a nação para o combate. Tão curioso vácuo perceptivo adveio daquilo que pode ser denominado ignorância cultural, componente frequente da insensatez política. (Embora presente em ambos os exemplos ora tratados, no caso do Japão tornou-se crítico.) Julgando a América por seus padrões, os japoneses presumiram que o governo americano teria condições de levar a nação à guerra tão logo o desejasse, como seria possível no Japão, e na realidade ocorreu. Por ignorância, equívoco ou imprudência, brindaram seu oponente com o único golpe capaz de levá-lo à guerra de forma decidida e compacta.

Embora o Japão estivesse apenas começando uma guerra, ainda não envolvido nela profundamente, as demais circunstâncias eram espantosamente semelhantes às da Alemanha nos idos de 1916-1917. Os dirigentes, em ambos os exemplos, jogaram a vida da nação e de seu povo numa espécie de roleta que, a longo prazo, como muitos deles bem sabiam, significava jogo seguramente perdido. O impulso que os moveu emanava de incontroláveis sonhos de dominação, delírios de grandeza, ganância.

HÁ UM PRINCÍPIO a emergir nos casos mencionados – o de que a insensatez política é filha do poder. Todos nós conhecemos, por infindáveis citações, o dito de lorde Acton: o poder corrompe. Mas nem todos percebem que o poder alimenta a insensatez, que o poder de mando frequentemente faz o pensamento falhar, que a responsabilidade no poder, muitas vezes, enfraquece proporcionalmente seu exercício. A responsabilidade preponderante no poder é a de governar tão razoavelmente quanto possível, em benefício do Estado e de seus cidadãos. Entre os deveres nesse processo estão o de conservar-se bem-informado, coletar informações, manter mente e julgamento abertos, resistir aos insidiosos encantamentos da visão bitolada. Se a inteligência é arejada o suficiente para perceber que determinada política, em vez de satisfazer os interesses comunitários, torna-se danosa, se existe autoconfiança bastante para reconhecer tal fato e sabedoria capaz de reverter a situação, ter-se-á atingido um dos momentos elevados na arte de governar.

A política dos vencedores depois da Segunda Guerra Mundial, contrastando com a do Tratado de Versalhes e as reparações exigidas após a Primeira Guerra, representa exemplo de aprendizado haurido da experiência e da prática dessas lições em oportunidade que se não apresenta lá muito frequentemente. A ocupação do Japão, de acordo com uma política desenvolvida depois de efetivada a vitória, delineou-se em Washington, foi aprovada pelos aliados e dirigida pelos americanos; representou notável exercício de autolimitação por parte dos vencedores, de inteligência política, reconstrução, mudanças positivas. O caos político pôde ser evitado graças à manutenção do imperador à testa do Estado japonês, criando, por meio dele, as bases de obediência ao exército de ocupação, além do sentimento de concordância fluindo de maneira extremamente dócil. Uma vez completados desarmamento, desmilitarização e julgamento de criminosos de guerra, destinados a definir responsabilidades por culpa, os objetivos se concentraram na democratização política e econômica, mediante adoção de governo constitucional representativo, juntamente com desbaratamento dos cartéis e efetivação da reforma agrária. O poderio das grandes empresas industriais nipônicas provou ser intransigente, ao final, mas a democracia política, normalmente impossível de se obter por meio de decretos, e conquistável somente aos poucos no decorrer de arrastadas lutas seculares, acabou transferida com sucesso e adotada completamente. O exército de ocupação governou por meio de oficiais de ligação junto aos ministros japoneses, em vez de agir diretamente. O expurgo dos antigos dirigentes fez aflorar novos homens, talvez não essencialmente diferentes de seus predecessores, mas desejosos de acolher mudanças. Foram revistos os textos dos livros escolares, e a figura do imperador alterada, de modo a se transformar em símbolo "nascido da vontade do povo, único senhor do poder soberano".

Erros foram cometidos, especialmente no tocante à política militar. A natureza autoritária da sociedade japonesa retornou. Entretanto, no conjunto, o resultado final foi benéfico, no lugar de obra de vingança, e pode ser apresentado como lembrete encorajador de que a sabedoria no governo é ainda uma flecha que permanece, raramente usada, na aljava do ser humano.

A MAIS RARA das reviravoltas – a do governante que reconhece não estar sua política servindo aos verdadeiros interesses e tem coragem para fazer uma mudança de 180 graus – aconteceu ainda ontem, historicamente falando. Foi quando o presidente Sadat abandonou a estéril inimizade com Israel e buscou, desafiando afrontas e ameaças de países vizinhos, um relacionamento em outras bases. Tanto em termos de risco como de vantagens, isso representou um ato de grandeza, e no momento em que substituiu por coragem e bom-senso o estúpido negativismo de anos anteriores, Sadat cresceu na história, uma figura solitária, em nada diminuída na subsequente tragédia de seu assassinato.

As páginas seguintes perseguem as trilhas de uma história mais familiar e persistente, lamentavelmente, para a humanidade. Não é o resultado de uma política o que permite julgá-la insensata. Todos os erros governamentais são contrários aos próprios interesses, a longo prazo, mas podem, temporariamente, fortalecer determinado regime. Só se qualificam como insensatez política quando, de forma irrecusável, têm persistência maligna, provadamente inoperante ou contraproducente. Parece-nos quase supérfluo aduzir que o presente ensaio se inspira na ubiquidade desse problema em nossos dias.

2
Protótipo: os troianos levam o cavalo de madeira para dentro de seus muros

A história mais famosa do mundo ocidental, protótipo dos racontos que versam sobre os conflitos humanos, um épico pertencente a todos os povos e todos os tempos desde que floresceu a capacidade de ler e escrever, e mesmo antes disso, é a que nos legou a lenda, tenha ou *não* fundamentação histórica, do *Cavalo de Troia*.

A guerra de Troia propiciou temática para toda a literatura e arte subsequentes, da comovente tragédia *As mulheres troianas*, de Eurípedes, a Eugene O'Neill, Jean Giraudoux e os escritores de nosso tempo, ainda debaixo de seu fascínio. Através de Eneias, na sequência criada por Virgílio, legou-nos o lendário fundador* e o épico nacional de Roma. Assunto favorito dos romanceiros medievais, deu a William Caxton o tema do primeiro livro impresso em inglês e a Chaucer (mais tarde também a Shakespeare) o cenário, se não mesmo a própria história, de *Troilo e Cressida*. Racine e Goethe tentaram aprofundar o doloroso sacrifício de Ifigênia. As erráticas andanças de Ulisses inspiraram escritores tão distanciados um do outro como Tennyson e James Joyce. Cassandra e Electra, a vingadora, foram protagonistas de óperas e dramas germânicos. Cerca de 35 poetas e eruditos ofereceram-nos versões em inglês desde que George Chapman, nos tempos de Elizabeth, traduziu Homero para

*Eneias, personagem das mitologias grega e romana, era filho de Anquises e Afrodite. A autora faz alusão ao fato de que Virgílio, na *Eneida*, o considera fundador de Roma, para onde partiu depois de Troia ser destruída. (*N. do T.*)

esse idioma. Inúmeros pintores consideraram o *Julgamento de Páris** uma cena irresistível, e poetas, em não menor número, acabaram envolvidos na magia dos encantos de Helena.

Toda a experiência humana está contida na história de Troia ou Ílio, posta em forma épica pela primeira vez por Homero, por volta de 850-800 a.C.** Muito embora os deuses sejam sua motivação, o que a história nos transmite acerca da criatura humana é algo básico, mesmo quando consideramos, ou talvez por considerarmos, quão antigas e primitivas foram suas circunstâncias. Esteve conservada e profundamente enraizada em nossos pensamentos e memórias durante 28 séculos, porque fala de nós mesmos, e não o faz menos quando se mostra menos racional. Espelha, no julgamento de outro ficcionista, John Cowper Powys, "o que aconteceu, está acontecendo e irá acontecer a todas as criaturas, desde o começo até o fim da vida humana neste planeta".

Troia caiu, por fim, ao cabo de dez anos de batalha fútil, indecisa, nobre, vulgar, traiçoeira, amarga, egoísta e, ocasionalmente, heroica. Na condição de instrumental culminante dessa queda, a história nos remete ao episódio do cavalo de madeira. A cena do cavalo exemplifica a busca de uma política contrária aos próprios interesses, defrontada por advertências desesperadas e contando com alternativa viável. Tendo ocorrido nos primórdios da crônica do homem ocidental, sugere que esse tipo de busca da insensatez é muito velho e inato à maneira de ser da espécie.

Não foi na *Ilíada* – que termina antes do clímax da guerra – que a história apareceu pela primeira vez, mas, sim, na *Odisseia*, através do que diz Demódoco, o bardo cego que a mando de Ulisses narra as descobertas feitas pelo grupo escondido no palácio de Alcinous. A despeito dos muitos elogios de Ulisses aos talentos narrativos do

---

*Páris era filho de Príamo, rei de Troia, e Hécuba. Abandonado no monte Ida porque fora profetizado que ele seria a ruína de Troia, foi amamentado por uma ursa. Raptou Helena, mulher de Menelau, provocando o cerco de Troia. (*N. do T.*)

**Essas datas, anteriormente, foram alvo de muitas discussões; hoje, porém, são praticamente aceitas por todos os estudiosos, depois de decifrada a Linear B, em 1952. (*N. do T.*)

bardo, a história é bastante malcontada, como se os fatos principais já fossem familiares. Pormenores acabam acrescidos ao corpo do poema pelo próprio Ulisses e mediante o que nos parece inacreditável voejar de fantasias, criadas por duas outras personagens, Helena e Menelau.

Trazido à tona por Homero, que o retirou do fundo de espessa névoa e umbrosas memórias, o Cavalo de Troia instantaneamente incendiou a imaginação de seus sucessores no decurso dos dois ou três séculos seguintes, inspirando-os a elaborar o episódio de forma notável pela adição de Laocoonte, um dos mais extraordinários incidentes do épico. Ele já aparece em *O saque de Ílio*, de Arctino de Mileto, composto provavelmente um século depois de Homero. Personificando a Voz da Advertência, o papel dramático de Laocoonte torna-se o núcleo do episódio do cavalo em todas as versões daí oriundas.

A história completa, tal como a conhecemos – relativa ao engenhoso estratagema que finalmente conduziu à queda de Troia –, tomou forma na *Eneida* de Virgílio, completada no ano 20 a.C. A essa altura o conto havia incorporado nuanças acumuladas em mais de mil anos. Surgindo de distritos geograficamente apartados, no universo grego, essas várias versões acabam repletas de discordâncias e inconsistências. As lendas gregas são irremediavelmente contraditórias. Seus incidentes não se ajustam, necessariamente, à lógica das narrativas; motivos e comportamentos revelam-se irreconciliáveis com muita frequência. Devemos aceitar a história do cavalo de madeira como ela nos chegou, ou como Eneias a contou à arrebatada Dido, acrescida de posteriores revisões e embelezamentos adicionados pelos latinos, os letrados da Idade Média, os romanceiros medievais.

DECORRE O NONO ano de batalha inconclusa nas planícies de Troia, onde os gregos mantêm em sítio apertado a cidade do rei Príamo.* Os deuses estão intimamente envolvidos com os beligerantes como

*Príamo, na mitologia grega, foi o último rei de Troia; era filho de Laomedonte e marido de Hécuba. Teve cinquenta filhos, entre os quais Heitor, Páris, Polidora e a vidente Cassandra. Pirro, filho de Aquiles, matou-o quando da captura de Troia. (*N. do T.*)

resultado de ciúmes gerados dez anos antes, quando Páris, príncipe de Troia, ofendeu Hera e Atena,* oferecendo a Afrodite, deusa do amor, um prêmio de beleza representado pela maçã de ouro. Ostentando poucos escrúpulos (como, de resto, costumavam ser os deuses do Olimpo, moldados no ser humano), ela havia prometido ao príncipe, caso ganhasse o prêmio, uma noiva que seria a mulher mais formosa do mundo. O que ocorreu em seguida todos sabem: Páris raptou Helena, esposa de Menelau, rei de Esparta, formando-se uma federação sob o comando do suserano grego Agamenon, irmão de Menelau, destinada a forçar o retorno da mulher. A guerra teve início no momento em que Troia recusou a devolução.

Tomando partido, adotando favoritos, conjurando imagens enganosas, alterando a fortuna nas batalhas para satisfazer seus desejos, falsos, traiçoeiros, os deuses até mesmo chegaram a induzir os gregos a permanecer lutando quando estes já se dispunham a abandonar o sítio e retornar; e assim viram seus heróis morrendo e a terra sofrendo a devastação da guerra. Posseidon,** senhor do mar, que constava ter construído Troia e suas muralhas juntamente com Apolo, voltou-se contra os troianos porque eles haviam apedrejado até a morte um dos sacerdotes do seu culto por não ter tido êxito nos sacrifícios destinados a fazer os gregos invasores naufragarem. Apolo, por seu turno, favorecia Troia como seu protetor tradicional, ainda mais em vista de que Agamenon o enfurecera ao levar para a cama uma das filhas de outro sacerdote, esse do seu templo. Atena, a mais ativa e influente deles todos, é totalmente antitroiana e pró-gregos devido ao pecado original de Páris. Zeus, senhor do Olimpo, nada tem de partidário resoluto, mas quando solicitado por esse ou aquele membro de sua vasta família, torna-se capaz de exercer influência em ambos os lados.

---

*Hera, deusa maior dos gregos e dos romanos, com o nome de Juno; protetora das mulheres, na Grécia era considerada mulher de Júpiter. Atena ou Palas Atena, na Grécia, era a mesma Minerva dos romanos. (*N. do T.*)

**Posseidon, deus do mar na mitologia grega, é o mesmo Netuno dos romanos; filho de Saturno e Réia, irmão de Júpiter e Plutão (*N. do T.*)

Afogada em ira e desespero, Troia lamenta a morte de Heitor, assassinado por Aquiles, que brutalmente arrasta o cadáver pelos calcanhares, dando três voltas em torno das muralhas e em meio à poeira das rodas de sua quadriga. Os gregos não desfrutam de melhor disposição. O furioso Aquiles, seu campeão, acaba atingido no calcanhar vulnerável por uma flecha envenenada disparada por Páris, morrendo em consequência. Sua armadura, que deveria ser entregue ao grego de maior mérito, é presenteada a Ulisses, o mais sábio, em vez de ser dada a Ajax, considerado o mais valoroso; este, insultado em seu amor-próprio, comete suicídio. Muitos gregos resolvem retornar, mas Atena detém o movimento. Ulisses propõe, então, um estratagema derradeiro destinado a tomar Troia por meio de ardil - ou seja, a construção de um cavalo de madeira grande o suficiente para nele ocultarem-se vinte ou cinquenta (em algumas versões, cerca de trezentos) homens armados, metidos no seu interior. Seu plano consistia em fazer com que o exército se retirasse como se estivesse de partida, quando, na realidade, os navios ficariam por detrás da ilha de Tênedo, esperando. O cavalo de madeira traria um dístico com inscrição constando estar dedicado a Atena, oferenda grega destinada a propiciar ajuda no feliz regresso ao lar. Pensava, assim, excitar a veneração dos troianos para os quais o cavalo era um animal sagrado: talvez o levassem para o templo de Atena existente no interior da cidade. Caso tomassem tal decisão, o véu sagrado que envolvia e protegia Troia seria rompido, os gregos sairiam de seu esconderijo nas entranhas do engenho, abririam os portões para seus camaradas, fazendo sinais para avisá-los; estaria, pois, criada uma oportunidade final.

Em obediência a Atena, que teria aparecido a um tal Épio, em sonho, dando ordens para a construção do cavalo, "uma obra de astúcia", o estratagema foi completado em três dias, ajudado pela "divina arte" da deusa. Ulisses persuadiu os líderes já relutantes e os mais bravos soldados a penetrarem no esconderijo com o auxílio de uma escada de cordas, tomando seus lugares "a meio caminho entre a vitória e a morte".

Ao amanhecer, as sentinelas troianas descobriram que o cerco fora suspenso e o inimigo partira deixando apenas a estranha e assustadora figura de madeira junto aos portões da cidade. Aceitando a inscrição literalmente, Timóteo, um dos velhos conselheiros, recomendou que levassem o cavalo para o templo de Atena, no interior da cidadela. "Bem mais atilado", Cápis, outro dos velhos conselheiros, objetou, dizendo que Atena havia muito favorecia os gregos, e Troia melhor faria se queimasse imediatamente a pretendida oferenda ou mandasse quebrá-la a machado, abrindo-a para verificar o que continha em seu interior. Eis aí o momento da alternativa viável.

Assustado, temendo profanar a propriedade de Atena, Príamo decide levar o cavalo para a cidade, embora, para isso, os muros devam ser rompidos ou, em outras versões, tivessem que remover o dintel da Grande Porta a fim de permitir sua passagem. Esse era o primeiro mau presságio, pois fora profetizado que se o dintel da Grande Porta um dia viesse abaixo, Troia cairia.

Vozerio excitado, provindo da multidão ali reunida, exclamava: "Queimem isso! Joguem-no ao mar, sobre as rochas! Destruam a coisa!" Os que se opunham também se manifestavam em altos brados, mandando preservar a suposta imagem sagrada. Ocorre, nesse momento, dramática intervenção, Laocoonte, sacerdote de Apolo, vem correndo do interior da cidadela gritando, alarmado: "Estarão ensandecidos? Miseráveis criaturas! Pensam, acaso, que o inimigo partiu? Acreditam não ser obra de traição os presentes gregos? Qual é a reputação de Ulisses?

> Ou bem há gregos ocultos nesse monstro
> ou ardil será, um espião, engenho vil,
> não o deveis acolher, troianos meus;
> não confiai no cavalo, seja o que for;
> aos gregos temo e temo seus presentes.

Ao fazer tal advertência que vem ecoando através dos séculos, ele cravou, ao mesmo tempo, sua lança, com toda a força de que dispunha, enterrando-a a vibrar num dos flancos do cavalo, o que provocou lamentos assustados naqueles que se encontravam em seu interior. A pancada quase rompeu a madeira, revelando a parte interna, mas o destino ou os deuses a todos cegaram; não fosse assim, disse Eneias mais tarde, Troia ainda existiria.

Justamente quando Laocoonte já convencera a maioria, os guardas trouxeram, aos arrastões, Sinon, um grego ostensivamente aterrorizado que fingia ter sido deixado para trás devido à inimizade com Ulisses, mas que na verdade fora por ele plantado como parte do plano. Concitado por Príamo a dizer a verdade sobre o cavalo de madeira, Sinon jurou tratar-se de oferenda genuína a Atena, feita pelos gregos em tamanho grande deliberadamente, para evitar que os troianos a introduzissem em sua cidade, o que significaria a vitória final de Troia. Caso o presente votivo fosse destruído, seria o fim para os troianos, mas, colocado dentro dos muros, traria segurança para a cidade.

Às tontas com a história contada por Sinon, todos ficaram a oscilar entre as advertências e a falsa persuasão, quando um pavoroso portento convenceu-os de que Laocoonte estava em erro. No instante em que os convencia de que a história de Sinon era outro ardil posto em sua boca pela astúcia de Ulisses, duas horríveis serpentes alçaram-se em enormes espirais por sobre as águas, voltadas em direção às areias,

> Olhos ardentes tingidos por sangue e fogo,
> Línguas como dardos sibilando em suas bocas.

A multidão observava, fascinada de horror; elas ondularam diretamente para Laocoonte e seus dois jovens filhos, "enterrando as presas em seus pobres corpos", enrolando-se em torno de busto, pescoço e braços do pai; enquanto ele emitia gritos estrangulados e inumanos, as víboras o esmagavam até matá-lo. Os trêmulos espectadores estavam, agora, quase todos, certos de que o fantástico evento fora a punição de Laocoonte pelo sacrilégio de ter atingido com sua lança o que deveria ser, de fato, oferenda sagrada.

Impertinentes até mesmo para os poetas da Antiguidade, essas serpentes desafiam uma explicação hábil; o mito possui, também, seus mistérios nem sempre deslindados. Alguns narradores dizem que elas foram enviadas por Posseidon a pedido de Atena para demonstrar que seu ânimo em relação aos troianos era igual ao delas. Outros acreditavam tratar-se de obra de Apolo, visando advertir os troianos da hecatombe próxima (muito embora, desde que o efeito foi o contrário, a hipótese logo parece ilógica). A teoria de Virgílio é no sentido de que Atena foi a responsável, para convencer Troia da veracidade de Sinon, assim selando seu destino; e para confirmar, ele faz com que as serpentes se refugiem no templo da deusa depois do acontecido.

Tão difícil se tornou esse problema das víboras que alguns colaboradores de então sugeriram que o destino de Laocoonte nada teria a ver com o cavalo de madeira, mas era devido ao pecado irrelevante de profanação do templo de Apolo, pelo fato de que ele costumava dormir com a própria esposa defronte da imagem do deus.

O bardo cego da Odisseia, que nada sabia sobre Laocoonte, simplesmente afirmou que o argumento em favor da recepção do cavalo deve ter prevalecido porque Troia fora destinada a perecer – ou, como podemos interpretar atualmente, porque a humanidade, aqui representada na forma dos cidadãos de Troia, costuma seguir políticas contrárias aos próprios interesses.

A instrumentalidade das serpentes não é fato histórico a ser explanado, mas um trabalho de imaginação dos mais vigorosos jamais criados. O episódio inspirou uma estátua em mármore, agoniada e retorcida, tão real que se nos afigura estarmos a escutar os gritos das vítimas, obra-prima da estatuária clássica. Vendo a peça no palácio do imperador Tito, em Roma, Plínio, o Velho, considerou ser esse "um trabalho em tudo superior a quanto já se produziu nos campos da pintura e da escultura". Contudo, a estátua conserva-se muda no que tange a causas e significado. Sófocles escreveu uma tragédia com o tema de Laocoonte, mas o texto desapareceu e perdemos, igualmente, seus pensamentos a respeito. A existência da lenda pode nos dizer uma coisa apenas: Laocoonte acabou fatalmente punido por ter percebido a verdade, fazendo advertências a propósito.

Enquanto cordas e roletes são preparados, por ordem de Príamo, para introduzir o cavalo de madeira na cidadela, forças ocultas tentam, ainda, avisar Troia. Por quatro vezes nos umbrais da porta o cavalo estaca e nas quatro vezes são escutados ruídos de armas que se entrechocam, vindos do seu interior; todavia, embora as paradas valham por presságios, os troianos apressam o ingresso "desatentos e cegos por seu frenesi". Rompem as muralhas e a Grande Porta sem considerar que estão a violar, também, o véu sagrado – pois consideram desnecessária essa proteção de agora em diante. Nas versões posteriores à *Eneida*, seguem-se outros e novos portentos: eleva-se uma fumarada matizada de sangue, névoa cobre as estrelas, lobos e chacais põem-se a uivar, os loureiros no templo de Apolo ressecam subitamente, mas nada disso faz os troianos se alarmarem. O destino retira o medo de suas mentes, "para que encontrem a catástrofe e sejam exterminados".

Nessa noite eles celebram, festejando e bebendo de corações leves. É-lhes oferecido derradeiro aviso, oportunidade última. Cassandra, filha de Príamo, possui o dom da profecia confiado por Apolo que, tendo por ela se apaixonado, lhe conferiu esse poder em troca da promessa de que ela iria para seu leito. Quando Cassandra voltou atrás no prometido, fazendo voto de castidade, o deus, ofendido, aduziu uma maldição ao presente, a de que suas profecias jamais seriam acreditadas. Dez anos antes, ao tempo em que Páris viajou com destino a Esparta, Cassandra vaticinara que a viagem provocaria desgraças para a casa real, mas Príamo não lhe prestou atenção. "Oh, povo miserável!", ela brada, agora, "oh, lamentáveis tolos! Não podeis perceber vosso destino amaldiçoado?" Estão todos a agir de forma insensata, ela lhes diz em volta da própria coisa "que traz a destruição em suas entranhas". Rindo, embriagados, os troianos retrucam que ela fala em demasia, "jogando ao vento palavras desatinadas". Tomada de fúria porque ignoram suas adivinhações, Cassandra investe contra o cavalo de madeira, armada de machado e ferro em brasa, mas é contida antes de atingi-lo.

Entorpecidos pelo vinho, os troianos dormem. Sinon arrasta-se através do átrio e abre a porta oculta do cavalo para libertar Ulisses e demais companheiros, alguns dos quais, envoltos nas trevas, tinham chorado devido à tensão e estavam "de pernas trêmulas". Eles se espalham pela cidadela e abrem todos os portões, enquanto Sinon faz sinais para os navios com uma tocha acesa. Tomados por feroz sensação de triunfo, os gregos caem sobre o inimigo adormecido, e a matança corre em meio ao incêndio das casas, à busca por prisioneiros e ao estupro das mulheres. Os troianos desembainham suas espadas, mas os invasores obtiveram a vantagem. Em todo canto corre sangue negro, cadáveres retorcidos cobrem o solo, o rumor das chamas eleva-se por sobre gemidos, lamentos dos feridos, gritos das mulheres.

A tragédia é total. Atos heroicos ou piedosos não mitigam os estertores derradeiros. O filho de Aquiles, Pirro (também conhecido como Neoptolemos), "enlouquecido com a sanha homicida", persegue o filho mais moço de Príamo, Polites, que já se encontrava ferido; encurrala-o em um dos corredores do palácio e, "ansioso pela última estocada", arranca-lhe a cabeça às vistas do genitor. Quando o venerável Príamo, banhado no sangue de seu filho, eleva uma frágil lança, Pirro mata-o também. As esposas e mães desses vencidos são arrastadas, sem lhes respeitarem a dignidade, e entregues aos chefes, juntamente com outros frutos do butim. A rainha Hécuba é dada a Ulisses e Andrômaca, a Pirro, o assassino. Cassandra, violentada pelo outro Ajax,* no templo de Atena, é trazida para fora, com os cabelos flutuando ao vento, as mãos amarradas, e entregue a Agamenon; ela, porém, prefere matar-se a ceder à lubricidade de seu captor. Pior ainda é o fado de Polixena, uma das filhas de Príamo, que fora desejada por Aquiles e, agora, exigida pela sombra do morto, acaba sacrificada sobre a tumba de seu antigo apaixonado. Conforme ordens de Ulisses no sentido de que nenhum descendente de heróis deva sobreviver, evitando-se, assim, vinganças futuras, o infante Astianax, filho de

*Dois heróis têm esse nome na mitologia grega: Ajax, o Grande, filho de Télamon, rei de Salamina, e Ajax, o Menor, filho de Oileu, rei dos locrenses. Os dois participaram da guerra de Troia. (*N. do T.*)

Heitor e Andrômaca, é lançado à morte das ameias do palácio. Saqueada, queimada até o chão, Troia não passa de ruínas. Lamenta-se o Monte Ida, choram as águas do rio Xantos.

Cantando hinos à vitória que, enfim, deu término à longa luta, os gregos embarcam em seus navios oferecendo preces a Zeus, para que os protegesse no seguro retorno ao lar. Poucos obtêm tal benefício, pois, ao contrário, pelas oscilações do destino, padecem desastre semelhante ao de suas vítimas. Atena, enfurecida pela profanação dos estupros em seu templo, ou porque os gregos, descuidados em sua vitória, não lhe ofereceram homenagens, pede a Zeus o direito de puni-los e, tendo à disposição raios e trovões, produz uma tempestade marinha. Os navios afundam ou se esmagam contra os arrecifes, deixando as praias das ilhas repletas de destroços e um sem-número de cadáveres flutuando no mar. O segundo Ajax encontra-se entre os que se afogaram. Ulisses, extraviado em seu curso, é vítima do desastre: tem seu navio destruído e fica a errar, perdido, durante vinte anos; Agamenon perece assassinado pela esposa infiel em cumplicidade com o amante. O sanguinário Pirro vem a ser morto por Orestes em Delfos. Curiosamente, Helena, pivô do conflito, sobrevive intocada em sua beleza, e é perdoada pelo enfeitiçado Menelau, recuperando seu real marido, lar e prosperidade. Eneias também escapa. Devido à devoção filial que demonstrou carregando nas costas seu idoso pai, Eneias recebe o consentimento de Agamenon para, depois da batalha, embarcar com seus seguidores e continuar o destino que o levará a Roma. Com o tipo de justiça circular que os humanos gostam de conferir à história, esse sobrevivente troiano será fundador da cidade-estado, no futuro, conquistadora dos conquistadores de Troia.

QUANTOS FATOS JAZEM por detrás do épico troiano? Os arqueólogos, como sabemos, já descobriram nove níveis de antiquíssimos povoamentos nas bordas asiáticas do Helesponto, ou Dardanelos, na margem oposta a Galípoli. Tais sítios, localizados na encruzilhada das rotas comerciais da Idade do Bronze, convidavam a vandalismos e saques, mostrando evidências, em diversos níveis, de demolições e reconstruções. O nível VIIA, contendo fragmentos de ouro e outros artefatos próprios de uma cidade de realeza, e também exibindo marcas de ter sido violentamente destruído por obra humana, vem sendo identificado como a Troia de Príamo, e sua queda, datada de fins da Idade do Bronze, por volta de 1200 a.C. É perfeitamente possível que as ambições mercantis e marítimas dos gregos tenham levado ao conflito com Troia e que o suserano das várias comunidades da península helênica tivesse obtido aliados para incursão conjunta à cidadela através do estreito. O rapto de Helena, conforme sugere Robert Graves, pode ter acontecido como providência retaliatória após algum ataque anterior dos gregos.

Esses eram os tempos micenenses na Grécia, quando Agamenon, filho de Atreus, era rei em Micenas, a cidade com a Porta do Leão. Suas sombras ainda permanecem na colina que fica justamente ao sul de Corinto, onde as papoulas florescem tão rubras como se estivessem empapadas no sangue dos átridas.*

Algo de muita violência, talvez tão velho quanto a queda de Troia, mas provavelmente durante mais longo período, fez cessar os primados do Micenas e de Cnossos, em Creta, ambos vinculados. A cultura micenense abrangia a arte de escrever, como sabemos hoje graças à descoberta da Linear B, encontrada nas ruínas de Cnossos e identificada como a forma mais antiga da escrita helênica.

O período seguinte ao colapso micenense corresponde a um vácuo de cerca de dois séculos, conhecido como Idade das Trevas Gregas, cuja única ligação conosco foi mantida através de cerâmica e outros artefatos. Por qualquer motivo misterioso, a linguagem escrita, nesse período, parece ter desaparecido completamente, embora fatos relacionados com a ancestralidade de tempos heroicos tenham sido transmitidos oralmente de geração em geração.

---

*No original consta a forma latina "*atridae*". Por esse nome eram conhecidos os descendentes de Atreus e também os de seu filho Agamenon. Eles inspiraram inúmeras tragédias de Ésquilo, Sófocles e Eurípides. (*N. do T.*)

A recuperação começou e foi estimulada pela chegada dos dóricos,* vindos do norte por volta do século X a.C.; dessa renascença surgiu o bardo imortal cujo poema épico, baseado nos contos e lendas de seu povo, deu partida ao rio turbilhonante da literatura ocidental.

Homero é comumente imaginado como alguém a recitar seus poemas-narrativas ao som da lira, mas as 16 mil linhas da *Ilíada* e as 12 mil da *Odisseia* certamente foram também escritas por ele próprio ou por escribas a seu serviço. Os textos, sem dúvida, chegaram às vistas de inúmeros poetas nos dois ou três séculos que se lhe seguiram; esses poetas, suplementando a história de Troia, introduziram episódios hauridos na tradição oral, preenchendo, assim, os hiatos deixados por Homero. O sacrifício de Ifigênia, o calcanhar vulnerável de Aquiles, o surgimento de Pentesileia, rainha das amazonas, como aliada de Troia, e tantos outros episódios memoráveis chegaram até nós por pertencerem a esse ciclo pós-homérico que conhecemos através de resumos feitos no século II d.C., a partir de textos já perdidos. São os casos de *Cypria*, que é o mais antigo e o mais extenso de todos, com nome derivado de Chipre, terra de seu suposto autor, seguido de outros, como *O saque de Ílio*, de Arctino, e *A pequena Ilíada*, da autoria de um bardo de Lesbos. Depois deles, poetas líricos e os três grandes dramaturgos da tragédia grega adotaram os temas troianos, enquanto historiadores gregos discutiam a fundamentação histórica. Autores latinos trabalharam no assunto, antes e especialmente depois de Virgílio, aduzindo ao cavalo de madeira olhos feitos de gemas preciosas e outras fábulas igualmente brilhantes. Distinções entre história e fabulação diminuíram sensivelmente a partir do momento em que os heróis de Troia e suas aventuras motivaram maciçamente tapeçarias e crônicas da Idade Média. Heitor tornou-se um dos Nove Varões Ilustres, ao lado de Júlio César e Carlos Magno.

---

*Os dóricos provinham de Dórida, uma das regiões da Grécia antiga. Conquistaram o Peloponeso, tendo aí fundado Esparta. Na arquitetura, o chamado "estilo dórico" se constitui em uma das ordens clássicas, caracterizado por colunas sem base e de acabamento superior simples, sem ornamentação. Templos famosos, de que são exemplo o de Propileus e o próprio Partenon, em Atenas, figuram entre os mais notáveis desse estilo. (*N. do T.*)

O problema de se saber das possibilidades de um fundo real para o Cavalo de Troia foi levantado por Pausânias, viajante e geógrafo latino possuidor de autêntica curiosidade histórica, autor de uma *Descrição da Grécia*, obra do século II d.C. Concluiu que o cavalo deveria representar qualquer espécie de "arma de guerra" ou engenho de assédio e argumentou que aceitar a lenda em termos literais seria atribuir "profunda insensatez" aos troianos. Pois esse é um assunto que ainda provoca muitas especulações atualmente. Na hipótese de que se tratasse de um engenho de assédio para funcionar como aríete, por que os gregos não o usaram assim? Caso fosse o tipo de coisa obviamente construída para abrigar assaltantes a serem introduzidos dentro dos muros, maior teria sido a insensatez dos troianos trazendo-o sem examinar suas entranhas antes de mais nada. Poderemos percorrer infindáveis caminhos hipotéticos desde que fiquemos a pensar no assunto. Restar-nos-á a certeza, ao menos, de que, embora monumentos assírios tenham representado artefatos semelhantes, não existe evidência de que qualquer engenho dessa espécie estivesse sendo usado nos tempos micenenses ou homéricos. Tal anacronismo, por certo, não perturbou as lucubrações de Pausânias, mas era comum em seu tempo, e até muito depois dele, o hábito de vestir e equipar o passado com imagens do presente.

Foram utilizados ardis nos assédios a cidades amuralhadas ou a fortificações nas regiões bíblicas, em guerras do segundo milênio a.C. (2000-1000), época que abrange o século geralmente apontado como o da Guerra de Troia. Sempre que impossibilitadas de penetrar à viva força, as hostes atacantes buscavam ingresso mediante velhacaria, utilizando algum truque para ganhar a confiança dos sitiados; um historiador militar disse que "a mera existência de lendas a respeito da conquista de cidades por obra de estratagemas atesta haver nisso um fundo de verdade".

Muito embora silenciando sobre o cavalo de madeira, Heródoto, no século V a.C., procurou atribuir aos troianos comportamento mais racional do que lhes permitiu Homero. À luz do que lhe disseram sacerdotes egípcios no curso de sua investigação, ele afirmou que

Helena jamais estivera em Troia durante a guerra, tendo permanecido no Egito. Chegara ao país na companhia de Páris depois que o navio em que viajavam sofreu um acidente, após seu rapto de Esparta. O rei, em repúdio à ignóbil sedução da esposa de um seu par, ordenou a Páris que fosse embora; foi uma Helena-fantasma que chegou a Troia. Tivesse ela sido a real, argumenta Heródoto, certamente Príamo e Heitor a teriam devolvido aos gregos em vez de padecer tantos anos de mortes e calamidades. Eles não teriam sido "tão obstinados" a ponto de sustentar tamanha desgraça apenas por sua causa ou à conta de Páris, que estava longe de ser admirado por sua família.

Fala, aqui, a voz da razão. Mas Heródoto, como pai da história, certamente sabia que na vida das pessoas o senso comum raramente é elemento determinante. Ele defende, ademais, terem os troianos assegurado ao enviado grego que Helena não se encontrava em Troia, mas não foram acreditados porque os deuses queriam a guerra e a destruição da cidade para demonstrarem que sabiam destinar solenes punições aos grandes erros. Tendo investigado o sentido da lenda, nesse momento ele chegou, provavelmente, bem perto do que buscava saber.

Na procura desse oculto sentido não devemos esquecer que os deuses (ou Deus, pouco importa) são conceitos nascidos da mente humana, criaturas do homem e não vice-versa. O conceito de divindade acaba necessário para dar senso e propósito ao emaranhado da vida neste planeta, explicar fenômenos estranhos e assimétricos da natureza ou eventos inesperados, mas, acima de tudo, para justificar a conduta irracional dos seres humanos. Deus foi inventado para carregar a carga de atos inadmissíveis, que só podem ser digeridos como intervenção ou desígnio do sobrenatural.

Isso é especialmente verdadeiro no que tange ao panteão helênico, cujos membros diária e intimamente se deixavam envolver com os humanos e eram suscetíveis de reagir exibindo emoções típicas dos mortais, ainda que não sujeitos às suas limitações. O que tornava os deuses tão caprichosos e destituídos de princípios devia-se justamente ao fato de que, na concepção grega, eles estavam despidos de moral e valores éticos, tal qual um homem desprovido de sombra. Consequentemente, não lhes restava qualquer arrependimento quando maliciosamente iludiam os mortais, fazendo-os violar juramentos e cometer outros atos desleais e lamentáveis. A mágica de Afrodite levou Helena a abandonar o marido e fugir com Páris. Atena fez Heitor lutar contra Aquiles. Tudo aquilo que era insensato ou vergonhoso aos mortais eles atribuíam à influência dos deuses. "Aos deuses devo esta guerra horrenda", lamentava-se Príamo, esquecido de que poderia ter eliminado a causa do conflito simplesmente devolvendo Helena no tempo devido (presumindo-se que ela estivesse ali, como muito ativamente estava se dermos crédito ao ciclo homérico) ou, então, bradando por sua presença quando Menelau e Ulisses exigiram sua entrega.

A interferência divina não absolve o homem da insensatez; muito ao contrário, não passa de estratagema humano destinado a transferir as responsabilidades de suas tolices. Homero bem o compreendeu quando fez – no exórdio da *Odisseia* – surgir um Zeus a se lamentar de que os homens culpassem os deuses como fonte de seus infortúnios, "pois é através da cegueira de seus espíritos" (ou, especificamente, "de sua ambição e insensatez", em outros traslados), "que sofrimentos além daqueles ordenados" se abatem sobre eles. Eis uma declaração notável, por isso que se os resultados são, deveras, piores do que o destino determinou, entram em cena livre-arbítrio e escolha, não se tratando, tão somente, de implacável predestinação. Como exemplo, Zeus cita o caso de Egisto, que roubou a esposa de Agamenon e matou o rei em seu regresso, "embora soubesse que ruína viria a seguir, uma vez que nós mesmos enviamos Hermes para avisá-lo que não matasse o homem nem fizesse amor com sua mulher, pois Orestes, depois, já adulto, iria vingar o pai e reclamar seu patrimônio". Resumindo, embora muito bem soubesse quais os males resultantes de sua conduta, Egisto não se preocupou com eles, e foi punido.

"Paixão", Heródoto sugere, eis o que faz o homem abandonar o comportamento racional. Os antigos já o sabiam e tinham uma deusa para os passionais. Chamava-se Ate, era filha de Zeus: em algumas genealogias, significativamente, passa por ser a mais velha. Sua mãe era Éris ou Discórdia, deusa da Disputa, que em certas versões surge como outra das identidades de Ate. Separadamente ou em conjunto, é a deusa das Paixões, da Malícia, do Engano e da Cega Insensatez, tornando suas vítimas "incapazes de escolha racional", impossibilitadas de poderem distinguir entre atos morais e imorais.

Vista a carga de sua herança combinada, Ate possuía infinita capacidade para o mal e teria sido a causa original, anterior ao Julgamento de Páris, para a Guerra de Troia, o primeiro conflito do mundo antigo. Presente nas mais antigas versões – *Ilíada*, *Teogonia*, de Hesíodo, talvez um contemporâneo de Homero e a maior autoridade na genealogia do Olimpo, e *Cypria* –, a história de Ate narra como seu ato inicial foi ter se deixado tomar de ódio por não ter sido convidada por Zeus ao casamento de Peleu com Tétis, a ninfa do mar, futuros pais de Aquiles. Ingressando na sala do banquete sem ser convidada, ela maliciosamente jogou o pomo de ouro da discórdia sobre a mesa, deixando uma inscrição: "Para a mais bela", o que imediatamente gerou rivalidade entre Hera, Atena e Afrodite. Na condição de esposo de uma delas e pai de outra, Zeus, não desejando aborrecimentos, mandou as três disputantes ao Monte Ida, onde um belo e jovem pastor, notoriamente perito em assuntos femininos, saberia fazer o difícil julgamento de beleza. O pastor, obviamente, era Páris, cuja fase rústica não diz respeito a este ensaio, e de cuja escolha se originou essa guerra de consequências tão ásperas, que talvez não estivesse entre as cogitações até mesmo de Ate.*

---

*Em outras versões, a origem da guerra é associada com o Dilúvio, lenda que circulou em toda a Ásia Menor, provavelmente oriunda da região do Eufrates, frequentemente inundada. Determinado a eliminar a insatisfatória espécie humana, ou de acordo com *Cypria*, querendo "diminuir" a população que estava exaurindo os alimentos da terra, Zeus decidiu-se à grande guerra do Ílio porque o imenso número de mortos poderia esvaziar o mundo. Assim, ele planejou, ou aproveitou, a disputa das deusas sobre a maçã para desencadear a guerra. Eurípides adota esta versão quando faz Helena dizer, no drama que tem seu nome, que Zeus se valeu da guerra "para poder aliviar a Terra de miríades de hóspedes humanos". Evidentemente, muito cedo já deve ter existido profundo senso de desvalorização da criatura humana, capaz de produzir lendas desse tipo.

Livre para exercer sua malícia, Ate, em outra ocasião, urdiu complicado jogo de truques destinado a atrasar o nascimento de Héracles, filho de Zeus, permitindo, dessa maneira, o nascimento, antes dele, de uma criança inferior, que privou Héracles do direito de primogenitura. Furioso com tal ardil (que, realmente, parece extravagante até mesmo para um imortal), Zeus expulsou Ate do Olimpo, condenando-a a viver entre os homens daí por diante. Por causa dela, a Terra passou a ser denominada "Campina de Ate"; não "Prado de Afrodite", "Jardim de Deméter", "Trono de Atena" ou qualquer outro título mais promissor. Os antigos sabiam amargamente que viviam no reino da insensatez.

Os mitos gregos cuidam de cada contingência. De acordo com a lenda narrada na *Ilíada*, Zeus, arrependendo-se do que havia feito, criou quatro filhas chamadas *Litai*, ou "Suplicantes do Perdão", que ofereciam aos mortais meios para escaparem de sua insensatez, mas apenas quando eles soubessem corresponder. "Aleijões, encarquilhadas criaturas de olhos angustiados", as Litai seguem Ate ou Insensatez Passional (em algumas versões referida como Ruína ou Pecado), na condição de curandeiras.

> Se acaso qualquer homem
> reverencia as filhas de Zeus quando se aproximam,
> é premiado e suas preces acabam atendidas;
> mas se as menospreza e as manda embora,
> elas voltam para Zeus e a Zeus rogam
> que lance contra ele os cães da loucura
> até arrancar-lhe a arrogância do espírito.

Enquanto isso, Ate vai viver entre os homens e em dois tempos causa a famosa disputa de Aquiles e Agamenon, gerando uma fúria que se torna relevante na *Ilíada* e sempre pareceu tão desproporcional. Quando, afinal, a querela que tanto prejudicou os gregos e prolongou a guerra é suplantada, Agamenon culpa Ate, ou Engano, por sua louca paixão pela moça que havia tirado de Aquiles.

Engano, filha mais velha de Zeus, maldição
que a todos ilude e a todos extravia...
...levou-me a esposa
e a outros confundiu, antes de mim

e, podemos acrescentar, a muitos confundiu depois, apesar das Litai. Ela aparece novamente na assustadora alucinação de Brutus ao olhar o cadáver do assassinado a seus pés, quando imagina como "o espírito de César, ávido por vingança, com Ate ao seu lado, gritará 'Destruam!', e soltará os cães da guerra".

Antropólogos têm submetido o mito a infinitas classificações e algumas insólitas teorias. Tido por produto da psique, vem sendo acolhido como meio de trazer à luz terrores submersos, ou realizações de desejos, ou para nos reconciliar com a condição humana, ou, ainda, na condição de veículo destinado a revelar contradições e problemas sociais e pessoais que as criaturas enfrentam durante a vida. Os mitos são vistos como *mapas* ou *rituais*, servindo a inúmeras funções. Tudo isso, ou parte disso, pode ser válido ou não; podemos estar seguros, todavia, que os mitos são protótipos do comportamento humano e que um dos rituais que lhes dão base é aquele do bode amarrado com um fio vermelho, abandonado no deserto, para aí expiar erros e pecados da espécie humana.

As lendas compartilham do mito e de alguma coisa mais, talvez uma conexão histórica, embora desmaiada e muito remota, mas não de todo esquecida. O Cavalo de Troia não é um mito no mesmo sentido de Cronos, engolindo seus filhos, ou de Zeus, se transformando em cisne ou em chuva de ouro para entregar-se aos prazeres do amor adulterino. É uma lenda sem elementos sobrenaturais, exceto pela ajuda de Atena e a intrusão das serpentes, que foram, sem dúvida, acrescentadas para justificar a rejeição dos avisos de Laocoonte (algo demasiado compulsivo, pois deixou os troianos sem opção além daquela que os levou a seguir o curso do destino e do desastre).

Contudo, a alternativa viável – a de destruir o cavalo – esteve sempre disponível. Cápis, o Velho, aconselhou-a, antes de Laocoonte;

Cassandra, depois. Apesar das frequentes referências no decorrer do épico sobre ter sido ordenada a queda de Troia, não foi o destino, mas, sim, o livre-arbítrio o que levou o cavalo para dentro dos muros da cidade. O "Destino", como personagem nas lendas, se encaixa nas expectativas do ser humano a respeito dele mesmo.

3
Os papas da Renascença provocam o cisma protestante: 1470-1530

A Renascença - aquele período histórico em que os valores deste mundo passaram a suplantar os do além-túmulo - floresceu na Itália aproximadamente à época em que Colombo descobriu a América. Sob seu impulso, o indivíduo percebeu ser artífice e diretor do próprio destino, em vez de atribuir esse mérito a Deus. Suas necessidades, ambições e desejos, seus prazeres e posses, sua mente, sua arte, seu poder, sua glória eram o propósito da vida. Esta passagem terrestre não mais se resumia, como no conceito medieval, em fatigante exílio no roteiro a ser percorrido pela alma em busca do destino espiritual.

Durante um período de sessenta anos, *grosso modo* situado entre 1470 e 1530, o espírito secular dos tempos foi exemplificado numa sucessão de seis papas - cinco italianos e um espanhol* - que o exacerbaram até extremos de venalidade, amoralismo, avareza e poderio político fantasticamente calamitoso. Em seus reinados escandalizaram os fiéis, conduziram a Santa Sé a conflitos, deixaram sem resposta os brados por reformas, ignorando todos os protestos, advertências e a crescente revolta, conseguindo, afinal, espatifar a unidade da Igreja e perder metade de seu rebanho para a cisão protestante. Praticaram a insensatez da contumácia e da obstinação, possivelmente a de maiores consequências da história ocidental, se medidas por seus resultados em séculos de continuada hostilidade e guerras fratricidas.

---

*Sem considerarmos um que reinou durante 26 dias e outro, estrangeiro, que esteve no pontificado por menos de dois anos.

Os escândalos desses papas não surgiram como frutos da explosão da Alta Renascença. Ao contrário, eles coroaram os hábitos de insensatez dos governos papalinos, desenvolvidos ao longo de cento e cinquenta anos e derivados do exílio do papado em Avinhão, durante a maior parte do século XIV. A tentativa do retorno a Roma resultou no cisma de 1378, com um papa em Roma e outro em Avinhão, seus sucessores clamando serem os verdadeiros pontífices, por mais de meio século. Dali em diante, a obediência de cada país ou reino a um ou outro dos papas era determinada por interesses que politizaram completamente a Santa Sé. A dependência estabelecida junto aos governantes laicos foi herança fatal, advinda do cisma, porque os papas rivais julgaram necessário impor seu poder dividido mediante toda sorte de barganhas, concessões e alianças com reis e príncipes. Como as receitas estavam igualmente divididas, o cisma, além de politizar, comercializou o pontificado, tornando a captação de recursos uma preocupação dominante. A partir de então, a venda de todas as coisas possíveis, materiais ou espirituais, a mando da Igreja, que iam de absolvições e salvação das almas a episcopados e abadias, gerou perpétuo comércio, atraente pela mercadoria oferecida, repelente no mal que fazia à religião.

Sob o impetuoso humanismo da Renascença, os papas, depois que a Santa Sé foi definitivamente restaurada em Roma, no ano de 1430, adotaram os valores e princípios dos príncipes-piratas que governavam as cidades-estado da Itália. Opulentos, elegantes, despudorados, em disputas infinitas uns com os outros, esses dirigentes da vida italiana, em razão de suas rixas e limitadas possibilidades territoriais, não passavam de potentados da discórdia. Ao reproduzirem os exemplos de avareza e luxúria, os seis papas não procederam melhor que seus modelos; em face do status superior, foram piores. Perseguindo os despojos do cargo como cães a farejar a caça, cada um dos seis papas, entre os quais um Bórgia e dois Médici, revelou-se totalmente dominado pela ambição de estabelecer a fortuna da família, de molde a que essa fortuna a eles sobrevivesse. Com esse propósito cerrado, cada um por seu turno mergulhou na política temporal da época, o que significava mudanças incessantes num rondó de combinações, intrigas e manobras, nenhuma delas com interesse permanente ou princípio diretivo, reguladas tão somente pelo que parecia ser o equilíbrio do poder em determinado momento. Visto que o fiel da balança política era frágil e oscilava constantemente, tais arranjos sofriam toda sorte de volteios e traições, permitindo – na realidade exigindo – o apelo às negociatas, subornos e conspiratas como substitutos do pensamento e da doutrina.

O fator político dominante desse período foram as constantes invasões da Itália pelas três potências de então – França, Espanha e Império Habsburgo –, em aliança com um ou outro dos Estados italianos. Competiam pela conquista da península ou partes dela. Embora o papado estivesse por inteiro engajado nessas lutas, não dispunha de recursos militares que tornassem decisiva sua participação. Quanto mais se envolvia nos conflitos temporais, com resultados constantemente perniciosos, mais impotente parecia – e acabou ficando – perante os monarcas. Encolhia-se, ao mesmo tempo, no que respeitava à óbvia tarefa das reformas religiosas, por temer toda e qualquer perda de autoridade e das oportunidades de ganhos privados. Como italianos, os papas da Renascença se associaram ao processo que transformou sua pátria em vítima da guerra, da opressão, da perda da liberdade; como vigários de Cristo, transformaram o pontificado em objeto de zombaria, dando origem a Lutero.

Havia alternativa viável? A alternativa religiosa – sob aparência de resposta ao persistente brado por reformas – era difícil em face dos interesses ocultos que moviam toda a corrupta hierarquia, mas, de qualquer sorte, ainda factível. Vozes de alerta falavam em alto e bom som, de forma constante, bem como eram explícitas as queixas quanto à incúria papal. Regimes ineptos e corruptos tais como os dos derradeiros Romanov ou do Kuomintang geralmente não podem ser reformados sem revolta global ou dissolução. No caso do papado renascentista, um trabalho de purificação iniciado nos altos escalões por um pontífice devotado, e perseguido com iguais vigor e tenacidade por sucessores de idêntica envergadura, poderia ter extirpado as práticas mais detestáveis, indo ao encontro das súplicas por dignidade na Igreja e em seus ministros, com o que estariam preenchidas as necessidades de conforto espiritual, tornando possível evitar a cisão final.

Na esfera política, a alternativa poderia ser uma tônica institucional consistentemente trabalhada. Se os papas tivessem dirigido energias para tal fim, em vez de dissipar esforços nas trilhas miúdas da cupidez pessoal, poderiam ter manobrado as hostilidades dos poderes seculares no interesse dos Estados papalinos. Não se tratava de tarefa superior ao que eles podiam. Três desses seis pontífices – Sisto IV, Alexandre VI e Júlio II – foram homens hábeis, de vontade poderosa. Nenhum deles, porém, exceto o persistente Júlio, demonstraria um traço sequer de estadista, ou se elevaria, pelo prestígio da Cadeira de São Pedro, a uma visão apropriada das responsabilidades políticas e, muito menos, no tocante aos aspectos espirituais de sua missão.

Pode-se atribuir às condições morais e às atitudes desses tempos a impossibilidade psicológica de alternativas. Nesse sentido, *qualquer* alternativa não adotada pode ser considerada além do horizonte das pessoas em questão. Que os papas da Renascença eram modelados e dirigidos pela sociedade em que respiravam é inegável, mas a responsabilidade do poder frequentemente exige resistência e redirecionamento às condições prevalecentes. Em vez disso, os papas sucumbiram, como veremos, ao que havia de pior na sociedade, exibindo, ao lado da visível e crescente inquietação social, uma visão bitolada.

As reformas eram preocupação universal da época, expressas na literatura, em sermões, em panfletos, em canções, em assembleias políticas. Os reclamos de todos aqueles que pelos tempos afora foram calados pela caminhada mundana da Igreja, juntamente com aspirações de pureza a serviço de Deus, tornaram-se largamente difundidos e generalizados desde o século XII. Foi esse lamento que São Francisco escutou na visão que teve na igreja de São Damião: "Minha casa anda em ruínas! Restaurai-a!" Havia imensa insatisfação com o materialismo e o clero envilecido, com a corrupção avassaladora e a cobiça em todos os níveis, da cúria papal ao pároco de aldeia, daí o brado de reforma de "cabeça e membros". Graças eram forjadas para venda, doações para as Cruzadas acabavam engolidas pela cúria, mascateavam-se indulgências no comércio comum, de sorte que o povo – queixava-se o chanceler de Oxford em 1450 – não dava mais atenção aos pecados, pois lhe era possível comprar redução das penas, ao preço de 6 *pence*, ou ganhá-la "como um prêmio no jogo de tênis".

Havia profunda insatisfação com o absenteísmo, a caça a benefícios de toda ordem, a indiferença da hierarquia, e seu divórcio, cada vez maior, do restante do clero, com a visão de prelados vestidos de forma suntuosa, o que se estendia a seus auxiliares e dependentes, com os sórdidos e ignorantes padres das aldeias, com os clérigos mantendo concubinas e esborniando, em nada diferentes do homem comum. Isso tudo se constituía em fonte de imenso ressentimento, pois na concepção das pessoas e mesmo na própria doutrina os padres seriam, supostamente, homens de santidade agindo como intermediários entre Deus e as criaturas. Onde poderiam as gentes buscar perdão e esperança se tais intermediários falhavam em seu ofício? Os fiéis sentiam-se traídos com a evidência diária do abismo representado pelo que os agentes de Cristo deveriam parecer e o que realmente demonstravam ser. Basicamente, nas palavras de um subprior de Durham, o povo "vivia esfomeado pela palavra de Deus", e não podia obter de seus ministros indignos "a fé legítima e os preceitos morais em que consistia a salvação das almas!". Muitos padres "jamais haviam lido o Velho Testamento nem superficialmente o Livro dos Salmos", e inúmeros subiam ao púlpito bêbados. Raramente visitando suas sés, os prelados não transmitiam instrução ou liderança religiosa ao clero menor, de sorte que os padres frequentemente desconheciam quais eram seus deveres, de que forma deveriam conduzir os rituais ou ministrar sacramentos. Embora críticas ao clero fossem proibidas aos pregadores laicos, isso, quando acontecia, se transformava nas delícias da congregação. "Se o pregador lança uma palavra contra padres ou prelados, instantaneamente os que estão a cochilar acordam, os que se enfadam mostram-se atentos... fome e sede são esquecidas num átimo", e os mais iníquos entre eles julgam-se "idôneos ou santos, se comparados com o clero".

Na altura do século XIV os protestos tomaram forma e encontraram voz nos movimentos dissidentes dos lollardos e dos hussitas e em grupos laicos comunais do tipo Irmandade da Vida Santificada, onde a genuína piedade encontrava abrigo cálido fora da Igreja oficial. Aqui, muitos dos pontos de dissensão doutrinária que mais tarde marcariam a revolta protestante já estavam expressos: esses irmãos eram contrários à transubstanciação, rejeitavam a confissão auricular, o tráfico de indulgências, as peregrinações, a veneração de santos e relíquias. Uma dissidência de Roma não estava fora de cogitação. No século XIV o afamado doutor em teologia William Ockham podia conceber a Igreja sem papa, e em 1453 um romano, Stefano Porcaro, liderou conspiração destinada a acabar de vez com o papado (embora pareça ter sido movimento mais político que religioso, em suas origens). A imprensa e uma crescente alfabetização alimentavam as divergências, especialmente mediante o conhecimento da Bíblia nos idiomas nacionais. Quatrocentas edições da obra surgiram nos primeiros sessenta anos da invenção da imprensa, e qualquer pessoa que pudesse ler encontraria no espírito dos Evangelhos algo essencial, que faltava à hierarquia da época, em suas roupagens rubras e púrpuras.

A Igreja, como instituição, falava regularmente em reformas. Nos concílios de Constança e Basileia, realizados na primeira metade do século XV, pregadores renomados insistiam junto aos delegados, a cada domingo, contra as práticas corruptas e a moral frouxa, combatendo a simonia,* em especial, a incapacidade em gerar o instrumento salvador da revivescência cristã, a falta de cruzadas contra os turcos, e demais pecados que vinham causando o crepúsculo da vida cristã. Exigiam ações e medidas positivas. Os concílios davam curso a discussões babilônicas, debatiam propostas inumeráveis, editavam alguns decretos que se destinavam, principalmente, a resolver disputas entre o papado e a hierarquia sobre distribuição de receitas e alocação

*Simão, o Mago, quis comprar a São Pedro o direito de impor o Espírito Santo; *simonia* ficou significando venda de coisas sagradas ou espirituais. (*N. do T.*)

de benefícios. Não cuidavam do que fluía subterraneamente, das necessidades básicas em assuntos tais como visitação dos bispos às sés, educação do clero menor, reorganização das ordens monásticas.

O alto clero não era maciçamente indiferente; em seu meio havia abades, bispos, até mesmo alguns cardeais que demonstravam ser reformadores severos. Os papas, também, esboçaram certos gestos intermitentes de resposta aos anseios gerais. Programas de reformas foram debuxados por conta tanto de Nicolau V como de Pio II, em 1440 e 1460, respectivamente, em período que antecedeu aos dos seis papas deste ensaio. No caso de Pio II, coube a tarefa a Nicolau de Cusa, íntegro reformador e pregador, legado e cardeal alemão. Ao apresentar seu plano ao papa, Nicolau disse que as reformas eram necessárias a fim de "transformar toda a cristandade na imitação de Cristo, a começar pelo pontífice". Outro reformador, o bispo Domenico de Domenichi, autor de um *Tractatus* sobre reformas a pedido do mesmo papa, foi igualmente taxativo. Seria inútil, ele escreveu, defender a santidade do papado junto a príncipes delinquentes porque os hábitos pecaminosos dos prelados e da cúria faziam com que os leigos considerassem a Igreja "Babilônia, mãe de todas as fornicações e abominações do mundo!".

No conclave destinado a eleger o sucessor de Pio II, em 1464, Domenichi resumiu da seguinte maneira o problema que deveria ter chamado a atenção de Sisto e seus sucessores: "A dignidade da Igreja deve ser recuperada; sua autoridade, revivescida; a moral, reformada; a cúria, regulada; o curso da justiça, garantido; a fé, propagada", enquanto seriam reconquistados os territórios papalinos e, utilizando suas próprias palavras, "confiadas armas aos fiéis para fazerem a Guerra Santa".

Bem pouco desses objetivos viria a ser atendido pelos seis papas da Renascença. O que frustrou as reformas foi a falta de apoio, para não se falar na ativa hostilidade que lhes destinavam a hierarquia e o papado, cujas fortunas pessoais se construíam no sistema em vigor e que entendiam as reformas como sendo a predominância de concílios voltados à restrição da soberania papal. Durante todo esse século, desde a revolta de Hus,* uma revolução religiosa estava em andamento, mas os dirigentes da Igreja dela não tomaram conhecimento. Consideravam os protestos como meras assimetrias a serem suprimidas, jamais como sérios desafios.

Entrementes, uma nova fé, o nacionalismo, além de outro desafio representado pelas Igrejas nacionais, já estavam a minar a regra romana. Debaixo das pressões políticas e dos acordos que se tornaram necessários devido ao cisma, o poder de designação, fonte essencial do império papalino e de suas receitas – que o papado usurpara dos cleros locais, a quem pertencera originalmente –, foi entregue gradualmente aos soberanos laicos ou exercido por sua ordem e em função de seus interesses. Era um poder já perdido na França e na Inglaterra mediante convênios firmados com seus governantes e, posteriormente, nesse mesmo período, seria entregue aos dirigentes do Império Habsburgo, da Espanha, e a outros potentados estrangeiros no decurso de diversas barganhas políticas.

Na Renascença, em escala extraordinária, o mal caminhava ao lado do bem, por entre o maravilhoso desenvolvimento das artes, combinado com degradação política e moral e comportamento vicioso. A descoberta de que a Antiguidade clássica punha ênfase na capacidade humana, e não em uma Santíssima Trindade fantasmal, representou experiência exuberante, que levou a apaixonado envolvimento com o humanismo, principalmente na Itália, onde isso foi sentido no retorno às idas glórias nacionais. A veemência com que se valorizavam as benesses da vida material significou abandono do ideal de renúncia cristã, e o orgulho do individualismo minou a submissão à palavra de Deus, propagada pela Igreja. À medida que se rendiam aos encantos da Antiguidade pagã, menos reverência os italianos das classes dirigentes sentiam pelo cristianismo, o qual, como Maquiavel escreveu em *Os discursos*, faz com que "a suprema felicidade consista em humildade, abnegação e desprezo pelas coisas

*João Hus (ou Huss), 1369-1415, teólogo e reformador tcheco, acusado de heresia. Morreu na fogueira. Seus seguidores denominavam-se hussitas. (*N. do T.*)

humanas", ao passo que a religião pagã aponta como bens supremos "a grandeza do espírito, a força do corpo e todas as demais qualidades que fazem do homem um ser temível".

Os novos empreendimentos econômicos que se seguiram à depressão e miséria ocorridas no crepúsculo da Idade Média acompanharam o humanismo na segunda metade do século XV. Diversas explicações têm sido elaboradas visando explicar essa recuperação: a imprensa teria aumentado o acesso ao conhecimento e às ideias; avanços na ciência ampliaram a visão do universo; a aplicação dessa nova ciência conduziu a técnicas mais aprimoradas; novos métodos de financiamento estimularam a produção; progressos na arte de navegar e na construção de navios fortaleceram o comércio, alargando os horizontes geográficos; uma recente centralização do poder, advindo das comunas medievais em declínio, estava à disposição das monarquias, prestigiadas, ainda, pelo crescente nacionalismo nascido no século anterior; a descoberta do Novo Mundo e a circum-navegação do globo abriam possibilidades ilimitadas. Tenham sido essas as causas ou tão somente coincidências, ou, ainda, movimentos de maré no misterioso fluxo e refluxo da vida humana, o certo é que assim ficou marcado o período que os historiadores assinalam como Idade Moderna.

No bojo desses sessenta anos, Copérnico estabeleceu a verdadeira relação entre a Terra e o Sol; as naves portuguesas transportaram escravos, especiarias, ouro em pó e marfim da África; Cortés conquistou o México; os Fuggers da Alemanha investiram lucros obtidos no negócio de lãs em comércio, bancos, transações imobiliárias, criando o mais poderoso império mercantil da Europa. O filho do seu fundador, chamado Jacó, o Rico, resumia o espírito dos tempos ao gabar-se de que continuaria ganhando dinheiro enquanto tivesse uma centelha de vida no corpo. Seu êmulo italiano, Agostino Chigi, de Roma, empregava vinte mil pessoas nas filiais do seu negócio em Lyon, Londres, Antuérpia e – indiferente em negociar com os infiéis, desde que obtivesse lucros – também com sucursais em Constantinopla e Cairo. Tendo tomado Constantinopla em 1453, quando avançaram até os Bálcãs, os turcos eram concebidos de forma muito semelhante aos soviéticos na Guerra Fria, como uma espécie de sombra ameaçando a Europa, mas, conquanto assustadores os alarmes a seu respeito, as nações cristãs estavam demasiado empenhadas em lutas umas com as outras para que pudessem se reunir na ação contra eles.

Na Espanha, Fernando de Aragão e Isabel de Castela juntaram seus reinos por obra de um casamento, reintroduzindo a Inquisição e expulsando os judeus; Francisco I da França encontrou-se com Henrique VIII no Campo Vestido de Ouro; Albrecht Dührer floresceu na Alemanha, Jheronimus Bosch* e Hans Mamling na Flandres. Erasmo, acolhido com prazer em cortes e capitais por seu humor cético, foi o Voltaire de sua época. Sir Thomas More, quase ao final desses sessenta anos, publicou a *Utopia*, enquanto Maquiavel, espírito que lhe era oposto, revelava, na Itália, sombria visão da humanidade em *O príncipe*. Acima de todos, os italianos honravam a arte e a literatura como sendo as supremas conquistas do homem e assim, prestigiando essas vertentes, deram curso à extraordinária explosão de talentos, de Leonardo e Michelangelo a Ticiano e inúmeros outros, logo abaixo dos mestres maiores. A literatura foi ornamentada com os trabalhos de Maquiavel, a grande *História da Itália*, de Francesco Guicciardini, as comédias e sátiras de Pietro Aretino, o muito admirado poema épico de Ariosto, *Orlando Furioso*, que abordava as lutas de cristãos e muçulmanos e *O livro do cortesão*, de Castiglione.

Estranhamente, a eflorescência na cultura não refletiu progresso paralelo em termos de comportamento humano; ao contrário, ocorreu espantosa involução. Isso foi devido, em parte, à ausência, na Itália, da autoridade central representada por uma monarquia, o que deixou as cinco regiões maiores – Veneza, Milão, Florença, Nápoles e os Estados papais –, além das cidades-estado menores como Mântua, Ferrara e outras, em irresolvidos e infindáveis conflitos mútuos. Visto que o título de poder exibido pelos príncipes regionais decorria do grau de violência que seus maiores tinham sabido impor, as medidas por eles adotadas para manter ou ampliar seu mando eram igualmen-

---

*Ou Hieronymus Bosch como consta da edição original em inglês. Pintor holandês considerado precursor do surrealismo. (*N. do T.*)

te desinibidas. Sequestros, envenenamentos, traições, homicídios, fratricídios, encarceramentos, torturas eram métodos diários, aplicados sem remorso.

Para bem compreendermos os papas devemos olhar os príncipes. Quando os súditos de Galeazzo Maria Sforza, governante de Milão, o assassinaram numa igreja por seus vícios e tirania, seu irmão Ludovico, o Mouro, jogou o herdeiro – um sobrinho – no calabouço e tomou o governo. No momento em que a família Pazzi de Florença, antagonista de Lourenço de Médici, o Magnífico, não mais conseguiu suportar as frustrações de seu ódio, conspirou no sentido de assassiná-lo e ao seu belo irmão Juliano, durante missa solene na catedral. O sinal seria quando as sinetas tocassem, anunciando a elevação da hóstia e, realmente, nesse momento de alta espiritualidade, as espadas atacantes relampejaram. Juliano morreu no local, mas Lourenço, bem mais alerta, salvou-se graças à longa lâmina de sua espada, sobrevivendo para dirigir a vingança que resultou na total aniquilação dos Pazzi e de seus seguidores. Os homicídios eram frequentemente planejados para execução na igreja, onde a vítima, supostamente, teria menos homens armados lhe dando proteção.

De todos, os mais desagradáveis eram os reis da casa de Aragão, governantes de Nápoles. Ferrante (Ferdinando I), inescrupuloso, feroz, cínico e vingativo, concentrou todos os seus esforços, até morrer em 1494, na destruição dos que se lhe opunham e, nesse processo, causou maior dano à Itália, através de guerras mutuamente destruidoras, do que qualquer outro príncipe. Seu filho e herdeiro, Alfonso II, profligador animalesco, foi descrito por Comines, historiador francês seu contemporâneo, como o "mais cruel, mais vicioso e abjeto dos seres humanos jamais nascidos". Tal qual outros de sua espécie, ele manifestava publicamente profunda aversão por assuntos religiosos. Os *condottieri*, nos quais se apoiava o poder do príncipe, partilhavam de seus sentimentos. Na condição de mercenários que lutavam por dinheiro e não por lealdade, eles professavam "imenso desprezo pelas coisas sagradas... pouco se importando em morrer excomungados pela Igreja".

A vida renascentista em Roma nos é revelada na história de um médico do hospital de São João de Latrão, a qual se torna ainda mais apavorante por ter sido narrada no tom frio de John Burchard, mestre de cerimônias da corte papal, cujas anotações diárias constituem indispensável fonte de pesquisas. Ele deixava "todos os dias o hospital ao amanhecer, vestindo gibão, e com sua balestra matava quantos cruzavam seu caminho, embolsando o dinheiro que essas vítimas traziam consigo". Tinha uma espécie de sociedade com o confessor do hospital, o qual lhe indicava pacientes que haviam confessado possuir dinheiro; o médico aplicava aos apontados "um remédio eficaz" e, depois, dividia os ganhos com seu informante de batina. Burchard aduz que o médico acabou enforcado, juntamente com 17 outros meliantes.

O poder arbitrário, que traz consigo vasta gama de estimuladores da autoindulgência, caracteriza-se por imoderação e ferozes suspeitas dos rivais que possam surgir; costuma gerar déspotas erradios, com hábitos de pasmosa violência, frequentemente identificáveis tanto nos dirigentes-satélites como nos de maior mando. Pandolfo Petrucci, tirano de Siena por volta de 1490, gostava de divertir-se jogando blocos de pedra do alto dos muros sem cogitar a quem poderia estar atingindo. Os Baglioni de Perugia e os Malatesta de Rimini registravam meticulosamente, por escrito, episódios sanguinários de rixas e crimes fratricidas que cometiam. Outros, como os d'Este de Ferrara, a mais velha das famílias principescas, e os Montefeltri de Urbino, cuja corte Castiglione celebrou em *O cortesão*, eram honrados e tinham excelente conduta, chegando a ser amados por seus súditos. O duque Federico de Urbino constava ser o único príncipe que andava desarmado, sem escolta, e ousava espairecer em parques abertos. É tristemente típico o fato de que Urbino se tornou objeto de agressão militar despudorada por parte de Leão X, um dos seis papas deste estudo, que cobiçava o ducado para seu sobrinho.

Pari passu com os velhacos e seus escândalos, existiam decência e piedade, como sempre. Nenhuma característica isolada jamais engolfa toda uma sociedade. Inúmeras pessoas de todas as categorias, na Renascença, ainda adoravam a Deus, confiavam nos santos, desejavam apoio espiritual e viviam vidas dignas. Feitas as contas, foi por causa da genuína religiosidade e sensibilidade moral que a consternação ante o clero corrompido, especialmente no tocante à Santa Sé, demonstrou ser aguda e com tamanha veemência se fez escutar o brado por reformas. Se todos os italianos vivessem pelos padrões amorais de seus governantes, a depravação dos papas não teria sido causa de protestos.

Com a longa luta destinada a dar fim ao caos e ao desgosto gerados pelo cisma, e com a consequente união da Igreja, profanos e sacerdotes recorriam à convocação de concílios gerais, aos quais, supostamente, atribuía-se supremacia sobre a Santa Sé – e contra isso a instituição, não importava qual fosse o pontífice, resistia violentamente. Durante a primeira metade do século XV essa batalha dominou os negócios da Igreja, e embora os concílios tivessem finalmente obtido sucesso em estabelecer um único papado, falharam nas tentativas de fazer qualquer um dos reclamantes papais concordar com a supremacia conciliar. Sucessivos papas agarravam-se a suas prerrogativas, fincavam pé e, em virtude da oposição dividida, mantinham intacta sua autoridade, embora questionada. Pio II, mais conhecido como o admirável humanista e novelista Eneias Sílvio Piccolomini, foi advogado dos concílios no começo de sua carreira, mas em 1460, na condição de papa, divulgou a assustadora bula *Execrabilis*, ameaçando de excomunhão todo aquele que apelasse do papado a um grande concílio. Seus sucessores continuaram considerando os concílios como algo ligeiramente menos perigoso que os turcos.

Restabelecidos em Roma, os papas tornaram-se criaturas da Renascença, suplantando os príncipes em patronagem das artes, acreditando, como eles, que as glórias da pintura, escultura, música e letras, ornamentavam suas cortes e refletiam-lhes a munificência. Se Leonardo da Vinci enfeitava a corte de Ludovico Sforza em Milão, e o poeta Torquato Tasso, a dos d'Este de Ferrara, outros escritores e artistas viajaram em bandos para Roma, onde os papas eram tidos como pródigos em patronato. Não importa quais tenham sido suas falhas no pontificado, eles deixaram um legado imortal à humanidade através dos trabalhos que encomendaram: o teto da Capela Sistina por Michelangelo, as *stanze* vaticanas de Rafael, os afrescos na biblioteca da catedral de Siena por Pinturicchio, as pinturas nas paredes sistinas de Botticelli, Ghirlandaio, Perugino, Signorelli. Recuperaram e embelezaram Roma, a qual, abandonada durante o exílio de Avinhão, tinha decaído, despovoada, esquecida, pobre. Os papas descobriram tesouros clássicos, restauraram igrejas, pavimentaram as ruas, classificaram a incomparável Biblioteca Vaticana e, coroando o ápice do prestígio papalino – o que foi, também, ironicamente, gatilho da revolta protestante –, iniciaram a reconstrução de São Pedro, com Bramante e Michelangelo servindo de arquitetos.

Acreditavam que, através de grandiosidade e beleza visíveis, o papado cresceria em renome e a Igreja manteria seu domínio sobre os fiéis. Nicolau V, considerado o primeiro papa da Renascença, falou explicitamente dessa crença em seu leito de morte, em 1455. Urgindo os cardeais para que continuassem a renovação de Roma, disse: "Para criar convicção sólida e estável, algo deve apelar aos olhos dos fiéis. Uma fé sustentada apenas pela doutrina será sempre fraca e vacilante. Se a autoridade da Santa Sé tornar-se visível, materializada em edifícios majestosos... toda gente a aceitará com reverência. Nobres edifícios combinando gosto e beleza, de proporções imponentes, exaltarão imensamente a Cadeira de São Pedro." A Igreja tinha palmilhado longos caminhos desde Pedro, o Pescador.

I. HOMICÍDIO NA CATEDRAL: SISTO IV, 1471-84

Até a eleição, em 1471, do cardeal Francesco della Rovere, antigo geral da ordem franciscana, que adotou o nome Sisto IV, os papas do início da Renascença, embora sem qualquer interesse por renovação espiritual, haviam mantido, no conjunto, respeito nominal pela dignidade do pontificado. Sisto inaugurou uma fase de caça ao ganho pessoal e ao poder político de forma notória, despudorada, incansável. Ele adquirira renome na condição de pregador e conferencista nas universidades de Bolonha e Pádua. Como geral dos franciscanos, sua reputação era a de administrador hábil e severo. Tratando-se de um monge, é de se supor que tenha sido escolhido papa em reação ao mundanismo de seu predecessor, Paulo II, um patrício veneziano, ex-mercador. Na verdade, a eleição foi devida às hábeis manobras do ambicioso, inescrupuloso, riquíssimo cardeal César Bórgia, que depois viria a adquirir a tiara papal ele próprio. O apoio de Bórgia a Sisto vale por referência a certa identidade de caracteres, vínculo reconhecido pela história quando os designa, em conjunto com Inocêncio VIII, que reinou entre ambos, como sendo "os três gênios do mal".

O hábito franciscano albergava o caráter áspero, imperioso, implacável de Sisto; era ele homem de paixões violentas, que possuía, também, família numerosa, pobre e exigente. Dedicou-se a enriquecer os parentes; usando todos os recursos à disposição, buscou dar-lhes altos cargos, territórios papais e esposas escolhidas nas casas mais nobres. Após tomar posse no pontificado, chocou a opinião pública ao designar para cardeais dois de seus sobrinhos, Pietro e Girolamo Riario, ambos jovens, na casa dos 20 anos, que logo se tornariam notórios por comportamento alucinado e perdulário. Sisto, porém, não ficou por aí: conferiu o barrete vermelho a três novos sobrinhos e a um sobrinho-neto, fez bispo de um outro, casou quatro sobrinhos e duas sobrinhas nas famílias governantes de Nápoles, Milão, Urbino, e nas dos Orsini e Farnese. Parentes não pertencentes ao clero assumiram altos cargos no poder civil: prefeito de Roma, governador do castelo de Sant'Angelo e governadorias dos Estados papais com acesso às suas receitas. Sisto rasgou novos horizontes às possibilidades do nepotismo.

Superlotou o colégio dos cardeais com protegidos, designando mais de 34 membros em 13 anos de pontificado, embora o colégio estivesse restringido a 24; ao tempo de sua morte havia apenas cinco que a ele não deviam diretamente a nomeação. Estabeleceu a prática de seleção política com o propósito de atender a este ou àquele príncipe ou soberano, frequentemente escolhendo lordes, barões e jovens herdeiros das grandes famílias, sem considerar méritos e qualificações clericais. Deu a sé arquiepiscopal de Lisboa a uma criança de 8 anos e a sé de Milão a um rapaz de 11, ambos filhos de príncipes.

De tal forma secularizou o colégio que seus sucessores lhe seguiram o exemplo, como se tal fosse a regra. Nos vinte anos em que pontificaram Inocêncio VIII e Alexandre VI, cerca de cinquenta sés foram atribuídas a jovens abaixo da idade canônica de sagração.

Começando pelo comportamento insano de Pietro Riario, o sobrinho favorito, ao qual a nova fortuna da família pareceu levar a um quase paroxismo de loucura, os hábitos de extravagância desabrida tornaram-se característicos da corte papal, aumentando, depois, com as hordas dos novos-ricos Della Rovere. Os excessos do cardeal Riario alcançaram o auge em 1480, no banquete saturnino em que os pratos principais foram um urso inteiro, assado, mandíbulas abertas por meio de um artefato de madeira, veados reconstituídos, garças e pavões com suas plumagens, enquanto os convivas entregavam-se a exercícios orgiásticos dignos do antigo modelo romano. Descrições dessa saturnal tornaram-se ainda mais chocantes porque as pessoas estavam consternadas com o avanço dos turcos, que haviam desembarcado no calcanhar da Itália, tomando Otranto, embora não mantivessem a conquista por muito tempo. As vitórias turcas eram consideradas, geralmente, como tendo sido permitidas por Deus para punição dos pecados da Igreja.

A licenciosidade na hierarquia foi promovida, mas não iniciada, pelos Della Rovere; já era problema em 1460, quando o papa Pio II, em carta ao cardeal Bórgia, reprovava-o por uma festa que ele havia oferecido em Siena, onde "nenhuma das seduções do amor estivera faltando" e "a fim de que a luxúria corresse às soltas", os maridos, pais e irmãos das damas presentes não tinham sido convidados. Pio II referiu-se "à desgraça" que tais coisas significavam para a Santa Sé. "Eis por que príncipes e governos nos desprezam e os profanos riem-se à nossa custa... No futuro, o vigário de Cristo será desconsiderado porque parece tolerar tais atos." A situação sob Sisto não era nova; a diferença estava em que Pio se preocupava em coibir a deterioração, ao passo que seus sucessores não o tentavam nem davam a mínima importância a isso.

O antagonismo lentamente envolveu Sisto, em especial na Alemanha, onde o antirromanismo nascia de ressentimentos com o apetite clerical por dinheiro, agravado pelas exações financeiras da cúria, braço administrativo do papado. Em 1479, a Assembleia de Coblença despachou para Roma os *gravamina*, ou lista de queixas. Na Boêmia, berço da dissidência hussita, surgiu um manifesto satírico comparando Sisto a satã, orgulhoso no seu "total repúdio à doutrina de Jesus". Acostumada às críticas de uma ou de outra origem durante 15 séculos, a Igreja adquirira pele muito dura para se aborrecer com tais ninharias carregadas ao sabor dos ventos do império.

A fim de assegurar eficiente cobrança de rendas, Sisto criou a Câmara Apostólica, integrada por cem advogados, com a função de supervisionar os negócios financeiros dos Estados papais e os processos em que o papado possuía interesses pecuniários. Destinou tais rendas à multiplicação dos bens de seus familiares e ao aprimoramento das glórias externas da Santa Sé. A posteridade deve-lhe a restauração da Biblioteca Vaticana, cujo acervo triplicou, tendo contratado eruditos que se encarregaram dos trabalhos de registro e catalogação. Reabriu a Academia de Roma, convidou homens de renome para ingressarem em seus umbrais, estimulou as artes dramáticas e tornou-se patrono da pintura. Seu nome perpetuou-se na Capela Sistina, construída sob seu comando para renovação da velha São Pedro. Igrejas, hospitais, pontes caídas, ruas abandonadas foram beneficiados com restaurações.

Conquanto admirável por tais preocupações com a cultura, Sisto exibiu as piores características dos príncipes da Renascença em suas rixas e maquinações, conduzindo guerras em Veneza e Ferrara, além de inveterada campanha para aniquilar a família Colonna, da principal nobreza romana. O mais escandaloso de seus atos foi o envolvimento e possível instigação dos Pazzi no tocante à conspirata homicida contra os irmãos Médici. Aliado aos Pazzi por complexos interesses de família, ele aprovou ou até tomou parte no obscuro negócio; assim, ao menos, foi amplamente divulgado e acreditado, em especial devido às suas atitudes desabridas quando o crime falhou pela metade. Envolto num turbilhão de ódio pela violência da vingança com que os Médici responderam aos Pazzi, que incluiu o enforcamento de um arcebispo com violação das imunidades clericais, Sisto excomungou Lourenço de Médici e toda Florença. Esse uso de sanções espirituais por motivos temporais, embora certamente não fosse prática nova na Igreja, trouxe largo descrédito para o papa devido aos prejuízos causados aos florentinos e seu comércio, além de suspeitas que levantou quanto ao envolvimento pessoal do pontífice. O piedoso Luís XI, rei de França, escreveu-lhe em tom enfadado: "Queira Deus que Vossa Santidade esteja inocente de crimes tão horríveis!" A ideia de um santo padre associado a conspiração para homicídio numa catedral ainda não era aceitável, embora algum tempo depois tal coisa dificilmente viesse a ser considerada anormal.

A saúde interna da Igreja em nada interessava a Sisto, e todos os apelos por um concílio, crescendo de forma insistente, eram rispidamente rejeitados com base nos preceitos da *Execrabilis.* O arcebispo Zamometic, enviado do imperador, chegou a Roma emitindo ásperas críticas a Sisto e à cúria. Aprisionado por ordem do papa no castelo de Sant'Angelo, acabou libertado pela intervenção de um cardeal amigo e, embora conhecendo bem os riscos, retornou sem descanso ao tema anterior. Publicou manifesto apelando aos príncipes cristãos para que dessem seguimento ao Concílio de Basileia a fim de prevenir a ruína da Igreja, causada pelo papa Sisto, a quem acusava de heresia, simonia, vícios vergonhosos, dilapidação do patrimônio da Igreja, instigação da conspirata Pazzi e secreta aliança com o sultão.

Sisto retaliou colocando a cidade de Basileia sob anátema, fechando-a efetivamente aos forasteiros, e uma vez mais mandou prender o arcebispo desafiador, que obviamente por severos maus-tratos veio a falecer, após dois anos, constando como suicídio sua morte.

Não existe prisão capaz de silenciar ideias cujos tempos chegaram, fato que normalmente escapa aos déspotas, por natureza governantes de estreita perspectiva. No último ano de vida, Sisto rejeitou um programa razoável que lhe foi submetido pelos Estados-gerais de Tours, na França. Agitada pela eloquência de um reformador apaixonado, Jean de Rély, a assembleia propôs reformas concernentes aos abusos fiscais, pluralização de benefícios e a odiada prática da *ad commendam,* mediante a qual designações temporárias, frequentemente de profanos, poderiam ser feitas "sob recomendação", sem que se exigisse aos assim recomendados o cumprimento dos deveres que lhes competiam. Um desses instrumentos que geraram peculiar paixão em sua época, a *ad commendam*, era instituto que Sisto poderia ter proibido facilmente, ganhando, em troca, imenso crédito pessoal junto ao movimento reformista. Mas ele permaneceu cego à oportunidade e ignorou o programa. Poucos meses depois estava morto. Tão odiento fora seu pontificado que Roma explodiu em duas semanas de tumultos e saques, sob a liderança dos soldados da facção dos Colonna, que ele tentara esmagar. Ninguém lamentou sua morte; Sisto IV nada carreou para a instituição que havia dirigido, a não ser descrédito.

II. ANFITRIÃO DO INFIEL: INOCÊNCIO VIII, 1484-92

Amável, indeciso, sujeito à influência de associados de vontade forte, o sucessor de Sisto era-lhe, em tudo, contrastante, exceto na qualidade ruinosa de seu pontificado, devido à omissão e fraqueza de caráter. Batizado como Giovanni Battista Cibo e oriundo de próspera família de Gênova, não foi inicialmente destinado à carreira eclesiástica, mas nela ingressou após juventude previsivelmente dissipada em que gerou e reconheceu um menino e uma menina ilegítimos. Não escolheu a Igreja devido a uma súbita conversão ou quaisquer outras circunstâncias dramáticas, mas simplesmente porque, para alguém possuidor das conexões certas, a Igreja oferecia carreira sólida, fato por todos sabido. Cibo obteve um bispado aos 37 anos e função na cúria papal no pontificado de Sisto, que apreciando sua natureza maleável o tornou membro de seu plantel de cardeais em 1473.

A elevação ao papado desse indivíduo obscuro e medíocre resultou de situação inesperada, como acontece frequentemente quando dois oponentes ferozmente ambiciosos bloqueiam mutuamente suas oportunidades. Esses dois, cada um dos quais realizaria seu objetivo no futuro, foram o cardeal Bórgia, que viria a ser Alexandre VI, e o cardeal Giuliano della Rovere, o mais hábil dos sobrinhos de Sisto, que seria Júlio II. Tão dominador e rixento quanto o tio, embora mais pragmático, Giuliano (cardeal de São Pedro) não poderia, por ora, conseguir a maioria dos votos do colégio. Bórgia tampouco os obteria, apesar das propinas acima de 25 mil ducados por ele distribuídas juntamente com promessas de promoção feitas aos seus colegas. Um enviado florentino escreveu em seu relatório que o cardeal Bórgia possuía reputação de ser "tão falso e orgulhoso a ponto de não haver perigo de que venha a ser eleito". No impasse, ambos os rivais farejaram o perigo da escolha do cardeal Marco Barbo, de Veneza, largamente respeitado por caráter reto e princípios rígidos, o qual, sem sombra de dúvida, cercearia as carreiras de um Bórgia ou de um Della Rovere e poderia, igualmente, inclinar-se pelas reformas. Quando Barbo obteve cinco votos num dos escrutínios, os dois cardeais uniram forças para impulsionar o inofensivo Cibo, indiferentes à afronta que faziam aos reformadores, representada pela eleição de um papa com filhos reconhecidos. Beneficiado pelos votos combinados dos dois, o novo candidato acabou tranquilamente coroado, adotando o título de Inocêncio VIII.

Como papa, Inocêncio distinguiu-se, principalmente, pela extraordinária indulgência que dedicou a Francesco, seu filho imprestável, nessa primeira vez em que o filho de um papa era publicamente reconhecido. Em tudo mais ele sucumbia à energia e vontade do cardeal Della Rovere. "Envie boas palavras ao cardeal de São Pedro", escreveu o enviado de Florença a Lourenço de Médici, "porque ele é o papa e mais do que o papa." Della Rovere movimentou-se no Vaticano e, dentro de dois meses, elevou seu próprio irmão Giovanni de prefeito de Roma a capitão-geral da Igreja. O outro patrono de Inocêncio, o cardeal Bórgia, permaneceu titular da vice-chancelaria, controlando a cúria.

Enriquecer Franceschetto, um tipo ganancioso e dissoluto que tinha o hábito de perambular à noite pelas ruas, em péssimas companhias, para propósitos lascivos, absorveu o máximo da atenção de Inocêncio. Em 1486, conseguiu arranjar o casamento do filho com uma filha de Lourenço de Médici, celebrando o enlace no Vaticano com uma festa de bodas tão elaborada que se viu forçado, por crônica escassez de fundos, a hipotecar a tiara papal e tesouros diversos a fim de pagar os gastos. Dois anos depois aplicou-se a idêntica extravagância, também no Vaticano, pelo casamento de uma neta com um negociante de Gênova.

Enquanto o papa divertia-se em tais arranjos, seu vice-chanceler, bem mais ativo comercialmente, criava novos cargos para executivos apostólicos, exigindo remuneração dos que aspiravam aos postos – evidência de que esses, por seu turno, contavam com retornos remuneratórios. Estabeleceu um departamento destinado à venda de favores e perdões a preços inflacionados, indo 150 ducados de cada uma dessas transações para o papa e o restante para seu filho. Quando perdões, em vez de aplicação da pena de morte em casos de homicídio e outros crimes nefandos, foram questionados, o cardeal Bórgia defendeu a prática sob alegação de "que o Senhor deseja não a morte do pecador mas, ao contrário, que ele viva e pague".

Sob tal regime e as influências de seu predecessor, os padrões morais da cúria derreteram-se como cera de vela, alcançando estágio de venalidade que não poderia mais ser ignorado. Em 1488, a meio-termo do pontificado de Inocêncio, diversos altos funcionários da corte papalina foram presos e dois deles executados por terem forjado, para venda, cinquenta bulas papais de dispensa, no período de dois anos. A penalidade máxima, destinada a tornar pública a indignação moral do papa, serviu para enfatizar as condições de sua administração.

Afundado no pantanal do influxo dos cardeais de Sisto, que incluíam membros das famílias mais poderosas da Itália, o Sacro Colégio era um palco de pompas e prazeres. Enquanto alguns poucos de seus membros podiam ser considerados sinceros em sua crença, a maioria era formada por nobres mundanos e cúpidos fazendo ostentação de seu esplendor, jogadores inveterados no tráfico sem fim de influência em benefício próprio ou no de seus soberanos. Entre os parentes de príncipes contavam-se o cardeal Giovanni d'Aragona, filho do rei de Nápoles; cardeal Ascanio Sforza, irmão de Ludovico, regente de Milão; cardeais Battista Orsini e Giovanni di Colonna, membros das duas famílias rivais que, em rixa eterna, dirigiam Roma.

Os cardeais, por essa época, não necessitavam ser padres – ou seja, qualificados pela ordenação para administrar sacramentos, celebrar a comunhão e os ritos espirituais –, embora alguns deles o fossem. Aqueles designados dentro do episcopado, o mais alto escalão do sacerdócio, continuavam conservando suas sés, mas a maioria integrava o mundo oficial da Igreja, sem funções clericais. Lançados nos mais elevados degraus da hierarquia, cada vez mais envolvidos em administração, diplomacia e negócios financeiros da Igreja, eles provinham das famílias dirigentes ou, se estrangeiros, eram mais cortesãos que religiosos. À medida que a secularização avançava, as indicações tornavam-se mais frequentes junto aos laicos – filhos e irmãos de príncipes ou agentes designados pelos monarcas, sem carreira eclesiástica anterior. Um deles, Antoine Duprat, chanceler de Francisco I, tornado cardeal por Clemente VII, último dos seis papas da Renascença, somente entrou em sua catedral já defunto, para as pompas fúnebres.

Assim como os papas de então, que consideravam o barrete vermelho moeda corrente e aumentavam o número de cardeais para ampliar sua influência e diluir a do colégio, os cardeais, por seu turno, exerciam vários ofícios, cada um deles significando novo caso de absenteísmo. Visando aumentar suas rendas, acumulavam abadias, bispados e outros benefícios, embora pelas leis canônicas somente os clérigos tivessem direito a receitas e pensões derivadas dos bens da Igreja. A lei canônica, entretanto, era tão elástica como outra qualquer, e a "via de exceção" permitia ao papa garantir vantagens e pensões aos leigos.

Intitulados príncipes da Igreja, os cardeais igualmente consideravam sua prerrogativa, até mesmo obrigação, igualarem em dignidade e esplendor os príncipes dos reinos profanos. Aqueles que dispunham de meios viviam em palácios com várias centenas de criados, viajavam ao exterior exibindo trajes marciais completos, espadas à cintura, mantinham cães e falcões para caçadas e, ao desfilar pelas ruas, competiam em magnificência e número de servidores montados, cuja manutenção permitia aos príncipes da Igreja aduzir mais uma facção contra os cidadãos romanos que persistiam em criar tumultos na cidade. Os cardeais usavam fantasias, músicos e carros alegóricos espetaculares nos dias de carnaval; ofereciam banquetes ao estilo de

Pietro Riario, inclusive um deles, ordenado pelo opulento cardeal Sforza, que um cronista disse não ter coragem de descrever "para não acabar alvo de zombarias, com a pecha de contador de histórias da carochinha". Jogavam dados e cartas – e roubavam no jogo, de acordo com uma queixa de Franceschetto a seu pai, depois de perder 14 mil ducados numa única noite para o cardeal Raffael Riario. Deve ter havido alguma procedência nessa queixa, pois em outra ocasião o mesmo Riario – um dos muitos sobrinhos de Sisto – ganhou 8 mil ducados de outro colega cardeal.

Para evitar a diminuição de sua influência, os cardeais insistiram, condicionando assim a eleição de Inocêncio, em que fosse criada uma cláusula restringindo, como anteriormente, para 24 o número deles. Conforme as vagas surgiam, recusavam-se em consentir novas indicações, frustrando o nepotismo de Inocêncio. A pressão dos soberanos estrangeiros, porém, forçou algumas aberturas, e entre as primeiras escolhas de Inocêncio estava a de Lorenzo Cibo, irmão de seu filho natural. Ser filho ilegítimo era uma das barreiras canônicas para o ofício eclesiástico que Sisto já havia desconsiderado em benefício de César, filho do cardeal Bórgia, cuja escalada teve início aos 7 anos de idade. A legitimação de filhos ou sobrinhos transformou-se em rotina para os seis papas da Renascença, outro princípio da Igreja jogado ao léu.

A mais notável das poucas indicações permitidas a Inocêncio para o Sacro Colégio foi a do novo cunhado de Franceschetto, Giovanni de Médici, de 14 anos, filho de Lourenço, o Magnífico. Nesse caso, não se tratou do desejo de Inocêncio, mas de pressões do grande Médici destinadas a tornarem cardeal esse rapaz para o qual procurava ricos benefícios desde a infância. Tonsurado, isto é, dedicado à vida clerical com a idade de 7 anos, Giovanni foi abade aos 8, com a direção nominal de uma abadia que lhe foi conferida pelo rei da França e, aos 11, designado *ad commendam* para a grande abadia beneditina de monte Cassino, a partir de quando seu pai moveu todos os cordéis sob seu comando para lhe assegurar o cardinal ato como passo seguro rumo à tiara papal. O jovem Médici haveria de cumprir esse destino planejado tornando-se o quinto dos seis papas deste relato, Leão X.

Depois de atender ao desejo de Lourenço, Inocêncio, enérgico ao menos nesse episódio, insistiu em que o menino deveria esperar durante três anos antes de assumir seu lugar, devotando o tempo ao estudo de teologia e direito canônico. O candidato já estava mais instruído que a maioria, visto que Lourenço lhe propiciara excelente instrução através de distinguidos tutores e eruditos. Quando, afinal, em 1492, Giovanni, com 16 anos, investiu-se como cardeal, seu pai lhe escreveu uma carta séria e significativa. Advertindo-o no tocante à maligna influência de Roma, "que mergulha em todas as iniquidades", Lourenço aconselhava seu filho a "agir de modo a que todos ficassem convencidos de que o bem e a honra da Igreja e da Santa Sé representam a seus olhos mais do que qualquer outra coisa no mundo".

Após esse conselho, Lourenço não negligenciou em especificar a seu filho que ele teria oportunidade de "estar a serviço de nossa cidade e de nossa família", devendo, porém, permanecer atento às seduções das más obras do colégio dos cardeais que, "neste momento, é tão pobre em homens de valor... Se os cardeais fossem o que deveriam ser, o mundo se transformaria num lugar melhor, pois eles saberiam eleger um bom papa e assim assegurariam a paz da cristandade".

Aqui, expresso por um governante secular incomum da Renascença italiana, identifica-se o nó do problema. Se os cardeais fossem dignos, poderiam eleger papas dignos, mas eram todos células do mesmo corpo. Os papas *foram* os cardeais nesses sessenta anos, eleitos fora do Sacro Colégio e, por seu turno, apontando cardeais de sua mesma espécie. Insensatez sob a forma de absorção em lutas mesquinhas pelo poder e negligência maligna quanto às reais necessidades da Igreja, tornada endêmica, passada de mão em mão, como uma tocha, pelos seis papas da Renascença.

A inadequação de Inocêncio foi devida, parcialmente, à perpétua discórdia dos Estados italianos e dos poderes estrangeiros, igualmente. Nápoles, Florença e Milão estavam em guerra quase sempre, aliando-se entre si contra os restantes ou algum vizinho menor. Gênova "não hesitaria em pôr fogo no mundo", queixava-se o papa, ele próprio um genovês; a expansão territorial de Veneza era por todos temida; Roma não passava de campo de batalha crônico dos Orsini e Colonna; Estados menores frequentemente explodiam em querelas internas hereditárias entre as famílias dirigentes. Embora, quando ascendeu ao pontificado, Inocêncio tivesse desejado vivamente estabelecer a paz entre tantos adversários, não possuía firmeza suficiente para atingir seus fins. Essa energia, muitas vezes, lhe faltava devido a doenças recorrentes.

O pior de seus problemas foi a campanha de estúpida importunação, periodicamente transformada em guerra, que lhe foi movida pelo insuportável rei de Nápoles e cujo motivo parece ter sido, apenas, pura malignidade. Ele começou com insolentes demandas por certos territórios, recusou-se ao pagamento do costumeiro tributo de Nápoles, um feudo papal, conspirou com os Orsini buscando fomentar arruaças em Roma e ameaçou com a arma terrível do concílio. Quando os barões de Nápoles se insurgiram em rebelião contra sua tirania, o papa tomou o lado desses nobres. Em consequência, o exército de Ferrante marchou sobre Roma, sitiando-a, enquanto Inocêncio se debatia freneticamente em busca de aliados e forças armadas. Veneza manteve-se arredia, mas permitiu ao papa ali contratar mercenários. Milão e Florença recusaram ajuda e por razões inconfessáveis – talvez no desejo de ver os Estados papais debilitados – optaram por Nápoles. Isso ocorreu antes de Lourenço de Médici, o Magnífico, governante de Florença, ter estabelecido conexões familiares com Inocêncio, o que na Itália nem sempre era decisivo, pois associados de momento se transformavam em inimigos logo a seguir.

O apelo papal por ajuda externa gerou interesse na França devido à velha reivindicação anjuvina por Nápoles, a qual, a despeito dos desastres anteriores, era algo que a coroa francesa não conseguiria jamais abandonar. A sombra da França atemorizou Ferrante que, subitamente, no instante mesmo em que o sítio estava levando Roma ao desespero, concordou em firmar um tratado de paz. Suas concessões ao papa, que pareciam pasmosas, foram mais bem compreendidas mais tarde, quando ele violou todos os artigos do acordo, repudiando-o e retornando à agressão.

Ele se dirigia ao papa com desdém e insultos deslavados, enquanto seus agentes incentivavam rebeliões em diversos Estados papais. Esforçando-se para lidar com tumultos e conflitos em vários lugares simultaneamente, Inocêncio vacilava e procrastinava. Fez os esboços de uma bula destinada a excomungar o rei e o reino de Nápoles, mas desistiu de editá-la. O enviado de Ferrara consignou comentários de 1487 a respeito da "pusilanimidade, do desamparo e da incapacidade do papa" que, se não fossem dominados por alguma infusão de coragem, disse ele, levariam a sérias consequências. Tais consequências acabaram evitadas quando Ferrante, em outra de suas completas reviravoltas, suspendeu a guerra oferecendo condições amigáveis de ajuste, as quais o papa, não obstante todas as humilhações já sofridas, teve imenso prazer em aceitar. A fim de selar essa amizade quebradiça, o neto de Ferrante casou-se com uma das sobrinhas de Inocêncio.

Eram assim as guerras da Itália; embora essencialmente frívolas e até mesmo sem sentido, não deixavam de ser imensamente destrutivas, e o papa não escapava às suas consequências. A mais séria de todas seria uma diminuição sensível de seu prestígio. Durante o conflito com Nápoles, os Estados papais foram tratados como de menor importância, e o papa, pessoalmente, sem nenhum respeito – reflexos da insolência de Ferrante. Panfletos distribuídos em Roma pelos Orsini sugeriam a deposição do pontífice, apodando-o de "marinheiro genovês" que merecia ser lançado às águas do Tibre. Os abusos exercidos pelos poderes estrangeiros sobre prerrogativas papalinas aumentavam, as Igrejas nacionais obtinham benefícios das designações de seus próprios protegidos, retinham receitas e furtavam-se a obedecer os decretos de Roma. O papa resistia frouxamente.

Inocêncio construiu a famosa *villa* e galeria de esculturas na colina vaticana denominada Belvedere, pela soberba vista da Cidade Eterna que dali se descortina; contratou afrescos de Pinturicchio e Andrea Mantegna – que desapareceram, como a refletir o destino de seu patrono na história. Faltaram recursos e tempo a Inocêncio – talvez tenha faltado interesse, também – para muito mais do que isso no patronato das artes, e as pressões das reformas possivelmente foram problemas que o limitaram. Suas preocupações quanto às reformas concentraram-se no menos importante dos capítulos, aquele que reclamava novas cruzadas.

A opinião pública, é bem verdade, acreditava nas cruzadas como sendo uma grande restauração. Os pregadores que iam ao Vaticano a convite, duas vezes por mês, para falar à corte na condição de oradores, invariavelmente incluíam as cruzadas em suas exortações. Era dever do santo padre e parte essencial de seu ofício, lembravam eles, promover a paz entre os cristãos; *Pax et Concordia*, eis o propósito do governo pontificial. Dar fim às disputas das nações cristãs tornou-se o anseio mais comumente expresso pelos oradores, invariavelmente acoplado ao desejo de que as armas dos reis cristãos se voltassem contra o infiel. Somente quando dissuadidos de suas guerras poderiam os governantes seculares unir-se a fim de banir o inimigo comum, o turco, a "besta do Apocalipse", segundo palavras de Nicolau de Cusa, "inimigo de toda a natureza e da humanidade". Uma guerra ofensiva contra os turcos, arguiam, seria a melhor defesa da Itália. Constantinopla, os santos lugares e outros territórios perdidos poderiam ser recuperados. A unidade religiosa da humanidade sob o cristianismo representava o objetivo derradeiro, mas isso exigia também a derrota do sultão. A empresa como um todo libertaria a Igreja do pecado e daria início às reformas – ou, alternativamente, seria o coroamento delas.

Inocêncio empregou enormes esforços para engajar as potências nas cruzadas, tal qual o fizera Pio II com ainda maior coragem e quando o impacto da queda de Constantinopla era ainda recente. Contudo, a mesma deficiência que derrotara Pio e outros antes dele – a desunião dos príncipes europeus, semelhante à existente entre os italianos – permanecia. "Qual o poder mortal", escrevera Pio, "que poderá criar harmonia entre a Inglaterra e a França, genoveses e aragoneses, húngaros e boêmios?" Nenhum papa ou imperador tinha condições de exercer supremacia. Quem, portanto, seria capaz de convencer poderes discordantes e até mesmo hostis a se reunirem numa empresa conjunta? Sem comando supremo e uma disciplina única, qualquer exército grande o suficiente para ser eficaz acabaria desfeito no próprio caos. Além dessas dificuldades, faltava o impulso fundamental: não fora defesa, mas agressão, e uma fé igualmente agressiva, a mola propulsora das primeiras cruzadas. Desde então a Guerra Santa perdera credibilidade, quando o comércio com os infiéis provou ser lucrativo e os Estados italianos regularmente negociavam a ajuda do sultão em suas guerras uns contra os outros.

Contudo, Inocêncio, à base do que julgou ser anuência do imperador, anunciou a cruzada numa bula de 1486, decretando, ao mesmo tempo, um dízimo a ser cobrado de todas as igrejas, benefícios e pessoal eclesiástico dos diversos níveis – o que pode ter sido o verdadeiro propósito da bula. No ano seguinte, convocou um congresso internacional em Roma e apresentou moções relacionadas com planejamento de objetivos, discussão da estratégia, designação das rotas de marcha, comandantes e número dos contingentes nacionais. Ao final, força nenhuma se reuniu e muito menos partiu das praias da Europa. O fracasso acabou atribuído à explosão da guerra civil na Hungria e ao recomeço dos litígios entre a França e o Império, mas esses não passaram de pretextos com que se justificou o impulso absenteísta. Nenhuma Guerra Santa iria glorificar o pontificado de Inocêncio. Em vez disso, por uma dessas ironias do destino, o papado chegou à estranha acomodação com o inimigo da cristandade no caso notável do príncipe Djem.

Irmão do sultão, derrotado mas ainda perigoso litigante pelo trono otomano, Djem escapou à fraterna vingança refugiando-se para além do golfo do credo, junto aos Cavaleiros de São João, em Rodes. Embora originalmente destinados a combater os infiéis, os Cavaleiros eram suficientemente perspicazes para reconhecer em Djem um prêmio valioso; firmaram, em consequência, um acordo com o sultão, mantendo-o fora de ações beligerantes e recebendo, em troca, o subsídio anual de 45 mil ducados. O Grande Turco, como Djem ficou sendo conhecido, logo se transformou em alavanca por todos cobiçada. Veneza, Hungria, França, Nápoles e, obviamente, o papado competiam por ele. Após permanência temporária na França, Djem foi conquistado pelo papa, juntamente com seu subsídio, ao preço de dois cardinalados, um para o grão-mestre de Rodes, outro para um candidato do rei dos franceses.

Era intenção de Inocêncio usar Djem como meio de guerra contra o sultão sob a vaga teoria de que, se assistido em seu trono por cristãos, Djem retiraria as forças turcas da Europa, incluindo Constantinopla. Mesmo que tal coisa fosse verossímil, nunca ficou bem esclarecido de que forma significaria Guerra Santa a simples substituição de um muçulmano por outro muçulmano.

Em sua chegada a Roma, em 1489, o Grande Turco foi recebido com honras reais e suntuosos presentes, dirigindo-se ao Vaticano no palafrém branco do papa e sob escolta de Franceschetto. O povo excitado e intrigado enchia as ruas ao longo do caminho, olhando como num sonho, pois acreditava estar testemunhando a realização de velha profecia bem familiar – a de que o sultão viria morar com o papa em Roma, um dia, fazendo-se arauto da paz universal. O papa e os cardeais receberam em audiência esse conviva de elevada estatura e alvo turbante, dono de feições melancólicas que ocasionalmente ganhavam vida, quando seus olhos semicerrados fulguravam em ferozes olhadelas. Foi hospedado em suítes particulares nos apartamentos do Vaticano reservados aos hóspedes reais e regalado "com passatempos de todas as espécies, caçadas, música, banquetes e amenidades outras". Foi assim que o Grande Turco, irmão da "besta do Apocalipse", foi morar na casa do papa e no coração da cristandade.

Manobras diplomáticas continuaram a girar em torno dele. O sultão, temendo uma ofensiva dos cristãos com Djem de ponta de lança, iniciou algumas aberturas com o papa, mandou enviados e o presente de preciosa relíquia cristã, a Lança Sagrada, que supostamente teria atingido Cristo na cruz, a qual foi recebida com imenso cerimonial em Roma. A presença do irmão em custódia na corte papal serviu ao menos para cercear o sultão, pois, enquanto Djem viveu, ele não atacou mais territórios da cristandade. Sob esse aspecto, Inocêncio ganhou alguma coisa, mas perdeu mais do que ganhou. O povo em geral ficou consternado com essa relação, comprometendo-se o pontificado pela insólita cortesia dispensada ao Grande Turco.

Os surtos de doença tornaram-se mais frequentes em Inocêncio até que seu fim se fez evidente em 1492. Reunindo os cardeais em torno de seu leito de morte, pediu perdão por sua ineficácia e rogou que escolhessem um sucessor à altura do ofício. Seu desejo final ganhou a marca da futilidade que esteve presente em toda a sua vida. O homem que os cardeais selecionaram para ocupar o trono de São Pedro provou que nenhum outro mortal poderia estar mais próximo do que ele ao Príncipe das Trevas.

III. DEPRAVAÇÃO: ALEXANDRE VI, 1492-1503

Quando Rodrigo Bórgia completou 62 anos, após 35 como cardeal e vice-chanceler, seu caráter, hábitos, princípios ou falta de princípios, usos do poder, métodos de enriquecimento, amantes e sete filhos eram perfeitamente conhecidos por seus colegas no colégio e na cúria, a ponto de o jovem Giovanni de Médici, que participava de seu primeiro conclave, comentar, a respeito da elevação de Bórgia ao papado: "Estamos entre as manoplas de um lobo." Para o amplo círculo de príncipes italianos e elites dirigentes da Espanha, terra natal de Bórgia, e devido à sua reputação em outros países, o fato de que ele fosse imensamente cínico e espantosamente amoral, embora educado e até mesmo encantador, não era segredo ou surpresa, conquanto ainda não desfrutasse o ápice da fama de depravação que veio a ter. A tônica de seu pensamento era incuravelmente temporal: a fim de comemorar a expulsão final dos mouros, vencidos na Espanha em 1492, ano de sua eleição, ele, em vez de realizar um *Te Deum* de ação de graças, organizou uma tourada na praça de São Pedro no decorrer da qual cinco touros foram abatidos.

Depois de servir sob cinco papas, tendo perdido a última eleição, Bórgia não deixaria nesse caso a tiara passar diante de seus olhos. Ele pura e simplesmente comprou o papado diretamente de seus dois maiores rivais, os cardeais Della Rovere e Ascanio Sforza. Este, que preferia metal sonante a promessas, foi persuadido com lingotes de ouro carregados por quatro mulas despachadas do palácio Bórgia ao palácio Sforza, embora tal negócio, supostamente, fosse sigiloso. Anos depois, quando os hábitos do papa se tornaram mais expostos, quase todas as histórias a seu respeito, por monstruosas que parecessem, eram narradas e piamente acreditadas – e essa das mulas carregadas de lingotes de ouro pode ter sido uma delas. Contudo, há no episódio certa dose de credibilidade inerente: a de que seria muito difícil convencer um rival tão rico quanto Ascanio Sforza que, além do mais, acabou premiado também com a vice-chancelaria.

Bórgia era, ele próprio, beneficiário do nepotismo, tendo sido feito cardeal aos 26 anos por seu velho tio, o papa Calisto III, eleito aos 77 anos, quando evidências de senilidade já sugeriam que um novo papa seria escolhido em breve. Calisto, entretanto, teve tempo suficiente para presentear seu sobrinho com a vice-chancelaria pelo êxito obtido na recuperação de certos territórios dos Estados pontifícios. Com as rendas dos cargos que possuía no Vaticano, de três bispados na Espanha, além de abadias espanholas e italianas, mais o estipêndio de 8 mil ducados anuais como vice-chanceler e 6 mil do cardinalado, juntamente com lucros de operações privadas, Bórgia amealhou fortuna suficiente para se tornar o mais rico dos membros do Sacro Colégio. Em seus primeiros anos de cardeal, já adquirira o suficiente para construir um palácio de três pavimentos no centro de um parque onde vivia cercado por mobiliário suntuoso, estofamentos em cetim vermelho e veludos bordados a ouro, tapetes de cores harmoniosas, paredes cobertas por tapeçarias Gobelin, pratos de ouro, pérolas, sacolas de moedas de ouro, bens de que muito se gabava, dizendo possuir um tesouro capaz de encher a Capela Sistina. Pio II comparava sua residência com a Casa de Ouro de Nero, que em tempos idos estivera erguida próximo à de Bórgia.

Constava que ele jamais faltara, em 35 anos, a nenhum consistório, espécie de encontro de negócios dos cardeais, exceto quando doente ou afastado de Roma. Nada existia no tocante aos negócios ou oportunidades da burocracia papalina que lhe escapasse. Inteligente e enérgico, conseguira fortificar a posição de Roma e, como legado de Sisto, tivera êxito na espinhosa missão de persuadir a nobreza e a hierarquia da Espanha a apoiar o casamento de Fernando e Isabel, com a junção dos dois reinos. Era, provavelmente, o mais hábil dos cardeais. Alto, de robusta compleição, educado, possuía dignidade, até mesmo majestade no porte, parecia sempre elegante em trajes de finíssimo tafetá violeta e veludo vermelho, prestando muita atenção à largura das estrias de arminho que enfeitavam suas roupas.

De acordo com descrições dos coevos, seria homem sorridente e bem-humorado, jovial até, e dizia gostar de "fazer coisas desagradáveis de maneira agradável". Orador eloquente, lia muito, conseguia ser espirituoso, "fazendo questão de brilhar nas conversações", uma pessoa "brilhantemente aquinhoada para conduzir negócios" e, combinando picardia com típico orgulho espanhol, possuía espantosa facilidade para excitar a afeição das mulheres, "que são por ele atraídas mais fortemente que o ferro pelo ímã", havendo, aqui, a sugestão de que ele fazia sentir de modo vivo seu desejo por elas. Outro observador deixou anotação perfeitamente supérflua relativa ao fato de Bórgia "entender muito bem de questões financeiras".

Quando jovem cardeal, foi pai de um menino e duas meninas cujas mães permaneceram desconhecidas; depois, já na casa dos 40, ganhou mais três filhos e uma filha, nascidos de sua amante oficial, Vannozza de Cataneis,* que, segundo consta, sucedeu à própria mãe no leito do cardeal. Sua família era publicamente conhecida. Habilmente conseguiu para seu filho mais velho, Pedro Luís, o ducado de Gândia, na Espanha, e tornou-o noivo de uma prima do rei Fernando. Pedro morreu jovem e seu título, terras e noiva passaram ao favorito do pai, o meio-irmão Juan, destinado a morrer de uma forma que se tornaria proverbial na família Bórgia. César e Lucrécia, os dois famosos Bórgia que em muito ajudaram essa feição proverbial, eram filhos de Vannozza, juntamente com Juan e outro irmão, Jofré. A paternidade de uma oitava criança, Giovanni, nascida durante o pontificado Bórgia, parece ter sido incerta mesmo no seio da família. Duas bulas papais sucessivas a legitimaram, a princípio como filho de César, depois do próprio papa, enquanto a opinião pública preferia considerar o menino um filho bastardo de Lucrécia.

Fosse para manter um véu de respeitabilidade, ou pelo prazer de colecionar maridos enganados, o certo é que Bórgia apreciava ver suas amantes casadas; obteve dois casamentos sucessivos para

*Há estudos que registram seu nome como sendo Vannozza dei Catanei. (*N. do T.*)

Vannozza enquanto ela foi sua amante; o mesmo aconteceu com a sucessora, a belíssima Giulia Farnese. Com 19 anos e louros cabelos caindo até os pés, Giulia desposou um Orsini no palácio Bórgia e quase simultaneamente tornou-se amante do cardeal. Embora uma vida privada licenciosa não se constituísse em escândalo durante a alta Renascença, essa ligação entre um homem idoso – como ele era considerado aos 59 anos – e uma garota quarenta anos mais jovem ofendeu o gosto dos italianos, talvez porque eles a considerassem em desacordo com seu senso estético. Tornando-se objeto de gracejos obscenos, o *affaire* ajudou a denegrir a reputação de Bórgia.

Após sua eleição como papa, a negociata financeira que lhe garantira o cargo tornou-se de conhecimento público, através da fúria do desapontado Della Rovere e seus seguidores. Bórgia, pessoalmente, gabava-se do negócio. Isso provou ser um erro, pois a simonia era considerada pecado oficial, fornecendo trunfos para os inimigos do papa, que eles em breve usariam.

Entrementes, Alexandre VI, como agora se denominava, percorria Roma em cerimônia resplendorosa para tomar posse do Latrão, acompanhado por 13 esquadrões de cavalaria, 21 cardeais, cada um deles com escolta de 12 esquadras, embaixadores e nobres dignitários ricamente vestidos e montados. As ruas estavam decoradas com guirlandas de flores, arcos triunfais e estátuas vivas formadas por jovens nus pintados de dourado; bandeirolas exibiam as armas dos Bórgia, representadas por bem apropriado e vigoroso touro vermelho em campo de ouro.

Por essa altura a sombra da França podia ser sentida se espalhando pela Itália, preliminar dos tempos de invasões estrangeiras que seriam aceleradas com o declínio do papado e submeteriam a península a controle alienígena. Elas iriam devastar o país nos próximos setenta anos, arruinar sua prosperidade, estilhaçar o território, diminuir a soberania, impedir condições de unificação da Itália por quatrocentos anos – tudo isso sem trazer ganhos permanentes para quaisquer das partes envolvidas. Fragmentada pelas incessantes lutas civis de seus príncipes, a Itália se transformara em alvo apetitoso e vulnerável. Era invejada também por seus tesouros urbanos, embora a região não fosse tão tranquila, fértil, comercialmente próspera e nobremente adornada, como consta da famosa descrição de Guicciardini, feita às vésperas da invasão.

Nenhuma razão econômica estimulava tal invasão, mas a guerra ainda era uma atividade característica das classes dirigentes, sendo as indenizações e taxações sobre os territórios conquistados fonte de renda e meio de pagar as próprias campanhas guerreiras. Pode ser também que, tal qual as cruzadas constituíam válvulas de escape para a agressividade baronial, as campanhas italianas tenham representado simplesmente uma tendência da expansão nacionalista. A França havia se recuperado da Guerra dos Cem Anos, a Espanha finalmente expulsara os mouros, e ambas adquiriram, nesse processo, sua coesão nacional. A Itália, debaixo de cálido sol, dividida em lutas intestinas, tornara-se arena atraente para exercícios agressivos.

Na Itália, o escândalo da eleição de Alexandre poderia ter-lhe sugerido ser esse o momento próprio para dedicar algum tempo e pensamento aos problemas do governo religioso. Em vez disso, ele imediatamente passou a atender seus interesses políticos. Casou a filha Lucrécia com um dos Sforza e o filho Jofré com a neta do turbulento rei de Nápoles; no seu primeiro ano de pontificado, ampliou o Sacro Colégio, para fúria e ressentimento dos cardeais da oposição que, em sua condição de adeptos de Della Rovere no conclave, não conseguiram se colocar debaixo da mesma bonança. Impondo-se sobre essa amarga resistência, Alexandre nomeou 11 novos cardeais, inclusive Alexandre Farnese, irmão de sua amante; um filho temporão dos d'Este, de 15 anos; e o seu filho César, cuja incompatibilidade com a carreira eclesiástica era tão flagrante que ele próprio em breve renunciaria a ela, passando a dedicar-se às ocupações mais congeniais de guerras, homicídios e atividades afins. Os demais indicados foram judiciosamente selecionados buscando agradar todas as potências, um para cada um dos impérios: Império, França, Inglaterra, Espanha, Hungria, Veneza, Milão e Roma, entre eles diversos homens piedosos e ilustres. Tal influxo consolidou o domínio de Alexandre sobre o colégio e fez com que Della Rovere, ao tomar conhecimento das designações, lançasse um "brado de indignação", adoecendo em consequência de tamanho ultraje.

Alexandre designou ao todo, no correr dos anos, 43 cardeais, incluindo 17 espanhóis e cinco membros de sua própria família, tendo sido o exato montante cobrado pela venda de cada barrete cardinalício meticulosamente anotado por Butchard em seu diário.

O afastamento do papado das coisas religiosas nos últimos cinquenta anos, a sensação de que naufragava e o horror manifestado pelas reformas trouxeram forte impulso adicional aos planos franceses de invasão. O enfraquecimento genérico da autoridade do papa e a diminuição de suas receitas, causada pelas despesas escorchantes com as Igrejas nacionais durante um século, resultaram em notável aumento na autonomia da Igreja da França. Ao mesmo tempo existiam, aí, sérios problemas advindos da corrupção eclesiástica. Pregadores verberavam o declínio em sermões flamejantes, críticos sérios discutiam o assunto, assembleias eram marcadas para estudar medidas corretivas – tudo sem grandes efeitos práticos. Durantes esses anos, escreveu um francês, as reformas eram o tópico mais frequente em todas as conversações. Em 1493, quando estava em discussão a campanha destinada a dar solidez às reivindicações francesas sobre Nápoles, Carlos VIII reuniu uma comissão em Tours mandando preparar o programa da validação pelo qual sua marcha através da Itália seria a cruzada das reformas, com tácita ou implícita intenção de convocar um concílio para depor Alexandre VI, alegando simonia. Essa, contudo, não era uma ideia espontânea do rei. Um pobre tipo decrépito da linhagem decadente dos Valois, com a cabeça entontecida por sonhos de glórias de cavalaria e cruzadas contra os turcos, ele havia acrescentado o tópico das reformas religiosas às suas preocupações sob a influência persuasória do cardeal Della Rovere que, em seu ingovernável ódio por Alexandre, fora à França com o desígnio expresso de destruí-lo. Um papa "tão cheio de vícios, tão abominável aos olhos do mundo", deveria ser removido, insistia ele em dizer ao rei, para que novo pontífice pudesse ser eleito.

Justamente esse tipo de ação, iniciada pelos cardeais e apoiada pela França, causara o cisma de recente memória, e nada na história cristã havia antes causado tamanho dano à Igreja. Que Della Rovere e seu grupo pudessem contemplar a repetição de tal fato, eis o tipo de irresponsabilidade difícil de explicar, exceto à luz da insensatez que infectava cada um dos dirigentes da Igreja renascentista.

Alexandre tinha boas razões para temer a influência de Della Rovere junto ao rei da França, especialmente se ele conseguisse voltar a confusa mente real para o rumo das reformas. De acordo com Guicciardini, que não morria de amores pelos papas, "reformar era uma ideia terrível além de tudo mais", para Alexandre. Levando-se em conta que, no correr dos anos, Alexandre envenenou, aprisionou ou de outras maneiras tornou inoperantes os homens inconvenientes que se lhe opunham, é de se indagar por que não liquidou com Della Rovere; mas esse seu inimigo e sucessor já era por demais poderoso e, além disso, muito prudentemente vivia fora dos limites de Roma, habitando verdadeira fortaleza.

Relatórios chegados à França descreviam os Estados italianos em comoção frenética, combinando e recombinando entre si para resistirem aos invasores – ou a eles aderirem, dependendo das circunstâncias. O problema capital, tanto para governantes papalinos como seculares, era determinar qual a atitude mais vantajosa: apoiar Nápoles ou os franceses. Ferrante de Nápoles, cujo reino era o alvo da França, mergulhou num furacão de negociações, contranegociações, ofertas, contraofertas com o papa e os príncipes, mas, na condição de conspirador de longa data, não se podia furtar ao arranjo secreto de fórmulas destinadas a descumprir suas próprias alianças no devido tempo. Morreu dos esforços despendidos, ao cabo de um ano, sendo sucedido por seu filho Alfonso. Suspeitas mútuas dominavam seus vizinhos que, afinal, se omitiram, para (conforme disse George Meredith em outro contexto muito diferente deste) "afogarem-se em futilidades, congregarem-se em torno de absurdos, planejarem miudamente e conspirarem de forma alucinada".

A disputa por Milão que precipitou a invasão francesa ajusta-se a essa moldura. Começou com a queixa, levada a Ferrante por sua neta Isabella, filha de Alfonso e casada com o herdeiro legítimo de Milão, Gian Galeazzo Sforza, de que ela e o marido estavam despojados de seu legítimo direito, ficando em tudo subordinados ao regente Ludovico, o Mouro, e sua esposa, a eficiente Beatrice d'Este. Ferrante respondeu com ameaças tão furiosas que Ludovico ficou perfeitamente convencido de que sua regência – da qual não pretendia se afastar de forma alguma – estaria bem mais garantida se Ferrante e sua casa desaparecessem. Aliou-se, assim, aos barões napolitanos hostis ao rei e, pretendendo assegurar-se do êxito final, convidou Carlos VIII a entrar na Itália e estabelecer sua reivindicação sobre o trono de Nápoles. Isso correspondia a aceitar sérios riscos, porquanto a monarquia francesa, pela linhagem dos Orléans, tinha mais sérias pretensões sobre Milão do que sobre Nápoles, mas Ludovico, no fundo um aventureiro, sentiu-se confiante de que poderia controlar tal ameaça. Um erro, como eventos posteriores demonstraram.

Devido a tais motivos e raciocínios, a Itália encontrava-se aberta à invasão, embora, no último momento, quase a tivesse abortado. Os conselheiros de Carlos, em dúvida sobre a empresa, muito aborreceram o rei falando-lhe das dificuldades que defrontariam e da falta de confiança que lhes inspiravam Ludovico e os italianos em geral. Tanto o enervaram que ele mandou deter o exército cuja marcha já havia começado. Della Rovere surgiu na hora exata e, com o entusiasmo de suas exortações, refez o ânimo real. Em setembro de 1494 um exército francês de sessenta mil homens cruzou os Alpes carregando consigo, nas palavras de Guicciardini, as quais nesse caso não pecavam por exagero, "as sementes de calamidades infindáveis".

No começo, após girar de um polo a outro tomado de pânico, Alexandre acabou formando uma liga de defesa com Florença e Nápoles, que se desfez tão logo combinada. A defecção de Florença foi devida a uma crise de nervos de Piero de Médici, filho mais velho de Lourenço, o Magnífico, falecido dois anos antes. Subitamente apavorado ante o inimigo, Piero secretamente negociou os termos de um ajuste em que abria a cidade aos franceses. Após esse triunfo em Florença, o exército de Carlos caminhou sem resistência na direção de Roma, onde o papa, depois de tentar desesperadamente evitá-lo, acabou curvando-se ante a força. O desfile do exército invasor em Roma durou seis horas, com tropas de cavalaria e infantaria, arqueiros e besteiros, mercenários suíços, alabardeiros e lanceiros, cavaleiros em cotas de malha, esquadrões da escolta real carregando maças sobre os ombros, tudo isso sublinhado pelo ruído apavorante de 36 canhões arrastados sobre pedras arredondadas.

Roma estremecia sob o imenso afluxo. "As requisições são assustadoras", registrou o enviado de Mântua, "e inumeráveis os homicídios; só se escutam lamentos e gemidos. Jamais, na memória humana, a Igreja esteve a braços com tamanha angústia."

Negociações entre os invasores e o papado foram duramente pressionadas. Embora forçado a abandonar Nápoles e a entregar o príncipe Djem (que logo morreria sob custódia francesa), Alexandre resistiu firmemente a duas demandas: recusou-se a entregar o castelo de Sant'Angelo aos franceses e a investir formalmente Carlos com a coroa de Nápoles. Sitiado como se encontrava, essas recusas demonstraram muita força de vontade do papa, mesmo considerando-se que tenha permitido passagem às tropas invasoras para Nápoles através dos territórios papais. O único assunto fora de pauta nas reuniões foi o das reformas. A despeito das veementes exigências de Della Rovere e seus seguidores, o carcomido, desajuizado rei francês não era homem capaz de dominar um concílio, defender reformas ou depor o papa. Esse cálice foi afastado de Alexandre: ele permaneceu em paz. Os franceses dirigiram-se para Nápoles sem enfrentar combate; as únicas violências foram seus próprios saques e brutalidades nos lugares de que se apossaram. O rei Alfonso evitou a crise abdicando e ingressando num mosteiro; seu filho, Ferrante II, jogou fora a espada e fugiu.

A realidade da presença francesa na Itália meridional galvanizou, por fim, uma união de resistência iniciada pela Espanha. Determinado a não permitir o controle de Nápoles, que ele desejava para si, o rei Fernando induziu o imperador Maximiliano, que já temia a expansão da França, a formar uma aliança, oferecendo, para melhor expressar a unidade de propósitos, sua filha Joana a Philip, filho de Maximiliano – um casamento que viria a ter consequências fatais. Aliados à Espanha e ao Império, o papado e Milão poderiam, agora, voltar-se contra a França. Quando até mesmo Veneza se lhes juntou, a combinação foi batizada como Liga de Veneza, e mais tarde, em 1495, rebatizada como Santa Aliança; os franceses, que se tornaram odiados em Nápoles, passaram a temer sua expulsão da bota italiana. Marcharam de volta para casa e depois de lutarem em Fornovo, na Lombardia, único encontro da campanha, que não passou de combate desordenado sem qualquer efeito decisivo, seguiram seu caminho. Alfonso e o filho reapareceram imediatamente para retomar o governo de Nápoles.

Embora ninguém, a França muito menos, emergisse com lucros dessa momentosa e insensata aventura, as potências, indiferentes aos resultados negativos, retornaram diversas vezes à mesma arena para competir sobre o corpo da Itália. A partir dessa época, guerras, ligas, batalhas, diplomacia enredada, alinhamentos fluidos e cambiantes se sucederam *ad nauseam* até culminarem num clímax de imensa ferocidade: o saque de Roma, em 1527, levado a efeito por tropas do Império e da Espanha. Cada mudança e manobra, nessas guerras italianas que duraram 33 anos, foi cuidadosamente acompanhada e exaustivamente descrita em livros de história, indo muito além do interesse geral que se tem por esses fatos hoje em dia. A significação dos pormenores nos anais permanentes da história é virtualmente nula, a não ser como estudo da capacidade humana de se envolver em conflitos. Houve certas consequências históricas, algumas importantes, outras menores, mas memoráveis: Florença, ultrajada pela capitulação de Piero, levantou-se contra ele, depôs os Médici e proclamou a república; o casamento Espanha-Casa de Habsburgo produziria o futuro Carlos V, fator preponderante do século seguinte; Ludovico, o Mouro, cabeça estouvada de Milão, pagou por sua insensatez num calabouço francês, onde morreu; em Pávia, na mais famosa das batalhas dessas guerras, um rei da França, Francisco I, foi capturado e ganhou imortalidade nos livros de citações com a frase "Tudo está perdido, menos a honra".

Por outro lado, as guerras italianas foram decisivas pelos efeitos posteriores que resultaram na politização e aviltamento do papado. Tomando parte nas disputas como qualquer Estado secular, fazendo tratos, negociando, organizando exércitos e entrando em combate, o pontificado absorveu-se nas coisas que eram de César, com o resultado de que passou a ser considerado tal qual os governos profanos – elemento que tornou possível o saque de Roma. Na mesma proporção de seu interesse pelas coisas de César, os papas menos tempo dedicavam às coisas de Deus. Continuamente presos aos quiproquós de uma ou outra aliança, negligenciaram mais do que nunca os problemas internos da Igreja e das comunidades religiosas, percebendo apenas perfunctoriamente a crise que tomava corpo em sua própria esfera.

EM FLORENÇA, COMEÇANDO em 1490, o frenesi da pregação de um monge dominicano – Girolamo Savonarola, prior de São Marcos – fez-se voz da angústia religiosa que Alexandre conseguiu ignorar por sete anos, enquanto esses lamentos tomavam conta de uma cidade inteira e levantavam ecos por toda a Itália. Savonarola não foi, propriamente, predecessor de Lutero, mas um tipo de zelote aplicando punições contra o pecado, tal qual costuma acontecer em tempos de crise, mobilizando multidões através de seu fanatismo. Ele representava sua própria época em seu impulso oriundo da repulsa ao baixo nível e à corrupção da Igreja e também em sua defesa de reformas necessárias à reabertura do caminho aos céus por um clero purificado. Sua profecia, a de que as reformas seriam seguidas por um período de felicidade e bem-estar que atingiria toda a cristandade, exercia forte apelo. Sem pregar reforma doutrinária ou separação de Roma, ele fazia chover sua ira sobre os pecados do povo e do clero, cuja fonte apontava como sendo as iniquidades do papa e da hierarquia. Suas profecias vituperiosas e apocalípticas, de acordo com Pico della Mirandola, "causavam tamanho terror, alarme, soluços e lágrimas que todos andavam pela cidade como em transe, mais mortos do que vivos". O vaticínio de que Lourenço, o Magnífico, e Inocêncio III morreriam ambos em 1492, o que realmente aconteceu, deu-lhe fantástico poder. Ele inspirou o uso de fogueiras nas quais as multidões entre soluços e manifestações histéricas jogavam seus bens de valor e objetos de luxo, quadros, enfeites, roupas finas, joias. Preparou bandos de crianças que percorriam a cidade em busca de "objetos da vaidade" para serem queimados. Concitava seus seguidores a reformarem as próprias vidas, renunciando a jogos e festas profanas, à usura, às vinditas, e restaurando a observância religiosa.

Era nas ocasiões em que criticava duramente a Igreja que a fúria de Savonarola atingia o auge. "Papas e prelados pregam contra orgulho e ambição e no orgulho e na ambição chafurdam até às orelhas. Recomendam castidade e mantêm amantes... Cuidam apenas do mundo e das coisas mundanas, nenhuma importância destinam à alma." Eles haviam feito da Igreja "uma casa de má fama... uma prostituta assentada no trono de Salomão, fazendo sinais para os transeuntes. Quem pode pagar, entra e faz o que bem entende, mas o justo é atirado fora. Tu, ó Igreja prostituída, revelaste teus vícios ao mundo todo; tua respiração venenosa eleva-se aos céus".

O fato de haver alguma verdade nessa verborreia não preocupava Roma, há muito acostumada aos irados zelotes. Savonarola, porém, tornou-se politicamente perigoso no momento em que saudou Carlos VIII como sendo o instrumento das reformas, "enviado por Deus, tal qual venho predizendo há muito tempo", para curar os males da Itália e reformar a Igreja. Fazer o elogio dos franceses representou movimento em falso, pois o tornou ameaça aos novos governantes de Florença e o expôs a uma luz extremamente desfavorável junto ao papa. O governo exigiu sua eliminação, mas Alexandre, ansioso em evitar tumulto popular, entrou em ação somente quando Savonarola fez denúncias a seu respeito e a respeito da hierarquia de forma tão implacável que não mais se podia ignorá-lo, muito especialmente no momento em que o pregador exigiu um concílio para depor o pontífice por crime de simonia.

A princípio, Alexandre tentou calar Savonarola discretamente através de uma simples proibição de pregar em público, mas profetas, quando vestidos com a ira do Senhor, dificilmente silenciam. Savonarola desafiou a ordem alegando que Alexandre, por seus crimes, havia perdido a autoridade de santo padre, e "nem mais é cristão sequer. Trata-se de um infiel, um herético, e, assim sendo, deixou de ser papa". Alexandre respondeu com a excomunhão, o que Savonarola imediatamente desconsiderou, ministrando comunhão e celebrando missas. Alexandre, então, ordenou às autoridades florentinas que silenciassem o pregador sob pena de ser excomungada toda a cidade. O sentimento público voltara-se agora contra Savonarola devido a uma prova de fogo, exigida por seus inimigos, e a qual não conseguiu vencer. Aprisionado pelas autoridades de Florença e torturado para dele ser extraída uma confissão de fraude, torturado novamente por examinadores papais em busca de confissão de heresia, ele foi entregue ao braço civil para ser executado. Debaixo dos apupos da multidão, acabou enforcado e queimado em 1498. A tempestade fora silenciada, mas a hostilidade por ela levantada contra a hierarquia permaneceu.

Pregadores itinerantes, eremitas e monges adotaram a temática. Alguns deles fanáticos, outros completamente dementes, mantinham, todos, um tom de desgosto com a Igreja, abonado por bem amplo sentimento público. Todo aquele que assumisse a missão de pregar reformas podia estar certo de que teria audiência. Não era esse um fenômeno recente. Como forma de entretenimento do povo, um dos poucos que possuíam as gentes, pregadores laicos e monges viajavam de cidade em cidade atraindo densas multidões que os escutavam pacientemente durante horas, numa época em que esses prolongados sermões eram realizados nas praças públicas porque as igrejas não tinham condições de abrigar grande número de ouvintes. Em 1448, conforme relatórios de então, cerca de 15 mil pessoas foram assistir à pregação de um franciscano famoso, Roberto de Lecce, que falou durante quatro horas em Perúgia. Verberando os pecados da época, exortando o povo a levar vidas melhores e abandonar as más obras, os pregadores eram importantes pela resposta popular que obtinham. Seus sermões geralmente terminavam em "conversões" maciças e presentes de gratidão oferecidos ao pregador. Uma das profecias preferidas era a de que na virada do século surgiria um "papa angelical", iniciador das reformas a que se seguiria um mundo melhor, tal como Savonarola tinha dito. Um grupo de vinte adeptos em Florença elegeu seu próprio "papa", o qual disse a seus seguidores ser inútil confessar pecados sem que as reformas se realizassem, porque não existia padre digno desse nome. Suas palavras espalharam-se como pedra de toque para grandes mudanças iminentes.

Os ASSUNTOS DA família Bórgia conseguiam agora escandalizar uma época acostumada a todos os excessos. Acreditando que um casamento capaz de o ligar à família real de Nápoles seria oportuno, Alexandre anulou o matrimônio de sua filha Lucrécia com Giovanni Sforza a fim de que ela pudesse desposar Alfonso, herdeiro napolitano. O esposo insultado, a negar no auge da fúria uma alegada não consumação carnal do himeneu, resistiu publicamente ao divórcio, em altos brados, mas sob pesadas pressões políticas e financeiras engendradas pelo papa acabou forçado a ceder, devolvendo, inclusive, o dote da esposa. Em meio a uma orgia realizada no Vaticano, Lucrécia desposou seu novo e belo noivo, que de acordo com todos os relatos veio a amar sinceramente; todavia, o insulto feito aos Sforza e a ofensa ao sacramento do matrimônio ainda mais aumentaram a má fama de Alexandre. Giovanni Sforza agravou as acusações proclamando que Alexandre fora motivado também por desejo incestuoso em relação à própria filha. Embora tal coisa fosse difícil de ser aceita em face da rapidez do novo consórcio, a história ajudou a acrescer episódios ainda mais chocantes àqueles que já envolviam Alexandre, ganhando credibilidade pelos vícios de seu filho César.

No ano desse novo casamento de Lucrécia o mais velho dos filhos sobreviventes do papa, Juan, duque de Gândia, foi encontrado, certa manhã, boiando no Tibre, seu cadáver com marcas de nove punhaladas. Embora ele tivesse inúmeros inimigos devido às imensas fatias de propriedades pontifícias que lhe foram outorgadas pelo pai, o assassino não foi identificado. Quanto maior o mistério, maiores os murmúrios, e as suspeitas recaíam sobre César, baseadas no seu desejo de suplantar o irmão nas benesses paternas, ou, alternativamente, como resultante de triângulo incestuoso entre os dois irmãos e a irmã. No borbulhante caldo da maledicência romana, nenhuma depravação parecia ultrapassar a capacidade dos Bórgia (embora os historiadores tenham absolvido César, desde logo, do homicídio de Juan).

Afogado em mágoa ou talvez em temor pela morte do filho, Alexandre tomou-se de remorsos e de súbita e rara introspecção. "O mais atroz dos perigos para qualquer papa", disse ele num consistório de cardeais, "está no fato de que, cercado como vive, por lisonjeadores, jamais escuta verdades sobre sua pessoa e acaba por não querer mais escutá-las." Eis uma boa mensagem para os autocratas da história, que não tem sido escutada também. Em sua crise existencial, o papa, posteriormente, anunciou que o golpe sofrido fora punição divina por seus pecados e que estava disposto a mudar seu modo de viver, reformando a Igreja, paralelamente. "Iniciaremos a reforma por nós mesmos e assim procederemos em todos os níveis da Igreja até que o trabalho esteja completo." Imediatamente, nomeou uma comissão composta por cardeais dos mais respeitáveis, mandando-os preparar um programa; mas, exceto por uma provisão destinada a diminuir os benefícios, tal medida mal tocou no cerne da matéria. Começando pelos próprios cardeais, propunha-se uma redução de receitas que, evidentemente, tinham sofrido escalada, ascendendo a 6 mil ducados para cada um; redução de empregados domésticos, permitindo-se o máximo de oitenta (dos quais ao menos 12 deveriam pertencer a ordens sacras) e escolta montada não superior a trinta; imensa frugalidade à mesa com apenas uma carne cozida e outra assada, e substituição dos entretenimentos propiciados por músicos e atores durante as refeições por leituras das Escrituras Sagradas. Os cardeais não mais deveriam tomar parte nos festejos carnavalescos ou representar no teatro profano, ou, ainda, manter "jovens" de ambos os sexos como camareiros. Uma das provisões, que mandava despedir todas as concubinas em até dez dias após a publicação da bula, possivelmente fez com que o santo padre perdesse completamente seu interesse no programa de reformas. Outra provisão determinando a reunião de um concílio destinado a endossar essas modificações trouxe-o de volta ao mundo normal. A bula proposta, *In apostolicae sedis specula*, jamais foi proclamada e o temário dessas reformas acabou caindo no esquecimento.

Em 1499, os franceses, sob novo rei, Luís XII, retornaram, reclamando agora, com a linhagem dos Orléans, a sucessão ao trono de Milão. Outro homem da Igreja, arcebispo de Rouen, como conselheiro-chefe do rei, era quem dirigia esse esforço. Ele estava dominado pela ambição de se tornar papa e acreditava poder impulsionar sobremaneira os interesses pontifícios através do controle francês sobre

Milão. O desempenho de Alexandre nessa nova invasão sem dúvida afetado pela experiência anterior, provou ser inteiramente cínico. Luís havia requerido anulação do casamento com a triste inválida Jeanne, irmã de Carlos VIII, a fim de se unir à muito cobiçada Ana de Bretanha, viúva de Carlos VIII, visando, finalmente, anexar seu ducado à Coroa francesa.

Embora o requerimento de Luís para anulação tivesse sido furiosamente condenado por Oliver Maillard, confessor franciscano do rei falecido, e verberado pelo povo francês, que de todo coração simpatizava com a rainha desprezada, Alexandre mostrou-se indiferente à opinião pública. Considerou apenas a oportunidade de carrear ouro para seus cofres e vantagens para César que, tendo renunciado à carreira eclesiástica, tinha ambições de desposar a filha de Alfonso de Nápoles, tutelado da corte francesa. A renúncia sem precedentes que fizera do barrete vermelho arrancou de um memorialista de Veneza lamento que bem define o papado renascentista: "Assim, agora *tutto va al contrario.*" Em troca de 30 mil ducados e apoio no projeto de César, o papa garantiu a Luís a anulação e a dispensa para desposar Ana de Bretanha, e jogou um chapéu vermelho no colo do arcebispo de Rouen, que se transformou no cardeal d'Amboise.

Com essa segunda anulação escandalosa e suas consequências, a insensatez se constituiu. César, portador da dispensa, viajou à França, onde discutiu com o rei a projetada campanha por Milão na base do apoio papal. A associação de Alexandre com a França, para benefício de seu maligno filho, que ele descrevia agora como sendo a pessoa a quem mais amava na face da Terra, enfureceu um grupo de oponentes – os Sforza, os Colonna, os governantes de Nápoles e, obviamente, a Espanha. Representando os espanhóis, enviados de Portugal visitaram o papa a fim de repreendê-lo por seu nepotismo, simonia e política francófila, que, disseram, estava a ameaçar a paz da Itália e, afinal, de toda a cristandade. Eles também levantaram a possibilidade de um concílio a menos que o papa mudasse de curso. O papa não mudou. Seguiram-se enviados da Espanha com idêntica missão, ostensivamente lutando pelo bem-estar da Igreja, mas, na realidade, com um motivo – frustrar a França – tão político quanto os de Alexandre. As conferências tornaram-se acaloradas e novamente foi utilizada a ameaça do concílio. Um dos enviados, tomado de fúria, jogou à face de Alexandre que sua eleição fora ilegítima e nulo o título de papa. Em resposta, o pontífice ameaçou mandar jogá-lo no Tibre e vituperou o rei e a rainha da Espanha por sua interferência, cobrindo-os de insultos.

Quando o casamento de César falhou porque a princesa teimosamente continuou manifestando aversão por seu requestador, a aliança com os franceses esteve em risco de se romper, deixando Alexandre sem apoio. Sentiu-se em tamanho perigo que somente concedia audiências acompanhado da guarda armada. O rei da França, entretanto, conseguiu outro casamento para César, com a irmã do rei de Navarra, o que muito alegrou Alexandre, levando-o a endossar a reivindicação de Luís sobre Milão, juntando-se à França numa liga com Veneza, sempre disposta a se opor a Milão. O exército francês uma vez mais cruzou os Alpes, reforçado por mercenários suíços. Quando Milão caiu ante o assalto, Alexandre expressou seu júbilo a despeito do ódio que tal gesto despertou em toda a Europa. Em meio à guerra e ao imenso tumulto, peregrinos chegados a Roma para o Ano do Jubileu de 1500, não encontraram segurança em lugar algum; ao contrário, constataram desordem pública, roubos, assaltos e homicídios.

César estava, agora, plenamente dedicado a uma carreira militar destinada a recuperar o controle daquelas áreas dos Estados pontifícios que se tinham desgarrado demasiadamente nos rumos da autonomia. Era crença dos contemporâneos que seu objetivo era obter domínio temporal ou até mesmo um reino para si na Itália central. O custo das campanhas sugou enormes rendas do papado, somando, num período de dois meses, 132 mil ducados, aproximadamente metade da renda normal do Vaticano e, noutro lapso de oito meses, 182 mil ducados. Em Roma ele era um senhor feudal de empedernida tirania e também hábil administrador servido por espiões e informantes, perito nas artes marciais, capaz de abater um touro com um único golpe. Também amava as artes, dedicando-se ao patronato de poetas e pintores, mas não hesitou em cortar a língua e a mão de um homem que lhe informaram ter repetido certo fato a seu respeito. Um veneziano que diziam ter feito circular panfleto infamante sobre o papa e seu filho foi assassinado e jogado no Tibre. "A cada noite", relatou o desanimado embaixador veneziano, "são encontrados quatro ou cinco corpos de homens assassinados, bispos, prelados e outros, de sorte que todas as pessoas em Roma estremecem de medo de virem a ser abatidas pelo duque." Sinistro e vingativo, o duque dispunha de seus oponentes pelos meios mais diretos. Jamais deixava sua residência sem estar com o rosto escondido por uma máscara, fosse por autoproteção, fosse para ocultar as pústulas que lhe desfiguravam as feições.

Em 1501, Alfonso, segundo marido de Lucrécia, foi atacado por cinco sicários, mas conseguiu escapar, embora gravemente ferido. Apesar de Lucrécia tê-lo assistido devotadamente, ele estava convencido de que César fora o mandante e tentaria concluir a obra usando veneno. Tomado de intenso pavor, Alfonso rejeitou todos os médicos e, mesmo assim, estava se recuperando, quando avistou, da janela, o cunhado que tanto odiava caminhando pelo jardim, lá embaixo. Apoderando-se de um arco e flecha disparou contra César, mas errou o alvo, o que lhe foi fatal. Em poucos minutos foi morto a pontapés pela guarda pessoal do duque. Alexandre, talvez ele próprio temeroso do tigre que havia cultivado, nada fez.

Quanto ao genro, o papa não sofreu qualquer espasmo de moralidade. Ao contrário, julgando-se pelo que diz o diário de Burchard, suas perfunctórias inibições, se é que as teve, foram prontamente enterradas. Dois meses após a morte de Alfonso, o papa presidiu a um banquete, oferecido por César e realizado no Vaticano, que se tornou famoso na crônica da pornografia como Balé das Castanhas. De acordo com o sóbrio relato de Burchard, cinquenta prostitutas dançaram com os convidados após o jantar, "a princípio todos vestidos, logo a seguir todos nus". As castanhas foram dispostas entre os candelabros espalhados no chão, "e as prostitutas, arrastando-se com mãos e joelhos pelo pavimento, encontravam meios de colher as amêndoas em meio aos candelabros, enquanto o papa, César e sua irmã Lucrécia observavam". Seguiu-se o relacionamento sexual de convidados e prostitutas com prêmios de finas túnicas e mantos de seda "para os convivas que conseguissem maior número de cópulas com as meretrizes". Um mês depois, Buchard descreve a cena em que éguas e garanhões foram levados a um dos átrios do Vaticano e encorajados ao coito equino enquanto de um balcão o papa e Lucrécia "observavam em meio a grandes gargalhadas e intenso gozo". Um pouco mais tarde, nesse dia, assistiram a novo espetáculo em que César matou um a um inúmeros criminosos desarmados que foram levados ao mesmo átrio do Vaticano onde tinham estado os cavalos.

As despesas do papa esvaziaram o tesouro. No último dia de 1500, Lucrécia, vestindo brocados cor de ouro e veludos carmesins enfeitados de arminho, com drapejamentos e pérolas, casou-se pela terceira vez, agora com o herdeiro dos d'Este de Ferrara, numa festa de pompa e magnificência, seguida por uma semana de alegres e brilhantes comemorações, festejos, espetáculos teatrais, corridas de touros, tudo para celebrar os laços estabelecidos pelos Bórgia com a mais distinta família da Itália. Alexandre, pessoalmente, incluiu 100 mil ducados de ouro ofertados aos irmãos do noivo como dote de Lucrécia. Para financiar tais extravagâncias e as contínuas campanhas guerreiras de César, o papa, entre março e maio de 1503, criou oitenta novos cargos na cúria a serem vendidos por 780 ducados cada um e designou nove novos cardeais de uma só penada, cinco deles espanhóis, amealhando pelos pagamentos dos barretes vermelhos um total de 120 mil a 130 mil ducados. No mesmo período, apreciável riqueza adveio com a morte do riquíssimo cardeal veneziano Giovanni Michele, que expirou após dois dias de violentas cólicas intestinais; todos acreditaram que por causa de seu dinheiro fora envenenado por César.

Assim chegou Alexandre ao seu último ano de vida. Cercado de hostilidade.

Os Orsini, com muitos sectários, lutavam com grande furor contra César. Forças espanholas tinham aportado no sul e lutavam com os franceses pelo controle de Nápoles, o que brevemente conseguiriam, estabelecendo o domínio hispânico nesse reino pelos vindouros trezentos e cinquenta anos. Religiosos de grande prestígio, preocupados com os interesses da fé, exigiam um concílio com crescente insistência. Um livro de autoria do cardeal Sangiorgio, um dos nomeados por Alexandre, estatuía que a constante recusa do papa em atender a essa exigência causava imenso dano à Igreja, escandalizando o povo cristão e, se todos os remédios falhassem, os cardeais tinham o dever de instalar o concílio.

Em agosto de 1503, com a idade de 73 anos, Alexandre VI morreu, não por envenenamento, como obviamente todos acreditaram de imediato, mas provavelmente porque, nessa idade, estava mais suscetível às febres do verão romano.

A emoção pública, liberta como se comemorasse a extinção de um monstro, explodia em relatos tenebrosos a respeito de seu negro cadáver intumescido, língua a projetar-se para fora da boca espúmea, tão horrendo que ninguém tinha podido tocá-lo, sendo arrastado à sepultura por cordas amarradas em torno dos pés. Diziam que o pontífice morto obtivera a tiara por um pacto com satanás ao preço de sua alma. Panfletos escandalosos, nos quais os romanos punham muito gosto, apareciam diariamente presos ao pescoço do *Pasquino*, estátua antiquíssima desenterrada pelos habitantes das ruínas, em 1501, e que servia como centro de irradiação das sátiras anônimas.

César, apesar de todo o seu poderio militar, provou ser incapaz de aguentar-se sem o apoio de Roma, onde um velho inimigo tomara o lugar de seu amoroso pai. Acabou rendendo-se em Nápoles sob promessa de salvo-conduto dos espanhóis, prontamente violada por seus captores, que o jogaram num calabouço na Espanha. César conseguiu evadir-se ao cabo de dois anos, rumando para Navarra, onde morreu em batalha um ano depois.

Tamanhos foram os crimes de Alexandre que seus contemporâneos passaram a julgá-lo em termos extremos, mas Burchard, seu mestre de cerimônia, não lhe foi antagonista ou apologista. A impressão que colhemos em seu gélido diário é a de que o pontificado de Alexandre foi marcado por contínua e desatada violência, homicídios em igrejas, cadáveres jogados no Tibre, lutas de facções, incêndios, saques, prisões, torturas e execuções, combinados com escândalos, frivolidades e constantes cerimônias pomposas para recepção de embaixadores, príncipes e soberanos, obcecante atenção com enfeites e joias, protocolo nas procissões, diversões e corridas de cavalos, com os cardeais apostando e ganhando prêmios – além de rigorosos registros dos custos e formas de financiamento de todas essas atividades.

Certos revisionistas deram-se a caprichos de imaginação com esse papa Bórgia e tentaram com denodo reabilitá-lo mediante intrincados argumentos, dizendo que as acusações contra ele tinham sido produto de exageros, maledicência, falsificações ou pura e simples malícia, mas tais alegações não passam de construção mentirosa. A revisão não consegue explicar algo muito significativo: o porquê do ódio, da aversão e do medo gerados por Alexandre até seus últimos dias.

Nos tratados de história seu pontificado é visto em termos de guerras e manobras políticas. A religião, exceto por alguma ocasional referência de que Alexandre observava a quaresma ou se preocupava em manter a pureza da doutrina católica, censurando livros, raramente é mencionada. A palavra final a respeito talvez possa ser a de Egídio de Viterbo, geral dos agostinianos e uma das grandes figuras do movimento reformador. Roma, sob o papa Alexandre, disse ele em um sermão, não conheceu "nem lei nem divindade: foi dirigida pelo ouro, pela violência e por Vênus".

IV. O GUERREIRO: JÚLIO II, 1503-13

Tendo perdido a coroa pontificial por duas vezes, o cardeal Della Rovere agora a perdia novamente. Seu mais forte oponente – e oponente arrogante – era o cardeal francês d'Amboise. César Bórgia, por seu turno, controlando sólido bloco de 11 cardeais espanhóis, representava a terceira força implacavelmente empenhada na vitória de um espanhol que se tornasse seu aliado. Forças armadas da França, da Espanha, dos Bórgia, dos Orsini e diversas outras facções italianas exerciam pressões em prol de seus diversos interesses mediante presença intimidadora. Sob tais augúrios, os cardeais fugiram para levar a cabo seu conclave dentro dos muros fortificados do castelo de Sant'Angelo; somente após obterem tropas mercenárias que lhes deram proteção voltaram ao Vaticano.

Foi uma eleição dominada pelo imponderável. Uma vez mais, o papa emergiu depois que os candidatos mais poderosos se anularam mutuamente. Os votos ibéricos acabaram nulificados pelas multidões em tumulto a manifestarem seu ódio pelos Bórgia, o que tornou impensável a eleição de outro espanhol. D'Amboise acabou abandonado face às advertências vindas de Della Rovere no sentido de que, com ele, o papado acabaria transferido para a França. Os cardeais italianos, não obstante possuírem presença dominadora no colégio, dividiam-se apoiando diferentes candidatos. Della Rovere obteve maioria de votos, mas não os imprescindíveis dois terços. Sentindo-se bloqueado, passou a apoiar o piedoso e digno cardeal de Siena, Francesco Piccolomini, cuja idade e saúde frágil indicavam curto pontificado. Devido ao impasse, Piccolomini acabou eleito, adotando o nome de Pio III em honra a seu tio, o falecido Aeneas Sylvius Piccolomini, que fora Pio II.

A primeira proclamação do novo papa referiu-se às reformas que, começando no cimo, pela corte pontifícia, se constituiriam em sua tarefa propedêutica. Homem culto e experiente, como o tio, embora de temperamento mais reservado e indagativo, Piccolomini tinha sido cardeal por mais de quarenta anos. Ativo quando a serviço de Pio II, mas, desde aqueles tempos, deslocado no mundanismo de Roma, ele permanecera em Siena durante os últimos pontificados. Embora não muito conhecido, desfrutava reputação de homem gentil e caridoso, o que de imediato agradou ao povo ávido por um "bom" papa, em tudo oposto a Alexandre VI. O anúncio de sua escolha provocou calorosas manifestações de júbilo popular. Prelados reformistas mostravam-se igualmente felizes porque, enfim, o governo da Igreja estaria entregue a um pontífice que seria "abrigo de todas as virtudes, morada do Espírito Santo". Todos se deixavam possuir, escreveu o bispo de Arezzo, "das mais elevadas esperanças quanto à reforma da Igreja e o retorno da paz". A vida religiosa e virtuosa do novo papa prometia "nova era na história da Igreja".

Mas não houve nova era. Pio III estava demasiado envelhecido, padecendo de gota. Sob pressão das audiências, dos consistórios, das alongadas cerimônias de consagração e coroação, ele enfraquecia hora a hora e acabou falecendo ao cabo de 26 dias no ofício.

O fervor e a esperança que haviam saudado Pio III valiam por indicações dos anelos de mudança; eram advertência suficiente de que um papado que se concentrasse em objetivos temporais não serviria em nada aos propósitos subjacentes da Igreja. Se um terço dos componentes do Sacro Colégio estava bem-enfronhado a respeito, tais anseios, no entanto, não passavam de palha dançando ao vento para um homem de feroz ambição. Na nova eleição, Giuliano della Rovere, utilizando "imoderado, desmedido tráfico de promessas", e propinas onde necessário – e, para espanto geral, trazendo a seu campo vastas e antigas oposições –, assegurou por fim a tiara papal. Foi escolhido em conclave que durou menos de 24 horas, o mais curto jamais ocorrido. Seu ego monumental ficou evidente na escolha do nome, quando modificou apenas uma sílaba do prenome, passando de Giuliano a Giulio (ou Júlio) II.

Júlio é citado entre os grandes papas por suas realizações temporais, mormente em vista da fértil associação que manteve com Michelangelo – pois a arte, como a guerra, são grandes imortalizadoras de reputações. Ele se manteve, porém, tal como seus três predecessores, perfeitamente alheio à insatisfação do rebanho que deveria conduzir. Suas paixões dominantes – dentre as que não eram governadas por ambição pessoal ou nepotismo – diziam respeito à restauração política e territorial dos Estados pontifícios e ao embelezamento da Sé, além da perpetuação de sua memória através dos triunfos da arte. Obteve resultados válidos nesses propósitos, os quais, sendo visíveis, acabaram plenamente reconhecidos, como só acontece com o que se expõe à luz da história, enquanto os elementos realmente significativos do pontificado – sua falta de interesse pela crise religiosa, por exemplo – passaram a segundo plano, como igualmente só acontece com o que fica à sombra. Os alvos de sua política foram inteiramente profanos. Considerando-se o dinamismo de sua força interior, ele jogou fora a oportunidade, como bem salientou Guicciardini, "de promover a salvação das almas, como lhe competia no papel de vigário de Cristo na Terra".

Impetuoso, de temperamento agressivo, dono de vontade imperiosa, inquieto, difícil de ser manejado, Júlio era ativista demasiado impaciente para fazer consultas ou escutar conselhos. No corpo e na alma, fez notar o embaixador veneziano, "tem a natureza de um gigante. Qualquer coisa que possa ter urdido à noite deverá ser realizada pela manhã, imediatamente, e ele insiste em tudo fazer *in persona*". Quando às voltas com resistências ao que deseja ou opiniões discordantes, "ele fecha o rosto, corta a conversação ou interrompe o interlocutor fazendo soar uma pequena sineta que tem à mesa, próxima dele". Sofria de gota, também, e males dos rins, além de outras enfermidades, mas nenhuma deficiência de saúde era capaz de restringir-lhe o espírito. Lábios apertados, rosto rubro, olhos escuros de "terrível" mirada marcavam um temperamento implacável que não se curvava ante obstáculos. *Terribilità*, eis como o apelidavam os italianos.

Tendo espatifado o poderio de César Bórgia, ele partiu para uma política de neutralização das facções do feudo baronial romano através de judiciosos casamentos dos Della Rovere com parentes dos Orsini e Colonna. Reorganizou e tornou severa a administração papal e melhorou a ordem na cidade adotando duras medidas punitivas contra bandidos, sicários e esgrimistas que tinham florescido na era de Alexandre. Contratou a Guarda Suíça para proteção do Vaticano e passou a empreender viagens de inspeção através dos territórios pontifícios.

Instituiu programa que se destinava a consolidar o domínio papal, começando com uma campanha contra Veneza que visava recuperar as cidades da Romanha por ela tomadas à Santa Sé, e nessa tentativa trouxe a França como aliada, mediante acordo com Luis XII. Dele se irradiaram negociações de diplomacia nacional e multinacional para neutralizar Florença, engajar o imperador, ativar aliados, deslocar oponentes. Todos os participantes das guerras italianas, possuindo ambições conflitantes em comum, mantinham desígnios relacionados com as possessões que Veneza expandira e, em 1508, esses partidos aglutinaram-se numa instável coalizão denominada Liga de Cambrai.

As guerras da Liga de Cambrai exibiram, no decorrer dos cinco anos seguintes, toda a ilógica consistência dos libretos operísticos. Elas foram dirigidas em sua maior parte contra Veneza, até o momento em que os partidos deram meia-volta e se uniram contra a França. O papado, o Império, a Espanha e o maior contingente de mercenários suíços tomaram parte nas trocas de alianças, uma depois da outra. Através de magistral manipulação de finanças, política e armas – ajudado pela excomunhão, sempre que as disputas se tornavam por demais ásperas – o papa, afinal, conseguiu recuperar de Veneza os territórios de seu patrimônio que ela havia absorvido.

Nesse meio-tempo, contra todos os conselhos e advertências, a pugnacidade de Júlio estendeu-se à retomada de Bolonha e Perúgia, as duas mais importantes cidades dos domínios papais, cujos déspotas, além de oprimirem seus súditos, virtualmente ignoravam a autoridade de Roma. Ao anunciar sua intenção de assumir o comando pessoal e desconsiderando as objeções chocadas de alguns cardeais, o papa consternou e espantou a Europa colocando-se à testa do exército em sua marcha para o norte, em 1506.

Engajou-se em anos de beligerância, conquistas, perdas, disputas. Quando, no curso normal da política italiana, Ferrara, um feudo papal, mudou de lado, Júlio, furioso com a rebelião e com o lento progresso das forças punitivas, novamente assumiu o comando físico na frente de combate. Usando elmo e cota de malha, o papa de barbas brancas, recentemente recuperado de moléstia – tão grave que já tinham sido adotadas disposições para novo conclave –, conduziu o assédio durante os rigores de um inverno severo. Alojou-se na cabana de um camponês e, continuamente montado a cavalo, dirigiu incursões e baterias, movimentou-se entre as tropas, encorajou os homens e pessoalmente liderou-os através de uma brecha nas muralhas. "Foi, sem dúvida, visão das mais insólitas, essa de um papa, vigário de Cristo na Terra... aplicando-se em pessoa a dirigir uma guerra que ele próprio exigira, contra cristãos... Nada conservava do pontífice, além de título e vestimentas."

Esse julgamento de Guicciardini traz a marca de seu desprezo pelos papas do período, mas muitos outros, depois dele, manifestaram consternação pelo espetáculo do santo padre como guerreiro e instigador de guerras. Os bons cristãos estavam escandalizados.

Júlio levou adiante a empresa pela fúria de que se deixou tomar contra os franceses que, mediante longa série de disputas, eram, agora, inimigos aos quais Ferrara havia se aliado. O agressivo cardeal d'Amboise, tão determinado a tornar-se papa como Júlio estivera antes dele, persuadira Luís XII a exigir três cardinalados como preço da ajuda. Contra a vontade Júlio anuiu – porque buscava a ajuda francesa –, mas os dissídios com o velho rival azedaram ainda mais e novos conflitos tomaram corpo. As relações de Júlio com a Liga, dizia-se, dependiam de seu ódio por d'Amboise mostrar-se mais profundo que a inimizade por Veneza. Quando Júlio apoiou Gênova em seus esforços para livrar-se do controle francês, Luís XII, aguilhoado por d'Amboise, ingressou com novas e ainda maiores exigências na designação de benefícios. À medida que a área do conflito aumentava, Júlio compreendia que os Estados pontifícios jamais estariam firmemente estabelecidos enquanto a França exercesse poder na Itália. Tendo sido, em outros tempos, o "instrumento fatal" da invasão pelos franceses, envidava agora todos os esforços para expulsá-los. Essa completa mudança de política, que exigia todo um novo complexo de alianças e arranjos, encheu de pasmo seus compatriotas e até mesmo os inimigos. Luís XII, escreveu Maquiavel, então enviado florentino na França, "está disposto a vingar sua honra mesmo que venha a perder tudo aquilo que possui na Itália". Vacilando entre procedimentos morais e militares, o rei ameaçava, às vezes, "pendurar um concílio em volta do pescoço (do papa)"; em outras ocasiões, com d'Amboise murmurando em seus ouvidos, prometia "marchar à frente de um exército até Roma e depor o papa pessoalmente". A perspectiva de não apenas suceder, mas tomar o lugar do papa, fascinava o cardeal d'Amboise. Ele também se deixara infectar pelo vírus da insensatez – ou de seu maior componente, a ambição.

Em julho de 1510 Júlio rompeu relações com Luís, fechando as portas do Vaticano ao embaixador francês. "Os franceses em Roma", relatou jubilantemente o enviado de Veneza, "movem-se furtivamente e suas feições parecem já as de cadáveres." Júlio, ao contrário, ganhou renovada exuberância pela antevisão gloriosa de vir a tornar-se o libertador da Itália. Daí por diante *Fuori i barbari!* tornou-se seu grito de batalha.

Empenhado na defesa da nova causa, deu plena reviravolta quando se aliou à Veneza contra a França. Unido também à Espanha, sempre disposta a remeter seus tradicionais inimigos para bem longe da Itália, adquiriu gume afiado com a adição dos suíços. Recrutados por Júlio, à base de subsídios anuais durante cinco anos, era seu comandante o bispo marcial de Sião, Matthäus Schinner. Alma gêmea da do papa, Schinner odiava seus arrogantes vizinhos, os franceses, com ódio ainda maior do que o de Júlio, e dedicou-se de corpo, alma e talentos à destruição do inimigo. Macilento, lúgubre, de enorme nariz, era homem de ilimitada energia, soldado intrépido, orador extraordinário, cuja eloquência, antes das batalhas, agitava suas tropas "como o vento agita as ondas". A língua de Schinner – queixar-se-ia o próprio rei da França, Francisco I – dava mais trabalho que os formidáveis piques dos suíços. Júlio o elevou a cardeal tão logo ingressou na Santa Aliança. Tempos depois, quando entrou em batalha contra Francisco I, Schinner vestiu sua roupagem cardinalícia e o barrete vermelho, anunciando às tropas que desejava se banhar em sangue francês.

O acréscimo de novo clérigo marcial, arcebispo Bainbridge de York, a quem Júlio fez cardeal no mesmo lote de Schinner, aprofundou a impressão de um papado adicto à espada. "O que há de comum entre o elmo e a mitra?", indagou Erasmo, obviamente referindo-se a Júlio, embora tivesse esperado prudentemente sua morte para tal indagação. "Que associação poderá existir entre a cruz e a espada, o Livro Sagrado e a couraça? Como vos atreveis, bispo com assento na Cadeira do Apóstolo, a educar vosso povo nas artes da guerra?" Se Erasmo, sempre tão perfeito adepto da ambiguidade, chegou a dizer tanto, muitos outros sentiram-se ainda mais desconfortáveis. Versos satíricos fazendo referência ao herdeiro blindado de São Pedro apareceram em Roma e caricaturas e burlescos na França, instigados pelo rei, que usava essa imagem de Júlio guerreiro na propaganda contra ele. Diziam que ele "se imaginava guerreiro mas não passava de um frade bailarino usando esporas". Religiosos e cardeais respeitáveis eram contra e imploravam para que não dirigisse pessoalmente os exércitos. Mas todos os argumentos sobre estar excitando reprovações universais ou fornecendo razões adicionais aos que desejavam sua remoção caíam em ouvidos moucos.

Júlio perseguia seus objetivos com total desprezo pelos obstáculos, o que ajudava a torná-lo irresistível, mas essa obstinação não levava em conta os propósitos fundamentais da Igreja. A insensatez, em um de seus aspectos, repousa justamente nessa inamovível dedicação a fins ruinosos. Giovanni Acciauoli, embaixador florentino em Roma à época, sentiu que os negócios andavam totalmente fora de controle. Preparado na teoria florentina de ciência política baseada em cálculos racionais, o embaixador percebeu nas pasmosas reviravoltas políticas de Júlio e em seu comportamento frequentemente diabólico a evidência perturbadora de que os eventos seguiam um curso "fora de toda razão".

Na condição de construtor e de protetor das artes, o papa mostrou-se tão passional e arbitrário como em sua política. Provocou muitos protestos quando decidiu demolir a velha basílica de São Pedro para substituí-la por um edifício maior, à altura de uma Santa Sé engrandecida e da Roma que ele pretendia transformar em capital do mundo. Mais do que tudo isso, o novo edifício iria abrigar sua tumba, a ser construída com ele vivo, baseada num esboço de Michelangelo que, nas palavras de Vasari, suplantava "em beleza e magnificência, abundância de ornamentos e riqueza de estatuária todos os velhos mausoléus imperiais". Com 11 metros de altura, adornada por quarenta estátuas em tamanho maior que o natural e encimada por dois anjos sustentando o sarcófago, seria sua obra-prima, dizia Michelangelo, ao passo que o cliente a tinha na conta de apoteose pessoal. Segundo Vasari, o desenho da tumba precedeu o da nova igreja e de tal sorte excitou o papa que ele concebeu o plano de uma nova São Pedro para melhor abrigar essa obra. Caso o motivo de seu pontificado tenha sido o da maior glória da Igreja, como dizem seus defensores, ele, sem dúvida, identificava essa maior glória com a do pontífice – ou seja, ele próprio.

Essa decisão foi largamente deplorada, não porque as pessoas estivessem em desacordo com uma nova e bela igreja, disse um crítico, "mas porque lamentavam que a antiga viesse a ser demolida, reverenciada como era no mundo todo, enobrecida pelos sepulcros de tantos santos e ilustre pelos eventos ocorridos em sua nave".

Ignorando a desaprovação, como sempre, Júlio seguiu avante, encarregando Bramante do desenho arquitetônico e apressando os trabalhos de forma tão categórica que dois mil e quinhentos operários estiveram trabalhando ao mesmo tempo no afã de demolir a velha basílica. Sob a pressão de sua impaciência, o tesouro acumulado em séculos – tumbas, pinturas, mosaicos, estátuas – foi retirado sem inventário e perdido inapelavelmente, o que valeu a Bramante o apodo de *Il ruinante*. Partilhar desse apelido em nada importava para Júlio. Em 1506 ele fez descer uma escada até as profundezas do poço de escavação e lá inaugurou a pedra fundamental da "catedral do mundo", com uma inscrição contendo seu nome, é óbvio. O custo da construção em muito excedia as receitas papalinas e teve que ser coberto mediante a utilização de um instrumento de consequências fatais – a venda pública de indulgências. Levada à Alemanha durante o novo pontificado, essa venda fez transbordar a desilusão de um clérigo extremamente irado, que lançou o documento da maior cisão na história da Igreja.

Em Michelangelo o papa havia identificado um artista incomparável, desde os tempos de sua primeira escultura apresentada em Roma, a *Pietà*, um réquiem em mármore que ninguém, desde aqueles tempos, pode contemplar sem profunda emoção. Concluída em 1499, sob encomenda de um cardeal francês que desejava presentear São Pedro com um belo trabalho antes de sua partida de Roma, a obra tornou Michelangelo famoso com a idade de 24 anos, seguindo-se a essa, cinco anos depois, o poderoso *David*, para a catedral de sua cidade, Florença. Obviamente, o supremo papa deveria ser glorificado pelo artista supremo, mas os temperamentos desses dois *terribili* entraram em choque. Depois que Michelangelo se havia empenhado durante oito meses em cortar e transportar o mais fino mármore de Carrara para a feitura da estátua, Júlio inopinadamente suspendeu o projeto, recusando-se a pagar ou sequer falar com o artista, que retornou a Florença furioso, jurando jamais trabalhar para o papa novamente. O que se passou no âmago sombrio da mente truculenta de Della Rovere ninguém jamais o saberá, mas sua arrogância não lhe permitiu oferecer qualquer tipo de explicação a Michelangelo.

Quando Bolonha foi reconquistada, porém, o triunfo não poderia ser glorificado em monumento feito por outras mãos. Após reiteradas e teimosas recusas e através dos esforços persistentes de intermediários, Michelangelo finalmente voltou atrás e consentiu em modelar uma estátua de Júlio três vezes maior que o tamanho normal, como o papa ordenou pessoalmente. Vista no modelo em argila, ainda, Michelangelo lhe perguntou se poderia colocar um livro na mão esquerda. "Ponha uma espada", retrucou o papa guerreiro: "nada sei a respeito de livros." Fundida em bronze, a estátua colossal acabou derrubada e transformada em canhão, debochadamente apelidado *La Giulia* pelos inimigos do pontífice, quando a cidade trocou de mãos durante as guerras.

Dentro do espírito da Renascença, o papado de Júlio, continuando a obra de seu tio Sisto IV, aplicou energias e fundos na restauração da cidade. Em todos os lugares eram encontrados operários trabalhando. Cardeais erigiam palácios, aumentavam-se e recuperavam-se igrejas. Templos novos e reconstruídos – Santa Maria del Popolo e Santa Maria della Pace – foram erguidos. Bramante fez as esculturas do jardim do Belvedere e as *loggias* que o ligavam ao Vaticano. Grandes pintores, escultores, gravadores e ourives foram convocados para trabalhos de ornamentações. Rafael exaltou a Igreja em afrescos nos apartamentos pontifícios recentemente ocupados por Júlio, pois ele se recusara a morar na mesma suíte de seu antigo inimigo Alexandre. Michelângelo, coagido pelas importunações do papa, pintou o teto da Sistina e, prisioneiro de sua arte, trabalhou sozinho num andaime durante quatro anos, a ninguém permitindo observar o progresso do trabalho, a não ser o papa. Subindo a escada até a precária plataforma, o velho pontífice criticava e brigava com o pintor, mas viveu o suficiente para assistir à inauguração, quando "o mundo inteiro se precipitou" para admirar a maravilha de uma nova obra-prima.

Arte e guerra absorveram interesse e recursos do papa, com total negligência das reformas internas. Enquanto o exterior vicejava, o interior ruía. Estranho lembrete de antiquíssima insensatez ressurgiu por essa altura: "o mármore clássico *Laocoonte* foi redescoberto, como se viesse advertir a Igreja, tal como seu protótipo advertira Troia em tempos remotos. Foi escavado por um proprietário, Felice de Fredi, quando limpava seu vinhedo perto de muros de grande antiguidade nas vizinhanças das velhas Termas de Tito, construídas sobre as ruínas da Casa de Ouro de Nero. Embora o mármore descoberto estivesse fragmentado em quatro pedaços grandes e três menores, qualquer romano reconheceria uma estátua clássica onde a visse. Um aviso foi imediatamente expedido ao arquiteto do papa, Giuliano de Sangallo, que se pôs a caminho montando um cavalo, com o filho abrindo caminho à frente e acompanhados ambos por Michelangelo que por acaso o estava visitando nessa ocasião. Tão logo desmontou, lançando um simples olhar às peças meio enterradas, Sangallo gritou: "Este é o *Laocoonte* que Plínio descreveu!" Observavam com ansiedade e excitação enquanto a terra era cuidadosamente retirada e, depois, informaram o papa que imediatamente a adquiriu por 4.140 ducados.

O vetusto *Laocoonte*, com a pátina do tempo e do soterramento, foi recebido com honras reais. Transportado ao Vaticano em meio a multidões ruidosas, ruas ornamentadas com flores, acabou no jardim de esculturas do Belvedere, ao lado do *Apollo Belvedere*, "as duas mais belas estátuas do mundo". Tamanho foi o encantamento produzido pela descoberta que Fredi e seu filho receberam como gratificação uma pensão anual de 600 ducados por toda a vida (advindos do pedágio nos portões da cidade), e Fredi fez inscrever o evento da descoberta em sua lápide tumular.

Dessa antiga maravilha brotaram novos conceitos de arte. Seus movimentos torturados influenciaram Michelangelo. Escultores importantes foram examinar a obra; ourives fizeram cópias; um cardeal poeta escreveu ode a respeito ("...do coração de poderosas ruínas, oh!, O tempo reconduziu *Laocoonte* de volta ao lar..."); Francisco I tentou obtê-lo como prêmio de vitória do papa seguinte; no século XVIII, tornou-se a principal obra dos estudos de Winckelmann, Lessing e

Goethe; Napoleão levou-o em triunfo para o Louvre, de onde, após a derrota do cabo de guerra, tornou a Roma. O *Laocoonte* significou arte, estilo, virtude, luta, antiguidade, filosofia, mas como voz de advertência contra a autodestruição não foi escutado.

JÚLIO NÃO ERA Alexandre, mas sua autocracia e beligerância causaram quase idêntico antagonismo. Os cardeais dissidentes já estavam passando para o campo de Luís XII, disposto a pôr Júlio para fora antes que Júlio o expulsasse da Itália. A deposição se tornara objetivo aceitável, como se o terrível exemplo do cisma no século anterior jamais tivesse ocorrido. É que a secularização produzira excelentes frutos; a aura do papa esmaecera a ponto de ser considerado, em termos políticos e até mesmo populares, igual a qualquer príncipe ou soberano, sujeito, portanto, a tratamento similar. Em 1511, Luís XII, associado ao imperador alemão e nove cardeais dissidentes (três dos quais, mais tarde, negaram sua anuência) convocou um Concílio Geral. Prelados, ordens, universidades, governantes seculares e o próprio papa foram convidados a comparecer em pessoa ou através de delegados, definindo-se, como propósito fundamental, a "Reforma da Igreja da Cabeça aos Membros". A expressão foi por todos entendida como eufemística, significando guerra contra Júlio.

Ele se encontrava, agora, exatamente na mesma posição em que tentara colocar Alexandre, com tropas francesas avançando e um concílio pendente. Deposição e cisma eram assuntos discutidos abertamente. O concílio de origem francesa, com os cardeais cismáticos abraçando o argumento de que Júlio não cumprira a promessa inicial de proceder à revisão conciliar, reuniu-se em Pisa. Tropas da França reentraram na Romanha: Bolonha, uma vez mais, caiu nas mãos do inimigo. Roma estremeceu, sentindo a proximidade do dilúvio. Debilitado por suas atividades nas frentes de guerra, encanecido e doente aos 68 anos, seu território e autoridade sob ataque, Júlio, como último recurso, adotou a providência que ele e seus predecessores tanto tinham evitado: convocou o Concílio Geral sob sua própria autoridade para ser realizado em Roma. Essa foi a origem, mais por desespero que por convicção, do único esforço maior nos negócios religiosos levado a efeito pela Santa Sé durante esse período. Embora cuidadosamente limitado, proporcionou, se não a solução de muitos problemas, ao menos o foro onde seriam discutidos.

O Quinto Concílio de Latrão, como ficou conhecido, teve convocatório para São João de Latrão, uma das principais igrejas de Roma, em maio de 1512. Na história da Igreja, essa hora já era tardia e muitos o reconheciam, com urgência vizinha do desespero. Três meses antes, o deão de São Paulo, em Londres, John Colet, erudito e teólogo, pregando numa congregação de clérigos a respeito da necessidade das reformas, bradara: "Jamais a situação da Igreja tanto necessitou de vossos esforços!" Em toda essa maratona por lucros, disse ele, "na correria desenfreada por vantagens atrás de vantagens", na cupidez e na corrupção, a dignidade do sacerdócio acabou desonrada, os laicos se escandalizaram, a face da Igreja tisnou-se, sua influência destruída de maneira pior que pela invasão de heresias, porque, desde que o mundanismo venha a absorver o clero, "as raízes de toda vida espiritual se extinguem". Era esse o problema, na realidade.

Tremenda derrota na Romanha, justamente antes da reunião do concílio em Latrão, reforçou o sentimento de crise. No domingo de Páscoa, quando os suíços ainda não se encontravam em campo, os franceses, com o auxílio de cinco mil mercenários alemães, suplantaram os exércitos papalino e espanhol em sanguinário e destruidor triunfo ocorrido em Ravena. Era péssimo presságio. Em livro dedicado ao papa às vésperas do concílio um jurista bolonhês advertia: "A menos que nos ponhamos a pensar e reformar, o Deus de justiça adotará terrível vingança, e isso não vai demorar!"

Egídio de Viterbo, geral dos agostinianos, autor da oração de abertura do Concílio de Latrão, na presença do papa, foi outro que viu a mão da Divina Providência na derrota de Ravena e não hesitou em dizê-lo em tom de desafio ao velho pontífice, que o fixava, afogueado, do trono. A derrota demonstrava, afirmou Egídio, quão pouco valia apoiar-se em armas, e isso convidava a Igreja a utilizar suas verdadeiras defesas – "piedade, religião, probidade e prece" –, a armadura da fé, a espada da luz. Em sua presente condição, a Igreja estava por terra, "como as folhas mortas das árvores no inverno... Quando se verificou entre as gentes tão grande negligência e desgosto pelo sagrado, pelos sacramentos e mandamentos? Quando nossa religião e nossa fé estiveram mais desamparadas ante o desprezo que emana mesmo das camadas mais baixas? Quando, ó desgraça!, houve tão desastrosa fenda na Igreja? Quando foram as guerras mais perigosas, os inimigos mais poderosos, os exércitos mais cruéis?... Estão a ver o matadouro? Estão a perceber a destruição, os campos de batalha ocultos sob pilhas de cadáveres? Estão a sentir como a terra tem bebido mais sangue sacrificado do que chuva? Estão a considerar que existe mais força dos cristãos nos sepulcros do que seria necessária para combater os inimigos da fé...?" – o que valia dizer contra Maomé, o "inimigo público de Cristo".

Egídio saudou o concílio como sendo o longamente esperado arauto das reformas. Reformador de velha data e autor de uma *História do papado* escrita com o expresso propósito de relembrar aos papas o seu dever, era ele religioso de grande distinção; interessado em preservar sua aparência de clérigo a ponto de cultivar um palor ascético através da inalação de fumaça de palha molhada – diziam. Mais tarde tornou-se cardeal, já sob Leão X. Escutando essa voz de Latrão a uma distância de 470 anos, torna-se-nos difícil situar se ela advinha da experimentada eloquência do orador fazendo seu discurso programático, ou se representava um grito apaixonado de um genuíno desejo de mudanças antes que se tornasse demasiado tarde.

Não obstante toda a solenidade, o cerimonial, os cinco anos de trabalhos, os muitos oradores veementes e sinceros do Latrão V, não resultariam nem a paz nem a reforma. Continuando no decurso do próximo papado, ali se registraram os inúmeros abusos em prática e se buscou corrigi-los mediante a bula de 1514. Ela abordava, como de rotina, a "nefanda pestilência" da simonia; a manutenção de benefícios múltiplos; a designação de incompetentes ou indesejáveis abades, bispos e vigários; negligência no ofício divino; vida sem castidade dos clérigos; e até mesmo a prática da *ad commendam*, que se recomendava fosse utilizada somente em circunstâncias absolutamente excepcionais. Aos cardeais, como classe especial, era ordenado absterem-se de pompa e luxo, e também de se servirem de advogados em prol dos príncipes, de enriquecerem parentes com rendas da Igreja, de utilizarem benefícios múltiplos e praticarem absenteísmo. Eram convidados à vida sóbria, bem praticando o ofício divino e visitando sua igreja titular e a cidade onde estava localizada ao menos uma vez ao ano, providenciando um padre para a comunidade e clérigos respeitáveis para os ofícios a seu cargo, obedecendo às regras que seriam editadas com respeito à manutenção da ordem em sua jurisdição. Vale como um quadro das falhas existentes em cada nível...

Decretos subsequentes, mais interessados em silenciar críticos do que em reformar, indicavam que as denúncias dos pregadores começavam a molestar. Daí por diante eles seriam proibidos de profetizar ou predizer a vinda do Anticristo e o fim do mundo. Deveriam limitar-se aos evangelhos, abstendo-se da escandalosa denunciação de faltas dos bispos e outros prelados ou das más obras dos superiores, não mais citando nomes. A censura de livros impressos foi outra medida destinada a deter os ataques contra clérigos responsáveis por cargos de "dignidade e confiança".

Poucos dos decretos do concílio tiveram vida fora do papel, se é que algum teve. Sérios esforços para colocá-los em prática teriam causado alguma sensação, mas nenhum esforço foi efetuado. Considerando-se que Leão X, o papa que então presidia o concílio, estava engajado em todas as práticas proibidas, obviamente faltava nele vontade para tanto. Mudanças de atitude devem provir de uma vontade no comando ou de irresistíveis pressões externas. A primeira não se fazia presente no papado da Renascença; a segunda estava a caminho.

Na batalha de Ravena o insubstituível comandante francês Gaston de Foix acabou morto, e suas tropas, perdendo o ímpeto, não souberam explorar a vitória. D'Amboise morrera também. Luís hesitava, era cada vez mais fluido o apoio ao Concílio de Pisa, condenado como cismático, nulo e ilegítimo pelo papa. Quando vinte mil suíços chegaram à Itália, a roda começou a girar ao contrário. Vencidos na batalha de Novara nos arredores de Milão e forçados pelos suíços a deixarem o ducado, expulsos de Gênova, em retirada na direção dos Alpes, os franceses "sumiram como névoa ante o sol", aparentemente de vez. Ravena e Bolonha retornaram à vassalagem, toda a Romanha acabou absorvida pelos Estados pontifícios, o Concílio de Pisa arrepanhou as batinas, rumando pelos Alpes até Lyon, onde logo fragmentou-se. Devido ao subjacente temor de novo cisma e à superioridade e dignidade de Latrão, o outro concílio jamais conseguiu bases sólidas.

O indomável e velho papa tinha atingido seus objetivos. Roma explodiu em festejos celebrando a fuga dos franceses. Fogos de artifício incendiaram as noites, canhões soaram em saudação desde o castelo de Sant'Angelo, multidões gritando "Giulio! Giulio!" saudaram-no como libertador da Itália e da Santa Sé. Uma procissão de ação de graças foi organizada em sua honra na qual ele estava representado qual imperador secular, ostentando cetro e globo por emblemas de soberania e escoltado por imagens representando Cipião, conquistador de Cartago, e Camilo, que salvou Roma dos gálios.

A política ainda dominava. A Santa Sé esfacelou-se quando Veneza deu meia-volta e aliou-se à França contra Gênova, sua velha rival. O papa, em seu último ano, buscou conexões complexas com o imperador e o rei da Inglaterra, e não muito tempo após sua morte os franceses voltaram, tendo recomeçado as guerras. Apesar de tudo, Júlio conseguiu deter o desmembramento do território papal e consolidou a estrutura temporal dos Estados pontifícios, o que lhe valeu grande prestígio histórico. Nas enciclopédias ele pode ser encontrado sob definição de "verdadeiro fundador do Estado pontifício" e até mesmo como "salvador da Igreja". O fato de que banhou seu país em sangue e violência e de que todos os seus lucros temporais não evitaram que a autoridade da Igreja se tivesse partido profundamente dez anos depois não encontram referência em tais livros.

Quando Júlio morreu, em 1513, foi honrado e pranteado porque a ele atribuíam a libertação das garras de um invasor detestado. Pouco tempo após sua morte Erasmo ofereceu uma visão oposta no diálogo satírico denominado *Julius Exclusus* que, embora publicado anonimamente, lhe é atribuído pelos peritos. Identificando-se perante São Pedro nas portas do céu, Júlio diz: "(...) Fiz mais pela Igreja e por Cristo do que qualquer outro papa antes de mim... Anexei Bolonha à Santa Sé, bati os venezianos, dominei o duque de Ferrara. Anulei um concílio cismático com uma simulação de concílio de minha própria invenção. Expulsei os franceses da Itália e poderia ter expulsado os espanhóis também, se os fados não me tivessem trazido para cá. Mantive todos os príncipes da Europa sob puxões de orelhas. Rasguei tratados, levei grandes exércitos aos campos de batalha, fiz com que Roma ficasse repleta de palácios... E tudo isso foi feito por mim. Não nasci em berço de ouro, pois na verdade nem sei quem foi meu pai; nada devo aos livros porque não tive instrução alguma; tampouco a juventude é minha credora, visto já ser um velho quando comecei, e a popularidade não me conduziu: fui odiado em toda parte... Eis a modesta verdade. E meus amigos em Roma me consideravam mais um deus que homem."

Os defensores de Júlio dão-lhe o crédito de haver seguido política baseada conscientemente no princípio de que "virtude sem poder", como disse um orador no Concílio de Basileia, meio século antes, "será apenas objeto de zombaria, e o papa romano sem o patrimônio da Igreja não passará de mero escravo de reis e príncipes", ou seja, em resumo, a fim de exercer sua autoridade o papa deveria, antes, obter solidez material, precedendo, mesmo, ao programa de reformas. Trata-se do argumento convincente da *realpolitik* que, entretanto, como a história demonstra frequentemente, possui um corolário: o processo de se obter o poder emprega meios que degradam ou brutalizam aquele que o busca, o qual desperta, um dia, para compreender que o poder foi possuído ao preço da virtude ou do propósito moral – perdidos.

V. A RUPTURA PROTESTANTE: LEÃO X, 1513-21

"Deus presenteou-nos com o papado – vamos desfrutá-lo", escreveu o ex-cardeal Giovanni de Médici, agora papa Leão X, ao seu irmão Giuliano. Resta alguma dúvida se tal frase é autêntica, mas nenhuma quanto a ser perfeitamente característica. Gozar a vida – eis o princípio fundamental de Leão. Júlio era guerreiro, o novo papa, um hedonista; a única similaridade entre ambos ligava-se à circunstância de serem seus interesses primários de natureza igualmente secular. Todo o cuidado dispensado por Lourenço, o Magnífico, na educação e no aprimoramento do mais prendado de seus filhos resultou nesse cultivado *bon vivant*, devotado a estimular a arte, a cultura e a satisfação de seus gostos com um mínimo de preocupações quanto ao custo de tais coisas, como se a fonte dos fundos fosse uma espécie de cornucópia mágica capaz de renovação eterna. Um dos maiores perdulários de seu tempo, sem dúvida o mais criticado daqueles que tiveram assento no trono papal, Leão desfrutou de muita admiração por parte dos apaniguados que intitularam seu reinado Idade de Ouro. Ouro para as moedas que choviam em seus bolsos vindas de comissões, festividades e entretenimentos contínuos, da reconstituição de São Pedro, dos melhoramentos urbanos. Como, entretanto, o dinheiro destinado a pagar tudo isso não nascia de fonte mágica, e sim de tributos cada vez maiores, extorsivos e inescrupulosos, cobrados pelos agentes papais, o efeito final, somado a outros amargos ressentimentos, foi o de tornar o pontificado de Leão o último de uma cristandade unida sob a Sé romana.

O brilho de um Médici no trono papal, trazendo consigo o fulgor da riqueza, do poder e do patronato da grande casa florentina augurava, aparentemente, um pontificado feliz, com promessa de paz e benevolência, em contraste com o sanguinário e rigoroso Júlio. Conscientemente planejada para reforçar essa idéia, a procissão do papa rumo a Latrão, após o coroamento, representou supremo festival renascentista. Demonstrava qual o significado da Santa Sé para o titular de sua derradeira hora inconsútil: pedestal de exposição das delícias e belezas do mundo, triunfo de esplendor em honra a um papa Médici.

Mil artistas decoraram o percurso com arcos, altares, estatuária, buquês de flores e réplicas dos "símbolos dos Médici", de que jorrava o vinho. Cada grupo nessa procissão – prelados, laicos, nobres, embaixadores, cardeais, escoltas, dignitários estrangeiros – vestia-se com esplendor jamais visto, tão magníficos os clérigos quanto os profanos. Brilhante sinfonia de estandartes exibindo heráldica eclesiástica ou principesca drapejava por sobre as cabeças. Em seda vermelha e arminho, dois a dois, 112 palafreneiros escoltavam o suado mas exultante Leão montando belo cavalo branco. Suas mitras, tiaras e orbes exigiram quatro carregadores, que as expunham às vistas de todos. Cavaleiros e infantes aumentavam o cortejo. A generosidade dos Médici ficou materializada através de camaristas papalinos jogando moedas de ouro aos espectadores. Banquete em Latrão e procissão de retorno iluminada por tochas e fogos de artifício encerraram o evento. A celebração custou 100 mil ducados, um sétimo da reserva deixada por Júlio no tesouro.

Daí por diante sua extravagância só fez aumentar. Os planos do papa para São Pedro, exuberantemente bosquejados por Rafael na condição de sucessor de Bramante, foram estimados em 1 milhão de ducados. Nas festividades de um casamento francês arranjado para seu irmão Giuliano, o papa gastou 150 mil ducados, 50 por cento mais que as despesas domésticas anuais do papado que, com ele, já triplicavam as dos tempos de Júlio. Tapeçarias de ouro e seda destinadas às salas superiores do Vaticano, feitas sob encomenda em Bruxelas e baseadas em desenhos de Rafael, custaram tanto quanto o casamento do irmão. Para atender suas despesas a chancelaria papal criou cerca de dois mil cargos a serem vendidos durante seu pontificado, incluindo a Ordem dos Cavaleiros de São Pedro, com quatrocentos membros, que pagavam mil ducados cada um pelo título, mais 10 por cento anuais sobre o valor do preço de venda. O total realizado com a negociação de todos os cargos ascendeu a 3 milhões de ducados, seis vezes a renda anual do papado – que mesmo assim continuou em apuros.

Desejando glorificar a família e a cidade natal através de um monumento em homenagem a si mesmo e aos "divinos artífices" florentinos, seus concidadãos, Leão iniciou aquilo que viria a ser uma incomparável obra de arte da época, a Capela Médici, por Michelangelo, na igreja de São Lourenço, onde três gerações de Médici já estavam sepultadas. Tendo ouvido dizer que o mais belo dos mármores era encontrado em Pietrasanta, 190 quilômetros além da Toscana, de nada mais quis saber o papa, apesar de Michelângelo ter considerado proibitivamente cara sua extração. Mandou construir uma estrada por ínvios caminhos ainda não trilhados apenas para transportar esse mármore e conseguiu trazer dele o bastante para a feitura de cinco incomparáveis colunas. Por essa altura lutava com falta de fundos, além de considerar Michelangelo "um homem impossível de se lidar". Preferia Rafael, cortesão amável, e as fáceis belezas de sua arte. Os trabalhos na capela foram suspensos, e retomados e completados pelo primo de Leão, Giulio, o futuro Clemente VII.

Para a Universidade de Roma Leão recrutou mais de cem eruditos e professores destinados a ministrarem cursos de leis, letras, filosofia, medicina, astronomia, botânica, grego e hebreu, mas devido a um sistema corrupto de nomeações e à escassez de recursos financeiros, o projeto, como tantos outros de sua responsabilidade, esmaeceu rapidamente em seu brilho inicial. Ávido colecionador de livros e manuscritos, cujo conteúdo citava frequentemente de memória, fundou uma editora para impressão das obras clássicas dos gregos a fim de satisfazer seu entusiasmo. Dispensou privilégios e bolsas como se fossem confetes, envolveu Rafael em favores, empregou brigadas de artistas como assistentes, mandando-os executar no palácio papal desenhos de ornamentos, cenas, figuras, pisos decorativos, entalhes. Teria feito de Rafael mais um cardeal se este não o tivesse impedido – morrendo antes de vestir as vestes rubras, com 37 anos, por excessos amorosos, segundo constou.

Gastos inúteis e ostensivos, visando apenas causar efeito, eram gestos habituais nos potentados desses tempos. Num banquete que jamais será olvidado, oferecido pelo plutocrata Agostino Chigi, os pratos de ouro em que eram servidas línguas de papagaios e peixes trazidos de Bizâncio, foram, depois, jogados das janelas no rio Tibre – havendo sido, antes, estendidas redes sob a superfície das águas para posterior recuperação dos pratos. Em Florença o dinheiro era perfumado. O auge do desperdício foi o Campo Vestido de Ouro preparado para o encontro entre Francisco I e Henrique VIII, em 1520. Ele deixou a França com deficit de 4 milhões de libras, que levou quase uma década para ser pago. Na condição de Médici, nascido para ser publicamente perdulário, Leão, se fosse profano, não poderia ser acusado pelo fato de refletir os hábitos de sua época, mesmo praticando-os com excessos neuróticos. Mas tratava-se de pura insensatez não perceber o que havia de contraditório em seu comportamento ultramaterialista, sem considerar sequer que, em sua condição de chefe da Igreja, o efeito junto ao público seria negativo. Condescendente, indolente, inteligente, na aparência sociável e amistoso, Leão mostrava-se descuidado nas coisas do ofício, mas muito consciencioso em matéria de ritual religioso, guardando dias santificados e celebrando missa diariamente; em certa ocasião, ante a notícia de uma vitória dos turcos, caminhou descalço na frente de uma procissão, carregando relíquias e rezando pela libertação do perigo do Islã. O senso do perigo o fazia lembrar da existência de Deus. Fora disso, a atmosfera em sua corte era descontraída. Os cardeais e membros da cúria que se constituíam na audiência dos oradores sacros conversavam durante os sermões, que foram reduzidos para meia hora e, logo depois, ao máximo de 15 minutos.

O papa muito apreciava desafios em versos improvisados, jogos de cartas, banquetes prolongados com acompanhamento musical e, especialmente, toda sorte de espetáculos teatrais. Gostava de dar boas risadas e divertir-se, escreveu um biógrafo contemporâneo, Paolo Giovio, "ou porque tem especial predileção por passatempos, ou talvez acredite que evitando aborrecimentos e preocupações possa prolongar seus dias de vida". A saúde era um desses aborrecimentos, pois embora tivesse 37 anos quando eleito, sofria de constrangedora úlcera anal que lhe causava inúmeros vexames nas procissões, embora essa mesma úlcera o tenha ajudado a vencer a eleição, tendo permitido a seus médicos espalharem a notícia de que não viveria por muito tempo – sempre um fator de muito peso para os demais cardeais.

Fisicamente, não representava de modo algum o ideal de nobre virilidade da Renascença, que Michelângelo retratou na figura de seu irmão para a Capela Médici, não obstante fosse mínima a semelhança entre o original e a pintura. ("Daqui a mil anos", dizia o artista, "quem irá indagar se essa era sua real aparência?") Leão era baixo, gordo, flácido, com a cabeçorra muito pesada e pernas débeis em relação ao corpo. Mãos macias e brancas se constituíam em seu maior orgulho: ele cuidava muito delas e as adornava com anéis faiscantes.

Adorava caçar, acompanhado de escoltas de cem ou mais homens; falcoaria em Viterbo, caça aos veados em Corneto, pescarias no lago de Bolsena. No inverno, a corte papalina desfrutava de programas musicais, leituras poéticas, balés e jogos, incluindo comédias picantes de Ariosto, Maquiavel e *La Calandria*, de autoria do antigo tutor de Leão, Bernardo da Bibbiena, que o acompanhou a Roma e acabou cardeal. Quando Giuliano de Médici foi a Roma acompanhado da esposa, o cardeal Bibbiena lhe escreveu o seguinte: "Deus seja louvado, pois nada aqui nos faltava, exceto uma corte com a presença de senhoras." Toscano inteligente, erudito, além de ser diplomata de muita sagacidade, espírito brilhante e gostos profanos, Bibbiena tornou-se o mais íntimo dos companheiros e conselheiros do papa.

O gosto de Leão pelos clássicos e pelo teatro encheu Roma de espetáculos, que se sucediam numa estranha mistura de paganismo e cristianismo; préstitos da mitologia antiga, mascaradas de carnaval, dramas da história romana, espetáculos da Paixão levados a efeito no Coliseu, orações clássicas, esplêndidas festas da Igreja. Nenhuma delas foi mais memorável que a famosa procissão do elefante branco com presentes para o papa, do rei de Portugal, em comemoração à vitória sobre os mouros. O elefante, conduzido por um mouro, com outro deles em seu pescoço, carregava sobre um assento de joias o baú com enfeites preciosos contendo ricas vestimentas, cálices de ouro e livros em finas encadernações, para delícia do pontífice. Ao chegar à ponte de Sant'Angelo, o elefante, obediente ao comando, ajoelhou-se três vezes ante o papa e espirrou água sobre os espectadores, produzindo gritos de júbilo.

Vez por outra o paganismo invadia o Vaticano. No decurso de uma das prédicas sagradas, o orador invocou os "imortais" do panteão grego, causando, simultaneamente, risos e certa contrariedade no auditório, mas o papa escutou de forma complacente e tolerou a cincada "conservando a mesma expressão facial". Ele apreciava principalmente os sermões eruditos, tanto em conteúdo como em estilo clássico.

Em assuntos políticos, a atitude frouxa de Leão não registrou triunfos, mas desfez alguns dos obtidos por Júlio. Seu princípio dominante era o de evitar problemas tanto quanto possível e aceitar o inevitável sempre que necessário. Seus métodos seguiam a tônica dos Médici que permitia – ou melhor dizendo, prescrevia – arranjos com ambos os lados. "Tendo eu feito acordo com uma das partes", Leão costumava dizer, "não vejo razão por que esteja impedido de buscar entendimento com a outra." Ao mesmo tempo que concordava com a reivindicação da França sobre Milão, negociava secretamente com Veneza para frustrar a reocupação francesa. Enquanto aliado da Espanha, juntou-se aos venezianos visando expulsar os espanhóis da Itália. Dissimulação tornou-se um dos hábitos do papa, mais aprofundado à medida que o papado mergulhava em problemas. Evasivo e sorridente, ele evitava indagações e jamais explicou sua política, se é que possuía qualquer diretriz nesse sentido.

Em 1515 os franceses retornaram sob Francisco I à testa de imponente exército, com cavalaria formada por três mil nobres, artilharia experimentada e infantaria composta de alemães mercenários, jogando-se à reconquista de Milão. Após judiciosas considerações, o papa juntou-se aos nunca muito entusiasmados membros da Santa Aliança, disposto a resistir e confiando nos suíços como força de combate. Infelizmente, na dura batalha de Marignano, travada nas adjacências de Milão, os franceses acabaram vitoriosos. Embora, por dois dias, o combate prosseguisse à base de pequenos toques e retiradas, as forças do papa, acampadas em Piacenza, menos de 80 quilômetros distante, não participaram do confronto.

Uma vez mais no controle do grande ducado do norte, os franceses selaram seu domínio mediante um tratado de "paz eterna" com os suíços. Encontravam-se, agora, em situação privilegiada demais para que o papa os enfrentasse e, por isso, muito razoavelmente ele mudou de lado; encontrou-se com Francisco em Bolonha onde chegou a um entendimento que se constituiu, principalmente, em cessão. Cedeu Parma e Piacenza, há muito disputadas por Milão, e deu termo à longa luta sobre os direitos gauleses em relação às rendas e designações da Igreja. Um dos acertos, destinado a melhorar a qualidade dos beneficiários, exigia que os bispos contassem mais de 27 anos e estivessem preparados em Teologia e Direito Canônico, mas tais qualificações poderiam ser inobservadas quando se tratasse de parentes de sangue do rei ou de membros da nobreza. Dentro desse espírito, tais reformas, a exemplo das propostas no Concílio de Latrão, pouco significavam.

No todo, a Concordata de Bolonha, mesmo quando a Igreja da França considerou discutíveis algumas de suas disposições, demarcou a entrega, pelo papado, de uma parcela maior de poder eclesiástico, da mesma forma que a reconquista de Milão significou, para todo esse período histórico, o fim da independência italiana. Embora óbvios para críticos mais severos, na linha de Maquiavel e Guicciardini, esses resultados não perturbaram muito a Leão, se é que foram por ele notados. *Fuori i barbari* não seria, decididamente, seu grito de batalha. Preferia tratos harmônicos. Infenso às negativas, prometeu atender o pedido de Francisco I e doar-lhe o *Laocoonte*, planejando enganá-lo com uma cópia encomendada, depois, ao escultor Baccio Bandinelli (e que se encontra atualmente em Uffizi). Conseguiu uma princesa da França para seu irmão e outra para o sobrinho Lorenzo, permanecendo feliz sob os franceses até que o poder mudou novamente, com a ascensão de Carlos V, imperador em 1519, determinando a união dos tronos da Espanha e Habsburgo. Achando oportuno trocar de lado uma vez mais, Leão aliou-se ao novo imperador. As guerras continuaram, principalmente como conflitos entre os grandes poderes, passando a limpo suas rivalidades no solo italiano, enquanto os Estados da península, em sua inveterada desunião, dançavam futilmente entre eles.

A paixão peculiar dos papas por suas famílias, que parecia levá-los a considerar a fortuna familiar bem mais importante do que a Santa Sé, foi plenamente compartilhada por Leão, para seu próprio infortúnio.

Não possuindo filhos, dirigiu esforços em prol dos parentes mais próximos, começando com o primo, Giulio de Médici, filho bastardo do Giuliano assassinado pelos Pazzi na catedral. Leão venceu a barreira desse nascimento espúrio através de um *affidavit* declarando que os pais de Giulio tinham contraído núpcias secretamente; assim legitimado, Giulio transformou-se em cardeal, passando a principal ministro do primo e vindo, finalmente, a ocupar o trono como

Clemente VII. Prosseguindo, Leão distribuiu cinco cardinalados na família a dois primos e três sobrinhos, cada um deles filho de uma de suas irmãs. Isso era, entretanto, mera rotina. As dificuldades surgiram quando, pela morte de seu irmão, Leão determinou fazer do sobrinho Lorenzo, filho do falecido irmão mais velho, Piero, o portador da fortuna dos Médici. Obter para Lorenzo o ducado de Urbino tornou-se para ele uma fixação obsedante.

Tomando o domínio pela força das armas, o papa excomungou seu duque e doou o título e o território a Lorenzo, requerendo, depois, o endosso de sua ação pelo colégio dos cardeais. O duque deposto, um Della Rovere sobrinho de Júlio, que partilhava do vigor de seu falecido tio, lutou. Quando seu emissário chegou a Roma com o desafio do duque a Lorenzo, foi preso, a despeito de portar salvo-conduto, e submetido a torturas para fornecer informações. A fim de prosseguir em sua guerra contra Urbino, o papa impôs tributos sobre todos os Estados pontifícios sob alegação de que o duque era rebelde. Essa campanha desavergonhada voltou a opinião pública contra ele, mas tal qual Júlio ou outro qualquer autocrata, Leão ignorou o efeito de seus atos sobre o público. Com dinamismo que em poucas situações revelava, manteve a guerra durante dois anos. Ao fim desse período, Lorenzo e sua esposa francesa tinham morrido, deixando apenas uma menina herdeira, cujo inesperado destino como Catarina de Médici seria o de desposar o filho de Francisco I, tornando-se rainha – e dirigente – da França. Essa virada na roda da fortuna, contudo, veio demasiado tarde para Leão; não evitou, tampouco, o declínio dos Médici. Na guerra sem sentido de Urbino, Leão consumiu 800 mil ducados, um mergulho na insolvência que significava a bancarrota financeira do Vaticano. Isso levou o falido não a um retraimento, mas, mediante instrumentos tortuosos, ao maior escândalo dessa época.

A conspiração Petrucci foi um *affaire* vicioso e obscuro que vem perturbando os estudiosos desde então até nossos dias. Leão afirmou ter descoberto a conspirata de diversos cardeais para assassiná-lo ouvindo o que lhe confessou um criado. Liderado pelo jovem cardeal Alfonso Petrucci, de Siena, a trama seria levada a termo com o uso de veneno, que um médico subornado injetaria ao lancetar um furúnculo na pontifícia nádega. Realizaram-se prisões, informantes foram presos, cardeais suspeitos acabaram agrilhoados. Atraídos a Roma sob amparo de um salvo-conduto, Petrucci e outros acusados foram feitos prisioneiros. Essa violação foi justificada pelo papa sob o argumento de que nenhum envenenador poderia ser considerado risco aceitável. Os interrogatórios produziram espantosas revelações, depoimentos foram induzidos; murmúrios em curso a respeito dos métodos utilizados arrepiaram e aterrorizaram Roma. Forçado a dizer-se culpado, o cardeal Petrucci foi morto por estrangulamento, pelas mãos de um mouro, pois o protocolo não permitia a um cristão matar um príncipe da Igreja – e, bem apropriadamente, com garrote de seda vermelha. Diante de tal exemplo, os outros cardeais acusados aceitaram perdões pagando enormes multas; o mais rico pagou acima de 150 mil ducados: era o cardeal Raffael Riario, sobrinho-neto de Sisto IV e um dos seus *nipoti*.

Essa conspiração parecia tão forçada que não se pode evitar a inferência de que o papa, talvez baseado na tagarelice de algum informante, promoveu toda a fábula a fim de cobrar as multas. Recentes investigações nos arquivos do Vaticano sugerem que o plano pode ter sido real, mas o que nos importa é a impressão causada à época. Surgindo no momento em que a repulsa do público à guerra do papa a Urbino se encontrava no auge, a conspiração Petrucci desacreditou ainda mais o papado, além de alarmar e antagonizar os cardeais. Fosse para anular essa hostilidade, contornar a bancarrota, ou ambas as razões, o certo é que Leão, num gesto de audácia pasmosa, nomeou, num único dia, 31 novos cardeais, recebendo dos novos escolhidos mais de 300 mil ducados. Comentou-se que essa criação fora obra concebida pelo cardeal Giulio de Médici, para assim pavimentar seu próprio caminho nos rumos do papado. A desmoralização era agora tamanha que nenhum movimento de revolta se fez sentir no colégio.

O amável Leão, tropeçando em suas próprias manobras, tornou-se bem menos amável, ou talvez jamais tivesse sido tão benigno como supunham as pessoas. O caso Petrucci não se constituiu em sua única truculência. A fim de incorporar Perúgia aos Estados pontifícios, seu governante dinástico, Giampaolo Baglioni, teria que ser eliminado. Um "monstro de iniquidade", Baglioni não merecia compaixão, mas o papa, uma vez mais, preferiu métodos traiçoeiros. Convidou Baglioni a ir a Roma com um salvo-conduto; aprisionou-o à chegada e, após as torturas habituais, mandou decapitá-lo.

Por que as pessoas confiavam ainda em salvo-condutos nessa época é a menor das perguntas. A indagação suprema é esta: que espécie de apostolado do cristianismo esse pontífice e seus quatro predecessores imaginavam estar cumprindo? Elevados à Cadeira de São Pedro, santos padres para seus fiéis, eles tinham deveres para com seu rebanho aos quais só raramente destinavam algum vago pensamento. O que estaria ocorrendo com os crentes ao erguerem seus olhos para o alto, desejando reverenciar o papa em sua condição de sumo-sacerdote, inspiradora santidade e confiante dignidade? O "senso da perpétua majestade do pontificado", no dizer de Guicciardini, parece ter representado, para esses papas, tão somente o que estaria visível em seus atributos tangíveis. Eles não manifestavam pretensões à santidade nem ofereciam gestos representativos de vocação religiosa, enquanto que os fiéis jamais tinham pedido em tão altas vozes tais evidências.

Indiferente, Leão ignorava a repulsa causada por seus métodos e nenhuma providência adotou destinada a diminuir suas extravagâncias. Nunca tentou economizar. Não reduziu as despesas domésticas. Não parou de jogar. Em 1519, em meio à bancarrota, patrocinou uma tourada – legado de Alexandre à Santa Sé – no domingo de carnaval, com trajes maravilhosos doados a todos os *toreadores* e seus assistentes por um papa em débito já irrecuperável.

O ano do escândalo Petrucci, 1517, foi um ano destinado a volver uma página na história. Desde o começo do século a insatisfação com a Igreja crescera e se espraiara, expressando-se clericalmente em sínodos e sermões e do ângulo popular em sátiras, cartas, poemas, canções e as apocalípticas profecias dos pregadores. Para qualquer um, exceto os dirigentes da Igreja, tornara-se evidente que o início da dissensão se aproximava. Em 1513 um frade italiano considerou tudo isso muito próximo, a ponto de prever a queda de Roma e de todos os padres, num holocausto que não deixaria vivo um só mau sacerdote, enquanto durante três anos missas não seriam rezadas. A respeitável classe média mostrou-se indignada com as incansáveis e extravagantes dívidas do papa, e todas as classes e grupos em cada país se ressentiam dos pesados tributos papais.

O sermões na reabertura do Concílio de Latrão, sob a presidência de Leão, tornaram explícito o descontentamento reinante. A advertência de Giovanni Cortese, conselheiro legal da cúria, feita a Leão, de que a tarefa das reformas estava sendo protelada perigosamente, foi repetida. Cortese, como cardeal, teve a incumbência de preparar a agenda do Concílio de Trento, que tentou corrigir os estragos existentes. Em notável discurso na abertura de Latrão, em março de 1517, Gianfrancesco Pico della Mirandola, dirigente de um pequeno ducado e sobrinho de tio bem mais famoso, produziu um sumário de todas as reformas necessárias com a sucinta declaração de escolha entre secular e religioso: "Se é nosso intento vencer o inimigo e os apóstatas de nossa fé, torna-se mais importante restaurar a moralidade decaída trazendo-a de volta à antiga regra de virtude, do que dominar com nossa frota o mar Euxino." Caso a verdadeira obra fosse negligenciada, concluiu o orador, áspero seria o julgamento que se abateria sobre a Igreja. Representando o devoto cristão laico, Pico, em seu discurso, indicou a extensão do descontentamento.

Alienados pelos valores mundanos do papado, intelectuais e humanistas voltaram-se, como fez Jacques Lefèvre da França, às Escrituras, buscando nelas encontrar o sentido profundo de sua fé ou, como Erasmo, dedicando-se à sátira que, embora possa ter sido motivada por genuína angústia religiosa, ajudou a diminuir o respeito pela Igreja. "Na hipótese de que a sabedoria descesse sobre esses sumos pontífices que tomaram o lugar de Cristo", escreveu ele nos *Colóquios*, "isso seria muito inconveniente para suas santidades! Exigiria deles todos o abandono das riquezas e honrarias, possessões, progressos triunfais, cargos, dispensas, tributo, indulgências..." Em vez disso, haveria preces, vigílias, estudos, sermões "e mil aborrecidas tarefas da espécie". Copistas, notários, secretários, almocreves, criados, banqueiros, proxenetas – "e poderia acrescentar algo mais terno, embora bem mais cru, receio" – ficariam sem emprego.

As guerras papalinas também mereceram a acrimônia de Erasmo, dirigidas como eram contra os assim chamados inimigos da Igreja. "Como se a Igreja pudesse ter inimigos mais pestilenciais que os ímpios pontífices, que por seu silêncio permitem o esquecimento de Cristo, amordaçam-no com regras mercenárias... e o crucificam a cada passo com suas vidas escandalosas!" Numa carta particular, ele expôs o assunto em poucas palavras: "A monarquia do papa romano, como existe atualmente, é a pestilência da cristandade."

Escrevendo nessa mesma época, entre 1510-1520, Maquiavel considerou prova da decadência o fato de que, "quanto mais se aproximam da Igreja de Roma, cabeça de nossa religião, menos religiosas as pessoas ficam". Qualquer um que examine o vácuo entre os princípios sobre os quais foi assente a fé cristã e sua presente aplicação pela Igreja, "compreenderá que sua ruína e castigo estão à vista". A ira de Maquiavel dizia respeito aos males que causara à Itália. "O péssimo exemplo da corte de Roma destruiu toda religiosidade e piedade italianas", resultando em "infinitas disputas e desordens" que "mantêm nosso país dividido". Essa é "a causa de nossa desgraça". Sempre que teme perda de poderio temporal, a Igreja, jamais forte o suficiente para tornar-se suprema, corre em busca de auxílio estrangeiro, e "tão bárbara dominação é mau cheiro que chega às narinas de todos".

A denúncia está resumida na frase de Guicciardini: "A reverência pelo papado foi totalmente arrancada do coração dos homens."

O ABUSO QUE precipitou a ruptura final materializou-se na comercialização de indulgências, e o lugar de onde partiu o rompimento, como todos sabem, foi Wittemberg, no nordeste da Alemanha. O sentimento antirromano era mais forte e o protesto mais franco nos principados germânicos devido à falta de um poder nacional centralizado, capaz de resistir às taxações papais, como no caso da França. Por outro lado, as exações tornavam-se mais pesadas devido às antigas conexões com o Império e os grandes latifúndios lá existentes que pertenciam à Igreja. Além do mais, sentindo-se diretamente atingida pelos agentes do papa, a população estava ofendida em sua fé, considerando insultuoso o tilintar de moedas em tudo que tivesse a ver com religião, insultuosa a iniquidade de Roma, insultuosa sua recusa em reformar. A revolta contra a Santa Sé acabaria acontecendo, advertiu Girolamo Alessandro, núncio papal junto ao Império, futuro bispo e cardeal. Milhares de pessoas na Alemanha, escreveu ele ao papa em 1516, aguardam apenas a hora certa para bradar o que pensam, abertamente. Imerso em dinheiro e monumentos de mármore, Leão não estava escutando. Dentro de um ano chegou a hora certa através da instrumentação do agente-vendedor de indulgências na Alemanha, Johann Tetzel.

Indulgências não eram coisa nova, nem uma invenção do papa Leão X. Concedidas em sua origem como dispensa da prática de boas ações, no todo ou em parte, exigidas do pecador pelo padre, como penalidade, a indulgência acabou sendo considerada libertação da culpa do pecado em si mesmo. Esse novo uso foi severamente condenado por puristas e protestadores. Mais condenável, ainda, tornou-se a venda comercial de uma graça espiritual. A graça, a princípio concedida em troca de pias doações para reparos em igrejas, hospitais, resgates de cativos dos turcos e outras boas obras, transformou-se em vasto tráfico, do qual a metade ou um terço das rendas seguia para Roma e o restante destinava-se ao domínio local, com várias percentagens atribuídas aos agentes e aos signatários dos perdões. A Igreja tornara-se uma máquina de fazer dinheiro, declarou John Colet em 1513, sendo os honorários o fator preponderante em vez do arrependimento ou das boas ações. Empregando charlatães, iludindo os crédulos, o tráfico se constituiu em um dos males persistentes da religião organizada.

Quando os perdoadores divulgaram a notícia – jamais explicitamente proclamada pelos papas – de que as indulgências abrangiam pecados futuros, ainda não cometidos, a Igreja atingira o estágio em que estava estimulando pecadores, como seus críticos não deixaram de apontar. Para expandir o mercado, Sisto IV legislou, em 1476, que as indulgências se aplicavam às almas no purgatório, levando as pessoas comuns a acreditarem que deveriam pagar o alívio dos parentes falecidos. Quanto mais preces, missas e indulgências fossem compradas para os mortos, menores seus termos no purgatório, e desde que tal arranjo favorecia os ricos, era naturalmente ressentido pelos pobres, tornando-os prontos, quando chegasse a hora, a rejeitar todos os sacramentos oficiais.

Júlio já havia lançado uma distribuição de indulgências destinada a ajudar o pagamento da nova São Pedro. Leão, em seu primeiro ano de governo, autorizara outra distribuição para o mesmo propósito e, novamente em 1515, uma venda especial na Alemanha destinada a cobrir as despesas de sua guerra em Urbino. Oferecendo "completa absolvição e remissão de todos os pecados", o novo lote deveria ser vendido em oito prestações anuais, o que era incomum. Os arranjos financeiros, de complexidade bizantina, destinavam-se a permitir a um jovem nobre, Albrecht de Brandemburgo, irmão do eleitor de Brandemburgo, pagar três benefícios para os quais fora designado pelo papa. Com 24 anos ele havia recebido os arcebispados de Mainz e Magdeburgo e o bispado de Halberstadt por um valor total estimado entre 24 mil e 30 mil ducados, de acordo com a fonte informativa. Envolvendo simonia, benefícios múltiplos e beneficiário não qualificado, essa transação foi levada a cabo enquanto o Concílio de Latrão lutava por tornar ilegais essas mesmas práticas. Sem condições de levantar o dinheiro, Albrecht tomara-o emprestado dos Fuggers, a quem agora pretendia reembolsar através dos ganhos advindos das indulgências.

Tetzel, frade dominicano, era um empresário capaz de levar rubor às faces de Barnum. Após chegar numa cidade, era saudado por procissão previamente preparada, formada pelo clero e pelo povo, que vinham ao seu encontro portando bandeiras e velas acesas, enquanto os sinos da igreja badalavam alegremente. Viajando com uma arca de bronze e uma bolsa de recibos impressos, era precedido pelo frade portador da bula de indulgência, carregada sobre almofada de veludo. Tetzel montava sua loja em plena nave da igreja principal, à frente de enorme cruz levantada para a ocasião, enfeitada com o pavilhão papalino. Ao seu lado, um agente dos Fuggers anotava cuidadosamente o dinheiro que os compradores depositavam num vaso em cima da arca metálica, à medida que iam recebendo sua indulgência impressa, retirada da bolsa.

"Tenho aqui", Tetzel anunciava em voz alta, "os passaportes... que levarão as almas às glórias celestiais do paraíso." Por um único pecado mortal, cabiam sete anos de castigo. "Quem, portanto, gastando apenas um quarto de florim, hesitará em adquirir uma dessas cartas de remissão?" Animando-se, explicava que, se um cristão tivesse dormido com a própria mãe, mas colocasse dinheiro no vaso do papa, "o santo padre tem poder, nos Céus e na Terra, de perdoar esse pecado, e se ele o perdoasse, Deus também faria o mesmo". Com respeito aos já falecidos, ele dizia que, "tão logo a moeda tilinta no vaso, a alma que ela está resgatando parte como uma flecha do purgatório diretamente para o paraíso'!

O tilintar dessas moedas constituiu-se num chamado para Lutero. A estúpida equação entre o mercenário e o espiritual, na pessoa de Tetzel, era a expressão suprema da mensagem emanada do papado havia mais de cinquenta anos. Não foi a causa, mas, sim, o sinal para a cisão protestante, cujos motivos doutrinários, pessoais, políticos, religiosos e econômicos eram antigos, vários e longamente desenvolvidos.

Em resposta à campanha de Tetzel, Lutero, em 1517, pregou suas 95 teses na porta da igreja de Wittenberg, denunciando como sacrílego o ultraje das indulgências, embora sem sugerir, ainda, a ruptura com Roma. Nesse mesmo ano o Latrão V realizou sua última sessão – última oportunidade para reformas. O desafio de Lutero provocou contra-ataque de Tetzel, que afirmou a eficácia das indulgências; seguiu-se a réplica de Lutero, num escrito vernacular, *Indulgência e graça*. Os agostinianos entraram no debate, oponentes em disputa e, dentro de dois meses, um arcebispo alemão em Roma requereu abertura de processo por heresia. Lutero pediu para depor em sua terra natal, com o que concordaram o legado papal na Alemanha e as autoridades laicas, a fim de não exacerbar a opinião pública às vésperas da reunião da Dieta Alemã que iria votar matéria tributária. A morte do imperador Maximiliano, pouco depois, exigindo designação de um sucessor pela Dieta, representou fator adicional no sentido de se evitarem novos problemas.

Enclausurado, como seus antecessores, no drama italiano, o papa não percebia o que estava em jogo e mostrou-se incapaz de compreender o longo protesto que se vinha desenvolvendo há um século e meio, desde que Wycliffe repudiara o sacerdócio como coisa necessária à salvação, assim como os sacramentos e o próprio papa. Leão mal notou os sintomas germânicos, entendendo tratar-se de heresia a ser suprimida, como qualquer outra. Sua resposta foi a bula de novembro de 1518, excomungando todos os que negassem ao papa o direito de lançar indulgências. Isso teve tanto efeito como a admonição de Canuto às ondas do mar. Leão, porém, logo estaria bem mais chocado pela morte de Rafael do que pelo desafio de Lutero.

Assim que o protesto veio à luz, a revolta contra Roma seguiu-se com celeridade. Quando a Dieta de Augsburgo, em 1518, foi solicitada a votar uma taxa especial para a cruzada contra os turcos, replicou que o real inimigo da cristandade "era o cão do inferno em Roma". No seu interrogatório de 1519, em Leipzig, Lutero passou a repudiar tanto o papado como o Concílio Geral e publicou a seguir, em 1520, a declaração definitiva do pensamento protestante em *À nobreza cristã da nação alemã*. Proclamando que o batismo consagrava como sacerdote todo ser humano, permitindo-lhe acesso direto à salvação, denunciou o papa e a hierarquia por todos os seus pecados e más obras, exigindo Igrejas nacionais independentes de Roma. Adotada por outros rebeldes e reformadores da Igreja, sua doutrina espalhou-se numa torrente de jornais ilustrados e panfletos, alcançando leitores ávidos de Bremen a Nuremberg. Na cidade suíça de Zurique, outro contestador, Ulrich Zwingli, já pregando teses idênticas às de Lutero, tornou ainda mais extenso o protesto que logo cairia em disputas doutrinárias responsáveis pela fragmentação do movimento, daí por diante.

Informado pelos seus enviados da rebelião em plena efervescência, o papado viu-se às voltas "com um porco selvagem que invadiu as vinhas do Senhor", descrição constante da nova bula *Exsurge Domine*, de 1520. Após exame, a bula condenava 41 das teses de Lutero como heréticas ou perigosas e ordenava-lhe que se retratasse. Quando ele se recusou, foi excomungado, e na condição de herege declarado Roma solicitou que fosse punido pelo braço civil. Carlos V, jovem mas sábio e em nada desejoso de gerar repúdio popular à sua pessoa, passou a batata quente à Dieta de Worms, onde Lutero, mais uma vez, em 1521, recusou se retratar. Sendo católico devoto, Carlos V viu-se forçado a denunciá-lo, menos por ortodoxia do que por ter em vista o pacto político com o papa, destinado a expulsar os franceses de Milão. A Dieta de Worms, obedientemente, colocou Lutero e seus servidores sob a tutela do Estado, o que logo deixou de ter efeito, porque os amigos do contestador o acobertaram, libertando-o.

As forças imperiais triunfaram sobre os franceses em Milão, no ano de 1521, permitindo aos aliados papais a recuperação das duas joias setentrionais de seu patrimônio, Parma e Piacenza. Celebrando caracteristicamente a vitória com um de seus banquetes prediletos, que durava toda uma noite, Leão ficou resfriado, depois febril e depois morreu. Em sete anos, ele havia consumido, conforme estimativa de seu assessor financeiro, cardeal Armellini, 5 milhões de ducados, deixando um débito de 800 mil. Entre morte e funeral, o costumeiro saque após a morte de um pontífice foi de tal ordem que seu esquife brilhou à luz de velas já usadas nas exéquias recentes de um cardeal, as únicas encontradas. Sua extravagância doentia, à qual faltou até mesmo o propósito político que serviu de justificativa a Júlio, era de natureza compulsiva. Tratava-se de um perdulário, nascido em berço de ouro, consumido pelos gostos do diletante, colecionador e *connoisseur.* Ao contrário do ocorrido com os pratos de ouro de Chigi, não havia rede alguma estendida para recuperar os seus desperdícios. Deve-se a ele o patrocínio de obras de arte imortais, mas, por mais beleza que tenham trazido ao mundo, os verdadeiros assuntos da Igreja eram outros.

Leão deixou a instituição e o papado "com a mais baixa das reputações", escreveu o historiador contemporâneo Francesco Vettori, "devido aos constantes avanços da seita luterana". Um sátiro chegou a sugerir que, se o papa tivesse vivido mais tempo, teria vendido Roma, Cristo a seguir e, por fim, a si próprio. O povo nas ruas vaiou os cardeais que se dirigiam ao conclave destinado a escolher seu sucessor.

Nessa hora crucial, como se o destino estivesse zombando da Igreja, um reformador foi eleito papa, não de forma intencional, mas por fato fortuito, advindo de impasse entre os contendores principais. Quando nem o cardeal Alessandro Farnese nem Giulio de Médici conseguiram obter maioria necessária, e o belicoso cardeal Schinner perdeu a eleição por dois votos, foi proposto o lançamento do nome de alguém não participante, "apenas para passar as horas da manhã", como disse Guicciardini. O nome incluído era o do cardeal Adriano de Utrecht, holandês de nascimento, ex-chanceler da Universidade de Louvain, ex-tutor de Carlos V e, naquele momento, vice-rei da Espanha. Após terem sido louvadas as virtudes desse reformador austero mas desconhecido, os cardeais, um após outro, votaram nele até subitamente descobrirem que o haviam eleito – um homem virtualmente estranho a todos e, ainda pior, estrangeiro! Visto o notável resultado não encontrar explicação racional, atribuíram-no à intervenção do Espírito Santo.

Cúria, cardeais, cidadãos e todos os expectantes beneficiários do patronato papal ficaram atônitos, os romanos sentiram-se ultrajados pela eleição de um não italiano – portanto, um "bárbaro" –, e o papa eleito não pareceu muito satisfeito. Os reformadores, porém, encorajados pela reputação de Adriano, tinham esperanças, enfim. Esboçaram programas para um Concílio de Reforma e listas de regras da Igreja, há muito negligenciadas, que precisavam ser reforçadas, limpando, assim, o clero de sua corrupção. Isso tudo ficou resumido no áspero comentário de um conselheiro: "Sob pena de danação eterna, o papa deve designar pastores, e não lobos."

Adriano não apareceu em Roma até finais de agosto de 1521, quase oito meses após sua eleição, o que foi devido, em parte, a um surto de peste. Desde o começo tornou bem claras quais eram suas intenções. Dirigindo-se ao colégio dos cardeais em seu primeiro consistório, disse-lhes que os males no clero e no papado haviam atingido tal nível que, nas palavras de São Bernardo, "aqueles que se espojavam no pecado não percebiam os eflúvios de suas próprias iniquidades". A má reputação de Roma, prosseguiu, tornara-se assunto no mundo inteiro, e ele implorava aos cardeais para que banissem corrupção e luxo de suas vidas, passando a cumprir o sagrado dever do bom exemplo, juntando-se a ele na causa das reformas. A audiência permaneceu surda ao apelo. Nenhum dos presentes estava preparado para separar fortuna pessoal de função eclesiástica, ou abrir mão das anuidades e rendas dos benefícios múltiplos. Quando o papa anunciou medidas de austeridade para todos, encontrou apenas espessa resistência.

Adriano persistiu. Oficiais da cúria, antigos favoritos, até mesmo cardeais foram intimados mediante advertências, processos e penalidades. "Todos estremecem", relatou o embaixador veneziano, "devido às coisas já feitas pelo papa no espaço de oito dias."

Estabeleceu regras proibindo a simonia, reduziu despesas, reprimiu a venda de dispensas e indulgências, apontou apenas clérigos qualificados para benefícios, limitando-os em um para cada destinatário, à luz da teoria renovadora de que os sacerdotes deveriam prover os benefícios eclesiásticos, e não o contrário. A cada esforço diziam-lhe que enfraqueceria ou levaria a Igreja à bancarrota. Assistido apenas por dois criados, isolado pela língua estrangeira, desprezado por seu desinteresse em assuntos de arte e antiguidades, nada do que fazia era visto como aceitável. Sua carta à Dieta da Alemanha exigindo o afastamento de Lutero, já decretado pela Dieta de Worms, foi simplesmente ignorada; sua admissão de que na Igreja romana "as coisas sagradas tinham sido vilipendiadas, os mandamentos, transgredidos e em tudo mais houvera sensível involução", afastou dele a corte papal. Em meio a protestos populares, demonstrações, *pasquinate* satíricas, insultos escritos em muros e a não cooperação do mundo oficial, Adriano compreendeu que se esbatia contra um sistema entrincheirado. "Quanto" – resumiu com lástima – "os esforços de um homem dependem da época em que executa sua missão!" Profundamente frustrado, o alienígena morreu sem ter quem o pranteasse, em setembro de 1523, depois de um ano e duas semanas ativamente no ofício.

E Roma voltou à vida normal.

O conclave, evitando riscos, então, elegeu outro Médici, o cardeal Giulio, que, perversamente, adotou o nome do primeiro antipapa do cisma, Clemente VII, um homem hábil e assassino.* O reinado do novo Clemente foi uma pirâmide de catástrofes. O protestantismo continuou em seu avanço. Os Estados germânicos – Hesse, Brunswick, Saxônia, Brandemburgo –, um por um, assinaram a profissão de fé luterana, rompendo com Roma e desafiando o imperador. As propriedades da Igreja e a libertação das taxas papais interessavam-lhes tanto quanto os aspectos doutrinários, embora as divergências de doutrina – refletindo a querela Zwingli-Lutero – fragmentassem o movimento desde que nasceu. Enquanto isso, a Igreja dinamarquesa encontrava-se virtualmente em cisão, e a Doutrina Reformada progredia firmemente na Suécia. Em 1527 Henrique VIII, num ato que veio a ter muitas consequências, pediu ao papa a anulação de seu casamento com Catarina de Aragão, que era – infelizmente, para o pontífice –, tia de Carlos V. Não fosse essa circunstância, Clemente poderia, como seus predecessores, ter posto a conveniência acima dos princípios. Entretanto, Carlos V, monarca duplo do Império e da Espanha, avultava mais ameaçador que Henrique VIII, levando o papa a recusar o divórcio, prudentemente, sob a alegação, conforme proclamou, de respeito à norma canônica. Fez a escolha errada: perdeu a Inglaterra.

Cargos de poder supremo, como os desastres súbitos, muitas vezes revelam o homem, e Clemente revelou-se bem menos adequado do que seria de se esperar. Lúcido e competente na condição de subordinado, escreveu Guicciardini, quando no comando acabou vítima de timidez, perplexidade e crônica irresolução. Faltou-lhe apoio popular porque, desapontando o esperado de um Médici, ele "de coisa alguma se desfazia, não conferia propriedades aos demais e, em consequência, os romanos rosnavam". A responsabilidade tornava-o "mal-humorado e desagradável", coisa perfeitamente compreensível pois que suas escolhas políticas provaram ser insensatas e cada resul-

---

*Esse antipapa, Clemente VII (1378-1394), foi, na realidade, o causador do grande cisma do Ocidente quando aceitou sua eleição contra Urbano VI. (*N. do T.*)

tado pior que o anterior. "De grande e renomado cardeal", escreveu Vettori, ele se transformou "em um papa mesquinho e desprezado".

A rivalidade entre a França e a coligação Espanha-Habsburgo estava se exercitando agora na Itália. Tentando jogar um contra o outro, conforme o hábito italiano, Clemente conseguiu apenas ganhar a desconfiança dos partidos rivais perdendo a segura aliança que possuía com todos. Quando Francisco recomeçou a guerra por Milão em 1524, seu êxito inicial dobrou Clemente, a despeito do pacto recente que o papado havia feito com o Império. Resolveu entrar em secreto conluio com Francisco, obtendo sua promessa de respeitar os Estados pontifícios e o governo dos Médici em Florença – seu interesse maior. Ao descobrir a traição do pontífice, Carlos jurou ir à Itália pessoalmente "para vingar-me daqueles que me injuriaram, especialmente aquele papa idiota". No ano seguinte, no clímax representado pela batalha de Pavia, as forças hispano-imperiais derrotaram e aprisionaram o rei da França. Após o desastre de seu aliado, Clemente chegou a novo acordo com o imperador, enquanto conservava a esperança secreta de que em breve a França restabeleceria a balança do poder, permitindo-lhe usar seu sistema de manobras entre os dois contendores. Ele, ao que parece, não encontrava vantagem na constância ou desvantagem na infidelidade, movia-se somente pelos ditados de momento da fortuna instável.

Um ano depois, Carlos libertou Francisco, recebendo em troca promessa de renúncia à reivindicação francesa (o que ficou incorporado a um tratado) sobre Milão, Gênova, Nápoles e tudo mais na Itália, além de ganhar Borgonha. Não era esse o tipo de acordo a que o orgulhoso rei dos franceses, uma vez de volta ao seu próprio solo, pensasse em obedecer – e realmente não obedeceu. Ao recuperar seu trono, ele abriu negociações com Clemente, que viu chegada sua oportunidade de libertar o papado da pesada manopla espanhola, embora a velha experiência de convidar a França a ir à Itália tivesse crônica bem amarga. Apesar disso, aceitou Francisco como membro da Santa Aliança com Veneza e Florença, sob a condição de que ele faria guerra ao imperador. Clemente o absolveria pela quebra da palavra empenhada junto ao ex-carcereiro. Desnecessário dizer que os

Estados italianos estavam envolvidos em todos esses arranjos; quando vieram as hostilidades, eles terminaram batidos e massacrados.

Por volta de 1527, dificilmente haveria um recanto da Itália que não estivesse vitimado por violência contra a vida ou contra a terra, saques, destruições, miséria e fome. Regiões poupadas lucravam com a desgraça de outras. Dois enviados ingleses viajando através da Lombardia, relataram: "(...) as melhores terras que se possa imaginar para plantio de grãos e vinhedos encontram-se de tal sorte desoladas que em todos os caminhos não vimos homem ou mulher nos campos, nem criaturas em movimento, apenas nas aldeias maiores cinco ou seis pessoas miseráveis"; em Pavia havia crianças chorando nas ruas e morrendo de fome.

Os erros de julgamento de Clemente haviam preparado o caminho: Roma estava, agora, em vias de ser engolfada pela guerra. Forças imperiais compostas de *Landsknechte* alemães e companhias espanholas, sob o comando de um renegado francês, o condestável de Bourbon, cruzaram os Alpes para combater a Santa Aliança e exercer controle sobre Roma e o papado, antecipando-se a qualquer intenção similar dos franceses. Como os fatos demonstraram, as promessas destes não podiam ser mantidas por sua já deficiente capacidade, e nenhum exército da França entraria na Itália, aquele ano, para apoiar o papa. Ao mesmo tempo, e provavelmente com a ajuda de alguma insinuação vinda de Carlos V, estourou em Roma um levante pelo grupo pró-Império dos Colonna. Eles eram liderados pelo cardeal Pompeu Colonna, cuja furiosa ambição e ódio aos Médici o queimavam a ponto de planejar a morte de Clemente, impondo, depois, sua própria eleição a um conclave pela força das armas. Seus sicários praticaram devastações, mataram concidadãos, saquearam o Vaticano, mas não conseguiram apanhar o papa, que escapou através de uma porta secreta – construída para tais emergências por Alexandre VI –, refugiando-se no castelo de Sant'Angelo. Vestindo roupas pontifícias, alguns dos assassinos a serviço de Colonna desfilaram zombeteiramente na Piazza São Pedro. Formalizou-se um acordo depois do qual os assaltantes se retiraram; o papa, a seguir, provavelmente absolvendo a si mesmo, violou o acordo e reunindo forças suficientes devastou as propriedades dos Colonna.

A razia dos Colonna não sugeriu a Clemente necessidade de organizar uma defesa. Devotou-se a negociações. Suas manobras e tratados, durante os meses que se seguiram, com o embaixador espanhol atuando por Carlos V, depois com tal ou qual Estado, depois com tal ou qual outro, são por demais confusos para que os possamos enumerar e, de qualquer sorte, coisa alguma adiantaram. Uma política fluente e ação enérgica poderiam ter detido os invasores na Lombardia, pois eram tropas mistas mutuamente hostis, com soldos atrasados, indisciplinadas, famintas e em contínuos motins. Tudo que as mantinha eram as promessas de seus comandantes quanto a obterem ricos resgates e amplo saque em Roma e Florença. A dificuldade jazia na circunstância de que as tropas da Santa Aliança não se encontravam em melhor situação – ausentes, como sempre, unidade e liderança. Carlos V, alimentado na ortodoxia hispânica e relutante em atacar a Santa Sé, concordou com um armistício de oito meses mediante o pagamento de 60 mil ducados às suas tropas. Enfurecidos com o adiamento das pilhagens, os soldados se amotinaram, marchando sobre Roma. Seu deslocamento para o sul foi ativamente ajudado com trânsito livre e alimentos providenciados pelos duques de Ferrara e Urbino que, dessa forma, se vingavam dos males sofridos nas mãos dos papas Médici.

Os comandantes das forças imperiais, temerosos da selvageria que sentiam pronta a desabar sobre a Cidade Eterna, ficaram estupefatos ao não perceberem sinais de defesa organizada, nem parlamentários para negociações, ou sequer resposta ao ultimato que enviaram. Roma estava desmoralizada; entre seus milhares de homens armados não foi possível juntar quinhentos dispostos à defesa ou até mesmo à tarefa de explodir as pontes. Clemente, ao que parece, estaria contando com o sagrado status de Roma como escudo protetor, ou talvez se encontrasse paralisado pela irresolução. "Estamos à beira da ruína", escreveu um secretário pontifício de Estado ao núncio papal na Inglaterra. "O destino soltou sobre nós toda espécie possível de males, de sorte que se torna impossível aumentar nossa miséria. Sinto que uma sentença de morte foi lavrada sobre todos aqui e aguardamos apenas a execução, que não deve demorar."

No dia 6 de maio de 1527 os invasores hispano-germânicos romperam os muros e entraram na cidade. A orgia de barbárie humana que se seguiu na sede de São Pedro, capital da cristandade por 1.200 anos, deu bem a medida de quanto a imagem de Roma tinha sido aviltada por seus dirigentes. Massacre, devastação, fogo, estupros – tudo isso ficou absolutamente fora de controle; os comandantes nada podiam fazer; seu chefe supremo, o condestável de Bourbon, fora morto no primeiro dia por um tiro disparado dos muros romanos.

A ferocidade e a loucura sanguinária dos atacantes "teriam levado até uma rocha às lágrimas", dizia um relatório encontrado nos arquivos de Mântua, "escrito com mão trêmula". Os soldados assaltaram casa por casa, matando no ato quem esboçasse a menor resistência. As mulheres eram violentadas sem consideração à idade que tivessem. Gritos e gemidos se faziam escutar em todos os quarteirões; o Tibre ostentava um desfile de cadáveres. Papa, cardeais, cúria, oficiais laicos, amontoavam-se em Sant'Angelo em verdadeiro pandemônio, a ponto de um cardeal ter sido elevado dentro de uma cesta depois de fechada a ponte levadiça. Fixados os resgates dos mais ricos, atrozes torturas forçavam-nos ao pagamento; os que não podiam pagar eram assassinados. Padres, monges e outros religiosos foram liquidados com requintes de brutalidade; as freiras, arrastadas aos bordéis ou alugadas aos soldados nas ruas. Eles devastavam os palácios e depois incendiavam-nos. Igrejas e mosteiros foram saqueados em busca de tesouros; relíquias, depois de retiradas suas coberturas preciosas, eram jogadas fora, abriram-se túmulos à caça de mais tesouros, o Vaticano acabou utilizado como estrebaria. Quando atacavam arquivos e bibliotecas, seu conteúdo espalhava-se ou passava a servir de colchão para os cavalos. Observando as cenas até um dos Colonna chorou. "O inferno nada possui capaz de ser comparado com o atual estado de Roma", escreveu um veneziano.

Luteranos dos temíveis *Landsknechte*, deliciados com esse cenário, parodiavam os ritos pontifícios, andavam pelas ruas vestindo os ricos paramentos dos prelados, as vestes e barretes rubros dos cardeais; um deles, fazendo as vezes de papa, exibia-se montado num asno. A primeira onda da carnificina durou oito dias. Durante semanas Roma queimou em meio ao fedor de corpos insepultos destroçados pelos cães. A ocupação prolongou-se por nove meses, causando danos irreparáveis. Estimativas calculam que dois mil cadáveres foram jogados no Tibre, 9.800 conseguiram sepultamento, com saques e resgates estimados entre 3 e 4 milhões de ducados. Somente quando a peste apareceu e a comida terminou, deixando uma população faminta, as hordas bêbadas e saciadas retiraram-se do "matadouro fedorento" em que haviam transformado Roma.

Esse foi, também, um saque perpetrado contra a autoridade espiritual. Os vândalos, que saquearam Roma em 455 d.C., eram estrangeiros, os assim chamados "bárbaros", mas os de agora, irmãos pelo cristianismo, pareciam estimulados pela volúpia adicional de amesquinhar os maculados príncipes da Igreja. Troia, no passado, acreditara igualmente em um véu protetor; quando a hora chegou, Roma confiou em seu status sagrado – aprendendo, então, que tal privilégio havia se consumido.

Ninguém duvidava de que o saque representara punição divina pelos pecados mundanos do papa e da hierarquia e bem poucos questionavam essa culpabilidade local. Os agressores concordavam. Apavorado com os acontecimentos e temendo, por outro lado, o desprazer do imperador ante "tais ultrajes à religião católica e à sede apostólica", o comissário do exército imperial escreveu a Carlos V dizendo: "Na verdade, todos estão convictos de que tudo aconteceu por julgamento de Deus relativo à imensa tirania e desordem da corte pontifícia." Perspectiva mais amargurada acabou sendo proposta pelo cardeal Cajetan, geral dos dominicanos, porta-voz das reformas em Latrão e legado papal na Alemanha para os procedimentos contra Lutero: "(...) porquanto nós, que deveríamos ser o sal da terra, decaímos a ponto de não prestarmos para coisa alguma, exceto fúteis cerimoniais e exterioridades."

Clemente acabou duplamente humilhado. Teve que aceitar termos impostos pelos vencedores, permanecendo prisioneiro em Sant'Angelo até obter fundos suficientes ao resgate, enquanto que Florença, sabendo de seu desamparo, prontamente expulsou os Médici e proclamou a República. Uma mudança na opinião pública – agora contra o escândalo de um papa aprisionado – fez com que Carlos V abrisse as portas de Sant'Angelo de onde, disfarçado como mercador, Clemente foi escoltado até refúgio miserável em Orvieto, ali permanecendo ainda com esperanças de que a França iria estabelecer novo equilíbrio. No ano seguinte, Francisco chegou, realmente, lançando seu exército contra Nápoles. Derrotado uma vez mais e novamente intimado a abrir mão de suas pretensões italianas, fez com que o papa se visse sem mais recursos além de um acordo com Carlos V, agora senhor indiscutível da Itália. Padecendo frio, na penúria, dormindo sobre palha, ele viajou até Bolonha, onde obteve o melhor acordo que foi possível, tendo agora pouca chance de negociação. Viu-se obrigado a investir Carlos, na condição de rei da Espanha, no reino de Nápoles, coroando-o imperador. Carlos, em troca, dar-lhe-ia ajuda militar destinada a restabelecer o domínio dos Médici em Florença. Num item o papa ainda possuía decisão: como pontífice retinha autoridade para recusar o Concílio Geral de reformas, tão desejado por Carlos. Era de caráter pessoal sua objeção latente: o medo de que seu nascimento ilegítimo, perfunctoriamente corrigido por Leão, viesse à luz, invalidando-lhe o título.

A maior atividade de Clemente, depois disso tudo, concentrou-se na luta destinada a restaurar o domínio de sua família sobre Florença. Sob comando imperial, a escória das tropas que haviam saqueado Roma estava agora entre as que sitiavam sua cidade natal. Florença, após resistir durante dez meses, viu-se forçada a capitular. Os problemas da sucessão Médici cabendo, agora, a dois bastardos duvidosos, um deles mulato, absorveram-no de forma a que não considerasse o avanço protestante; nenhuma preocupação séria destinou à maneira como a Igreja enfrentaria o assunto. Nos últimos anos de sua vida, os Estados germânicos efetivaram divórcio formal com a sé romana e fundaram a Liga Protestante.

Clemente morreu desprezado pela cúria (segundo Guicciardini), sem a estima dos monarcas e odiado pelos florentinos. Eles celebraram sua morte com fogos de artifício. Os romanos igualmente detestavam-no, dizendo ser ele o responsável pelo saque; arrastaram seu cadáver para fora do sepulcro, mutilaram-no e deixaram esses restos mortais trucidados, com uma espada enterrada à altura do coração.

Terrível em seu impacto físico, o saque a todos parecera indiscutível punição. O significado da cisão protestante levou muito tempo para ser registrado pela Igreja. Tempo e perspectiva tornam-se necessários até que as pessoas saibam onde estão pisando. O reconhecimento, pelo papado, de seus desgovernos desenvolveu-se lentamente. A meio-termo do pontificado do sucessor de Clemente, Paulo III (o antigo cardeal Alessandro Farnese), foi convocado o Concílio de Trento – em 1544 –, menos de trinta anos depois da ruptura declarada por Lutero; começou, então, a longa e laboriosa recuperação "do que havia sido perdido".

Quais são os postulados sobre a insensatez emergentes dos registros relativos aos seis papas da Renascença? Primeiro: devemos reconhecer que as atitudes deles ante o poder e o comportamento daí resultante foram modelados em gradação incomum por valores culturais e condições de época e do ambiente que os cercava. Obviamente, tal conclusão é verdadeira para qualquer pessoa em qualquer tempo – apenas um pouco exagerada, nos casos de que tratamos, porquanto os costumes e condições das classes governantes italianas, nesse período, eram, de fato, extremamente exóticos. As determinantes locais da conduta papal – em negócios estrangeiros, lutas políticas, crenças, maneiras e relações humanas – necessitam ser peneiradas a fim de que os princípios geradores possam surgir.

A insensatez dos papas não foi apenas a busca de políticas contraproducentes; foi, muito mais, a rejeição de uma tônica aceitável e coerente, quer política quer religiosa, que melhorasse o panorama geral do papado, evitando o crescente descontentamento. Sua indiferença aos movimentos e sentimentos que se desenvolviam em torno deles, pontífices, foi a primeira insensatez. Mantiveram-se surdos ao crescente desamor que inspiravam e cegos às ideias alternativas geradas por esse desamor; desconheceram os desafios com arrogância, pouco ligando ao repúdio advindo da má conduta sistemática e à ira que se avolumava em face do desgoverno; fixaram-se na recusa às mudanças, mantendo o corrupto sistema existente com quase estúpida teimosia. Não podiam reformar porque eram parte desse sistema, cresceram com ele, dele dependiam.

Grotesca extravagância e obsessiva busca de lucro pessoal se constituíram em segundo fator, de igual importância. Certa ocasião, quando reprovado por colocar o poder temporal do papado acima do "bem-estar da verdadeira Igreja, que consiste na paz da cristandade", Clemente VII respondeu que, se tivesse agido de outra maneira, o saqueariam até o último vintém e acabaria incapaz de recuperar o que "lhe pertencia". É a explicação que teriam dado, para justificar-se, todos os seis. Nenhum era capaz de perceber que o chefe da Igreja tinha uma tarefa maior a cumprir do que a mera satisfação de seus interesses pessoais. Quando o interesse privado antecede o público e quando a ambição particular, a ganância e o fascínio pelo exercício do poder são determinantes da conduta, o interesse público necessariamente sai prejudicado – embora nunca o tenha sido de forma tão crua como o foi sob a continuada loucura política ocorrida de Sisto a Clemente. Essa cadeia, de papa a papa, aumentou os danos. Cada um deles transmitiu a seu sucessor, sem modificá-la, a concepção de papado recebida do antecessor. Para eles – com visão um pouco mais ampla no caso de Júlio –, a sé de São Pedro não passava de um instrumento a serviço de fins interesseiros. Durante sessenta anos essa concepção não experimentou o gume da dúvida, nenhuma nova luz. Os valores da época elevaram o conceito até extremos, mas interesse pessoal é coisa comum a qualquer época e se transforma em insensatez quando domina os governos.

Ilusão de permanência, da inviolabilidade do poder e do status, eis a terceira insensatez. Os titulares assumiram o axioma de que o papado seria eterno, de que os desafios poderiam ser suprimidos sempre, como vinha acontecendo há séculos, através da Inquisição, das excomunhões, da fogueira; que o único perigo real estaria representado pela autoridade superior na forma do concílio, sendo necessário, tão somente, evitá-lo ou exercer controle sobre ele para que permanecessem em segurança. Nenhuma compreensão do protesto, nenhum reconhecimento de sua própria impopularidade ou vulnerabilidade perturbou em momento algum as seis mentes. Sua visão dos interesses que lhes tinham sido confiados para administrar era tão fútil e mesquinha a ponto de se aproximar da malignidade. Eles não possuíam senso de sua missão espiritual, nenhum atributo característico dos guias religiosos e, nada acrescentaram moralmente ao universo cristão.

Essas três atitudes incompatíveis - indiferença ao crescente descontentamento dos fiéis, preocupação de autoengrandecimento e, ilusão de status invulnerável - caracterizam aspectos persistentes da insensatez. Embora, no caso dos papas da Renascença, tenham sido alimentados e exacerbados pela cultura da época, tais aspectos independem do fator tempo e são recorrentes no exercício de governar.

4
Os britânicos perdem a América

I. QUEM ESTÁ DENTRO, QUEM ESTÁ FORA: 1763-65

O interesse britânico com relação ao seu império no continente americano, no século XVIII, era, obviamente, o de manter a soberania e, por todas as motivações de comércio, paz e lucro, mantê-la com a boa vontade e a voluntária aquiescência das colônias. Não obstante, no decorrer dos 15 anos de deterioração desse relacionamento, que acabou estourando com repercussões no mundo inteiro, sucessivos ministros ingleses, mesmo em face de constantes advertências provindas dos homens e dos eventos, adotaram repetidamente medidas tendentes a agravar essas relações. Conquanto justificáveis, em princípio, tais medidas, ao mesmo tempo em que destruíam a boa vontade e o prazeroso intercâmbio, eram provadamente fúteis em termos práticos e impossíveis de implementar a não ser pela força. Visto que o emprego de força somente pode significar inimizade, o custo desse esforço, ainda que bem-sucedido, seria visivelmente maior que as possíveis vantagens. Ao final, a Inglaterra criou rebeldes onde nenhum deles existira antes.

A questão principal, como sabemos todos, era o direito do Parlamento, supremo órgão legislativo do Estado – mas não do império, alegavam os colonos – de taxar as colônias. A metrópole proclamava esse direito, os colonos o rejeitavam. Embora afirmar que esse "direito" existiu ou não signifique desafio até nossos dias, para os propósitos do presente ensaio é assunto essencialmente irrelevante. O que se encontrava em jogo era o enorme império territorial plantado por um povo vigoroso e trabalhador, de sangue inglês. Qual inevitável Laocoonte contemporâneo, Edmund Burke percebeu-o e disse: "A retenção da América, do ponto de vista econômico, político e até mesmo moral, representa mais para a metrópole do que qualquer soma eventualmente obtida mediante taxação e tem mais valor que os princípios da assim chamada Constituição." Em suma, embora a posse tivesse maior valia que o princípio, o mais importante acabou jogado fora em benefício do menos importante, o inoperante preferido ao real. Esse fenômeno é um dos elementos que compõem a insensatez governamental.

Os problemas surgiram com a vitória dos britânicos, em 1763, sobre franceses e índios, na Guerra dos Sete Anos. Com a cessão, pela França, do Canadá e sua hinterlândia, a Inglaterra viu-se senhora das grandes planícies transalegânicas nos vales do Ohio e Mississipi, povoadas por tribos selvagens e cerca de 8 a 9 mil franco-canadenses católicos. Não completamente expulsos do território, os franceses ainda conservavam a Louisiana e a foz do Mississipi, de onde seria possível iniciarem uma investida de retorno. A administração e defesa da nova área significaria aumento de despesa para os britânicos acima do pagamento de juros relativos ao débito nacional, que as despesas de guerra quase haviam dobrado, elevando-os de 70 para 130 milhões de libras esterlinas. Ao mesmo tempo, as contas de suprimento (do orçamento) tinham aumentado dez vezes, de 14,5 para 145 milhões de libras.

A necessidade imediata, imposta pela vitória, era a da manutenção de forças armadas, num total de dez mil homens, estacionadas na América do Norte para enfrentar problemas com os índios e a ressurgência dos franceses; paralelamente, tornava-se imprescindível obter renda das colônias suficiente para o pagamento desse aparato – destinado à própria defesa dos coloniais, na ótica dos britânicos. O simples boato de um exército estacionado, que repercutia na mentalidade do século XVIII como terrível símbolo de tirania, fez com que aqueles colonos politicamente sensíveis imediatamente ficassem em alerta antagônico. Suspeitavam que os britânicos não confiavam neles, agora que se encontravam libertos da ameaça representada pelos franceses; talvez imaginassem que eles, colonos, pretendiam romper o vínculo com a metrópole e passaram a acreditar que, "a pretexto de defesa, as tropas se destinariam a mantê-los sob controle", conservando-os, conforme escreveu um deles, "na devida sujeição". Embora tal ideia não estivesse ausente de certas cabeças britânicas, na verdade esse não deve ter sido o fator primeiro ou preponderante, como julgavam os americanos mais afobados. A atitude do governo metropolitano não era, em princípio, advinda do receio de rebelião colonial, mas, sim, nascida do sentimento de que a divisão e o descaso em prestar apoio adequado à defesa não deviam continuar, sendo necessárias providências destinadas a fazer com que os colonos assumissem sua parte no problema.

O projeto de taxação provocou ainda maior hostilidade que o de um exército estacionário. Até então o levantamento de fundos governamentais nas diversas províncias havia sido votado e executado pelas próprias assembleias regionais. Exceto sob forma de impostos aduaneiros, que regulavam o comércio em benefício dos ingleses, a América não tinha sido sujeita à taxação metropolitana, e o fato disso jamais ter sido exercido gradualmente criou o sentimento de que não havia "direito" na taxação. Uma vez que não se faziam representar no Parlamento, os colonos baseavam-se no princípio de direito válido para o cidadão inglês, segundo o qual só os representantes podiam tributar os representados, permanecendo subjacente a reação universal a qualquer novo tributo: "Nós não pagaremos." Embora reconhecendo obediência à coroa, os coloniais consideravam-se independentes do Parlamento, com suas assembleias regionais em igualdade de condições. Os direitos e as obrigações decorrentes do relacionamento eram consuetudinários e, evitando definições, as partes em ambos os lados do oceano tinham conseguido conviver, embora nem sempre num mar de rosas; nenhum deles estava seguro das regras desse jogo, mas assim que foi sugerida uma taxação prospectiva, da mesma forma como já acontecera em relação ao exército estacionado, houve denúncia nas colônias de atentado às liberdades, de nova investida da tirania. Abria-se campo para o conflito.

Chega o momento de situar os limites e finalidades do presente ensaio. O que veremos a seguir não tem desígnio de se constituir em mais um elaborado estudo das causas que levaram à Revolução Americana, de que já existe, abundante literatura. Meu propósito é bem mais modesto: visa analisar a insensatez por parte dos britânicos, pois eles foram os que se puseram a perseguir uma política contrária aos próprios interesses. Os americanos reagiram apaixonadamente, exageraram, disputaram, mas agiram, embora nem sempre de maneira admirável, ao menos em seu próprio interesse, e nunca perderam isso de vista. Desde que a insensatez de que nos ocupamos é aquela que se choca com o próprio interesse, cabe-nos, neste caso, seguir os ingleses.

A primeira coisa a ser dita no tocante às relações anglo-americanas repousa na circunstância de que, embora as colônias fossem consideradas de importância vital para o status mundial da Inglaterra, muito pequena atenção lhes era dispensada. O problema americano, mesmo quando se tornou progressivamente agudo, nunca, exceto durante breve turbulência oriunda da rejeição à Lei do Selo, se constituiu em preocupação maior para a metrópole até o momento do início das hostilidades. Os assuntos dominantes, aqueles que absorviam interesse máximo, eram o jogo das facções, a obtenção de cargos, a manipulação de coligações, o fazer e desfazer alianças políticas. Em suma, vital e mais apaixonante que qualquer outra coisa se tornava o quem está dentro e quem está fora. Na ausência de partidos políticos constituídos, a formação do governo se sujeitava mais às manobras pessoais do que o fizera em épocas anteriores. "As cabalas parlamentares", que perturbaram os primeiros 12 anos do reinado de Jorge III, escreveu lorde Holland, sobrinho de Charles James Fox, "não passando de meras disputas em busca de favoritismo e poder, criaram, na verdade, mais rancor pessoal e sangue derramado entre as pessoas do que os problemas de política e princípios levantados pelas guerras com americanos e franceses."

O segundo grande interesse estava representado pelo comércio. O comércio era algo considerado como a corrente sanguínea da prosperidade britânica. Para uma nação insular, significava a riqueza do mundo, o fator que marcava a diferença entre países pobres e países ricos. A filosofia econômica dos tempos (denominada "mercantilismo" depois) determinava que o papel das colônias no comércio era servir de fonte de matérias-primas e mercados para a Inglaterra e suas manufaturas, nunca – jamais – usurpando essa função manufatureira. O transporte para ambos os lados em navios britânicos e a reexportação de produtos coloniais por intermédio dos ingleses para mercados estrangeiros se constituíam em aspectos do sistema regulamentado por cerca de trinta leis de navegação e pela Câmara de Comércio, o órgão mais eficiente e profissional do governo metropolitano. Proibidos de exportar até mesmo um cravo de ferradura pelas leis de navegação e de comerciar com o inimigo durante as infindáveis guerras dos ingleses nessa primeira metade do século, os mercadores coloniais e capitães de navios voltavam-se constantemente para o tráfico e o contrabando. Impostos alfandegários acabavam ignorados ou evadidos, produzindo escassas 1.800 libras anuais para o Tesouro britânico. Um remédio para tal situação oferecia esperança de rendas para o dilapidado Tesouro depois da paz de 1763.

Mesmo antes do término da Guerra dos Sete Anos, um esforço para aumentar as receitas provindas das colônias produziu um grito de ultraje que se constituiu em slogan da futura resistência. A fim de reforçar a cobrança de tributos aduaneiros, a Inglaterra editou mandados de assistência, ou de busca, que permitiam aos agentes alfandegários entrar em residências, lojas e armazéns à procura de mercadorias contrabandeadas. Os comerciantes de Boston, a exemplo dos demais da costa leste, viviam do comércio que não pagava direitos; eles desafiaram os mandados em juízo, tendo James Otis como advogado. Sua alegação, feita numa "torrente de impetuosa eloquência", enunciava o princípio básico dos colonos no sentido de que "taxação sem representação é tirania". O sinal de dificuldades na América tornou-se, assim, cristalino a partir desse momento – para quem quisesse escutar.

Otis nada inventou. Os governadores coloniais e também seus chefes metropolitanos, que não concebiam que pudessem os provinciais ter ou vir a ter opiniões políticas, conheciam, todos, a aversão americana a quaisquer tributações não impostas por eles mesmos, o que já fora manifestado em épocas bem anteriores – em 1732 – quando se disse que "o Parlamento não encontrará facilidade em pôr tal lei em execução". Essas indicações pareceram suficientemente ilustrativas para sir Robert Walpole, o líder governamental de então que, quando lhe foi sugerido taxar a América, respondeu: "Não! Essa medida é muito forte para mim! Deixo-a aos meus sucessores..." As propostas de impostos tornaram-se mais e mais frequentes durante a Guerra dos Sete Anos como reação à morosidade das colônias em fornecer homens e fundos para o conflito, mas nenhuma foi adotada porque o governo dessa época não quis arriscar-se a perder suas irritadiças províncias.

Seis meses depois da argumentação de Otis, a Inglaterra adotou a primeira de uma longa série de medidas contraproducentes, quando o procurador-geral em Londres decidiu que os mandados de assistência eram legais como corolário das leis de navegação. O custo resultante em termos de alienação suplantou de longe as receitas coligidas com o método.

Nesse meio-tempo o Tratado de Paz de 1763 estava sendo combatido por William Pitt, que o julgava demasiado truculento: ele fora o arquiteto e o herói nacional das vitórias britânicas na guerra. Sob as celebradas tormentas de sua indignação, a Câmara dos Comuns estremeceu e os ministros se encolheram, mas, apesar de tudo, votaram favoravelmente ao tratado por uma maioria de cinco votos a um, principalmente embalados pelo desejo de voltar à boa vida de antes da guerra, com taxas reduzidas sobre as propriedades rurais. Isso se revelou ilusório. Ao contrário, lorde Bute, escolhido por Jorge III para substituir Pitt, que arrogantemente se demitira quando vencido na discussão da guerra, lançou um imposto sobre a sidra com resultados calamitosos. Semelhante aos mandados americanos, a lei permitia aos inspetores visitar instalações, até mesmo viver com os proprietários das destilarias, para bem contar o número de galões de suco de maçã produzidos. Tão estridente tornou-se o brado dos ingleses pela tirania, e tão violento o protesto pela invasão, que foi necessário enviar tropas à região produtora de maçãs na Inglaterra, enquanto, em Westminster, Pitt deixou-se inspirar produzindo sua imortal profissão de fé: "O mais desamparado dos homens neste país, estando no recesso do lar, pode desafiar a coroa com todo o seu poderio. Ele pode ser frágil, o teto de sua casa ruir, o vento penetrar pelas frestas, as tempestades inundarem a casa e a chuva molhá-lo – mas o rei da Inglaterra não pode entrar. Com todo o seu poderio, não se atreva a transpor o limiar da cabana!" Essa foi uma voz que, não fossem as trágicas falhas humanas, poderia ter evitado todos os movimentos em falso.

Como ninguém se deu o trabalho de calcular a pretendida receita advinda da taxação sobre a sidra, não sabemos quanto do deficit ela veio a cobrir antes que o ressentimento derrubasse o governo. O ministro da Fazenda era proeminente libertino, sir Francis Dashwood, logo empossado como 15.º barão Le Despencer. Um dos fundadores do notório Hellfire Club,* destinado a passatempos debochados exercidos num mosteiro reconstruído, sir Dashwood não era financista competente: seu conhecimento de matemática, disse um contemporâneo, "limitava-se à conferência das contas da taverna", e qualquer soma de cinco parcelas representava para ele "mistério impenetrável". Ele parece ter compreendido que o imposto sobre a sidra não lhe traria glórias. "As pessoas apontarão para mim", disse, "e irão bradar: 'Ali vai o pior ministro da Fazenda que já existiu!'"

A consciência da própria incapacidade para o exercício do governo era aflição comum aos nobres lordes que ocupavam os cargos, principalmente quando a classe social era sua única qualificação. A importância adicional do nascimento tornara-se dogma aceito por todas as classes, desde o pequeno serventuário até o rei. A luz do esclarecimento nesse século não se estendeu ao igualitarismo. Jorge III tornou tal coisa bem flagrante ao dizer: "Lorde North não pode pensar seriamente que um cavalheiro comum, como o Sr. Penton, possa se

---

*Clube Fogo do Inferno. (*N. do T.*)

atravessar no caminho do filho primogênito de um conde; sem qualquer dúvida, se tal ideia lhe passou pela cabeça, ele está contrariando o que aprendi em toda a minha vida."

Como qualificação para o governo, entretanto, a classe social não conferia autoconfiança necessariamente. Devido à posição e riqueza, o marquês de Rockingham e o duque de Grafton chegaram a *premier*, e o duque de Richmond, a secretário de Estado na década de 1760. Rockingham, mesmo quando primeiro-ministro (o termo *premier*, embora mais adequado ao cargo, não era usado), tinha a maior dificuldade para falar em público, e Grafton queixava-se frequentemente de não se sentir à altura da função. O duque de Newcastle, herdeiro de propriedades rurais em 12 comarcas e de uma renda de 40 mil esterlinos anuais, tendo servido diversas vezes como primeiro-ministro, controlando o patronato político por quarenta anos, era tímido, ansioso, ciumento e, provavelmente, o único duque de que se tem notícia que temia ser vítima de afrontas. Lorde North, chefe do governo durante a década crucial de 1770, passou a maior parte desse tempo protestando e queixava-se, a exemplo de Jorge III, das responsabilidades muito acima da capacidade de que dispunha.

O imposto da sidra produziu o tumulto final de que resultou a queda do odiado conde de Eute, que era suspeito de ter subvertido o rei com sua advocacia *Tory** a respeito das "prerrogativas" reais. Demitiu-se em 1763, sendo sucedido pelo cunhado de Pitt, George Grenville. Embora o tributo sobre a sidra tenha fracassado redondamente, acabando revogado dois anos depois, o governo, em sua busca de novas rendas, tentou o mesmo método de taxação na América.

George Grenville, quando assumiu o cargo supremo, aos 51 anos, era homem sério, ativo entre diletantes, inflexivelmente honesto entre venais, de mentalidade tacanha, farisaico, pedante. Um economista por temperamento, fez regra de vida manter-se com as próprias rendas e economizar os salários. Embora ambicioso, não tinha os

---

*Antigo partido de tendência conservadora do Reino Unido que reunia a aristocracia britânica. (*N. do E.*)

encantos que azeitam o caminho da ambição. Horace Walpole, observador íntimo do ambiente, descreveu-o na condição de "o mais hábil dos negociadores da Câmara dos Comuns". Não sendo par ou herdeiro de pariato, Grenville por seu *background* e parentesco era ligado às famílias *Whig** que monopolizavam o governo. A mãe era uma Temple, através de quem seu irmão mais velho, Richard, herdou o título de lorde Temple; o tio materno, visconde Cobham, tornara-se proprietário de Stowe, uma das mais soberbas propriedades rurais da época. George seguiu a trilha tradicional entre Eton e Christ Church, Oxford, estudou leis no Inner Temple e foi admitido no foro com 23 anos, entrando no Parlamento aos 29, em 1741, por um burgo familiar que representou até morrer; perseguiu um posto ministerial com a intenção insólita de obtê-lo mediante sua habilidade em negócios, serviu na maioria dos postos importantes, sob a égide de Pitt, que havia desposado sua irmã. Ele, por sua vez, teve o tirocínio de desposar a irmã do conde de Egremont, uma das figuras de relevo na Secretaria de Estado.

Era esse o padrão do Ministério britânico. Os titulares vinham de duzentas famílias, inclusive, em 1760, de 114 pariatos; conheciam-se uns aos outros dos tempos de escola e universidade; eram ligados através de cadeias de primos, cunhados, padrastos, madrastas, irmãos de segundos e terceiros casamentos; casavam-se uns com as irmãs de outros, com as filhas, as viúvas, e de forma animada e constante permutavam amantes (uma certa Sra. Armstead serviu nessa condição a lorde George Germain; ao seu sobrinho, duque de Dorset, a lorde Derby; ao príncipe de Gales e a Charles James Fox, com quem finalmente contraiu matrimônio); indicavam-se mutuamente para os cargos disponíveis e da mesma forma asseguravam posições e pensões. De cerca de 27 pessoas que exerceram altos cargos no período de 1760-80, vinte estudaram em Eton ou Westminster, em Christ Church ou no Trinity College em Oxford, em Trinity ou Kings em

*Antigo partido de tendência liberal do Reino Unido, que contrapunha-se ao Tory. (*N. do E.*)

Cambridge, seguindo-se, na maioria dos casos, o *grand tour* à Europa. Dois dos 27 eram duques, dois marqueses, dez condes e havia dois escoceses e dois irlandeses; seis deles eram filhos mais jovens de pares e havia somente cinco plebeus, dentre os quais Pitt, o estadista sem paralelo da época e três que trilhando a avenida das leis chegaram à posição de lorde chanceler. Como única educação profissional aberta aos filhos mais moços dos pares e cavalheiros plebeus (exército e clero podiam ser atingidos sem qualquer preparação), a advocacia era o caminho dos ambiciosos.

Pares e outros proprietários de terras produtivas desfrutavam de rendas anuais de 15 mil esterlinos ou mais, resultantes de aluguéis, minas e recursos de suas propriedades. Dirigiam grandes mansões, fazendas, estábulos, canis, parques e jardins; recebiam batalhões de hóspedes; empregavam incontáveis criados, moços de estrebaria, jardineiros, trabalhadores do campo, artesãos. O marquês de Rockingham, o mais rico dos altos funcionários nesse período – exceto se comparado aos duques –, recebia cerca de 20 mil libras por ano de suas propriedades em Yorkshire, em Northamptonshire e na Irlanda, vivia em uma das maiores mansões da Inglaterra, desposou uma herdeira e dispunha de três burgos parlamentares, 23 benefícios eclesiásticos e cinco capelanias.

Por que esses possuidores de grandes riquezas, privilégios e terras ingressavam no governo? Em parte, porque sentiam que o governo era sua província e responsabilidade. *Noblesse oblige* tinha suas raízes mergulhadas na obrigação feudal que originariamente obrigava os nobres a servirem no conselho real, e além disso eles, havia muito, governavam como senhores de terras e juízes de paz em seus burgos natais. O ato de governar integrava a titulação territorial; era o destino de um gentleman, dever da nobreza dona da terra. Na eleição de 1761, ingressaram 23 filhos primogênitos de pares na Câmara dos Comuns como primeira oportunidade após terem atingido 21 anos de idade, e todos, com exceção de dois, tinham idade inferior a 26 anos.

Outra razão: os altos postos ofereciam meios de apoio a parentes dependentes. Em razão de as propriedades se destinarem sempre ao filho mais velho, a riqueza pessoal raramente era suficiente para manutenção de filhos mais jovens, sobrinhos, primos pobres e servidores de mérito. "Uma colocação" se tornava imprescindível porque esses dependentes não possuíam meios de sobrevivência. Exceto no que tange à profissão das leis, outra não havia na qual essa pequena nobreza pudesse ser preparada. Através de patronato e contatos na corte, um ministro podia cuidar dos seus. Sir Robert Walpole, ministro dominante no reinado anterior, distribuiu entre seus três filhos, inclusive Horace, os postos de auditor de câmbio, indicador de câmbio e escrevente, enquanto dois dos filhos partilhavam em comum uma coletoria de alfândega. George Sellwyn, libertino elegante que se tornara *connoisseur* de enforcamentos públicos, foi designado e serviu como escrivão da corte de registros públicos em Barbados sem jamais honrar a ilha com sua presença. Uma das razões das magras receitas alfandegárias na América repousava no fato de que os titulares das coletorias frequentemente permaneciam no aconchego de seus lares na Inglaterra, deixando os deveres que lhes competiam a substitutos malpagos e facilmente subornáveis.

Mais do que patronato, o brilho do poder e do status vem enfeitiçando homens de todas as épocas e condições, tanto aqueles que desfrutam de situação confortável como os que vivem em necessidade. O conde de Shelburne, um dos ministros mais inteligentes de sua era, disse-o claramente: "O único prazer que distingo no poder não está no que rende, mas no exercício de um papel condizente com minhas origens e capacidades." A aristocracia inglesa do século XVIII sucumbiu a esse brilho, como outros homens sucumbiram; mesmo o medo que o duque de Newcastle tinha das funções foi vencido, disse Horace Walpole, "por sua paixão em estar na primeira linha do poder". Eles ingressaram jovens, raramente eram preparados para as tarefas, podiam tornar-se inquietos ou enfadados quando enfrentavam dificuldades e normalmente retiravam-se durante metade do ano para desfrutar os encantos de suas casas rurais, seus cavalos de corridas, campos de caça e aventuras em belas paisagens. Os temperamentos individuais e as capacidades de cada um diferiam tanto quanto em qualquer grupo: alguns se mostravam conscienciosos, outros, oportunistas em relação aos deveres, havia liberais e reacionários, homens perdidos em bebida e jogos de azar; uns pensavam melhor que outros, mostravam-se mais hábeis e mais bem-educados; no conjunto, porém, a atitude demonstrada em termos de governo nada tinha de profissional.

COM EFEITO, A profissão de governar não existia; tal afirmação por certo deixaria chocados aqueles que a praticavam. A tendência era os prazeres sociais virem em primeiro lugar, atendendo-se às necessidades do ofício no tempo remanescente. Reuniões de Gabinete e assuntos delicados eram geralmente cuidados à hora da ceia na residência londrina do primeiro-ministro. O senso de compromisso nem sempre era dos mais fortes. Lorde Shelburne, que o possuía em alto grau, certa ocasião lamentou-se com um colega, dizendo como se tornava ridículo fazer com que lorde Camden e o duque de Grafton "viessem (até Londres) com suas opiniões alienadas para que votassem contra ele nas reuniões do Gabinete".

Numa época em que o jogo era loucura em moda no mundo elegante, quando senhoras enchiam suas casas para partidas de cartas que anunciavam nos jornais, e os homens sentavam-se até de madrugada às mesas do Brooks apostando enormes quantias numa carta ou em bobagens, como se haveria ou não chuva no dia seguinte, ou quem seria o cantor de ópera da próxima semana; quando fortunas eram perdidas facilmente e as dívidas se tornavam condição normal, como poderiam tais homens, na função de ministros, adaptarem-se às realíssimas exigências numéricas das contas de suprimento, taxas de tributos, débito nacional?

O fastígio da nobreza não favorecia atitudes realistas no governo. Em casa, uma palavra ou aceno aos servidores resultaria no atendimento do que desejavam. Sob direção do habilíssimo Brown ou outro desenhista de paisagens, belos jardins surgiam da terra nua, criavam-se lagos, vistas, bosques de belas árvores, e áreas de sinuoso gramado uniam as mansões aos lagos. Quando a aldeia de Stowe interferiu com a paisagem planejada pelo desenhista, todos os seus habitantes foram removidos para novas casas 3 quilômetros adiante e a vila arrasada para se transformar num bosque. Lorde George Germain, o ministro responsável por conduzir as operações militares contra a Revolução Americana, nasceu em Sackville e cresceu em Knole, um domínio familiar tão extenso, com seus sete pátios e múltiplos tetos de diferentes alturas que, visto de longe, parecia uma vila. Quando jovem assistiu o pai mandando plantar de uma só assentada duzentas pereiras, trezentas macieiras silvestres, duzentas cerejeiras, quinhentos azevinhos, setecentas avelãzeiras e outras mil mudas de azevinhos em torno do jardim dos fundos, além de duas mil faias no bosque do parque.

Os hábitos não eram, como regra, confinados a esse tipo de vida e aos clubes. A educação nas escolas e universidades supostamente provia respeitável conhecimento dos clássicos greco-latinos, e o *grand tour* continental, uma visão geral das artes, embelezada pela compra de pinturas e peças de escultura clássica para ornamentar as mansões. O *tour* normalmente incluía Roma, que parece não se ter modificado sensivelmente desde os tempos dos papas da Renascença. Seu governo era "o pior possível", escreveu a respeito um visitante inglês. "Da população, um quarto é constituído de padres, outro quarto de estátuas e ainda um quarto de gente que nada faz..."

Assessorias vindas de fora de sua medíocre categoria social eram possíveis aos governantes britânicos; isso se realizava através da contratação de inteligências incomuns que preenchiam funções de conselheiros. Rockingham, quando ocupava o cargo de primeiro-ministro em substituição a Grenville, e talvez consciente de suas limitações, teve a sabedoria de contratar o brilhante e jovem advogado irlandês Edmund Burke como secretário particular. Lorde Shelburne empregou o cientista Joseph Priestley para bibliotecário e companhia literária, dando-lhe uma casa e anuidade pelo resto da vida. O general Henry Seymour Conway, secretário de Estado e futuro comandante em chefe, apontou o filósofo político David Hume como subsecretário departamental e a pedido de Hume assegurou uma pensão de 100 esterlinos anuais para Jean-Jacques Rousseau, então na Inglaterra. Conway, como autor ocasional, escreveu uma comédia adaptada do francês e produzida em Drury Lane. O conde de Dartmouth, secretário de Estado no Ministério de seu meio-irmão, lorde North, foi o principal protetor da escola para hindus Eleazar Westlock, depois transformada em Colégio Dartmouth. Ele posou para 18 retratos, incluindo um de Romney, e foi dedicado mecenas do poeta William Cowper, a quem propiciou uma sinecura e tranquila casa para abrigá-lo quando este foi dominado por acessos de loucura.

Apesar de seus gostos cultivados, a nata da classe governamental produziu durante esse período poucas mentalidades notáveis. O Dr. Johnson declarou ter conhecido "apenas dois homens que se elevaram consideravelmente acima dos padrões comuns": William Pitt e Edmund Burke, nenhum dos dois perfeitamente oriundos da camada privilegiada. Pitt sugeriu um fator, sem dúvida subjetivo, em sua observação relativa a não conhecer rapaz "que não tivesse ficado complexado para o resto da vida em Eton". Conservava seus próprios filhos em casa, para serem educados particularmente. O panorama genérico da mentalidade dominante foi mais bem compreendido por William Murray, advogado escocês e, como futuro conde de Mansfield, presidente do Supremo Tribunal e lorde chanceler. Ele havia tentado, sem muito sucesso, propiciar estudos em história, oratória e clássicos para seu sobrinho, o futuro marquês de Rockingham, e escreveu-lhe quando o rapaz completou 21 anos: "Você não pode me apresentar visão mais surpreendente do que a de um homem de sua idade, cercado por todos os estímulos e instrumentos da insensatez, ousando tornar-se sábio; numa era de mediocridade, tentando pensar." Tal era a tônica durante o período de 1760-80. Ousar a sabedoria, ousar o pensamento não constituíam o forte desses idos. Mas, afinal, quando essas coisas predominaram em alguma época?

O jovem monarca que presidia a esse *establishment* não era largamente admirado. Quando da ascensão de Jorge III ao trono, em 1760, com a idade de 21 anos, Horace Walpole descreveu-o como sendo de elevada estatura, vistoso, de muita dignidade e "amável", mas tratava-se de amabilidade assumida a duras penas. Órfão de pai desde os 12 anos, Jorge fora criado numa atmosfera carregada de ódio entre o avô Jorge II e seu pai Frederico, príncipe de Gales. Embora comum nas casas reais, o ódio entre pai e filho era extremo nesse caso e fez com que o jovem Jorge se transformasse em inimigo de quantos haviam servido seu avô, persuadindo-se de que o universo cujo governo ele herdara era profundamente cruel, cabendo-lhe, como dever, melhorar seus padrões morais. No estreito círculo familiar da Leicester House ele foi educado insatisfatoriamente, sem contato com o mundo exterior, e cresceu obstinado, reprimido, atormentado, inseguro. Gostava de retirar-se para o seu estúdio, disse seu tutor, lorde Waldegrave, "para entregar-se à melancólica satisfação de seu próprio mau humor". Raramente procedia de forma condenável, "exceto quando confunde bem com mal", mas, quando tal coisa acontece, "torna-se difícil dissuadi-lo, pois é criatura extremamente indolente, portadora de fortes preconceitos".

Fortes preconceitos em mente malformada são negativos em termos de governo, mas ainda piores quando combinados com uma situação de poder. Num ensaio escrito na adolescência a respeito do rei Alfredo, Jorge afirmou que, quando Alfredo assumiu o trono, "dificilmente havia um homem no governo que não fosse totalmente indigno de sua função e extremamente corrupto no desempenho da mesma". Removendo os incorrigíveis, "reclamando" dos outros, Alfredo "tinha elevado a glória e felicidade de seu país", com a ajuda do Todo-Poderoso, que "fustiga a empáfia dos homens orgulhosos, cheios de ambição e má-fé". Era essa a visão de Jorge quanto a seus ministros e esse seu próprio programa. A ele caberia limpar o sistema, restaurar a lei justa – sua lei – e levar a termo o pedido de sua mãe: "Jorge, seja um *rei.*" Os esforços desenvolvidos desde seu primeiro dia de reinado visando retirar do governo os poderosos *whig* que complacentemente dirigiam o país mediante farta distribuição de patronato, adquirindo ele próprio a patronagem, convenceu a muitos que seria sua intenção restaurar o absolutismo real a muito custo derrotado no século anterior.

Necessitando de um pai substituto, Jorge fixou-se com neurótica adoração no conde de Bute, o que poderia terminar – e terminou – em desilusão. Nesse meio-tempo, até encontrar o equilibrado lorde North, antipatizava ou desprezava cada um dos primeiros-ministros que se sucediam e, já que lhe pertencia o poder de nomear e demitir dentro de certos limites, houve um rodízio conservando o governo instável. Como Pitt havia deixado o círculo do príncipe de Gales para servir sob Jorge II, Jorge o considerava "o mais negro dos corações", "verdadeira serpente na grama", e prometeu a si mesmo fazer com que outros ministros "sofressem os aguilhões de sua ingratidão". Frequentemente confessava a Bute a tortura de sua insegurança e irresolução, mas ao mesmo tempo estava convencido de que procedia com justiça, partindo do princípio de que desejava apenas o bem e de que qualquer um em desacordo com ele não passava de canalha. Não era, portanto, o tipo de soberano capaz de compreender ou tentar compreender colônias insubordinadas.

Uma das fraquezas da governança inglesa era a falta de coesão ou de um conceito de responsabilidade coletiva. Os ministros, apontados pela coroa como indivíduos, perseguiam suas próprias ideias políticas sem consultar os colegas. Uma vez que o governo derivava da coroa, os aspirantes aos cargos deveriam buscar favorecimento e trabalhar associados ao rei, o que se revelou ser tarefa bem mais difícil sob Jorge III do que com os primeiros hanoverianos, de origem estrangeira e mentalidade tacanha. O soberano era, respeitados certos limites, chefe do Executivo com liberdade de escolher seus ministros, mas não apenas à base de favorecimento. O primeiro-ministro e seus parceiros necessitavam do apoio do eleitorado, considerando-se que, mesmo sem partidos políticos, tornava-se imprescindível manter maioria no Parlamento e basear-se nisso para adotar e aprovar políticas em curso. Mesmo quando isso era obtido, Jorge III, com seu errático e emocional exercício do direito de escolha, carreou extrema instabilidade para o governo nos dez primeiros anos de seu reinado, justamente aqueles em que fermentava o conflito americano, além de promover fundos rancores nas lutas de facções em busca de favor e poder.

O Gabinete era corpo instável constantemente em mutação, sem decisões de política específica; seu chefe era denominado primeiro-ministro, apenas; as resistências ao título *premier*, que Grenville considerava "odioso", representavam herança dos vinte anos de domínio de sir Robert Walpole – medo de renovada agregação de poder em mãos de um único mandatário. A função, não importando como tivesse de ser exercida, era inata do ocupante do cargo de primeiro-lorde do Tesouro. O Gabinete se constituía de cinco ou seis membros, incluindo, além do primeiro-lorde, dois secretários de Estado, o do Interior e o de Negócios Externos – estranhamente designados Departamentos do Norte e do Sul –, o lorde chanceler no tocante às leis e o lorde presidente do Conselho, com isso significando representação do Conselho Privado, largo e variável grupo de ministros, antigos ministros e importantes funcionários. O primeiro-lorde do Almirantado, representando o ramo principal do serviço, era por vezes, embora nem sempre, membro do Gabinete interno. O Exército possuía seu secretário da guerra sem assento no Gabinete e um pagador-geral que, através de pagamentos e suprimentos, detinha o posto mais lucrativo do governo, mas não participava dos conselhos políticos. Até 1768, nenhum departamento se incumbia especificamente da administração das colônias ou execução de medidas a elas atinentes. Pragmaticamente, negócios coloniais tornaram-se problema da Câmara de Comércio e Plantações; da mesma forma pragmática, a Marinha, que mantinha os contatos através do oceano, servia como instrumento de polícia.

Lordes ainda recentes, subsecretários, comissários de câmaras e alfândega cumpriam as tarefas diárias do governo, sugerindo e rascunhando leis para o Parlamento. Esses membros do serviço civil, e isso compreendia até os simples escreventes, eram nomeados através de patronato e "conexões", assim como os governadores coloniais e seus *staffs* e oficiais do Almirantado nas colônias. "Relações", "conexões", eram o cimento da classe governamental, palavra operativa da época, frequentemente em detrimento da tarefa. Tal circunstância não deixava de ser reconhecida. Solicitado pelo duque de Newcastle a nomear para sua assessoria um membro do Parlamento sem qualificações, apenas visando assegurar seu voto, o almirante George Ansom, que se tornou primeiro-lorde após celebrada viagem em volta do mundo, rispidamente afirmou que tal ato representaria desserviço à Marinha: "Devo agora solicitar a Vossa Graça que considere qual será a situação de sua Marinha se tais nomeações eleitoreiras, que devem tornar-se frequentes, forem atendidas." O costume "trará mais danos ao público do que a perda de um voto na Câmara dos Comuns".

Além dos ministros, além da Coroa, o Parlamento mantinha supremacia amargamente ganha no século anterior à custa de revolução, guerra civil, regicídio, restauração e um segundo esbulho real. Nos tempos calmos afinal obtidos sob o governo da Casa de Hanover importada, a Câmara dos Comuns não mais se constituía no tribunal feroz das grandes batalhas constitucionais. Ela se transformara em corpo quase satisfeito, mais ou menos estático, cujos membros deviam seus lugares às "conexões" e burgos "domesticados" sob controle familiar, dando seus votos em troca de patronato governamental sob forma de posições, favores e pagamentos feitos em dinheiro, diretamente. Em 1770, conforme cálculos existentes, cento e noventa membros da Câmara dos Comuns possuíam posições remuneradas presenteadas pelo governo. Embora regularmente acusado de corrupção, o sistema era de tal sorte ubíquo e rotineiro que não carregava qualquer aura de desgraça pública.

Os membros se associavam a partidos políticos não organizados e defendiam princípios políticos não identificáveis. Sua identidade provinha dos grupos sociais, econômicos ou até geográficos: cavalheiros do campo, classes do comércio e empresários urbanos, 45 membros da Escócia, uma parcela de plantadores das Índias Ocidentais que viviam das rendas insulares em mansões na Inglaterra – totalizando 558 na Câmara dos Comuns. Em teoria, os membros eram de duas espécies: nobreza não hereditária dos condados e burgos, dos quais dois se elegiam facilmente em cada burgo, e burgueses representando os distritos, ou seja, qualquer cidade enobrecida por sua carta com representação parlamentar. Como os representantes dos condados eram qualificados pela posse de terras que lhes produzissem 600 esterlinos anuais, pertenciam à pequena fidalguia substancial ou eram filhos de pares. Combinando com esses em interesse, seguiam-se os membros dos distritos menores possuindo tão poucos eleitores que podiam ser comprados, ou se faziam de tal sorte dependentes que o senhor de terras local os mantinha em seus bolsos. Escolhiam, geralmente, membros integrantes da pequena fidalguia que poderiam defender seus interesses em Westminster. Dessa forma, a nobreza, possuidora de terras ou partido do campo, era, de longe, o grupo mais compacto na Câmara dos Comuns, e proclamava representar a vontade popular, embora fosse eleito, na verdade, por cerca de cento e sessenta mil sufrágios.

Os maiores distritos urbanos tinham, virtualmente, eleições democráticas, com muitas contestações e brigas. Seus membros eram advogados, comerciantes, empreiteiros, proprietários de navios, oficiais do Exército e da Marinha, funcionários do governo e nababos do comércio das Índias. Embora influentes por sua própria condição, representavam eleitorado ainda menor, pouco acima de 85 mil, porque o partido do campo conseguia manter a população urbana em grande parte sem direito de voto.

Aproximadamente metade dos assentos, conforme foi estimado, podiam ser comprados e vendidos mediante patronato vividamente pintado por lorde North em suas instruções ao secretário do Tesouro quando da eleição geral de 1774. Informava a lorde Falmouth, controlador de seis assentos na Cornualha, que aceitava pagar 2.500 libras por unidade, desde que fossem preenchidos por seus designados. E, depois, "que Mr. Legge somente pode obter 400 esterlinos. Caso venha por Lostwithiel, custará ao público por volta de 2.500 guinéus. Gascoign será recusado por Tregony, supondo que queira pagar mil libras". Adiante: "Faça Cooper saber se você prometeu 2.500 ou 3 mil libras relativamente a cada um dos (cinco) assentos de lorde Edgcumbe. Pretendo pagar-lhe 12.500 esterlinos, embora ele esteja a pleitear 15 mil."

Os patronos políticos controlavam, às vezes, sete ou oito assentos, frequentemente em grupos familiares dependentes de um par na Câmara dos Lordes, cujos membros atuavam juntos sob a tutela do patrão, embora, sempre que um assento pegasse fogo, as pessoas acabassem votando de acordo com suas convicções. Os fidalgos dos condados, cujo eleitorado era demasiado grande para ser dominado por qualquer patrão, e trinta ou quarenta distritos não controlados consideravam-se o partido nacional. Aqui o ideal *Tory* ainda existia, um resíduo do partido da coroa do século XVII, crescendo como uma crosta. Há muito acostumados aos governos locais, os burgos ressentiam-se da interferência londrina, desprezando, em princípio, a corte e a capital, embora tal atitude não se tornasse incompatível com o apoio aos Ministérios formados por *whigs*. Não se ligando a qualquer facção, sem lideranças a que devessem seguir, não desejando títulos ou "colocações", mas servindo aos seus constituintes, os membros dos burgos votavam de acordo com seus próprios interesses e crenças. Um parlamentar de Yorkshire escreveu em uma de suas cartas que tinha "sentado durante 12 horas na Câmara dos Comuns sem se mover, com o que fiquei bem satisfeito, pois isso me permitiu, depois de escutar argumentos de ambos os lados, determinar claramente, através do voto, minha opinião pessoal". Homens pensando de forma livre derrotariam a baboseira dos fundos – caso houvesse número suficiente deles.

A PRIMEIRA PREOCUPAÇÃO de George Grenville ao assumir o cargo foi relativa à solvência financeira da Inglaterra. Com a Paz de Paris nas mãos, ele teve condições de reduzir o Exército de cento e vinte mil para trinta mil homens; suas economias às custas da Marinha, envolvendo cortes drásticos em matéria de estaleiros e manutenção, haveriam de resultar em consequências ruinosas quando chegasse a hora do teste de ação. Ao mesmo tempo, preparou legislação capaz de taxar a América, não desconhecendo os sentimentos que tal providência causaria. Os agentes ou elementos de pressão do tipo *lobby* mantidos pelas colônias para representar seus interesses em Londres, vista a ausência de representação parlamentar, eram frequentemente os próprios membros do Parlamento ou outras pessoas com acesso ao governo. Richard Jackson, proeminente parlamentar, empresário e advogado, agenciando em diferentes épocas interesses de Connecticut e Pensilvânia, Massachusetts e Nova York, era secretário particular de Grenville. "Tenho acesso a quase todos os lugares que os amigos das colônias desejariam alcançar", escreveu ele a Franklin, "mas não sinto que estou conseguindo fazer impressão à altura de meus esforços." Ele e seus colegas faziam o que lhes era possível para que a opinião colonial fosse conhecida em Londres.

Além de Jackson funcionando como canal, Grenville mantinha correspondência com os governadores coloniais e o inspetor-geral de Alfândega nas colônias setentrionais, cujo conselho solicitou antes de elaborar uma lei reforçando tributos alfandegários. Não constituía segredo o fato de que os americanos resistiriam a qualquer acréscimo tributário. A ordem preliminar de novembro de 1763, instruindo os fiscais alfandegários a cobrarem por inteiro os tributos já existentes, foi causadora de "maior alarme" do que o causado pela captura do Forte William Henry, pelos franceses, seis anos antes, segundo relatou o governador de Massachusetts, Francis Bernard. A Câmara de Comércio recebeu solicitação para opinar sobre o "meio menos problemático e mais aceitável pelas colônias", visando fazer com que contribuíssem para os custos dos "estabelecimentos civil e militar". Desde que não havia método "aceitável" para tal coisa e Grenville já havia tomado sua decisão, a resposta não era objeto de expectativa, provavelmente.

Se as possibilidades de problemas não inquietavam grandemente o Ministério, isso se devia ao fato de que "nenhum homem aprecia pagar impostos", como Grenville disse com alguma razão e ainda porque ele estava perfeitamente determinado no sentido de que a América poderia e deveria pagar uma contribuição relacionada com os custos de seu próprio governo e defesa. Seus dois secretários de Estado, conde de Halifax e conde de Egremont, não eram homens capazes de dissuadi-lo. Lorde Halifax havia adquirido um pariato aos 23 anos e o enriquecera com a aquisição de uma esposa que lhe trouxe – do pai, no ramo dos têxteis – grande fortuna representada por 110 mil esterlinos. Com tais qualificações, serviu na condição de camareiro do rei, mestre das matilhas reais e outros postos ornamentais da corte até que as reviravoltas políticas colocaram-no a presidir a Câmara de Comércio, onde o fato de a Nova Escócia ter sido fundada ao tempo de sua presidência resultou em que a capital, em homenagem, adotasse-lhe o nome, Halifax. Considerado fraco de caráter, mas amável, bebia exageradamente e acabou vítima de senilidade precoce, da qual faleceu com 55 anos, quando servia no primeiro Gabinete de seu sobrinho, lorde North.

O etilismo exagerado desses tempos era frequentemente responsável pela diminuição da vida ou da capacidade. Até mesmo o universalmente admirado marquês de Granby, comandante em chefe das Forças Armadas britânicas em 1766-70, nobre soldado, de nobre caráter, não escapou ao vício; de acordo com Horace Walpole, "seus constantes excessos alcoólicos apressaram-lhe a morte aos 49 anos". Na eleição geral de 1774, Charles James Fox, também beberrão, queixou-se do entretenimento a que era forçado cabalando votos: oito eleitores chegaram numa tarde, ficaram das 15 às 22 horas e beberam "dez garrafas de vinho e 16 bules de ponche, cada um dos quais valia por quatro garrafas" – ou seja, o equivalente a nove garrafas *per capita*.

O outro secretário de Estado de Grenville, conde de Egremont, seu cunhado, era igualmente incompetente e arrogante, assemelhando-se a um avô ducal conhecido como "o orgulhoso duque de Somerset". Ele era um composto, relata o pouco caridoso Horace, "de arrogância, mau caráter e estrito espírito aristocrático... (sem) conhecimento dos negócios públicos e não demonstrando um mínimo sequer de habilidade parlamentar", além da reputação de homem pouco confiável. Andou examinando o problema americano mas eximiu-se desses assuntos, quando um ataque de apoplexia advindo de excessos à mesa (segundo Walpole) o levou para o túmulo, antes do andamento da Lei de Receitas.

Seu sucessor, o conde de Sandwich, antigo primeiro-lorde do Almirantado, representou mudança apenas em temperamento. Afetuoso, de ótimo humor e corrupto, usava o controle de provisões destinadas à Marinha para lucro pessoal. Embora não se tratasse de diletante, e, sim, de um entusiasta da Armada capaz de trabalhar arduamente, suas inveteradas negociatas transformaram os estaleiros em escândalo, lesando fornecedores e fazendo com que os navios não pudessem deixar os portos. A condição da Marinha, quando revelada pela guerra contra a América, respondeu pelos votos de censura que lhe destinaram ambas as Casas. Socialmente, integrava o círculo íntimo do Hellfire Club, de Dashwood, e era de tal forma viciado em jogo que, para não perder tempo com refeições, costumava enfiar um pedaço de carne entre duas fatias de pão para comer enquanto jogava, batizando assim, com seu nome, o indispensável artifício alimentar do mundo ocidental.

Enquanto a Lei de Receitas estava sendo preparada sob a égide desse tipo de ministros, uma medida fértil em discórdias foi adotada sem ato do Parlamento. A Proclamação de Fronteiras de 1763 proibia instalações de homens brancos a oeste dos Aleganes, reservando as terras para os índios. Alertada pelo feroz levante indígena conhecido como Rebelião de Pontiac – que movimentou tribos desde os Grandes Lagos até a Pensilvânia e ameaçou, em certo momento, expulsar os ingleses da área –, a proclamação pretendia apaziguar os índios, evitando a presença de colonizadores nos territórios de caça, o que provocaria outra guerra. Outro levante indígena poderia representar a oportunidade esperada pelos franceses, além de impor despesas de combate que a Inglaterra dificilmente teria condições de enfrentar. Por detrás desses alegados motivos palpitava o desejo de manter os colonos na faixa atlântica, de onde continuariam importando bens de origem inglesa. Evitava-se que devedores e aventureiros cruzassem as montanhas e montassem instalações isentas da soberania britânica no coração da América. Nesse local, longe dos portos do Atlântico, eles poderiam manufaturar o que lhes era necessário, realizando os temores da Câmara de Comércio – "para infinito prejuízo da Inglaterra".

A proclamação foi muito mal-recebida, pois já se estavam formando companhias de ações destinadas a promover migração em busca de lucro, ou, como nos casos de George Washington e Benjamin Franklin, cuidava-se da obtenção de títulos de terras além das montanhas com fins especulativos. Para os inquietos colonos tratava-se de interferência geradora de imensa ira. Um século e meio depois de vencerem as terras selvagens, aos americanos não era ideia amena que um remoto governo de lordes vestidos em trajes de seda os proibisse de tomar posse de regiões conquistadas à base de machado e rifle. Viram na proclamação finalidade alheia à proteção dos índios – a quem, na Revolta de Pontiac, suas próprias forças voluntárias tinham dado combate, mais do que os casacos-vermelhos ingleses. Para os americanos tratava-se de plano corrupto de Whitehall destinado a garantir enormes latifúndios aos favoritos da corte.

O fortalecimento de relações supostamente gera compreensão mútua. Participar de guerras lado a lado serve, supõe-se também, para estreitar sentimentos de camaradagem. Pois foi exatamente o contrário que sucedeu entre forças provinciais e soldados regulares na Guerra dos Sete Anos. Ao finalizarem as operações era bem menor que antes o respeito, a estima e a compreensão que uns sentiam pelos outros. Os colonos naturalmente detestavam o esnobismo do Exército britânico, a atitude de desprezo com que os oficiais da metrópole tratavam os oficiais das colônias, os rituais de cuspir e polir as botas (as tropas britânicas gastavam 6.500 toneladas anuais de polvilho destinado a embranquecer perucas e culotes), a extensão do comando supremo sobre as forças provinciais e os ares superiores de modo geral. Era, aliás, o que se podia esperar...

Por outro lado, o desprezo britânico pelos soldados coloniais, que finalmente viriam (com auxílio francês) a levá-los à rendição, se constituiu no mais estranho, profundo e prejudicial dos equívocos nos anos imediatamente anteriores ao conflito. Como foi possível ao general Wolfe, herói que em 1759 capturou Quebec e morreu no campo de batalha, classificar os americanos que lutaram a seu lado de "os piores soldados deste planeta"? E acrescentou numa de suas cartas: "São os cães mais porcos e covardes, de modo geral, que você possa imaginar... em vez de fortalecerem um exército, servem-lhe de estorvo." Sujos, os lenhadores americanos certamente eram, se comparados aos casacos-vermelhos com suas níveas perucas. Um brilhante exterior se tornara de tal sorte o critério nos exércitos europeus que passou a valer por índice final de julgamento. Sir Jeffery Amherst tinha "opinião bem negativa" sobre os soldados-camponeses americanos e o sucessor de Wolfe, general James Murray, declarou-os "despreparados, mas belicosos". Outros que observaram a atuação dos habitantes em campos e florestas, classificaram-nos como ralé covarde e incompetente. Tais julgamentos deram origem a fanfarronices na Inglaterra do tipo das que fazia o general Thomas Clarke, ajudante de campo do rei, que disse na presença de Benjamin Franklin: "Com mil granadeiros sou capaz de varrer o território americano de ponta a ponta, castrando todos os machos, uns, parcialmente, com o uso de força, outros apenas com algumas lisonjas..."

Uma possível causa de tamanhos equívocos pode ser encontrada na diferente natureza do serviço militar experimentada de um lado pelos soldados profissionais ingleses, de outro pelos provinciais que eram recrutados por assembleias locais, sob contrato, para missão específica, tempo limitado e condições prescritas de pagamento e suprimento. Quando tais termos falhavam, o que é comum em todas as guerras, as tropas coloniais empacavam, recusavam-se ao dever e, se não atendessem suas queixas, simplesmente marchavam de volta aos lares, não como desertores solitários e furtivos, mas, sim, abertamente, em conjunto, uma natural resposta à quebra de contrato. Tratava-se de comportamento completamente incompreensível para hussardos, dragões de cavalaria e guardas granadeiros, alimentados por orgulho e tradições regimentais. Os comandantes britânicos tentaram aplicar as regras e normas de guerra; os colonos, empedernidos civis em armas, mantiveram-se determinados a não se transformarem em regulares e, teimosamente, rejeitaram as regras, chegando ao ponto da deserção em grupo sempre que necessário. Daí sua reputação de "ralé".

Outra fonte de mal-estar nasceu do esforço desenvolvido pela Igreja Anglicana no sentido de estabelecer um episcopado na Nova

Inglaterra. Devido à peculiar capacidade das religiões de estimular a inimizade, o projeto episcopal criou as mais rancorosas suspeitas na América. Um bispado para eles significava uma cabeça de ponte da tirania, instrumento para suprimir a liberdade de consciência (que ninguém praticava menos que os da Nova Inglaterra), porta aberta ao papismo e manancial seguro de novas taxas destinadas a sustentar a hierarquia. Na realidade o governo britânico, separado da Igreja, não tinha qualquer intenção de patrocinar um episcopado americano. Mesmo assim, o brado "Nada de bispos!", continuou a ser tão potente como o de "Nada de impostos!" ou, mais tarde, "Nada de chá!". Até os mastros dos navios da Marinha inglesa acabaram fontes de atrito através da lei do Pinho Branco que proibia a derrubada de árvores altas, preservando-as para a mastreação.

É bem possível que tantas lutas fragmentárias pudessem ter sido evitadas com a criação de um departamento americano ao término da Guerra dos Sete Anos, quando todos reconheceram a necessidade de reorganização da uniformidade administrativa. O momento era extremamente imperativo; enorme território novo deveria ser incorporado; os diversos mapas coloniais já tinham revelado ineficiência. Mas tais necessidades não foram examinadas. As iniquidades de lorde Bute e as manobras de colegas e rivais absorviam toda a atividade política. Os assuntos da espécie eram entregues à Câmara de Comércio – que tivera três presidentes sucessivos apenas durante o ano de 1763.

A Lei de Receitas apresentada ao Parlamento em fevereiro de 1764 continha artigos feitos especialmente para criar problemas. Reduzia, por exemplo, o imposto (há muito ignorado) sobre melaço, fulcro do comércio da Nova Inglaterra, mas exigia a cobrança de novo tributo, a ser feita com rigor, na base de 3 *pence* o galão; desaforava os julgamentos de suspeitos de violação da lei, das cortes comuns onde eram julgados por concidadãos pouco inclinados a condenar, para o Tribunal Especial do Almirantado em Halifax, sem jurados, em que dificilmente os juízes seriam subornados pelos mercadores locais, obrigando os réus a viajarem para defesa de seus casos. A lei não disfarçava, ao contrário, proclamava ser seu propósito "elevar a receita na América a fim de custear despesas com defesa, segurança e proteção da mesma". Era essa sua bandeira vermelha. Tornara-se flagrante, todavia, que embora o direito de a Coroa regular o comércio fosse mais ou menos aceito pelos americanos, eles eram intransigentes na recusa à taxação para renda, exceto quando regulada por eles mesmos. Mais veemente era seu receio de um comércio arruinado, que dera lucros enquanto os tributos alfandegários não passavam de ficção consagrada pelo tempo, mas que não suportaria acréscimo de impostos de 3 *pence* por galão.

Os agentes dos colonos na Inglaterra já tinham exposto o argumento de que um comércio diminuído não traria benefícios aos ingleses e insistiam em que o melaço não permitia tributos além de 1 *penny* por galão, embora os comerciantes pudessem "silenciosamente aquiescer" com 2 *pence*.* As assembleias de Massachusetts e Nova York já estavam resmungando a respeito da violação de seu "direito natural" no princípio de taxação e urgindo Connecticut e Rhode Island a se juntarem protestando "contra esse mortal ferimento na paz das colônias". Resistiam tão energicamente ao princípio como à ameaça real ao bolso, porque acreditavam que aquiescência a um precedente em taxação parlamentar abriria caminho a novas taxas e outras imposições. A opinião colonial, entretanto, tinha parca repercussão em Londres.

A Câmara de Comércio fixou o imposto em 3 pence e a Lei de Receitas (geralmente conhecida depois como Lei do Açúcar) foi aprovada no Parlamento em abril de 1764, apenas com um voto negativo, de um membro chamado John Huske, nascido em Boston.

A lei possuía ferrão oculto – embora apenas embrionário – no anúncio de uma projetada Lei do Selo. Não se tratava de tétrico instrumento para torturar americanos, mas, sim, de um dos inúmeros meios *ad hoc* utilizados na Inglaterra, no caso a taxa sobre cartas,

---

*Conta-se que as objeções dos comerciantes não eram apresentadas porque na época o principal agente colonial, Benjamin Franklin, da Pensilvânia, tinha bem em conta a circunstância de que a sua posição, como assessor do agente geral do Correio na América, e a de seu filho, governador de Nova Jersey, dependiam exclusivamente do humor da Coroa.

testamentos, contratos, faturas e outros documentos legais ou com destinatários. Grenville inseriu a nota previamente, porque estava advertido a respeito de furtiva querela em andamento atinente ao direito de o Parlamento tributar constituintes não representados. Essa querela ele, pessoalmente, considerava absurda, e esperava "pelo poder de Deus" que ela não chegasse a ser objeto de discussões parlamentares. A premissa básica do governo inglês, numa era cansada de conflitos, era a de manter ampla área política aceitável que não despertasse leões adormecidos - em suma, era o desejo eterno de "consenso". Grenville pouco se importava com reações coloniais; preocupava-se, sim, com distúrbios num Parlamento manso e tranquilo. Deu essa notícia do Imposto do Selo na Lei sobre Receitas, talvez esperando que esse decreto pudesse estabelecer sem confusões o direito de o Parlamento criar um imposto sobre a renda, ou, ainda, pretendendo que as colônias taxassem a si mesmas, embora seus atos posteriormente não corroborassem tal conclusão. Foi aventado um motivo bem mais maquiavélico do que aquele o qual ele esperava que a notícia incitasse, tamanha a revolta ante a possibilidade de que o Parlamento fosse levado a manifestar drasticamente sua soberania.

Esse grito de revolta foi, na verdade, clamoroso e malcontido, mas quando chegou a ser escutado a atenção da Inglaterra voltava-se para um assunto que havia acordado todas as feras adormecidas do país: o caso Wilkes. Não que John Wilkes distraísse as atenções da América, porque ainda havia muito pouco para atrair atenção. As medidas adotadas entre 1763-64 não eram exageradas nem insensatas *per se*, exceto pela circunstância de não levarem em conta a qualidade, o temperamento e as preocupações vitais das pessoas a quem elas se destinavam. Os colonos nada tinham de primitivas "hordas agitadas e selvagens", mas eram gente excepcionalmente enérgica e consciente, e dissidentes empreendedores, de sangue inglês. Essencialmente, tratava-se de um problema de atitude. Os britânicos procediam - e o que é pior, raciocinavam - em termos imperiais, de governantes para governados. Os colonos consideravam-se iguais a eles, ressentiam-se de interferências e cheiravam tirania em cada brisa vinda de além-Atlântico.

A liberdade era o sentimento político mais intenso nesses idos. Ninguém gostava dos governos. Embora as ruas de Londres estivessem infestadas de assaltantes e ladrões, era forte a resistência à criação de uma força policial, e quando lorde Shelburne sugeriu, depois dos dias de violência, incêndios e mortes durante os levantes de Gordon, em 1780, que era chegado o tempo de se organizar a polícia, foi acusado de advogar algo somente aceitável pelo absolutismo francês. A ideia do censo era considerada intrusão intolerável. A transmissão de informações aos agentes fiscais foi denunciada por um membro do Parlamento em 1753 como prática "totalmente subvertedora dos últimos vestígios da liberdade britânica". Caso um agente lhe viesse solicitar informações a respeito dos gastos com sua casa e família, ele as recusaria; se persistisse, jogaria o inquisidor na pocilga. Dessa espécie eram os sentimentos que animavam o fervor relacionado com os problemas de impostos e Wilkes.

O caso Wilkes, que estourou transformando-se em problema constitucional de virulência alarmante, foi importante para a América porque criaria aliados na causa da "liberdade". Considerando-se que os direitos parlamentares representados por Wilkes e os direitos americanos eram vistos, ambos, como temas da liberdade, aqueles que se opunham ao governo no caso Wilkes tornavam-se, *ipso facto,* amigos da causa da América. John Wilkes era igualmente membro do Parlamento e um tipo rústico embora astucioso, do interior, daqueles que costumam ganhar notoriedade através de comportamento agressivo. Em 1763, publicou em seu jornal *The North Briton* um ataque feroz aos termos do acordo com a França relativo à Guerra dos Sete Anos misturado a insultos ao rei. Foi preso sob acusação de libelo sedicioso e aprisionado na Torre. O presidente do Supremo Tribunal, Pratt (futuro lorde Camden), ordenou sua libertação baseado na imunidade parlamentar. Expulso da Câmara dos Comuns pela maioria governamental, fugiu para a França, enquanto na Inglaterra foi julgado *in absentia* por libelo contra o rei e – de forma bem irrelevante – por obscenidade, visto ter publicado, privadamente, um pornográfico *Ensaio sobre as mulheres*, que seu ex-amigo lorde Sandwich insistiu em ler em voz alta, palavra por palavra, na Câmara dos Lordes.

Tudo isso assegurou a condenação de Wilkes e produziu uma crise quando a oposição parlamentar, agora livre para defender o homem, uniu-se em torno de resolução que declarava ilegal sua prisão mediante intimação genérica. Quando a votação demonstrou que a proposta fora derrotada por maioria insignificante de 14 votos, ficou bem revelada a fragilidade do patronato. O rei, furioso, mandou Grenville demitir todos os eleitores renegados que desfrutavam de posições na casa real ou no Ministério, criando, assim, um núcleo oposicionista que só faria crescer. Jorge III não foi um político dos mais astutos.

II. "AFIRMANDO UM DIREITO QUE VOCÊ SABE NÃO PODER EXERCER": 1765

A Lei do Selo, apresentada por Grenville em 1765, será recordada "enquanto este planeta durar". Assim proclamou Macaulay em uma de suas clarinadas alusivas à grandeza histórica. Foi ato, escreveu ele, destinado a provocar a grande revolução, cujos efeitos serão longamente sentidos por toda a espécie humana, e culpou Grenville por não ter previsto as consequências. É julgamento meramente retrospectivo; até mesmo os agentes coloniais nada previram. Havia, porém, suficientes informações disponíveis, capazes de alertar os ingleses quanto à inevitável resistência dos americanos, com possibilidades de sérios problemas.

Relatórios eram, agora, recebidos e publicados no *London Chronicle* e outros jornais dando conta do ressentimento colonial relativo à Lei do Açúcar e à projetada Lei do Selo. Protestos enfáticos chegaram de Massachusetts, Rhode Island, Nova York, Connecticut, Pensilvânia, Virgínia e Carolina do Sul, cada um deles defendendo o "direito" de autotaxação e negando direito ao Parlamento. A falácia inerente à posição do governo britânico foi revelada pelo desventurado Thomas Hutchinson, governador-adjunto de Massachusetts, que tanto mal haveria de sofrer em sua colônia, injustificadamente. Ele declarou, num estudo do qual enviou cópias ao governo em Londres, que as receitas almejadas eram um objetivo enganador, porque os lucros naturais que os ingleses obtinham no comércio colonial, que seriam prejudicados pela má vontade resultante, eram infinitamente maiores que quaisquer perspectivas advindas da taxação. Figura trágica, vilipendiada por um lado e ignorada por outro, Hutchinson identificou desde logo a insensatez britânica. Benjamin Franklin, em anotações que fez para uso pessoal, considerou que os americanos, embora no momento apreciassem as modas, costumes e manufaturas ingleses, "acabarão por desgostar-se com tudo isso. Os prejuízos comerciais serão maiores que os resultados dos impostos". Adicionou um pensamento que bem poderia ter servido de inspiração para a Inglaterra: "Nem tudo aquilo que temos o direito de fazer é o melhor a ser feito." Essa, em essência, seria a tese de Burke: princípios não devem ser demonstrados quando a demonstração é desaconselhável.

Ao tempo em que protestos e petições eram recebidos em Londres – a viagem pelo leste durava entre quatro e seis semanas, mais ainda pela outra rota – Grenville já se encontrava ultimando a Lei do Selo. Ansiosos em dissuadi-lo, Benjamin Franklin e mais três agentes, Richard Jackson, Charles Garth – membro do Parlamento representando Maryland e Carolina do Sul – e Jared Ingersoll, recém-chegado de Connecticut, esperaram por ele, formando uma comissão. O debate concentrou-se na alternativa de as colônias taxarem a si mesmas. Indagados por Grenville sobre se poderiam estabelecer quanto cada província teria condições de levantar, os agentes, sem diretivas a respeito, não puderam dar resposta; Grenville, na realidade, não esperava resposta alguma. Seu desejo era o de aperfeiçoar o princípio de direito pelo qual o Parlamento viria a estabelecer impostos, agora e no futuro. Evitou exercer pressões no exame do problema, permanecendo deliberadamente vago em responder às indagações dos agentes quanto aos montantes necessários.

Aqui, bem no começo, existia a alternativa factível. Se as receitas das colônias para pagar os custos de sua defesa fossem o que os britânicos queriam – o que seria bem razoável –, eles poderiam e deveriam incumbir as próprias colônias de levantarem tal soma. As colônias estavam preparadas para atender. A Assembleia de Massachusetts peticionou ao governador Francis Bernard, em 1764, autorização para uma sessão especial destinada a fazer com que a colônia estabelecesse seus próprios tributos em vez de ser taxada pelo Parlamento, mas o governador, embora favorável à medida, recusou-se considerando ser inútil tal coisa sem ordem específica de Grenville. A Pensilvânia instruiu seu agente londrino no sentido de proclamar o desejo de produzir receitas, se solicitada de forma regular, para quantia determinada. "A maior parte das colônias", de acordo com o agente Charles Garth, "manifestou propósito de assistir à mãe-pátria mediante requisições hábeis, originárias da metrópole."

A firmeza da objeção colonial foi expressa de forma igualmente explícita. Thomas Whately, secretário do Tesouro e membro do Parlamento, responsável pela minuta da Lei do Selo, indagou aos agentes qual seria a possível reação americana. Eles responderam que a taxa não era "oportuna" nem "prudente". Ingersoll, de Connecticut, disse que as colônias da Nova Inglaterra estavam "repletas da mais assustadora apreensão relativa à efetivação dessa medida" que, uma vez concretizada, segundo falavam muitos cavalheiros proprietários, faria com que "se retirassem com suas famílias e fortunas para algum reino estrangeiro". Whately não demonstrou estar impressionado porque, aduziu fleugmaticamente, "certos impostos são absolutamente necessários". Ele deveria escutar algo mais, entretanto. O próprio representante da Inglaterra, governador real de Rhode Island, Stephen Hopkins, declarou, em panfleto publicado com o título *Exame dos direitos coloniais,* a firme oposição dos súditos americanos de Sua Majestade britânica na questão dos tributos, "a menos que fossem taxados por seus próprios representantes, como ocorre com os demais súditos livres do rei". A Assembleia de Rhode Island enviou o panfleto ao seu agente em Londres, juntamente com petição ao soberano, confirmando os sentimentos ali expressos. A Assembleia de Nova York, da mesma forma, em petições ao rei e a ambas as Casas do Parlamento, expressou suas "mais fervorosas súplicas" que, afora a necessária regulamentação do comércio, o Parlamento deveria confiar "ao Poder Legislativo da colônia impor todos os demais encargos sobre seu próprio povo, como as públicas exigências requerem".

Eram evidências amplas de que a tributação via Parlamento encontraria obstinada resistência nas colônias. Foram ignoradas, porque os donos da política entendiam que a Inglaterra era soberana e os colonos, súditos; porque os americanos não eram levados a sério; porque Grenville e seus associados, tendo dúvidas quanto ao direito no caso, desejavam obter as receitas como forma de estabelecer o sacrossanto império do Parlamento. Esse era um exemplo clássico de ação contraproducente adotada a despeito de todas as indicações negativas. Grenville não produziu "requisições vindas da metrópole" formalizando autorização para as províncias taxarem a si mesmas; ao rejeitar tal alternativa, abriu a estrada para a revolução.

No Parlamento, as petições coloniais foram rejeitadas sem discussão, sob o argumento de que diziam respeito a leis financeiras, para as quais não eram cabíveis petitórios. Jackson e Garth falaram na Casa contestando o direito de o Parlamento impor tais tributos "até, ou a não ser que, os americanos sejam aceitos como membros do Parlamento". Levantando-se para responder, o presidente da Câmara de Comércio, Charles Townshend, que logo se tornaria figura crítica no conflito, provocou o primeiro momento de excitação no drama americano. "Será que os americanos", ele perguntou, "filhos estabelecidos e garantidos por nossas armas, relutarão em contribuir com seu óbolo para nos livrar do pesado encargo que temos à frente?"

Sem mais conseguir se conter, o coronel Isaac Barré, ex-soldado, que possuía apenas um olho e lutara com Wolfe e Amherst na América, levantou-se e bradou: "Eles foram lá estabelecidos por *seu* interesse para com eles? Não! Foi a opressão que os estabeleceu na América... Eles se alimentaram e cresceram graças à *sua* indulgência? Progrediram graças ao fato de terem sido negligenciados... Foram protegidos por *suas* armas? Ao contrário, nobremente pegaram em armas para cuidar da própria defesa... E, acredite-me, lembre-se sempre do que hoje lhe digo, esse mesmo espírito de liberdade, já demonstrado, os acompanhará até que... São cidadãos ciumentos dessa liberdade e que se vingarão se algum dia ela for violada – mas o assunto é por demais delicado e nada mais direi." Tais sentimentos, recorda-nos Ingersoll, foram expressos espontaneamente, "de maneira tão candente e firme, em tão maravilhoso *ex-abrupto* que toda a Casa permaneceu em suspenso durante algum tempo, petrificada, a olhá-lo intensamente e sem pronunciar uma única palavra". Pode ter sido esse o primeiro momento em que talvez uns poucos chegaram a sentir o vulto que se formava na bruma do futuro.

Barré, que olhava o mundo com "selvagem mirada", face marcada pela cicatriz da bala que levara seu olho em Quebec, se tornaria um dos principais defensores da América e oradores da oposição. De ascendência huguenote, nascera em Dublin, tendo sido educado no Trinity College daquela cidade (descrito pelo pai de Thomas Sheridan como sendo "um misto de jardim de ursos e bordel"), abandonara o Exército quando sua promoção fora bloqueada pelo rei e acabou eleito ao Parlamento graças à influência de lorde Shelburne, também irlandês. Seu fiel apoio à causa americana, juntamente com o de outro herói (de certo modo), é perpetuado na cidade de Wilkes-Barré, Pensilvânia.

Mais explícita advertência se fez escutar durante a segunda reunião através do veemente protesto do general Conway quanto à exclusão das petições coloniais: "De quem mais, a não ser deles mesmos, conheceremos a situação nas colônias?", indagou. "E no que diz respeito às consequências fatais que talvez resultem da imposição desses impostos?" Ele era primo e íntimo amigo de Horace Walpole. Homem bem-apessoado, amável, honrado; tendo votado contra o governo no caso Wilkes, foi um dos demitidos, pela vingança real, de seu cargo na corte e também do comando de seu regimento, de cujo soldo dependia para viver. Não obstante, recusou a ajuda financeira dos amigos e juntou-se a Barré, Richard Jackson e lorde Shelburne formando o núcleo dos que começavam a se opor ao governo no problema americano; faziam debates em conjunto sob o teto de Shelburne.

O conde de Shelburne, 32 anos à época, era o mais hábil dos discípulos de Pitt e, depois dele, o que pensava de forma mais independente entre todos os ministros, talvez porque escapara à educação de Westminster ou Eton, embora sua formação na Irlanda "tenha sido negligenciada ao máximo", usando suas próprias palavras. Considerado demasiadamente inteligente e conhecido pela alcunha de "o jesuíta", seus colegas não o apreciavam e não confiavam nele. Imprescindível por seu talento, nunca esteve por muito tempo fora do governo e, não obstante as desconfianças, chegou a primeiro-ministro em 1782, a tempo de negociar o tratado confirmando a independência americana. A antipatia que inspirava pode ter nascido do medo que tinham às suas ideias que tendiam a se tornar cínicas no tocante aos homens e progressistas em matéria de política. Votou contra a expulsão de Wilkes, favoreceu a emancipação dos católicos, o livre-comércio e até mesmo, em contraste com Burke, a Revolução Francesa, quando irrompeu.

Senhor de imensas rendas na Irlanda e na Inglaterra e um dos mais ricos latifundiários ausentes da Irlanda, ele era o único ministro, segundo Jeremy Bentham, que não temia o povo e o primeiro, conforme Disraeli, a compreender a crescente importância da classe média. Submeteu-se ao estilo nobre mandando o habilíssimo Brown construir as paisagens de sua propriedade rural, Robert Adam desenhar sua casa na cidade e Joshua Reynolds pintar-lhe o retrato – inúmeras vezes. Mas foi além: organizou enorme biblioteca contendo livros, mapas e documentos, cuja venda em leilão, após sua morte, durou 31 dias, e uma coleção de documentos históricos comprada para o país, por concessão especial do Parlamento. Tal qual Pitt e Burke, não teve dificuldade em discernir a imprudência da coação exercida sobre a América, e nenhuma hesitação em fazer advertências contrárias.

Na terceira sessão a Lei do Selo, primeiro tributo direto imposto à América, foi decretada por 249 a 49 votos, a usual maioria cinco a um, por aqueles, disse Walpole, "que menos a compreendiam...". Os profissionais, contudo, a entendiam, e bem. Essa foi "a grande medida" da sessão, louvou Whately, porque estabeleceu o "direito de o Parlamento lançar imposto interno sobre as colônias". Um colega seu, Edward Sedgewick, subsecretário de Estado, compreendeu que tudo acontecera de modo deliberado em face das fortes resoluções das assembleias americanas e, assim, "pensou-se em estabelecer o direito por uma nova aplicação".

Os americanos reagiram extensa e firmemente. Devido ao fato de a lei exigir selos não apenas em matérias impressas e documentos legais e comerciais, mas em itens como papéis de navios, licenças de tabernas e até mesmo em dados e cartas de jogar, penetrava em todas as atividades, todas as classes, todas as colônias, não unicamente na Nova Inglaterra; nascendo por sobre a Lei do Açúcar, confirmava a suspeita de plano deliberado dos britânicos destinado, antes de mais nada, a minar a economia e em seguida escravizar as colônias. A Câmara Baixa da Virgínia, reunindo-se para denunciar a lei, escutou Patrick Henry aproximar-se das fronteiras da traição ao pronunciar as famosas palavras, em que lembrava Jorge III sobre o destino de César e Carlos I. Quando Boston tomou conhecimento da decisão da Virgínia, "a voz universal de todas as pessoas", escreveu Hutchinson, apoiou o decidido, na certeza de que, "se a Lei do Selo se concretizar, nós seremos escravos". Filhos da Liberdade foram criados em todas as cidades visando fomentar a resistência. Em sintonia com um movimento global para forçar os fiscais do selo a desistirem, multidões assaltaram, pilharam e arrasaram suas casas, levando a efeito marchas com efígies dos agentes pendendo de forcas. Entendendo o recado, os fiscais de Boston e Newport se demitiram em agosto e, pela altura de novembro, quando a lei passou a ter efeito, nem um único agente permanecia no posto para executá-la.

Agitadores e panfletistas mantinham acesas as paixões. Dificilmente, do Canadá à Flórida, seria encontrada uma família que não tivesse ouvido falar da lei, embora muitos nada soubessem sobre as ameaças que representava. Um fidalgo do campo, cujo criado demonstrava temor em dirigir-se certa noite escura ao celeiro, indagou-lhe: "Você tem medo do quê?" "Da Lei do Selo", respondeu o servo. Em Connecticut, três em cada quatro cidadãos estavam dispostos a desembainhar a espada, relatou Ezra Stiles, pregador e futuro presidente de Yale. Mais espantoso ainda e, para qualquer inglês que disso tomasse conhecimento, perfeitamente inqualificável, foi o acordo de nove colônias no sentido de realizar um congresso sobre a Lei do Selo em Nova York, no mês de outubro. Depois de apenas duas semanas e meia de discussões, uniram-se num petitório propondo revogação da lei e concordaram em abandonar a problemática distinção, que de forma extensa figurava em toda a disputa americana, entre taxações "externas", aceitáveis sob forma de tributos ao comércio, e taxações "internas", inaceitáveis, atingindo processos domésticos.

Acima de todas as palavras e petições o protesto efetivo se materializou no boicote conhecido como "não importação". Já em andamento na condição de resposta à Lei do Açúcar, o programa destinado a cortar drasticamente todas as compras de bens ingleses era, agora, formalmente adotado por grupos de comerciantes de Boston, Nova York e Filadélfia. O apelo voejou por todas as colônias, levado pelas mãos do vento do entusiasmo. As mulheres levavam suas rodas de fiar para a sala do tribunal ou da casa do pastor e competiam na quantidade de meadas que eram capazes de produzir para substituir a fazenda importada da Inglaterra. Fiavam fibra de linho para camisas "finíssimas, que podem ser usadas pelos melhores cavalheiros da América". No fim do ano as importações foram menores em 305 mil esterlinos, se comparadas com as do exercício anterior, por volta de 2 milhões de libras.

Qual a alternativa disponível para os britânicos? Seria, como pensavam muitos, dar representação aos americanos no Parlamento, como eles pediam, e deixar o problema dos tributos seguir seu curso. De um só golpe teria sido invalidada a resistência colonial. Embora outras razões dinâmicas estivessem atuando no conflito, nenhuma como os assuntos ligados ao dinheiro eriça tanto os ânimos, e a taxação era o tema mais vibrante para a mentalidade provincial. Eles estavam prontos para proclamar a representação como um direito, mas a verdade é que não queriam sentir o espinho na carne. O Congresso que aprovou a Lei do Selo foi unânime em concordar que isso seria "pouco prático".

Em todas as discussões sobre representação, muito se falou acerca da distância de 5 mil quilômetros em que "os mares rolam e os meses passam" entre ordem e execução. Todavia, essa distância não evitara que os americanos adquirissem fornecimentos ingleses, roupas e livros, adotando modas da Inglaterra, mandando seus filhos a escolas metropolitanas, correspondendo-se constantemente com colegas na Europa, enviando espécimes de botânica, absorvendo ideias e, de modo geral, mantendo íntimo relacionamento cultural. Não era o "vasto e imponderável oceano" que se tornava obstáculo, mas sim a crescente compreensão, nas colônias, de que elas na realidade desejavam menor interferência e normas internas próprias. Embora nem a separação e muito menos a independência fossem consideradas, muitos não desejavam conexões próximas demais, pois estremeciam ante a corrupção da sociedade britânica. John Adams acreditava que a Inglaterra atingira o mesmo estágio da república romana, "uma cidade venal, pronta para a destruição". Americanos em visita confessavam-se chocados ante a política vergonhosa, o vício, o vácuo a separar "a riqueza, a magnificência e o esplendor" dos ricos, da "miséria extrema e infortúnio dos pobres... espantosa de uma banda e lamentável de outra".

Eles viam o sistema de patronagem como algo hostil e perigoso à liberdade, pois em um governo com apoio comprado, a verdadeira liberdade política não passava de letra morta. Os ingleses eram o único povo que havia conquistado essa liberdade; a polêmica americana, nesses anos, estava impregnada do sentimento de missão da América, por ser a herdeira, de aperfeiçoar e preservar essa conquista em benefício da humanidade. Acreditava-se igualmente que eventuais membros provinciais no Parlamento viriam a ser corrompidos pela decadência inglesa e, na prática, jamais passariam de minoria desamparada com desprezível número de votos. Era claro a todos que, se as colônias ganhassem representação, não mais teriam meios de resistir ao direito do Parlamento de impor tributos. Os americanos perceberam tal coisa bem antes dos britânicos que, na realidade, nunca seriamente consideraram a vantagem que seria para eles admitir representantes coloniais.

Tratava-se, uma vez mais, do obstáculo representado pela atitude. Os ingleses não podiam conceber americanos em termos de igualdade. Deveriam grosseiros provincianos, "ovos saídos de nossos transportes (de prisioneiros)", demagogos "com maneiras semelhantes às dos índios Mohawks", acabar convidados – perguntava o *Gentleman's Magazine* – a ocupar "os mais elevados assentos em nossa comunidade?". Para o *Morning Post* os americanos eram "uma linhagem híbrida de irlandeses, escoceses e alemães fermentada com o sangue de sentenciados e párias". Mais profundo que o desdém social era o medo despertado pelos coloniais como "niveladores" de classes, cuja representação no Parlamento encorajaria as cidades e os distritos britânicos não representados a postular assentos, destruindo assim o direito de propriedade nos burgos e virando o sistema de cabeça para baixo.

Os ingleses tinham inventado a conveniente teoria da "representação virtual" para cobrir as massas a quem eram negados votos ou membros que as representassem. Cada membro da Casa, sustentavam eles, representava todo o corpo político, e não uma determinada região, e se Manchester, Devon e Cornualha não possuíam representantes, Londres, apenas seis, enquanto Devon e Birmingham tinham setenta, os primeiros poderiam consolar-se por estarem "virtualmente representados" pelos fidalgos do campo. Esses fidalgos em conjunto, carregando a maior parte do peso dos impostos sobre as propriedades, fervorosamente favoreciam a taxação das colônias por sua participação nos encargos e acreditavam, sem sombra de dúvida, na soberania parlamentar.

Uma alternativa ao conflito pensada por homens idôneos e por eles proposta baseava-se na ideia da união colonial seguida de alguma forma de federação com a Inglaterra, com representação no Parlamento imperial. Em 1754 um Plano de União esboçado para enfrentar as ameaças representadas por índios e franceses foi proposto por Benjamin Franklin com subsídios de Thomas Hutchinson no Congresso de Albany, mas ninguém o subscreveu. Durante a crise da Lei do Selo, essa mesma ideia foi revivescida por pessoas que tinham responsabilidade governamental e se preocupavam com a crescente alienação do povo no que se referia à mãe-pátria. O próprio Franklin; Thomas Pownall, ex-governador de Massachusetts, agora membro do Parlamento; Thomas Crowley, mercador *quaker* familiarizado com a vida americana, foram alguns dos que propuseram planos para racionalização do governo colonial e definitivo acerto mediante debates sobre direitos recíprocos e obrigações comuns, tudo tendente a conduzir à federação. Pownall queixou-se mais tarde, no decorrer da crise de 1775, que em vista de ninguém no governo ter prestado atenção às suas exposições, não mais participaria do assunto. Francis Bernard, que formulara plano detalhado contendo 97 proposições, enviado a lorde Halifax e outros, escutou de Halifax a informação de que "o plano era a melhor coisa da espécie que já tivera em mãos nos últimos anos" – e nunca mais soube coisa alguma a respeito.

Benjamin Franklin insistia com seus correspondentes ingleses para que reconhecessem a inevitabilidade do crescimento e desenvolvimento americanos, não produzindo leis que prejudicassem seu comércio e indústria, pois a natural expansão os lançaria à margem do processo, e procurassem, ao contrário, trabalhar no sentido de um novo mundo atlântico povoado por americanos e ingleses, ambos com iguais direitos, no qual os coloniais enriqueceriam a mãe-pátria e estenderiam seu império "em torno do mundo para assombro do universo!". Era uma visão esplêndida que o possuía desde o Plano Albany de União. "Sou de opinião ainda", escreveu anos depois em sua autobiografia, "que o Plano de União teria sido feliz medida para ambos os lados das águas se o houvessem adotado. As colônias assim unidas estariam suficientemente fortes para se defenderem; não haveria necessidade de tropas da Inglaterra; logicamente, a subsequente pretensão de taxar a América e a sangrenta contestação ocasionada teriam sido evitadas." Franklin finaliza com um suspiro: "Mas esses equívocos não são coisa nova: a história está repleta de erros cometidos por Estados e príncipes."

A revogação tornou-se tema do dia na Inglaterra quase ao mesmo tempo em que a Lei do Selo surgiu. A "não importação" esvaziou os portos; marinheiros, estivadores e operários perderam os empregos; os mercadores deixaram de ganhar dinheiro – e, então, a Inglaterra despertou para os sentimentos americanos. Durante os seis meses seguintes, a Lei do Selo se transformou em assunto de destaque nos jornais. Com a paixão existente no século XVIII pelos princípios políticos, todos os tópicos – direito do Parlamento, iniquidade de taxação sem representação, "representação virtual", taxação externa *versus* taxação interna – eram debatidos em editoriais, colunas e cartas furiosas de leitores.

Grande impacto foi causado por um panfleto publicado por Soame Jenyns, um comissário da Câmara de Comércio, que insistia em afirmar que tanto o direito de tributar como a conveniência de exercê-lo eram "assuntos de tão clara transparência" que não necessitavam defesa, se não houvessem sido contestados por argumentos desafiadores "de insolência comparável ao seu próprio absurdo". A expressão "liberdade de inglês", dizia o Sr. Jenyns com sarcasmo, vinha sendo usada ultimamente "como sinônimo de blasfêmia, traição, libelo, visivelmente impregnada de forte cerveja e licor de sidra", e a alegação americana de que as pessoas não podem ser taxadas sem consentimento "era o reverso da verdade, pois não conheço um único homem que pague impostos por espontânea vontade".

Lorde Chesterfield, que observava o ambiente tal qual Horace Walpole, a partir da periferia, tinha um modo muito pessoal de analisar a essência das coisas, em contraste com a rígida etiqueta que pregava ao seu sobrinho. O "absurdo da Lei do Selo", escreveu ele a Newcastle, revelava sua "malícia assegurando um direito que se sabe não ser possível exercer". Mesmo efetivada, escreveu ainda, a taxação representará não mais que 80 mil libras anuais (o governo calculava o limite de 60 mil), que não poderá compensar a perda para a Inglaterra de um comércio montando a mais de 1 milhão de esterlinos por ano (o montante era de 2 milhões). Verdade bem mais ríspida adveio do general Thomas Gage, comandante das forças britânicas nas colônias; em novembro relatou estar a resistência de tal forma espalhada pelas colônias que, "ou a lei por sua própria natureza cria condições para sua execução, ou apenas considerável força militar poderá consegui-la". Os cavalheiros na Inglaterra não podiam conceber a necessidade de tal *vis-à-vis* com o zé-povinho.

Ao tempo em que a Lei do Selo engendrada por Grenville gerava a crise, ele já se encontrava fora do cargo. O rei, há muito irritado e aborrecido pelo hábito que tinha Grenville de lhe propiciar longas dissertações sobre economia política, ficou furioso quando o nome de sua mãe foi eliminado, por razões políticas tortuosas, pela facção de Grenville, de uma Lei da Regência que se instalara em face da doença do monarca em 1765.* Jorge demitiu-o, infelizmente antes de encontrar alguém suficientemente versado nos conflitos decorrentes da Lei da Regência para formar o Ministério em seu lugar. Um tanto sem rumo, Jorge voltou-se para seu tio, o duque de Cumberland, pessoa de um talento que não era tipicamente hanoveriano e de considerável prestígio. O duque ofereceu o cargo de primeiro-ministro a Pitt, que obstinadamente recusou, por razões difíceis de discernir em se tratando de tão complexo e opaco personagem. Pode bem ser que já estivesse favorável à revogação e não se sentisse seguro para comandar o processo, ou não quisesse uma solução de compromisso; pode ser também que, ausente por mais de um ano dos negócios públicos, andasse a padecer dos distúrbios físicos e mentais que o atormentavam de tempos em tempos.

Os historiadores têm sugerido que, se Pitt assumisse o cargo em 1765, os acontecimentos que se desenrolaram na década seguinte teriam curso diferente, mas essa suposição dependeria de sua permanência no cargo, o que os eventos logo demonstraram que não seria possível. A intransigência de Pitt e suas exageradas demandas por liberdade de ação indubitavelmente enfraqueceram o governo durante o conflito americano. Com sua imensa popularidade, reputação e influência, seu incomparável domínio da Câmara dos

*Muito se tem escrito sobre ter-se tratado de um ataque de loucura que mais tarde o vitimaria. Visto que nenhuma outra manifestação ocorreu até o surgimento da doença mental em 1788, mais de vinte anos depois, o rei pode ser considerado saudável durante o período do conflito americano.

Comuns, era uma figura épica que havia ganhado um império, mas não podia salvá-lo.

Pitt devia sua ascensão como filho mais jovem de lorde Chesterfield, considerado "de família muito nova", à força de caráter e a seus grandes talentos. Seu avô, conhecido pelo apelido de "Diamante" Pitt, era um nababo da Companhia das Índias Orientais, de temperamento brutal e hábitos selvagens e tirânicos, que fez a fortuna da família no comércio das Índias e teve sua parcela de comando durante certo período como governador de Madras. O diamante de onde se originou a alcunha foi comprado pela Coroa da França por mais de 2 milhões de *livres*. Na Inglaterra, a família adquiriu o decadente burgo de Old Sarum, em Wiltshire, cujo assento Pitt conservou até 1735. Assumiu-o com 27 anos, sucedendo seu irmão mais velho que, tendo dissipado a fortuna, afastando com isso todos os amigos, retirou-se para o exterior em "péssimas circunstâncias" e "intermitentemente atacado de loucura", embora "não fosse internado, obrigado, porém, a um tipo de vida de extremo confinamento". A mancha de loucura no sangue, oriunda ou não do avô, apareceu também nas irmãs de Pitt, uma das quais acabou internada e as outras duas quase também.

Durante toda a sua vida Pitt sofreu de gota, que o incapacitava e o afligia desde os dias de escola em Eton. Rara nos jovens, a gota, nessa fase da vida, se evidencia de forma aguda. A dor constante é causadora da irritabilidade comum aos que dela sofrem, requerendo, no caso de Pitt, a construção de uma cadeirinha apropriada em sua carruagem que trazia, também, uma liteira.

Sua carreira política ganhou notoriedade por uma recusa muito divulgada de recebimento de comissões ou de retenção para investimentos pessoais de somas destinadas ao pagamento, quando no desempenho do cargo de pagador-chefe das Forças Armadas; ambas as formas de corrupção eram habituais na função. Como secretário de Estado durante a Guerra dos Sete Anos, dividiu o comando com o duque de Newcastle, então *premier*, porque Newcastle quis dedicar-se à sua especialidade – o manejo do patronato –, deixando a política entregue a Pitt.

Pitt foi influenciado por sua convicção de que o destino da Inglaterra era marítimo e que seus recursos poderiam prevalecer na rivalidade com a França, através da destruição do comércio francês e suas bases. Mediante apaixonada aplicação de fundos e forças nesse objetivo e infusão nos outros de suas próprias certezas íntimas, as quais certa ocasião expressou na frase: "Sei que posso salvar este país e somente eu serei capaz disso", ele recondicionou e aprimorou a Armada, recrutou ingleses para substituir os mercenários e transformou uma débil campanha em guerra nacional e vitoriosa. Louisburg, em cabo Bretão, Guadalupe, Ticonderoga, Quebec; Mindem; na Europa, triunfo naval na baía de Biscaia... uma tal série de sucessos, escreveu Horace Walpole, que "somos forçados, cada manhã, a procurar saber que nova vitória ocorreu por medo de perder notícia de uma delas". Bandeiras francesas capturadas pendiam de Saint Paul entre os brados entusiasmados das multidões. Suprimentos eram votados sem discussão. Pitt dominava seus colegas e como "grande plebeu" era o ídolo do povo, que admirava sua falta de titulação e nele sentia um legítimo representante. Esse sentimento espraiava-se longe, até a Nova Inglaterra, onde, segundo Ezra Stiles, o "idolatravam". O forte Duquesne, capturado aos franceses em 1758, foi rebatizado como forte Pitt e a aldeia em torno ganhou o nome de Pittsburgh.

Somente quando desejou levar a guerra até a Espanha, o outro poder marítimo rival, seu domínio caiu em face da resistência ao aumento de impostos necessário, e devido, também, à determinação do rei em derrubar os *whigs* de Newcastle para tomar a patronagem em suas próprias mãos. Quando Pitt demitiu-se em 1761, aplausos seguiram sua carruagem desde o palácio, as senhoras acenavam com seus lenços e a populaça, "agarrada às rodas do carro, apertava as mãos dos homens de escolta e até mesmo beijava os cavalos".

Entretanto, Pitt era demasiado vertical, demasiado arrogante, demasiado vaidoso para barganhar um cargo. Não se integrava ao sistema, não demonstrava interesse por grupos ou por cabalas. Só se interessava pela política, desde que a comandasse. Ao deixar o cargo, em 1761, disse à Câmara que não governaria enquanto seu conselho não fosse aceito. "Por ser responsável, eu dirigirei e não me sentirei responsável por coisa alguma que eu não tenha dirigido." Um membro achou que essa fora "a mais insolente declaração jamais pronunciada por um ministro", mas era típica de Pitt até a última letra. Ele pertencia à rara espécie daqueles que são incapazes de atuar associados a terceiros. "Não pertencendo a nenhum partido, eu sou e desejo ser inteiramente solitário", disse, e ainda mais rispidamente em outra ocasião: "Não posso suportar o menor gesto de comando." Talvez o toque presente nessas palavras fosse de megalomania. Pitt pode ter sofrido daquilo que em nosso tempo é denominado "mania de grandeza" ou "psicose maníaco-depressiva", mas eram coisas sem nome naquele tempo, e desconhecidas como doenças mentais.

Alto, pálido, rosto encovado, nariz de águia e olhar penetrante, ancas intumescidas pela gota, que o fazia coxear, era grande, orgulhoso, de presença imponente, sempre bem e completamente vestido em público, emperucado, suas maneiras "circunspectas e intimidativas como as de um Catão". Estava sempre como num palco, sempre envolto numa aura de artificialismo, talvez procurando conciliar o vulcão que o consumia por dentro. Seu olhar de desprezo ou indignação poderia petrificar um oponente, suas invectivas e sarcasmo eram "terríveis"; tinha a mesma *terribilità* de um Júlio II. Seu dom de oratória, num tempo em que o sucesso político dependia literalmente desse talento, deixava a todos em suspenso, embora poucos pudessem explicar o porquê. Com eloquência veemente, feroz, original, desnuda, conseguia ganhar o apoio dos independentes no Parlamento. Teatral, chegando a ser bombástico na linguagem empregada, falava com os gestos de um ator, tom empostado, empregando "frases extremamente brilhantes e arrasadoras"; seus discursos mais louvados nasciam de improvisos, embora, referindo-se a uma frase de particular efeito, tenha confessado a Shelburne que "a construíra por escrito três vezes", antes de decidir-se a empregá-la. Mesmo quando sussurrava, sua voz podia ser escutada nos assentos mais afastados; solta como grande órgão no registro máximo, enchia a Casa e reverberava nos corredores e sob as escadarias. Todos ficavam em silêncio no momento em que Pitt se erguia para falar.

Ante a recusa de Pitt, o duque de Cumberland juntou um Ministério mesclado, cujos três cargos principais foram preenchidos por conhecidos seus do turfe e do Exército, nenhum dos quais possuía experiência ministerial anterior. O chefe era jovem de alta nobreza, o marquês de Rockingham, um dos mais ricos nobres da Inglaterra, com baronias em três burgos, latifúndios na Irlanda e em Yorkshire; sendo lorde lugar-tenente em seu torrão natal, possuía pariato e títulos graciosos – cavaleiro da Jarreteira e lorde camareiro-mor – adicionados a seu status. Aos 35 anos pertencia aos novos *whigs* da jovem geração, sem experiência e indeciso quanto ao que lhe cumpria fazer. Os secretários de Estado eram o general Conway, que tinha sido ajudante de ordens do duque, e Augustus Henry Fitzroy, terceiro duque de Grafton, colega patrono do turfe como Rockingham, conhecido de Cumberland do Jockey Club. Jovem indolente de 30 anos, Grafton não demonstrava interesse em ter seu nome na história, e certamente preferia as corridas no prado ao governo, mas estava pronto a servir seu país o melhor que lhe fosse possível, por senso de *noblesse oblige*. Quando a situação social fez com que o elegessem unanimemente chanceler da Universidade de Cambridge, em 1768, o poeta Thomas Gray, autor de "Elegia numa igreja rural", a quem Grafton havia assegurado a nomeação como régio professor de história, escreveu uma ode, depois musicada, para a posse do duque. No governo Grafton foi bem menos feliz, inquieto quanto às responsabilidades que lhe cabiam e muito propenso a constantes pedidos de demissão.

Liderando os amigos do rei no Gabinete, em sua qualidade de presidente da Câmara dos Pares (*lord chancellor*), estava o padecente de gota, profano, ruidoso lorde Northington, que, embora frequentemente piorasse devido ao abuso de álcool, ocupara todos os postos do Judiciário nos últimos nove anos, e que pareceu ansioso em denunciar os efeitos do excesso de vinho do Porto ao dizer: "Soubesse eu que essas pernas carregariam um *lord chancellor*, bem que teria cuidado melhor delas quando era rapazola..." O secretário da Guerra, que aceitou o posto a pedido expresso do rei, era o visconde de Barrington, homem amável, com um irmão almirante e outro, bispo. Costumava dizer que tinha por princípio não recusar cargo algum, adepto da teoria "um golpe de fortuna acaba me transformando em papa". Permaneceu na Secretaria da Guerra, ainda esperando o papado, pelos 13 anos seguintes, uma das mais longas permanências do período. A desunião permissível dentro de um Gabinete pode ser ilustrada pelo fato de que ele tornou condição *sine qua non* para aceitar o cargo o direito de votar contra o Ministério tanto no tocante à Lei do Selo quanto no caso dos mandados de busca.

Dividido e fraco, o novo Ministério mergulhou de cabeça na crise da Lei do Selo, perdendo Cumberland, por morte, após somente quatro meses de formado, o que deixou Rockingham desamparado e sem direção. Tentou recrutar Pitt, sem êxito, e quando repetidamente perguntou-se o que deveria fazer quanto à revogação, Pitt não se dignou responder-lhe. Sofrendo de algumas enfermidades, manteve-se afastado durante o ano de 1765.

A "não importação" estava devastando a economia, inquietando mercadores e operários. Artigos alarmantes surgiam na imprensa, inspirados, muitas vezes, em uma campanha pró-revogação organizada por comerciantes; falavam amiúde de fábricas fechando as portas e exércitos de desempregados preparando-se para marchar sobre Londres visando obter a revogação mediante ameaças à Câmara dos Comuns. Os mercadores de Londres formaram um comitê que passou a escrever aos seus colegas em trinta cidades industriais e portuárias, urgindo-os a peticionar ao Parlamento a medida de revogação. O governo encontrava-se espremido entre os "Homens do Selo" e os "Homens contra o Selo", com Rockingham, Grafton, Conway e o duque de Newcastle a favor da revogação contra aqueles que desejavam a demonstração de soberania e arguiam que a revogação destruiria a autoridade da Inglaterra e daria às colônias ímpeto na direção da completa independência. Abertamente às turras com a facção de Rockingham, lorde Northington anunciou que não mais compareceria às reuniões do Gabinete, mas em vez de renunciar, permaneceu trabalhando, pela intriga, para a derrubada do governo.

Embora ele próprio não possuísse opiniões muito firmes, Rockingham adquirira posição política mediante transferência vinda de seu secretário, Edmund Burke. Ele estava cônscio de que a reação violenta dos americanos indicava que as tentativas de pôr em execução a lei seriam improdutivas, que seria um mau negócio para a Inglaterra perder seu comércio colonial devido à má-vontade suscitada, e que, se a harmonia pudesse ser restaurada pela revogação, tanto melhor. Através da conciliação, dizia Burke, os dois princípios dos *whigs*, liberdade dos súditos e soberania do Parlamento, poderiam ser reconciliados.

Com a maioria determinada a propiciar uma lição às colônias e ávida por reduzir os próprios tributos sobre as terras graças à renda proveniente da América, a esperança de fazer com que o Parlamento votasse pela revogação era mínima. Grenville vociferava a respeito dos "ultrajantes tumultos e insurreições" na América do Norte, e lorde Northington declarou que "anular a lei" através de revogação significaria para a Inglaterra "ser conquistada pela América, tornando-se província de suas próprias colônias". Esforços para obter uma opinião de Pitt durante o recesso do Natal não prosperaram e, quando o Parlamento tornou a se reunir, em 14 de janeiro de 1766, Rockingham, tentando manter o governo já enfraquecido pela dissensão, estava incerto sobre o que fazer.

Pitt apareceu. Os assentos fervilhavam. Ele lhes disse que o assunto que tinham em mãos "era o de maior importância já trazido a esta Casa em qualquer tempo" desde que suas próprias liberdades estiveram em jogo na revolução do século anterior, e que "o resultado virá decidir o julgamento da posteridade sobre a glória deste reino e a sabedoria do governo durante o atual reinado". Tributação "não era parte integrante do poder governativo ou legislativo"; era "um dom voluntário" das assembleias representativas. A ideia de "virtual representação da América nesta Casa é a mais absurda das que jamais entraram na cabeça de um ser humano e não merece refutação séria". Referindo-se a observações de Grenville denunciando aqueles que na Inglaterra tinham encorajado a resistência americana, ele aduziu: "Rejubilo me de que a América tenha resistido. Três milhões de pessoas, tão mortas a todos os sentimentos de liberdade, a ponto de voluntariamente submeterem-se à escravidão, seriam instrumentos seguros para transformar os demais em escravos também." Um dos membros presentes aparteou o orador gritando que ele deveria ser aprisionado na Torre, produzindo, de acordo com uma testemunha, "tamanhos aplausos como jamais escutei aqui". Abalado mas não atemorizado, Pitt prosseguiu, dizendo que a Lei do Selo deveria ser revogada "absolutamente, totalmente, imediatamente", acompanhada, ao mesmo tempo, por uma declaração de soberania "sobre as colônias... tão enérgica quanto possível, extensiva a qualquer ponto da legislação em vigor – dizendo-lhes que nós controlaremos seu comércio, confinaremos suas manufaturas e exerceremos todos os poderes, sejam quais forem, exceto o de lhes tirar o dinheiro dos bolsos sem seu consentimento".

Havia, nesse ponto, hábil obscurecimento, sutil tessitura de enganos. Não seria o controle comercial através de tributos aduaneiros uma forma de lhes tirar dinheiro dos bolsos sem seu consentimento? Se o Parlamento possuía supremo poder legislativo, de que maneira o direito de taxação não faria "parte desse poder soberano"? Grenville, pondo à evidência esses tópicos, recusou-se a aceitar a distinção entre tributação externa e interna. Pitt era convicto mercantilista e sua resposta foi inequívoca: "Deixemos isso definitivamente assente: tributação a eles pertence, regulamentação comercial é coisa nossa." Essa distinção deixou os demais pouco convencidos. "Caso você tenha compreendido a diferença", escreveu lorde George Germain a um amigo, "conseguiu mais do que eu, mas lhe asseguro que, ao ouvi-lo, ele me pareceu muito sutil pondo em campo tais ideias..."

Foi o suficiente para Rockingham: ele tinha seu sinal. Uma declaração de soberania ao que tudo indicava satisfaria a demanda por afirmação; foi imediatamente produzida e posta a correr juntamente com o ato de revogação. O taciturno consentimento do rei ficou assegurado no momento em que compreendeu ser preciso escolher entre revogação ou cobrança pela força armada, requerendo, para tanto, poderio militar adicional, significando emprego de fundos cada vez mais escassos. A Casa voltou aos debates. Na Câmara dos Lordes, o duque de Bedford, líder da facção de Grenville, insistia em que a Lei do Selo, "se sofrer remoção, põe um ponto final ao Império Britânico na América". Rockingham, entretanto, encontrara aliados. Encorajou a campanha dos comerciantes para que mudasse sua ênfase de "direitos" discutíveis para consequências econômicas. Prefeitos do interior e cidadãos respeitáveis de 35 cidades chegavam a cada dia apresentando petições oriundas de seus burgos e favoráveis à revogação. Foram apresentadas cartas de mercadores americanos a capitães de navios cancelando encomendas. Mais de cem comerciantes reuniram-se em Londres para exercer silenciosa pressão com sua presença na galeria dos visitantes. Vinte correios estavam à espera, prontos a galopar com as notícias da votação.

Quarenta testemunhas, incluindo agentes coloniais, mercadores e americanos em visita, foram convidadas a depor sobre a "não importação". Entre elas, Benjamin Franklin, em sua famosa inquirição de fevereiro de 1766, disse firmemente à Casa que os americanos jamais pagariam o imposto do Selo, "a menos que compelidos pela força das armas", e a força das armas seria inútil "pois ninguém pode obrigar um homem a adquirir selos de que não necessita. Os soldados não encontrariam rebelião: na verdade, podem acabar criando uma". Essas palavras bem serviriam de epitáfio para a Grã-Bretanha nessa década pois, ao tempo em que Franklin falava, "a avassaladora maioria" de seus compatriotas, como escreveu um historiador inglês, "jamais contemplara a possibilidade de cortar o fio umbilical com a mãe-pátria".

O dilema era crucial. Manter a lei seria assegurar, disse uma testemunha, duradouro ressentimento, até mesmo "total alienação" nas colônias, enquanto que a revogação corresponderia à perda de autoridade na América. Horace Walpole em suas memórias, escritas dois anos mais tarde, acrescentou outro raciocínio perturbador: a coação, além de "arriscar aumento no sentimento de rebeldia", poderia ser a causa de a América "jogar-se nos braços da França ou da Espanha". Por outro lado, a revogação de uma lei de receitas "abriria precedente da mais grave complexidade".

O Ato Declaratório estabelecendo que "o Parlamento da Grã-Bretanha teve, tem e por direito terá pleno poder e autoridade para fazer leis e estatutos com força suficiente e validade sobre as colônias e o povo da América, em todos os casos, sejam quais forem", obteve aprovação unânime nos comuns e os votos dos lordes, menos cinco deles, entre os quais de forma um tanto curiosa se incluía lorde Cornwallis. Outro era lorde Camden, anteriormente presidente Pratt, da Suprema Corte, único ministro a pronunciar-se contra o Ato Declaratório, insistindo em que o núcleo da objeção residia no princípio de que tributar sem representação era ilegal, e "há certas coisas que não podemos fazer". O fato de o ato não mencionar o problema da taxação, ponto básico da disputa, foi questionado pelo procurador-geral, Charles Yorke, que pretendeu incluir a expressão "nos casos de tributos", mas acabou vencido pelo raciocínio de que, "em todos os casos, sejam quais forem" cobria todas as necessidades. Tudo isso satisfez bastante os membros, tornando possível a vitória da revogação. Todavia, embora conveniente, o Ato Declaratório tornava-se temerário por prender o Parlamento a uma posição regulamentar impeditiva de compromisso. Tornou-se pesadelo para muitos que nele haviam votado quando, na década seguinte, o partido de Rockingham tentou evitar a guerra. Para o momento, servia perfeitamente. A revogação venceu sobre 167 abstenções. Os lordes ainda resistiram e somente deram anuência depois que o rei foi induzido a manifestar-se a favor da revogação.

A coisa estava feita. A face do general Conway rebrilhava, escreveu Burke, "como se fosse o rosto de um anjo". Os mensageiros galoparam para levar a boa-nova, sinos badalaram em Bristol, capitães de navios hastearam suas bandeiras e deram tiros de saudação, hurras ressoaram nos portos, e quando a notícia chegou à América, a alegria foi imensa. John Hancock, também dono de navio, ofereceu bela festa com vinho Madeira e fogos, milícias desfilaram ao som de tambores e clarins, as tabernas ficaram lotadas com os que celebravam, houve bailes de gala, ofereceram leais agradecimentos em brindes ao rei e ao Parlamento e pregadores produziram quinhentos sermões de ação de graças por toda a Nova Inglaterra. Ordens de compra de mercadorias inglesas foram expedidas e os rústicos tecidos caseiros doados aos mais pobres. Oito meses depois, John Adams escreveu que o povo agora "estava tão quieto e submisso ao governo como qualquer outro debaixo do sol"; a revogação "tinha amansado todas as ondas da revolta popular".

Como classificar a Lei do Selo e sua revogação? Embora forjada em face das informações que asseguravam a existência de problemas, a política por trás da lei não era, ainda, insensatez clássica no sentido de atos fúteis conduzidos de forma persistente para fins contraproducentes. Era natural o desejo de renda procedente das colônias, e as tentativas para obtê-la, válidas. A revogação aproximou-se da insensatez pela falta de alternativa. Não foi providência auspiciosa porque os americanos, por mais alegres que se mostrassem, não deixariam de chegar à conclusão de que a supremacia parlamentar era vulnerável aos levantes, agitações e boicotes. Contudo, a maioria, ao tempo, excetuados os ativistas, jamais cogitara rebelião ou separação, e se nenhuma provocação britânica se tivesse seguido, a guerra nunca teria chegado ao parque de Lexington.

III. INSENSATEZ A TODA BRIDA: 1766-72

Após equívoco tão absoluto a ponto de requerer revogação, os engenheiros da política britânica bem poderiam ter feito uma pausa para reconsiderar seu relacionamento com as colônias, indagando a si mesmos que curso deveriam seguir caso desejassem assegurar, por um lado, benéfica obediência e, por outro, indisputada soberania. Muitos ingleses fora do governo consideravam esse problema, e Pitt e Shelburne, que logo retornariam ao poder, assumiram suas funções preocupados em acalmar suspeitas e restaurar a equanimidade nas colônias. O destino, como veremos, interferiu.

A política não foi reconsiderada porque o grupo governante não tinha o hábito salutar de consultas mútuas, tendo o rei sobre suas cabeças e estando sempre às turras uns com os outros. Não lhes ocorreu a necessidade de prudência quanto a medidas provocativas, por tempo suficiente, que permitisse às colônias readquirir confiança no respeito britânico por seus direitos, silenciando também os agitadores. A reação tumultuosa à Lei do Selo apenas confirmou a crença dos ingleses de que as colônias, seduzidas por "homens malignos e ardilosos" (como consta de uma resolução da Câmara dos Comuns), inclinavam-se à rebelião. Confrontados por ameaça, ou o que lhes parece ameaça, os governos habitualmente buscam esmagá-la e só raramente a examinam, compreendem e definem.

Nova provocação surgiu com a edição anual do Ato de Aquartelamento de 1766, destinado ao alojamento, abastecimento e disciplina das forças britânicas. Continha uma cláusula que exigia das assembleias coloniais providenciar quartéis e suprimentos tais como velas, combustível, vinagre, cerveja e sal para os soldados. Não seriam necessárias demasiadas lucubrações para que o Parlamento compreendesse que essas exigências seriam recebidas como nova taxação interna, o que imediatamente aconteceu em Nova York, onde a maioria das tropas se encontrava estacionada. Os colonos sentiram que logo a seguir seriam solicitados a pagar todas as despesas do Exército na América mediante simples "ditado" do Parlamento. A Assembleia de Nova York recusou-se a aprovar os fundos requeridos, causando ira na Inglaterra ante a nova evidência de rebeldia e ingratidão. "Se nós um dia perdermos a superintendência das colônias esta nação estará destruída", declarou Charles Townshend em meio a tempestuosos aplausos na Câmara. O Parlamento respondeu com o Ato Suspensivo de Nova York, que tornava ineficazes e nulos os decretos da assembleia até que ela votasse os fundos. A mãe-pátria e as colônias engalfinhavam-se em nova querela.

Um cataclismo político ocorria por essa altura visto que o rei, tendo encontrado motivos para brigar com Rockingham, obedeceu às injunções da Providência "para que demitisse seu Ministério". Negociações imensamente complicadas caíram no colo de Pitt, à cabeça de um Ministério malformado, enquanto a facção Rockingham, insultada, ingressava na oposição. O novo governo continha mais opiniões e caracteres discordantes do que se tornara usual porque

Pitt, em posição de barganhar por seus termos e determinado a exercer comando desagrilhoado, deliberadamente misturou um grupo para ser dominado sem os perigos das "conexões". O custo financeiro foi alto, pois os "donos" dos cargos exigiram gordas pensões a fim de ceder vagas aos sucessores.

Por um lado, Shelburne era secretário de Estado, com responsabilidade pelas colônias. Mantidos Grafton e Conway, coube a lorde Camden, do círculo de Pitt, o cargo de *lord chancellor*. Por outro lado, o agente do rei, lorde Northington, foi nomeado lorde-presidente do Conselho. Encontrou-se um lugar para o irmão de lorde Bute. O imprevisível Charles Townshend tornou-se ministro da Fazenda e o conde de Hillsborough, que era tão hostil às colônias, ao contrário de Shelburne, acabou presidente da Câmara de Comércio. Hillsborough era um composto de "presunção, teimosia e paixão", de acordo com Benjamin Franklin, a quem o conde havia tratado rudemente. As disparidades privadas desse grupo, mais patentes na época do que hoje, inspiraram o elaborado sarcasmo de Burke a respeito de "um pavimento de mosaicos diversificados; um vestíbulo marchetado... aqui algumas lajotas negras, acolá, outras, brancas...". Burke era, obviamente, um amargurado seguidor de Rockingham.

O que abriu caminho à insensatez não foi esse mosaico, mas o colapso de Pitt. Com efeito catastrófico para sua popularidade, ele aceitou um pariato e deixou a Câmara dos Comuns entrando na dos Lordes, como conde de Chatham. Sua decisão deveu-se, em parte, ao desejo de evitar, em face da saúde periclitante, a tarefa adicional ao cargo de primeiro-ministro representada pela liderança na Câmara dos Comuns. O público, entretanto, reagiu como se Jesus Cristo tivesse confraternizado com os mercadores do templo. Celebrações relacionadas com a volta do herói ao poder foram canceladas, bandeiras retiradas do Guildhall, panfletos e diatribes eriçaram-se em insultos. O "grande plebeu" surgia na condição de um líder que abandonara seu povo, vendendo-se à corte por algumas honrarias.

Na Câmara dos Lordes, de menor e bem mais gélido auditório, o novo conde viu diminuído seu mágico fascínio oratório e perdeu a base costumeira na Câmara com maior número de membros. A gota o atacou severamente; tornou-se irritadiço e sombrio, passando a tratar os colegas de forma rude, tirânica. "Uma linguagem como a de lorde Chatham", disse o general Conway, "jamais foi escutada a oeste de Constantinopla." Padecendo de dores crônicas, ferido pela condenação pública, com o sentimento de grandeza perdida, além de frustrado pela reviravolta negativa dos eventos na América, mergulhou em depressão; atendia às reuniões do Gabinete, permanecendo inacessível, embora não se furtasse de exprimir, numa carta reveladora, a ira de que estava possuído no que respeitava "ao espírito de enfatuamento que tomara conta de Nova York... Essa mania de desobediência é que justamente irá fermentar por aqui... A Lei do Selo assustou um povo irritável e melindroso, fazendo com que perca a cabeça".

Sem o seu amo, o governo marchetado ingressou na desordem. "Contínuas cabalas, facções e intrigas entre os que estão dentro e os que estão fora", confidenciou Benjamin Franklin, "mantêm tudo em confusão." O duque de Grafton, que debaixo de muitos lamentos aceitara o Tesouro, cargo para o qual se julgava incompetente, fazendo-o apenas para livrar Pitt de tarefas administrativas, aos 32 anos de idade viu-se forçado a assumir a chefia em exercício. Sentindo-se mais do que nunca despreparado, ele ia a Londres "apenas uma vez por semana ou por quinzena, a fim de assinar os papéis do Tesouro e mais raramente ainda avistava-se com o rei". Negligenciou o conselho do Gabinete para assistir a corridas de cavalos em Newmarket ou recepcionar a sociedade em sua enorme mansão rural. A nau do Estado fora deixada praticamente sem piloto. Lorde Shelburne, que havia começado a trabalhar através de agentes coloniais buscando restaurar a boa vontade americana, brigou com seus colegas. Lorde Camden, afora os assuntos legais, era diletante em matéria política e não conseguia falar audivelmente. Ninguém ali era capaz de refrear o mais brilhante e irresponsável membro do Gabinete, Charles Townshend.

"Delícia e ornamento da Câmara dos Comuns e encanto de toda a sociedade", de acordo com Burke, Townshend podia improvisar um belíssimo discurso mesmo quando embriagado; possuía inteligência e capacidade que talvez o tornassem "o maior homem de sua época", segundo Horace Walpole, caso suas falhas fossem ao menos moderadas. Mas não eram. Arrogante, leviano, inescrupuloso e indigno de confiança, costumava dar voltas de 180 graus desde que as conveniências pessoais de momento o impulsionassem. "Charles Townshend causará menores danos no Ministério da Guerra ou no Tesouro?", perguntou certa vez o duque de Newcastle ao cogitar seu nome para o governo. Desejado por seus talentos, ele ocupara diversos cargos na Câmara de Comércio, no Almirantado e no Ministério da Guerra, entremeados por demissões e recusas em servir. "Não estuda coisa alguma com profundidade ou atenção", escreveu Walpole, "mas seu cérebro abraça todo tipo de conhecimento com tamanha rapidez que parece criá-lo em vez de procurar por ele", e com argúcia tal "a ponto de dar a impressão de que pensar seria pura perda de tempo". O deslumbramento desses talentos ofuscava sua falta de substância, como sugeriu David Hume na frase: "Ele passa por ser o sujeito mais perspicaz da Inglaterra."

A falha característica de Townshend estava em sua "imoderada paixão pela fama", o que poderia ter algo a ver com sua condição de filho mais jovem e possivelmente com a conduta notoriamente escandalosa de seus pais, que viviam separados. O pai, dissoluto e excêntrico terceiro visconde Townshend, era nas palavras de Walpole a um amigo, "o maior dos loucos entre os seus conterrâneos". O filho vivia sujeito a desmaios ocasionais, que hoje acreditamos de natureza epilética, descritos com palavras *en passant* por Walpole: "Ele cai num ataque, ressuscita, troveja a seguir no Capitólio..." Seguindo a trilha de Pitt, sem o senso de direção deste, Townshend estava determinado a "*não* ter partido, *não* seguir líder algum, seguir apenas meu próprio julgamento". Julgamento era, infelizmente, sua mais fraca faculdade.

Quando na Câmara de Comércio, onde seus muitos anos de serviço o recomendavam aos demais como sendo entendido em assuntos americanos, ele fora o primeiro – em 1763 – a propor o aumento da arrecadação nas colônias para custear sua defesa e também o pagamento de salários fixos aos funcionários e juízes lotados além-Atlântico, deixando-os "libertos dos critérios de qualquer assembleia". Isso se constituía no bicho-papão das colônias, considerado passo indisfarçável em direção ao corte dos seus direitos.

Townshend revivia agora ambas as ideias, descuidadamente, quase sem planejamento. Quando apresentou seu orçamento, em janeiro de 1767, consignando a continuação do imposto territorial à base de 4 xelins, produziu grande onda de descontentamento entre os membros do interior. Sempre em busca de popularidade, disse que a taxa poderia regredir a menos 1 xelim se o governo não estivesse obrigado a gastar mais de 400 mil esterlinos com a administração colonial. Ao escutá-lo, Grenville em nada mudado com o destino de sua Lei do Selo, imediatamente sugeriu que o orçamento poderia ser diminuído caso as colônias pagassem a maior parte de sua defesa e administração. Como se dissesse "não há problema", Townshend, para espanto de seus colegas do Ministério, lepidamente "comprometeu-se a encontrar receitas suficientes na América, destinadas aos propósitos sob análise". Assegurou à Câmara que poderia fazê-lo "sem ofensa" aos americanos, significando, com isso, tributos externos, dizendo, ao mesmo tempo, que a distinção entre internos e externos "era ridícula na opinião de todas as pessoas, exceto em se tratando de americanos...". A essa altura os próprios americanos já haviam rejeitado tal distinção, no congresso sobre a Lei do Selo e em discursos públicos, mas a opinião americana não era um fator que Townshend se dignasse levar em conta.

Considerando a possibilidade de abrandar seus próprios impostos, a Câmara acolheu com júbilo as garantias de Townshend, de forma mais fácil ainda porque tinha ficado impressionada com o testemunho curiosamente complacente de Benjamin Franklin durante as inquirições da Lei do Selo, quando disse que as colônias não objetariam à tributação externa, ainda que se tratasse de receitas. Instigados pelos Rockingham, Bedford e outros representantes descartados da direita* – pois eles desejavam embaraçar o governo –, os membros do interior

*A expressão "da direita" é um anacronismo, não se encontrava em uso nessa época, mas porque traz exatas conotações ao leitor, decidi empregá-la, embora com alguns pruridos de consciência.

aprovaram uma moção reduzindo o imposto territorial de 4 para 3 xelins, retirando do governo cerca de 500 mil esterlinos anuais e assim forçando o ministro da Fazenda a cumprir sua promessa.

Sem consultar os colegas de Gabinete e sem lhes fornecer qualquer notícia de suas intenções, Townshend propôs uma série de tributos aduaneiros sobre importações americanas de vidro, tintas, chumbo, papel, todos os tipos de chás, com o declarado propósito não de controlar o comércio, mas sim de elevar as receitas. O retorno esperado, de acordo com seus próprios cálculos, seria de 20 mil libras no tocante aos chás e menos de 20 mil no restante, ou seja 40 mil esterlinos, montante igual a um décimo do custo administrativo do governo colonial e menos de um décimo do total da perda representada pela redução dos impostos territoriais. Por essa bagatela, que pouco reduziria e muito possivelmente viria aumentar o deficit nacional, pelo custo maior representado na cobrança difícil e improvável, Townshend estava disposto a esmagar o pretendido pela revogação da Lei do Selo. Como ocorre com a maioria das políticas insensatas, o interesse pessoal paralisou o interesse preponderante do Estado. Na ausência de Chatham, Towshend viu a estrada aberta para tornar-se primeiro-ministro e dessa forma aumentar seu prestígio na Câmara dos Comuns, "templo escolhido" da fama, segundo disse Burke.

A proposta parece ter estarrecido seus colegas no sentido literal, tornando-os mudos. Embora a elevação de receitas das colônias, admitiu Grafton, fosse "contrária à conhecida decisão de cada membro do Gabinete" e a providência unilateral do ministro fosse "de tal ordem que a ela, estou certo, Gabinete nenhum se submeterá", o Gabinete, na realidade, submeteu-se. Quando Townshend ameaçou demitir-se a menos que lhe fosse permitido levar avante seu propósito, o Gabinete, acreditando que sua partida derrubaria o governo, docilmente aquiesceu. Como sempre acontecera antes, permanecer no cargo era o pensamento principal.

O Parlamento entregou-se a um estado de espírito em que parecia feliz por propiciar outra lição aos americanos, não obstante a última haver apresentado efeito de bumerangue. Em maio de 1767, a Lei sobre Receitas incorporando os Tributos Townshend passou por ambas as casas facilmente, sem qualquer divisão, isto é, tornando desnecessária a contagem de votos. Como se estivesse tentando mostrar-se deliberadamente provocativo, Townshend subestimava a fobia americana ao anunciar, no preâmbulo da lei, a pretensão de aumentar as rendas a fim de ajudar no custo da defesa das colônias "e para diminuir o montante das despesas com a administração da justiça e cobrir os gastos da Casa Real". Sem tal declaração talvez seus impostos não tivessem criado tamanha tempestade. A insensatez levantava as velas.

Como pudera acontecer tal coisa? Townshend, pessoalmente, não passava de um vaidoso em busca de engrandecimento; a real responsabilidade era do governo e do Parlamento. A desculpa do duque de Grafton, inscrita em suas memórias, quanto a somente Chatham possuir poderes para demitir Townshend e que "nenhuma outra coisa poderia deter as medidas", é frágil. Um Gabinete unido, possuindo algum senso de responsabilidade em relação à tarefa de governar, poderia simplesmente ter aceito a demissão com que o ministro os ameaçara, tentando sobreviver após isso. O Parlamento da Inglaterra, a mais antiga assembleia representativa da Europa em termos de experiência nacional, deveria ter pensado sobre as consequências do que estava a desencadear antes de entregar-se inteiramente à decretação. Até mesmo a facção Rockingham não elevou a voz para deter a medida. "Os amigos da América são muito poucos", escreveu Charles Garth, agente da Carolina do Sul, "para tomar parte numa luta contra o ministro da Fazenda." Artigos irados na imprensa e panfletos indignados exigiam que as colônias ingratas fossem forçadas a reconhecer a soberania britânica. Em vez de conciliar a América, governo e Parlamento mostravam-se ansiosos em dar-lhe uma cotovelada. Os Impostos Townshend eram feitos sob medida para isso.

Seu autor não viveu o suficiente para ver o destino da medida. Contraiu, naquele verão, o que se denominava "uma febre"; após inúmeras falsas melhorias, o inconstante carreirista veio a falecer em setembro de 1767, aos 42 anos de idade. "O pobre Charles Townshend estabilizou-se, afinal", comentou um de seus colegas.

Durante esses acontecimentos o grande Chatham encontrava-se fora de alcance. O perturbado duque de Grafton continuou tentando vê-lo para uma consulta de apenas meia hora ou dez minutos, e o próprio rei endossava seus pedidos através de cartas sobre cartas, propondo-se até a visitar o doente pessoalmente. As respostas vinham de lady Chatham, esposa do grande homem e bênção de sua existência torturada, que se recusava a conceder as entrevistas pedidas em vista da "total incapacidade... aumento dos padecimentos... indizíveis sofrimentos". Os colegas pensavam que ele se fingia de doente, mas quando Grafton, afinal, depois de pressões insistentes, foi admitido numa visita de poucos minutos, encontrou um homem destruído, "nervos e espírito afetados de forma espantosa... a grande mente em frangalhos, enfraquecida pela desordem".

Isolado em Pynsent, Chatham, entregue a manias mórbidas, ordenou ao jardineiro que cobrisse as colinas nuas em volta da casa com sempre-vivas. Quando informado de que "todas as hortas do país não conseguiriam fornecer um décimo das mudas necessárias", assim mesmo ordenou que as trouxessem de Londres, de onde acabaram chegando, transportadas por carroças. Pynsent era uma propriedade rural herdada por Pitt de seu irascível proprietário, um parente de lorde North que ficara tão enraivecido com o voto de North favorável ao imposto sobre a sidra que havia feito testamento deixando sua herança ao herói nacional, depois de queimar a efígie do parente. Para ocupá-la, Pitt vendera a própria herança de Hayes, onde gastara grandes somas adquirindo as propriedades adjacentes "a fim de livrar-se da vizinhança". Tomado por compulsivo desejo de recuperar Hayes, não se aquietou até que a esposa, forçada a pedir o empenho dos irmãos, com quem ele havia entrado em disputa, conseguiu persuadir o novo proprietário a vendê-la de volta.

Da mesma forma infeliz em Hayes, no torniquete desesperante da gota, Chatham não podia suportar qualquer contato. Recusava-se a ver ou comunicar-se com qualquer um, não suportava os próprios filhos dentro de casa, não dirigia a palavra aos criados, algumas vezes não falava com a própria esposa. Os alimentos deviam estar sempre aquecidos, para serem levados em horas irregulares, ao toque de sua sineta. A ira lhe irrompia ao mínimo deslize. Durante vários dias, em certa ocassião, sentou-se diante da janela olhando o vazio. Nenhum visitante era admitido; lorde Camden, sabedor de seu estado, disse: "Então está louco." Outros aludiam a "gota na cabeça".

A gota, nesses dias de dietas e bebidas pesadas, desempenhou papel importante no destino das nações. Foi causa da abdicação de Carlos V, imperador à época dos papas da Renascença. Um médico de renome nos tempos de Chatham, o doutor William Cadogan, afirmava que a doença era devida a três fatores: "indolência, intemperança e aborrecimentos". Atualmente, sabe-se que advém de excessiva produção de ácido úrico no sangue, o qual, não absorvido, causa inflamação e dor, e que uma vida ativa e frugal é o melhor preventivo e, em alguns casos, a possível cura. Exercícios físicos e dieta vegetariana como remédios já eram conhecidos, mas a teoria dos contrários, um dos piores preceitos da medicina no século XVIII, merecia a preferência do médico de Chatham, o doutor Addington. Especialista em demência, "doutor de loucos", ele buscava induzir violento ataque de gota baseado na hipótese de que isso expulsaria a desordem mental. Em consequência, prescrevia dois copos de vinho branco e dois cálices do Porto diariamente, duplicando as doses de seus pacientes, com Madeira e Porto em outros intervalos. O doente deveria continuar comendo carne e fazendo abstenção de exercícios físicos ao ar livre, com o resultado óbvio de tornar-se pior a aflição. Chatham não tomou parte no governo de 1767 a 1768. O fato de haver sobrevivido a tudo sob o tratamento do doutor Addington com seu regime, conseguindo, inclusive, recuperar a sanidade, representa um dos ocasionais triunfos do homem sobre a medicina.

Embora algumas vezes ligados à gota, provavelmente devido à dor, não era raro constatar-se casos de loucura entre a classe governante do século XVIII. Duas figuras centrais da crise americana, Chatham durante e Jorge III depois, apresentavam sintomas de distúrbio mental, e na América, James Otis, que estivera atuando vigorosamente por algum tempo, tornou-se definitivamente insano em 1768. O sobrinho de Walpole, o conde de Oxford, de quem ele herdaria o título, era intermitentemente vítima da loucura, assim como os dois irmãos de lorde George Germain, um dos quais, herdeiro do condado de Sackville, cortou todas as árvores de Knole e foi declarado mentalmente incapaz pela família, tendo finalmente morrido "durante um ataque". O outro, lorde John Sackville, vítima de melancolia, levou a vida percorrendo a Europa, em pobreza solitária, "lutando contra a loucura". A duquesa de Queensberry, "muito inteligente, em extremo extravagante, não aparentava loucura, propriamente". O poeta William Cowper, já ficou dito, era insano, o mesmo ocorrendo com o poeta menor Christopher Smart, a quem o doutor Johnson visitou em Bedlam. Lorde George Gordon, que liderou as rebeliões Gordon de 1780, foi considerado louco. Embora os casos mencionados de forma casual nas diversas memórias não representem alta incidência, sugerem a existência de outros, não comentados. À base de tais evidências, não podemos afirmar algo definitivo sobre a loucura na classe governante, cabendo dizer, apenas, que se Chatham tivesse conservado a saúde, a história da América teria sido diferente.

Os Impostos Townshend encontraram reação morosa na América. Muitos cidadãos, assustados com a ação das massas contra vidas e propriedades durante a crise da Lei do Selo, começaram a temer os movimentos "patrióticos", vistos como vanguarda do "nivelamento" das classes. Eles não pareciam ansiosos em provocar um rompimento com a Inglaterra. A Assembleia de Nova York, em vez de aceitar a suspensão, sobriamente admitiu a Lei sobre Aquartelamento. As fricções, entretanto, desenvolveram-se desde logo devido aos problemas criados pelos agentes da nova Diretoria Alfandegária Americana, nascida com a lei Townshend para administrar os tributos dela advindos. Ao mesmo tempo, mandados de assistência, que permitiam buscas nas propriedades, tinham sido legalizados. Ávidos por fazer fortuna com as penalidades que pudessem impor, os agentes alfandegários demonstraram zelo feroz, detendo e inspecionando tudo que pudesse flutuar, abordando navios em todos os portos e em todas as águas interiores, até mesmo barcos dos camponeses que transportavam galinhas de suas granjas.

Enquanto a ira crescia, a América subitamente encontrou uma voz para defender sua causa, por todos escutada. Eram as *Cartas dos fazendeiros*, que começaram a surgir em dezembro de 1767 no *Chronicle* da Pensilvânia, escritas por John Dickinson, advogado da Filadélfia, originário de próspera família rural e futuro delegado no Congresso Continental. As cartas apresentavam o caso das colônias de forma tão convincente que integraram os escritos capazes de persuadir e levar pessoas à ação. Os jornais das colônias reproduziam esses artigos, e o governador Bernard, de Massachusetts, enviou uma coleção completa ao agente Richard Jackson em Londres, advertindo que, a menos que fossem refutados, eles acabariam se transformando numa espécie de "Carta de Direitos do povo americano".

O tema de Dickinson baseava-se na necessidade de união entre as colônias para protestar contra o Ato Suspensivo de Nova York, que denominava "apavorante ataque", e a Lei sobre Receitas. Ele assegurava serem inconstitucionais quaisquer tributos destinados a produzir rendas e que não havia diferença entre os Impostos Townshend e a Lei do Selo. As colônias não deviam contribuições destinadas a custear o governo visto que a Inglaterra já obtinha grandes lucros através do controle de seu comércio. Aplicar impostos para pagar as despesas da casa real e os salários dos juízes era o "pior dos golpes", absolutamente destrutivo em termos de controles locais, potencialmente reduzindo as colônias ao status da pobre Irlanda. O ângulo mais debatido na tese de Dickinson estava baseado na sugestão de que o fato de os tributos serem tão modestos tinha a ver com o projeto britânico de impô-los de maneira sutil, estabelecendo, assim, o precedente de futuras taxações. Em consequência, isso deveria ser combatido desde o nascedouro.

Os leitores prepararam-se para agir, embora os argumentos de Dickinson dessem motivos bem mais racionais à política de Townshend do que os efetivamente havidos. Os americanos tinham a tendência a ver planos conscientes de subjugação em cada providência dos britânicos. Eles julgavam os ingleses mais racionais, e o governo os julgava mais rebeldes do que de fato ocorria em ambos os casos.

O efeito das *Cartas dos fazendeiros* foi o de deflagrar a resistência à Lei de Receitas, enviar Sam Adams aos palanques com seus apelos às multidões e provocar uma carta-circular oriunda da Assembleia de Massachusetts, convocando as demais colônias a resistir a quaisquer impostos sobre a receita. A resposta britânica veio de uma personagem de nova importância, lorde Hillsborough, que o destino parece ter escolhido a fim de assegurar que a morte de Townshend não esgotasse a cornucópia de malefícios. Hillsborough assumira o controle dos assuntos americanos no lugar de lorde Shelburne, a quem o duque de Grafton – sob pressões do rei e do grupo Bedford, de cuja aliança necessitava – fora obrigado a remover. Não desejando ser decapitado politicamente, Grafton dividiu o cargo de Shelburne criando o de secretário das Colônias, confiado a Hillsborough. Por possuir um pariato irlandês com grandes terras, Hillsborough opunha-se a todo abrandamento com as colônias por temer – o que era partilhado por outros irlandeses senhores de terras – migração dos camponeses para a América, esvaziando as terras de aluguel. Embora tivesse exercido vários cargos, não se fazia notar por tato ou procedimento razoável; até mesmo Jorge III, portador de idênticas deficiências, dizia não conhecer "homem com menor capacidade de julgamento do que lorde Hillsborough". Isso logo se faria sentir.

Através de carta peremptória, o novo secretário ordenou à Assembleia de Massachusetts rescindir a circular, sob pena de dissolução, caso se recusasse, e informou os demais governadores que qualquer assembleia solidária com o exemplo sedicioso de Massachusetts seria dissolvida da mesma forma. O tom punitivo da mensagem e as implicações decorrentes quanto aos americanos serem compelidos a aceitar a tributação sob pena de verem suas assembleias fechadas, expandiu o sentimento de ultraje, que anteriormente era pequeno. Quando Massachusetts recusou-se em altos brados e apaixonadamente à rescisão, a Pensilvânia e outras colônias que anteriormente não se tinham solidarizado adotaram resoluções no modelo de Massachusetts, desafiando Hillsborough. O interesse em preservar o império não estava bem protegido em suas mãos.

Ao mesmo tempo, a Diretoria de Impostos Alfandegários, crescendo em apreensões, solicitou, em fevereiro de 1768, um navio de guerra e tropas que lhe dessem proteção. A chegada do *HMS. Romney* ao porto de Boston, oriundo de Halifax, encorajou a diretoria a apreender o navio *Liberty* de John Hancock, produzindo tumulto de tamanha gravidade que os comissários de Impostos tiveram de se refugiar a bordo do *Romney*, temendo por suas vidas. Temeroso da crescente desordem, o general Cage pediu dois regimentos de Halifax; dois outros chegaram da metrópole em novembro. "Um exército estacionado! Meu Deus!", escreveu um bostoniano, depois de assistir a uma parada através da cidade. "O que poderia ser pior para um povo que provou as doçuras da liberdade?" Isso irá "apressar a independência que os mais tímidos condenam, atualmente".

Sem qualquer plano ou decisão, o uso de Forças Armadas destinadas a coagir ingressava no painel do conflito. A precipitada medida deixou muitos ingleses inquietos, inclusive o duque de Newcastle, agora com 75 anos de idade, que havia administrado as colônias como secretário de Estado durante um quarto de século, no passado, partindo do princípio que "medidas de poder e força" deviam ser evitadas nos tratos com os americanos. "Os métodos de conquista empregados nas colônias, obrigando-as à submissão, tornam-se cada dia mais grosseiros", escreveu ele a Rockingham. "Devo, em sã consciência, protestar contra tais coisas, esperando que nossos amigos pensem melhor antes de se dedicarem a tão destrutivas providências."

O peso do Gabinete, gradualmente impregnado pelos Bedford e pelos amigos do rei, inclinava-se na direção contrária. Conway, que tentara sozinho deter Townshend e evitar o Ato Suspensivo de Nova York, havia renunciado como secretário de Estado, embora detivesse um cargo menor. Seu lugar fora ocupado por um lorde amante do vinho do Porto, de pouca importância, exceto pelo fato de ser uma das "conexões" de Bedford: tratava-se do visconde Weymouth, cuja especialidade se fixava no jogo desenfreado todas as noites, com perdas tão substanciais que sua casa vivia sempre às voltas com oficiais de justiça. Na condição de secretário de Estado, continuou em seus hábitos, indo deitar-se às 6 horas da manhã, levantando-se depois do meio-dia e "negligenciando completamente os negócios de seu cargo, que eram conduzidos tanto quanto possível pelo Sr. Wood, subsecretário". O lugar vago de Townshend acabou ocupado por lorde North, que se tornou assim o novo ministro da Fazenda; homem equânime, agradável, portador de grande bom-senso e algumas fortes convicções, embora se incluísse entre os que eram contrários a qualquer conciliação. Os outros dois lugares foram ocupados por pares da facção Bedford: o conde Gower, quando lorde Northington faleceu, e o conde de Rochford, até pouco antes embaixador na Espanha, onde, para deixar Madri, viu-se forçado a penhorar uma baixela de prata e joias por 6 mil esterlinos destinados a pagar dívidas. Foi designado secretário de Estado quando Shelburne, único membro do Gabinete a se opor às medidas coercitivas de Hillsborough, finalmente renunciou – ou viu-se forçado a isso – depois de se equilibrar por oito meses no cargo. Informado de sua partida, Chatham, a caminho da recuperação, demitiu-se oficialmente.

O que fora anteriormente governo de Chatham pertencia agora à Quadrilha Bloomsbury, assim denominada devido à Bloomsbury Square, onde ficava a residência do duque de Bedford. O duque, além da grande riqueza e dos vários cargos exercidos no reinado anterior, além de seus poderes, posições e títulos em Bedforshire, devia a influência de que dispunha a um senso de status e importância altamente desenvolvido. Dizia-se que fora o único homem capaz de falar abertamente contra Pitt em seus grandes dias. Servira como lorde-presidente do conselho e verdadeiro líder no governo Grenville, geralmente denominado "Ministério Bedford", mas agora, padecendo de gota, exercia influência através de seguidores, passando a maior parte do tempo em Woburn Abbey, seu lar rural. Em conjunto com o cunhado, o conde Gower, e o genro, o quarto duque de Marlborough, controlava 13 assentos na Câmara dos Comuns. Embora inteligente e bondoso, Bedford era temperamental, reacionário e obstinado. Sua *entourage* incluía mestres de traficância e cabala e os mais duros advogados da coação sobre as colônias. Seis fragatas e uma brigada, viviam dizendo ao rei, seriam o suficiente para acabar com a insolência americana.

O rei Jorge tinha apenas uma única ideia da política a ser utilizada nas colônias: a do "dever indispensável dos súditos na América de obedecer aos atos da legislatura da Grã-Bretanha", sendo que o rei "espera e exige entusiástica obediência à mesma". Na condução do governo, sua influência tornava-se ainda mais perniciosa porque se convencera ser um dever purificá-lo nos termos do modelo do ídolo de sua juventude, o rei Alfredo, o Grande. Através do grupo de Bedford, ele agora interferia mais que nunca, apontando e demitindo ministros à vontade, controlando o patronato e não aceitando formulações políticas coletivas do Gabinete; procedia a tratos individuais com os ministros, abordando apenas os problemas referentes a seus próprios departamentos, chegando ao ponto de sugerir quem usaria da palavra na Câmara dos Comuns. As escolhas que fazia para os diversos cargos inclinavam-se em favor dos lisonjeadores que sabiam como agradá-lo, mas cujos talentos ou experiência de governo não pareciam melhores que os dele próprio.

As erupções americanas a cada taxa e a cada medida demonstravam ao grupo de Bedford que os coloniais visavam romper o sistema mercantilista e obter liberdade de comércio, bradando "Tirania!" a cada ato do Parlamento. A continuar assim, esses protestos em breve não deixariam remanescer simples traço de soberania.

No que respeita ao comércio, tais apreensões tinham sentido. Romper o jugo mercantilista em benefício do desenvolvimento das indústrias locais se tornara, na verdade, ideia grata aos americanos como decorrência da "não importação". Provocando o retorno dos provinciais ao artesanato caseiro, a Inglaterra criara impulso favorável à independência comercial, justamente aquilo que mais buscava evitar. Até para Pitt, a regulamentação mercantilista representava a essência da política colonial. "Nem um alfinete, nem um parafuso" deve ser permitido aos coloniais fabricarem, dissera certa ocasião. Agora esse impulso criava novo vigor. Em agosto e setembro de 1768, os comerciantes de Boston e Nova York concordaram em cessar as importações da Inglaterra até que a Lei Townshend fosse revogada. Os mercadores de Filadélfia juntaram-se-lhes alguns meses depois, seguidos pelas demais colônias no decurso de 1769. Tecelagem doméstica realizada por grupos organizados de "Filhas da Liberdade" tinha persistido após a Lei do Selo. A turma de formandos do Harvard College de 1768 e a primeira do Rhode Island College (atualmente Brown), juntamente com seu presidente, apareceram usando roupas de origem doméstica.

Na metrópole, a volta de Wilkes reacendeu a fúria do ressentimento contra o governo quando ele, reeleito por Middlesex, distrito londrino, acabou eliminado pela maioria governamental na Câmara. Desde logo sua causa reagrupou todos os oponentes das prerrogativas reais e tornou mais vigoroso o movimento em favor da reforma parlamentar, que buscava substituir o sistema de patronato por eleições genuínas. Todas as causas da "liberdade", inclusive a dos amigos da América contrários à coação, aglutinaram-se, transmitindo força umas à outras.

O grito "Wilkes e liberdade!" ressoou enquanto o protagonista ergueu-se novamente e desafiadoramente retornou com o apoio de seus constituintes, sendo uma vez mais repelido; voltou ainda e tornou a ser eliminado, pela terceira vez. Tornou-se símbolo constitucional e herói popular, foco do descontentamento plebeu. Quando o governo apresentou um candidato oficial por Middlesex e declarou-o eleito, anulando os votos de Wilkes, tumultos e agitações convulsionaram Londres. A cidade "é cenário cotidiano de levantes violentos e confusão generalizada", escreveu Benjamin Franklin. "Multidões patrulham as ruas ao meio-dia, espancando aqueles que não se põem a bradar por Wilkes e liberdade." Carvoeiros, marinheiros, aguadeiros e bandos de marginais viravam as carruagens, assaltavam lojas, invadiam nobres mansões, enquanto o Ministério "se dividia em opiniões", apreensivo com o que poderia ocorrer em seguida.

Com a fútil supressão dos votos de Middlesex, o governo provocara o constante grito de alarme sobre as liberdades britânicas. A conexão com as liberdades americanas, constantemente evidenciada entre os wilkesistas pelos mais ativos agentes americanos, confirmava-se: "As pessoas que procuram escravizar a América farão o mesmo conosco, se tiverem meios para isso", disse um negociante de tecidos e eleitor de Londres durante debate eleitoral em 1768. Os 236 conselheiros e 16 vereadores eleitos, principalmente donos de lojas e artesãos autônomos, que formaram a Corte de Conselho Comum de Londres, condenaram virtualmente todas as medidas coercitivas nas colônias.

À frente dos advogados estava o próprio prefeito de Londres, William Beckford, vigoroso mercador que, a exemplo de muitos defensores da causa americana, alcançara a posição graças à solidariedade para com Wilkes; opor-se ao governo em um dos assuntos era o mesmo que se opor em ambos. Chefe de rica família plantadora de cana-de-açúcar na Jamaica e dos maiores proprietários de terras naquela ilha, Beckford aumentou a fortuna graças ao comércio inglês, elevando-se de almotacel a xerife e de xerife a prefeito; levou ao rei o protesto da cidade de Londres contra a fraude nas eleições de Middlesex. Embora Walpole, num acesso de esnobismo, dissesse que ele agia a partir "de confuso amontoado de conhecimentos... tão sem autocrítica que os seus absurdos se tornavam mais visíveis porque somados à vaidade", ele representava uma voz corajosa entre os críticos da política adotada para com as colônias. Os radicais ingleses endossavam a visão colonial de uma conspirata ministerial destinada a suprimir as liberdades. Josiah Wedgwood, líder radical, acreditava que a lei Townshend era esforço deliberado visando tal fim, embora ele a considerasse contraproducente, acabando por acelerar em um século a independência na América.

O *London Magazine* de agosto de 1768 comparou os autores e defensores das "presentes medidas impolíticas contra a América" à coroa e seus "carcomidos ministros" do século XVII. "Através de nossas próprias observações ousamos afirmar que nove entre dez pessoas, mesmo neste país, são amigas dos americanos", acreditando que "o direito está de seu lado". Nove em dez constituía um exagero, não há dúvida: alguns jornais estimavam essa proporção justamente ao contrário. Ralph Izard, americano residente em Londres, julgava que quatro entre cinco britânicos se opunham à América, e o apoio do Parlamento ao governo refletia corretamente a opinião pública. Quando a oposição não obtinha mais que os rotineiros oitenta votos, "você pode aceitar o resultado como significativo de que as medidas não são ruins como dizem, pois a corrupção não seria capaz de conseguir tanto...". Difícil se torna julgarmos, hoje, a opinião pública de então, baseados em artigos da imprensa contemporânea, pois muitos dos escritos, anônimos ou assinados com pseudônimos, provinham de americanos residentes em Londres. Entretanto, os editores não dariam tanto espaço a notas e cartas favoráveis às colônias, se uma importante parcela da sociedade não estivesse contra a política governamental.

Soma-se a isso o fato de que as preocupações políticas da opinião pública são frequentemente superestimadas pela posteridade. O verdadeiro interesse em 1768 entre a classe governante não se fixava nos americanos ou sequer em Wilkes, mas no escândalo causado pelo duque de Grafton ao "afrontar todos os códigos de decência" acompanhando sua amante Nancy Parsons à ópera, onde se faziam presentes sua divorciada duquesa e a rainha. Grafton estava divorciado, pelo menos, o que não era o caso de muitos homens com amantes, mas essa circunstância não diminuiu o escândalo. Filha de um alfaiate da Bond Street e ex-amante de um mercador das Índias Ocidentais, Nancy era também conhecida como a Sra. Hoghton, tendo adquirido estado de casada ao longo da carreira, mas isso não diminuía o menosprezo social. O fato de Grafton haver "desfilado" com ela em público, fazendo-a tomar assento à cabeceira de sua mesa, excitou peculiar indignação. O assunto tornou-se o mais explosivo da temporada. Nancy abafou completamente os turbulentos colonos.

Protestos indignados no Parlamento, vindos da Virgínia, Pensilvânia e outras colônias, demonstravam que a resistência à Lei sobre Receitas ampliava-se ao tempo em que números frios confirmavam esse fato. De 1768 a 1769 as exportações inglesas para a América dimiuíram um terço, caindo de 2,4 milhões de libras para 1,6 milhão de libras. Nova York cortou as importações a um sétimo do que haviam sido em 1764, de 482 mil libras naquele ano para 74 mil libras em 1769. As de Boston caíram à metade e nas demais colônias, onde o comprometimento com a "não importação" era irregular, menos um pouco. As receitas oriundas da lei Townshend em seu primeiro ano ascenderam a 16 mil libras, enquanto as despesas militares na América foram de 170 mil libras. Até mesmo Hillsborough, na condição de secretário das Colônias, teve de admitir que a lei Townshend fora "de tal maneira anticomercial que melhor seria nunca ter existido", enquanto o novo ministro da Fazenda, lorde North, disse que esses tributos se revelavam "tão ridículos a ponto de causar espanto terem sido aprovados no Parlamento britânico". Ambos os cavalheiros haviam votado favoravelmente à lei agora deplorada.

Em vez de buscar conciliação capaz de rapidamente eliminar a "não importação", o instinto governamental revelava-se punitivo. Tendo manobrado até o terreno do desafio, partido dos próprios súditos, sentia-se forçado a fazer demonstrações de autoridade, tanto mais por temer que o protesto americano, caso vingasse, viesse a inspirar espírito de emulação nas massas inglesas e irlandesas. Hillsborough, tal qual Roboão, acreditava que toda demonstração válida se resumia em ser tão duro quanto possível. Exumou da era autocrática de Henrique VIII um antigo estatuto determinando o julgamento na Inglaterra de pessoas acusadas de traição cometida fora do reino, o que foi transformado pelo duque de Bedford em resolução parlamentar aplicável às ofensas de Massachusetts. Os comuns concordaram, o grupo Chatham de Grafton, no governo, ao que parece, não levantou objeções, e a ordem foi fielmente transmitida ao governador Bernard em Boston. A reação, naturalmente, revelou-se violenta. Imagine-se: cidadãos arrancados do lar e entregues a julgamento num ambiente hostil, 5 mil quilômetros distantes de amigos e defensores! Eis aí a tirania aberta!

Ao mesmo tempo, na Inglaterra, o temor do encorajamento dado à indústria americana pelo movimento de "não importação" começava a causar efeito. Tendo incansavelmente provocado o boicote, o governo e o Parlamento passaram a considerar uma fórmula para anular os danos através da revogação. A experiência da Lei do Selo foi reexaminada; era como se o estabelecimento governamental britânico estivesse sob a mesma compulsão de um jogador, colocando suas fichas repetidamente nos números em que sistematicamente perdera antes. O processo de repelir a lei Townshend levou mais de ano, de março de 1769 até maio de 1770, período durante o qual outras medidas adotadas para disciplinar as colônias foram tão contraproducentes quanto a do cancelamento em curso.

A essa altura tanta insensatez acumulada acabou plenamente percebida e denunciada de forma explícita e sarcástica nos debates do ano. Oradores da oposição chegaram perto de insultar o governo no tocante à não admissão de Wilkes no Parlamento, considerando as manobras "violação ao sagrado direito dos eleitos" e "desrespeito a toda a Constituição"; sentiram-se livres também para castigar o governo, de forma igualmente severa, no tópico América. Burke manifestou sarcasmo, o coronel Barré, desprezo. O prefeito Beckford observou "tratar-se realmente de uma estranha demonstração política o fato de serem gastos 500 mil esterlinos anuais para apoiar funcionários da Alfândega na cobrança de 295 libras, montante líquido dos impostos produzidos lá fora". Nenhum deles, entretanto, tornou-se herói dos debates, se comparados ao ex-governador Thomas Pownall, falando, depois de sete anos, da experiência na administração de quatro colônias diferentes. Em longa, coerente, irretorquível argumentação, fundada em fatos, ele foi, talvez, o único a falar movido por genuíno desinteresse e genuína preocupação em restaurar o bom relacionamento com a América. Outros críticos, utilizando suas invectivas e exageradas simpatias pelos coloniais oprimidos – a quem Barré descreveu como "esse honesto, fiel, leal e, até o momento, súdito, irreprochável povo de Massachusetts" – estavam mais interessados em derrubar o governo do que reconciliá-lo com a América. O governo fleumaticamente ignorava as críticas, seguro em sua grande maioria.

Pownall revelou a insensatez. Em vez de ordenar o aquartelamento e suprimento das tropas através da Lei de Aquartelamento que instantaneamente levantou protesto nas colônias, o processo deveria ter ficado ao arbítrio do próprio povo "para que o fizesse a seu modo", tal qual ocorrera durante a Guerra dos Sete Anos. O comandante dos corpos de tropas deveria receber poderes para tratar com os magistrados locais o aquartelamento dos soldados através de mútuo entendimento. Ao propor a revogação da lei Townshend, ele mostrou como o preâmbulo da norma, anunciando desde logo ser seu objetivo a busca de receitas para o governo civil, caracterizava "mudança total" do sistema através do qual as colônias tinham sempre controlado o funcionalismo por suas próprias legislaturas, com garantia e disponibilidade de fundos para o governo. Ao mudar o sistema, a lei não se tornara apenas desnecessária, visto que o Ato Declaratório já estabelecera a soberania parlamentar, mas também "injusta, um agravo em todos os sentidos".

Com respeito ao comércio, demonstrou a que ponto a lei "contrariava diretamente todos os princípios comerciais de nosso interesse": estimulava as manufaturas americanas, encorajava o contrabando e o recurso aos mercados estrangeiros, tornava as colônias "a cada dia menos benéficas e vantajosas para nós e, ao final, acabará rompendo sua dependência para conosco". Caso essa ocasião para retificar o erro fosse perdida, "estará perdida para sempre. Terminada esta sessão sem que o Parlamento faça algo a respeito, os assuntos americanos talvez se tornem fora de alcance de forma definitiva. Será sempre possível exercer a força, mas ninguém consegue governar um povo contrariado". Quase inconscientemente, Pownall formulara o princípio que deve estar na mente de quantos exercem o governo, em qualquer tempo: o de que os governos devem se conduzir de forma a considerar os sentimentos dos governados; ignorá-los é um perigo.

A despeito do fato da moção de Pownall obter geral concordância (ou talvez por isso mesmo), o Ministério queixou-se de que já era muito tarde para debater-se assunto de tal relevância, para o qual não estava preparado, e propôs que se adiasse o debate para a reunião seguinte. Tratava-se de manobra desajeitada, pois seu próprio interesse era o de acabar com a "não importação" o mais rapidamente possível. O Gabinete examinou o problema durante o recesso. Grafton e seu grupo, que haviam votado pela revogação total, foram suplantados por Hillsborough, North e os três ministros de Bedford, os quais insistiam em manter o imposto sobre o chá, a fim de conservar o preâmbulo da lei como símbolo do direito de tributar para obter receitas. Resolução de lamentável dubiedade acabou adotada: nenhuma medida seria aceita capaz de "derrogar de qualquer forma o poder legislativo da Grã-Bretanha sobre as colônias". Ao mesmo tempo, não era intenção "lançar quaisquer taxas futuras" sobre a América visando receitas, acertando-se no encontro parlamentar seguinte "abolir os impostos sobre papel, vidro e tintas". Quando Hillsborough informou os governadores coloniais da pretendida revogação, procurou falsear seu efeito retirando as "expressões suaves e conciliatórias" que o grupo Grafton conseguira impor no acerto. Visto que a omissão do chá indicava que a lei, como um todo, não seria revogada, as colônias não se convenceram a retirar a "não importação".

"Havendo firmeza num determinado esquema", escreveu Thomas Hutchinson desesperadamente a Richard Jackson, "poderemos entrar em algum tipo de entendimento com as colônias... Deixe-me suplicar-lhe: revoguem-se quantas leis em vigor entenderem que devam ser revogadas", mas sejam implementadas as remanescentes. "Quanto maior a demora, mais difícil será." Em Boston, trezentas "senhoras de famílias", conscientes de que o consumo de chá manteria os comissários alfandegários "e outras ferramentas do poder", concordaram em absterem-se de chá "até que tais criaturas, juntamente com o exército estacionado em Boston, sejam removidas e a Lei sobre Receitas, revogada".

Mal o Parlamento se reuniu novamente, recomeçando os debates sobre a América, uma crise esvaziou o Ministério de Grafton – seu chefe nominal e seus associados. Chatham, voltando das sombras, manifestara-se alarmado pelo sucesso dos americanos em suprir a si mesmos com suas próprias manufaturas, dizendo, como eco do princípio de Pownall, que a "insatisfação de dois milhões* de pessoas

*A discrepância entre esse número e os três milhões do discurso de Chatham, em janeiro de 1766, reflete inexato conhecimento dos fatos ou inexato registro parlamentar, ambas as coisas comuns ao tempo. A verdadeira população era estimada em aproximadamente dois milhões e meio de habitantes.

merecia consideração, devendo ser removidas as causas disso". Era esse o único modo de conter os "conluios e manufaturas" da América. A maior eloquência de Chatham, entretanto, destinou-se às cassações de Wilkes e, quando propôs uma moção condenando tais atos, o *lord chancellor* Camden, corajoso e independente, votou favoravelmente, contra o governo do qual fazia parte, tendo sido dele eliminado. Talvez isso lhe tenha agradado, porquanto confessou no Parlamento que frequentemente só lhe restava abanar a cabeça em silêncio para, assim, registrar seu desacordo com medidas que uma oposição manifesta não poderia evitar.

O resultado foi uma tragédia. Charles Yorke, ex-procurador-geral e filho de um *lord chancellor* de outros tempos, recebeu a oferta do posto que significava a ambição de sua vida. Mas ele, sua família e seus amigos opunham-se ao governo, e o rei o pressionou intensamente para que aceitasse o cargo, prometendo-lhe um pariato. Aceitou, contra a sua consciência. Naquela mesma noite, repudiado pelos associados e torturado pela ambivalência, suicidou-se. Grafton oferecera a oportunidade a Yorke. Chocado com a morte e desanimado por sua ineficácia em controlar a política, renunciou, seguido pelos dois generais, Conway e Granby.

O novo primeiro-ministro, que ficaria para sempre associado à Revolução Americana, foi o amável lorde North; durante os vários anos em que de forma cada vez mais enfadada exercia os cargos a que era chamado, obteve claríssima ideia das qualificações necessárias a um chefe de Ministério – e, portanto, deveria estar seguro de que as não possuía. Em uma de suas cartas periódicas endereçadas ao rei, implorando permissão para renunciar, escreveu que as funções deveriam ser exercidas por "alguém de grande capacidade, confiante nessa capacidade, capaz de escolher opções de forma decisiva, levando com autoridade o que se determinasse até a execução... um homem que soubesse planejar, combinando e unindo toda a força operativa do governo". Era uma excelente prescrição, e concluía assim: "Com toda certeza, não sou esse homem."

Apesar disso, sendo escolha pessoal do rei, North iria durar – embora a contragosto – 12 anos críticos à frente do cargo que tivera cinco ocupantes na última década. Bochechudo e corpulento, olhos protuberantes, oferecia espantosa semelhança com o próprio Jorge III, propiciando, por isso, grosseiras sugestões relativas às íntimas ligações dos pais de North com a família de Frederico, príncipe de Gales, pai de Jorge III. Ao tempo do nascimento de North, seu pai, conde de Guilford, servia o príncipe como camareiro-mor. North foi batizado Frederico em homenagem ao príncipe, seu padrinho – ou algo mais. Além da semelhança física, tanto Jorge III quanto lorde North ficaram cegos em seus últimos anos.

Em temperamento, lorde North felizmente não guardou qualquer semelhança com o rei, sendo conhecido, disse Gibbon, "pela suavidade de seu ânimo incomparável". Consta que somente um homem – um criado bêbado e estúpido – conseguiu deixá-lo irado, certa vez; mesmo sem ter melhorado, mas sempre perdoado, esse trapalhão morreu empregado de North. Eleito pelo "condado de bolso" de Banbury, com 13 eleitores controlados pela família, North ingressou na Câmara dos Comuns aos 22 anos e representou o mesmo burgo durante o resto de sua vida. Ao ser designado ministro-chefe, contava 38 anos de idade, tinha movimentos desajeitados, visão fraca e a língua grande demais para sua boca, "o que fazia com que articulasse palavras de modo engrolado embora não de todo indistinto". Sendo um dos que havia aproveitado a educação de Eton e Oxford, além de três anos no *grand tour*, dominava bem o latim e o grego, falava francês, alemão e italiano e, sempre que se encontrava bem desperto, enfeitava seus discursos com alusões aos clássicos, frases estrangeiras e lampejos de ironia e bom humor.

Já que não podia furtar-se aos aborrecimentos do cargo, refugiava-se deles pondo-se a dormir no primeiro banco dos comuns, durante os debates. Tendo solicitado que o acordassem quando, durante imenso e ilustrado discurso, Grenville ingressasse nos tempos modernos, e cutucado no momento em que o orador citava um precedente de 1688, abriu um dos olhos e resmungou: "Acordei cem anos antes", regressando, novamente, à beatífica sonolência. Cumpria o hábito das reuniões de Gabinete onde, segundo Charles James Fox, que mais tarde serviu sob suas ordens, "estava sempre tão longe de liderar as opiniões dos demais ministros que manifestava raramente a sua e quase sempre dormia a maior parte do tempo em que ali se encontrava". O método, evidentemente, não era apropriado a firmar uma política coletiva...

Embora raramente manifestadas a viva voz, as opiniões de North situavam-se firmemente no campo da direita. Votou pelo imposto da sidra, pela expulsão de Wilkes, pela Lei do Selo e contra a revogação. Oposto a qualquer conciliação com a América, estava, na prática, disposto a chegar, através de concessões, a um meio-termo e "do fundo do coração desejaria revogar toda a lei (Townshend)" se isso pudesse ser feito sem prejudicar "o direito, que desejo a mãe-pátria sempre conserve, de taxar os americanos". Embora não pertencendo ao grupo de Bedford, deveria ser por eles aceito, ou de outra forma não teria sido primeiro-ministro. Sua principal deficiência tinha origem na vida longa de seu pai sovina que viveu até os 86 anos, privando o filho da herança de fortuna considerável, pois que ele próprio, velho e cego, viveu apenas mais dois anos além do genitor. Em consequência, tendo grande família a sustentar e posição importante a manter, North viveu em dificuldades financeiras durante toda a carreira política, dependendo dos cargos e devendo obrigações ao rei que, embora com tato e gentileza, presenteou seu primeiro-ministro com 20 mil esterlinos destinados a pagar seus débitos. Sob tais circunstâncias, independência de pensamento ou de ação seria impossível.

Quando os debates recomeçaram, de março a maio de 1770, os oradores da oposição unanimemente ironizaram os feitos do governo na América desde a lei Townshend, classificando-os como políticas enfermas, medidas contraditórias, ações irresolutas e, em certos exemplos, inconstitucionais, e julgamentos contrários ao interesse britânico: insensatez, em suma. O terrível coronel Barré fustigou o Gabinete por ter assumido a responsabilidade de informar os americanos a respeito de sua intenção de revogar os tributos antes que o Parlamento tivesse agido, permitindo, assim, "a mais desprezível ideia sobre as medidas parlamentares e a imbecilidade daqueles que administram o governo". Escaldou-o, a seguir, pela revivescência de um estatuto originário "do reinado daquele tirânico Henrique VIII", dizendo, depois, que "a fraqueza demonstrada fora tão visível quanto a astúcia... pois não tiveram coragem para executar esse estatuto".

Pownall explicou que o preâmbulo da lei fora o responsável "pelo sentimento de insulto, produzindo o alarme americano"; a fim de remover tal óbice, toda a lei Townshend deveria ser derrogada, revogando-se o imposto do chá, e produziu moção nesse sentido. Grenville, reconhecendo-se causador da controvérsia com a América, opinou inutilmente no sentido de que a revogação parcial não satisfaria as colônias, ao passo que a retirada total não "se compadece perfeitamente com a dignidade da nação" e, por isso, ele se abstinha de votar. Um membro independente, sir William Meredith, achou o governo "tão perversamente, tão inflexivelmente aterrado ao erro em todas as oportunidades", a ponto de causar surpresa, citando Dryden, "que nunca se desviassem até o bom-senso ou tropeçassem nos meios corretos por simples acidente...". Visto que o imposto sobre o chá – disse ainda –, jamais cobrirá as despesas com sua cobrança, tornando-se necessário, para tanto, "recorrer aos cofres deste reino", o resultado era simplesmente "o de estarmos saqueando a nós mesmos". Embora a maioria governamental tenha prevalecido sobre o bom-senso, derrotando a moção de Pownall por 204 a 142 votos, o senso comum causou impressão, pois os "sim" somaram quase duas vezes o número de votos habituais em favor da América.

Novamente, Pownall tornou à ofensiva, quando os debates voltaram-se para a política americana como um todo. Demonstrou que a verdadeira apreensão das colônias, além da tributação, repousava no desígnio britânico de "alterar sua Constituição civil". Viam tal coisa confirmada pela ordem de Hillsborough dissolvendo suas assembleias, e pelo preâmbulo da lei Townshend, o qual, temiam, iria "tornar todas as assembleias inúteis". Por essa altura chegaram as notícias do chamado Massacre de Boston, o qual elevara as emoções a um nível tal que, a fim de evitar novos incidentes, os casacos-vermelhos que tinham sido enviados para intimidar Boston foram removidos – de forma bem pouco gloriosa para as armas britânicas – para um lugar seguro: Castle William, no porto de Boston. A retirada deu oportunidade às "infinitas sutilezas e pilhérias" do Sr. Edmund Burke, que de todos os oradores da época foi o mais conhecido pelos pósteros.

As ideias de Burke desfrutaram da grande vantagem de ser manifestadas em linguagem magistral e feliz. Tivessem sido fúteis, as belezas verbais de nada adiantariam, mas ele possuía pensamento político incisivo e agudo. Embora frequentemente prolixas e repetitivas, as observações que produzia transformavam-se em epigramas por serem muito bem-construídas. Encontrava meios de "se aproximar do objetivo como uma serpente", disse Oliver Goldsmith, que o comparava, na arte da conversação, ao doutor Johnson, com o que Johnson concordava: "Burke fala porque tem a mente repleta... Nenhum homem sensato, encontrando-o por acaso debaixo de um pórtico ao fugir de um chuvisqueiro, deixa de sair desse abrigo improvisado sem estar convencido de que palestrou com o maior homem da Inglaterra." Havia ocasiões em que falava tão longamente a ponto de a Câmara ficar vazia e, por vezes, de tal forma veemente se mostrava, que os amigos o puxavam pelas abas da casaca para refreá-lo em sua paixão, mas nele prevaleciam sabedoria e inteligência. As ferroadas em seus discursos a respeito da América, escreveu Horace Walpole, provocavam "contínuas risadas, vindas até mesmo de lorde North e demais ministros". Seu tom patético "arrancou lágrimas de ferro de Barré"; o desprezo a nu em certas tiradas teria excitado os assistentes – caso não tivessem sido retirados de um determinado debate – "a reduzir os ministros a pedaços, quando saíssem da Câmara".

Burke não encontrava dificuldades em retratar a tolice do governo ao arrolar a lista das vacilantes punições aplicadas às colônias; de como a Assembleia de Massachusetts, depois de receber ordem para rescindir sua sediciosa resolução ou ser dissolvida, tivera permissão de reunir-se novamente sem coisa alguma rescindir; citava os casos de outras assembleias que sob idênticas ameaças desafiavam as penalidades "e tratavam a carta do secretário de Estado com total escárnio"; mostrava que os castigos contidos no estatuto de Henrique VIII "jamais tinham sido postos em execução, como todos estavam cansados de saber que não seriam"; ao referir-se à armada e ao exército enviados a Boston visando controlar a situação "e agora retirados da cidade", concluía que, "em suma, a malignidade de vossa vontade é odiada e a fraqueza de vosso poder condenado", como sempre tem acontecido "com governos sem sabedoria".

A maioria, é óbvio, derrotou as oito resoluções de Burke postulando censura. Sorte similar obteve outra moção de censura proposta na Câmara dos Lordes pelo jovem duque de Richmond. Esse novo e importante recruta era, embora demasiado independente, chegado à causa americana, e se tornaria eminente opositor da política governamental.

Richmond era personagem resplandecente que personificava em vários sentidos a irrealidade do governo inglês no século XVIII. Os bens da fortuna pesavam tanto sobre ele que faziam com que tropeçasse por vezes no perfeito desempenho de suas tarefas. Era bisneto de Carlos II através da amante real Louise de Kéroualle, duquesa de Portsmouth; irmão da adorável lady Sarah Lennox, com quem Jorge II desejou casar-se, tinha porte majestoso, revelava-se invariavelmente cortês, era extraordinariamente belo e, juntamente com a esposa, também de família ducal, formava "o casal mais formoso da Inglaterra". Duque aos 15 anos, coronel de seu regimento aos 23, embaixador na França e, por curto período, secretário de Estado sob Rockingham aos 31 anos, tinha juventude, beleza, enorme fortuna, a mais nobre origem, valor militar, inteligência e capacidade para trabalho árduo, vasta rede de relações políticas e "todo o sangue real dos Bruce a Carlos II". Não é de se admirar que com tantos atributos se revelasse sem tato, dono de temperamento explosivo, incapaz de curvar-se a outros homens ou às necessidades políticas, intolerante em face da incapacidade alheia e dado a querelas com a família, os amigos, os subordinados e o rei: isso ocorreu no primeiro ano do reinado, fazendo com que renunciasse a um posto na casa real, sendo perseguido pela animosidade do monarca daí por diante.

Disposto a esclarecer abusos, Richmond importunou o Exército, o Almirantado e o Tesouro com suas investigações e questionamentos, o que não o tornavam popular. Tinha capacidade para chegar à cidade na manhã de um debate, enfronhar-se nos problemas através de rápido estudo e discursar a respeito na tarde desse mesmo dia. Quando derrotado em seus objetivos e propósitos, todavia, tornava-se imediatamente sombrio, ameaçando retirar-se da política, em consequência. Sofria períodos depressivos, um dos quais, em 1769, descreveu a Rockingham com as seguintes palavras, numa de suas cartas: "Devo, por algum tempo, entregar-me ao atual estado de espírito que me avassala, algo inominável." Em sua terra, Sussex, gastou grandes somas construindo novas alas para a propriedade de Goodwood House, canis, pistas de corrida, iates, caça e milícia local; depois de herdar terras que lhe rendiam 68 mil libras, mais renda adicional de 20 mil libras advinda de impostos sobre o carvão, acabou, quarenta anos mais tarde, com débitos de 95 mil esterlinos. Seu interesse pelo governo, a exemplo do que ocorria com homens da mesma origem, frequentemente deslizava sob o peso de outros assuntos. Burke não tinha razão – Richmond escreveu-lhe certa feita – em querê-lo em Londres antes das reuniões do Parlamento. Sua opinião "pouco valia", de sorte que se tornava inútil trocar ideias com associados políticos. "Não, deixe-me desfrutar a vida por aqui até a reunião, e então, conforme deseja, irei à cidade e olharei em volta durante alguns dias..."

Sem quem o pudesse conter no debate de 1770, descreveu a conduta política na América, a cargo de "manhosos velhacos" ou de "incorrigíveis idiotas", como sendo das que transformavam "os ministros em vergonha para o próprio nome do governo". Propôs 18 resoluções de censura cobrindo todos os atos e medidas desde 1768 e concluindo que "esses julgamentos perfunctórios e procedimentos errados se transformaram na causa das aludidas desordens". Chamado à réplica, Hillsborough produziu a usual defesa quanto à necessidade de ser estabelecida autoridade e acrescentou a acusação de que "nossos patriotas" na oposição estavam a estimular os protestos, "continuadamente jogando obstáculos na estrada da conciliação, fora da patriótica vontade de harmonizar... Na verdade, meus lordes, todo o seu decantado patriotismo não passa de ganância em manter os cargos... Só dessa maneira conseguem eleger-se".

Conquanto obviamente menosprezasse a resistência colonial, Hillsborough não deixava de ter razão no tocante aos motivos dos que se lhe opunham. Sua "ganância" por cargos, contudo, não era tão forte quanto a inércia em se organizarem politicamente. Tornavam-se ineficazes porque, divididos por disputas e diferenças, não encontravam terreno comum que lhes permitisse formar frente sólida. "Dowdeswell (ex-ministro da Fazenda sob Rockingham) ficou diabolicamente irritado ante lorde Chatham", escreveu Richmond a Rockingham por essa época, "e Burke está pegando fogo". Burke não conseguia suportar a arrogância de Chatham, e Chatham, por sua vez, não tolerava um intelectual de porte igual ao seu. Embora Rockingham tenha tentado atrair Chatham para a equipe por ele capitaneada, Chatham somente aceitava sob condição de estabelecer seu próprio domínio. Shelburne, desgostoso com a melancólica rotina de ficar sempre em minoria, viajou para o estrangeiro, juntamente com Barré, em 1771. Richmond e Rockingham deixaram-se fascinar pelos encantos da vida bucólica e, tal como dizia uma sátira contemporânea,

> Com cães de caça e cornetas vaguearam em gazetas escolares
> E por uma caçada à raposa deixaram o domo de St. Stephen.*

Na América, nenhum protesto significativo seguiu-se à manutenção, por parte do Parlamento, do preâmbulo Townshend e do imposto sobre o chá. Como às vezes acontece, o curso lógico dos acontecimentos seguiu por entre sutilezas e desvios. Na classe dos proprietários coloniais, o medo às multidões e levantes começara a corroer seu apoio ao movimento "patriótico". O ímpeto esmaeceu. Cansada da "não importação", Nova York propôs uma conferência dos portos marítimos do

*St. Stephen representa as casas do Parlamento.

norte para decidir sobre política em comum. Comerciantes de Boston e Filadélfia, também ansiosos por recomeçar seu comércio, eram contidos pelos agitadores. Quando a conferência proposta fracassou, Nova York, não querendo ser fraudada enquanto "padecia fome nas magras carnes do patriotismo", abandonou a "não importação" e abriu seu porto em 1772. Separadamente, em épocas diversas, as demais colônias seguiram o exemplo, a agitação decresceu e a falta de união confirmou a premissa britânica de que as colônias jamais fariam frente comum, prevalecendo o sentimento de lealdade e o interesse econômico sobre os impulsos sediciosos.

Às voltas com emoções intensas que no Parlamento afloravam em torno do caso Wilkes, a política de lorde North se fazia no sentido de manter os negócios americanos fora da Câmara dos Comuns, e isso ele conseguiu, durante dois anos, graças à calmaria nas colônias. Esse poderia ter sido um período para conciliação e possível entendimento caso esforços concretos se efetivassem. As colônias inclinavam-se à compensação de injustiças e à autonomia em seus próprios negócios, não à independência. Ao contrário, o congresso sobre a Lei do Selo havia assegurado que todos, "o mais ardentemente", desejavam "perpétua manutenção" dos antigos laços com a Inglaterra. Até mesmo a Assembleia de Massachusetts, a mais agressiva em sentimentos, desaprovara, em 1768, "o mais remoto pensamento de independência", clamando que as colônias "a recusariam se lhes fosse oferecida, considerando a maior das infelicidades caso as obrigassem a tanto". Jorge III, lorde North, Hillsborough e o grupo de Bedford, entretanto, não eram criaturas equipadas para esforços positivos ou governo criativo. Na calmaria, as velas da insensatez estavam dobradas, por ora – até o *affaire* da *Gaspée,* em 1772.

IV. "LEMBRAI-VOS DE ROBOÃO!": 1772-75

A *Gaspée*, escuna da alfândega britânica, sob o comando do belicoso tenente Dudington, executava sua tarefa como se fosse depositária de um mandado pessoal do rei para esmagar o contrabando nas milhares de ilhas e enseadas da baía de Narragansett. Abordando e vistoriando todos os barcos que avistava, ameaçando os recalcitrantes de explodir suas embarcações, gerou um desejo de vingança nos habitantes de Rhode Island, que encontraram um momento propício quando a escuna encalhou abaixo de Providence. Dentro de poucas horas marinheiros organizaram oito botes repletos de homens que atacaram o navio, feriram o tenente Dudington, jogaram-no, juntamente com sua tripulação, na praia e tocaram fogo na *Gaspée*.

Como já se estava tornando costumeiro, a resposta britânica iniciou-se com severidade para concluir de forma débil. O procurador-geral decidiu que o ataque à *Gaspée* fora um ato de guerra contra o rei e, portanto, crime de traição, dos que exigiam o envio dos culpados à Inglaterra para julgamento. Antes de mais nada, tornava-se necessário descobrir esses culpados. Uma proclamação real ofereceu recompensa de 500 esterlinos e o perdão real aos delatores; organizou-se imponente Comissão de Inquérito para indiciar os responsáveis, composta pelo governador de Rhode Island e os juízes supremos de Nova York, Nova Jersey e Massachusetts, além do vice-almirantado da Corte de Boston. Tais providências reviveram as adormecidas suspeitas de conspiração contra a liberdade. Rhode Island, juntamente com Massachusetts, a mais intratável das colônias, estremeceu sob os brados de "Tirania!" e "Escravidão!". "Dez mil mortes por *enforcamento* ou por *decapitação*", proclamou o *Newport Mercury*, frisando com grifo a sua indignação, "seriam preferíveis à vida miserável de escravos submetidos a um bando pior que os tiranos egípcios!" Nenhum delator apareceu, os culpados não puderam ser identificados - embora todos os vizinhos soubessem quem eles eram. Após diversas reuniões inúteis em Newport, a Corte de Inquérito, com suas perucas e escarlates, resolveu mansamente adiar as futuras sessões e nunca mais se reuniu. Mais uma punição deu em água de barrela, conformando a percepção de que a Inglaterra se mostrava despótica nos intentos e incompetente na execução.

O resultado foi importante porque os brados de protesto em Rhode Island representaram passo decisivo no sentido da unidade.

Seguindo o modelo surgido entre as cidades de Massachusetts, a Câmara Baixa da Virgínia convidou as colônias a formarem comitês de correspondentes, destinados a consultas em atos conjuntos e métodos de resistência. Thomas Jefferson e Patrick Henry serviam no comitê da Virgínia. Esse foi o começo do desenvolvimento da união intercolonial, que a Inglaterra continuava acreditando que não iria ocorrer, e em cuja não ocorrência depositava toda confiança. Os comitês despertaram pequena atenção: exceto em momentos de confrontação, os assuntos americanos no geral pareciam de pequena importância. As cartas da Sra. Delaney, senhora muito conhecida, esposa de um deão anglicano, que se correspondia ativamente, durante esse período, com amigos e parentes em círculos sociais e literários, não fazem quaisquer alusões à América.

Os dois funcionários da lei no governo local imediatamente responsáveis pelos procedimentos em torno da *Gaspée*, Edward Thurlow, procurador-geral, e Alexander Wedderburn, solicitador-geral, formavam um par dos mais desagradáveis. Intolerável quando estudante, Thurlow fora expulso da Universidade de Cambridge por insolência e má conduta; grosseiro e dogmático nos tratos legais, possuía temperamento selvagem e reputação de boca-suja, em Londres. Era, contudo, figura imponente, embora, de acordo com Charles James Fox, sua voz profunda e aspecto solene o denunciassem como desonesto, "pois nenhum homem poderia ser tão sério como ele aparenta ser". O tratamento que dispensava aos réus, em Juízo, era frequentemente ofensivo. Na política, manifestava-se inflexível quanto à soberania britânica e, conquanto fosse sabido que lorde North o odiava, o rei gratificou seu firme apoio designando-o *lord chancellor* e a isso adicionando um baronato. Igualmente coercitivo em relação à América, Wedderburn era um escocês de ambição voraz, disposto a usar qualquer recurso, devorando ou traindo seus associados, a fim de obter promoções. "Havia algo nele", disse um conhecido seu, "em que até mesmo a traição não confiaria." Ainda que detestado pelo rei, tornou-se, também, finalmente, *lord chancellor.*

Cumpre considerar, entretanto, que foi o Gabinete, no qual Thurlow e Wedderburn não tinham assento, que ordenou a Comissão de Inquérito e a citação para o julgamento na Inglaterra, e o "bom lorde Dartmouth", sucessor de Hillsborough, o signatário da ordem. Respondendo a um ataque contra o Estado, eles agiram com plena convicção da justiça que faziam; contudo, mesmo em se tratando da resposta apropriada do ponto de vista de um governo, não passava de total insensatez em seus aspectos políticos. Em face do sentimento de ultraje, já muito conhecido, que significava para os americanos o envio de concidadãos para julgamento na Inglaterra, e a óbvia ingenuidade de acreditar que alguém em Rhode Island denunciaria os culpados, o engano mais uma vez repousava em "assegurar um direito que você sabe não poder exercer". Isso tornou-se perfeitamente evidente em Newport, ponto central das comunicações costeiras, onde a impressão da incapacidade britânica rapidamente se generalizou.

Lorde Dartmouth, embora meio-irmão de lorde North, junto de quem se criou, tendo com ele partilhado o *grand tour*, era um sincero amigo da América, possivelmente devido ao fato de se ter feito adepto da seita metodista, cujas missões e pregações nas colônias constituíam atividades de relevo. Amável e piedoso, fora considerado o modelo do virtuoso sir Charles Grandison no romance de mesmo nome, escrito por Samuel Richardson. Dartmouth tinha o apelido de "cantor de salmos". Servira como presidente da Câmara de Comércio no Ministério Rockingham, apesar de possuir ínfima capacidade administrativa. Lorde North levou-o para secretário de Estado quando Hillsborough, em face de intriga desferida contra ele pelo grupo de Bedford – por razões de luta em torno de cargos, não de política –, viu-se forçado a resignar. Pró-americano, solitário no Gabinete, Dartmouth desejava "sinceramente bom entendimento com as colônias", escreveu Benjamin Franklin, "mas não possui força à altura dos seus desejos", e conquanto preferisse "as melhores soluções, é facilmente levado a partilhar das piores". Gradualmente, à medida que a intransigência americana derrotava seu bem-intencionado paternalismo, voltou-se contra a conciliação, tornando-se favorável às repressões.

Por essa altura, o chá tornou-se catalisador. As confusões financeiras e abusos notórios da Companhia das Índias Orientais e suas complexas conexões com a coroa no decorrer dos anos resultaram em problema quase tão intratável quanto o de Wilkes; esse tema apresenta-se-nos relevante, aqui, apenas pelo fato de ter precipitado o momento da impossibilidade de retorno na querela britânico-americana. A fim de evadirem-se do imposto sobre o chá, os americanos estavam contrabandeando a bebida holandesa e com isso reduzindo a quase dois terços as vendas da companhia. Para salvar a companhia, cuja solvência era essencial a Londres, face a um montante anual de 400 mil esterlinos, lorde North divisou um esquema através do qual os estoques empilhados nos armazéns da companhia poderiam ser vendidos diretamente à América, pulando por cima da Inglaterra e seus tributos aduaneiros. Caso o imposto na América fosse reduzido a 6 *pence* o quilo, o chá poderia ser vendido por 20 xelins em vez de 40 xelins por quilograma. Considerando-se a notável predileção dos americanos pelo chá, o preço baixo certamente suplantaria sua patriótica resistência a pagar impostos. Um milhão de americanos, ao que constava, bebiam chá duas vezes ao dia, e de acordo com um relatório de Filadélfia, "as mulheres estão a tal ponto habituadas que preferem não jantar a perder sua xícara". Desde o colapso de não importação, o comércio restaurado, inclusive o do chá, modificou ambos os lados, e muitas pessoas pensavam que os problemas do passado já estavam superados.

A Lei do Chá, de maio de 1773, passou, portanto, no Parlamento sem que se esperasse outro levante americano em decorrência.

O maior problema das relações império-colônia residia na circunstância de os ingleses estarem magnificamente desinformados – e assim permaneciam – no que dizia respeito ao povo que insistiam em governar. Tinham decorrido somente 15 anos, disse o coronel Barré a Josiah Quincy, agente de Massachusetts, desde quando dois terços do povo da Grã-Bretanha achavam que eram negros os habitantes da América. Americanos em Londres, como Arthur Lee, da Virgínia, que fora parcialmente educado na Inglaterra e lá vivera nos dez anos anteriores às hostilidades, Henry Laurens, rico plantador e comerciante de Charleston e futuro presidente do Congresso Continental, além de outros plantadores da Carolina do Sul – Ralph Izard e Charles Pinckney, por exemplo –, relacionavam-se principalmente com comerciantes e homens da City, centro financeiro de Londres. Embora em termos amistosos com Burke, Shelburne e outros na mesma linha, não tinham acesso à sociedade aristocrática, a qual, por sua vez, nunca ouvira falar deles.

Panfletos e petições, as *Cartas* de Dickinson, o *Exame sumário dos direitos britânicos na América*, de Jefferson, e tantos outros estudos polêmicos em torno dos sentimentos nas colônias foram publicados em Londres, mas os pares e proprietários rurais raramente liam tais coisas. Agentes especiais do calibre de um Josiah Quincy comumente recebiam recusa para falarem nos comuns, por um ou outro motivo de natureza técnica. "Junto a *todas* as pessoas com quem me encontro, procuro dar retrato fiel dos negócios no continente e do verdadeiro estado de espírito de seus habitantes", escreveu Quincy numa das cartas enviadas à América, acrescentando que não podia assegurar sucesso em seus esforços. Absorvidos nos preconceitos de "nossa inerente preeminência" – conforme dissera Hillsborough –, os ingleses mantinham a concepção de serem os americanos incultos, audaciosos criadores de problemas, não obstante a presença, em seu meio, de Benjamin Franklin e diversos outros coloniais talentosos e tão sofisticados politicamente como quaisquer europeus do mesmo nível, devotados, todos, ao objetivo da reconciliação.

A atitude dos amigos da América era, também, largamente condescendente. Rockingham imaginava os britânicos como pais e as colônias como "crianças (que devem) comportar-se bem". Chatham partilhava dessa ideia, embora, se tivessem ambos visitado a América, participado de suas assembleias coloniais, observado a índole do povo, certamente retornariam bem modificados. É de causar pasmo que, afora oficiais da Marinha e do Exército, nenhum ministro do governo inglês de 1763 a 1775 – muito menos antes ou depois – tenha visitado as províncias transatlânticas das quais tanto dependia o império, como eles mesmos diziam.

Tinham a firme determinação de manter o controle porque acreditavam que os americanos tendiam à insurgência, e caso se tornassem independentes, isso seria a ruína da Inglaterra. A insistência de Chatham por conciliação baseava-se no receio de que, se a América fosse dirigida no sentido da resistência pela força, e o império, perdido, a França ou a Espanha poderiam adquiri-lo e, "se isso acontecer, a Inglaterra acabou-se". A perda de tão tremendo patrimônio representaria a impossibilidade de desenvolver-se como potência em escala mundial. Um tanto obscuramente, o rei tinha algo parecido com tal ideia em mente ao escrever: "Devemos colocar as colônias em ordem antes de nos envolvermos com nossos vizinhos."

Em outro sentido, também, Chatham sentia, a exemplo de muitos, que o destino da Inglaterra estava ligado às colônias, "pois se a liberdade não for amparada na América, irá adoecer, enfraquecer e morrer em nosso país". Isso, no tocante à liberdade. A ameaça ao status de grande potência decorria de que, se não fossem tributadas, as colônias acabariam atraindo tantos operários especializados e industriais que a velha Inglaterra terminaria sendo "pobre, deserto e deplorável reino". Cartas aos jornais abordavam com preocupação esse tema, algumas delas predizendo que a América brevemente suplantaria em população a mãe-pátria, "e, então, como poderemos dirigi-los?", ou até mesmo que seria a sede do império após mais dois séculos. Caso a população americana se tornasse maior que a inglesa, dizia o *St. James Chronicle* às vésperas do Natal de 1772, somente interesse natural ou amizade, em alguma forma de *common-wealth*, manteria a América ligada à Grã-Bretanha, de forma que, unidas, desafiassem o mundo pelas armas.

A Lei do Chá acabou sendo um enorme desapontamento. Em vez de amavelmente aquiescentes ao chá barato, os americanos explodiram em ira, não tanto em função do sentimento popular, mas pela agitação orquestrada por atacadistas que se viam eliminados e seu comércio arruinado pela concorrência de preços da Companhia das Índias Orientais. Proprietários de navios, construtores, capitães e tripulações, cuja sobrevivência dependia do contrabando, igualmente sentiram-se ameaçados. Eles difundiram um brado de horror: "Monopólio!" – o monopólio em vias de estrangular a América, dirigido por uma empresa notória em matéria de "negra, sórdida e cruel avareza". No momento em que estivesse firme no chá, a companhia estenderia as garras para especiarias, sedas, porcelanas e outras mercadorias. Caso o chá da Índia fosse aceito na América, o imposto de 3 xelins "penetraria no baluarte de nossas sagradas liberdades" e realizaria o propósito do Parlamento de taxação sobre receitas; seus autores não desistiriam "antes de completar a conquista por inteiro".

Pacificadores nas colônias esperavam conseguir o retorno dos navios de chá antes de qualquer descarga e pagamento de impostos. Isso foi efetivado em outros portos que não Boston, onde as ameaças das multidões amedrontaram os consignatários da companhia, fazendo-os renunciar à condição de distribuidores junto aos varejistas. Em Boston, dois desses agentes eram filhos do governador Hutchinson, que acreditava nas vantagens de uma posição firme contra os agitadores. Eles, portanto, permaneceram prontos para receber a carga. O primeiro navio de chá aportou nas docas de Boston em 1º de dezembro de 1773, seguido por outros dois. Face a que os navios, quando não faziam a descarga dentro de prazo determinado, estavam sujeitos à apreensão, pelo não pagamento dos tributos, os patriotas suspeitaram que os comissários venderiam, depois, clandestinamente a carga confiscada. A fim de frustrá-los e talvez para intimidar também eventuais compradores, abordaram os navios durante a noite de 16 de dezembro, no feito que ficou conhecido como Festa do Chá em Boston, arrebentaram os depósitos de chá e lançaram o conteúdo à água.

Notícias desse ataque criminoso à propriedade chegaram logo a Londres, por volta de 20 de janeiro, exasperando os britânicos. Estava liquidado o plano de uma discreta captação de receitas através de impostos, ficavam prejudicadas as finanças da Companhia das Índias Orientais, e fora dada plena demonstração de que o povo de Massachusetts não passava de incorrigíveis insurrectos. Os interesses britânicos deveriam, por essa altura, ter-se voltado para uma revisão da série de resultados negativos, cada vez maiores, nas colônias, com o objetivo de redirecionar o curso já alarmante dos acontecimentos. Tal coisa, entretanto, requeria pensamento em vez de simples reação – e pausas para sérias análises não costumam ser habituais nos governos. Os ministros de Jorge III não constituíam exceção.

Lançaram-se, ao contrário, na série de medidas geralmente denominadas "atos punitivos ou coercitivos", que na América ganharam o nome de "atos intoleráveis", propiciando o avanço do antagonismo na direção já descortinável, num ponto da estrada em que outro caminho poderia ter levado a resultados diferentes.

Como ato de guerra contra a propriedade da coroa, a Festa do Chá foi considerada outro caso de traição. Buscando, judiciosamente, evitar os vexames havidos na condução do caso *Gaspée*, o Gabinete resolveu punir Boston como um todo, por meio de um ato do Parlamento. Em consequência, apresentaram pedido de fechamento do porto de Boston para todo tipo de comércio até ser paga uma indenização à Companhia das Índias Orientais e reparações aos agentes alfandegários pelos danos sofridos, até quando "paz e obediência às leis" estivessem de tal sorte asseguradas que o comércio poderia defluir seguramente, com fiel cobrança dos impostos devidos.

Enquanto preparava os termos da proposta punitiva, o Gabinete, nada tendo aprendido nesses dez anos de ferozes protestos desde a primeira taxação de Grenville, esperava, como sempre, que tudo corresse melhor, sem problemas. Os ministros acreditavam que as demais colônias condenariam a destruição de propriedade levada a efeito por Boston, não manifestariam solidariedade e ficariam, na verdade, felizes em absorver o chá desviado até seus portos pelo fechamento de Boston. A visão bitolada vivia sua mais bela hora. Esperar por manifestações iradas contra o grande roubo no ancoradouro seria natural, mas supor que o decreto a respeito do porto de Boston iria contribuir para controlar a situação em benefício da estabilidade do império, ou ainda, que seria aceito como medida equânime pelos vizinhos de Massachusetts, correspondia a colocar reações emocionais suplantando os demais indícios fornecidos por evidências recentes.

Emocionalismo é sempre fonte contribui para a insensatez. Manifestou-se, na época, no júbilo selvagem que acolheu Benjamin Franklin quando dos depoimentos do episódio das cartas de Hutchinson. Essas cartas, destinadas a Thomas Whately, secretário do Tesouro, aconselhando medidas enfáticas destinadas a suprimir a rebeldia de Massachusetts, tinham sido adquiridas por Franklin *sub rosa*,* e quando publicadas deram margem a que Massachusetts explodisse em fúria contra Hutchinson, peticionando ao Parlamento sua demissão da governadoria. Wedderburn conduziu os interrogatórios de Franklin numa câmara conhecida muito apropriadamente como "o Rinhadeiro", ante 35 membros do Conselho Privado, o maior número que já participara de uma inquirição, além de ávida audiência de pares, membros do Parlamento e outros convidados. Reagiam entre casquinadas de pura delícia e risos soltos quando Wedderburn, entremeando sua fala com zombarias e sarcasmos, atingiu tom de invectiva brilhante e maligna, chamando ao mais influente americano em Londres de ladrão e traidor. Consta que lorde North foi o único espectador que se manteve sério. Franklin, no dia seguinte, foi demitido pela coroa do cargo de subchefe dos Correios nas colônias, o que em nada estimulou aquele homem que até então se revelara o maior advogado do entendimento; Franklin não perdoou. E não esqueceu. Quatro anos mais tarde, ao assinar o Tratado de Aliança com a França, confirmando o nascimento de sua nação, vestiu o mesmo traje de veludo de Manchester usado durante a tormenta Wedderburn.

Os sentimentos contra Boston eram tão fortes no seio do governo, que a Lei do Porto de Boston não teve qualquer objeção nas duas primeiras leituras; até Barré e Henry Conway pronunciaram-se favoráveis a ações enérgicas. Na terceira leitura, oradores da oposição reencontraram as vozes e postularam mais uma oportunidade para Boston, para que pagasse a indenização antes de seu comércio desaparecer. A mais importante declaração foi produzida por pessoa com

**Sub rosa* = confidencialmente. (*N. do T.*)

experiência *in loco*, o ex-governador George Johnstone, da Flórida ocidental, que previu, "como efeito da Lei, o nascimento de uma Confederação Geral para resistir ao poder deste país". Poucos escutaram sua profecia. Os oradores da oposição, admitiu Burke, que era um deles, "causaram tão pouca impressão" a ponto de a Câmara não ter necessidade de dividir-se para a votação. Entre os lordes, Shelburne, Camden e o duque de Richmond deploraram, sem maior efeito, a lei que passou facilmente no Parlamento.

Três outros "atos coercitivos" seguiram-se em rápida sucessão. O primeiro deles foi o "Ato Regulador de Massachusetts", virtualmente anulando a carta-régia daquela colônia. Direitos de eleição e nomeação de funcionários, representantes, juízes, júris, o direito fundamental de convocar assembleias municipais, tudo o que anteriormente estivera sob "direção única do governo interno", na frase de Burke, foi cassado pela coroa, atuando através do governador. Obviamente, tais providências sugeriram às demais colônias que as circunstâncias atuais de Massachusetts poderiam se reproduzir alhures. Veio a seguir a Lei de Administração de Justiça, mediante a qual era permitido aos funcionários da coroa acusados de crime em Massachusetts, uma vez declarando não acreditarem num julgamento equânime, serem julgados na Inglaterra ou em outra colônia. Tratava-se de insulto, porquanto Boston havia dominado seus impulsos para dar ao comandante Preston, chefe do "massacre", toda segurança da justiça, com defesa por John Adams, terminando por absolvê-lo. Depois seguiu-se a Lei de Aquartelamento Anual, nova regra que autorizava, em caso de recusa de fornecimento de quartéis, o aquartelamento das tropas em casas familiares, tabernas e outros edifícios. Ao mesmo tempo, o general Gage foi enviado a Boston para assumir o cargo de governador, em lugar de Hutchinson.

A medida causadora de maior ira e ressentimento, entretanto, não foi qualquer desses "atos coercitivos", mas sim a simultânea Lei de Quebec, estendendo as fronteiras do Canadá até o rio Ohio, onde a Virgínia e outras colônias tinham reivindicações territoriais. A lei também formulava os termos do governo civil no Canadá, conferindo o direito de taxação pelo Parlamento, julgamento sem júri à maneira francesa e tolerância para com a religião católica. Visto que 95 por cento dos canadenses eram católicos, essa demonstrava ser medida de surpreendente sensibilidade e tolerância, mas propiciou aos coloniais e seus amigos na Inglaterra ferozes vaticínios. Estrondaram brados de "Papismo!". Anteviam inquisição na Pensilvânia, "um matadouro como no Dia de São Bartolomeu", em plena Filadélfia, foram invocados a prostituta da Babilônia e os "exércitos do papado"; as "hordas papalinas", pintadas num discurso de lorde Camden, pareciam prontas a subverter as liberdades das colônias protestantes. Quanto à eliminação do tribunal do júri, o *St. James Chronicle* declarou tratar-se de "cláusula por demais escandalosa para ser considerada por qualquer inglês digno desse nome". Um dos motivos para tal lei tão estranhamente inoportuna, garantindo favores ao Canadá, pode ter sido a esperança de ganhar a lealdade dos canadenses e sua ajuda no caso de um levante americano. Todavia, se qualquer intenção ainda restava no sentido de acalmar e eventualmente reconciliar as colônias, essa aprovação da Lei de Quebec, juntamente com os "atos coercitivos", serve de modelo perfeito sobre como não se deve proceder.

Na inépcia governamental, quanto poderia ser atribuído à ignorância ou à provocação deliberada – crença firme da oposição –, fica bem difícil dizer-se. O governador Johnstone observou certa ocasião, com bastante desânimo, nos comuns, que ele sentia "haver grande disposição, nesta casa, em levar avante os negócios sem qualquer conhecimento da Constituição da América". Ignorância era um fator, sem dúvida.

As providências de março-junho de 1774 levaram a oposição a um estado apreensivo em que não poupou advertências sobre os terríveis resultados a serem colhidos. Iminente uso de força já podia se vislumbrar, e a possibilidade de seu emprego contra um povo de sangue e tradição ingleses apavorava muitas pessoas. John Dunning, advogado de mentalidade liberal, que servira como solicitador-geral no Ministério Grafton, mais tarde faria a súmula dos pontos destinados a finalizar a guerra, na memorável Resolução Dunning; via, por ora, nos atos coercitivos, tendências dirigidas "à guerra, severa vingança e ódio contra nossos próprios súditos". Outros estavam preocupados com a falta de possibilidades de sucesso. O general William Howe, que havia escalado os montes Abraão com Wolfe, em Quebec, afirmou a seus eleitores, enquanto cabalava votos para a eleição de 1774, que todo o Exército britânico junto não seria suficiente para conquistar a América. O general John Burgoyne, também titular de um assento no Parlamento, disse que preferiria a "América convencida por persuasão, não pela espada".

Os ministros foram advertidos, igualmente. Henry Laurens, quando consultado por Dartmouth sobre os efeitos prováveis dos "atos coercitivos", profetizou, a exemplo do que fizera o governador Johnstone no Parlamento, que o povo "da Geórgia a New Hampshire se sentiria animado a formar uma tal união e falange de resistência" como até agora imaginava-se que somente um milagre seria capaz de realizar. Mas o destino dos conselhos em política torna-se perfeitamente fútil quando o recipiendário deseja acreditar em outras coisas. Ao formularem a maldição de Cassandra – de que ela diria a verdade e ninguém acreditaria –, os gregos demonstraram a notável precocidade de sua penetração na psique humana.

No debate de 19 de abril de 1774, originado por uma moção da oposição visando a revogação do imposto do chá, Burke fez o discurso de abertura expondo seus pontos de vista sobre o problema americano. Foi imensa peça oratória a respeito dos sucessivos atos, leis, revogações, hesitações, equívocos, ameaças vazias, falsas premissas e história da política colonial a partir das Leis de Navegação até o "destemperado vigor e álacre insanidade" com que nos atiramos à estrada da ruína. Jamais, disse ele, "os servidores do Estado olharam o conjunto dos interesses com visão unificada... Nunca formularam qualquer sistema sobre o que está certo e o que está errado, mas apenas inventaram ocasionalmente alguma miserável história para propósitos imediatos a fim de, principalmente, livrarem-se de dificuldades momentâneas nas quais vaidosamente mergulharam... Com tais diretivas, pela irresistível manutenção de conselhos débeis... sacudiram os pilares de um império comercial que circunda o planeta". Extraordinário como símbolo de autoridade manifesta – o que, hoje, seria denominado credibilidade –, ele prosseguiu em palavras destinadas a ecoar longamente: "Dirão que vossa dignidade está ligada a isso... Tal dignidade, para vós, tem sido terrível estorvo, pois ultimamente esteve sempre em guerra com vosso interesse, vosso senso de equidade e cada uma das ideias contidas em vossa política."

O "terrível estorvo" tem perseguido artífices da política em todos os séculos. Benjamin Franklin, homem sábio e dos poucos que extraíam princípios da experiência política tendo capacidade para formulá-los depois, escreveu, durante a crise da Lei do Selo, que não se deveria imaginar que a honra e a dignidade sejam mais bem-servidas "quando se persiste em determinada medida errada depois de adotá-la; o certo será retificar o erro tão logo se torne perceptível".

Na América, a Lei do Porto de Boston transformou-se em centelha da solidariedade. Rhode Island produziu a primeira convocação para um congresso intercolonial, enquanto as cidades de Connecticut realizavam reuniões indignadas e providenciavam ajuda em dinheiro e provisões destinadas a Boston, prometendo "tingir os altares americanos com o sangue de nossos corações", se necessário. O velho matador de índios e soldado da Guerra dos Sete Anos, o coronel Israel Putnam, presidente do Comitê de Correspondência de Connecticut, pessoalmente conduziu 130 ovelhas pelos 160 quilômetros que separavam sua casa, em Pomfret, de Boston. Baltimore enviou mil alqueires* de grãos, e doações foram recebidas de todas as 13 colônias. Os líderes dos patriotas pediram completa rejeição ao chá nas colônias, o contrabando foi suspenso, nos prados das aldeias era posto fogo no chá, esse "lixo danoso", substituindo-se a bebida por ervas quase intragáveis denominadas "chá da liberdade".

A convocação para um congresso foi rapidamente apoiada por Nova York e Filadélfia, obtendo adesões de 12 colônias no decurso do verão. Muitos americanos estavam convencidos de que – como

*O alqueire, medida de capacidade para cereais, mede 35,238 litros nos Estados Unidos e 36,367 litros na Inglaterra. (*N. do T.*)

Jefferson escreveu na minuta de instruções aos delegados do congresso da Virgínia – as perseguições britânicas "adotadas de forma inalterável a cada mudança ministerial demonstram de forma cabal plano deliberado e sistemático de reduzir-nos à escravidão".

Isso transformou-se em artigo de fé na América. George Washington partilhava da ideia e falou de "plano habitual, sistemático, (para) fixar os grilhões da escravidão". Thomas Paine sustentava a existência de "rígida determinação do Gabinete britânico de entrar em querelas com a América em todas as oportunidades possíveis", a fim de cassar as cartas-régias e controlar o progresso populacional e de propriedades. Essa acusação se fazia conveniente porque justificava a recente rebelião e, verdade seja dita, se realmente a Inglaterra entretinha planos de forçar as colônias à insurreição buscando, depois, subjugá-las, então sua conduta política tornava-se racional. Infelizmente, no que tange ao aspecto "racional", tal versão não se reconcilia com as revogações, desistências, dilatações e decisões casuais ou individuais. Em vez de "sistemática e deliberada", como denunciavam os críticos, a política britânica era exatamente o oposto. "Essas histórias de endurecimento e revogação", gritou Burke, exasperado, "de intimidações e coerções... essa coisa de fazer e desfazer... de forçar e relaxar... Ora, adotemos qualquer método antes de terminar esta reunião... Abracemos alguma espécie de conduta consistente!"

Acreditando, pois, no contrário – que a política inglesa *era* consistente –, os americanos evoluíram até o rompimento declarado. Unindo as colônias num organismo, os "atos coercitivos" obtiveram a mesma coesão do adversário conseguida duzentos anos depois pelos japoneses com seu ataque a Pearl Harbour – para idênticos resultados. O primeiro Congresso Continental de 56 membros, representando todas as colônias, exceto a Geórgia, reuniu-se na Filadélfia em setembro de 1774. Foi declarado que todos os atos do Parlamento atinentes às colônias, desde 1763, haviam violado os direitos americanos e decidiram, portanto, renovar a "não importação" até que ditos atos fossem revogados. Caso não se verificasse correção dos agravos no prazo de um ano, passariam ao "não intercâmbio", isto é, seriam paralisadas exportações e importações. Foram também adotadas dez resoluções em torno dos direitos de autogoverno, inclusive a autotaxação por suas legislaturas e, sob pressão dos radicais, endossada por resoluções de Suffolk County, em Massachusetts, que declaravam os "atos coercitivos" inconstitucionais e nulos. Ficou resolvida a desobediência até a revogação, aconselhando-se os cidadãos a formarem milícias para se defenderem de possíveis ataques. Embora jurassem fidelidade à Coroa, passavam a considerar-se "domínio" não sujeito ao Parlamento. A fim de não assustar os conservadores entre eles, nada foi proclamado a respeito de independência, "um fantasma de semblante aterrador", declarou John Adams, "capaz de fazer com que uma pessoa delicada ficasse a tremer tendo de fitar sua face".

Alguns estavam preparados, entretanto, como escreveu Jefferson em suas instruções aos delegados de Virgínia, "para unirem-se debaixo de um plano generoso". Suas condições estatuíam que não deveria haver limitações em comércio externo, nem tampouco tributações ou regulamentos sobre propriedades "por nenhum poder na terra, além do nosso". Joseph Galloway, da Pensilvânia, líder dos conservadores no congresso, oficialmente apresentou plano similar de "união proposta entre Grã-Bretanha e suas colônias", mas poucos delegados o apoiaram. Eram homens que não desejavam se unir com a Inglaterra, que tinham na conta de corrupta, decadente e hostil à liberdade. "Quando considero", escreveu Franklin a Galloway, "a extrema corrupção prevalecente entre todos os tipos de criaturas nesse velho Estado carcomido", com seus "inumeráveis e desnecessários empregos, enormes salários, pensões, vantagens, comissões pagas indevidamente, querelas fúteis, expedições idiotas, contas falsas ou ausência de contas, contratos e negócios que devoram todas as receitas...", sentia mais prejuízos que benefícios numa união mais estreita.

Conforme a crise de relacionamento se aprofundava, a ideia de união encontrava advogados entre pensadores progressistas na Inglaterra. Em 1776, Adam Smith a proporia em *A riqueza das nações* como forma de "prosperidade, esplendor e duração do império". No mesmo ano, o Dr. Richard Price, líder intelectual dos não conformistas, acenava com a união anglo-americana à base de igualdade em suas *Observações sobre a natureza da liberdade civil e da guerra com a América*. Inspirado no Iluminismo, baseou sua argumentação nas liberdades civis "doadas pela razão, equidade e direitos humanos".

Estava aqui a alternativa a ser apresentada com uma das mãos, enquanto a outra jogava com a rebelião, embora dizer que esta seria uma alternativa viável, a essa altura, corresponda a previsão exagerada. A maior parte da opinião na Inglaterra nem por um momento tolerava a ideia da união com a América, e a federação não poderia ser alcançada em qualquer caso, pois ninguém no poder na Grã-Bretanha deixaria de bradar o direito de regular o comércio. Essa não era, contudo, a condição de todos, e se tivesse havido interesse e vontade em ambos os lados, alguma forma de federação poderia ser lentamente trabalhada. Por ora, era ainda demasiado cedo. Ideias fixas e preconceitos pesavam contra, e a tecnologia das comunicações através dos oceanos estava cem anos distante.

A Inglaterra detectou traição na desagradável unidade do Congresso Continental. A essa altura o uso da força se tornara ideia aceitável. Chegavam cartas do general Gage, a cada dia mais alarmantes, que afirmavam estar se espraiando rapidamente "a flama da sedição", não sendo confinada a uma "facção" de agitadores, mas partilhada pelo conjunto de proprietários e fazendeiros em Massachusetts e seus vizinhos, e finalmente, que toda a Nova Inglaterra deveria ser considerada em franca rebelião, com estocagem de armas, munições e até mesmo artilharia. Em novembro, o rei concordou em que "deveria ser decidido a murros" se as colônias ficariam submissas ou independentes, e não pareceu "lamentar que uma linha de conduta se configurasse, por fim".

O Gabinete decidiu enviar três navios de guerra com reforços, mas como todos deveriam entregar-se à cabala eleitoral para as próximas eleições, a ação foi protelada até que o novo Parlamento pudesse se reunir. Na ocasião, dentro do Ministério, para não dizer dentro do Gabinete interno, o visconde de Barrington, há muito secretário da Guerra, manifestou-se contrário. Embora em princípio favorável à linha-dura no problema americano, ele era dos poucos em qualquer grupo que necessitava sentir os fatos e desenvolvimentos penetrando e influenciando seu pensamento. Em 1774, acreditava que o processo de coagir as colônias ao nível da resistência armada seria desastroso. Ele não se tornara, de forma alguma, pró-americano ou mudara suas lealdades políticas; havia chegado, simplesmente, à conclusão profissional – como expôs a Dartmouth em duas cartas, de novembro e dezembro de 1774 – de que uma guerra terrestre na América seria fútil, custosa e impossível de vencer. Fútil porque estava perfeitamente demonstrado que a Inglaterra jamais conseguiria obrigar à taxação interna com sucesso; custosa e impossível de vencer em face de que as áreas conquistadas deveriam ser mantidas à custa de enormes exércitos e fortalezas "cujas despesas seriam ruinosas e perpétuas", além de produzirem "os horrores e derramamento de sangue da guerra civil". O objetivo de uma tal guerra, para a Inglaterra, estava em provar sua supremacia sem ter capacidade de utilizá-la: "Repito: nosso conflito é meramente ponto de honra" e "irá nos custar muito mais do que jamais ganharemos uma vez obtendo sucesso".

Barrington propôs que, em vez de reforçar o Exército em Massachusetts, as tropas deveriam ser retiradas de Boston, deixando aquela cidade no "estado enlouquecido" em que se encontra, até mostrar-se disposta a cooperar. Sem seus pequenos sucessos e "a violência da perseguição" a animar as colônias, a rebeldia acabaria esmaecendo, e elas eventualmente buscariam negociar.

A marca registrada de tanta insensatez – desproporção entre esforço e possíveis ganhos – e o "terrível tropeço" da honra foram nitidamente expressos por Barrington, mas, visto que seu departamento não se ocupava em fazer política, sendo meramente administrativo, suas opiniões não produziram qualquer efeito. Solicitado a implementar a política em que não acreditava, pediu demissão, mas tanto o rei quanto North o seguraram, não desejando revelar discordâncias em suas fileiras.

Em Londres, a opinião popular inclinava-se fortemente em favor das colônias, a ponto de os cidadãos livres londrinos escolherem dois americanos, Stephen Sayre, de Long Island, e William Lee, de Virgínia, como xerifes. Os candidatos aos assentos londrinos eram obrigados a assinar um termo apoiando lei que daria à América o direito de eleger seu próprio Parlamento e taxar a si mesma. Demonstrando igual força de convicção, embora oposta, um mais notável londrino, o Dr. Samuel Johnson, expressou a certeza de que os "americanos eram uma raça de bandidos que jamais se mostrarão gratos ao que lhes oferecermos, salvo a forca". Seu violento panfleto – *Taxação, e não tirania* – deliciou os proprietários rurais, as universidades, a Igreja Anglicana e toda a comunidade firmemente antiamericana. Privadamente, contudo, comentou com Boswell a respeito de "nossa administração hesitante e tímida" e, no decurso do ano, disse que "o caráter do governo inglês, no presente estágio, é de pura imbecilidade".

A última oportunidade para a Inglaterra preservar seu próprio interesse, adotando alternativa viável, foi oferecida quando o Parlamento foi convocado, em janeiro de 1775, pelo maior estadista de seu tempo, lorde Chatham, agora doente e debilitado. Em 20 de janeiro, ele propôs a imediata retirada das tropas de Boston, como evidência de que a Inglaterra estava disposta a fazer os "primeiros avanços no caminho da concórdia". Disse que as tropas significavam provocação sem serem eficazes. Poderiam marchar de cidade em cidade, reforçando temporária submissão, "mas de que forma poderíamos assegurar a obediência das gentes que deixamos atrás de nossos passos...?". Resistência "ao vosso arbitrário sistema de tributação é algo que pode ser perfeitamente previsto". Que poderio será necessário para derrubar essa resistência? "Ora, meus lordes, uns poucos regimentos na América e 17 mil ou 18 mil homens aqui... A simples ideia disso é ridícula!" Submeter uma região que se estende por 3 mil quilômetros, vastamente povoada, corajosa e vibrando com o espírito da liberdade, torna-se tarefa impossível. "Estabelecer despotismo numa poderosa nação é empresa vã, fatal. Seremos forçados a nos retirar. Retiremo-nos, pois, enquanto podemos; e não quando nos virmos obrigados a isso."

Estava em cena a magistral eloquência do velho Pitt; entretanto, arrogante em sua genialidade, ignorou as necessidades políticas, não pediu votos para sua moção, falhou até em avisar – salvo a Shelburne – que iria usar da palavra e produzir a moção. Tudo o que disse a Shelburne resumiu-se na afirmação de que iria bater na porta "desse Ministério sonolento e confuso". Seu realismo foi ríspido, a antevisão atingiu plenamente o alvo, mas a casa não desejava realidades; desejava chicotear os americanos. Surpreendida com a inesperada moção, a oposição "ficou a olhar e encolher os ombros; os cortesãos também olharam, mas riram", escreveu Walpole, e a proposta de Chatham obteve apenas 18 "sim", contra 68 "não".

Embora seu mágico domínio tivesse desaparecido, Chatham não perdera o espírito do "Eu sei que posso salvar este país e somente eu posso fazê-lo". Após conferenciar privadamente com Benjamin Franklin e outros americanos, apresentou em 1.º de fevereiro uma resolução visando pacificar a crise, na qual propunha revogação dos "atos coercitivos"; cancelamento da tributação sem consentimento; reconhecimento do Congresso Continental que seria responsável por assegurar a autotributação das colônias, destinada a levantar receitas para a Coroa pagar suas despesas na América; Judiciário independente, com júri; e a não remoção de acusados para julgamento na Inglaterra. A regulamentação do comércio externo e a distribuição de um exército em condições de combate eram direitos da Coroa a serem exercidos quando necessário. Lorde Cower, líder do grupo de Bedford desde a morte do duque, "ergueu-se em grande fúria" para condenar a resolução como traição aos direitos do Parlamento. "Todos os fios de nosso interesse, cada motivo de dignidade e cada princípio de bom governo", disse ele, requeriam a afirmação "da supremacia legislativa, por inteiro, sem decréscimos".

Trinta e dois pares votaram a favor do plano de conciliação de Chatham que, obviamente, foi rejeitado pela maioria. Não lhe foi possível salvar um império para os relutantes. Amargurado com as casquinadas durante os debates, ventilou sua frustração numa denúncia sumária feita no tom mais selvagem jamais escutado por um governo: "O conjunto de vossa conduta política tem sido uma contínua série de fraquezas, temeridade, despotismo, ignorância, futilidade, negligência, notório servilismo, incapacidade e corrupção."

No dia seguinte, o governo apresentou uma resolução declarando a Nova Inglaterra em estado de rebelião e solicitando aumento de tropas para reduzi-la à obediência. Os "não" entre os comuns chegaram a 116, embora a resolução tenha passado rapidamente junto com o "ato restritivo" de pressão econômica, através do qual eram excluídas da indústria pesqueira de Newfoundland as colônias da Nova Inglaterra, cujo comércio somente poderia ser feito com os portos britânicos, proibidos os demais. O Gabinete designou três oficiais-generais para servirem na América: William Howe, John Burgoyne e Henry Clinton. Que o futuro desses três comportaria um chamamento de volta e depois rendição era, então, inimaginável.

Ao mesmo tempo, três regimentos foram enviados para reforço do general Gage, e o rei pediu a sir Jeffery Amherst, ex-comandante-chefe durante a Guerra dos Sete Anos, que assumisse novamente o comando das forças na América sob a teoria ambivalente de que alguém já conhecido, merecedor da confiança colonial, poderia "levar aquele povo iludido à fiel obediência, sem ser necessário encostar-lhes navalhas nos pescoços". Seja por duvidar dos resultados ou por repúdio da política adotada, o certo é que Amherst, apesar do pariato que lhe foi oferecido, declinou de servir contra os americanos "a quem devia muitos favores". Não foi ele o único a fazer tal recusa.

Subitamente, North pareceu vacilar, também. Pressionado por Dartmouth, que ainda tentava obter um ajuste pacífico, apresentou sua "proposição conciliatória", na qual oferecia não tributação a qualquer colônia que se dispusesse a levantar receitas destinadas à administração e defesa em montantes aprovados pelo rei e pelo Parlamento. "Incerteza, surpresa e lástima refletiam-se em todos os semblantes", até que se tornou evidente o propósito do plano: dividir as colônias, jogando-as umas contra as outras; mas, visto que não oferecia revogação dos "atos coercitivos", a proposição não seria aceita, de qualquer forma.

Burke prolongou essa última oportunidade num esforço máximo, mediante caudalosa oratória – pois jamais conseguiu discursar sem ser de forma torrencial. Seu ponto capital girava em torno da "necessidade absoluta de ser mantida a concórdia neste império pela unidade do espírito". Isso somente seria possível, disse, caso se possuísse a soberania, sem exercê-la, porém. Gostassem dessa realidade ou não, a verdade é que o espírito da liberdade americana existia – seus ascendentes haviam emigrado devido a ele – e permanecia mais forte entre os colonos ingleses do que provavelmente em qualquer outro povo do planeta. "Não pode ser removido, não pode ser suprimido; em consequência, o único meio que nos resta é agir de acordo ou, se preferirem, submetermo-nos a ele como a um mal necessário." Formulou, nesse ponto, o magno princípio: "Magnanimidade no governo não raro representa verdadeira sabedoria; um grande império e mentalidades mesquinhas não combinam." Deixem os "atos coercitivos" serem repelidos, deixem os americanos taxarem a si mesmos, "por concessão e não através de imposição". Permitam-lhes liberdade e oportunidade de enriquecer, e eles nos suprirão com todos os recursos de que viermos a necessitar contra a França e a Espanha.

Para magnanimidade são necessárias, entretanto, mentalidades arejadas. Jorge III, seu Ministério e a maioria no Parlamento, alheios à lógica e aos próprios interesses, continuaram no curso traçado, cujo desaguadouro era a repressão. Tornava-se cristalino o fato de que mesmo na hipótese de vitória, considerada duvidosa por Amherst e Howe, acabariam perdedores pela inimizade criada. Não se tratava de percepção esotérica. "Eis uma espécie de guerra em que até a vitória nos arruinará", escreveu Walpole, na ocasião, ao seu amigo Horace Mann. Por que estariam o rei e o Gabinete cegos a tal resultado? Porque não conseguiam pensar além das meras afirmativas de supremacia e pressupunham, sem maiores considerações, que a vitória militar sobre "a ralé" seria indiscutível. Jamais duvidaram que os americanos sucumbiriam ante as armas britânicas. Esse constituía o fator determinante. Um certo coronel Grant, dizendo ter servido na

América, bem conhecendo os americanos, assegurou à Câmara dos Comuns que "eles não lutarão. Nunca terão audácia de enfrentar um exército inglês, além de não possuírem as qualificações necessárias do bom soldado". A Câmara dos Lordes escutou também o mesmo tipo de afirmativa. Lorde Sandwich, replicando a um membro da oposição, que advertia no sentido de que as colônias viriam com número ilimitado de homens, disse em tom enfatuado: "E que significa isso? São toscos, indisciplinados, covardes" e quanto maior seu número, melhor, porque "se não fugirem na correria desbragada, irão morrer de fome até obedecer às nossas ordens". Ele e seus colegas sentiam-se felizes por ver a interminável querela com as colônias finalmente confiada à solução pelas armas, pois aqueles que se sentem os mais fortes sempre consideram ser essa a melhor providência.

Além do mais, continuavam a acreditar, como disse lorde Gower, que a linguagem rebelde dos americanos "era a da ralé e de uns poucos líderes de facções" e que os delegados do Congresso Continental, "longe de representarem a porção realmente respeitável dos habitantes", tinham sido escolhidos "por uma espécie de força com a qual as pessoas responsáveis evitam se envolver". Embora houvesse certa procedência no tocante à ideia que formulavam sobre as "pessoas de responsabilidade", isso não era, de forma alguma, tão genérico ou determinante como lhes parecia.

Prepararam-se preguiçosamente, em decorrência dessas premissas. Embora o início de hostilidades fosse consequência previsível dos "atos coercitivos" do ano anterior, nenhuma medida tendente à prontidão militar tivera curso no ínterim. Sandwich, o fanfarrão, há muito advogado da solução pelas armas, nada fizera, como primeiro-lorde do Almirantado, para preparar a Marinha, essencial ao transporte e bloqueio; na verdade, reduzira sua força em quatro mil homens, ou um quinto do total, por volta de dezembro de 1774. "Demos um passo tão decisivo quanto a passagem do Rubicão", diria o general Burgoyne alguns meses depois, "e encontramo-nos agora mergulhados numa guerra muito difícil, sem nenhum requisito cumprido, exceto no tocante aos estoques de pólvora."

Em abril de 1775 o general Gage, tomando conhecimento da existência de grande número de armas estocadas em Concord, 30 quilômetros além, adotou a decisão óbvia de destacar uma força para destruí-las. A despeito de haver tentado movimentação sigilosa, lanternas de aviso cintilaram, mensageiros galoparam, os *minute men** reuniram-se em Lexington, trocaram tiros e espalharam-se. Enquanto os casacos-vermelhos marchavam na direção de Concord, o pessoal do campo, alertado, levantou-se, e homens com seus mosquetes surgiram de todas as vilas e fazendas, submetendo as tropas britânicas, que retomavam a perseguição constante e tiroteio acurado e mortal, a ponto de ser necessário resgatá-los com dois regimentos saídos de Boston. "A terrível tragédia teve início", comentou amargamente Stephen Sayre quando as novas do evento chegaram a Londres.

Parecia ainda discutível, em Londres, que a guerra de verdade tivesse começado; os acontecimentos inspiraram um último apelo desapaixonado ao senso comum, vindo do líder metodista John Wesley. Em carta dirigida a lorde Dartmouth, e datada de 14 de junho, escreveu: "Deixando de lado todas as considerações sobre o que é certo ou errado, pergunto se lhe parece de bom-senso usar força contra os americanos. Não serão vinte mil soldados - pode, até, triplicar esse número -, lutando 5 mil quilômetros distante de sua terra e dos suprimentos, que poderão esperar a conquista de uma nação lutando por sua liberdade." Baseado nas informações de seus pregadores na América, ele sabia que os colonos não eram camponeses prontos a fugir à vista de um casaco-vermelho ou ao som dos disparos dos mosquetes, mas, ao contrário, duros homens de fronteira, acostumados à luta. Não seriam derrotados facilmente. "Não, meu lorde, eles estão terrivelmente unidos... Pelo amor de Deus", concluiu Wesley, "Lembrai-vos de Roboão! Lembrai-vos de Felipe II! Lembrai-vos do rei Carlos I!"

**Minute men*: milicianos da guerra da independência americana, que se comprometiam a entrar em ação imediatamente. (*N. do T.*)

As crises não purgam, necessariamente, um sistema de sua insensatez; velhos hábitos e atitudes custam a morrer. A conduta da guerra pelo governo seria marcada por lerdeza, negligência, opiniões em choque, julgamentos incorretos e fatais a respeito do oponente. Direção preguiçosa na metrópole traduziu-se em frouxo comando militar no campo de batalha. Os generais Howe e Burgoyne tinham sido céticos desde a primeira hora, e a indolência de Howe, quando no comando, tornou-se proverbial. Outros militares também duvidavam no que se referia ao uso de forças terrestres para conquistar a América. O chefe do Departamento de Pessoal do Exército, general Edward Harvey, considerava todo o projeto "ideia de tal forma absurda como jamais outra contrariou o senso comum".

Os ministros subestimavam tarefas e necessidades. Materiais e tropas revelavam-se inadequados, os navios, insuficientes, com defeitos e tripulações incompletas; problemas de transporte e comunicações não eram considerados em Londres, onde se mantinha a direção da guerra – a uma distância que exigia entre dois e três meses para trânsito de cartas e respostas. Acima de tudo, o desempenho foi afetado pela impopularidade da guerra contra gente do mesmo sangue. "O ardor da nação nesta causa", concluiu lorde North após Lexington e Bunker Hill, "não chegou ao nível que seria desejável." Foram magros os resultados do alistamento, com menos de duzentos recrutas em três meses; isso levou ao emprego de mercenários hessenos oriundos da Alemanha (totalizando um terço de todas as forças britânicas na América). Embora a utilização de mercenários fosse comum nas guerras inglesas, num tempo em que o serviço militar era malvisto pelo homem comum, o uso de hessenos foi a coisa que mais contribuiu para antagonizar os coloniais, convencendo-os da tirania britânica e endurecendo seu ânimo. A Revolução Americana, com todos os seus próprios erros e falhas, cabalas e descontentamentos, teve sucesso em virtude da incompetência britânica.

Somente quatro meses depois de Lexington e Concord e um mês após as notícias da batalha de Bunker Hill, a América foi reconhecida como em "rebelião aberta e declarada"; o ínterim consumiu-se em políticas ambivalentes, querelas na disputa de cargos, além das costumeiras abstenções para temporadas de caça aos galos silvestres e pesca do salmão. O rei, no interregno, estivera pressionando no sentido de uma declaração de rebelião que determinasse o prosseguimento, "com vigor, de todas as medidas tendentes a forçar aquele povo iludido a submeter-se". Lorde Dartmouth, como secretário das Colônias, procurava, ainda, aberturas para entendimento não violento; moderados fora do Gabinete e os experimentados subsecretários tinham esperanças de evitar um rompimento; o grupo de Bedford fervia por ação. Lorde Barrington continuava insistindo que as colônias poderiam ser submetidas por operações navais apenas, através de bloqueio e interrupção do comércio; os irmãos Howe – general sir William e almirante lorde Richard –, nomeados comandantes em chefe, respectivamente, das forças de terra e mar na América, acreditavam ser a negociação preferível à guerra e pretendiam designação conjunta, como comissários da paz, para buscar tal entendimento. Lorde North, avesso a tudo que fosse definitivo, tentava postergar atitudes irreversíveis.

Viu-se forçado, contudo, a recuar, face às pressões do Gabinete Bedford e do rei. A "Proclamação de Sua Majestade para suprimir sedição e rebelião" foi editada em 23 de agosto. Ao anunciar o "traiçoeiro" levante americano contra a Coroa, definia o movimento como uma conspiração de "homens perigosos e malignos", contrariando, assim, a torrente de relatórios do general Gage e dos governadores locais que diziam tratar-se de revolta a incluir todas as classes e pessoas. A insistência em noções preconcebidas contrárias às evidências é um mecanismo para autoiludir-se, característico da insensatez. Pelo fato de esconder a realidade, faz com que se subestime o grau necessário do esforço a ser despendido.

Nesse meio-tempo, os moderados do Congresso Continental tiveram êxito em obter a "Petição do ramo de oliveira", que professava lealdade e obediência à Coroa, apelando ao rei para suspender as hostilidades e revogar medidas opressivas em curso desde 1763, ao passo que manifestava esperança numa reconciliação. A recusa de Jorge III em receber a petição quando chegou a Londres, em agosto, e sua "Proclamação para suprimir a rebelião", editada poucos dias depois, definitivamente encerraram essa abertura americana – ou fosse lá o que fosse. No Parlamento, uma moção dos opositores, visando considerar o "ramo de oliveira" base para negociações, chocou-se com a rotineira negativa da maioria.

Seguindo-se à Proclamação, o ato definitivo foi a retirada de lorde Dartmouth do cargo de lorde do Selo Privado e sua substituição como secretário das Colônias pelo vigoroso advogado do "façamos os rebeldes caírem de joelhos através da força das armas" – lorde George Germain. Um Sackville de Knole por nascimento,* filho mais jovem do sétimo conde e primeiro duque de Dorset, ele havia superado uma estranha história de corte marcial e ostracismo, vindo a obter o favor real; propiciando ao rei o tipo de conselhos que o monarca esperava escutar, ganhou o posto crítico relacionado com a América, no Gabinete.

Como general do Exército e comandante da Cavalaria britânica na batalha de Minden, em 1759, lorde George, inexplicavelmente, recusou-se a obedecer à ordem de seu superior, o príncipe Ferdinando de Brunswick, de levar a efeito uma carga de cavalaria destinada a dar o toque final à vitória contra os franceses. Demitido do serviço, chamado de covarde pela sociedade, julgado por desobediência, foi declarado em veredito da corte marcial "incapaz para o serviço militar de Sua Majestade, não importa em que condição", sentença devidamente registrada nos livros de todos os regimentos ingleses. "Eu sempre disse", escreveu seu pobre irmão meio louco, lorde John, "que meu irmão George não era melhor que eu."

Embora o labéu de covardia só de forma muito singular se pudesse ajustar a uma árdua carreira militar de mais de vinte anos, lorde George jamais explicou sua conduta em Minden. Ríspido e arrogante,

---

*O sobrenome Germain foi adotado em 1770, depois de haver recebido a herança de um amigo da família que tinha esse nome.

provinha de linhagem que "viveu em maior esplendor que qualquer outro nobre na Inglaterra". Seu avô livrara-se da acusação de homicida tão somente pela intervenção amigável do rei Charles II. O pai, elevado a duque quando George tinha 4 anos de idade, costumava receber tantos postulantes e conhecidos que, aos domingos, sua casa parecia cenário de alguma recepção real. Homem nada simpático, lorde George já adquirira inúmeros inimigos por suas críticas contra colegas, mas ao cabo de alguns anos, com o apoio de Sackville e uma vontade de ferro, elevou-se acima da desgraça e recuperou o status devido à sua posição e família. Mais ríspido ainda e talvez mais astuto também, devido à experiência, tornava-se, agora, o ministro a cujo cargo estava entregue a guerra.

Opondo-se, como o restante do Gabinete e os amigos do rei, a qualquer esforço conciliatório, lorde George resistiu enfaticamente ao plano de uma comissão de paz destinada a tratar com as colônias. Quando lorde North tentou a opção, com a qual se comprometera antes, Germain insistiu em modificar os pontos básicos. Seus termos exigiam que as colônias reconhecessem, antes de qualquer conferência, a "suprema autoridade da legislatura em fazer leis às quais as colônias estão obrigadas, sem discussão de espécie alguma". Visto que a coerente rejeição desses princípios durante dez anos fora a causa da revolta, tornava-se perfeitamente óbvio, como salientou lorde North, que tal fórmula condenaria a comissão de pacificação ao fracasso. Dartmouth disse claramente que renunciaria ao Selo Privado se as instruções vigorassem. North compreendeu que ele também cairia caso seu meio-irmão se demitisse.

Discussões intermináveis dos termos desse documento seguiram-se. Alguns exemplos: a expressão "de espécie alguma" deveria ou não constar do texto? A anuência colonial ao princípio da supremacia deveria preceder ou tornar-se parte do acordo? Os comissários teriam poderes discricionários? O almirante Howe teria, simultaneamente, comando naval e participação no grupo pacificador? De mistura com tais questões vicejavam velhas disputas sobre quem ocuparia diversos cargos vagos nos subgabinetes com a demissão de oponentes da guerra, enquanto o Parlamento, depois de se reunir em janeiro de 1776, esgotava o tempo arguindo a propósito das contestações eleitorais e dos altos preços cobrados pelos príncipes germânicos no aluguel de suas tropas. Nem o rei nem o Gabinete destinavam um único pensamento, considerando os termos americanos, para uma forma de autonomia sob a coroa; a comissão de paz existia, principalmente, para efeito junto à opinião pública e em face da ilusão, ainda persistente, de dividir as colônias. Sob a dominadora direção de Germain, escreveu o Dr. Joseph Priestley, um dos amigos de Franklin: "qualquer coisa que se assemelhe a razão e moderação" não deve ser esperada. "Tudo respira rancor e desespero."

Ao tempo em que termos e condições ficaram estabelecidos, por volta de maio de 1776, os eventos tornaram-nos obsoletos. O panfleto de Thomas Paine, *Senso comum,* pregando ousadamente independência, galvanizara as colônias, convencendo milhares sobre a necessidade da rebelião e fazendo com que fossem com seus mosquetes para os centros de recrutamento. George Washington fora nomeado comandante em chefe; Forte Ticonderoga rendera-se à companhia de Ethan Allen, composta de 83 homens; o general Howe, pressionado pela notável movimentação de canhões feita pelos americanos, de Ticonderoga e Dorchester Heights, fora forçado a evacuar Boston; as forças britânicas, engajadas em combate pleno, estavam vencendo no sul e no Canadá. Em junho, o Congresso Continental escutou a resolução apresentada por Richard Henry Lee, da Virgínia, na qual se declarava que as Colônias Unidas "são e, de direito deverão ser, Estados livres e independentes". Em 2 de junho, a Declaração de Independência formal foi votada sem dissensões, mas com revisões aduzidas em segunda votação (de 4 de julho).

Em setembro, após a vitória de Howe na batalha de Long Island, seu irmão, o almirante, conseguiu, na condição de comissário de paz, uma conferência com Benjamin Franklin e John Adams representando o Congresso Continental, mas, como ele não tinha autoridade para negociar, a menos que as colônias voltassem à obediência e revogassem a Declaração de Independência, o encontro nada produziu. Assim, ambos os lados perderam a tentativa de protelar e depois reverter a ruptura.

Os oponentes da guerra fizeram-se ouvir desde o começo, embora suplantados em número pelos que a apoiavam. Seguindo o exemplo de Amherst, outros, na Armada e no Exército, recusaram-se a servir contra os americanos. O almirante Augustus Keppel, que lutara durante toda a Guerra dos Sete Anos, declarou-se fora desta. O conde de Effingham renunciou à sua comissão no Exército, desgostoso de brandir armas naquilo que não lhe parecia "causa muito límpida". O filho mais velho de Chatham, John, integrante de um regimento no Canadá, desistiu e voltou para casa, enquanto outro oficial que permaneceu com o regimento na América expressou a opinião de que, "sendo esta uma guerra impopular, os homens de talento não desejam arriscar suas reputações tomando parte ativa nela". Tamanha liberdade de ação encontrava amparo no general Conway quando declarara ao Parlamento que, embora um soldado inquestionavelmente devesse obediência no tocante às guerras externas, em caso de conflito doméstico, porém, deveria satisfazer sua consciência quanto à justiça da causa; pessoalmente, ele "jamais desembainharia a espada" no presente litígio.

Animando tais sentimentos havia a crença de que os americanos lutavam pelas liberdades da Inglaterra. Interdependentes, ambos seriam "sepultados no mesmo túmulo", disse o orador da oposição, lorde John Cavendish, ou resistiriam para sempre. Os quatro membros londrinos do Parlamento e todos os xerifes e vereadores permaneciam firmes defensores das colônias. Moções eram apresentadas tanto nos Comuns como na Câmara dos Lordes, opondo-se ao aluguel de mercenários estrangeiros sem aprovação prévia do Parlamento. O duque de Richmond propôs, em dezembro de 1776, um acordo baseado em concessões à América, cuja resistência considerava "perfeitamente justificável em todos os aspectos políticos e morais". Foi feita uma subscrição pública em benefício das viúvas, órfãos e pais dos americanos "desumanamente assassinados pelas tropas do rei dentro ou nas proximidades de Lexington e Concord".

Reconhecendo as contradições do próprio interesse na guerra americana, um *cartoon* político, de 1776, caricaturava o Leão Britânico adormecido, enquanto os ministros ativamente se empenhavam em abrir as entranhas do ganso que punha ovos de ouro. Observadores do tipo de Walpole percebiam essas contradições, também. Fosse ou não conquistada a América, "nada de bom resultaria", pois se um exército a governasse, o país, em vez de atrair colonos e comércio, "ficará deserto, transformando-se num ônus para nós, como o Peru e o México, com todas as suas minas, têm sido para a Espanha... Oh, a insensatez, a loucura e a culpa de nos terem precipitado em tamanho abismo!". Até para Boswell, em seus pensamentos privados, as medidas do governo eram "maldigeridas e violentas", e o Ministério, "louco por deflagrar esta guerra desesperada".

A opinião governamental de apoio à guerra não era menos taxativa ou mais genérica. Nem todos endossariam a destemperada explosão do Dr. Johnson: "Estou pronto a amar toda a humanidade, *exceto os americanos*", ou chegar ao extremo dos absurdos pronunciados pelo marquês de Carmarthen, um dos amigos do rei, que indagou, num debate, "qual seria o propósito pelo qual (os colonos) deram-se ao incômodo de mudar-se àquele país senão o de fazer com que o lucro de seu trabalho viesse ter às mãos de seus amos aqui?". Todavia, nuanças desses sentimentos eram largamente compartilhadas. (Notável fator da atitude britânica estava em sua redonda ignorância de como e por que as colônias tinham sido povoadas.)

O sentimento comercial foi definido por Bristol, região eleitoral de Burke, a que ele se dirigiu em sua *Carta aos xerifes de Bristol* com lógica implacável e medíocres resultados, visto que os mercadores, comerciantes e clero do ativo porto já se haviam dirigido ao rei propondo firme coesão. Os proprietários de terras e a sociedade elegante concordavam. Todas as moções dos opositores acabavam rotineiramente derrotadas no Parlamento, onde a maioria sustinha o governo com fidelidade, não apenas por lealdade interesseira, mas pela grosseira convicção do partido nacional de que a supremacia devia ser prestigiada e as colônias, submetidas.

A impotência da oposição, cujo número se aproximava de uma centena, era devida não apenas ao poder dos titulares, mas também à sua própria falta de coesão. Chatham, colhido em outro período de debilidade, esteve fora de combate da primavera de 1775 à primavera de 1777, mas tal qual Hamlet, não a tal ponto demente que sob uma luz adequada deixasse de distinguir alhos de bugalhos. Depois da Declaração da Independência americana, predisse ao seu médico, o Dr. Addington, que se a Inglaterra não mudasse de política, a França apoiaria a causa da América. Esperava, apenas, que os britânicos mergulhassem mais fundo "nessa guerra contra si mesmos", antes de tomar partido aberto.

Entretanto, quando ativo, Chatham jogou com as próprias cartas, desprezando qualquer coligação. Sua arrogância e recusa em operar como líder atuante deixou a oposição sujeita a agir separadamente e ao sabor das hesitações de suas figuras principais. Richmond, que emergira como o mais agressivo e fluente orador dos lordes, odiava Chatham e, temperamentalmente, não era líder, nem liderado. Charles James Fox, jovem estrela ascendendo na oposição, brilhava nos comuns com sagacidade e senso de invectiva, como Townshend fizera antes, mas também desempenhava papel solitário. Embora acreditando na justiça da causa americana, eles não podiam deixar de ficar temerosos de que uma vitória da democracia representasse ameaça à supremacia parlamentar e perigoso estímulo ao movimento da reforma.

Sentir-se abominado por seu próprio governo e sempre vencido nas votações era algo desesperante. Richmond confessou esses sentimentos a Rockingham, que tentava manter a frente oposicionista e o convocara para comparecer à votação de uma lei proibindo o comércio com as 13 colônias durante a rebelião. "Confesso sentir-me por demais abatido a respeito desse problema americano", escreveu ele. Não lhe parecia prático fazer oposição a esta e àquela lei; "devemos nos opor ao sistema por inteiro". Não foi a Londres e, mais tarde, mudou-se para a França, a fim de regularizar aspectos legais de um pariato que lá possuía. "Pode ser boa coisa para se possuir", escreveu a Burke, pois talvez não estivesse distante o dia "em que a Inglaterra ficará reduzida à condição de escrava", e caso se encontrasse entre os proscritos, "com a América de portas cerradas para nós, a França sempre representa um abrigo e o pariato, aqui, tem o seu valor...". Visto que a Revolução Francesa estouraria na próxima década, provavelmente nenhuma profecia histórica foi tão desmoralizada. "No que respeita à política inglesa", concluiu Richmond, "devo confessar-lhe com franqueza que me sinto doente e enojado com o estado por demais melancólico em que se encontra."

Rockingham, em sua capacidade de líder, acabou tão frustrado que em 1776 propôs uma "secessão" composta pelos oponentes da guerra, ou seja, sua deliberada ausência do Parlamento como o mais visível dos protestos contra a política governamental. Solidariedade nesse propósito também revelou-se impossível; apenas seus partidários concordaram. Digna e majestosamente, os *whigs* de Rockingham retiraram-se para suas propriedades rurais; após um ano, sem obterem qualquer efeito, recuaram. Eram "pessoas amáveis", escreveu Charles Fox a Burke, "mas sem condições de derrubar uma cidadela". Burke, tocando no ponto essencial desses homens como ministros, replicou que suas virtudes eram resultantes de "imensas fortunas, posições asseguradas e lares tranquilos".

A submissão dos rebeldes não parecia à vista. Apesar de todas as desvantagens com falta de armas, suprimentos, tropas treinadas e disciplinadas e os alistamentos de curto prazo – que era o seu fator mais prejudicial –, eles tinham uma causa para lutar, um comandante de estatura heroica, vontade indomável e ocasionais vitórias fantásticas como em Trenton e Princeton, para revigorar o moral. Os inimigos da Inglaterra no exterior estavam fornecendo armas, e a deliberação britânica de destruir e saquear propriedades e recrutar índios para táticas terroristas estimulou os americanos em seu espírito combativo quando estavam prestes a fraquejar ante as privações. O fato de os ingleses terem superestimado o apoio interno da "facção leal" e o fracasso – devido, em parte, ao desprezo dos colonos em seu próprio meio – para mobilizar e organizar forças de combate deixaram-nos dependentes do longo transporte transatlântico de europeus. O receio de que a França ou a Espanha se valessem do momento para ofensivas navais ou até mesmo invasão exigia manutenção de tropas no país e também preciosos navios patrulhando águas domésticas. O sorvedouro representado pelo conjunto do empreendimento alarmou a muitos. "Os amigos *capazes de pensar*, no governo, não são otimistas, de forma alguma" - escreveu Edward Gibbon, eleito ao Parlamento em 1774 como correligionário de North.

Em fevereiro de 1777, o general Burgoyne foi à metrópole a fim de planejar com Germain uma campanha de nocaute mediante junção, no Hudson, de forças britânicas do Canadá e de Nova York, destinadas a separar a Nova Inglaterra das demais colônias, terminando a guerra antes do Natal seguinte. Burgoyne retornou para liderar a força setentrional em marcha dirigida a Albany, mas o movimento de pinça sofreu a deficiência fatal de possuir apenas um dos braços. O outro, representado pela massa da tropa meridional, sob o comando de sir William Howe, que havia planejado sua própria campanha sem consultar o colega, movia-se em diversa direção, contra a Filadélfia. Sir Henry Clinton, no comando das forças remanescentes em Nova York, não podia se dirigir ao Hudson sem o exército principal. Burgoyne havia começado em junho. Conforme o verão progredia, vinham relatórios inquietantes: os suprimentos de Burgoyne diminuíam perigosamente; uma razia destinada a capturar estoques de Bennington fora duramente repelida; um exército americano começava a crescer em poderio. Howe encontrava-se ainda atarefado na Pensilvânia; Clinton, embora sujeito a desmaios de vontade, fez um movimento de última hora na direção norte, já desesperado; nenhuma junção se produzira. Washington, atirando-se contra Howe na periferia da Filadélfia, e percebendo pelos movimentos do inimigo que não havia perigo de Howe virar-se para o norte, escreveu ao general Putnam ao saber da vitória de Bennington que esperava, agora, que "toda a força da Nova Inglaterra surgisse em campo... para esmagar inteiramente o general Burgoyne".

Menos preocupado com esses eventos do que com a ameaça da França, lorde Chatham levantou-se, em 20 de novembro de 1777, para exigir "imediata cessação das hostilidades". Falando antes que as notícias desses eventos fossem conhecidas, marcando o divisor das águas da guerra e justificando seus argumentos, ele disse: "Sei que a conquista da América inglesa é impossível... Os senhores não podem, ouso dizer e repetir – NÃO PODEM – conquistar a América..." A defesa de direitos inalienáveis não significa rebelião. A guerra tornara-se "injusta em seus princípios, impraticável em seus recursos, ruinosa em suas consequências". O emprego de "mercenários, filhos da rapina e do saque", criara ressentimentos incuráveis. "Fosse eu um americano como sou um inglês, enquanto tropas estrangeiras estivessem em meu país, nunca haveria de depor as armas, nunca – nunca – nunca!" Insistindo na submissão, a Inglaterra perderia todos os benefícios advindos do comércio e do apoio colonial contra a França, ganhando, apenas, novas guerras com a França e a Espanha. O único remédio estava em terminar as hostilidades e negociar um tratado de convivência. Chatham não apelou para o reconhecimento da independência americana como condição de ajuste, pois ele acreditou, até a hora de morrer, na relação inalterável de colônia e Coroa e, na paráfrase de um sucessor, de bom grado declararia não ter servido como primeiro-ministro para concordar com o fim do Império Britânico. Sua proposta de cessar hostilidades não comoveu os lordes: a moção foi rejeitada na base de quatro por um.

Nos comuns, Charles Fox perseguiu idêntico objetivo mediante análise militar que seria fantasticamente confirmada. A conquista da América, disse, pertencia "à natureza dos feitos impossíveis", porque se cometera "erro fundamental no planejamento, o qual, definitivamente, afastaria nossos generais de ações bem-sucedidas" – e isso se devia ao fato de eles terem sido colocados demasiado distantes para se ajudarem uns aos outros. Doze dias depois um correio levou o terrível relatório em que constava a rendição do general Burgoyne juntamente com o que restara de seu exército batido, esfomeado e suplantado em número; ele se havia entregue ao Exército Continental em Saratoga, próximo de Albany, em 17 de outubro. O general Clinton, sem conseguir avançar além de Kingston, 80 quilômetros abaixo de Albany, um dia antes, voltara a Nova York em busca de reforços.

O resultado de Saratoga representou incomparável encorajamento do moral americano, aquecendo o sangue ralo dos sobreviventes das nevascas e das misérias daquele inverno de Valley Forge. Saratoga abateu os ingleses pelas baixas verificadas e pelos termos da rendição: fora exigido dos homens de Burgoyne a deposição das armas; embarcaram de volta à Inglaterra depois de jurarem não mais servirem na guerra contra a América. Representavam um exército completo, com quase oito mil homens. Acima de tudo, tornava-se real o maior dos temores ingleses, representado pela entrada da França na guerra, em aliança com os americanos. Após duas semanas da notícia da rendição, a França, temerosa de que os ingleses viessem a aceitar, agora, os termos de paz ditados por suas antigas colônias, precipitou-se a informar os enviados americanos da decisão de reconhecer os recém-nascidos Estados Unidos; três semanas depois, anunciou estar pronta para formar uma aliança. O tratado – que por sua participação no surgimento de uma nova nação foi dos mais momentosos da história – acabou negociado em menos de um mês. Além de reconhecer a independência americana e incluir os habituais artigos de amizade e comércio, proclamava que, em caso de guerra entre Inglaterra e França, nenhuma das partes contratantes faria paz em separado.

A predição de Chatham quanto à entrada da França confirmava-se agora, mas mesmo quando isso ainda não era conhecido, ele ergueu-se na Câmara dos Comuns, em 11 de dezembro de 1777, para declarar novamente sua convicção de que a Inglaterra se tinha engajado em uma guerra "ruinosa". A nação havia sido traída nesse envolvimento, disse num resumo devastador daquilo que se poderia falar sobre guerras e atos insensatos em todos os tempos, antes e desde então, e o fora "por imposições, por sua própria credulidade, através dos enganos da falsa esperança, do falso orgulho, sob promessa de vantagens da mais romântica e improvável natureza".

Na Inglaterra, o fato incrível de um exército inglês ter se rendido a tropas coloniais deixou governo e público petrificados, acordando aqueles que mal tinham tomado conhecimento da guerra até então. "Você não faz ideia do efeito que tais notícias causaram nos habitantes da cidade", escreveu um amigo a George Selwin. "Aqueles que nunca haviam sentido antes, sentiram agora. Aqueles que se faziam quase indiferentes aos assuntos americanos estão agora despertos de sua letargia e constatam a situação medonha a que estamos reduzidos." As ações caíram, uma "melancolia universal" domina a cidade, o povo murmura sobre a "nação desgraçada" e fala em mudança de governo. Gibbon escreveu que, embora a maioria se conservasse no Parlamento, "não fosse a vergonha, não haveria mais de vinte homens na casa que não estivessem dispostos a votar pela paz", mesmo "nas condições mais humilhantes".

A oposição lançou-se a um ataque virulento, castigando cada ministro individualmente e o governo como um todo pela conduta na guerra e as medidas que levaram ao desastre. Burke acusou Germain de haver perdido a América por sua "cegueira obstinada". Fox pediu a demissão de Germain; Wedderburn, que saiu em defesa de Germain, desafiou Burke a um duelo; Barré disse que o plano de campanha "fora indigno de um ministro inglês e pareceria demasiado absurdo até mesmo a um cacique indígena". Germain ficou confuso, mas foi salvo pelo rei com apoio de North. Compreenderam que, se a responsabilidade fosse jogada nas costas de Germain, acabaria atingindo seus superiores – que eram eles próprios.

O governo também sobreviveu graças à sua bem-estruturada carpintaria de votos. Embora inquieto no tocante à guerra, o partido nacional punha-se ainda mais inquieto quando se tratava de mudanças, e ainda que aborrecidos com uma guerra que estava consumindo dinheiro em vez de propiciar receitas, mantiveram-se firmes. Somente o rei, metido em sua armadura de rigor e pureza, mantinha-se impávido ante a geral ansiedade. "Sei que estou cumprindo meu dever e, em consequência, jamais voltarei atrás", disse a North no começo da guerra, e isso era tudo que ele precisava saber. Nenhuma realidade poderia arranhar essa armadura. O rei estava convencido de sua retidão e, em consequência, do necessário triunfo das ações por ele desenvolvidas. Mais tarde, ao tempo em que a fortuna mudou, ele passou a acreditar que a vitória da independência americana significaria a dissolução do império debaixo de sua soberania e rezou ao céu para guiá-lo "de modo que a posteridade não venha a jogar o fim deste império, que foi um dia tão respeitável, em minha porta". A previsão da derrota sob "meu" comando não agrada a nenhum governante, e em vez de encarar a realidade Jorge tentou, obstinadamente, prolongar a guerra muito tempo ainda depois de agasalhar qualquer esperança de sucesso.

A demissão de Howe, a substituição por Burgoyne, o equívoco e a desilusão de Clinton, recriminações e inquéritos oficiais vieram na trilha de Saratoga. Os generais, que culpavam seus fracassos pela inépcia do Ministério, foram tratados com indulgência não apenas porque o sentimento generalizado era de que a culpa devia-se a Germain, mas também devido ao fato de terem assentos no Parlamento, e o governo não desejava vê-los na oposição. A incapacidade de Germain de coordenar a campanha de Howe na Filadélfia, com Burgoyne no Hudson, foi claramente o núcleo do desastre, e tal como sua estranha conduta em Minden, não parecia ter explicação plausível – exceto a advinda de uma atitude frouxa.

Posteriormente, a fim de alimentar a aversão a Germain, contou-se um episódio relacionado com o planejamento inicial. Germain, a caminho de sua casa rural, passou em seu escritório para assinar alguns despachos. Seu subsecretário, William Knox, chamou a atenção dele para o fato de que nenhuma carta fora expedida a Howe esclarecendo-o sobre o plano e, em consequência, o que dele se esperava. D'Oyley (um segundo-secretário) apressadamente ofereceu-se para redigir o despacho que receberia, então, a assinatura de Sua Graça. Caracterizando-se por particular "aversão de ser desviado de seu caminho em quaisquer ocasiões", lorde George recusou bruscamente, porque isso significaria "que meus pobres cavalos ficarão lá na rua todo esse tempo e eu me atrasarei". Mandou que D'Oyley escrevesse uma carta a Howe, incluindo as instruções de Burgoyne, "e assim ele saberá tudo o que lhe cabe saber". Devendo seguir no mesmo navio dos despachos, essa carta não foi expedida a tempo e só chegou às mãos de Howe muito tempo depois.

Seria uma tentação afirmar que o conforto dos cavalos de uma carruagem levou à perda da América, mas distância, tempo, planejamento incerto e incoerente foram as grandes falhas. A atitude indiferente de lorde George em matéria de despachos se constitui apenas em sintoma de irresponsabilidades bem mais amplas. Parece tentador afirmar, também, que tal irresponsabilidade pode ser acompanhada até às vidas privilegiadas do Ministério georgiano, mas o que poderíamos dizer de outra famosa falha de comunicação – quando os comandantes americanos não foram avisados do provável ataque a Pearl Harbour? Falha de comunicação parece ser endêmica na condição humana...

A IMEDIATA NECESSIDADE jazia em libertar a Inglaterra de uma guerra sem vantagens de forma que ficasse livre para enfrentar o desafio francês, e o único jeito estava em fazer um acerto com as colônias. Às voltas com rumores que corriam sobre um possível acordo franco-americano, North, que perdera a esperança na vitória após Saratoga, tentava organizar nova comissão de paz chocando-se com a resistência de Germain, Sandwich, Thurlow e outros cabeças-duras que se opunham ferozmente a qualquer acerto com os rebeldes. Enquanto North padecia os tormentos de encontrar condições que pudessem ser oferecidas – não tão humilhantes a ponto de serem rejeitadas no Parlamento, mas suficientemente atraentes que merecessem atenção dos americanos –, chegaram notícias, através dos serviços secretos, de que fora assinada a aliança franco-americana.

Dez dias depois North apresentou ao Parlamento um conjunto de propostas para a comissão de paz, tão amplas em concessões que se tivessem sido oferecidas a tempo a guerra teria sido evitada. Eram, virtualmente, as mesmas propostas por Chatham e rejeitadas no Parlamento um ano antes. A Inglaterra renunciava ao direito de tributar por receitas; concordava em tratar junto ao congresso, considerando-o corpo constitucional; suspendia os "atos coercitivos", a Lei do Chá e outras medidas combatidas desde 1763; admitia discutir o assento de representantes americanos na Câmara dos Comuns; e apontava comissários de paz com plenos poderes "para agir, discutir e concluir qualquer assunto, fosse qual fosse". Não cediam, a exemplo de Chatham, quanto à independência e ao controle de comércio: a intenção era reatrelar as colônias, e não jogá-las fora.

"Um silêncio repleto de melancolia" caiu sobre a casa à medida que North fazia a longa explanação, que durou duas horas. Ele parecia ter abandonado os princípios que haviam norteado o governo nos últimos dez anos. "Jamais tamanho pacote de imbecilidades desgraçou qualquer nação", comentou o Dr. Johnson acidamente. Os amigos pareciam consternados, os oponentes vacilavam, e Walpole – o coro grego – soluçava. Considerou aquele um dia "de ignomínia" para o governo, uma confissão de que "a oposição estivera certa desde o início". Ele acreditava serem as concessões de tal molde que os americanos as aceitariam, "e contudo, meu amigo", escreveu a Mann, "as amenidades para fins de acomodação chegaram muito tardiamente". O tratado francês já fora assinado; em vez de paz haveria uma guerra ainda maior. A casa estava pronta para aprovar o plano, "com uma rapidez capaz de a tudo cobrir, exceto o tempo perdido". Tinha razão: os equívocos históricos frequentemente não têm conserto.

Abandonar uma política que se torna azeda é mais elogiável que ignominioso, se a mudança é autêntica e levada avante convictamente. A comissão de paz não pensava bem assim. North, conquanto sempre amigável, demonstrava ser hesitante; poderia ser tudo, menos um homem firme. Sob o turbilhão das discussões e a fúria dos irredutíveis dentro de seu Gabinete, hesitou, modificou termos, retirou os poderes discricionários da comissão, prometeu que não haveria diálogos quanto à independência; os americanos teriam que tratar "na condição de súditos ou então nada feito". Demarcou 12 meses a partir de junho (estava-se em março, então), como tempo-limite para a comissão, o que sugeria haver pouca ansiedade quanto ao desfecho. Na verdade, o curso da guerra era sumamente variável, e a situação americana apresentava-se bastante incerta a ponto de persuadir o rei e os cabeças-duras de que ainda poderiam prevalecer.

Muitos suspeitavam, como foi dito por John Wilkes (membro do Parlamento, finalmente), que a comissão de paz destinava-se tão somente "a esfriar o povo por aqui... nada tem a ver com a reconquista das colônias". Um show precisava ser montado a fim de evitar que os sustentadores do governo ficassem apagados. A queda do grupo de Bedford parecia possível e poderia ter sido forçada, caso a ação dos opositores políticos se fizesse tão vigorosa quanto suas palavras. No debate, mostravam-se magníficos; no terreno da ação efetiva, débeis, porquanto divididos no tocante ao problema da independência. Chatham, seguido por Shelburne e outros, permanecia total e irremovivelmente oposto ao desmembramento do império por ele levado ao triunfo na Guerra dos Sete Anos. Rockingham e Richmond tinham chegado à conclusão de que as colônias estavam perdidas para sempre e o único gesto sensato seria reconhecer-lhes a independência "de imediato e publicamente", a fim de ganhá-las à França, concentrando todas as forças contra o maior oponente.

Em 7 de abril de 1778 Richmond produziu um discurso apaixonado e de urgência, pedindo ao rei a demissão do Ministério titular, a retirada das tropas das colônias, o reconhecimento de sua independência e a abertura de negociações, buscando "recuperar sua amizade sincera, senão sua fidelidade".

Chatham deveria tê-lo apoiado, pois que um conluio contra a França fora sempre seu objetivo e porque se tornara óbvio que a Declaração de Independência das colônias e os Artigos da Confederação que se lhe seguiram não mais poderiam ser anulados, exceto mediante derrota militar, coisa que Chatham, pessoalmente, considerava impossível. Contudo, o sentimento de ultraje extinguira-lhe a lógica; o rompimento do império era algo intolerável para ele. Informado por Richmond de que iria propor o reconhecimento da independência, Chatham reuniu toda a sua força dispersa, investiu os derradeiros eflúvios do que fora sua grande autoridade, desferindo melancólica ofensiva contra seus próprios companheiros – e contra a história.

Amparado por seu filho de 19 anos, que logo faria do nome de William Pitt novamente a estupefação da Europa, e por um genro, foi claudicando até seu assento, vestido, como sempre, impecavelmente, pernas enroladas em flanela. Debaixo da enorme peruca, o olhar penetrante ainda brilhava naquela face abatida. Quando o duque de Richmond concluiu, Chatham levantou-se, mas a voz a princípio veio indistinta e as palavras, ao se tornarem audíveis, pareciam confusas. Falou a respeito de uma "ignominiosa rendição" e dos "direitos e legítimas possessões" da nação e sobre "cairmos prostrados ante a Casa de Bourbon". A seguir, perdeu o rumo, repetiu frases, resmungou, enquanto à sua volta os pares, embaraçados, divididos entre compaixão e respeito, mantinham um silêncio tão absoluto que parecia tangível. Indócil, Chatham ergueu-se novamente, abriu a boca sem conseguir pronunciar palavra, levou uma das mãos ao peito, teve um colapso e caiu ao solo. Levado a uma residência próxima, recuperou-se o suficiente para ser transportado até sua casa de campo em Hayes, onde, nas três semanas seguintes, caminhou lentamente para a morte. Já no final, pediu a seu filho para ler em voz alta o trecho da *Ilíada* que descreve a morte de Heitor.

Perdoando o declínio e as falhas do grande estadista, o país inteiro deixou-se envolver por sentimento de perda insanável. O Parlamento votou unanimemente por um funeral com honras de Estado e sepultamento na abadia de Westminster. "Ele está morto", escreveu o autor desconhecido das *Cartas de Junius,* nesse caso esquecendo seu veneno habitual, "e o senso de honra, caráter, compreensão deste país morre com ele". O Dr. Addington disse que sua morte fora um ato de compaixão da Providência, "não lhe permitindo assistir à ruína de um país que ele não teve permissão de salvar".

Torna-se-nos intrigante verificar quão frequentemente a perspectiva de perder a América inspirou augúrios de ruína – e como todos se enganavam –, pois a Inglaterra haveria de sobreviver muito bem à perda, marchando para o domínio mundial e o apogeu do poder imperial no século seguinte. "Nós já não seremos um povo poderoso e respeitável", declarou Shelburne, caso a independência americana venha a ser reconhecida. Nesse dia, "o sol da Grã-Bretanha ter-se-á apagado". Richmond antevia a aliança franco-americana como "medida de nossa ruína". Walpole disseminava em suas cartas sombrios prognósticos, predizendo que "não importa como termine esta guerra, será fatal para nosso país" ou, pouco antes do fim, tirando negras conclusões da derrota: "Ficaremos reduzidos a uma ilhota miserável, passando de império poderoso à insignificância de uma Dinamarca ou Sardenha." Com seu comércio e Marinha desaparecidos, a Inglaterra perderia, a seguir, as Índias Orientais e, "então, a França nos governará de forma ainda mais imperiosa do que nós governamos a Irlanda".

Tais expectativas sombrias derivavam de duas premissas da época: que o comércio com as colônias era essencial à prosperidade britânica e que as monarquias Bourbon da França e da Espanha representavam ameaças perigosas. Embora apenas 11 anos à frente, a Revolução Francesa era, então, inimaginável. Ao contrário, os ingleses sentiam-se em pleno estágio de declínio. Queixando-se da apatia do público numa carta a Rockingham, Burke escreveu que, sem grande mudança no caráter e liderança nacionais, a nação poderia descambar "do mais alto pedestal da grandeza e prosperidade até lamentável estado de imbecilidade e mesquinhez... Estou seguro de que, se grandes e imediatos esforços não forem adotados para prevenir tais coisas, esse será o destino de nosso país". Visto que nenhum esforço consciente pode evitar o deslizamento nacional, se estiver de fato ocorrendo, Burke, nesse exemplo, dizia tolices, como frequentemente fazia, em sua torrencial verborragia.

A morte de Chatham em maio abriu campo para Rockingham firmar liderança, unir facções, ganhar ampla adesão no governo, que se estava deixando envolver em dúvidas quanto à guerra e despesas dela decorrentes. O rei fora advertido sobre a necessidade de algumas mudanças e assim criou-se a oportunidade de Rockingham pleitear a chefia em uma política tendente a terminar hostilidades e reconhecer a inevitável independência das colônias. Fox tentou convencer o hesitante marquês desse impasse, sugerindo-lhe que propusesse substituições parciais no Ministério para não alarmar o rei, obtendo, dessa forma, seu apoio. Recusar cargos, se oferecidos "de maneira condizente com a honra privada", disse Fox, "tornava-se incompatível com os deveres do homem público". Burke também tentou o argumento da responsabilidade, mas tanto em Rockingham como em Richmond, o sentimento do dever público tendia a desmaiar quando as perspectivas se mostravam deprimentes, ou as necessidades políticas, desagradáveis, embora percebessem perfeitamente bem os interesses em jogo e os remédios apropriados. Os seguidores de Rockingham não estavam preparados e seus próprios princípios e condições para aceitar cargos impossibilitavam a obtenção. A oposição sempre "estivera demasiado inerte", escreveu Walpole. A oportunidade passou e os ministros do rei, "conquanto desprezados, por todos, em toda parte", de acordo com Fox, "ainda continuarão ministros".

Uma comissão de paz foi designada, sob a chefia de Frederick Howard, quinto conde de Carlisle, jovem de riqueza e prestígio, proprietário do esplêndido castelo Howard e, afora isso, qualificado apenas por ser genro de lorde Gower. Ele seria assistido por dois homens bem mais experientes e obstinados: o ex-governador Johnstone, que cerrava fileiras com a oposição, e William Eden, político traquejado e subsecretário, dirigente do serviço secreto na guerra, ex-secretário da Câmara de Comércio, velho companheiro de escola de Carlisle e amigo de Wedderburn, Germain e North. Os procedimentos combinados desse grupo e do governo que o enviou confirmam a impressão de que uma insensatez difusa e peculiar passara a controlar os acontecimentos.

Quando, ao atingirem a Filadélfia, os comissários requereram uma entrevista com representantes do Congresso Continental, foi-lhes dito que os únicos termos a serem discutidos seriam os da retirada das forças britânicas e o reconhecimento da independência americana. O governador Johnstone, depois disso, tentou subornar duas personagens-chave do Congresso, Joseph Reed e Robert Morris, para que persuadissem a Casa a aceitar as condições de negociação.

Tamanho ultraje, quando revelado, aprofundou a repulsa colonial ao governo britânico, gerando um escândalo que causou a demissão de Johnstone da comissão. Nesse ínterim, sem informar os comissários, Germain despachara ordens secretas a sir Henry Clinton, sucessor de Howe, no sentido de que enviasse 8 mil soldados destinados a reforçar as Índias Ocidentais contra a França e, dessa forma, reduzindo as forças na Filadélfia de 14 mil para 6 mil soldados, tornando a cidade indefensável e, em consequência, imprescindível sua evacuação.

Obrigado a viajar para Nova York, Carlisle ficou furioso com o embaraço e por não ter sido avisado, previamente, das intenções de Germain. O único instrumento capaz de fazer com que os americanos aceitassem um acordo seria o da ação militar em caso de recusa; sem o uso de tal sanção, ele se transformara num tigre sem dentes. Até mesmo sua filhinha Caroline, escreveu em carta particular, poderia ter informado o governo de que, sob tais condições, a Comissão de Paz não passava de farsa. "Nossas ofertas de paz", relatou depois, "tinham completa aparência de súplicas por misericórdia, partidas de um país conquistado e exausto." Não seria essa a última vez em que se verificaria a insensatez muito peculiar de forças em plena retirada tentando impor seus termos ao inimigo. Numa das maliciosas ironias da história, os Estados Unidos, nascidos dessa insensatez, a repetiriam contra um oponente duzentos anos depois – obtendo idêntico resultado.

Carlisle e seus colegas fizeram das tripas coração em sua tarefa, tanto quanto possível, mostrando estarem suplantadas as causas da guerra: o imposto do chá e outros atos punitivos tinham sido revogados, fora declarada "isenção de qualquer taxa imposta pelo Parlamento da Grã-Bretanha", a representação colonial no Parlamento poderia ser discutida, e o Congresso era reconhecido como instituto legítimo. Sem o reconhecimento da independência, porém, o Congresso manteve sua recusa em negociar ou até mesmo entrar em contato. Em última instância, os comissários apelaram às colônias, à revelia do Congresso, para que negociassem separadamente, na crença de que a maioria dos americanos realmente aspirava retornar à antiga vassalagem. Publicaram uma proclamação em 3 de outubro de 1778, a qual, depois de reiterar a remoção das queixas originais e prometendo perdão por todas as traições cometidas antes daquela data, tentava reviver a ameaça de ação punitiva: pois, quando um país "hipoteca a si mesmo e a seus recursos aos nossos inimigos... a Grã-Bretanha pode, usando de todos os meios ao seu alcance, destruir ou inutilizar essa conexão concebida para sua ruína".

A verdadeira intenção por detrás da ameaça foi expressa no primeiro rascunho da proclamação, que dizia: como resultado da "malícia e perfídia" americana ao compactuar com a França, e por sua obstinação na rebeldia, a Grã-Bretanha não dispunha senão do recurso de "empregar o extremo rigor... mediante esquema de universal devastação" e aplicar esse "horrível sistema" no limite máximo de que fossem capazes sua Armada e seu Exército. Tal argumento, ele acreditava, "produzirá efeito", mas evidentemente foi aconselhado a moderar a linguagem. A fim de que a proclamação pudesse ser amplamente conhecida, foram enviadas cópias a todos os membros do Congresso Continental, a George Washington e a todos os generais, a todos os governadores provinciais e assembleias, aos ministros do Evangelho, aos comandantes das forças britânicas e de campos de prisioneiros.

Visto que todas as colônias já tinham sofrido pilhagem deliberada e destruição de casas e propriedades pelas forças britânicas e dos hessenos, com aldeias queimadas, destruição de fazendas, campos e matas, as novas ameaças, vindas de um inimigo enfraquecido, não causaram grande temor. Ao contrário, o Congresso recomendou às autoridades estaduais que o texto dos ingleses fosse publicado nas gazetas locais "para mais amplo conhecimento e convicção do povo sobre os insidiosos desígnios dos comissários". Tendo obtido apenas fiasco durante seis meses, por mau planejamento ou erros crassos, pouco importa, a Comissão de Paz voltou à metrópole em novembro.

Possivelmente, a missão realmente tinha intenção de fracassar. Contudo, Eden escreveu a seu irmão que, "se meus desejos e cuidados" tivessem se realizado, "este nobre país... logo pertenceria de novo à Grã-Bretanha". Lamentava "do fundo do coração que nossos dirigentes, em vez de fazer o *tour* europeu, não terminassem sua educação viajando em torno da costa e rios do lado oeste do Atlântico". Privadamente, escreveu a Wedderburn fazendo a pasmosa confissão de que "É impossível ver o que estou vendo deste magnífico país e não ficar quase louco ao pensar no longo cortejo de falhas e equívocos através dos quais o perdemos".

Eis uma carta significativa. Nela, um membro da intimidade do governo não apenas reconhecia que as colônias já estavam perdidas, como culpava os erros de seu governo por essa perda. A admissão de Eden revela o ângulo trágico da insensatez: que seus perpetradores às vezes compreendem estar nela engajados e apesar disso não conseguem romper o padrão. A guerra vã continuaria ao custo de mais vidas, devastação e ódio aprofundado durante mais quatro anos. No decurso desses anos, Jorge III simplesmente não conseguia conceber que poderia estar presidindo a uma derrota. Enquanto público e Parlamento aumentavam a cada dia seu azedume pela guerra, o rei persistia em sua continuação, parcialmente por acreditar que a perda do império acarretaria vergonha e ruína e, mais ainda, por não poder viver com o pensamento de que *seu* reinado traria para sempre o estigma dessa perda.

Nessa persistência, ele ganhava ânimo pelo fato de os americanos frequentemente estarem assediados por problemas. Sem fundos centralizados, o Congresso não podia manter os exércitos em dia com pagamentos e suprimentos, o que significava soldados desertando e outro inverno de privações ainda pior que o de Valley Forge, com as rações a um oitavo do normal e motins estourando aqui e ali. Washington estava perturbado pelas cabalas políticas, a traição de Benedict Arnold, a desobediência do general Charles Lee, além de sujeito a uma guerra difusa, mas selvagem, que lhe moviam os legalistas e grupos de índios; parecia desapontado, também, com o fracasso da tentativa de recuperar Newport, levada a efeito pela Marinha francesa, e o sucesso britânico nas Carolinas, incluindo a captura de Charleston. Por outro lado, dispunha do imenso reforço das forças francesas de terra e mar, afora o concurso do barão von Steuben e outros profissionais europeus que transformaram os americanos rústicos em soldados disciplinados. Em 1779, o Congresso designou John Adams para negociar a paz numa base de independência e total retirada dos ingleses, mas para o rei e os ministros cabeças-duras isso ainda era impensável.

Os ingleses, sob um primeiro-ministro que odiava seu cargo e somente sonhava em se ver dispensado e nada mais ter com a guerra, às voltas com um ministro da Guerra, Germain, que o desgostava e em quem não confiava, debaixo, ainda, de uma nuvem de investigação, não estavam bem-equipados para vencer. Sentiam-se incapazes de esboçar uma estratégia total e somente conseguiam pensar em termos de salvar algumas colônias, no sul, talvez, continuando uma guerra de desgaste e aniquilamento comercial, até que os colonos se vissem forçados a ceder. Comandantes e ministros – todos, menos o rei – sabiam que tal coisa não passava de ilusão; que submeter o país estava além de seu poder. Além disso, os franceses tinham feito sua aparição no canal. Embora lorde Sandwich houvesse se gabado de que possuía 35 navios prontos para a guerra, o almirante Keppel não encontrou mais que seis "capazes de satisfazer o olho de um marinheiro", e os arsenais vazios, ao tempo em que a França entrou na guerra. A Batalha de Ushant, em junho de 1778, terminou em confusão, embora os ingleses se tivessem, com algum entusiasmo, considerado vitoriosos.

Pior que a guerra, mostrava-se o desenvolvimento da política na Inglaterra. Alimentado pela revolta americana, o movimento em prol de reformas alastrou-se através do país, com demandas por Parlamentos anuais, sufrágio masculino, eliminação do sistema carcomido dos distritos, abolição de sinecuras e contratos garantidos aos membros do Parlamento. A eleição de 1779 criou amargas divisões entre os partidos. A maioria governamental encolheu. Os protestos atingiram seu clímax com a Petição de Yorkshire, em fevereiro de 1780, que exigia fim às dotações de verbas e pensões até que as reformas fossem aprovadas. Petições semelhantes à de Yorkshire, procedentes de 28 cidades, inundaram Westminster. Formavam-se associações reformistas permanentes. O rei era visto, como desde os tempos de Bute, na condição de promotor do absolutismo. A audaciosa proposição Dunning sobre o poder da coroa, na qual se dizia "ter crescido, continuar crescendo e ser necessário diminuí-lo", desfrutava de estreita maioria com muitos fidalgos rurais entre os que diziam "sim". Em junho, como resposta à revogação de certas leis penais contra os católicos e com a louca agitação de lorde George Gordon, as multidões se uniram e se levantaram em assustadora rebelião. Aos gritos de "Fora o papismo!" e brados pela revogação da Lei de Quebec, atacaram ministros, rasgaram suas perucas, assaltaram suas casas, incendiaram igrejas católicas, ameaçaram o Banco da Inglaterra e durante três dias mantiveram a cidade sob terror, até que as tropas restabeleceram o controle.

A impopularidade do governo e da guerra só fez aumentar com esses eventos. Outros problemas surgiram. A Espanha declarou guerra à Inglaterra; a Holanda ajudava os rebeldes; a Rússia desafiava o bloqueio britânico às colônias e a própria guerra na América arrastava-se como imensa futilidade.

Em maio de 1781, lorde Cornwallis, comandante no sul, decidiu consolidar sua frente trocando a Carolina do Sul pela Virgínia, onde estabeleceu uma base em Yorktown, na costa junto à boca da baía de Chesapeake. Daí lhe era possível manter contato marítimo com as forças de Clinton em Nova York. Reforçado por outras tropas inglesas nas cercanias, sua força chegava a 7.500 homens. Washington, estacionado no Hudson na época, fez junção com o conde de Rochambeau e tropas francesas chegadas de Rhode Island para um ataque planejado a Nova York. Foi quando uma comunicação do almirante de Grasse, nas Índias Ocidentais, informou-os de que ele estava navegando com três mil soldados franceses, na direção da baía de Chesapeake, devendo chegar pelos finais de agosto. Washington e Rochambeau voltaram e iniciaram a marcha para a Virgínia, que alcançaram no início de setembro, cercando Cornwallis por terra.

Nesse meio-tempo, uma frota britânica encontrou Grasse em ação nas águas próximas à baía de Chesapeake e, depois de alguns danos mútuos, retornou a Nova York para reparos, deixando o francês senhor das áreas marítimas próximas a Yorktown. Cornwallis, agora, estava bloqueado por mar e terra. Um esforço desesperado para escapar em barcos de remos através do rio York acabou frustrado por uma tempestade. Sua única esperança estava posta no retorno da frota britânica com o auxílio procedente de Nova York. A frota não chegou. Os exércitos aliados, nove mil americanos e aproximadamente oito mil franceses, avançaram contra os casacos-vermelhos de Yorktown. Aguardando resgate, Cornwallis, progressivamente, retraía suas linhas enquanto os atacantes avançavam com as deles. Depois de três semanas, a situação dos ingleses não tinha mais remédio. Em 17 de outubro de 1781, quatro anos passados desde Saratoga, Cornwallis mandou emissários para rendição e, dois dias após, numa cerimônia histórica, seu exército depôs as armas, enquanto a banda tocava a toada "O mundo virou de cabeça para baixo". A frota que trazia as forças de Clinton de Nova York chegou cinco dias depois, quando já era muito tarde.

"Oh, Deus, tudo está consumado!", bradou lorde North tão logo as notícias chegaram, em 25 de novembro. Sem dúvida, foi um brado de alívio. Que tudo estivesse terminado não foi compreendido em toda parte simultaneamente, mas o enfado resultante de uma luta perdida e o desejo de terminar com isso já começara a repercutir junto ao rei. Uma barragem de moções dos opositores pedindo o término das hostilidades lentamente passou a ganhar votos dos fidalgos rurais, que temiam mais e maiores tributos, desertando o governo. Em dezembro, uma proposição contra a guerra obteve 178 votos. Em 1782, o assunto foi trazido às suas consequências pelo independente general Conway. Como fora o primeiro, desde os idos da Lei do Selo, a prever "fatais resultados" à espera do governo no caminho trilhado, a ele cabia agora fazer dobrar os sinos. Começou assim: "A guerra no continente da América do Norte não mais poderia ser continuada com o propósito de reduzir os habitantes daquele país à obediência." Num discurso tão eloquente e decisivo, como jamais fora escutado na casa, levou os membros a tal fervor que a maioria conseguiu apenas um voto a mais:

o resultado foi 194 a 193. A oposição, unida, afinal, jogou-se contra o governo. Votos de censura seguiram-se, um após outro, mas depois do pico atingido pela moção Conway o governo recuperou-se apenas o suficiente para se manter.

Quando lorde North, ainda conservando o cargo por injunção real, pediu ao Parlamento novo empréstimo de guerra, a casa realmente torceu o nariz, a maioria governamental rompeu-se e o rei, em seu infortúnio, minutou uma mensagem de abdicação que, entretanto, não levou a termo. Nela, dizia que a mudança de sentimentos dos comuns o incapacitava a conduzir a guerra eficientemente e a fazer uma paz que não fosse destrutiva "do comércio, assim como dos direitos essenciais da nação britânica". Ao mesmo tempo, expressava sua fidelidade à Constituição, passando por cima do fato de que, a menos que abdicasse, a Constituição exigia dele obediência ao Parlamento.

Em março, a garra governamental afrouxava. Uma resolução autorizando a Coroa a negociar a paz foi aprovada sem divergências. Em 8 de março, o governo sobreviveu à votação de censura por apenas dez votos. Em 15 de março, moção expressando desconfiança nos ministros que haviam gasto 100 milhões de esterlinos para perder 13 colônias estreitou essa margem para nove votos. Surgiram notícias de que outras duas moções de desconfiança se seguiriam a essa. Anteriormente, lorde North havia informado ao rei, finalmente, de forma resoluta e definitiva, de que deveria sair, e em 20 de março, antecipando-se a outra prova de confiança, ele e seu Gabinete resignaram. Em 27 de março, novo governo assumiu, chefiado por Rockingham, com Shelburne e Fox como secretários de Estado, Richmond, Grafton, Dunning e o almirante Keppel em outros postos, Conway, como comandante em chefe, e Burke e Barré nas funções de pagadores-gerais do Exército e da Armada, respectivamente.

Mesmo para esses partidários da América – que o tinham sido quando na oposição, sendo-o agora oficialmente –, o reconhecimento britânico da soberania de suas antigas colônias veio marcado por um tom extremamente desgracioso. Nenhum ministro, par ou sequer membro do Parlamento ou subsecretário foi designado para conduzir as negociações de paz. O único enviado encarregado das aberturas preliminares com Franklin em Paris personificou-se no rico mercador e contratador da Armada britânica, Richard Oswald. Amigo de Adam Smith, que o recomendara a Shelburne, ele permaneceria, sem estar a coberto de uma delegação formal, o negociador solitário de todo o processo.

Rockingham morreu subitamente em julho de 1782, sendo sucedido como primeiro-ministro por Shelburne, que se esquivou de reconhecer, explícita e irrevogavelmente, a independência. Pensava, agora, em federação, mas já se tornara demasiado tarde para habilidades políticas que a Inglaterra teve à disposição anteriormente. Os americanos insistiam em que seu status independente era condição *sine qua non* a ser admitida no preâmbulo, e assim teria de ser. Com certas evasivas, as negociações formais junto a Franklin, Adams, Laurens e John Jay tiveram início em setembro, e o Tratado de Paris acabou concluído em novembro, passando a ter efeito a partir de janeiro de 1783. O comentário final do rei nada acrescentou em termos de gentileza. Sentia-se menos infortunado, escreveu a lorde Shelburne, sobre o "desmembramento da América", por saber que "a patifaria era traço tão característico de seus habitantes que, ao fim, não seria ruim que eles se tornassem estranhos a este reino".

Em suma, a insensatez britânica não teve a mesma característica de perversão que a dos papas. Os ministros não estavam surdos ao descontentamento montante, porque eles não tinham possibilidade disso: o descontentamento era manifestado por seus iguais, rugia em seus ouvidos a cada debate, era-lhes rudemente impingido no quadro de levantes e ações violentas das multidões. Permaneceram impassíveis em virtude de possuírem maioria no Parlamento, mas se preocupavam com a perspectiva de perdê-la; trabalhavam duramente e gastavam visando conservar essa vantagem, e nem de leve partilhavam as ilusões de invulnerabilidade dos pontífices romanos. Tampouco seu pecado capital girava em torno da avareza, muito embora estivessem sujeitos, como tantos homens, aos pruridos da ambição.

Estando acostumados à riqueza, propriedade e privilégio, quase todos desde o berço, não viviam governados por desejo de ganho capaz de se tornar objetivo obsedante.

Devido à intenção de manter a soberania, a insistência no direito de tributação era justificável *per se;* mas se tratava de insistir em um direito "que você sabe não poder exercer" – e quando em face da evidência de que essa obstinação seria fatal à voluntária obediência das colônias, isso se constituiu, sem dúvida, em pura insensatez. Além do mais, o que faltou foi método e não motivação. A implementação política tornou-se progressivamente mais inepta, ineficaz e demasiado provocadora. Finalmente, levou à consolidação de uma atitude.

Essa atitude firmava-se em um senso de superioridade tão denso a ponto de se tornar impenetrável. Sentimento dessa espécie conduz à ignorância do mundo e dos homens, pois suprime a curiosidade. Os Ministérios Grenville, Rockingham, Chatham-Grafton e North atravessaram uma década de crescentes conflitos com as colônias sem qualquer deles enviar um representante, muito menos um ministro, através do Atlântico, para familiarizar-se com a situação, discutir, verificar o que poderia prejudicar ou pôr em perigo o relacionamento e de que forma os interesses conjuntos seriam mais bem-manejados. Não se mostravam interessados nos americanos, por considerá-los ralé ou, quando condescendentes, crianças – com as quais seria inconcebível tratar (ou até mesmo lutar) em termos de igualdade. Em todos os seus comunicados, os ingleses não conseguiam fazer referência ao comandante em chefe contrário como general Washington: era sempre o *Mister.* Ao enunciar no seu melancólico relatório a lástima de que "nossos governantes", em vez de fazerem o *tour* pela América, procurassem a Europa, William Eden supunha que uma visão da magnificência do país os levasse a cuidar melhor de sua manutenção; nada garante, entretanto, que isso os tornasse melhores em seus conceitos sobre o povo e a forma de tratamento devida.

Os americanos haviam dominado e colonizado um território que parecia tão essencial a ponto de sua perda ser julgada uma ruína; todavia, o muro da superioridade britânica impediu o conhecimento e promoveu fatal menosprezo. Percebendo isso durante as negociações de paz, John Adams escreveu: "O orgulho e a vaidade daquela nação... parecem uma doença... um desvario... Têm sido acalentados e inflamados há tanto tempo por eles mesmos e por outros, que tudo pervertem."

Incapacidade no governo, conquanto indesejável, foi uma insensatez própria do sistema - peculiarmente vulnerável à falta de uma cabeça dirigente. Em seu melhor período, Pitt foi engenheiro do triunfo inglês na Guerra dos Sete Anos, e seu filho viria a ter o controle efetivo contra Napoleão. Entre ambos, governos infortunados arrastaram-se e cometeram erros crassos. Duques e nobres lordes no reino de Jorge III não se adaptaram às responsabilidades oficiais. Grafton, em sua relutância, despreparo e comparecimento uma vez por semana; Townshend, por sua inquietude; Hillsborough, um arrogante obtuso; Sandwich, Northington, Wymouth e tantos outros, perdidos por jogo e bebida; Germain e sua insolente incapacidade... Richmond e Rockingham alternando crises de total alheamento e completa devoção aos interesses de seu país; o pobre lorde North, dominado por intenso desgosto para com suas tarefas; todos, enfim, fizeram imensa confusão ao lidar com um problema que já seria difícil para os mais sábios. Não se pode deixar de concluir que o nível de inteligência e competência, tanto civil como militar, no período de 1763-83, foi, de conjunto, senão em caso por caso, dos mais baixos. Se isso foi devido a pura má sorte ou ao fato de que as posições-chave estavam nas mãos dos privilegiados, não fica perfeitamente claro e acima de qualquer dúvida. Os que não têm privilégios e a classe média, frequentemente, não atuam melhor. Flagrante é a seguinte conclusão: sempre que a incapacidade se junta à complacência, tal mistura produz os piores resultados.

Finalmente, há que considerar o "terrível empecilho" da dignidade e da honra, revestidas de falsos valores e confundidas com o interesse e a tendência de sacrificar o possível aos "princípios", quando os princípios significam "um direito que você sabe não poder exercer". Se lorde Chesterfield tivesse dito tal coisa em 1765, e Burke e outros, repetidamente, clamassem por medidas prudentes, em vez de exibições abertas de autoritarismo, a recusa governamental de ver os fatos poderia ser classificada como insensatez. Eles persistiram em primeiro perseguir e depois lutar por objetivos que resultariam danosos, quer ganhassem, quer perdessem. O interesse verdadeiro estava em conservar as colônias através de laços de boa vontade, e sendo isso considerado o auge da prosperidade britânica, mas incompatível com a supremacia legislativa, então, essa supremacia poderia ter permanecido, como tantos aconselharam, sem ser exercida. A conciliação, disse Rockingham certa feita, poderia ser alcançada mediante "acordo tácito", permanecendo muitos pontos do relacionamento, "inexpressos".

Embora a guerra e a humilhação dela resultante tenham envenenado as relações anglo-americanas durante longo período, a Inglaterra colheu ensinamentos dessa experiência. Cinquenta anos depois, após um lapso de relações críticas com o Canadá, o status da Comunidade (Commonwealth) começou a emergir do Relatório Durham, resultado do reconhecimento por parte dos ingleses de que qualquer outro curso levaria à repetição do levante americano. A questão decisiva que permanece é se alguma forma de união entre a Inglaterra e a América poderia ter sido obtida se os ministros de Jorge III houvessem sido diferentes do que foram. E, nesse caso, poderia ter criado uma preponderância de poder transatlântico capaz de suplantar os desafios e talvez poupar o mundo da Grande Guerra de 1914-18, com suas infindáveis sequelas?

Já se disse que se os protagonistas de *Hamlet* e *Otelo* fossem trocados, não haveria tragédia. Hamlet jamais se teria deixado enganar por Iago, e Otelo não hesitaria em matar o Rei Cláudio. Se os atores ingleses, antes e depois de 1775, tivessem sido outros, teria havido habilidade política em vez de insensatez, com uma série de consequências diversas atingindo nossos tempos. O hipotético tem seus encantos, mas é a realidade dos governos que faz a história.

5
A América atraiçoa-se no Vietnã

I. IN EMBRYONE:* 1945-46

Não foi a ignorância o fator que alimentou a interferência norte-americana no Vietnã, mantido durante cinco presidências sucessivas, embora tenha sido essa a desculpa clássica. Ignorância sobre o país e sua cultura pode ter havido, mas não ignorância das contraindicações, até mesmo barreiras, no tocante aos objetivos da política da América. Todas as condições e motivos que impossibilitaram um final feliz foram reconhecidos ou previstos, em diversas oportunidades, durante os trinta anos de envolvimento. A intervenção americana não se pode representar por caminhada feita passo a passo em meio a insuspeitado pantanal. Em tempo algum os responsáveis por tal política estiveram inconscientes dos riscos, obstáculos e desenvolvimento negativo. A Inteligência americana foi adequada, e observações bem-informadas fluíram normalmente do cenário dos eventos à capital; missões especiais de investigação seguidamente tiveram curso; relatórios independentes, capazes de equilibrar o otimismo profissional – quando ele prevalecia – jamais faltaram. A insensatez consistiu não na busca de um alvo com ignorância de seus obstáculos, mas, sim, na persistência dessa perseguição a despeito das evidências em contrário, além do efeito desproporcional em face do interesse

*A locução latina *in embryone,* no título deste capítulo, com o sentido de "em estado embrionário, embrião", foi a mais próxima que encontramos, em termos de fidelidade ao original. Com efeito, a autora valeu-se da locução *in embryo*, consagrada pela terminologia da medicina norte-americana. (*N. do T.*)

americano e, finalmente, do dano causado à sociedade, à reputação e ao poder disponível dos Estados Unidos no mundo.

A questão que se levanta é a seguinte: por que os responsáveis pela política fecharam suas mentes à evidência e às implicações daí advindas? Eis o sintoma clássico da insensatez: recusa em tirar conclusões daquilo que se torna evidente e posicionamento contraproducente. Os porquês da recusa e do posicionamento poderão revelar-se no decorrer deste relato em torno da política americana no Vietnã.

Pode-se vislumbrar um começo na reviravolta, ocorrida nos derradeiros meses da Segunda Guerra Mundial, da determinação anterior do presidente Roosevelt em não permitir – e certamente não apoiar com ajuda – a restauração do domínio colonial francês sobre a Indochina. O motor da mudança situou-se na crença, em resposta às estridentes demandas francesas e ao seu orgulho ferido pela ocupação alemã, de que se tornava essencial fortalecer a França, como cavilha de roda na Europa Ocidental contra a expansão soviética, que, à medida que a vitória se aproximava, tornava-se preocupação dominante em Washington. Até aqui, o desagrado de Roosevelt com o colonialismo e seu propósito de vê-lo eliminado da Ásia tinham sido firmes (e causa de uma disputa básica com os britânicos). Ele participava da ideia de que o mau governo da Indochina pelos franceses representava a pior manifestação de colonialismo. A Indochina "não deve retornar à França", disse ao secretário de Estado, Cordell Hull, em janeiro de 1943: "isso é assunto perfeitamente óbvio. A França teve o país nas mãos durante quase cem anos – trinta milhões de pessoas e o povo, agora, está em piores condições do que no início do domínio. Eles merecem algo melhor."

O presidente "abriu-se mais comigo nesse ponto", informou Churchill a Anthony Eden, "do que em qualquer outro tema colonial, e parece-me que um dos seus principais objetivos na guerra é o de libertar a Indochina dos franceses". Era, na verdade. Na Conferência do Cairo, em 1943, os planos de Roosevelt para a Indochina mereceram letras maiúsculas no diário do general Stilwell: "NÃO RETORNAR À FRANÇA!" O presidente propôs fideicomisso "durante 25 anos ou algo assim, até que se firmem nos próprios pés, exatamente como as Filipinas". Essa ideia alarmou profundamente os ingleses e não despertou qualquer interesse por parte de um antigo senhor daquele país – a China. "Perguntei a Chiang Kai-shek se ele desejava a Indochina", disse Roosevelt ao general Stilwell, "e ele me respondeu imediatamente: 'Não, em hipótese alguma!' Assim mesmo: Em hipótese alguma!"

A possibilidade de um governo próprio parece não ter ocorrido a Roosevelt, embora o Vietnã – nação que incluía a Cochinchina, o Aname e Tonquim – tivesse sido, antes do advento dos franceses, reino independente com longa devoção ao autogoverno, provada nas inúmeras lutas contra o domínio chinês. Essa deficiência na visão política de Roosevelt sobre o problema era típica da atitude dominante, na época, em se tratando de povos subjugados. Apesar de sua história, os vietnamitas não mereceriam ser considerados "prontos" para o autogoverno, até que para tanto estivessem preparados sob a tutelagem do Ocidente...

Os britânicos se opuseram redondamente ao fideicomisso, tendo em vista o "mau exemplo" em função de seu próprio retorno à Índia, Birmânia e Malaia – e, por isso, Roosevelt não insistiu. Não parecia muito propenso a acrescentar nova controvérsia ao problema da Índia, que fazia Churchill delirar em fúria, cada vez que o presidente o abordava. Além do mais, com a França liberada emergindo em 1944 sob um implacável Charles de Gaulle, a insistir em seu "direito" ao retorno, e com a China, como fiduciária, eliminada por sua própria fragilidade ora revelada, o presidente não sabia qual rumo adotar.

O fideicomisso internacional lentamente pereceu de impopularidade. Os conselheiros militares de Roosevelt não aprovavam a medida por lhes parecer que isso ameaçaria o controle norte-americano sobre as bases navais que funcionavam em antigas ilhas japonesas. Os especialistas em Europa do Departamento de Estado adotavam por inteiro a tese do ministro do Exterior francês, Georges Bidault, de uma Europa dominada pelos soviéticos ameaçando "a civilização ocidental" a menos que se verificasse "cooperação estreita com a França". Cooperação, na ótica desses especialistas, significava o atendimento das demandas francesas. Por outro lado, seus colegas do setor Extremo Oriente (mais tarde denominado Sudeste Asiático) urgiam a necessidade de a América apoiar a eventual independência após qualquer forma de governo interino capaz de "ensinar" os vietnamitas "a assumir as responsabilidades do governo próprio".

Nesse conflito de políticas, o futuro dos asiáticos não podia pesar contra a sombra soviética espraiando-se sobre a Europa. Em agosto de 1944, na Conferência de Dumbarton Oaks, sobre a organização do pós-guerra, a proposta norte-americana para as colônias não mencionou independência futura, oferecendo tão somente o tímido fideicomisso – a ser adotado com o consentimento "voluntário" dos antigos poderes coloniais.

Já por essa altura a Indochina começava a demonstrar recalcitrância, que só faria aumentar nos próximos trinta anos. Durante a guerra, mediante acerto entre os japoneses conquistadores da Indochina e o governo de Vichy, a administração colonial francesa com suas Forças Armadas e dirigentes coloniais permanecera no país na condição de governante sub-rogada. Quando, na undécima hora, em março de 1945, os japoneses os expulsaram desse controle, alguns grupos franceses juntaram-se à resistência nativa sob o Vietminh, uma coalização de nacionalistas, incluindo comunistas, que vinha promovendo agitações pró-independência desde 1939 e conduzindo a resistência contra os japoneses. O CSEA (Comando do Sudeste Asiático),* controlado pelos britânicos, fez contato com eles e solicitou colaboração. Em face de que qualquer auxílio aos grupos de resistência se constituiria, agora, em inevitável apoio ao retorno francês, Roosevelt não participou do assunto; ele não se queria "misturar" com os que livravam a Indochina do domínio japonês, disse, irritado, a Hull, em janeiro de 1945. Recusou pedido de navios feito pelos franceses para transportar suas tropas à Indochina e proibiu ajuda à resistência, depois voltou atrás, mas insistindo em que qualquer auxílio deveria ser limitado a ações contra os nipônicos e não em favor do interesse da França.

---

*SEAC – Southeast Asia Command, no original. (*N. do T.*)

Todavia, quem assumiria o controle quando estivesse ganha a guerra contra o Japão? A experiência com a China no ano anterior fora decepcionante, enquanto o vozerio francês se tornava mais forte e imperativo. Colhido entre a pressão de seus aliados e as vozes íntimas que lhe diziam "não deixe os franceses retomarem", Roosevelt, cansado e próximo do fim, tentou evitar o tema, protelando decisões.

Em Yalta – fevereiro de 1945 –, quando todos os demais problemas dos Aliados tinham desenvolvimento acelerado com a proximidade da vitória, a conferência contornou o assunto, deixando-o à futura reunião normativa das Nações Unidas, em São Francisco. Ainda preocupado, Roosevelt discutiu o item com um conselheiro do Departamento de Estado, preparando-se para esse encontro de São Francisco. Ele nesse momento estava favorável a que a própria França fosse fideicomissária, "com uma cláusula estatuindo a independência como objetivo final". Perguntado sobre se concordaria com o instituto de domínio, disse: "Não, deverá ser independência... e você pode citar minhas palavras no Departamento de Estado." Um mês depois, em 15 de abril de 1945, morreu.

Com o caminho agora desimpedido, o secretário de Estado, Stettinius, disse aos franceses em São Francisco, dez dias após a morte de Roosevelt, que os Estados Unidos não questionavam a soberania da França sobre a Indochina. Respondia, assim, a um ataque de furor encenado por De Gaulle em favor do embaixador americano em Paris, no decorrer do qual dissera dispor de uma força expedicionária pronta a seguir para a Indochina e cuja partida só não se efetivara devido à recusa americana em ceder o transporte, aduzindo: "Se vocês são contra nós na Indochina..." isso causaria terrível desilusão na França, o que poderia arrastá-la à órbita soviética. "Nós não queremos acabar comunistas... assim, espero que vocês não nos empurrem para eles." Tratava-se de chantagem primitiva; estava costurada, contudo, dentro do figurino desejado pelos especialistas da Europa em diplomacia americana. Em maio, em São Francisco, o secretário de Estado em exercício, Joseph Grew, dinâmico ex-embaixador no Japão e refinado veterano do Serviço Diplomático, assegurou a Bidault com notável firmeza que "os registros estão inteiramente isentos de qualquer declaração oficial deste governo questionando, mesmo por inferência, a soberania francesa sobre aquela área". Reconhecimento é assunto inteiramente diferente de "ausência de questionamento". Nas mãos de um perito, eis como é feita a política...

Roosevelt tivera razão no tocante ao comportamento francês na Indochina: fora o mais explorador em toda a Ásia. A administração francesa, concentrada em promover a produção dos bens – arroz, carvão, borracha, seda, certas especiarias e minerais – mais rendosos em termos de exportação, manipulava, ao mesmo tempo, a economia nativa como mercado de produtos franceses. Isso permitia vida fácil e confortável para cerca de 45 mil burocratas da França, quase todos medíocres, entre os quais uma pesquisa de 1910 descobriu apenas três capazes de falar vietnamita razoavelmente fluente. Recrutavam como intérpretes e intermediários uma burocracia auxiliar composta por vietnamitas "confiáveis" cuja seleção era feita na classe superior dos nativos. Premiavam com empregos e terras, além de vagas nas escolas de ensino superior, a esses privilegiados, principalmente os que se tivessem convertido ao catolicismo. Eliminaram as escolas tradicionais de aldeias, em favor de uma educação de estilo francês, a qual, por falta de professores qualificados, atingia apenas um quinto da população em idade escolar, deixando os vietnamitas, nas palavras de um escritor francês, "mais iletrados do que seus pais tinham sido antes da ocupação". A saúde pública e os serviços médicos praticamente não funcionavam, dispondo de um médico por 38 mil habitantes – enquanto havia um para cada 3 mil nas Filipinas, sob governo americano. Substituíram o sistema judicial tradicional pelo instituto penal francês, criando o Conselho Colonial da Cochinchina, cuja minoria de membros vietnamitas era referida como "representante da raça conquistada". Acima de tudo, através do desenvolvimento de grandes plantações pertencentes a empresas e das oportunidades de corrupção abertas às camadas colaboradoras, acabaram transformando em meeiros os camponeses proprietários de minifúndios, que constituíam mais de metade da população às vésperas da Segunda Guerra Mundial.

Os franceses denominavam seu sistema colonial *la mission civilisatrice,* o que satisfazia propósitos de imagem, contrariando a realidade. Não faltaram oponentes sinceros na esquerda francesa ou governadores bem-intencionados e funcionários civis nas colônias que desenvolveram esforços, de tempos em tempos, para reformar o estabelecimento, todos, afinal, frustrados pelos interesses ocultos do império.

Protestos e levantes contra o domínio francês começaram desde logo. Um povo orgulhoso da antiga vitória sobre mil anos de governo chinês e outras conquistas chinesas, tempos depois, que se rebelara frequentemente contra dinastias nativas tiranas, derrubando-as, e que ainda celebrava seus heróis revolucionários e táticas de guerrilha nessa época, não aquiesceria passivamente a um domínio estrangeiro ainda muito mais estranho que o chinês. Duas vezes, em 1880 e 1916, imperadores vienamitas patrocinaram revoltas que falharam. Enquanto a classe dos colaboradores enriquecia participando da mesa francesa, outros homens palpitavam com o borbulhar do impulso nacionalista do século XX. Seitas, partidos, sociedades secretas – nacionalistas, constitucionalistas, de índole religiosa – formavam-se, agitavam, faziam demonstrações e lideravam greves que terminavam em prisões francesas, deportações e pelotões de fuzilamento. Em 1919, na Conferência de Paz de Versalhes, Ho Chi Minh tentou apelar em prol da independência vietnamita, mas foi deixado de lado, sem que o escutassem. Depois disso, juntou-se ao Partido Comunista indochinês, organizado por Moscou na década de 1920 nos moldes chineses. O partido gradualmente assumiu a liderança da independência e dirigiu os levantes camponeses dos inícios dos anos 1930. Milhares acabaram presos, muitos foram executados e cerca de quinhentos sentenciados à prisão perpétua.

Beneficiados por anistia quando o governo da Frente Popular chegou ao poder na França, os sobreviventes lentamente reconstruíram o movimento e formaram a coalizão do Vietminh em 1939. Quando a França capitulou aos nazistas em 1940, parecia chegada a hora para nova revolta. Essa foi, também, ferozmente reprimida, mas seu espírito e objetivos reviveram na subsequente resistência aos japoneses, na qual os comunistas, liderados por Ho Chi Minh, tiveram a parte mais ativa. Tal qual ocorrera na China, a invasão japonesa propiciou uma causa nacionalista, e os franceses coloniais permitiram a entrada nipônica sem lutar, os grupos da resistência encontraram, em meio ao desprezo, renovadas oportunidades.

Durante a guerra, grupos clandestinos do OSS* norte-americano operando na Cochinchina juntaram-se ou ajudaram a resistência. Através de lançamentos por avião, forneceram-lhes armas e, em certa ocasião, medicamentos à base de quinino e sulfas que salvaram a vida de Ho Chi Minh, vitimado por ataque de malária e disenteria. Em palestras com oficiais do OSS, Ho afirmou conhecer a história das lutas americanas pela libertação do guante colonial, dizendo-se seguro de que "os Estados Unidos auxiliariam na retirada dos franceses para ser estabelecida a independência do país". Impressionado com o voto americano em favor das Filipinas, aduziu acreditar que "a América defendia governos populares livres em todo o mundo, e isso se opunha a qualquer forma de colonialismo". Essa não era, obviamente, uma conversa ocasional. Ele desejava que sua mensagem seguisse adiante; necessitava de armas e ajuda para um governo no seu entender "organizado e pronto a operar". Os oficiais do OSS mostravam-se simpáticos a esses princípios, mas seu superior distrital na China insistia na política de "não se prestar ajuda a indivíduos do tipo de Ho, comunistas notórios e, consequentemente, fontes de complicações".

Em Potsdam, em julho de 1945, imediatamente antes da derrota japonesa, a decisão sobre quem exerceria o controle na Indochina e aceitaria a rendição nipônica resolveu-se através de decisão secreta dos Aliados mediante a qual o país abaixo do paralelo 16 seria colocado sob o domínio dos ingleses e, ao norte do paralelo 16, dos chineses. Visto que os britânicos estavam sem sombra de dúvida dedicados à restauração colonial, isso queria dizer que o retorno francês seria assegurado. Os Estados Unidos concordaram porque Roosevelt estava morto, porque os sentimentos americanos sempre se voltam ao "vamos trazer nossos rapazes para casa", de preferência a zelar pelo

*OSS – Office of Strategic Services (Escritório de Atividades Estratégicas). (*N. do T.*)

pós-guerra e porque, em face da frágil situação europeia, a América relutava em abrir querelas com seus aliados. Pressionados pela oferta francesa de um exército de 62 mil homens na frente do Pacífico, sob o comando de um dos heróis da Libertação, o general Jacques Leclerc, os chefes conjuntos em Potsdam aceitaram em princípio, desde que tal força fosse comandada por americanos ou ingleses, aplicável em zona que seria delimitada posteriormente e cujo transporte não se efetuaria até a primavera de 1946. Constituía-se em segredo de polichinelo tratar-se, dita área, da Indochina, e que a missão se destinava à reconquista do país.

A restauração francesa deslizou, assim, dentro da política americana. Embora o presidente Truman tivesse em mente cumprir as intenções de Roosevelt, não se sentia cruzado pessoal contra o colonialismo e tampouco encontrou diretivas escritas deixadas por seu predecessor. Estava, além do mais, cercado por chefes militares que, de acordo com o almirante Ernest J. King, chefe do Estado-maior naval, "de forma alguma são favoráveis a manter os franceses fora da Indochina". Ao contrário, raciocinavam em termos de poderio militar do Ocidente substituindo os japoneses.

O assentimento americano ficou plenamente confirmado em agosto, quando o general de Gaulle chegou ao aeroporto de Washington e o presidente Truman, já perfeitamente doutrinado sobre a ameaça do expansionismo soviético, lhe disse: "Meu governo não se opõe ao retorno do Exército e da autoridade da França à Indochina." De Gaulle prontamente divulgou essa declaração numa entrevista à imprensa no dia seguinte, acrescentando que "(a França), como é óbvio, também pretende introduzir um novo regime", de reforma política, "porém, para nós, a soberania é questão fechada".

Ele estava sendo perfeitamente explícito. Já dissera aos Franceses Livres, na conferência de Brazzaville, em janeiro de 1944, que deviam reconhecer a evolução política das colônias, acelerada pela guerra, portando-se a França "nobremente, liberalmente", mas sem intenção, mesmo remota, de ceder um palmo em termos de soberania. A Declaração de Brazzaville no capítulo da política colonial declarava que: "(...) os objetivos da *mission civilisatrice*... excluem qualquer ideia de autonomia e toda possibilidade de desenvolvimento fora do bloco imperial francês. A obtenção de autogoverno nas colônias, mesmo em futuro longínquo, deve ser pretensão excluída".

Uma semana após a rendição japonesa, em agosto de 1945, o Congresso Vietminh em Hanói proclamou a República Democrática do Vietnã e depois de estabelecer o controle de Saigon fez declaração de independência citando frases de abertura da Declaração de Independência da América, de 1776. Em mensagem transmitida às Nações Unidas por intermédio do OSS, Ho Chi Minh advertiu que, se as Nações Unidas falhassem em cumprir o prometido na carta e não garantissem a independência da Indochina, "nós continuaremos lutando até obtê-la".

Uma tocante mensagem a De Gaulle composta em nome do último imperador, o flexível Bao Dai, que primeiro, servira aos franceses, depois, aos japoneses, e agora amavelmente abdicara em favor da República Democrática, continha passagens proféticas: "O senhor compreenderia melhor se pudesse ver o que está acontecendo aqui, se pudesse sentir esse desejo de independência a pulsar no coração de todos, e que nenhuma força humana pode restringir. Mesmo que os franceses voltem para restabelecer sua administração, não mais serão obedecidos: cada aldeia se transformará em ninho de resistência, cada antigo colaborador será um inimigo, e seus funcionários e colonos irão pedir para voltar por lhes ser impossível respirar numa atmosfera assim."

Mais uma profecia destinada a cair em ouvidos surdos. De Gaulle, que recebeu a mensagem enquanto se encontrava em Washington, sem dúvida não a transmitiu a seus hospedeiros americanos, mas nada sugere que tal carta teria produzido qualquer efeito, caso a mostrasse. Poucas semanas mais tarde Washington informou os agentes americanos em Hanói que estavam sendo adotadas providências "para facilitar a recuperação do poder pelos franceses".

A independência autodeclarada durou menos de um mês. Transportados desde o Ceilão por C-47 americanos, um general britânico com tropas inglesas e confusa mistura de unidades francesas entraram em Saigon em 12 de setembro, suplementados por 1.500 soldados da França que chegaram em vasos de guerra de seu país dois dias depois. Nesse ínterim, os dispositivos principais de duas divisões francesas viajavam de Marselha e Madagáscar a bordo de dois transportes de tropas americanos no primeiro ato significativo de sua ajuda. Visto que o *pool* de transportes era controlado pela chefia conjunta e as decisões políticas já tinham sido adotadas em Potsdam, o CSEA podia requisitar e obter esses transportes entre os disponíveis no *pool*. Mais tarde o Departamento de Estado, se resguardando, informou ao Departamento de Guerra ser contrário à política dos Estados Unidos "o emprego de navios ou aviões de bandeira norte-americana no transporte de tropas de qualquer nacionalidade de ou para as Índias Orientais Holandesas e Indochina Francesa, ou permitir o uso dessas naves no carregamento de armas, munições e equipamentos para aquelas áreas".

Até a chegada dos franceses, o comando britânico em Saigon utilizou unidades japonesas, cujo desarmamento foi postergado, contra o regime rebelde.* Quando uma delegação do Vietminh procurou o general Douglas Gracey com propostas para manter a ordem, o comandante britânico informou: "Eles me deram boas-vindas e coisas semelhantes; criou-se uma situação desagradável e prontamente os expulsei de minha presença." Embora caracteristicamente britânicas, essas observações eram indicativas da atitude que se infiltraria profundamente e haveria de marcar a futura interferência americana no Vietnã. Materializado o desprezo em designativos como "porcos" ou "animais", tais termos refletiam não apenas o conceito de que os asiáticos eram inferiores aos brancos, mas também que as pretensões à independência do povo da Indochina, nada significavam ante, digamos, as dos japoneses e chineses. Os japoneses, não obstante suas inenarráveis atrocidades, possuíam canhões, navios de guerra

*Lorde Louis Mountbatten, comandante do Teatro de Operações, em relatório de 2 de outubro de 1945 ao Estado-maior de Chefes Conjuntos, declarou ser esse o meio único de evitar envolvimento de tropas inglesas/indianas: "Devo continuar empregando japoneses a fim de manter a lei e a ordem, e isso significa que *não posso* começar a desarmá-los antes de decorridos mais três meses."

e indústrias modernas; os chineses eram, por um lado, admirados através da influência dos missionários e, por outro, temidos na conta de "perigo amarelo" – e considerados, afinal, em termos de imenso território e grande população. Sem possuir tais créditos, a Indochina não inspirava respeito. Prenunciado nas palavras do general Gracey, o resultado seria o de se subestimar de maneira fatal o oponente.

As divisões francesas procedentes da Europa chegaram em outubro e novembro, algumas vestindo uniformes e portando equipamentos americanos. Mergulharam no velho esporte de repressão armada, durante os primeiros ferozes dias de prisões e massacres. Enquanto ganhavam o controle de Saigon, o Vietminh se camuflava no meio camponês, mas nessa ocasião a restauração colonial foi incompleta. Na zona setentrional, designada aos chineses, os vietnamitas, equipados com armamento oriundo da rendição japonesa que os chineses lhes tinham vendido, mantiveram controle sob o governo provisório de Ho, em Hanói. Os chineses não interferiram; repletos de butim colhido durante a ocupação, retiraram-se para dentro de suas fronteiras.

Na babel de povos e partidos, as unidades do OSS padeciam de "falta de instruções" de Washington, o que bem refletia a confusão política dos americanos. O anticolonialismo tradicional deixara seu reservatório de ambivalências, mas a premissa governamental de que uma França "estável, forte e amigável" tornara-se essencial para bem preencher o vácuo europeu pesava decisivamente na balança do equilíbrio político.

Mais tarde, em 1945, foram vendidos 160 milhões de dólares em equipamentos aos franceses, para uso na Indochina, e as unidades remanescentes do OSS receberam instruções de servirem como "observadores das missões punitivas contra os rebeldes anamitas". Oito apelos distintos, endereçados por Ho Chi Minh ao presidente Truman e ao secretário de Estado, lançados num período de cinco meses, não foram respondidos sob alegação de que seu governo não estava reconhecido pelos Estados Unidos.

A descortesia não foi praticada com ignorância das condições prevalecentes no Vietnã. Um relatório de outubro, firmado por

Arthur Hale, do Serviço de Informações dos Estados Unidos em Hanói, deixava flagrante que as promessas de reformas e alguma vaga forma de autonomia, feitas pelos franceses e com as quais os Estados Unidos contavam, não seriam satisfeitas. O povo queria os franceses fora. Pôsteres com o brado "Independência ou morte!", em todas as cidades e aldeias do norte, "gritavam aos transeuntes de cada muro e janela." A influência comunista não se ocultava: a bandeira do governo provisório se assemelhava à bandeira soviética, panfletos marxistas podiam ser vistos sobre as mesas dos departamentos oficiais. O mesmo, todavia, podia se dizer da influência americana. A promessa às Filipinas se constituía em tema constante, havia manifesto e vigoroso entusiasmo pela bravura americana durante a guerra e imensa admiração pela capacidade produtiva, técnica e progresso social dos Estados Unidos. Em face, porém, da falta de qualquer resposta ao Vietminh e de incidentes, "como o recente envio de tropas francesas para Saigon em navios americanos", a boa vontade estava morrendo. O relatório de Hale também era profético: se os franceses sobrepujarem o governo provisório, "pode-se afirmar que o movimento pró-independência não cessará". Essa certeza lá estava, desde o começo.

Houve outros observadores. Os franceses podem tomar as cidades do norte, escreveu o correspondente do *Christian Science Monitor,* "mas torna-se extremamente duvidoso que eles consigam amordaçar o movimento de independência de forma completa. Não dispõem de tropas suficientes para conter os grupos de guerrilheiros do norte e demonstram pouca capacidade para enfrentar a guerra de guerrilhas".

Solicitado pelo Departamento de Estado a fazer uma avaliação do prestígio americano na Ásia, que supunha "em sério processo de deterioração", Charles Yost, funcionário político em Bangkok e futuro embaixador nas Nações Unidas, confirmou a impressão do departamento e também citou o uso de navios americanos no transporte de tropas francesas e "a utilização de equipamentos americanos por essas tropas". A boa vontade em relação à América como campeã dos povos oprimidos tinha sido muito grande após a guerra, mas a incapacidade americana de apoiar os movimentos nacionalistas "não parece contribuir para a estabilidade do Sudeste Asiático, a longo termo". A restauração dos regimes coloniais, advertiu Yost, não se coaduna com as condições existentes e "não pode, por isso, ser mantida, exceto mediante uso de força".

Que a política americana tenha apoiado, apesar disso, o esforço francês, foi escolha feita entre o que parecia uma necessidade maior sobrepujando outra, menor. George Marshall, então secretário de Estado, concordava com a existência de "modelos e métodos perigosamente suplantados no colonialismo da área", mas, por outro lado, "(...) não temos qualquer interesse em ver administrações do império colonial trocadas por filosofias e organizações provindas e sob controle do Kremlin". Aí estava o ponto crucial. Os franceses crivavam Washington com "provas" do envolvimento de Ho Chi Minh por Moscou, e Dean Acheson, subsecretário de Estado, disso não tinha dúvidas. "Tenha em mente", cabografou ele a Abbot Low Moffat, chefe dos Assuntos do Sudeste Asiático, que viajara a Hanói em 1946, "Ho possui ficha agente comunismo internacional. Ausência evidência retratação."

Moffat, caloroso partidário da causa asiática, relatou que, em palestra com Ho, o líder negara ser o comunismo seu objetivo, dizendo que se conseguisse assegurar a independência de sua pátria, seria o suficiente pelo tempo de sua vida. "Talvez", acrescentou tortuosamente, "dentro de cinquenta anos, os Estados Unidos sejam um país comunista e, então, o Vietnã também poderá ser..." Moffat concluiu que o grupo no comando do Vietnã, "no presente estágio, é nacionalista antes de mais nada", e um verdadeiro Estado nacionalista deveria preceder o Estado comunista, que, como objetivo, "seria secundário de então por diante". Se ele estava iludido, a história não sabe responder, pois quem poderia afirmar, ao tempo em que Ho pedia apoio, que o desenvolvimento da República Democrática do Vietnã (RDV) acabaria comunista de forma tão irrevogável como o curso dos acontecimentos decretaria?

A compulsão dos franceses em reconstruir seu império derivava, após a humilhação da Segunda Guerra Mundial, da sensação de que seu poderio como grande potência encontrava-se em jogo; mas percebiam que necessitavam de alguma forma de ajustamento, ao menos *pro forma*. Durante armistícios temporários com o Vietminh, em 1946, tentaram negociar as bases de um acordo com promessa de forma não especificada de autogoverno, em época igualmente não definida, escolhendo as palavras de tal forma que não comprometessem nem de leve a soberania. Tratava-se de "concessões no papel", de acordo com o Escritório Extremo Oriente do Departamento de Estado. Quando tudo mais falhou, recomeçaram as hostilidades, e pelo final de 1946 a primeira guerra da Indochina, ou guerra francesa, estava em pleno decurso. Não havia ilusões. Se os franceses recomeçarem as medidas repressivas e a política de força do passado, escreveu o cônsul americano em Saigon, "nenhum acerto da situação poderá ser alcançado em futuro visível e o estado de guerrilhas constantes permanecerá". O próprio comandante francês, designado para levar avante a reconquista, viu ou sentiu a verdade. Depois de uma primeira pesquisa da situação, o general Leclerc declarou ao seu conselheiro político: "Precisaria de quinhentos mil homens para dominar o país, e mesmo assim não o conseguiria." Nessa única sentença desvendou o futuro, e sua estimativa revelou-se válida quando quinhentos mil soldados americanos entraram na luta, duas décadas depois.

JÁ ERA INSENSATA a política americana nos idos de 1945-46? Mesmo se a analisarmos nos termos da época, a resposta deve ser afirmativa, pois grande número de americanos envolvidos com a política externa compreendia que os tempos coloniais tinham acabado e seu renascimento não passava de vã tentativa de colocar Humpty-Dumpty de volta sobre o muro. Não importa quão fortes fossem os argumentos em favor do apoio à França, a insensatez estava em atrelar a política a uma causa que as informações mais confiáveis indicavam ser perdida. Os dirigentes políticos se asseguravam que não estavam atrelando os Estados Unidos a tal causa. Enganavam-se e se consolavam com as promessas francesas de autonomia futura ou, ainda, na crença de que a França não teria condições de reconquistar seu império e finalmente entraria em acordo com o Vietnã. Tanto Truman quanto Acheson informaram a opinião pública de que o posicionamento dos Estados

Unidos "se alicerçava na certeza de que as alegações francesas quanto ao apoio do povo da Indochina seriam confirmadas pelos eventos futuros". Ajudá-la agora em benefício de uma presença forte na Europa não era crime – embora se tratasse de causa perdida.

A alternativa estava presente e perfeitamente disponível: a de ganhar para a América invejável primado entre as nações do Ocidente e confirmar a tradição de boa vontade na Ásia, alinhando-se com os movimentos libertários e até mesmo passando a apoiá-los. Se tal posição possuía significado para muitos, particularmente no setor Extremo Oriente, era menos convincente para outros – aos quais o autogoverno por asiáticos nada dizia como base política, insignificante comparado com a segurança da Europa. No tocante à Indochina, a escolha dessa alternativa teria exigido imaginação, que nunca prepondera entre os governos, e boa vontade suficiente para assumir os riscos de apoiar um comunista quando o comunismo ainda era considerado um bloco sólido. Tito representava, na época, a única dissidência, e a possibilidade de novo desvio não parecia verossímil. Mais importante ainda, poderia tornar-se elemento de divisão dos Aliados, o apoio a Humpty-Dumpty tornou-se questão de escolha: sempre que uma política é adotada e implementada, as atividades subsequentes não passam de esforços para justificá-la.

Uma inquieta suspeita de que procediam com insensatez esteve presente no engajamento dos americanos no Vietnã, do princípio ao fim, revelada vez por outra em algumas diretivas tortuosas. Num sumário da posição americana para diplomatas em Paris, Saigon e Hanói, a assessoria para assuntos políticos franceses esboçou, em 1947, a pedido do secretário George Marshall, uma diretiva em que racionalização de desejo se mesclava com incertezas. Tinha-se, ali, a visão dos movimentos de libertação das novas nações do Sudeste Asiático – representando, conforme afirmavam, um quarto da população mundial, como "momentoso fator de estabilidade mundial"; manifestava-se a crença de que a melhor salvaguarda para que tais lutas não sucumbissem às tendências antiocidentais e à influência comunista residia na continuada associação com os antigos poderes coloniais; havia aquiescência, por um lado, ao princípio de que tais associações "deveriam ser voluntárias", e por outro, de que a guerra na Indochina somente destruiria a cooperação voluntária, "alienando irrevogavelmente os vietnamitas"; afirmava-se que os Estados Unidos desejavam ser úteis sem intervir ou oferecer solução de sua autoria, estando, contudo, "profundamente preocupados" com o desenvolvimento da situação na Indochina. Que os funcionários do serviço diplomático tenham recebido luzes de tal documento, eis algo bem duvidoso...

II. AUTO-HIPNOSE: 1946-54

A incipiente Guerra Fria ingressou na maturidade com o discurso de Churchill sobre a "cortina de ferro" em Fulton, Missouri, em março de 1946, no decurso do qual afirmou que ninguém conhecia "os limites, se existem, das tendências de expansão e proselitismo" da União Soviética e seu comunismo internacional.

A situação era, realmente, alarmante. O sonho de Roosevelt de uma associação, depois da guerra, entre os Aliados nos campos de batalha, destinada a manter a ordem, se desvanecera - como ele bem sabia antes de morrer, quando, no seu derradeiro dia em Washington, tomou conhecimento de que Stalin "quebrara uma por uma as promessas feitas em Yalta". Em 1946, o controle soviético se estendera sobre a Polônia, a Alemanha Oriental, a Romênia, a Hungria, a Bulgária, a Albânia e mais ou menos sobre a Iugoslávia. Partidos Comunistas domésticos surgiram, na França e na Itália, como futuras ameaças. Da Embaixada americana em Moscou, George Kennan formulou "paciente mas firme e vigilante refreamento a longo termo das tendências expansionistas russas". Em 1947, o secretário Marshall convocou a América para que desenvolvesse "um senso de responsabilidade em função da ordem e segurança mundiais" e o reconhecimento da "esmagadora importância" das atitudes dos Estados Unidos, bem como de suas eventuais falhas em agir nesse sentido. Moscou respondeu com a declaração de que todos os Partidos Comunistas no mundo estavam unidos na comum resistência ao imperialismo americano. A Doutrina Truman foi anunciada, comprometendo a América no apoio aos povos livres que resistiam ao jogo imposto por "minorias armadas" ou pressões externas, adotando-se o Plano Marshall, destinado a ajudar na revivescência econômica dos países debilitados da Europa. Desenvolveu-se imenso esforço – bem-sucedido – na obstrução da tomada do poder, pelos comunistas, na Grécia e Turquia.

Em fevereiro de 1948, a Rússia soviética absorveu a Tchecoslováquia. Os Estados Unidos ordenaram recrutamento para serviço militar. Em abril desse ano a Rússia impôs o bloqueio de Berlim. A América respondeu com a ponte aérea que conservou em ação durante um ano, até que o bloqueio foi suspenso. A Otan (Organização do Tratado do Atlântico Norte)* formou-se, para defesa comum contra ataques a qualquer dos países-membros.

O acontecimento que rompeu o equilíbrio de forças foi a vitória comunista na China em outubro de 1949, um choque tão violento como Pearl Harbour. A histeria resultante da "perda" da China tomou conta da América; trombetas hidrófobas do lobby chinês no Congresso e no mundo empresarial tornaram-se as vozes mais tonitruantes da vida política. O choque mostrou-se ainda mais exacerbado porque, poucas semanas antes, em setembro, a Rússia explodira uma bomba atômica. Bem no início de 1950 o senador Joseph McCarthy anunciou possuir uma lista de 205 comunistas "fichados" trabalhando no Departamento de Estado; durante os quatro anos subsequentes, os americanos o apoiaram em vez de se oporem à iniquidade de verem em seus compatriotas comunistas infiltrados na sociedade americana. Em junho de 1950, a Coreia do Norte, aliada soviética, invadiu a Coreia do Sul, aliada da América, e o presidente Truman ordenou resposta militar dos Estados Unidos sob autoridade das Nações Unidas. Durante esses anos abjetos, os Rosenberg foram julgados por traição, condenados em 1951 e, quando o presidente Eisenhower recusou-se a comutar a sentença de morte que deixaria na orfandade duas crianças, acabaram executados.

*NATO – North Atlantic Treaty Organization, no original. (*N. do T.*)

Eram esses os componentes da Guerra Fria que delinearam o curso dos eventos na Indochina. Acreditava-se firmemente que todos os movimentos com rótulo comunista representavam conspiração para a conquista do mundo sob a égide soviética. O efeito da vitória de Mao na China pareceu terrível confirmação e, depois, seguindo-se o ataque à Coreia do Sul, acarretou um período de pânico na América com relação à política asiática. Tornava-se, agora, "óbvio" ao Conselho de Segurança Nacional "que o Sudeste Asiático é o alvo de uma ofensiva coordenada, dirigida por Moscou". A Indochina era encarada como foco do movimento, em parte porque uma guerra lá andava em curso com tropas europeias lutando contra forças nativas sob liderança comunista. Foi declarada "zona crítica" que, se caísse em poder dos comunistas, poderia arrastar a Birmânia e a Tailândia de roldão. A princípio, a ofensiva vermelha era considerada criação da Rússia soviética. Depois que tropas chinesas ingressaram nos combates coreanos, a China passou a ser vista como principal agente, sendo o Vietnã seu próximo alvo. Ho e o Vietminh assumiram aspecto mais sombrio como lacaios da conspiração do comunismo internacional, *ipso facto* hostis aos Estados Unidos. Quando forças anfíbias de comunistas chineses tomaram a ilha de Hainã, no golfo de Tonquim, até então em poder de Chiang Kai-shek, elevou-se o nível do alarma. Em resposta, a 8 de maio o presidente Truman anunciou a primeira garantia de ajuda militar à França e aos Estados Associados da Indochina, no montante de 10 milhões de dólares.

Os Estados Associados, que compreendiam o Laos, e o Camboja e o Vietnã, foram criação da França no ano anterior, pelo Tratado do Elysée, que havia reconhecido a "independência" do Vietnã, ressuscitando Bao Dai como seu chefe de Estado. Logo após a União Soviética e a China, em fevereiro de 1950, prontamente reconheceram a República Democrática em Hanói como governo legítimo, seguindo-se no mesmo mês o reconhecimento de Bao Dai pelos Estados Unidos. Nenhuma real transferência de poderes administrativos ou de autoridade passou às mãos dos vietnamitas como resultado do Tratado do Elysée, e os franceses, como antes, mantinham controle sobre o exército local. O regime Bao Dai, com servidores mais eficientes em suborno do que em governo, mostrava-se inepto e corrupto. Todavia, os americanos tentaram persuadir-se de que Bao Dai se constituía em alternativa nacionalista válida contraposta a Ho Chi Minh e que, assim, poderiam apoiar a França, sua patrocinadora, sem incorrerem no estigma de colonialistas. Como esperançosa alternativa, porém, a solução Bao Dai revelou-se vazia, coisa que o próprio titular reconheceu. "As atuais condições políticas", disse ele ao seu conselheiro, o Dr. Phan Quang Dan, "tornam impossível convencer o povo e os soldados de que vale a pena lutar por alguma coisa." Caso aumentasse o exército, como instavam os americanos, isso poderia tornar-se perigoso face a uma possível debandada em massa para o lado de Ho Chi Minh. O Dr. Dan, nacionalista sincero, mostrava-se ainda mais enfático. O exército vietnamita, comandado por franceses e virtualmente sem qualquer liderança própria, disse estar "sem ideologia, sem objetivo, sem entusiasmo, sem espírito combativo e sem apoio popular".

Não ignorava esse estado de coisas o governo americano. Robert Blum, da Missão Técnico-econômica, acreditada junto ao Vietnã, informou que o governo Bao Dai "pouco promete no que tange ao desenvolvimento de competência ou à conquista da lealdade de seu povo", e que a situação "não demonstra substancial possibilidade de melhorar"; em tais circunstâncias, não seria de se esperar vitórias decisivas dos franceses, chegando à taciturna conclusão: "Remotas são as esperanças de se alcançarem os objetivos americanos." Depois de 18 meses de frustração, Blum voltou para casa, em 1952.

Enquanto os diversos departamentos em Washington asseguravam uns aos outros que "o desenvolvimento de genuíno nacionalismo" na Indochina tornava-se essencial à sua defesa, e constantemente tentavam empurrar a França e o passivo Bao Dai naquela direção, continuavam ignorando as implicações de seu próprio conhecimento. Não obstante a falta de apoio popular a Bao Dai, o espectro do avanço comunista exigia mais ajuda à França contra o Vietminh. Imediatamente depois da invasão da Coreia, Truman anunciou o primeiro envio de pessoal americano à Indochina. Denominado

Grupo de Assessoria e Assistência Militar (GAAM),* começando com 35 homens no início da guerra coreana e chegando a cerca de duzentos, destinava-se a introduzir o know-how americano – que os franceses não queriam e, persistentemente, lamentavam –, passando a supervisionar o uso de equipamentos dos Estados Unidos, cuja primeira remessa foi transportada por via aérea até Saigon, em julho. Por insistência francesa, o material lhes era entregue diretamente e não aos Estados Associados, demonstrando de forma patente a ficção da independência.

Com esse ingresso no campo da luta, os criadores da política americana sentiram-se obrigados a revelar os interesses que justificavam tal atitude. Declarações políticas sobre a importância vital do Sudeste Asiático começaram a pingar do governo. A região passou a ser descrita como "fundamental ao futuro do mundo livre", cuja posição estratégica e imensos recursos naturais deviam beneficiar as nações livres, vedando-se seu acesso ao comunismo internacional. Os dirigentes comunistas no Kremlin, disse o presidente Truman ao povo americano numa fala pelo rádio, estavam engajados "em monstruosa conspiração destinada a abolir a liberdade em todo o planeta". Caso tivessem sucesso, os Estados Unidos estariam entre "suas principais vítimas". Considerou a situação "perigo claro e atual" e levantou o argumento de Munique, que se tornaria dogmático: se as nações livres tivessem, então, agido em conjunto e no tempo hábil para esmagar a agressão dos ditadores, a Segunda Guerra Mundial poderia ter sido evitada.

A lição pode ter sido verdadeira, mas foi malbaratada. A agressão dos anos 1930 à Manchúria, China Setentrional, Etiópia, Renânia, Espanha e Sudetos decorreu em luta aberta, com invasões armadas, aviões, bombas, forças de ocupação; a suposta agressão contra a Indochina, em 1950, não passava de estado mental dos observadores, autoinduzido. Numa avaliação reveladora, o Conselho de Segurança Nacional (CSN), em fevereiro de 1950, classificou a ameaça à Indochina como tão somente fase "de antecipação" nos planos comunistas

*Military Assistance Advisory Group (MAAG), no original. (*N. do T.*)

"para se apossarem de todo o Sudeste Asiático". Apesar de tudo, uma equipe do Departamento de Estado ao investigar a infiltração comunista no Sudeste Asiático, em 1948, não encontrou traços do Kremlin na Indochina. "Caso exista uma conspiração dirigida por Moscou no Sudeste Asiático", concluíram em seu relatório, "a Indochina representa uma anomalia até agora."

Que o perigo soviético no mundo era, não obstante, real; que o sistema comunista se revelava hostil à democracia americana e aos interesses do país; que o comunismo soviético possuía feição expansionista, dirigido à absorção dos vizinhos e outras áreas vulneráveis, tudo isso era inegável. Imaginá-lo associado em agressiva parceria com a China comunista seria conclusão natural, mas, no caso, acabou exagerada, revelando-se, logo após, um equívoco. Era certo e próprio, em função dos interesses nacionais, que os responsáveis políticos tentassem conter esse sistema adversário; ninguém questiona a propriedade de frustrá-lo onde fosse possível. Mas dizer-se que o comunismo ameaçava a segurança americana através da Indochina, eis indubitável extrapolação que só poderia conduzir à insensatez.

A segurança americana entrou em jogo no momento em que a China entrou na guerra coreana, circunstância que o presidente Truman considerou de "grave perigo" para os Estados Unidos face à "agressão comunista". Sem dúvida, do ângulo chinês, no momento em que o general MacArthur cruzou o Paralelo 38, penetrando em território comunista – ação que provocou a entrada da China na guerra –, isso se constituía em grave perigo para eles. Todavia, o ponto de vista dos oponentes raramente é considerado na paranoia da guerra. A partir do momento em que chineses se envolveram em combate real contra americanos, Washington ficou ligado, daí por diante, à assunção de que o comunismo da China estava em marcha e que sua aparição seguinte deveria ocorrer sobre a fronteira da China meridional, na Indochina.

Massacrada e insultada por charges referentes à "perda" da China e por ter concitado ao ataque à Coreia com o discurso "perimetral" de Acheson – deixando a Coreia fora do perímetro –, a administração Truman pareceu disposta a mostrar-se em combativo confronto com a conspiração comunista. A ameaça a todo o Sudeste Asiático tornou-se doutrina. Os dirigentes soviéticos, disse Truman ao Congresso em mensagem especial anunciando programa de 930 milhões de dólares de ajuda militar e econômica ao Sudeste Asiático, já haviam reduzido a China à condição de satélite e estavam preparando idêntico destino para a Coreia, a Indochina, a Birmânia e as Filipinas, ameaçando, assim, "absorver mão de obra e recursos vitais do Oriente no bojo dos desígnios soviéticos de conquista mundial". Isso privaria "as nações livres das matérias-primas de que mais urgentemente necessitavam", transformando milhões de pessoas pacíficas no Oriente em "joguetes do Kremlin". Acheson, sob outros aspectos suave, ecoou essa retórica em múltiplas oportunidades. Apresentou como provas da conspiração comunista o reconhecimento de Ho Chi Minh pela Rússia e pela China, fato capaz de remover "quaisquer ilusões" quanto ao nacionalismo de Ho, mostrando-o em suas "cores reais: inimigo mortal da independência indochinesa".

Uma nova voz – a de Dean Rusk, secretário-adjunto de Estado para Negócios do Extremo Oriente, que provaria ser a mais imutável, convicta, sincera, rígida e duradoura entre as de todos os criadores da política do Vietnã – encontrou meios de colocar a luta vietnamita pela independência, fonte de tanta ambivalência americana, sob novas luzes. O problema, disse ele ao Comitê de Relações Exteriores do Senado, não estava no colonialismo francês, mas sim em se determinar se o povo do Vietnã seria "absorvido pela força em novo colonialismo de um império comunista soviético". O Vietminh não passava de "ferramenta do Politburo" e, consequentemente, "parte da guerra internacional".

Ao amparo de tal argumentação o governo americano convenceu-se de que significava interesse vital conservar a Indochina fora da órbita comunista e, por isso, a vitória da França, de índole colonial ou não, se "tornava essencial à segurança do mundo livre". (Saber por que estaria a França lutando, se o Vietnã tinha como destino a "independência", jamais era indagado.) As palavras mágicas chegaram ao público num editorial do *New York Times* que proclamava: "Deve agora ser evidente a todos os americanos que a França sustenta linha de frente de grande importância para o mundo livre." Embora não tivessem intenção de enviar tropas, os Estados Unidos estavam determinados a "preservar para o Ocidente a tigela de arroz indochinesa, a posição estratégica, o prestígio que poderia ser abalado através de todo o Sudeste Asiático até a Tunísia e o Marrocos." O CSN, a essa altura, esboçou a possibilidade de até o Japão sucumbir, caso lhe cortassem a borracha, o estanho e o petróleo da Malásia e Indonésia e suas importações de arroz da Birmânia e Tailândia.

O processo de auto-hipnose chegou à conclusão óbvia: sendo a preservação da Indochina livre do comunismo, na verdade, tão vital para os interesses americanos, os Estados Unidos não deveriam se engajar ativamente em sua defesa? Intervenção armada, visto o receio de que pudesse precipitar resposta militar chinesa, como ocorrera na Coreia, não era popular no estabelecimento militar. "Nenhuma guerra terrestre na Ásia" era um velho e estimado dogma do Exército. Não faltaram vozes aconselhando prudência. Já anteriormente, em 1950, ao tempo da intervenção chinesa na Coreia, um memorando do Departamento de Estado, de autoria de John Ohly, diretor-adjunto do Escritório de Assistência e Defesa Mútua, sugeria a conveniência de uma segunda olhadela no caminho que o país andava percorrendo na Indochina. "Não apenas podemos falhar, consumindo recursos no processo, como estamos nos movendo a um ponto em que nossas responsabilidades tendem a suplantar em vez de complementar as da França; acabaremos como bode expiatório dos franceses, aspirados na direção do conflito direto." Ohly concluiu: "Essa situação é do tipo bola de neve." Como tem sido o destino de tantos memorandos proféticos, seus conselhos não produziram impacto, se é que alcançaram os altos escalões; o documento ficou nos arquivos, enquanto a história endossou cada uma de suas palavras.

Antes do término de seu governo, a administração Truman adotou o esquema político oriundo do CSN que recomendava, na hipótese de intervenção aberta dos chineses na Indochina, ação naval e aérea por parte dos Estados Unidos em apoio aos franceses e contra alvos em território chinês, mas sem fazer referência a forças terrestres.

O ADVENTO DOS REPUBLICANOS, sob o general Eisenhower, nas eleições de 1952, trouxe uma administração extraída das fileiras da direita por extremistas do anticomunismo e pelo lobby da China. Um epítome das opiniões do lobby encontra-se na observação do novo secretário-adjunto de Estado, Walter Robertson, fervente partidário de Chiang Kai-shek que, tomando conhecimento de uma estimativa da CIA sobre a produção de aço na China vermelha, disse indignadamente que os números deveriam estar errados porque "nenhum regime tão malevolente como o comunismo chinês poderia jamais produzir 5 milhões de toneladas de aço". Os extremistas eram liderados pelo senador William Knowland, da Califórnia, líder da maioria no Senado, que acusava os democratas de "colocarem a Ásia em perigo de ser conquistada pelos soviéticos"; vituperava regularmente a China vermelha e jurava responsabilizar a administração se a República Popular de Mao fosse admitida nas Nações Unidas. A pressão da extrema-direita na administração foi fator constante. Essa era a "Grande Fera a ser temida", como Lyndon Johnson, embora sob muito menor pressão, iria testemunhar, referindo-se a seu poderio, quase 15 anos depois.

Os republicanos também trouxeram um político especializado em assuntos estrangeiros, John Foster Dulles, de presença dominadora e devotado à ofensiva por índole e formação. Se Truman e Acheson adotaram a retórica da Guerra Fria até mesmo em excesso, foi, em parte, como reação ao fato de serem acusados de pertencerem ao "partido da traição", como McCarthy denominava os democratas, e ao peculiar frenesi nacional relacionado com a "perda" da China. Dulles, o novo secretário de Estado, era gélido extremista da Guerra Fria por natureza, alarmista com os instintos do fanfarrão, deliberadamente combativo porque esse era o meio, no seu entendimento, pelo qual as relações exteriores deveriam ser conduzidas. O malabarismo político tornou-se sua contribuição, a contraofensiva, mais que o refreamento, sua política, e "uma paixão em controlar os acontecimentos", o motor que o impulsionava.

Quando senador, em 1949, logo após a queda da China Nacionalista, declarou que "nossa frente no Pacífico" estava, agora, "aberta ao cerco vindo do Leste... Hoje, a situação é crítica". Seu conceito de cerco baseava-se no avanço comunista para Formosa e dali até as Filipinas, e na capacidade de, se lhe fosse permitido ir além do território chinês, "mover-se e continuar se movendo para diante". Ao tempo em que as forças de MacArthur na Coreia tiveram que retroceder, forçadas pelos chineses, a opinião de Dulles a respeito do inimigo tornou-se ainda mais horripilante. Banditismo desenfreado nas Filipinas, a guerra de Ho Chi Minh na Indochina, levante comunista na Malásia, revolução comunista na China e o ataque à Coreia, "tudo fazia parte de um único padrão de violência, planejado em 35 anos de conspirações e, finalmente, levado à consumação mediante conflitos e desordens" através do território asiático.

Essa confusa salada com os diversos países da Ásia Oriental, obtida como se eles não possuíssem individualidade, história, diferenças ou características próprias, se constituía no pensamento – desinformado ou perfunctório – e na falsa percepção que deram origem à teoria do dominó e permitiram que ela se transformasse em dogma. Porque os orientais em conjunto pareciam iguais aos olhos ocidentais, era de se supor que agissem também de forma parecida, com a uniformidade de peças do jogo de dominó.

Na condição de filho de um pastor presbiteriano, parente de missionários e, ele próprio, devotado à religião, Dulles possuía o zelo e a retidão herdados de tais conexões, o que não impedia, entretanto, que se comportasse, em alguns de seus tratos oficiais, como perfeito canalha. Seu conceito sobre Chiang Kai-shek e Syngman Rhee era que "esses cavalheiros são modernos equivalentes dos fundadores da Igreja. São cavalheiros cristãos que sofreram por sua fé". Longe de se constituir em causa de sofrimentos, a fé adotada desses dois tinha sido, de fato, fonte de poder para ambos.

Sob o título "Uma política corajosa", Dulles publicou na revista *Life,* em 1952, sua crença de que, com respeito aos países dominados pelo comunismo, a América deveria demonstrar "que deseja e espera sua libertação" – "libertação" significando, como é óbvio, a queda dos regimes comunistas. Como autor da seção de política externa na plataforma republicana desse ano, rejeitou o refreamento por ser "negativo, fútil, imoral", e falou, num jargão abafado, em encorajar "as influências de libertação... no mundo cativo", capazes de criar tamanhas inquietações a ponto de "deixar os governantes impotentes em continuarem nos seus monstruosos propósitos, marcando, assim, o princípio do fim para eles". Se essa retórica parecia mais vociferante que a usual na plataforma de um ano de eleições, servia para caracterizar o homem que seria um criador de política - não, meramente, alto funcionário -, o secretário de Estado dos próximos sete anos. Durante sua atuação, Dulles tornou-se o supremo *public relations* da intervenção americana no Vietnã.

A morte de Stalin, em março de 1953, foi o acontecimento que abriu caminho para a Conferência de Genebra de 1954 e o acordo internacional sobre a guerra da Indochina. A tensa confrontação europeia afrouxou quando o novo *premier* russo, Georgi Malenkov, valeu-se da oração fúnebre para falar sobre a necessidade de "coexistência pacífica". O ministro do Exterior, Molotov, seguiu-se-lhe, fazendo aberturas no sentido de uma conferência das potências. O presidente Eisenhower respondeu, para profundo desgosto de Dulles, com um discurso de regozijo pelos sinais de *détente* e manifestando o desejo americano - após a conclusão de "honroso armistício" na Coreia - de "uma paz verdadeira e total" em toda a Ásia e no mundo. Tanto o *Pravda* quanto o *Izvestia* tiveram a gentileza de divulgar o discurso *verbatim*. Dulles tentara formular uma condição que tornava o acordo americano de armistício na Coreia dependente de uma explícita promessa do Kremlin de que seria interrompida a rebelião de Ho Chi Minh contra os franceses; ele partia de sua usual premissa: Moscou manejava suas marionetes em Hanói. Nesse caso, seu desejo não prevaleceu, mas jamais se alterou a concepção de Dulles quanto à União Soviética ser a onipotente e criminosa gerente da conspiração universal.

A conclusão do armistício na Coreia em julho de 1953 criou novo pânico: o de que a China transferisse suas forças para auxiliar a vitória do comunismo no Vietnã. O Vietminh conseguira linhas de suprimento na China e passara a receber combustível e munições, a princípio um filete de 10 toneladas mensais, depois aumentadas para 500.

A alternativa da intervenção militar americana estava sendo intensamente debatida pelo governo. Como braço que aguentaria o peso da guerra terrestre e sombrio em face da experiência de guerra limitada desenvolvida na Coreia, o Exército não queria lutar com tais restrições novamente. A Divisão de Planejamento do Estado-maior feriu o ponto nuclear ao pedir "reavaliação da importância da Indochina e do Sudeste Asiático em relação ao possível custo para salvar a área". Idêntica preocupação manifestara lorde Barrington, em priscas eras, quando arguiu que se a Inglaterra fizesse guerra às colônias "o conflito nos custará muito mais do que jamais iremos ganhar, em caso de sucesso". A questão crucial do valor relativo nunca foi respondida no que tange ao Vietnã, tal como ocorrera no caso das colônias.

Embora diversos comandantes das forças aéreas e navais, nas discussões, instassem por uma decisão favorável à guerra, o vice-almirante A. C. Davis, conselheiro do secretário da Defesa em assuntos militares estrangeiros, recomendava que o envolvimento na guerra da Indochina "deverá ser evitado a qualquer custo", mas se a política nacional não encontrar outra opção, "que os Estados Unidos não se deixem autoiludir com a crença de envolvimentos parciais do tipo 'unidades navais e aéreas apenas'". Força aérea, para ter algum valor, enfatizava ele ao grupo, requeria bases terrestres, e bases necessitavam pessoal de solo, e esse, por sua vez, precisava de unidades de combate terrestre como proteção. "Torna-se necessário ter bem em mente que não existem maneiras fáceis de se fazer uma guerra, depois de nela nos comprometermos."

"Envolvimento parcial" representava – não sem motivos – a objeção básica. Os chefes do Pentágono em advertências ao Executivo deploravam a defesa "estática" da Indochina e manifestavam sua crença de que a guerra deveria ser levada ao agressor, "nesse caso à China comunista". Esse era o inimigo asiático. Os vietnamitas, segundo o Pentágono, não passavam de peões. Os chefes aduziram um adendo que ainda ecoará por muitos anos, no futuro: "Uma vez que as forças e o prestígio dos Estados Unidos sejam comprometidos, o desengajamento não será possível, exceto pela vitória."

Os fatores tendentes a tornar qualquer vitória evasiva eram conhecidos em Washington - conhecidos, dizemos, se acreditarmos que os chefes de departamentos e presidentes se tenham instruído com as informações que mandaram seus agentes colher. Um relatório da CIA, mencionando o "xenofobismo" das populações nativas, exarava: "Mesmo que os Estados Unidos venham a derrotar as forças de campo do Vietminh, ações de guerrilhas continuarão indefinidamente", impedindo o controle não comunista da área. Em tais circunstâncias, os Estados Unidos "podem se ver obrigados a manter o envolvimento militar na Indochina pelos tempos afora".

O debate dos departamentos - de Estado, Defesa, CSN, agências de inteligência - continuou sem solução à vista, sacudido, como estava, num turbilhão de dúvidas: o que aconteceria se os chineses entrassem? Se os franceses pedissem participação ativa dos Estados Unidos ou, alternativamente, caíssem fora, como forte corrente da opinião francesa exigia, abandonando a Indochina ao comunismo? Cada contingência mereceu exame; um grupo de trabalho interdepartamental apresentou exaustivos relatórios de suas análises. Novamente, poucas ilusões restavam. Reconheciam que os franceses somente poderiam vencer caso obtivessem genuína participação política e militar do povo vietnamita; que isso não estava acontecendo, nem tampouco aconteceria, devido à relutância dos colonialistas em transferir autoridade real; reconheciam também que nenhuma liderança não comunista válida se revelara; que o esforço francês se encontrava em plena deterioração, sendo que a ajuda naval e aérea dos Estados Unidos, por si só, não voltaria a roda da fortuna a favor da França. A conclusão levada a Eisenhower estatuía que a intervenção americana deveria ser condicionada a três pontos fundamentais: ação em conjunto com os aliados, aprovação do Congresso e "aceleração" da independência dos Estados Associados por parte da França.

Entrementes, à medida que o escorregão francês parecia iminente, aumentava a ajuda americana. Bombardeiros, aviões de carga, aviação naval, tanques, caminhões, armas automáticas, armamento portátil, munições, granadas de artilharia, rádios, hospitais, equipamentos de engenharia e apoio financeiro fluíram intensamente durante 1953. No decorrer dos três anos anteriores, trezentos e cinquenta navios (ou mais de dois a cada semana) entregaram material de guerra aos franceses. Isso não obstante, uma análise da Inteligência Nacional, datada de junho de 1953, previa que o esforço francês "se deterioraria provavelmente" durante os próximos 12 meses e se as atuais tendências continuassem, poderia, subsequentemente, "deteriorar-se com muita rapidez"; que a "apatia popular" continuaria e o Vietminh "conservaria a iniciativa militar". Quer fosse tomada como prescrição para retirada de uma causa com fraturas inerentes ou visando favorecê-la em termos de ajuda ampliada, a análise da Inteligência deveria, ao menos, merecer sóbrias reflexões. Tal coisa não aconteceu por medo que a retirada de apoio acarretasse perda da cooperação francesa na Europa.

"Os franceses nos chantagearam", eis as palavras de Acheson; a ajuda na Indochina foi o preço cobrado pela França para participar da Comunidade de Defesa Europeia (CDE).* A política americana na Europa estava presa a esse esquema para a coalizão integrada das principais nações, que a França temia e a que resistia, por incluir seu recente conquistador, a Alemanha. Se os Estados Unidos desejavam a participação da França e suas 12 divisões na Otan, deviam, em troca, pagar-lhe por deter o comunismo – e incidentalmente também a perda de seu império – na Ásia. A CDE somente se tornaria operativa caso a França a integrasse. Os Estados Unidos estavam comprometidos com essa política, e pagaram.

A razão pela qual a França, com poder de fogo superior e dispondo de recursos americanos, estava tendo um desempenho tão medíocre não estava além de qualquer conjectura. O povo da Indochina, do qual mais de 200 mil integravam o exército colonial, juntamente com cerca de 80 mil franceses, 48 mil norte-africanos e 20 mil soldados da Legião Estrangeira, simplesmente não tinha razão de lutar pela França. Os americanos estavam eternamente falando em libertação do comunismo quando a liberdade que os vietnamitas desejavam, em massa, era a de seus exploradores, tanto franceses

---

*European Defense Community (EDC), no original. (*N. do T.*)

quanto nativos. A pretensão de que a humanidade partilhava o ideário ocidental de liberdade democrática não passava de fantasia americana. "A liberdade que desejamos e defendemos na Europa", afirmou Eisenhower ao assumir o cargo, "não difere da liberdade em perigo na Ásia." Engano seu. Os seres humanos habitam o mesmo planeta, mas suas necessidades e aspirações variam de acordo com as circunstâncias.

Mas não existia engano nem tampouco ignorância no que se referia à falta de ímpeto para lutar, nos Estados Associados. Um oficial de alta-patente, o general de divisão Thomas Trapnell, retornando de missão junto ao GAAM,* em 1954, descreveu uma guerra de paradoxos, na qual "não viceja vontade popular de vitória por parte dos vietnamitas" e em que "o líder dos rebeldes é mais cortejado que o chefe de Estado vietnamita". O fato de reconhecer a falta de vontade, contudo, não coibiu esse oficial de recomendar o prosseguimento da guerra de forma mais vigorosa. Eisenhower, igualmente, viu-se forçado a admitir numa entrevista coletiva "a falta de entusiasmo que nós esperávamos encontrar naquele país". Em suas memórias, publicadas em 1963 (bem antes que seus sucessores levassem a América à guerra), admitiu que "a massa da população apoiava o inimigo", tornando impossível aos franceses confiar nas tropas vietnamitas. A ajuda americana "não conseguia remediar o defeito".

Por volta de 1953, a opinião pública na França crescia em mal-estar e descontentamento com essa guerra sem-fim por uma causa inaceitável para muitos cidadãos. Generalizava-se a conclusão de que o país não podia, simultaneamente, manter canhões na Indochina e canhões para a defesa da Europa enquanto fornecia manteiga para as necessidades domésticas. Embora os Estados Unidos estivessem pagando a maior parte da conta, o povo francês, ajudado pela propaganda comunista, aumentava o clamor hostil à guerra, montando pesada pressão política em prol de um ajuste negociado.

*Grupo de Assessoria e Assistência Militar. No original: MAAG, Military Assistance Advisory Group. (*N. do T.*)

Dulles exerceu esforços desesperados no sentido de manter os franceses lutando, apavorado com o terrível pesadelo de perder a Indochina para os comunistas. No começo de 1954, quarenta bombardeiros B-26, conduzindo duzentos técnicos da Força Aérea dos Estados Unidos em roupas civis, foram despachados para a Indochina, ao tempo em que o Congresso aprovava verba de 400 milhões de dólares mais outros 385 milhões destinados a financiar a ofensiva planejada pelo general Henri Navarre, num derradeiro lance febril do esforço militar francês. À época da catástrofe terminal em Dien Bien Phu, poucos meses depois, os investimentos americanos na Indochina, desde 1946, tinham atingido 2 bilhões de dólares, e os Estados Unidos pagavam 80 por cento dos gastos da França na guerra, sem contar a ajuda aos Estados Associados, destinada a estabilizar o governo e fortalecer a resistência ao Vietminh. Como ocorrera com a maior parte dos auxílios, o volume maior dessa ajuda havia sumido diretamente nos bolsos de titulares do mundo oficial. Como previsto no memorando de Ohly, os Estados Unidos aproximavam-se inelutavelmente do ponto em que suplantariam em vez de complementar os franceses, naquilo que permanecia sendo – quer disso gostassem ou não – uma guerra colonial.

Sabendo o que estava errado, os funcionários americanos insistiam em manter a política de constantes memorandos que destinavam uns aos outros, além de conselhos exortativos aos franceses, cujos exórdios diziam ser necessária uma independência "acelerada" e genuína. Aqui, a insensatez cintilava em sua plena luminosidade. Como se poderia persuadir os franceses a lutar energicamente para manter o Vietnã e, ao mesmo tempo, levá-los a conceder verdadeira independência? Por que iriam eles desenvolver o máximo de seus esforços tentando reter uma possessão colonial se não ficariam com ela?

A contradição era perfeitamente óbvia para eles que, contrários ou favoráveis à guerra, desejavam alguma forma de soberania limitada capaz de conservar a Indochina dentro da União Francesa – eufemismo do pós-guerra designando império. O orgulho francês, a glória francesa, o sacrifício francês, para não mencionar o comércio francês, exigiam tal coisa, ainda mais que a França temia maus exemplos para a Argélia, caso a Indochina conseguisse romper as algemas. Na política americana, o absurdo subjacente de esperar tanto batalha quanto renúncia por parte dos franceses era possível porque os americanos pensavam sobre a guerra apenas em termos de combater o comunismo, o que poderia incluir a independência, fechando os olhos ao aspecto da agonia do colonialismo – e esse aspecto não aceitava tais contradições.

Influenciados pelo pesadelo da intervenção chinesa, Dulles, o almirante Arthur Radford, *chairman* da chefia conjunta do Estado-maior, e outros estavam convencidos de que, enquanto os chineses se sentissem desencorajados ao envolvimento, mediante avisos sutis de "maciça" retaliação – significando guerra nuclear – ou outras ações americanas contra seu território, a balança na Indochina poderia, eventualmente, pender para os franceses. Caracteristicamente, ignoravam o Vietminh e cem anos de nacionalismo vietnamita, erro de cálculo que iria massacrar os americanos até o fim.

Ao mesmo tempo, os estrategistas políticos compreendiam, como bem demonstram seus ansiosos memorandos, que os Estados Unidos estavam se tornando enodoados aos olhos asiáticos, como parceiros numa guerra dos homens brancos; que o êxito francês, via Plano Navarre, era ilusório; que, a despeito do otimismo manifestado pelo general "Iron Mike" O'Daniel, chefe do GAAM, o aumento de suprimentos americanos não seria mágica capaz de assegurar vitória ao general Navarre. A ajuda americana continuava, de certa forma, ineficaz. Eles sabiam que, a menos que os suprimentos chineses, agora em torno de 1.500 toneladas mensais, fossem completamente extirpados, Hanói não se renderia; estavam dolorosamente conscientes da crescente antipatia do povo francês, da Assembleia Nacional da França e da possibilidade de a guerra vir a ser terminada por uma crise política, deixando os Estados Unidos com seu esforço desperdiçado ou a alternativa de adotar essa causa de péssimos augúrios. Sabiam, igualmente, que sem auxílio americano os Estados Associados não se manteriam. Com tais conhecimentos e percepções, qual o sentido racional de continuarem os investimentos americanos em um cliente não viável, no outro lado do mundo?

Tendo inventado a Indochina como alvo principal de uma agressão comunista coordenada, e repetindo, em cada conselho político e pronunciamento público, o princípio de que sua preservação se tornava vital à segurança americana, os Estados Unidos encontravam-se presos na armadilha de sua própria propaganda. A exagerada retórica da Guerra Fria enfeitiçara seus formuladores. A administração convencera-se, ou fora convencida por Dulles, de que se tornara imperativo deter o avanço do polvo comunista no Sudeste Asiático. Acima de tudo, "perder" a Indochina depois da "perda" da China valia como convite à catástrofe política. Os liberais também partilhavam desse consenso. O juiz da Suprema Corte, William O. Douglas, depois de visitar cinco regiões do Sudeste Asiático, em 1953, pronunciou seu julgamento: "Cada frente é, na verdade, um ato aberto da conspiração comunista visando expandir o império russo... A queda do Vietnã, hoje, colocaria em perigo todo o Sudeste Asiático." O senador Mike Mansfield, normalmente influência equilibrada em matéria de política externa e membro de prestígio do Comitê de Relações Exteriores, cujo interesse especial pela Ásia datava de seus tempos de professor de história do Extremo Oriente, retornou em 1953 de uma pesquisa da situação *in loco*. Relatou ao Senado que "a paz do universo pende na balança" ao longo das avenidas de expansão soviética no Extremo Oriente; "eis por que a segurança dos Estados Unidos não está menos envolvida na Indochina do que na Coreia". Nossa ajuda no conflito estava sendo propiciada, disse ainda, em reconhecimento "da imensa importância da Indochina ao mundo não comunista e à nossa própria segurança nacional".

A matriz de tais exageros poderia ser encontrada no senso de união formado sob as garras da Grande Fera. Os caçadores de bruxas do macartismo, do Comitê de Atividades Antiamericanas da Câmara, os dedos-duros, as listas negras, os fascistas da direita republicana e do lobby chinês, o rastro de carreiras destruídas, tudo isso jogara o país num acesso de covardia moral. Todas as pessoas, dentro e fora do governo, vibravam com a ansiedade de mostrar credenciais anticomunistas. Esses ansiosos incluíam Dulles, que segundo um associado seu, vivia na constante apreensão de que um próximo ataque de McCarthy pudesse atingi-lo. Menos intensamente, atingiu, contudo, o próprio presidente Eisenhower, como demonstra a silenciosa aquiescência com que acolheu os ataques de McCarthy ao general Marshall. Nada existe mais ridículo, escreveu Macauley certa vez, do que o povo inglês tomado por um de seus periódicos ataques de moralidade – e nada mais covarde, poderia ser acrescentado, do que o povo americano em sua histeria dos anos 1950.

Durante a administração Eisenhower, o New Look tinha alcançado a estratégia militar. O New Look era nuclear; sua ideia oculta, tal como esboçada por um comitê de estrategistas e de chefes de Gabinete, baseava-se em que, no caso de confronto com o comunismo, as novas armas tornavam a hipótese de retaliação americana ameaça muito mais temível e a própria guerra mais ríspida, rápida e barata em comparação com vastos preparativos convencionais de "procedimentos fora de moda". Eisenhower encontrava-se profundamente preocupado com deficits orçamentários a exemplo de seu secretário do Tesouro, George Humphrey, que disse cabalmente não esperar defesa, mas desastre de "um programa militar que despreza recursos e problemas de nossa economia – erigindo portentosas muralhas e ameias destinadas a proteger um país em bancarrota" (isso foi na década de 1950). O New Look era motivado tanto pela economia interna quanto pela Guerra Fria.

Pretendendo advertir Moscou, Dulles tornou pública a estratégia em seu memorável discurso, de janeiro de 1954, sobre "retaliação maciça". A ideia era tornar óbvias a qualquer "agressor em potencial" a certeza e a força da resposta americana, mas o canhonaço foi abafado pelo estardalhaço e pela confusão com que o discurso acabou acolhido. Metade do mundo pensou que se tratava de blefe e a outra metade temia que não fosse. Foi nesse contexto que os assuntos da Indochina entraram em crise.

Em novembro de 1953, o general Navarre enviara 12 mil soldados franceses para ocupar a área fortificada de Dien Bien Phu, no extremo norte, a oeste de Hanói. Seu propósito era atrair o inimigo a um combate frontal, mas a posição, envolta por colinas, numa área totalmente controlada pelo Vietminh, foi escolha temerária, que se revelaria desastrosa. Quase ao mesmo tempo, na Conferência de Ministros do Exterior, em Berlim, Molotov propôs que se estendesse a discussão dos problemas da Ásia a uma conferência de cinco potências, incluindo a República Popular da China.

Assolados por relatórios assustadores vindos de Dien Bien Phu e por extremas pressões domésticas visando o término da guerra, os franceses agarraram-se a essa oportunidade de negociar. A proposta das cinco potências horrorizava Dulles, pois considerava qualquer ajuste com os comunistas inaceitável; sentar-se à mesa com os chineses, o que poderia ser interpretado como implícito reconhecimento da República Popular da China, era algo impensável. Ele acreditava que as aberturas russas, desde o discurso de Malenkov sobre coexistência, não passavam de "campanha pacifista fraudulenta", artimanhas destinadas a fazer com que os oponentes baixassem a guarda. Dispôs-se a resistir à conferência das cinco potências com todos os rodeios e ameaças existentes em seu arsenal de intimidações, enquanto tentava, simultaneamente, manter a França comprometida por inteiro na guerra, mas sem se irritar com a pressão americana a ponto de prejudicar a CDE. Quando o governo francês, para salvar a pele política, inclinou-se a colocar o tema da Indochina na agenda, Dulles somente poderia persistir ao custo de uma querela a que não queria se arriscar. Viu-se forçado a ceder. O encontro das cinco potências foi marcado para fins de abril, em Genebra.

As perspectivas em aberto – aceitação da presença comunista no Vietnã e a França abandonando o campo de batalha – provocaram um espasmo de horror nos centros de planejamento da política americana. Planos contingentes para intervenção armada dos Estados Unidos substituindo a França ganharam feitio formal, e o estrênuo *chairman* da chefia conjunta contribuiu com um documento político preparatório à Conferência de Genebra que elevava os exageros a alturas vertiginosas. Ex-comandante de porta-aviões na Segunda Guerra Mundial, o almirante Radford tornara-se apóstolo sem rodeios do poder aéreo e do New Look, com percepções políticas melodramáticas. Apresentando razões para a intervenção americana, argumentou que, se a Indochina viesse a cair na órbita comunista, a conquista de todo o Sudeste Asiático "seguir-se-ia inevitavelmente"; resultados a longo prazo envolvendo as "mais graves ameaças" aos interesses "fundamentais" de segurança dos Estados Unidos no Extremo Oriente e "até mesmo para a estabilidade e segurança da Europa" seriam consequentes. Outro provável resultado: "a comunização do Japão." Controle do arroz, estanho, borracha e petróleo do Sudeste Asiático e da capacidade industrial do Japão comunista permitiriam à China vermelha "construir uma estrutura militar monolítica, mais formidável que a do Japão anteriormente à Segunda Guerra Mundial". Passaria a dominar o Pacífico ocidental e a maior parte da Ásia, exercendo uma ameaça que se estenderia a lugares tão remotos como o Oriente Médio.

A multidão de espectros que se aglomerava na imaginação de almirante Radford – perfeitamente inverossímil – levanta importante questão no estudo da insensatez. Que nível de percepção, que ficções ou fantasias tomam parte na estratégia política? Que fantásticos voos se elevam por sobre estimativas razoáveis da realidade? Quais os graus de convicção ou, ao contrário, de exageros conscientes que se tornam atuantes? Os argumentos inspiram realmente crédito ou não passam de falsa retórica aplicada para reforço de um desejado curso de ação?

Se seria a visão de Radford modelada por Dulles ou a de Dulles por Radford, eis algo difícil de situar, mas, de qualquer modo, refletiam a mesma reação exacerbada. Dulles preparava, agora, suas energias, buscando assegurar que a Conferência de Genebra não fizesse um milímetro de concessão a Hanói, não houvesse afrouxamento dos franceses e que os terríveis perigos inerentes ao encontro fossem bem compreendidos por seus compatriotas. Convocou congressistas, jornalistas, empresários e outras pessoas de prestígio para encontros do tipo briefing em que resumia os interesses americanos em jogo na Indochina. Mostrava-lhes mapas coloridos da influência comunista se irradiando ao mundo exterior, numa onda vermelha, da Indochina à Tailândia, Birmânia, Malásia e Indonésia. Seus porta-vozes forneciam listas de matérias-primas estratégicas que seriam adquiridas pela Rússia e pela China e denegadas ao Ocidente, levantando o espectro – caso a América falhasse em defender o bastião – dos ganhos comunistas no território asiático, do Japão à Índia. Dulles deixava a impressão, de acordo com um dos interlocutores, de que, se os Estados Unidos não conseguissem manter os franceses em linha, teriam, então, que envolver suas próprias forças no conflito. Essa impressão transmitiu-se ao vice-presidente Nixon, que num discurso supostamente sigiloso e, como é óbvio, largamente citado disse, prenunciando a guerra do Executivo: "Se, para evitarmos posteriores avanços comunistas na Ásia e Indochina, tivermos de correr, agora, o risco de mandar nossos rapazes aos campos de luta, penso que o Executivo deverá adotar essa decisão impopular e mandá-los."

O presidente fez a contribuição mais importante à hipnose numa entrevista coletiva à imprensa em 7 de abril de 1954, ao utilizar a frase "dominós desmoronando" para exprimir consequências caso a Indochina fosse a primeira a cair. A teoria de que os países vizinhos no Sudeste Asiático sucumbiriam um após o outro por alguma imutável lei da natureza há muito fora manifestada. A entrevista de Eisenhower contribuiu com um nome tão instantaneamente aceito nos anais da *Americana** como a expressão "Porta Aberta". Os aspectos realísticos da imagem não foram questionados, embora tivesse encontrado algum ceticismo no exterior, segundo atesta Eisenhower em suas memórias. "Nossa tarefa principal estava em convencer o mundo de que a guerra do Sudeste Asiático era um movimento agressivo do comunismo, tentando dominar toda aquela área." A hipnose, em suma, necessitava ser ampliada e o "verdadeiro sentido" da guerra transmitido por estrangeiros a um povo em cujo solo ela vinha sendo travada há sete anos. Tanta necessidade de explicações e justificativas sugeria alguma falha inerente que, enquanto o tempo passava, só fazia se ampliar.

Antecipando-se a Genebra, o Vietminh reuniu forças para grande e vigoroso esforço. Através de raides e artilharia colocaram Dien Bien

---

**Americana:* coleção de livros, documentos e objetos relacionados com a América e especialmente com os Estados Unidos. (*N. do T.*)

Phu sob cerco, destruíram as pistas de pouso francesas em março de 1954, cortaram suas linhas de abastecimento e com o aumento de ajuda dos suprimentos chineses, que alcançaram o pico de 4 mil toneladas mensais, reduziram a fortaleza a uma situação desesperadora.

A crise repercutiu em Washington. O general Ely, chefe do Estado-maior francês, chegou com um pedido explícito de bombardeamento americano a fim de resgatar Dien Bien Phu. A emergência induziu o almirante Radford a oferecer raides a serem realizados por B-29 localizados no Clark Field de Manila. Ele fizera consultas junto a alguns oficiais nos departamentos de Estado e Defesa sobre a possibilidade de ser pedida aprovação aos franceses, em princípio, quanto ao uso de armas atômicas destinadas a salvar Dien Bien Phu. Um grupo de estudo do Pentágono concluíra que apenas três bombas, usadas da forma apropriada, seriam suficientes para "esmagar o esforço do Vietminh lá", mas a opção não foi aprovada ou sequer murmurada aos franceses.*

A proposta de Radford para intervenção convencional da Força Aérea, embora tenha adquirido a dignidade histórica de um codinome – Operação Abutre –, não foi autorizada pela chefia conjunta e o almirante a definiu posteriormente como de natureza meramente "conceitual". Ely voltou sem coisa alguma definida, exceto a promessa de 25 bombardeiros adicionais para uso francês.

---

*Radford tinha em mente, segundo consta, provocar uma resposta militar chinesa a fim de precipitar a guerra com os Estados Unidos antes que a China estivesse forte o suficiente para ameaçar a segurança americana. O uso de armas A, conforme sugeria, na guerra da Indochina, foi submetido oralmente pelo assistente do almirante ao general Douglas MacArthur, então atuando como conselheiro do Departamento de Defesa, que firmemente desencorajou a ideia. "Se falarmos aos franceses", escreveu ele a Dulles, "essa história certamente vazará... e causará pandemônio nos Parlamentos do mundo livre", particularmente entre os aliados da OTAN, em especial a Inglaterra. A América será pressionada a dar garantias de que não usará armas A no futuro sem consultas. A propaganda soviética destacará "nosso desejo de usar tais armas na Indochina como prova de que estamos testando seus efeitos em populações nativas". De acordo com a anotação de um dos assessores de Dulles – o "Sec. não quer mais discutir esse assunto com a Adm.-R. – E eu não desejo discuti-lo com o Sec."

Ao mesmo tempo, Dulles lutava com unhas e dentes para obter condições que permitissem a intervenção armada americana na hipótese de colapso francês. Convocou oito membros do Congresso, incluindo os líderes da maioria e da minoria no Senado, William Knowland e Lyndon Johnson, para uma conferência secreta e pediu a eles uma Resolução Conjunta do Congresso que permitisse o uso de força aérea e naval na Indochina. Radford encontrava-se presente; explicou a natureza da emergência e propôs um ataque aéreo com duzentos aviões baseados em porta-aviões que patrulhavam o mar da China meridional. Dulles, em alta voltagem, expôs sua visão do cerco – caso a Indochina caísse. Percebendo que o plano de Radford não tinha aprovação dos demais chefes conjuntos e Dulles não possuía aliados prontos para uma ação unida, os congressistas não avançaram além das considerações de que provavelmente obteriam a resolução se fossem encontrados aliados e os franceses prometessem permanecer na luta e "acelerassem" a independência.

Em Paris, o Gabinete francês convocou o embaixador Douglas Dillon para um encontro dominical de emergência, pedindo-lhe "imediata intervenção armada da aviação americana a bordo de porta-aviões". Disseram-lhe que o destino do Sudeste Asiático e da próxima Conferência de Genebra "dependia, agora, de Dien Bien Phu". Num encontro com Dulles e Radford, Eisenhower permaneceu inflexível em suas condições para intervenção. Sua firmeza estribava-se em dois fundamentos: inato respeito pelo processo constitucional do governo e o reconhecimento de que ações aéreas e navais forçariam o emprego de tropas de solo, a que se opunha. Numa entrevista coletiva, em março, disse: "Não haverá envolvimento da América na guerra, a menos que resulte do processo constitucional, cabendo ao Congresso a iniciativa. Deixemos isso bem claro; essa é nossa resposta." Posteriormente, concordou com as conclusões militares que diziam não alcançar a América seus objetivos apenas com ações aéreas e navais, sem forças de terra; não acreditava que essas forças pudessem novamente ser utilizadas, como na Coreia, sem a certeza de resultados decisivos.

Nas discussões militares, o oponente resoluto da guerra terrestre era o chefe de Estado-maior do Exército, o general Matthew B. Ridgway, o homem que salvara a situação na Coreia. Enviado para substituir MacArthur no comando, recuperou o VIII Exército da desordem em que se encontrava e levou-o a uma batalha que frustrou a tentativa da Coreia do Norte em se impor a todo o país. Se não resultou na vitória, sua ação ao menos restaurou o *status quo* e conteve o comunismo. As posições de Ridgway eram enfáticas e subsequentemente foram confirmadas por uma equipe de pesquisadores que enviou à Indochina, em junho, quando o problema da intervenção dos Estados Unidos entrou em fase crítica. Chefiada pelo general James Gavin, chefe de Planejamento e Operações, a equipe relatou que os combates terrestres significariam "pesadas baixas" para os americanos, que necessitariam cinco divisões ao início e dez quando plenamente envolvidos. A área estava "praticamente desprovida daquelas instalações que exércitos modernos, como o nosso, consideram essenciais para o ritmo da guerra. Suas telecomunicações, viadutos, estradas, ferrovias, tudo o que torna possível a movimentação de forças terrestres, eram quase inexistentes". Criar tais estruturas iria requerer "tremendos esforços logísticos e de engenharia", a um custo intolerável, e, na opinião da equipe, "não deveria ser feito".

Eisenhower concordou, não apenas por motivos militares. Acreditava que a intervenção unilateral dos Estados Unidos seria politicamente desastrosa. "Os Estados Unidos não deverão, em hipótese alguma, assumir sozinhos o apoio ao colonialismo francês", disse a um amigo. "Ações unilaterais por parte dos Estados Unidos em casos como este acabarão nos destruindo." O princípio de ação unificada deveria aplicar-se igualmente, enfatizou, na hipótese de agressão aberta dos chineses.

A ameaça de um entendimento com o comunismo jogou Dulles num furioso vórtice de ação, buscando aliados, especialmente os britânicos, para ação unida a fim de manter os franceses na guerra, de assustar os chineses com insinuações de guerra atômica, de baldar coalizão, cessar-fogo ou qualquer outro tipo de conciliação com Ho

Chi Minh e, de maneira geral, pôr a pique a Conferência de Genebra, antes ou após sua convocação.

Tal qual fibras de um tecido que tivesse absorvido corante, os estrategistas políticos de Washington estavam, então, de tal forma impregnados, através de repetidas asserções sobre a vital necessidade de salvar a Indochina do comunismo, que passaram a acreditar nisso, não questionavam a premissa e pareciam prontos para agir nela baseados. O que era retórica havia se transformado em doutrina e, na excitação da crise, inspirou o Comitê Especial da Presidência para Assuntos da Indochina, um conselho político relativo à Conferência de Genebra que, em sua arrogância primária, ressuscitava lorde Hillsborough. Compreendendo os Departamentos de Estado, Defesa e CIA, o comitê incluía entre seus membros o secretário-adjunto da Defesa, Roger Kyes; o almirante Radford; o subsecretário de Estado, Walter Bedel Smith; o secretário-assistente, Walter Robertson; Allen Dulles e o coronel Edward Lansdale, da CIA. Em 5 de abril recomendou como princípio básico que "deveria ser política dos Estados Unidos nada aceitar a não ser uma vitória militar na Indochina". Considerando-se que os Estados Unidos não se encontravam em estado de beligerância, um elemento de fantasia parece ter ingressado nessa demanda.

Em segundo lugar, caso não obtivessem apoio francês para essa posição, os Estados Unidos deveriam iniciar "gestões imediatas com os Estados Associados visando a continuação da guerra na Indochina incluindo ativa participação dos Estados Unidos", com ou sem concordância francesa. Em linguagem simples, isso significava que os Estados Unidos deveriam entrar na guerra por solicitação dos Estados Associados. A seguir: não deveria ocorrer "cessar-fogo na Indochina sem vitória", viesse essa vitória "por ações militares bem-sucedidas ou clara admissão da derrota pelos comunistas". Visto que Dien Bien Phu estava para cair, ações militares dificilmente indicavam sucesso, admissões de derrota pelo Vietminh não passavam de hipóteses feitas de ar, e os Estados Unidos não se encontravam em posição de decidir sobre haver ou não um cessar-fogo, tudo isso era perfeitamente sem sentido. Finalmente, com o propósito de combater certa passividade relativa à tese americana, o comitê instava sobre a necessidade de esforços "extraordinários" a serem desenvolvidos para "conferir vitalidade no Sudeste Asiático ao conceito de que o imperialismo comunista se constituía em ameaça transcendental a cada um dos países daquela região".

O destino desse documento – se foi discutido, rejeitado ou adotado – não consta dos registros. Mas isso pouco importa, pois o simples fato de ter sido formulado reflete o pensamento, ou o que passa por ser pensamento governamental, que condicionou o desenvolvimento e abriu caminho à futura intervenção americana no Vietnã.

Os esforços de Dulles em obter ação unificada foram infrutíferos. Os britânicos mostraram-se recalcitrantes e não concordaram com a teoria americana a respeito da Austrália, Nova Zelândia e Malásia como candidatas na lista dos dominós; recusaram-se firmemente a envolvimento em qualquer curso de ação anterior à Conferência de Genebra. Os franceses, a despeito da crise e de seu pedido de ataques aéreos, recusaram-se a convidar os Estados Unidos para tomar parte na guerra, imaginando que tal parceria prejudicaria seu prestígio, coisa que nenhuma outra nação leva tão a sério como a França. Desejavam manter a Indochina como aliada sua e não parte de uma frente unida contra o comunismo. A relutância encontrada por Dulles em ambos os casos era, em parte, culpa dele, devido ao alarme criado pelo discurso que fez em janeiro anterior a respeito de "retaliação maciça", que levou seus aliados a se preocuparem com as perspectivas de a América iniciar uma guerra atômica.

Em 7 de maio, Dien Bien Phu caiu, propiciando ao Vietminh um triunfo espetacular em apoio de suas reivindicações para Genebra. Arrostando a intempérie, Dulles assegurou em entrevista à imprensa que "o Sudeste Asiático poderia ser salvo, talvez mesmo sem o Vietnã, Laos e Camboja" – ou, em outras palavras, os dominós não iriam cair como seria de se esperar.

Em meio ao desânimo do dia posterior às novas de Dien Bien Phu, abriu-se a parlamentação sobre a Indochina em Genebra. Foi conduzida pelos mais altos escalões, a França representada pelo *premier* Joseph Laniel e as demais potências, por seus ministros do Exterior – Anthony Eden e Molotov, copresidentes, Dulles e o subsecretário

Bedell Smith pelos Estados Unidos; Chou En-Lai em nome da China, Pham Van Dong pelo Vietminh; além de delegados do Laos, Camboja e Estados Associados do Vietnã. Havia tensão explosiva, porque o *premier* Laniel queria um cessar-fogo a fim de salvar seu governo, enquanto os americanos desenvolviam esforços para evitar tal coisa. Os europeus exerceram pressão, termos aceitáveis para ambas as partes tornaram-se difíceis, o governo de coalizão acabou abandonado em favor da divisão, as linhas demarcatórias e de retirada foram ferozmente disputadas, as discussões se tornaram acaloradas, as emoções explodiram.

Enquanto as semanas passavam, o governo de Laniel caiu e foi substituído pelo de Pierre Mendès-France, o qual acreditava que a continuação da guerra na Indochina "faz muito menos para deter o comunismo na Ásia do que para abrir estradas para ele na França". Anunciou que iria terminar essa guerra em trinta dias (anúncio de 21 de julho) ou renunciar, e rudemente disse à Assembleia Nacional que, se não fosse obtido um cessar-fogo em Genebra, seria necessário que a Assembleia autorizasse conscrição destinada a suplementar o exército profissional na Indochina. Acrescentou que seu último ato antes de renunciar seria o de apresentar moção nesse sentido e solicitaria à Câmara que se pronunciasse nesse mesmo dia. Decretar recrutamento para uma guerra já impopular não era medida que os membros desejassem enfrentar. Com tal ameaça no bolso, Mendès-France partiu para Genebra a fim de validar seu autoimposto ultimato.

A conferência estremeceu debaixo de uma descarga de antagonismos. A divisão do Vietnã foi arduamente defendida como única maneira de separar os beligerantes. Os franceses propunham o paralelo 18, em oposição ao 13 do Vietminh, em substituição ao paralelo 16 proposto antes, que incluiria a antiga capital, Hue, em sua zona. Os Estados Associados criavam empecilhos a todos os acordos. Dulles, recusando-se a partilhar de quaisquer concessões aos comunistas, retirou-se, depois retornou. Quando de volta aos Estados Unidos, renovou as vociferações a propósito da intervenção chinesa. "Se uma agressão militar aberta ocorrer", disse, num discurso ao público, "será considerada ameaça deliberada aos Estados Unidos." Assim, firmemente colocou a segurança dos Estados Unidos nos apuros da situação indochinesa.

À medida que se aproximava o ultimato de Mendès-France em Genebra, havia ameaça de rompimento por divergências quanto às linhas demarcatórias e a época de eleições visando a eventual reunificação. Barganhas e conferências bilaterais ocorreram por detrás do cenário. A União Soviética buscando, depois do período Stalin, chegar à *détente*, exerceu pressões sobre Ho Chi Minh para que se acomodasse. Chou En-Lai, delegado da China, disse a Ho que seria do seu interesse aceitar metade do bolo, deixando fora os franceses, mantendo fora os americanos, e eventualmente, vindo a ganhar tudo depois. Acabou persuadido, embora com muita relutância, a aceitar o Paralelo 17 e dois anos de carência antes de eleições. Fez-se o acordo em tempo para a declaração final, de 21 de julho, que terminou a guerra com os franceses. Em face de que a França viu-se forçada a engolir uma derrota ao ceder metade do Vietnã aos rebeldes, o resultado revelou-se mais prejudicial ao seu prestígio do que se tivesse concordado voluntariamente no começo. No mesmo erro cairiam os Estados Unidos, logo depois.

O Acordo de Genebra estatuía o cessar-fogo, confirmava sob auspícios internacionais a independência de Laos e Camboja e repartia o Vietnã em duas zonas, Norte e Sul, debaixo de específica provisão no sentido de que "a demarcação militar é apenas provisória e não deve ser interpretada, de forma alguma, como fronteira política ou territorial". O acordo, além disso, permitia às tropas francesas permanecerem até que fossem solicitadas a partir pelos Estados Associados, marcava eleições para julho de 1956, cuidava de limites e regulamentação das bases militares alienígenas, de seus armamentos e pessoal e criava a Comissão Internacional de Controle, destinada à supervisão da implementação dos termos acordados. Os governos de Hanói e Saigon não assinaram o tratado, o mesmo acontecendo com os Estados Unidos, que não passaram de uma ríspida declaração no sentido de que se absteriam de "ameaçar com o uso de força", para não perturbarem as negociações.

O encontro de Genebra terminou a guerra e evitou uma mais ampla participação tanto da China quanto dos Estados Unidos; mas, sem patrocinadores decididos a mantê-lo vivo, incluindo partes insatisfeitas, dispostas a reverter os fatos, nasceu aleijado. Os Estados Unidos não se incluíam entre os menos descontentes.

Genebra representou, em todos os aspectos, derrota da política de Dulles atinente à Indochina. Ele falhou em evitar o estabelecimento de um regime comunista no Vietnã do Norte, falhou em obter ação conjunta com os ingleses ou qualquer outro aliado, falhou em manter a França ativamente engajada na guerra, falhou em fazer com que o presidente concordasse na intervenção militar americana, falhou até mesmo em montar a CDE, que a Assembleia francesa brutalmente rejeitou em agosto. Tais resultados causaram-lhe pequena impressão: não estava preparado para deles inferir qualquer motivo tendente a um reexame de sua política. Como no caso de Felipe II, "nenhuma experiência quanto ao fracasso de sua política poderia estremecer a crença na superioridade essencial do que pretendia". Convocou uma entrevista coletiva em Genebra, não para "lamentar o passado", como disse, mas sim para "firmar a futura oportunidade de impedir os prejuízos decorrentes da liderança, pelo Vietnã do Norte, em uma corrida do comunismo através do Sudeste Asiático e no Sudoeste do Pacífico". O refrão continuava o mesmo de antes. Aduziu uma lição, contudo, advinda da experiência: "A resistência ao comunismo necessita de apoio popular... e que o povo sinta estar defendendo suas próprias instituições nacionais." Essa era a lição, com efeito, e não poderia ser dita de melhor forma, mas, como os eventos demonstrariam, fora apenas declarada – e não aprendida.

III. CRIANDO O CLIENTE: 1954-60

Por essa altura, após oito anos de esforço americano na ajuda aos franceses terem terminado em fracasso, e com o empenho francês também fracassado, ao custo de cinquenta mil mortos e cem mil feridos nas tropas da União Francesa, os Estados Unidos bem poderiam ter percebido indicações favoráveis ao seu desengajamento dos assuntos da Indochina. Era recente, ainda, o exemplo de futilidade na China, onde um esforço maior e mais longo para dirigir os destinos daquele país dissipou-se ante a Revolução Comunista como areia levada pelo vento. Que os propósitos do Ocidente talvez não se aplicassem à situação, que a política externa também é a arte do possível, nenhuma dessas inferências foi extraída da experiência chinesa. O governo americano não reagia ao levante chinês ou ao nacionalismo vietnamita *per se,* mas à intimidação da direita radical no próprio país e ao horror do público ao comunismo, que ela orquestrava e refletia. As fontes sociais e psicológicas desse temor não nos dizem respeito, aqui, mas nelas estão as raízes da política americana no Vietnã.

Os Estados Unidos não tinham intenção de se ausentarem da Indochina ou de aquiescer ao que fora acordado em Genebra. A tarefa imediata de Dulles, tal qual ele a concebia, tinha face dupla: criar uma organização do tratado do Sudeste Asiático, tipo Otan e não colonial, com autoridade delegada no tocante à defesa coletiva - ou sua imagem - contra o avanço do comunismo na área; e, segundo, assegurar o funcionamento de um Estado nacional válido no Vietnã do Sul, capaz de manter a fronteira com o Norte e, finalmente, recapturar o país. O secretário de Estado já estava envolvido nos dois esforços antes da Declaração de Genebra.

Dulles iniciara suas clarinadas por um pacto de segurança mútua no Sudeste Asiático em maio, como parte de sua campanha visando um contra-ataque a Genebra. Fosse de forma consciente ou não, agia de molde a colocar os Estados Unidos na posição de poder controlador de conjuntura, substituindo os poderes coloniais. Desejava uma base legal internacional justificando a intervenção, tal qual na Coreia, pela violação das fronteiras que a ONU estabelecera. As implicações alarmaram os observadores, entre outros, o *St. Louis Post-Dispatch,* que perguntou, numa série de editoriais anteriores ao cessar-fogo de Genebra, se o propósito de Dulles seria "conseguir uma fórmula clandestina através da qual os Estados Unidos poderiam intervir na guerra da Cochinchina". O povo dos Estados Unidos desejaria "organizar o uso de forças armadas contra revolta interna do tipo que havia começado a guerra indochinesa?". Respondendo negativamente, o *Post-Dispatch* reiterou o tema "esta é uma guerra para se ficar de fora". Prognosticava que a intervenção levaria os Estados Unidos a uma guerra "limitada" que provavelmente só "seria vencida uma vez transformada em ilimitada". Para maior ênfase, o jornal publicava um *cartoon* de Daniel Fitzpatrick mostrando Tio Sam de olhos presos a um atoleiro negro intitulado "Equívocos franceses na Indochina". A legenda indagava: "De que serviria um outro equívoco?" O fato desse *cartoon* ter ganho o Prêmio Pulitzer é evidência de que sua mensagem, já nos idos de 1954, não era obscura.

Tragédia bem mais profunda que simples equívocos era sentida, nesse mesmo ano, por um observador muito preocupado com o envolvimento americano na Ásia. Em seu livro *Wanted: An Asian Policy* (Procurado: uma política asiática), Edwin O. Reischauer, especialista em Extremo Oriente e futuro embaixador no Japão, situava essa tragédia no fato de o Ocidente ter permitido que o nacionalismo indochinês se transformasse em causa comunista. Nisso é que se tornara o apoio americano aos franceses, numa "defesa do *status quo* extremamente ineficaz e frustrante". O resultado "demonstrava o quão absurdamente errados estávamos ao combater o nacionalismo asiático em vez de apoiá-lo".

Sob a incansável batuta de Dulles foi convocada uma conferência em Manila, em setembro de 1954, para cuidar do estabelecimento da Organização do Tratado do Sudeste Asiático (OTSEA).* Pelo fato de envolver apenas três nações asiáticas, sendo somente duas – Tailândia e Filipinas – do Sudeste Asiático (a terceira era o Paquistão), nenhuma da Indochina e só uma que lhe era contígua, faltou-lhe certa autenticidade desde o início. Os demais membros eram a Inglaterra, França, Austrália, Nova Zelândia e Estados Unidos. Combativamente, como sempre, Dulles informou aos delegados que seu propósito era concordar preventivamente em uma resposta "tão unida, forte e bem-articulada" que toda agressão contra a área do tratado resultaria em mais prejuízos do que lucros. Visto que os membros asiáticos da conferência não dis-

*Southeast Asia Treaty Organization – SEATO, no original. (*N. do T.*)

punham de poder militar apreciável, e os demais ou se encontravam em posições geográficas desfavoráveis ou já estavam se retirando da região, e considerando, ainda, que os Estados Unidos não tinham se comprometido em manter forças para a defesa do Sudeste Asiático, as pretensões do secretário não passavam de um exercício de faz de conta. No artigo IV, núcleo operativo do tratado, obteve o compromisso de cada um dos membros de "enfrentar o perigo comum de acordo com seus processos constitucionais". Não se tratava, exatamente, da espada de Excalibur, pronta para entrar em ação...

Em protocolo separado, Dulles tentou incluir os Estados Associados da Indochina sob a égide do artigo IV, definindo suas obrigações, para enlevo próprio, como "claro e definido acordo, por parte dos signatários", de correr em ajuda de qualquer membro do pacto vitimado por agressão. Em termos reais, como disse o delegado do Departamento de Defesa, o vice-almirante Davis, o tratado não deixou o Sudeste Asiático "mais bem-preparado do que antes para lidar com a agressão comunista".

Nesse ínterim, o novo *premier* do Vietnã do Sul foi empossado: do princípio ao fim violento, não passou de cliente americano. Não tendo sido escolhido entre os que viviam no país, mas, sim, no círculo de exilados no exterior, nasceu das manipulações franco-americanas, nas quais a França revelou-se parceiro muito relutante. Com o intuito de inspirar maior energia e autoconfiança ao Vietnã do Sul, os Estados Unidos estavam determinados a remover a presença francesa, exceto na infortunada necessidade de reter, ainda, as Forças Armadas da França até que um exército vietnamita confiável pudesse ser estruturado e treinado para substituí-las. À luz dos acertos havidos em Genebra, os franceses estavam obrigados à supervisão do armistício e de eventuais eleições; para eles, tornava-se difícil não cogitar que durante o período de transição os antigos laços comerciais, administrativos e culturais pudessem ser mantidos e desenvolvidos no sentido da voluntária inclusão da Indochina na União Francesa.

Os Estados Unidos desejavam o contrário e encontraram seu ideal em Ngo Dinh Diem, ardente nacionalista oriundo de uma família católica de mandarins, cujo pai servira como camareiro-mor na corte imperial do Aname. Diem atuara nas funções de governador provincial no serviço colonial francês e fora ministro do Interior sob Bao Dai, tendo renunciado em 1933, como protesto contra o domínio francês e o cancelamento das reformas prometidas. Exilou-se no Japão e depois de sua volta recusou uma oferta japonesa, em 1945, para formar o governo sob o sempre disponível Bao Dai. Sendo tão fervoroso anticomunista quanto nacionalista, da mesma forma rejeitara a alternativa de juntar-se a Ho Chi Minh, que lhe oferecera um posto em Hanói. A não cooperação o levou à prisão por seis meses pelo Vietminh. Reconhecido como o principal nacionalista não comunista, não quis servir sob das regras do Tratado do Elysée, considerando-o incompatível com os princípios da soberania, e em 1949 novamente exilou-se no Japão. Em 1950, viajou aos Estados Unidos, onde por influência de um irmão que era bispo católico, fez contatos com o cardeal Spellman de Nova York.

Apresentado pelo cardeal a círculos influentes, Diem encontrou o juiz Douglas, da Suprema Corte, em Washington, logo após a descoberta, por Douglas, das "cinco frentes" do Sudeste Asiático. Impressionado pela visão que Diem tinha sobre o futuro de seu país, combinando independência com reformas sociais, Douglas acreditou ter encontrado a alternativa válida tanto para a marionete francesa, Bao Dai, quanto para o comunista Ho Chi Minh. Transmitiu essa descoberta à CIA e apresentou seu candidato aos senadores Mansfield e John F. Kennedy, ambos católicos. Em conseqüência, Diem pôs o pé na estrada.

Aqui estava, afinal, o candidato americano, um verdadeiro nacionalista vietnamita cuja francofobia o isentava de qualquer mancha colonialista e que, uma vez aprovado pelo cardeal Spellman, possuía certificado anticomunista. Estava a salvo do senador McCarthy. Viajou para a Europa em 1953 visando promover sua candidatura entre os vietnamitas expatriados; manteve ativo lobby em Paris durante os encontros de Genebra, quando a descoberta de um líder convincente era matéria de urgência. Diem, sem dúvida, não seria a escolha francesa, mas a necessidade que tinha a França de um cessar-fogo tornava-se mais importante que seu descontentamento com o candidato.

Dispondo de cobertura americana e sujeito à influência de diversas facções entre os expatriados, já no final do ultimato de Mendès-France, Diem foi aceito com relutância. Bao Dai, ainda chefe de Estado, em confortável retiro na Riviera, acabou induzido a designá-lo *premier* imediatamente antes da assinatura do acordo de Genebra.

Em torno dessa personagem, durante os nove anos seguintes, giraram esforços destinados a construir um Estado democrático, autossuficiente e viável no Vietnã do Sul, que terminaram em colapso. Diem revelou-se malpreparado. Vivendo à base de teorias e doutrinas, não tinha experiência em governo nacional independente; partilhava do universal antagonismo aos franceses; contudo, herdara o legado colonial de uma classe social que se beneficiara disso, e à qual ele pertencia; era católico devoto numa sociedade predominantemente budista; viu-se forçado a lutar contra seitas separatistas e facções do tipo Máfia, com exércitos privados e métodos de gangsterismo. Rígido no campo das ideias, sem ânimo para transigir, desconhecendo a democracia na prática, estava incapacitado para negociar com os que se lhe opunham, a não ser autoritariamente. Exemplo da amarga traição que a investidura inflige às boas intenções, as circunstâncias fizeram dele um ditador sem lhe darem mão de ferro correspondente.

Agora, com um embaixador americano e uma Embaixada bem-equipada em Saigon, além de conselheiros em proliferação e inúmeras agências aduzidas ao GAAM, a política dos Estados Unidos injetou-se mais nitidamente, adotando, com prioridade, o treinamento de um exército eficiente – assim esperavam –, leal e motivado, composto de vietnamitas. O GAAM desejava agir sozinho, sem participação francesa, baseado na teoria de que a influência americana seria, de certa forma, diferenciada da francesa. Que viessem a herdar a repugnância do povo quanto à intrusão dos brancos não era coisa sequer considerada. Os americanos sentiam-se "diferentes" dos franceses, dignos de serem saudados como desejosos da independência vietnamita, enquanto o fato de terem sido os Estados Unidos os responsáveis pelo retorno da França e de seus financiadores, mentalmente era jogado debaixo do tapete. Por ajudarem no estabelecimento de um Vietnã do Sul independente, julgavam provadas suas boas intenções.

As necessidades do programa de treinamento revelaram a relutância dos estrategistas militares de Washington em começarem um maior envolvimento. Mas, recebendo sua missão, o bom soldado a leva adiante. O general O'Daniel, comandante do GAAM, minutou um esquema de procedimentos e necessidades relativos ao programa de treinamento e solicitou o envio de um grupo maior de assessores antes dos cortes de Genebra quanto a pessoal adicional.

Possuindo amplos relatórios a respeito do humor e das lealdades vacilantes do Exército vietnamita, a chefia conjunta mostrava-se profundamente cética; não queriam acabar responsabilizados pelo fracasso ou, pior ainda, na hipótese de conflito, pelo envio de tropas americanas destinadas a salvar um exército inadequado. Em um memorando inequívoco, de agosto de 1954, concluíram ser "absolutamente essencial" ter um governo civil razoavelmente forte "controlando a situação do país", não sendo de "se esperar sucesso por parte de uma missão de treinamento dos Estados Unidos", a menos que a nação sob exame pudesse efetivamente realizar todas as tarefas necessárias ao recrutamento e manutenção. Previam "completo vácuo militar" se as forças francesas se retirassem e, caso os Estados Unidos tomassem posição, "ocorreria indesejável responsabilidade americana por qualquer deficiência no programa", julgando, assim, em conclusão, que "os Estados Unidos não deveriam participar". Apressavam-se em acrescentar, porém, com o cuidado dos conselheiros oficiais de nunca parecerem definitivos, que se "considerações políticas prevalecessem", eles "concordavam com a convocação de uma missão de treinamento". No processo oficial, os conselhos tendem a ser flexíveis por temor das opções fechadas.

Seguiram-se intensas discussões a respeito do nível das forças a serem treinadas, do custo de manutenção do Exército francês na área – 100 milhões de dólares em 1955, 193 milhões em 1956 – e das épocas da retirada escalonada dos franceses, enquanto as dúvidas da chefia conjunta aumentavam de proporção. Em novembro de 1954, devido à caótica situação política interna do Vietnã, eles não encontraram "nenhuma certeza... de leal e efetivo apoio ao governo Diem" ou de "estabilidade política e militar no Vietnã do Sul". A menos que os próprios vietnamitas mostrassem vontade de resistir ao comunismo, "nenhum tipo de pressão externa ou volume de ajuda poderá prorrogar em muito a vitória completa dos comunistas no Vietnã do Sul". Retrospectivamente, torna-se impossível não indagar o porquê da recusa do governo americano em considerar o conselho oriundo das pessoas por ele indicadas a dá-lo.

Atormentado por rivais e oponentes internos e por incompetência, divisão e corrupção, Diem teve de lidar, ainda, com o influxo de quase um milhão de refugiados do Norte durante os trezentos dias permitidos por Genebra para trocas na população. Em resposta à propaganda católica, que dizia coisas como "Cristo mudou-se para o Sul" e "a Virgem Maria mora no Sul", o deslocamento em massa foi 85 por cento católico. Os transumantes representaram, não obstante, um grupo significativo que não desejava viver sob o domínio comunista, propiciando a Diem sustentação coerente, que na verdade ajudou a consolidar seu governo, embora o fato de ele tê-los favorecido com cargos oficiais gerasse antagonismos. Os Estados Unidos assumiram grande parte do problema; a Marinha transportou cerca de trezentos mil refugiados e sua reinstalação foi garantida por um derrame de fundos levantados pela Catholic Charities e outras organizações.

"Altos funcionários de Washington", depois de visitarem Saigon, conforme consta de um relatório, privadamente manifestaram a conclusão de que "o Vietnã, provavelmente, será cancelado com prejuízos". Perturbada por conselhos antagônicos, lutando com o problema de como fortalecer e estabilizar Diem, sobre a maneira de manter as forças francesas ao tempo em que eliminava seus interesses, sobre o que decidir a respeito do treinamento do Exército vietnamita, ou de qual o nível de investimento geral a ser feito, a política americana encontrava-se num pantanal. Os franceses, que jamais toleraram Diem, descreviam-no, nas palavras do *premier* Faure, "não apenas como incapaz, mas também completamente louco". O senador Mansfield, por sua vez, depois de uma segunda viagem em busca de elementos, considerou-o verdadeiro nacionalista, cuja sobrevivência se tornara essencial em termos de política americana. O relatório de Mansfield ao Senado, entretanto, continha tom menos encorajador que o do ano anterior. Dizia que a situação se "deteriorara seriamente" devido ao "menosprezo generalizado" de todos ao poderio político e militar do Vietminh. Em face das insatisfações com a política de Diem, parecia haver "escassa possibilidade de que venhamos a atingir nossos objetivos na Indochina em futuro próximo". Caso Diem caísse, acreditava Mansfield, seus sucessores seriam ainda menos democráticos, e em tal hipótese os Estados Unidos "deveriam considerar uma imediata suspensão da ajuda ao Vietnã e às forças da União Francesa que lá operavam". Concluía com fria dose de senso comum: "A menos que venha a existir razoável expectativa de atingirmos nossos objetivos, os contínuos gastos dos recursos dos cidadãos dos Estados Unidos são injustificados e imperdoáveis."

Eisenhower hesitava. Enviou uma carta a Diem, em outubro, expressando sua grave preocupação com o futuro de um país "temporariamente dividido por radicalismo militar artificial" (e não a "fronteira internacional", como preferiram seus sucessores), advertindo-o, entretanto, de sua disposição em propiciar "um programa inteligente de ajuda americana diretamente a seu governo", desde que Diem desse garantias dos "padrões de desempenho" que manteria caso essa ajuda se efetivasse. E por ter pouca confiança em promessas, o presidente enviou um colega fiel da Segunda Guerra Mundial, o general J. Lawton Collins, em missão especial destinada a acertar o relacionamento com os franceses e os "padrões" esperados de Diem.

O relatório de Collins foi negativo. Considerou Diem "despreparado para o tipo de liderança capaz de empolgar o país e enfrentar com algum êxito o duro, eficaz e unificado controle de Ho Chi Minh". As possibilidades em aberto para a política americana, tal qual ele as via, eram as de apoiar Diem por algum tempo mais, sem comprometimento ou, se isso a nada levasse, trazer Bao Dai de volta; caso fosse inaceitável essa perspectiva, "recomendo uma reavaliação de nossos planos de assistência ao Sudeste Asiático, dando atenção especial à proposta inicial", ou seja, "gradual retirada de apoio ao Vietnã". Seria "o menos desejável, (mas), com toda honestidade, face ao que me foi dado observar aqui, talvez se trate da única solução".

Solicitado a permanecer para trabalhar no programa de apoio, juntamente com o general Ely, comandante francês, Collins reafirmou seu conselho cinco meses depois. O Vietnã não poderia ser salvo do comunismo, escreveu ele, a menos que um sério programa de reformas políticas, econômicas e militares viesse a ser posto em ação, baseado em decidida coordenação entre vietnamitas, americanos e franceses; caso isso não se realizasse, "em minha opinião devemos nos retirar do Vietnã".

Por que, à luz de todas essas dúvidas e negativas, os Estados Unidos não aproveitaram a oportunidade para recuar? Isso não ocorreu porque sempre surgia o argumento de que, se o apoio americano ao Vietnã fosse retirado, o Sul se desintegraria e a frente contra o comunismo estaria cedendo na Indochina, justamente ao tempo em que nova ameaça se fazia sentir alhures. A crise Quemoy-Matsu sobre as ilhas chinesas situadas ao largo, rompeu por essa altura, levando Dulles ao auge da paranoia e ao "limiar" – em suas próprias palavras – da guerra com a China vermelha. A crise amordaçou qualquer impulso de se olhar o Vietnã com realismo ou de considerar a alternativa do general Collins.

Collins, pessoalmente, embora convencido da incapacidade de Diem, trabalhava com energia visando qualificar o regime como cliente digno da ajuda americana; em resposta às suas pressões, surgiu um programa de reforma agrária e uma Assembleia Constituinte destinada a produzir a Constituição do país. Washington agarrou-se a esses sinais de progresso, e motivado também pelo desejo de frustrar as aberturas francesas a rivais de Diem, oficialmente confirmou apoio a seu governo. Ao mesmo tempo, em fevereiro de 1955, a decisão de encarregar-se do treinamento de um exército vietnamita "completamente autônomo" foi adotada e, com isso, mais um passo decisivo na direção dos assuntos internos do país.

A assunção da responsabilidade americana já trazia consigo a sinistra presença de todo tipo de intervenções e operações ocultas. Uma equipe de combate, autodenominada Missão Militar de Saigon, começara a operar no Vietnã do Norte sob a direção do general O'Daniel e o comando do coronel Landsdale, oficial da Força Aérea, mais tarde integrante da CIA, que dirigira atividades contra as guerrilhas Hulk, nas Filipinas. Concebida e organizada antes da Conferência de Genebra, continuou agindo um ano depois que as regras de Genebra a tornariam ilegítima. A missão tinha por dever original "promover operações paramilitares contra o inimigo" – embora, tecnicamente, os Estados Unidos, na condição de não beligerantes, não tivessem "inimigo". Essa finalidade, após Genebra, foi modificada, classificando-se como "preparatória dos meios" para tais operações. Para colimar seus objetivos, a Missão Landsdale envolveu-se na sabotagem de caminhões e vias férreas, dirigiu recrutamento, treino e infiltração de duas equipes "paramilitares" secretas de sul-vietnamitas e montou esconderijos, para seu uso, contendo material contrabandeado, armas e munições. Desde que a Conferência de Genebra havia proibido a introdução de qualquer material e pessoal destinado à guerra depois de 23 de julho de 1954, tendo os Estados Unidos prometido não "perturbar" essas disposições, a missão, depois dessa data, violava o compromisso assumido. Embora não se tratasse de procedimento hediondo *per se*, e até normal, talvez, se o país estivesse em guerra, essa violação seria a primeira de uma série de fraudes que só fariam aumentar até tragarem de vez a reputação e o autorrespeito dos Estados Unidos.

Havia, contudo, alternativa viável para adoção de um cliente precário, e foi tentada, de fato, pelos franceses. Uma acomodação com Hanói era, agora, o objetivo ostensivo da França, não apenas em face de seus investimentos e interesses comerciais tanto ao Norte quanto ao Sul, mas também para servir de teste à filosofia política de Mendès-France relativamente à coexistência pacífica. O governo francês, informou o embaixador Douglas Dillon, de Paris, estava a cada passo mais disposto a "explorar e considerar... a eventual reaproximação Norte-Sul", e em busca desse propósito enviara uma personagem de vulto a Hanói – Jean Sainteny. Antigo funcionário colonial e oficial da França Livre durante a guerra, ele mantivera relações com Ho Chi Minh e servira na guerra da Indochina como comissário para o Norte. Ostensivamente, sua missão em Hanói era a de proteger os interesses franceses, mas o embaixador Dillon soube que Sainteny convencera seu governo de que o Vietnã do Sul estava condenado e "o único meio possível de salvar alguma coisa seria fazer o jogo do Vietminh, desfazendo seus laços com o comunismo na esperança de criar um Vietnã titoísta, disposto a cooperar com a França e, eventualmente, a aderir à União Francesa".

Embora o Vietnã titoísta pareça, agora, ilusório, não o era mais que a crença americana na construção de alternativa democrática hábil a enfrentar Ho Chi Minh, com os meios do regime Diem; qualquer desses dois esquemas poderia ser experimentado com igual facilidade. O programa francês não chegou a funcionar porque Mendès-France perdeu o cargo em 1955 e também devido aos empresários franceses, não podendo auferir lucros sob o domínio comunista, terem se retirado do Norte, enquanto o domínio francês no Sul estava sendo subjugado pelos Estados Unidos.

Fracasso, entretanto, não significa necessariamente que o objetivo seja impossível. O principal desígnio de Ho, a essa altura, era obter e manter a independência do Vietnã em relação à França, tal qual, no caso de Tito, era obter a independência da Iugoslávia da dominação soviética. Se os Estados Unidos puderam ajudar Tito, por que iriam agora esmagar Ho? A resposta estava no processo de auto-hipnose em ação: de mistura com a vaga ideia do "perigo amarelo" avançando unido a hordas de chineses não comunistas, criara-se o mito de algo peculiarmente sinistro relacionado com o comunismo asiático. Tal qual seu agente, o Vietnã do Norte permanecia sendo "o inimigo".

O cliente não ia lá muito bem. A tentativa de um *coup d'état* pelos antagonistas de Diem em abril de 1955, uma crise de Gabinete e a ativa deslealdade do chefe do Estado-maior, reativaram a ansiedade americana. De acordo com o correspondente do *New York Times,* o governo "revelava-se inepto, ineficiente e impopular", as "oportunidades de salvá-lo eram minguadas" e "uma guerra civil incubada ameaça espatifar o país". Até mesmo Dulles dissera a Collins, quando este partiu para assumir seu posto, que "as chances de salvarmos a situação não passam de uma em dez". À luz dos problemas ulteriores de Diem, agora concluía ele: "o único problema sério que enfrentamos, ainda não solvido, é o da liderança nativa." As implicações dessa estonteante avaliação não lhe ocorreram.

Washington encontrava-se em estado de perplexidade, em vão buscando alternativa para Diem, indagando-se ansiosamente se deveria investir maior apoio no oscilante regime. O general Collins foi chamado novamente para consultas. Numa entrevista à imprensa, o presidente Eisenhower permitiu um flagrante quase doloroso de suas hesitações: "No Vietnã vem ocorrendo um monte de problemas. As pessoas abandonam o Gabinete e assim por diante... É uma situação estranha, quase inexplicável... Quais serão os termos de nossa política futura, nem sei dizer..."

Aqui, apresentava-se nova oportunidade de desengajamento. O governo Diem não obtivera os "padrões de desempenho" aos quais Eisenhower condicionara o auxílio americano. As implicações da derrota francesa, a recusa dos britânicos em se envolverem numa ação unida, a irresoluta parceria dos países da Otan – por que a administração Eisenhower não ligou todos esses elementos e, considerando-se o grande prestígio interno do presidente, deixou de se aproveitar do momento para abandonar um projeto condenado? Na burocracia, sem dúvida, ninguém ligou quaisquer elementos; além do mais, o receio de "amolecer frente ao comunismo" prevaleceu.

O sucesso de Diem ao esmagar o golpe de Estado com tropas leais ao manancial de dinheiro americano valeu por um adiamento em sua sentença. Ele endureceu o mando e nomeou três irmãos em substituição aos oponentes, adotando as aparências de homem-forte. Os Estados Unidos, livres das dores de pensar a respeito, reafirmaram publicamente o apoio, principalmente por temerem as consequências de sua queda. Donald Heath, novo embaixador em Saigon, definiu a escolha: empenhar "mais de 300 milhões de dólares e mais nosso prestígio nacional" na manutenção de um Vietnã livre era uma aposta arriscada, mas a retirada de apoio poderia ser pior, tornando os americanos espectadores de uma tomada pelos comunistas. A escolha, tal como acontece frequentemente, era entre duas opções indesejáveis.

Nela pesava sempre o receio do clamor doméstico. Mansfield, o influente senador, "acreditava em Diem", segundo constou, e a reação do cardeal Spellman, caso seu "protegido" fosse descartado, não era uma perspectiva agradável de ser contemplada. "Ai de mim, pelos milhões de indochineses novamente traídos!", declarou ele depois de Genebra, "que devem, agora, aprender os horríveis fatos da escravidão com seus vorazes amos comunistas", repetindo "as agonias e infâmias infligidas às infelizes vítimas da bestial tirania da Rússia vermelha!". O comunismo estava seguindo "horário cuidadosamente marcado em seu plano de conquista mundial". Os dirigentes vermelhos sabiam o que queriam com "terrível percepção" e buscavam esses objetivos através de "obstinação violenta". O cardeal continuou nessa veia, exacerbando uma convenção da Legião Americana até os paroxismos da cólera. Em meados de 1955, quando Eisenhower se preparava para disputar a reeleição, não agasalhava desejo de permitir outras tiradas da espécie.

A adoção do cliente tornou os Estados Unidos patrocinadores da fatal recusa de Diem em admitir as eleições nacionais, a serem realizadas em 1956, como acordado em Genebra. O Norte, com uma população de 15 milhões, opondo-se ao Sul, com seus 12 milhões, e consciente da grande popularidade do Vietminh, contava com as eleições para ganhar o controle do país como um todo. Quando, em julho de 1955, o Sul foi convidado para consultas destinadas à preparação do evento, Diem recusou-se, argumentando que nenhuma eleição sob o regime de Hanói permitiria o voto livre, os resultados oriundos da coação suplantariam os sufrágios do Sul e, de qualquer forma, ele não estava submisso ao Acordo de Genebra. Embora válida, a objeção perdeu algo de sua força quando, três meses depois, num plebiscito realizado no Sul para depor o ausente Bao Dai como chefe de Estado e conferir a presidência a Diem, o resultado que desejavam foi obtido através de métodos classificados por um observador estrangeiro como "vergonhosos", mas que captaram 98,8 por cento dos votos. A livre expressão da vontade dos eleitores obviamente não seria de se esperar em qualquer dos lados, nem poderia ser, num país destituído de experiência democrática. Como solução para o conflito civil no Vietnã, as eleições – supondo-se que viessem a ser acompanhadas por uma Comissão Internacional de Controle neutra – não passaram de estratagema em Genebra para funcionar como expediente desesperado que permitisse a divisão temporária do país e o cessar-fogo.

Ninguém duvidava, caso as eleições se realizassem, como relatou um dos observadores, "que a maioria esmagadora dos vietnamitas votaria com os comunistas". No decorrer de um discurso em que se opunha à igualdade de status para um regime comunista, o senador John F. Kennedy admitia a "popularidade e ascendência" do partido de Ho Chi Minh "através da Indochina" – o que, para ele, significava motivo para *não* lhe permitir participação num governo nacional. Eisenhower, informado por assessores de que Ho certamente venceria as eleições, "recusou-se a concordar" (segundo o general Ridgway) com sua realização. Embora Diem não necessitasse de conselhos americanos no assunto, sua recusa baseava-se no apoio dos Estados Unidos. Por volta de 1956 novas evidências de medidas radicais no Norte, incluindo grande matança de latifundiários, nos padrões chineses, estavam surgindo. Poder-se-ia pressupor o recurso a táticas terroristas numa eleição. Em junho de 1956 o Departamento de Estado oficialmente anunciou: "Nós concordamos plenamente com a posição do presidente Diem quando afirma que não existindo condições capazes de impedir intimidação ou coação... não pode haver escolha livre."

Em consequência, tendo falhado a possibilidade de reunificação por sufrágio, o Vietnã do Norte buscou outros meios – encorajamento da insurgência seguido pela assim chamada Guerra de Libertação. Nenhuma insensatez notória pode ser atribuída aos Estados Unidos nessa fase, exceto que, ao apoiar a decisão de Diem, a América pareceu partilhar aquilo que os críticos da guerra viriam classificar como desavergonhada supressão da vontade do povo, deixando o Norte sem alternativas, exceto o levante. Supressão não era, pois a vontade do povo não encontraria livre manifestação, de qualquer modo. A não realização de eleições representou desculpa, e não causa do recomeço da guerra. "Precisamos da unidade", disse o *premier*-adjunto do

Norte, Pham Vahn Dong, em Genebra. "Nenhuma força no mundo, interna ou externa, fará com que nos desviemos de nosso caminho."

Nos cinco anos seguintes, com um rio de fundos americanos que pagava entre 60 e 75 por cento de seu orçamento, incluindo o custo total do Exército, além de suportar a balança comercial desfavorável, o Vietnã do Sul pareceu reflorir apresentando surpreendente ordem e prosperidade. As Forças Armadas francesas, sob insistentes pressões americanas, gradualmente partiram, em retiradas parceladas, até que o Alto-comando francês viu-se dissolvido em fevereiro de 1956. Os Amigos Americanos do Vietnã, organizados pelos Serviços Católicos de Assistência e pelo Comitê Internacional de Socorro (fundado originalmente para salvar vítimas do nazismo, tendo uma lista dos mais respeitáveis nomes de liberais em sua nominata), divulgaram, sob a assistência de um agente de relações públicas de Saigon, com honorários mensais de 3 mil dólares, "o milagre" do Vietnã do Sul. Pareceu, durante esses cinco anos, que o progresso chegara, e a aposta estava ganha.

Por detrás do milagre, os fatos eram bem menos favoráveis. Uma reforma agrária malplanejada alienou, em vez de beneficiar, os camponeses. Programas de "denúncia dos comunistas", nos quais vizinhos eram induzidos a delatar uns aos outros, e interferências de oficiais corruptos no universo campesino geraram sentimentos contrários a Diem. Críticos e opositores iam presos, mandados a "campos de reeducação" ou de outras maneiras silenciados. O fluxo de importações pago pelos Estados Unidos serviu de instrumento político visando ganhar o apoio da classe média através de generoso suprimento de bens de consumo. Um estudo feito por cientistas políticos americanos concluiu que o Vietnã do Sul "está se tornando mendigo permanente", a depender de suporte externo, dizendo, ao fim: "Os americanos construíram um castelo na areia."

O descontentamento dos camponeses propiciou campo fértil aos insurgentes. Operando no terreno, membros do Vietminh nativos do Sul que permaneceram fora depois da divisão formaram grupos de guerrilhas, aos quais se juntaram os membros do Norte, e após treinamento e doutrinação, infiltraram-se através das fronteiras. À altura de 1959 os rebeldes controlavam vastas áreas no Vietnã do Sul: "Se você lançar os pelos de um pincel sobre o Sul", disse um agente da Inteligência ao senador Mansfield, "cada pelo desse pincel tocará num Vietminh."

Nesse mesmo período o Norte sofreu problemas, devidos, parcialmente, à falta de alimentos, por ter sido cortado da tigela de arroz do Sul, e também à opressão comunista. Em confissão pública a colegas do partido, o general Giap admitiu, em 1956: "Nós executamos muitas pessoas honestas... utilizamos o terror... punições disciplinares... tortura." As tensões internas mantiveram Hanói muito preocupada em seu próprio território para lhe permitir guerras contra o Sul, mas a reunificação continuava sendo objetivo fixo. Enquanto esmagava resistências e estabelecia controle, durante o período de 1955-60, Hanói aumentava e treinava suas Forças Armadas, acumulava armamentos provenientes da China e, por etapas, construía conexões com os insurgentes do Sul.

No decorrer de 1960, entre cinco mil e dez mil guerrilheiros, apelidados pelo governo de Saigon como vietcongues, significando "vietnamitas comunistas", encontravam-se ativos no Sul, conforme estimativas. Enquanto o Exército vietnamita, sob orientação americana, permanecia estacionado principalmente ao longo da linha divisória para prevenir um ataque no estilo Coreia, os insurgentes espalhavam o terror. De acordo com Saigon, no ano anterior eles haviam assassinado mil e quatrocentos oficiais e civis, e sequestrado outros setecentos. As medidas enérgicas de Diem, que incluíam sentenças de morte, autorizadas para terroristas, subversivos e "boateiros", com a relocação de comunidades camponesas em aldeias fortificadas e reunidas, revelaram-se ineficazes. A população não nutria lealdade quer para com Diem, quer para com o comunismo ou a causa da reunificação. Desejavam apenas terras, segurança e as safras de seus plantios. "A situação pode ser resumida", relatou a Embaixada americana em janeiro de 1960, "no fato de que o governo se dispõe a tratar a população sob suspeita ou deseja coagi-la, recebendo, em troca, apatia e ressentimento."

Nesse ano, o Manifesto dos Dezoito, divulgado por um Comitê pelo Progresso e Liberdade, incluindo dez ex-membros do Gabinete, exigia a demissão de Diem e reformas de grande profundidade. Foram todos presos. Seis meses depois, um golpe militar tentou derrubá-lo, sob alegação de que Diem "se mostrara incapaz de salvar o país do comunismo e de proteger a unidade nacional". Com a ajuda de tropas requisitadas fora da cidade, Diem acabou com o levante em 24 horas. Recebeu congratulações de Washington, expressando esperanças de que com seus poderes, agora fortalecidos, pudesse "proceder à implementação de reformas radicais". Essas "esperanças" americanas eram manifestadas com monótona regularidade, sempre condicionando o prosseguimento da ajuda aos "padrões de desempenho". Contudo, quando nenhuma reforma ocorreu, o auxílio americano continuou, por receio de que, se fosse retirado, Diem soçobrasse.

A confiança americana em seu enfrentamento com a União Soviética sofreu novo choque em 1957, quando os russos lançaram o *Sputinik* em órbita, a uma altura de 900 quilômetros e velocidade em torno do globo de 28.800 quilômetros por hora. No ano anterior a esse feito espantoso as Forças Armadas soviéticas tomaram a Hungria enquanto os Estados Unidos permaneciam passivos, apesar de todas as fanfarronices de Dulles. Um ano depois do *Sputnik*, comunistas, sob o comando de Fidel Castro, apossaram-se de Cuba, da mesma forma observados passivamente pelos Estados Unidos, apenas a 140 quilômetros de distância. Entretanto, os comunistas no muito remoto Vietnã eram encarados como ameaça direta à segurança americana...

Após consultas entre Washington e Saigon, um plano de contraguerrilha ou antissubversivo desenvolveu-se, destinado a coordenar as atividades das agências americanas com o Exército vietnamita. O pessoal do GAAM foi ampliado para 685, lidar com o programa. O novo embaixador, Elbridge Durbrow, estava tomado por apreensões. Não aprovava a ajuda militar adicional exigida pelo plano, sem melhorias políticas. Mas Diem exercia o maligno poder dos fracos: quanto maiores os seus problemas, maior ajuda pedia – e obtinha. Nas relações de dependência, o protegido pode sempre controlar o protetor, ameaçando com o colapso.

Em setembro de 1960 o Congresso do Partido Comunista em Hanói exigiu o fim do regime Diem e do "domínio imperialista americano". Seguiu-se, em dezembro, a formação da Frente de Libertação Nacional (FLN)* do Vietnã do Sul. Embora nominalmente nascida no Sul, ecoava a exigência de retirada de Diem e do "regime de colonialismo disfarçado dos imperialistas americanos". Anunciava um programa de dez pontos de reformas sociais marxistas, utilizando as roupagens de rotina – "democracia", "igualdade", "paz" e "neutralidade". Declarou-se, então, iniciada a guerra civil – justamente quando um novo presidente americano, John F. Kennedy, assumia o cargo nos Estados Unidos.

IV. "CASADOS COM O MALOGRO": 1960-63

A nova administração assumiu bem-equipada no tocante à capacidade mental. Era mais pragmática que ideológica. Obtivera a mais escassa maioria eleitoral registrada no século XX, apenas 0,5 por cento. Tal qual o presidente, seus assistentes eram ativistas, estimulados pelas crises, ansiosos em adotar providências eficazes. Tanto quanto os registros revelam, eles não se reuniram para reexaminar o engajamento que haviam herdado relativamente ao Vietnã, nem tampouco refletiram sobre o grau de envolvimento americano ou a relevância do interesse nacional posto em campo. Não. Dentro dos limites das montanhas de memorandos, discussões e opções entulhando as mesas, nenhum exame atento foi destinado à estratégia de longo termo. Ao contrário, desenvolveu-se essa política em esguichos mensais *ad hoc*. Um oficial da Casa Branca da época, indagado anos depois sobre como os interesses americanos no Sudeste Asiático tinham sido definidos em 1961, replicou: "Tratava-se de uma herança simplesmente, assumida e inquestionada." A herança consistia em que "deveríamos deter o comunismo onde surgisse" e o Vietnã era, então, o local do confronto. Se não fosse detido lá, viria com mais força da próxima vez.

---

*National Liberation Front – NLF, no original. (*N. do T.*)

Como jovem congressista, Kennedy visitara a Indochina por decisão pessoal, em 1951, chegando à conclusão, óbvia à maioria dos observadores americanos, que a fim de deter o avanço comunista no Sul, seria necessário "construir forte sentimento nativo não comunista". Agir "fora disso e em desafio aos desejos nacionalistas congênitos será caminhar em direção ao fracasso". É espantoso que durante toda a longa insensatez do Vietnã americanos continuaram predizendo consequências e agindo sem atender às próprias antevisões.

Em 1956, Kennedy colocou-se próximo à ortodoxia da Guerra Fria, abordando menos o "forte sentimento nativo" e falando mais a respeito de dominós em sua variante metafórica: o Vietnã tornara-se "pedra angular do mundo livre no Sudeste Asiático, chave da abóbada, oclusor da barragem". À lista rotineira de vizinhos que se despedaçariam se os laços vermelhos do comunismo enleassem o Vietnã, ele acrescentou a Índia e o Japão. As águas da retórica arrastaram-no a duas armadilhas: o Vietnã era "o campo de provas da democracia na Ásia" e "um teste da determinação e responsabilidade da América" naquela área.

Duas semanas antes de Kennedy assumir, o *premier* soviético, Nikita Khruschev, ofereceu o supremo desafio dos tempos quando anunciou serem as "guerras de libertação" nacionais veículos do avanço da causa comunista. Essas "guerras justas", acrescentou, onde ocorressem – em Cuba, Vietnã, Argélia –, receberiam total apoio soviético. Kennedy respondeu-lhe, no discurso de posse, com referência alarmante à defesa da liberdade "em sua hora de perigo máximo".

O primeiro teste foi, lamentavelmente, fiasco grotesco e humilhante. Iniciada no governo Eisenhower, a tentativa realizada em abril de 1961 visando libertar Cuba do comunismo, na baía dos Porcos, representou a conjugação de esforços de cubanos exilados e da CIA, utilizando meios frivolamente insuficientes e métodos nutridos em pura fanfarronice. Embora não se tratasse de plano de Kennedy, ele fora instruído a respeito antes da posse. Considerando que tenha dado concordância ao plano, impelido pelo estranho impulso irrefreável que torna mais fácil aquiescer do que denunciar a insensatez, a responsabilidade foi dele, Kennedy. A invasão, por subestimar o oponente, prefigurava o Vietnã. O regime de Castro demonstrou estar bem-organizado, em guarda, alerta e pronto para o combate. Os desembarques, descobertos rapidamente, receberam vigorosa oposição e os esperados levantes de simpatizantes ou foram sufocados de forma eficaz ou jamais ocorreram. Castro provou ainda ser, de fato, muito mais popular entre seus concidadãos do que os exilados com apoio americano – outra situação a ser repetida no Vietnã. Com admirável determinação, Kennedy adotou a difícil escolha de não enviar a Força Aérea e a Marinha para resgate, deixando que muitos perecessem. O efeito dessa espetacular mixórdia já nos primeiros noventa dias da administração foi o de tornar todos os seus componentes implacavelmente determinados a mostrar dureza no combate ao comunismo.

Nem liberal nem conservador, Kennedy era homem de inteligência viva e fortes ambições, capaz de proclamar princípios de grande elevação de maneira convincente, eloquente e até mesmo apaixonada – embora seus atos, por vezes, o desmentissem. Para os cargos principais do governo e para o staff da Casa Branca, escolhia homens de mente ativa, reconhecida capacidade e, tanto quanto possível, obstinados como ele próprio. A maior parte sendo de sua idade, na casa dos 40 anos, eles não se assemelhavam aos filósofos sociais, inovadores e idealistas do New Deal. No grupo de Kennedy, os idealistas eram denominados "bobalhões" ou "marias-moles". O New Deal representava outra era; no intervalo, a guerra mundial e a Guerra Fria haviam surgido, e ainda se ouviam os ruídos da extrema-direita. Os novos homens no governo, fossem eles pós-graduados em Oxford, acadêmicos de Harvard e Brookings ou recrutados em Wall Street, políticos ou advogados, tinham que ser, antes de tudo, realistas, sofisticados, pragmáticos, agressivos. A agressividade é que dava o tom, não importando diferenças de caráter e capacidade; o grupo de Kennedy adotou sua tônica, como a corte em torno do monarca ou um grupo de trabalho às voltas com o chefe dominante.

Robert McNamara, prodígio da Harvard Business School, da "análise de sistemas" para a Força Aérea durante a Segunda Guerra Mundial, tendo rapidamente chegado à presidência da Ford Motor

Company, representou escolha notável e característica para secretário da Defesa. Preciso, seguro, com cabelos corridos e lustrosos e óculos sem aro, era especialista em gerenciamento através de "controle estatístico", conforme demonstrara tanto na Força Aérea como na Ford. Tudo aquilo que pudesse ser quantificado estava dentro de seu domínio. Embora considerado tão sincero quanto um profeta do Velho Testamento, possuía a crueldade conferida pelo sucesso constante, e seu gênio estatístico não comportava respeito pelas variações humanas, nem levava em consideração os imprevistos. Sua confiança nos recursos materiais era perfeita e absoluta. "Temos o poder de destruir qualquer sociedade deste nosso século XX", disse ele, certa vez, num briefing ocorrido no Pentágono. Foi esse dom da certeza que levou dois presidentes a considerarem McNamara de valor inestimável e que o transformou em pedra de toque da guerra.

Igualmente prendado era o homem que não foi escolhido secretário de Estado, Adlai Stevenson; porque parecia pensativo, viam-no como um Hamlet, indeciso, devorado por algo imperdoável – a "brandura". Embora fortemente favorecido para ser secretário do Departamento de Estado pela ala Eleanor Roosevelt do partido, evitaram-no e a designação acabou recaindo sobre Dean Rusk. Sóbrio, judicioso, reservado, Rusk não partilhava do estilo Kennedy, mas tinha as vantagens da experiência no Departamento de Estado e o status de atual presidente da Fundação Rockefeller, e jamais seria um desafio ao presidente, como Stevenson certamente acabaria sendo. Na condição de coronel do Estado-maior a cargo do planejamento na área China-Birmânia-Índia, teatro no qual operou durante a guerra, tendo oportunidade de ganhar experiência com os americanos na China, acabou dominado por rígido antagonismo ao comunismo chinês. No cargo de secretário-adjunto para Assuntos do Extremo Oriente ao tempo da beligerância da China na Guerra da Coreia, Rusk, de maneira firme e errônea, predissera que os chineses não entrariam no conflito; em consequência, sentiu-se, depois, profundamente responsável pelas perdas resultantes.

Na direção do Conselho de Segurança Nacional (CSN), com escritório na Casa Branca, encontrava-se George Bundy, de Boston, frio, confiante, impecável; sabia usar seus grandes dotes mentais com tal propriedade que um colega seu de Groton afirmou estar ele pronto a desempenhar a reitoria da escola aos 20 anos. De fato, tornou-se reitor de Harvard com 34 anos de idade. Embora Bundy fosse republicano na política e por tradição familiar, tendo duas vezes votado em Eisenhower contra Stevenson, isso não se constituía em impedimento; de certa forma, representava recomendação junto a Kennedy, que desejava estabelecer conexões com a direita respeitável. Com mandato obtido por margem escassa, dispondo de uma maioria de apenas seis no Senado, supunha que os problemas de sua administração viriam, principalmente, da direita e, por isso, sentia-se impelido a fazer aberturas. Uma das concessões mais extremas que fez foi a designação de John McCone para diretor da CIA; tratava-se de republicano reacionário, milionário da Califórnia e apóstolo da retaliação maciça que, na opinião do neandertalense senador Strom Thurmond, "é o epítome daquilo que tornou grande nossa América".

Tal qual o presidente, muitos de seus assessores eram veteranos combatentes da Segunda Guerra Mundial, tendo servido como oficiais da Marinha ou pilotos de caça, bombardeiros, navegadores de bordo ou, como no caso de Roger Hilsman, novo secretário-adjunto de Estado para Assuntos do Extremo Oriente, no desempenho da liderança de um grupo do OSS que operava na retaguarda dos japoneses, na Birmânia. Acostumados ao êxito na guerra e em suas carreiras posteriores, esperavam não menor êxito em Washington. Nenhum dos recém-chegados jamais ocupara cargos eletivos. Força e status evolavam desses homens e de seus colegas. Adoravam as emergências, até mesmo a exaustão advinda de governar, gostavam de denominar-se "gerentes de crises"; esforçavam-se duramente, aplicavam seus talentos e inteligência, eram considerados "os melhores e os mais brilhantes"; descobriam, a seguir, com a mesma amargura de outros, antes e depois deles, que em vez de controlar as circunstâncias, as circunstâncias os controlavam: que o ato de governar, nas palavras de um dos membros do grupo, J. K. Galbraith, raramente se constituía em algo mais do que escolha "entre o desastroso e o intragável".

Escalada arrepiante teve início nos primeiros dez dias do governo Kennedy, quando ele aprovou plano de antissubversão minutado previamente pelo Pentágono e destinado a revigorar as operações do Vietnã do Sul contra o Vietcongue. O documento autorizava pessoal americano adicional e maiores gastos para treinar e equipar a Guarda Civil vietnamita, de 32 mil homens, voltada às atividades de antiguerrilhas, além de aumentar em 20 mil soldados o Exército do país. A aprovação presidencial seguiu-se ao relatório do general Lansdale sobre acréscimo de atividades do Vietcongue. Embora considerasse Diem personagem necessário no governo, Lansdale achou que ele perdia terreno, encontrava-se despreparado para enfrentar a espécie de contestação com que se defrontava e tinha medo de impor vontade autoritária na realização de reformas políticas. Faltava entendimento, tanto por parte dos vietnamitas quanto de seus conselheiros americanos, de que outras táticas, diversas das simples formações militares, se faziam necessárias para lidar com a guerra de guerrilhas e a propaganda do inimigo. Lendo o relatório, Kennedy comentou: "Isso é a pior coisa em que já nos metemos, não é mesmo?"

Lansdale advogava completa renovação no trabalho dos conselheiros: deveriam ser experimentados e dedicados americanos "que conheçam e realmente apreciem a Ásia e os asiáticos"; necessitam viver e trabalhar junto aos vietnamitas, "tentando influenciá-los e guiá-los nos rumos dos objetivos políticos dos Estados Unidos". Delineou um programa de atividades e pessoal. Muito impressionado, Kennedy tentou viabilizar o programa, com Lansdale na direção ou, alternativamente, à testa de uma força-tarefa interdepartamental de Washington para o Vietnã, mas barreiras burocráticas nos departamentos de Estado e Defesa resistiram. O programa de Lansdale não foi implementado; mas, mesmo que o tivesse sido, conquanto sincero e simpático, sofria de compulsão missionária, querendo guiar o Vietnã "nos rumos dos objetivos políticos dos Estados Unidos" e não nos seus próprios. Essa falha e suas implicações também foram percebidas por Kennedy, quando comentou: "Se convertêssemos o problema numa guerra pela supremacia dos homens brancos, perderíamos o país, como os franceses o perderam uma década antes."

Eis um exemplo clássico de como perceber a realidade e agir em desacordo com ela.

A incapacidade americana de encontrar qualquer significado na derrota do exército profissional francês, incluindo a Legião Estrangeira, por guerrilheiros asiáticos de pequena estatura, ossos delicados, sem organização militar, se constitui em um dos grandes enigmas desses idos. Como puderam ignorar Dien Bien Phu tão completamente? Quando David Schoenbrun, correspondente da CBS que cobrira a guerra francesa no Vietnã, tentou persuadir o presidente das realidades de um conflito em que as perdas da França, em termos de oficialato, equivaliam, em cada ano, a uma nova turma de Saint Cyr, Kennedy respondeu-lhe: "Ah, Sr. Schoenbrun, tratavam-se de *franceses*. Eles lutavam por interesses coloniais, por uma causa ignóbil. Nós lutamos pela liberdade, por sua libertação dos comunistas, da China, por sua independência." Porque os americanos se julgavam "diferentes", esqueciam que, eles também, eram "brancos".

O fracasso do programa Lansdale resultou em que soldados regulares foram incorporados ao GAAM a fim de acelerar o esquema de treinamento, elevando o total para mais de 3 mil, além de uma equipe de quatrocentos homens oriundos do Centro de Treinamento Especial em Fort Bragg, enviada ao Vietnã para atividades de antissubversão. Essa violação das regras da Conferência de Genebra foi justificada sob desculpas de que o Vietnã do Norte também estava infiltrando armas e homens através da fronteira.

ESTRATÉGIA E TEORIA militar passaram por grandes mudanças com o advento da administração Kennedy. Apavorados com os planos de "retaliação maciça" defendidos pelos militares da era Eisenhower porque prometiam soluções rápidas e baratas, Kennedy e McNamara voltaram-se para as ideias da nova escola de defesa, formuladas pelos intelectuais em sua doutrina de guerra limitada. Seu alvo não estava na conquista, mas sim na coerção; a força seria usada em bases racionalmente calculadas, de modo a alterar a disposição do inimigo e também sua eficácia, a tal ponto que as "vantagens de acabar com o conflito se mostrassem maiores que a continuação da guerra". A campanha seria racionalmente "gerenciada", de tal maneira que corresponderia ao envio de mensagens aos opositores, os quais responderiam racionalmente aos males e prejuízos a eles infligidos, desistindo das ações causadoras. "Nós estamos envolvidos na camisa de força da racionalidade", escreveu o formulador da doutrina, William Kaufman. Era condição que perfeitamente se ajustava ao secretário McNamara, sumo sacerdote do gerenciamento racional. Algo, entretanto, não entrou em cogitação: o outro lado. Guerra é polaridade. E se o outro lado falhasse em reagir racionalmente à mensagem coercitiva? A apreciação do fator humano não se constituía no ponto forte de McNamara, e a possibilidade de a espécie humana não ser racional representava circunstância por demais excêntrica e causadora de ruptura para ingressar em sua análise.

Precipitado pelo desafio de Khruschev no tocante às guerras de libertação, um subproduto da teoria das guerras limitadas emergiu: a antissubversão, que se tornou o grande culto da Era Kennedy, tendo o próprio presidente como seu profeta. Os adeptos do "não às tolices" em sua administração abraçaram a doutrina com impetuoso entusiasmo. Ela os encontrava afiados para as novas condições do confronto. Faria com que enfrentassem os subversivos em seu próprio campo, em meio às causas sociais e políticas das subversões nos países em desenvolvimento; surpreenderiam os comunistas tomando banho, como disse Disraeli, certa vez, a respeito dos *whigs*, e fugiriam levando suas roupas.

Estimulado pelo relatório Lansdale, o presidente leu os livros de Mao e Che Guevara sobre guerra de guerrilhas e ordenou que fossem lidos no Exército. Por sua ordem, um Programa Especial de Antissubversão foi organizado, destinando-se a inculcar a compreensão, "nos escalões do governo dos Estados Unidos, de que os levantes subversivos (guerras de libertação) não passavam de formas mais amplas do conflito político-militar, iguais em importância às guerras convencionais". A doutrina destinava-se a ter reflexos na organização, treinamento e equipamento das Forças Armadas dos Estados Unidos e das agências civis no exterior, de forma a assegurar programas de prevenção e esmagamento das insurgências ou agressões indiretas, com ênfase especial no Vietnã, Laos e Tailândia. Ao saber que o alistamento em Fort Bragg não atingira a mil, o presidente ordenou que fosse a missão ampliada e restaurados os Boinas Verdes das forças especiais, como símbolo do novo programa. Seu representante militar especial, o general Maxwell Taylor, divulgou o evangelho, no que foi seguido por outros discípulos, inclusive, até, Robert Kennedy, atuando fora de sua competência como procurador-geral.

Os itens doutrinários foram compostos por Walt Rostow, loquaz professor do MIT (Massachusetts Institute of Technology), detentor do posto número 2 no CSN. Falando sobre guerra de guerrilhas nos exercícios de graduação de Fort Bragg em junho de 1961, definiu os "processos revolucionários" do Terceiro Mundo, sob a asa protetora dos americanos, como "modernização". Os Estados Unidos, disse, estavam dedicados à tarefa de fazer com que "cada nação retire, de sua própria cultura e ambições, a espécie de moderna sociedade em que deseja se transformar". A América respeitava "o individualismo de cada sociedade", procurava "nações que desejam erguer-se verticais... para proteger sua própria independência", visando "amparar a independência do processo revolucionário ora em andamento". Thomas Jefferson não poderia ter expressado melhor os verdadeiros princípios da América – definidos, aqui, por alguém que de maneira consistente sempre advogou sua contradição na prática.

Embora a doutrina insistisse em medidas políticas, a antissubversão era, na realidade, de índole militar. Visto que não gozava de prestígio junto ao *establishment* militar, pouco afeito a acolher comandos de elite ou intrusões nas rotinas regulares, e que suspeitava que a ênfase posta nessas reformas iria interferir na sua tarefa essencial que consistia em treinar e disciplinar soldados para o combate, a antissubversão não se mostrou, na prática, à altura dos elevados padrões da teoria. Ficou resumida à finalidade de "ganhar a confiança do povo" para com seu governo, mas qualquer governo que tivesse de ganhar confiança através de estrangeiros não era uma boa aposta.

O que, na verdade, poderiam os Estados Unidos e Diem oferecer à população apática e alienada? Controle de inundações, desenvolvimento rural, comunidades da juventude, erradicação de favelas, expansão no transporte de cabotagem, assistência educacional representavam aspectos do programa definido pelos Estados Unidos, úteis certamente, mas sem atingir a essência dos problemas. Para contra-atacar com sucesso os insurgentes, a antissubversão deveria redistribuir terras e propriedades aos camponeses, pulverizar o poder de mandarins e máfias, desmontar os serviços de segurança que lotavam as prisões de Saigon – em resumo, refazer o velho regime, dedicando-se a uma causa, como definiu Lansdale, "que se torne mais atraente ao povo do que a causa dos comunistas". Diem e sua família, especialmente o irmão mais moço, Ngo Dinh Nhu, e madame Nhu, em conjunto com membros da classe governante, não cultivavam tais intenções, nem tampouco seus patrocinadores americanos.

Os Estados Unidos exigiam, ainda, reformas, condição *sine qua non* de sua ajuda, como se reformas significativas, capazes de "ganhar a confiança" da população, fossem obra de poucos meses. O Ocidente levou 25 séculos, com um ritmo de transformações muito mais rápido que no Oriente, antes que os governos começassem a atuar em benefício dos menos favorecidos. A razão pela qual Diem jamais respondeu ao apelo americano por reformas jazia no fato de que seu interesse a elas se opunha. Resistia às reformas pela mesma razão dos papas da Renascença: elas iriam diminuir seu poder absoluto. A insistência americana sobre necessidade de apoio popular não passava de mero alarido em seus ouvidos, irrelevante nas circunstâncias asiáticas. Na Ásia, pressupõe-se a obrigação dos cidadãos obedecerem ao seu governo; nas democracias ocidentais, figura-se o governo representando o povo. Nada havia em comum, nem se esperava que viesse a haver. Todavia, por constituir o Vietnã do Sul uma barreira ao comunismo, os Estados Unidos, surdos ao óbvio, persistiam em tentar que o governo Diem correspondesse às expectativas americanas. A utilidade de se "perseverar no absurdo", disse certa vez Edmund Burke, "é algo que não consigo entender".

Com uma crise irrompendo em torno da "perda" do Laos, a chefia conjunta em maio de 1961 recomendou que, a fim de evitar o envolvimento do Sudeste Asiático pelo comunismo, deveriam ser deslocadas forças dos Estados Unidos em volume suficiente para deter ações do

Vietnã do Norte e da China e treinar os sul-vietnamitas em mais ativa antissubversão. No Pentágono tiveram início discussões destinadas a definir "o tamanho e a composição que seria desejável, na hipótese de possível comprometimento de forças dos Estados Unidos no Vietnã". Tratava-se de planejamento de contingência pois que as atenções, naquele verão, voltavam-se para o Laos, mais do que para o Vietnã.

O Laos era o rato que rugia. Nesse país sem litoral, uma sucessão de planaltos estendendo-se no sentido do comprimento entre o Vietnã e a Tailândia, com população que se supunha bem inferior a 2 milhões, outro espectro comunista encontrava-se em evidência. Era o Pathet Laos, versão nacionalista comunista do Vietminh. Como o Laos tocava a China em sua fronteira setentrional e abria-se no Camboja, ao sul, ganhou aos olhos estrangeiros extraordinária importância como um corredor através do qual os comunistas de Ho e Mao se derramariam no dia assustador do imaginado avanço vermelho.

Sem perturbar profundamente a vida tranquila dos laosianos, a soberania oscilava entre rivais múltiplos, dos quais a figura principal era a do legítimo dirigente, o príncipe Souvana Phouma, neutro na política da Guerra Fria; seu meio-irmão, outro príncipe, líder do Pathet Laos, e um terceiro pretendente, o cliente americano, que governara durante algum tempo, tendo sido plantado por manipulações da CIA e subsequentemente fora derrubado – eis o quadro.

Em vista de que os meio-irmãos encontravam-se negociando uma coalizão que poderia tornar seu país neutro, deixando o Pathet Laos com o controle das passagens montanhosas, o Laos tornou-se subitamente, durante o período Eisenhower-Dulles, uma pequena Ruritânia oriental, "fator vital para o mundo livre", um "bastião contra o comunismo", a "fortaleza da liberdade". Dinheiro e material bélico americanos inundaram e deixaram pasmas as diversas facções. No decorrer de um briefing com Kennedy antes de sua posse, Eisenhower promoveu o país a peça fundamental do dominó, ao dizer: "Se nós permitirmos a queda do Laos, então deveremos considerar perdida toda a área." Aconselhou que fossem empregados todos os esforços para persuadir os membros da OTSEA a partilhar de ação comum, devendo, contudo, ser contemplada "nossa intervenção unilateral", caso não se obtivesse a unidade. Considerando-se que o Laos possuía terreno acidentado, inacessível a aviões e navios com bases no Pacífico, obviamente uma área negativa em termos de combate, essa observação espantosa de Eisenhower, contrastando com sua resistência à intervenção ativa no muito mais acessível Vietnã, sugere que o Laos possuía alguma faculdade peculiar de entontecer o raciocínio humano.

Num desses frenesis de menor monta que periodicamente enlouquecem as relações internacionais, a situação, por volta de 1961, atingira uma crise de complexos conluios. A coalizão, no Laos, ameaçava tornar-se um *casus belli*. O Acordo de Genebra foi invocado pela França e pela Inglaterra e uma conferência de 14 países remarcada para Genebra. Em Washington, reuniões entravam pelas noites adentro, na Casa Branca. Kennedy, ainda suando com o fiasco da baía dos Porcos ocorrido poucos dias antes, estava determinado a mostrar que a América falava sério em termos de comunismo, ao mesmo tempo em que desejava evitar clamores da direita, caso a coalizão tivesse sucesso. Autorizou a movimentação da 7.ª Esquadra ao sul do mar da China, helicópteros e unidades de combate foram enviados à Tailândia e as forças em Okinawa ficaram em alerta.

Quando advertido pelo general Lyman K. Lemnitzer, novo *chairman* da chefia conjunta, de que se a China e o Vietnã do Norte interferissem, ambos poderiam ser contidos com armamento nuclear, Kennedy viu-se reconduzido a uma visão menos arrogante do problema. Decidiu-se a aceitar a neutralidade e o retorno de Souvanna Phouma; enviou o veterano diplomata Averell Hariman a Genebra a fim de obter um acordo nesse sentido. A solução era factível por se tornar aceitável tanto aos Estados Unidos quanto à União Soviética e, no que tangia ao Laos, eles preferiam ser deixados em paz do que se verem envolvidos numa guerra. Embora a neutralidade bloqueasse intervenções, possuía um efeito negativo: deixando o Pathet Laos intocável, levantava dúvidas nas nações participantes da OTSEA quanto à firmeza do envolvimento americano contra o comunismo na Ásia. Manifestadas em voz alta, essas dúvidas causaram profunda impressão ao vice-presidente Lyndon Johnson, na visita que fez ao Sudeste da Ásia.

Johnson foi despachado em maio de 1961 a Formosa, Vietnã do Sul e demais vizinhos integrantes da OTSEA, a fim de assegurar à região o apoio americano. O interesse e a experiência do vice-presidente em assuntos estrangeiros eram mínimos. Quando forçado a prestar atenção no temário, em sua anterior condição de senador e líder da maioria, ajustava sua atitude à ortodoxia convencional da Guerra Fria. Embora os assuntos externos não fossem, para ele, preocupação de monta – a preocupação dominante de Johnson era o progresso da própria carreira –, os dogmas da Guerra Fria sistematizaram suas impressões e reações. Seus pronunciamentos públicos destinavam-se ao público de mais baixo nível, a exemplo da tirada em Saigon quando anunciou que Diem era o "Winston Churchill da Ásia". Menos fátuo, o relatório apresentado ao presidente revelou-se tipicamente intervencionista. Ele estava decidido a ver os Estados Unidos assumirem o peso de suas responsabilidades na Ásia. "A chave do que é feito pelos asiáticos em defesa da liberdade regional", escreveu, "está na confiança que depositam nos Estados Unidos. Não existe alternativa à liderança americana no Sudeste Asiático. As lideranças nesses países... repousam no conhecimento e fé que têm no poder, disposição e compreensão dos Estados Unidos." Embora suas palavras demonstrem profunda ignorância daquilo em que se apoiavam as lideranças asiáticas, expressam perfeitamente o senso de capacidade onipotente com que os Estados Unidos emergiram da Segunda Guerra Mundial. Os americanos tinham esmagado as máquinas de guerra da Alemanha e do Japão, haviam cruzado os oceanos para fazê-lo, restauraram a Europa, governaram o Japão: eram o Super-Homem onipresente nos dois hemisférios...

"Recomendo", Johnson prosseguiu enfaticamente, "que avancemos prontamente com um grande esforço para ajudarmos esses países a se defenderem... Não posso deixar de insistir fortemente na extrema importância de continuarmos essa missão com outras medidas, outras ações, outros esforços" – militares, presumivelmente. Com realismo, não ocultaria que a decisão "deve ser adotada com plena compreensão dos muito pesados e constantes custos em termos de dinheiro, esforço e prestígio dos Estados Unidos" e que "em dado momento poderemos nos encontrar face à decisão de maior envolvimento de forças americanas na área, ou de encerrar os prejuízos mediante retirada, caso nossos outros esforços falhem".

E advertia: "Não devemos nos iludir com o profundo e duradouro impacto dos acontecimentos recentes no Laos... que tamanhas dúvidas e preocupações geraram no tocante às intenções dos Estados Unidos em toda a Ásia." Sem qualquer experiência quanto à maneira de falar dos orientais, capazes de ocultar um grão de substância - e às vezes nenhuma substância - debaixo de volumoso envoltório de palavras, Johnson tomou tudo que lhe foi dito ao pé da letra, urgindo ser da "maior importância" que sua missão "desse frutos imediatamente". Propunha que os "verdadeiros inimigos" - fome, ignorância, pobreza e doença - fossem combatidos através da utilização "imaginativa da capacidade científica e tecnológica dos Estados Unidos", concluindo: "A batalha contra o comunismo deve estar revestida, no Sudeste Asiático, de força e determinação no sucesso - ou os Estados Unidos, inevitavelmente, deverão entregar o Pacífico" - jogava fora, aqui, 10 mil quilômetros de oceano juntamente com Okinawa, Guam, Midway e Havaí - "recuando nossas defesas para São Francisco".

Eis um imbróglio do característico ideário norte-americano. O simplismo do jogo de alternativas radicais (ou isto ou aquilo) em torno da intenção de derrotar o comunismo ou entregar o Pacífico não influenciou o presidente, que detestava seu vice-presidente e era pago na mesma moeda. Mas as dúvidas quanto à firmeza americana, que tanto afetaram Johnson, levantaram a questão da credibilidade - e isso assumiria tais proporções que, no final, parecia ser tudo por que lutavam os americanos.

O tema da credibilidade emergiu na crise de Berlim, nesse verão, por ocasião de áspero e assustador encontro com Khruschev em Viena. Kennedy disse a James Reston: "Temos, agora, o problema de dar credibilidade a nosso poderio, e parece que o lugar é o Vietnã." O Vietnã, entretanto, jamais seria o lugar, pois o governo americano não parecia acreditar no que fazia lá. O contraste com Berlim era perfeitamente óbvio. "Não podemos e não queremos permitir que o comunismo nos ponha para fora de Berlim, seja gradualmente, seja pela força", Kennedy proclamou em julho, e ele estava consciente, segundo seus assessores, de correr risco de guerra, mesmo nuclear, na defesa do ponto. A despeito de todos os protestos de igual firmeza, o Vietnã nunca recebeu igual prioridade na política americana, embora, ao mesmo tempo, nenhum governo dos Estados Unidos desejasse perder o controle dele. Era essa falha que torturava todo o esforço, a começar com Kennedy.

Berlim trazia outra lição consigo, na circunstância de que "o ponto essencial" – de acordo com palavras do secretário-adjunto da Defesa, Paul Nitze – "estava em que o valor para o Ocidente na defesa de Berlim era imensamente maior que o valor para a União Soviética em tomar Berlim". Sua observação poderia ter sugerido que o valor para os norte-vietnamitas em obter o controle do país, pelo qual vinham lutando tão longamente, era imensamente maior do que o que significava para os Estados Unidos impedir essa conquista aos norte-vietnamitas. Lutavam em sua própria terra, determinados a se tornarem, afinal, os dirigentes. Boa ou má, a inabalável firmeza de propósitos estava com Hanói, e por ser inabalável acabaria prevalecendo. Nem Nitze nem qualquer outro perceberam a analogia.

No Vietnã do Sul "a situação torna-se pior a cada semana", fazendo com que recordasse Chungking, escreveu o correspondente Theodore White à Casa Branca em agosto de 1961. "A guerrilha, atualmente, controla a parte meridional do Delta quase por completo, de tal forma que não consigo que nenhum americano me tire de Saigon em seu carro, mesmo durante o dia, sem comboio militar." Isso coincidia com a sombria avaliação do general Lionel McGarr, agora chefe do GAAM, que estimara apenas 40 por cento do Vietnã do Sul sob controle de Diem, e acrescentara que os subversivos imobilizavam 85 por cento dos recursos militares dele.

A mensagem de White relatava, ainda, "uma ruptura política de proporções formidáveis" e sua própria atonia ante o espetáculo de "jovens entre 20-25 anos se requebrando ao ritmo do *jitterbug* nos cabarés de Saigon" quando 30 quilômetros distante "os comunistas encontram gente disposta a dar a vida por sua causa". Era o tipo de discrepância que começava a aborrecer outros observadores. Nas frases finais, White indagava: "Caso estejamos dispostos a intervir, dispomos de pessoal habilitado, instrumentos válidos e clareza de objetivos para fazê-lo com sucesso?" "Clareza de objetivos", eis a questão crucial.

Indeciso, Kennedy enviou a primeira e mais bem-conhecida de uma série infindável de missões oficiais de alto nível para fins de avaliar as condições no Vietnã. O secretário McNamara iria mais tarde, não menos de cinco vezes, em 24 meses, e missões de nível secundário iam e voltavam de Saigon como abelhas voando para dentro e para fora da colmeia. Com uma embaixada, o GAAM, agências de "inteligência" e ajuda já funcionando lá e enviando relatórios, a incessante necessidade de Washington por novas avaliações demonstra as incertezas na capital.

A missão do general Maxwell Taylor e de Walt Rostow, de outubro de 1961, estava autorizada nominalmente, por solicitação de Diem, a firmar tratado bilateral de defesa e a promover, possivelmente, introdução de tropas de combate americanas, que ele, anteriormente, tanto evitara. Uma erupção de ataques por parte do Vietcongue e o medo de infiltrações através da fronteira do Laos despertaram seu alarme. Embora ambivalente, Kennedy, buscando credibilidade no Vietnã, era, no momento, favorável à incrementação do esforço e desejava afirmação em vez de informação, como demonstrava a escolha de enviados. Taylor foi escolhido, obviamente, para fazer uma estimativa de condição militar. Bonito e melífluo, dono de penetrantes olhos azuis, era admirado como "soldado-estadista", que falava diversos idiomas, citava Políbio e Tucídides e escrevera um livro, *The Uncertain Trumpet* (A trombeta incerta). Comandara a 10ª Divisão de Paraquedistas na Segunda Guerra Mundial, servira como superintendente de West Point, fora sucessor de Ridgway na Coreia e chefe de Estado-maior durante os derradeiros anos de Dulles. Contrário à doutrina da retaliação maciça, reformara-se em 1959 para se tornar presidente do Centro Lincoln de Aperfeiçoamento das Artes, em Nova York. Essa personagem ilustrada exercia atração natural sobre

Kennedy, mas, não obstante possuir reputação de general intelectual, diferente dos cabeças-duras, suas ideias e recomendações tendiam a ser convencionais.

Seu companheiro de viagem, Walt Rostow (o Walt fora em homenagem a Walt Whitman) era fervoroso adepto da capacidade americana em guiar e fazer progredir o mundo subdesenvolvido. Um falcão na causa de segurar o comunismo, antes que o termo "falcão" entrasse em uso, já havia proposto um esquema pelo qual seriam introduzidos 25 mil soldados das tropas de combate. Como seletor de alvos na guerra europeia, dela emergira entusiasta do poder aéreo, embora as pesquisas de pós-guerra sobre bombardeamento estratégico tivessem concluído que os resultados nada tinham de decisivo. Rostow era otimista, um Doutor Pangloss que, de acordo com a descrição de um colega seu de trabalho, seria capaz de informar o presidente, depois de um ataque nuclear a Manhattan, ter sido realizada a primeira fase da renovação urbana sem ônus para o Tesouro. Porque, devido às atividades na ala esquerdista em seus dias de estudante, a ficha de Rostow era seguidamente checada para fins de segurança. Kennedy lamentava: "Ora, estão sempre perturbando Walt, como se ele fosse um 'maria-mole'... Diabos! Trata-se do maior adepto da Guerra Fria que possuo!" Era, pois, de se prever que ele encontrasse razões para seguir em frente no Vietnã.

Acompanhada por membros dos departamentos de Estado e Defesa, chefia conjunta e CI, a missão visitou o Vietnã do Sul durante uma semana, de 18 a 25 de outubro, retirando-se para as Filipinas, onde preparou seu relatório. Esse documento, juntamente com telegramas, "Para ler apenas", de Taylor ao presidente, com os anexos e suplementos produzidos por membros da missão, desafia resumos coerentes desde então. Aborda alguma coisa de todas as coisas, combina sim e não, pessimismo e otimismo; no conjunto, depois de inúmeras qualificações, afirma que um programa destinado a "salvar o Vietnã do Sul" somente funcionaria com a inclusão de forças armadas americanas, o que deixaria ambos os lados convictos da seriedade da América a respeito. Recomendava a imediata formação para combate de oito mil soldados, destinados a "deter o rumo declinante" do regime e "um maciço esforço conjunto visando lidar com a agressão do Vietcongue". De forma perfeitamente precisa previa as futuras consequências: o prestígio americano, já envolvido, ficaria ainda mais abalado; o objetivo final estava em eliminar a subversão no Sul, "não existe limite ao nosso possível envolvimento (a menos que se ataque o nascedouro em Hanói)". Aqui, tanto na declaração quanto no parêntese, o futuro problema militar encontrava-se formulado.

O relatório continha outras formulações igualmente básicas, embora menos bem-julgadas. Sem ter visto o território inimigo ou suas bases industriais, Taylor afirmava que o Vietnã do Norte era "extremamente vulnerável ao bombardeamento aéreo". Raramente um julgamento militar ficou devendo tanto à imaginação...

Ao referir-se ao papel agressivo de Hanói ao longo de uma "fronteira internacional", o relatório valia-se uma vez mais da retórica inventiva que marcou o caso do Vietnã durante todo o seu curso. A Declaração de Genebra especificava que a linha divisória seria "provisória", não devendo ser interpretada por "constituinte de fronteira política ou territorial". Eisenhower assim a reconhecera. De forma idêntica ao "vital" interesse nacional, essa "fronteira internacional" não passou de uma das inúmeras patranhas inventadas pelos estrategistas políticos, usadas para justificar a hipótese de intervenção ou para convencer a eles mesmos de que possuíam uma causa. Rostow já usara a locução em seu discurso de Fort Bragg. Rusk utilizou-a também, três meses após Taylor, numa fala pública em que avançou mais do que ninguém até então, fazendo referência à "agressão externa" ao longo de "fronteiras internacionais". Graças ao uso repetitivo, a transformação de linha divisória em fronteira internacional tornou-se norma.

Descrevendo o desempenho militar do Vietnã do Sul como "decepcionante" e produzindo as ladainhas costumeiras – "só os vietnamitas podem derrotar o Vietcongue", por exemplo –, Taylor manifestou a opinião de que "os americanos, amigos e associados, devem mostrar-lhes de que maneira o show pode ser montado". Essa era a ilusão fundamental, que comprometeu todo o esforço.

A opção favorável à intervenção militar foi, assim, lançada pelo conselheiro escolhido. Ninguém aconselhava em contrário, tal qual fizera Ridgway de forma inequívoca no passado. Membros do Departamento de Estado, integrando a missão, descreveram uma situação "deteriorando-se" com sucessos cada vez maiores do Vietcongue, e assinalavam que os esforços comunistas começavam pelos níveis mais baixos, nas aldeias. Era aí que "a batalha deve ser perdida e ganha"; o fato de que tropas estrangeiras, embora pudessem ajudar, não ganhariam essa batalha deveria ter evitado qualquer "pleno envolvimento dos Estados Unidos a fim de eliminar a ameaça do Vietcongue". Apesar disso, o autor do relatório, Sterling Cottrell, diretor da Força-tarefa Interdepartamental do Vietnã, plenamente aprovou a marcha para diante proposta por Taylor-Rostow. Em vez de dar murros na parede, os oficiais do segundo escalão geralmente preferem se associar à opinião dos superiores.

O secretário Rusk, a despeito de seu pleno desejo de deter o comunismo, achava imprudente envolver mais profundamente o prestígio americano em benefício do que ele denominava "o cavalo perdedor". Essa falha no cliente o aborrecia, pois em outra ocasião, depondo a portas fechadas ante o Comitê de Relações Exteriores do Senado, lamentou-se em voz alta sobre o fato de os Estados Unidos, de forma constante, aliarem-se a parceiros fracos dos velhos regimes e a necessidade de se determinar em quais circunstâncias "seria possível ou desejável investir num regime quando sabemos, em sã consciência, que tal regime não é viável". A política externa dos Estados Unidos jamais recebeu pergunta tão significativa – e esta, como seria de esperar, ficou sem resposta.

As reações departamentais ao relatório Taylor, a começar por McNamara, foram confusas. Treinamento e hábitos mentais tinham feito de McNamara um homem de crença implícita em que, uma vez obtidos os necessários recursos, materiais, de equipamento e de análise estatística correta dos fatores, o empreendimento – qualquer empreendimento – poderia ser realizado. Em resposta, ele e a chefia conjunta consideraram ponto propedêutico estatuir que a intervenção militar exigiria claros vínculos com determinado objetivo, nesse caso, evitando a entrega do Vietnã do Sul ao comunismo. Calcularam que as forças necessárias, levando em conta possíveis reações chinesas e soviéticas, exigiriam provavelmente o limite de seis divisões, ou 205 mil homens, reforçando-se a advertência a Hanói quanto ao fato do continuado apoio à insurgência do Vietcongue no Sul "gerar retaliações punitivas contra o Vietnã do Norte".

Kennedy desconfiava da opção militar e oralmente pode ter pedido modificações no parecer. Amavelmente, McNamara confiou-se a novas lucubrações e, juntamente com Rusk, emitiu um segundo memorando sugerindo que, em definitivo, poderiam ser proteladas as formações de combate para as tropas, desde que pudessem, a qualquer tempo, ingressar nesse estágio. Com advertências em sentidos opostos, os dois secretários, que não pensavam pelos mesmos parâmetros, enfatizaram que sem enérgico esforço por parte do Vietnã do Sul "os Estados Unidos não poderiam se desincumbir de sua missão em meio a uma população apática ou hostil". Por outro lado, a queda do Vietnã do Sul "minaria a credibilidade dos Estados Unidos em toda parte" e "estimularia as controvérsias domésticas". Oferecendo pedacinhos disto e daquilo e evitando a clareza do sim ou do não, o parecer caía como uma luva nas incertezas de Kennedy. Duvidando de uma "guerra pela supremacia de homens brancos" e advertido por Taylor da pressão inevitável em prol de reforços, ele não desejava ter sua administração sob o peso desse embaraço distante e nada promissor. Entretanto, a alternativa do desengajamento era sempre vista como pior – perda da fé no escudo americano lá fora e acusações de fraqueza e medo ante o comunismo, em casa.

O instinto de Kennedy pedia cautela, sujeita à ambivalência. A princípio, aceitou a protelação da força de combate, cuidadosamente evitando negativas explícitas, que poderiam abrir os umbrais da ira na direita. Informou Diem que o envio adicional de conselheiros e técnicos prendia-se à esperança de que pudessem "galvanizar e suplementar" o esforço vietnamita, elemento que "nenhum aumento de ajuda pode substituir". A opção de tropas de combate estava sendo mantida em suspenso. Nas referências habituais às reformas políticas e administrativas, o presidente pedia "concretas demonstrações" de progresso, aduzindo lembrete relativo ao fato de que tarefas consultivas eram mais ao feitio de "tropas estrangeiras brancas do que... missões envolvendo a busca de elementos do Vietcongue misturados à população vietnamita" – uma verdade, embora exposta de forma inábil, pois em tal se constituíam as tarefas que se esperava das Forças Especiais engajadas na antissubversão. Tratava-se de linguagem vaga, mas não suficientemente vaga. Kennedy, adiante, combatia suas palavras anteriores, assegurando Diem de que "estamos preparados para socorrer a República do Vietnã, proteger seu povo e preservar sua independência". Na verdade, prendia-se ao objetivo, abstendo-se de agir.

Diem reagiu de forma negativa e "pareceu pensar", de acordo com o embaixador americano, "que os Estados Unidos estavam prontos a virar as costas ao Vietnã, como, insinuou, nós fizemos no Laos". A credibilidade precisava ser mantida e a deterioração, evitada. Sem qualquer decisão bem-delineada ou plano de missão, as tropas começaram a seguir. As equipes de instrução dos Estados Unidos requeriam unidades de apoio para combate, o reconhecimento aéreo precisava da escolta de caças e de equipes de helicópteros e a antissubversão solicitou seiscentos Boinas Verdes a fim de preparar os vietnamitas em operações contra o Vietcongue. O mesmo ocorreu com respeito ao equipamento – barcos de assalto e de patrulha naval, aviões de transporte, caminhões, instalações de radar, abrigos metálicos pré-fabricados – os *quonset huts* – e aeroportos. Empregado em apoio ao ESV (Exército sul-vietnamita), todo o material exigia manipulação pelo pessoal americano, que por bem ou por mal se viu obrigado a entrar numa guerra de verdade. Quando unidades das Forças Especiais dirigiam grupos do ESV contra as guerrilhas e eram recebidas com fogo, a ele respondiam. Se alvejados, as armas dos helicópteros entravam em ação.

O aumento de atividades necessitou mais que um comando de treinamento. Em fevereiro de 1962 um comando de campo completo, o CAMV (Comando de Assistência Militar ao Vietnã),* sucedeu o

---

*No original: MACV (Military Assistance Command Vietnam). (*N. do T.*)

GAAM, sob o comando do general de três estrelas Paul D. Harkins, ex-chefe do Estado-maior de Maxwell Taylor, na Coreia. Caso se necessite de uma data para o começo da guerra americana no Vietnã, o estabelecimento do Mac-Vee, como ele ficou conhecido, serve bem.

Em meados de 1962 as forças americanas no Vietnã chegavam a 8 mil; no fim desse ano, 11 mil e, dez meses depois, 17 mil. Soldados dos Estados Unidos serviam lado a lado com unidades do ESV em todos os níveis, desde os batalhões às divisões e Estados-maiores. Planejavam operações e acompanhavam as tropas vietnamitas no campo, de cinco a oito semanas a cada vez. Transportavam tropas e suprimentos via aérea, construíam pistas de pouso nas selvas, faziam salvamentos e enviavam equipes médicas por helicóptero, preparavam pilotos vietnamitas, coordenavam o fogo de artilharia e apoio aéreo, introduziram os voos para desfolhamento ao norte de Saigon. Tiveram baixas, também: 14 mortos ou feridos em 1961, 109 em 1962, 489 em 1963.

Era uma guerra do Executivo, sem autorização do Congresso; em face de evasivas e desmentidos do presidente, essa guerra decorria praticamente sem conhecimento público, embora houvesse notícias dela. Acusado pelo Comitê Nacional Republicano de "ser menos que honesto com o povo americano" sobre o envolvimento no Vietnã e indagado se não era tempo, já, de "esquecer o disfarce" dos "conselheiros", Kennedy, evidentemente atingido, replicou numa entrevista coletiva à imprensa em fevereiro de 1962: "Não enviamos tropas de combate para lá – no sentido com que geralmente se interpretam as palavras. Aumentamos, sim, nossas missões de treinamento e o suporte logístico...", e isso significava "o máximo de franqueza que me é possível demonstrar", de acordo com o infalível abrigo das "necessidades da segurança". Mas não foi satisfatório. "Os Estados Unidos encontram-se, agora, envolvidos em guerra não declarada no Vietnã do Sul", escreveu James Reston nesse mesmo dia. "O fato é conhecido perfeitamente por russos, comunistas chineses e todos os demais interessados, exceto pelo povo americano."

A infusão americana serviu, durante certo tempo, para enrijecer o empenho vietnamita. As operações começaram a frutificar. O programa "aldeias estratégicas", o mais aclamado e favorecido dos projetos do ano, patrocinado por Nhu, irmão de Diem, e altamente prestigiado pelos americanos, teve êxito, realmente, em fazer o Vietcongue recuar de muitos lugares, mas não tornou o governo de Diem benquisto junto à população rural. Destinado a isolar os guerrilheiros do povo, privando-os de comida e recrutas, o programa retirava obrigatoriamente os aldeãos de suas próprias comunidades, colocando-os em "agrovilas" fortificadas, cada uma com trezentas famílias; eles permaneciam frequentemente apenas com a roupa do corpo, enquanto suas antigas aldeias eram queimadas a fim de privar o Vietcongue de abrigo. Além de ignorar os laços que prendiam os camponeses às terras ancestrais e sua relutância em abandoná-las fosse qual fosse o motivo, o programa impunha trabalho forçado na construção das "agrovilas". Os elaborados esforços investidos e as esperanças depositadas nessas "aldeias estratégicas" custaram tanto em alienação quanto ganharam em segurança.

Com o EVS sob tutela americana, o aumento das missões, a taxa de deserções aumentando no Vietcongue e muitas de suas bases abandonadas, recuperou-se a confiança. O ano de 1962 foi o ano de Saigon – e ninguém suspeitou que seria o último. O otimismo americano fermentava. Porta-vozes do Exército e da Embaixada divulgavam pronunciamentos positivos. A guerra era vista como tendo "atravessado o ponto crítico". Os vietcongues abatidos contra o EVS eram estimados à base de cinco por três. O general Harkins revelava-se muito eufórico. O secretário McNamara, numa viagem de inspeção em julho, declarou, de maneira característica: "Todas as medidas quantitativas que nos são mostradas dizem que venceremos esta guerra." Numa conferência militar junto ao CINCPAC (Comando em chefe do Pacífico), no quartel-general de Honolulu, em sua volta para casa, começou a planejar o gradual desengajamento militar dos Estados Unidos, por volta de 1965.

No terreno de operações, oficiais, soldados e repórteres da imprensa mostravam-se bem mais céticos. O mais irrefutável desses céticos era J. K. Galbraith que, em sua viagem para a Índia, como embaixador, ao tempo do relatório Taylor, em novembro de 1961, recebeu um pedido de Kennedy para que se detivesse em Saigon para outra avaliação pessoal. Galbraith teve a impressão que o desejo de Kennedy era o de receber um relatório negativo, e assim fez, implacavelmente. A situação parecia perfeito "ninho de víboras". Os batalhões de Diem estavam repletos de gente não motivada "que se fazia passar por doente". Os chefes provinciais do Exército misturavam comando militar, governança local e suborno político; "inteligência" sobre as operações dos subversivos era "inexistente". A realidade política revelava "inércia total", começando pela necessidade predominante em Diem, que era a de se proteger de um golpe em vez de proteger o país do Vietcongue. A impopularidade de seu governo afetava a eficácia da ajuda americana. Quando Diem dá uma volta de automóvel por Saigon, sua movimentação, reminiscente dos imperadores japoneses, "exige minucioso exame local de toda a rota, e também que todas as janelas estejam cerradas, a população recebe ordens de ficar dentro de casa, lavam-se as ruas e uma enorme tropa de motociclistas o protege em sua passagem". Os esforços de negociação em troca de reformas jamais darão resultado porque "Diem nada reformará, seja administrativamente, seja politicamente. E isso porque não pode. Não passa de ingenuidade política esperar que o faça. Ele acha que não pode prescindir da força porque senão será derrubado".

Galbraith aconselhou resistência a todas as pressões no sentido de introduzir tropas americanas, pois "nossos soldados não saberão lidar com essa fraqueza fundamental". Ele ainda não concebia uma solução para "a enrascada em que nos metemos", exceto discutir o argumento de que não existe alternativa para Diem. Acreditava que uma mudança e novo começo seriam essenciais, e embora ninguém pudesse assegurar uma transição segura, "estamos, atualmente, casados com o malogro".

Novamente, em março de 1962, escreveu para instar os Estados Unidos que mantivessem uma porta aberta para qualquer espécie de acerto com Hanói, "agarrando a oportunidade pelos cabelos", se surgisse. Era seu pensamento que Jawaharlal Nehru poderia ajudar e os russos poderiam ser contatados por Harriman a fim de verificar se Hanói retiraria os vietcongues em troca da retirada dos americanos e um encontro que cuidasse da unificação. Voltando aos Estados Unidos em abril, ele propôs a Kennedy um convênio negociado internacionalmente para um governo não alinhado, do tipo Laos. Se continuassem a apoiar um governo incapacitado, predisse que "nós substituiremos os franceses como poder colonial na área e sangraremos, tal como eles sangraram". Nesse meio-tempo, todas as providências contrárias ao envolvimento de soldados americanos deveriam ser adotadas, sendo de bom alvitre que o país abolisse ações impopulares do tipo "desfolhamento" e "aldeias estratégicas".

A proposta por escrito de Galbraith foi esmagada pela chefia conjunta, que viu no projeto um esforço para afastar os americanos daquilo que "agora já era bem conhecido compromisso contra o comunismo no Sudeste Asiático". Defenderam a preservação da política americana, "perseguida vigorosamente até um desfecho feliz". Era essa a opinião geral; Kennedy não a contrariou. As sugestões de Galbraith morreram.

O desfecho feliz já estava se inviabilizando. O descontentamento em torno de Diem elevava-se como névoa no pântano. Os camponeses estavam sendo prejudicados pelas convocações *full-time* de Saigon, em substituição aos tradicionais seis meses de serviço anual, que permitiam aos homens retornarem aos lares para os labores do campo. Em fevereiro de 1962 dois oficiais dissidentes da força aérea bombardearam e metralharam o palácio presidencial numa vã tentativa de assassinar Diem. Jornalistas americanos investigavam as falhas e encontravam meias-verdades e falsidades no otimismo compulsivo dos resumos oficiais. Em sua crescente frustração, produziam reportagens desdenhosas. Um deles escreveu, posteriormente: "Muito daquilo que o pessoal da imprensa considerava mentiras descabidas se constituía em genuína crença da missão, integrando seus relatórios a Washington", na base, evidentemente, do que lhes era relatado pelos oficiais de Diem. Desde que os agentes da "inteligência" americana infestavam o país, alegar boa-fé quando aceitavam os informes desses oficiais dificilmente seria desculpável; todavia, tendo comprometido a política americana com a de Diem, como anteriormente acontecera em relação a Chiang Kai-Shek, eles sentiam a mesma relutância em admitir a realidade.

O resultado foi uma guerra da imprensa: quanto mais enfurecidos ficavam os jornalistas, mais "histórias indesejáveis" escreviam. O governo enviou Robert Manning, secretário-adjunto de Estado para Assuntos Públicos, ele próprio um antigo jornalista, para, em Saigon, tentar o controle dessa tempestade, esperando, de acordo com o memorando entregue a Manning, "ver o envolvimento da América no Vietnã minimizado, até mesmo descrito como bem menor do que é, na realidade".

Embora o público prestasse pouca atenção, uns poucos perceberam que algo ia errado nesse remoto empreendimento. Divergências começaram a brotar aqui e ali, miúdas, difusas, de pequeno significado. O público, como um todo, sabia vagamente que o comunismo estava sendo combatido em algum lugar na Ásia e, de maneira geral, aprovava o esforço. O Vietnã era um lugar remoto, quase invisível, não mais que uma palavra nos jornais.

Um crítico individual, o mais forte em conhecimento e posição, era o senador Mike Mansfield, agora líder da maioria e o senador mais intensamente preocupado com a Ásia. Sentia que os Estados Unidos, seguindo as trilhas da velha tradição missionária, deixaram-se tomar de zelo na melhoria dos padrões asiáticos, reanimados pela cruzada anticomunista, e que o esforço acabaria desastroso tanto para a América quanto para a Ásia. Voltando, em dezembro de 1962, de uma viagem de inspeção, a pedido presidencial, sua primeira visita desde 1955, disse no Senado que "sete anos e 2 bilhões de dólares de ajuda americana... e o Vietnã do Sul parece menos estável do que no começo...". Vibrou um golpe nos otimistas e outro no sistema de "aldeias estratégicas", porque "as práticas do governo central não são tranquilizadoras".

A Kennedy, pessoalmente, falou mais amplamente, acrescentando que a infusão de tropas americanas acabaria preponderando sobre uma guerra civil que não era assunto do país. Adotar essa posição "irá ferir o prestígio americano na Ásia, sem ajudar o Vietnã do Sul a caminhar com seus próprios pés, de qualquer maneira". Cada vez mais perturbado e rubro, enquanto Mansfield falava, Kennedy, a certa altura, interrompeu-o: "Você espera que eu aceite tudo isso sem mais nem menos?" Como todos os governantes, desejava ser aprovado em sua política e estava enfurecido com Mansfield, segundo confessou a um assessor, tempos depois, por discordar tão completamente, "e furioso comigo mesmo porque no fundo concordava com ele".

Nada mudou. O presidente enviou outros investigadores, Roger Hilsman, chefe da "inteligência" do Departamento de Estado, e Michael Forrestal, do Estado-maior de Bundy, uma equipe mais próxima às conclusões de Mansfield do que às de Taylor-Rostow. Eles informaram que a guerra duraria mais tempo, custaria mais dinheiro e vidas do que fora previsto e que "o outro lado da moeda é espantoso", mas como funcionários públicos sem a base de independência de Mansfield, não criticaram a política em curso.

Enterrados no relatório imensamente detalhado de Hilsman havia muitos aspectos negativos específicos, mas nenhuma providência se fez sentir para ajustar a política às informações que os investigadores trouxeram. O ajustamento é doloroso. Para o governante é mais fácil, uma vez dentro de sua caixa política, permanecer ali. Para o funcionário de menor escalão é melhor, em vista de sua posição, não produzir ondas nem pôr em evidência fatos difíceis de serem aceitos pelos chefes. Os psicólogos classificam o processo de desconsiderar informações discordantes como "dissonância cognitiva", eufemismo acadêmico para "não me perturbe com fatos". A dissonância cognitiva é essa tendência de "suprimir, atenuar, liquefazer ou esvaziar assuntos capazes de produzir conflitos ou 'dores psicológicas' no interior de uma organização". Faz com que as alternativas "não sejam consideradas, pois até mesmo pensar nelas conduz a conflitos". No relacionamento entre subordinados e superiores, no governo, seu objetivo é desenvolver políticas que a ninguém perturbem. Bloqueia no governante pensamentos ansiosos, valendo por "alteração inconsciente na estimativa das probabilidades".

Kennedy não padecia de visão bitolada; estava cônscio dos aspectos negativos, que o aborreciam, mas não fez ajustamentos, e seus principais conselheiros não sugeriram que os fizesse. Ninguém, no Executivo, advogou a retirada, em parte por medo de encorajar o comunismo, prejudicando o prestígio americano, em parte por temor de represálias domésticas. E, ainda, por outra razão, a mais duradoura na história da insensatez: vantagem pessoal – no caso, um segundo mandato. Kennedy era sagaz o suficiente para ler os sinais de fracasso, para perceber que o Vietnã era um desastre em andamento. Ele se sentia enfadado com isso, enfurecido por encontrar-se em tal armadilha, ansioso que seu segundo termo não viesse a se estragar por causa disso. Gostaria de vencer ou de encontrar razoável fac-símile de vitória, acabar com os prejuízos do assunto e cair fora.

Essa tendência de seu pensamento emergiu num desjejum congressional na Casa Branca, em março de 1963, quando Mansfield renovou seus argumentos. Interrompendo-o, o presidente disse, talvez por saber que era isto o que o influente senador desejava escutar, estar começando a concordar com a total retirada do Vietnã. "Mas não posso fazer isso até 1965 – só depois de reeleito." Fazê-lo antes causaria terríveis "brados dos conservadores" contra ele. Para seu assessor Kenneth O'Donell, Kennedy repetiu: "Se eu tentasse dar o fora completamente, agora, poderíamos acabar com outro Joe McCarthy nas mãos"; somente depois de reeleito, e ele aduziu bruscamente: "Assim, é bom garantir bem essa minha reeleição." Junto a outros amigos, manifestou dúvidas, arguindo que não poderia entregar o Vietnã aos comunistas e pedir votos aos eleitores americanos.

Sua posição era realista, mas nada tinha de corajosa. A reeleição demoraria, ainda, mais de um ano e meio. Continuar durante esse tempo a investir recursos americanos e vidas, inevitavelmente, numa causa em que não acreditava, em vez de arriscar seu segundo termo, foi decisão em interesse próprio, não no interesse do país. Um governante de verdadeiro valor agiria de outra maneira.

NESSE MEIO-TEMPO, A suprema confrontação representada pela crise dos mísseis cubanos fora magistralmente conduzida; revés para Khruschev, boas consequências para os Estados Unidos – o que revigorou a confiança e o prestígio da administração. Pode-se concluir que a contramarcha dos soviéticos oferecia a mesma lição já ocorrida em Berlim – colocar os mísseis em Cuba era apenas um jogo perigoso, e não interesse vital da URSS, ao passo que evitar rampas de lançamento tão próximas às praias americanas *era* interesse vital dos Estados Unidos. À luz dessa "lei dos interesses vitais", seria previsível que os Estados Unidos, ao fim, fracassariam no Vietnã e o Norte acabaria prevalecendo.

Com o golpe aplicado ao comunismo em Cuba e a elevação do prestígio americano, esse seria o momento para um desengajamento do Vietnã com todas as possibilidades de ser evitada vociferação doméstica. Mas era, também, o tempo do otimismo oficial, sem correntes favorecendo qualquer retirada. Kennedy, por essa época, instruiu Michael Forrestal para que urdisse um plano de retirada, para depois da eleição, dizendo que levaria um ano preparando a concordância do Congresso e de aliados na Europa e na Ásia. Isso nada produziu; quando, em particular, lhe perguntavam como conseguiria retirar-se sem danos ao prestígio americano, replicava: "Fácil. Ponho um governo lá que nos peça para sair." Publicamente dizia, porém, que se retirar "significaria colapso não apenas do Vietnã do Sul, mas também de todo o Sudeste Asiático. Por isso, permaneceremos". Pensava de ambas as maneiras, e jamais conseguiu resolver essa dualidade.

Fator constante no processo político era o medo do que poderia a China fazer. A rachadura sino-soviética tornava-se agora evidente, e enquanto os russos pareciam se encolher num período de *détente*, os chineses, por detrás da cortina das relações rompidas, avultavam mais ameaçadores que nunca. A impressão da Coreia não se desvanecera; o show belicoso em torno de Quemoy-Matsu, a anexação do Tibete, a guerra fronteiriça com a Índia, tomados em conjunto, formavam um quadro de infinita malícia. Perguntado, numa entrevista de televisão, se tinha qualquer motivo para duvidar da "teoria do dominó", Kennedy respondeu: "Não, acredito nisso... Acredito, sim. A China avulta tão ameaçadora pouco além da fronteira que se o Vietnã do Sul cair isso não apenas lhe dará uma posição privilegiada para uma guerra de guerrilhas na Malásia, mas trará consigo, também, a impressão de que a onda do futuro no Sudeste Asiático é a China e o comunismo."

Na verdade, se os americanos pudessem ter medido o valor de aceitarem um Vietnã do Norte fortemente nacionalista, fosse ele comunista ou não, uma nação vigorosa, independente e intensamente antichinesa, se constituiria em barreira bem melhor contra a temida expansão da China do que um país dividido, em guerra, oferecendo todas as oportunidades de interferência através da fronteira. Isso jamais ocorreu àqueles homens, que se consideravam os melhores e mais brilhantes. A China, todavia, estava então lutando no pântano econômico a que fora arrastada pelo Grande Salto no Futuro e, de forma alguma, cogitava aventuras externas. "Conheça seu inimigo" é o preceito mais importante em todo o relacionamento adverso, mas um dos hábitos peculiares aos americanos, quando lidavam com a ameaça vermelha, estava em romper relações e agir partindo de total ignorância.

O estabelecimento militar, cumprindo ordens de McNamara em Honolulu, encontrava-se atarefado na preparação de um plano abrangente, que absorvia toneladas de memorandos e meses de trabalho burocrático, para a retirada de um número não muito imponente de mil homens, até fins de 1963, e destinado, também, à construção e financiamento do EVS, até o nível de treinamento e tamanho que o capacitasse a tomar conta da guerra. Enquanto CAMV, CINCPAC e Departamento de Defesa se atolavam até os joelhos em números, siglas e trocas de documentos, progrediu o azedume no Vietnã do Sul, surgindo a crise que terminou com a queda e morte de Diem, arrastando como pano de fundo a responsabilidade moral dos Estados Unidos.

O mandato de Diem para governar, jamais perfeitamente aceito pela mistura de seitas, religiões e classes, foi finalmente despedaçado pela revolta budista do verão de 1963. Um longo ressentimento relativo ao tratamento de privilégio dado aos católicos pelos franceses, e depois seguido por Diem, detonou a causa budista e lhe deu o apoio nativo. Em maio, quando Saigon proibiu as celebrações do nascimento de Buda, seguiram-se levantes e as tropas do governo atiraram contra os agitadores, matando diversos. Levantes renovados e a lei marcial ganharam terrível notoriedade com o ato desesperado de autoimolação realizado por um monge budista que ateou fogo em si mesmo numa praça pública de Saigon. O protesto se ampliou unindo todos os oponentes do regime: anticatólicos, antiocidentais, dissidentes das classes baixas e da classe média. A repressão e a violência aumentaram, dirigidas pelo irmão de Diem, Nhu, culminando com uma razia no principal pagode budista e a prisão de centenas de monges. O ministro do Exterior e o embaixador junto aos Estados Unidos renunciaram; o governo de Diem começou a se fragmentar.

Os serviços de inteligência americanos, que não pareciam ter experiência em perceber os sentimentos populares, não tinham previsto a revolta. Duas semanas antes da insurgência o secretário Rusk, alimentado pela barragem de otimismo do CAMV, manifestou-se a respeito do "movimento equilibrado" no Vietnã do Sul "em direção a um sistema constitucional apoiado no consentimento popular", e as evidências de fortalecimento do moral, indicativo de que o povo marchava "em sua caminhada para o sucesso".

Também no Exército Diem possuía inimigos. Um golpe de generais encontrava-se próximo ao ponto de fervura. O esforço de guerra minguara, enquanto o governo punha-se a lutar contra conspirações. Nhu e a sinistra madame Nhu começaram a aparecer nos relatórios como estando em comunicação com o inimigo em busca de objetivo suspeito: um acordo "neutralista" através de intermediários franceses, para o aumento de suas próprias fortunas. Todo o investimento americano parecia em perigo. Era esse o protegido escolhido para construtor da nação, o candidato confiável, capaz de barrar o caminho ao Norte implacavelmente motivado?

Discussões em Washington sobre o que fazer tornaram-se acaloradas, mais ainda por não saber o governo, de fato, que curso tomar. Havia alternativa a Diem? Caso permanecesse, a subversão não seria jamais derrotada em seu governo? As discussões concentravam-se nos prós e contras de Diem, ou como livrar-se dos Nhu – mas ninguém se lembrava de reconsiderar qual o papel da América em meio a essa *galère*. Menos devido a sua opressão ao budismo, e mais às aberturas de neutralidade, decidiram que os Nhu tinham que ser eliminados. A esperança estava em forçar Diem nesse ponto através de judiciosos cortes na ajuda, mas Diem, confiante no envolvimento americano contra o comunismo, era imune a essas ameaças. Acabavam deixando nervosos e ansiosos os elementos do Departamento de Estado, receosos de que Diem pudesse imaginar hostilidade contra ele e os Nhu, "adotando alguma atitude fantástica, tal como pedir ajuda ao Vietnã do Norte para expulsar os americanos". Tais noções, bem interessantes, sugerem certa fragilidade por parte de Washington quanto ao verdadeiro sentido de seu papel no Vietnã.

Gradualmente, os estrategistas políticos chegaram à conclusão de que o Vietnã do Sul, como barreira ao comunismo, não era uma proposta inviável; Diem, entretanto, era; deveriam ir, portanto, com um pouco de esforço nesse sentido. Para resumir: deveriam apoiar o golpe militar em fase conspiratória. Tratava-se de uma conclusão da direita – ou, senão da direita, do pragmatismo imperativo –, a fim de proteger aplicações numa companhia-cliente sob ameaça de falência por mau gerenciamento.

Um clássico agente secreto da CIA, o coronel Lou Conein, iniciou contatos com os generais da conspiração, e o novo embaixador, Henry Cabot Lodge, vigorosamente assumiu o projeto, completamente convencido da necessidade de acabar com a associação entre a América e "esse regime repressivo, exibindo baionetas em cada esquina". Washington instruiu-o no sentido de que se Diem não se livrasse dos Nhu, "estaremos preparados para aceitar a implicação óbvia de não mais podermos apoiar Diem", dando-lhe poderes de conversar "com os comandos militares apropriados, dizendo-lhes que lhes daremos apoio direto em qualquer período de transição relacionado com o estouro dos mecanismos centrais do atual governo". A Casa Branca comunicou a Lodge que "nenhuma iniciativa" seria adotada no sentido de "ativo encorajamento secreto a um golpe", mas, em contrapartida, "urgentes esforços sigilosos" deveriam ser postos a serviço de "contatos com possíveis lideranças alternativas" – tudo, como é lógico, "em termos totalmente seguros, que pudessem ser plenamente desmentidos, se necessário".

Na condição de recente candidato republicano à vice-presidência, Lodge fora designado para a Embaixada não apenas em face da habilidade política e fluência de seu francês, mas como forma de envolver o partido na confusão do Vietnã. Não se tratando de marinheiro de primeira viagem, cuidou de comprometer o governo Kennedy, de forma que mais tarde não o pudesse repudiar. "Estamos lançados", telegrafou, "num curso do qual ninguém recua honrosamente: a derrubada do governo Diem." Informou o Departamento de Estado que o coronel Conein fizera o contato desejado com o líder do golpe, o general "Big" Minh, que traçara três possíveis planos de ação, dos quais o primeiro era o "assassinato" dos Nhu, conservando Diem no cargo; "esse plano era o mais fácil de ser realizado".

Nas conferências que se seguiram em Washington, um problema mais sério que o destino de Diem e dos Nhu de repente emergiu, quando Robert Kennedy disse ser fundamental "saber se a tomada pelos comunistas poderia ser contida por qualquer governo. Se não pudesse, esse era o momento de cair fora do Vietnã completamente, em vez de esperar mais tempo". Na hipótese de que se pudesse resistir sob outro governo, muito bem, fossem avante os planos para a mudança, mas ele sentia que a pergunta fundamental "não fora respondida".

Alguns tentaram a resposta. Oficiais que haviam acompanhado o EVS em combate e aprenderam então, amargamente, que o treinamento e as armas dos americanos não supriam a vontade de lutar, fizeram o melhor para contornar a supressão de relatórios negativos por parte do general Harkins e deram suas impressões sobre essas performances lamentáveis em entrevistas no Pentágono. Uma em particular, a batalha de Ap Bac, em janeiro de 1963, envolvendo um batalhão de dois mil soldados do EVS, com artilharia e blindados, que se esperava que mostrasse triunfalmente o novo poder de fogo e agressividade. Colhidos sob o repentino ataque de cerca de duzentos vietcongues, os soldados correram em busca de abrigo atrás de alguns helicópteros pousados, recusaram-se a levantar e atirar, não obedeceram às ordens de contra-ataque. O comandante provincial, por sua vez, não permitiu que suas tropas entrassem em combate. Na carnificina que se seguiu, três conselheiros americanos foram mortos. A Ap Bac revelou as falhas do EVS, a inutilidade do programa americano e a futilidade do otimismo no quartel-general, embora ninguém pudesse dizer tais coisas. O coronel John Vann, a maior patente em Ap Bac, voltou ao Pentágono no verão de 1963, tentando informar o Estado-maior a respeito. Como, entretanto, Maxwell Taylor era protetor do general Harkins e apoiava seus pontos de vista, a mensagem de Vann não teve curso. Um porta-voz do Departamento de Defesa anunciou que "os ventos sopram vitória, definitivamente" e o CINCPAC previa a "inevitável" derrota do Vietcongue.

Os encarregados da ajuda externa, igualmente, manifestavam desencorajamento. Rufus Phillips, diretor de programas rurais, relatou que as "aldeias estratégicas" eram um programa em ruínas e afirmou que a guerra não era militar, em princípio, mas um conflito de natureza política para a vassalagem do povo, e que o regime Diem a estava perdendo. John Macklin, diretor do Serviço de Informações dos Estados Unidos, que se licenciara em 1962 como correspondente do *Time* a fim de ajudar os vietnamitas contra os vietcongues, renunciou ao cabo de 21 meses, "em desespero". O chefe do Grupo de Trabalho Interdepartamental no Vietnã, Paul Kattenburg, do Departamento de Estado, deixou atônitos os participantes de uma conferência com Rusk, McNamara, Taylor, Bundy, o vice-presidente Johnson e outros, ao recomendar que, devido à certeza de que Diem não iria se separar de seu irmão, tendo cada vez menos apoio popular, "descendo a colina" a passos largos, o melhor seria os Estados Unidos decidirem retirar-se naquele momento. Nenhum dos presentes concordou, e a sugestão foi firmemente repelida por Rusk ao dizer que a política seria continuada na certeza "de que não nos retiraremos até ganharmos a guerra". Posteriormente, Kattenburg deixou o Grupo de Trabalho e transferiu-se para outro posto, profetizando que a guerra poderia consumir quinhentos mil americanos, projetando-se num conflito de cinco a dez anos.

Uma voz oracular se fez ouvir a essa altura. Charles de Gaulle propôs a solução neutralista. Em uma de suas declarações ambíguas, durante reunião do Gabinete francês – com a autorização incomum de publicação *verbatim*, obviamente destinada a ouvidos ultramarinos –, De Gaulle expressou a esperança de que o povo vietnamita fizesse um "esforço nacional" obtendo unidade para "a independência de influências externas". Aludindo à preocupação francesa com o Vietnã, disse que todos os passos tomados nesse sentido encontrariam a França pronta a colaborar. Essa sua *démarche* foi entendida pelos diplomatas, depois de decantarem a linguagem, como significando a solução "neutralista", do tipo Laos, independente tanto da China comunista quando dos Estados Unidos. "Fontes autorizadas" indicavam que os norte-vietnamitas mostravam-se receptivos, e que funcionários franceses estavam sendo usados como porta-vozes oficiosos de Hanói em outras capitais.

Esse poderia ter sido o "agarrar-se à oportunidade" de um acordo negociado, aconselhado por Galbraith. De Gaulle estava oferecendo uma saída, caso Washington tivesse sabedoria o suficiente para aceitá-la.

"Sensível irritação", entretanto, foi observada no governo americano, um tipo de reação frequente em se tratando das pomposidades características a De Gaulle. Contudo, em face da desintegração política e inadequação militar, da falta de qualquer progresso real no Vietnã do Sul, o governo americano poderia ter usado a oportunidade do iminente colapso de Diem e dos implícitos bons ofícios conseguidos por De Gaulle para declarar tudo ter feito em matéria de apoio e que nada mais poderia fazer; o resto caberia ao povo vietnamita realizar. Isso significaria, mais cedo ou mais tarde, a tomada pelos comunistas. Sem uma visão do futuro, e devido à confiança de 1963 no poderio americano, tal solução era, ainda, inaceitável.

As gestões prosseguiram no curso escolhido – em direção ao golpe de Estado. O fato de que violavam um princípio básico das relações internacionais não preocupou os realistas da escola Kennedy. Que isso tornaria ridículo o reiterado slogan americano quanto a ser o conflito do Vietnã uma "guerra deles", não parece ter sido levado em consideração. A "guerra deles" era refrão constante; Dulles o dissera, Eisenhower o dissera, Rusk o dissera, Maxwell Taylor o dissera, todos os embaixadores o disseram, Kennedy o dissera, inúmeras vezes: "Em última análise, a guerra é deles. São eles que a devem vencer ou perder." Se a guerra era "deles", "deles" eram igualmente o governo e a política. Para defensores da democracia, associar-se a conspiradores num golpe de Estado (pouco importam as razões invocadas) não é ato que possa ser saudado nos livros de história como pertencente ao *American way*. Era, sim, um passo rumo à insensatez da autotraição.

Atormentado por seu papel e pelo fétido lamaçal em que estava se metendo, Kennedy, como recurso derradeiro, enviou nova missão para apurar fatos, agora o recurso em moda, substituto da política. Um tour rápido, mas intenso, de quatro dias, foi realizado pelo general Victor Krulak, conselheiro especial de Maxwell Taylor, agora chefe do Estado-maior e *chairman* da chefia conjunta, e Joseph Mendenhall, do Departamento de Estado, velho conhecedor do Vietnã muito bem-relacionado no meio civil vietnamita. Seus relatórios para a Casa Branca, na volta – um otimista e prometedor, oriundo de fontes militares, o outro, cáustico e sombrio –, eram tão contrastantes a ponto de inspirarem a atônita indagação do presidente: "Mas, afinal, digam-me uma coisa: vocês dois visitaram o mesmo país?" Em seus calcanhares seguiu outra missão, essa do mais alto nível, formada pelo próprio general Taylor e pelo secretário McNamara, com o propósito de verificarem até que ponto o caos político afetara o esforço militar. Seus relatórios de 2 de outubro, conquanto positivos nos aspectos militares, estavam repletos de pessimismo político. Todas as contradições acabaram abafadas pelo pronunciamento público de McNamara, aprovado pelo presidente, de que mil homens poderiam ser retirados até o final do ano, sendo que "a maior parte da tarefa militar dos Estados Unidos poderá se completar até fins de 1965". A confusão e as contradições advindas da busca de fatos no local nada fizeram em termos de esclarecimento político.

Em 1° de novembro o golpe dos generais ocorreu com êxito. Ele incluiu, para estarrecido desconforto dos americanos, os inesperados assassinatos de Diem e Nhu. Menos de um mês depois, o presidente Kennedy, por sua vez, repousava num túmulo.

V. GUERRA DO EXECUTIVO: 1964-68

Desde o instante em que assumiu a presidência, de acordo com pessoa que o conheceu bem, Lyndon Johnson pôs na cabeça que não haveria de "perder o Vietnã do Sul". Vistas suas propostas de seguir adiante, já em 1961, essa atitude era previsível. Embora oriunda dos credos da Guerra Fria, tinha mais a ver com as exigências de sua própria autoimagem – como logo ficou flagrante. Quarenta e oito horas após a morte de Kennedy, o embaixador Lodge, que voltara para informar sobre os acontecimentos posteriores a Diem, encontrou-se com Johnson, colocando-o a par da situação desencorajadora. Os prospectos políticos sob o sucessor de Diem, relatou ele, não apresentavam promessa de melhoria, mas, ao contrário, havia maior competição e rivalidade; militarmente, o Exército encontrava-se abalado, em vias de esfacelamento. A menos que os Estados Unidos adotassem papel bem mais ativo, o Sul estaria perdido. Decisões difíceis, disse Lodge ao presidente categoricamente, tinham que ser tomadas. A reação de Johnson foi imediata e pessoal: "Não serei o primeiro presidente dos Estados Unidos a perder uma guerra", ou conforme alternativamente informam outros: "Não irei perder o Vietnã. Não serei o presidente que verá o Sudeste Asiático ir-se, como a China se foi".

Na tensão frenética de sua repentina ascensão, Johnson sentiu que devia se mostrar "forte" no comando, especialmente a fim de obscurecer a aura dos Kennedy, tanto o morto como os vivos. Não sentiu impulso comparável quanto a agir com sabedoria, examinar opções antes de falar. Faltava-lhe a ambivalência de Kennedy, nascida de certo senso histórico, nem ao menos possuía alguma capacidade de pensamento reflexivo. Vigoroso e dominador, um homem enfatuado consigo mesmo, Johnson foi afetado na política do Vietnã por três elementos de seu caráter: um ego insaciável e nunca seguro; infinita disposição de usar os poderes do cargo sem inibições; profunda aversão, uma vez fixado seu curso, a quaisquer contraindicações.

No Vietnã do Sul, após o assassinato de Diem, voejavam especulações em torno da solução neutralista, e é possível que Saigon tivesse chegado a termos com os insurgentes, não fosse a presença americana. Foi escutada uma transmissão radiofônica dos vietcongues, sugerindo negociações para o cessar-fogo. Uma segunda sugestão radiofônica de acomodação com o novo presidente em Saigon, o general Duong Van Mihn, líder do golpe contra Diem, foi escutada e relatada a Washington pelo Serviço de Inteligência de Radiofonia Estrangeira. Não se tratava de propostas formais e, provavelmente, destinavam-se apenas a revelar o caos político em Saigon. Saigon estaria escutando, caso Washington não estivesse. O presidente de quase 2 metros de altura, o general "Big" Mihn, ex-camponês budista, embora bem-intencionado e popular, não conseguia controlar o vespeiro de rivais, e era tido como um contato com o Vietcongue. Depois de três meses no cargo, ele se tornou vítima de um golpe. Os mesmos rumores fizeram-se escutar a respeito de seus sucessores, que se revezaram mediante golpes e demissões nos meses seguintes. A oposição americana a tais aproximações foi ativamente exercida pelo embaixador e seus agentes.

Durante esse tempo, U Thant, o birmanês que era secretário-geral da ONU, testava a aceitação de um governo de coalizão neutralista. Embora coalizão entre inimigos fundamentais não passe de quimera, pode ser usada para ajuste temporário. Mas não interessava a Washington. Nem, tampouco, à quase desesperada proposta do senador Mansfield, em janeiro, destinada a abrir caminho para a retirada americana mediante divisão do Vietnã do Sul entre Saigon e o Vietcongue. Ainda que Johnson estivesse cobrando "soluções" de seus conselheiros, tais compromissos com o comunismo não eram o que tinha em mente.

As decisões violentas já se encontravam em gestação. Ao retornar de uma missão em busca de fatos, em dezembro, McNamara relatou que, a menos que fossem as perspectivas atuais revertidas dentro "dos próximos dois ou três meses", elas levariam "à neutralização na melhor das hipóteses, ou mais provavelmente, a um país controlado pelos comunistas". Preservar o Estado não comunista era um jogo tão alto, disse ele ao presidente, "que em minha opinião devemos envidar todos os esforços para vencer".

A enormidade do que estava em jogo era, agora, a nova auto-hipnose. Deixar o Vietnã do Norte com a vitória daria incalculável encorajamento ao comunismo em todas as partes, liquidaria a confiança nos Estados Unidos no mundo inteiro e permitiria à direita despedaçá-los politicamente. O *New York Times* afirmava essas coisas em editorial de temeroso agouro: as nações do Sudeste Asiático – Laos, Camboja, Birmânia, Tailândia, Malásia e Indonésia – estariam em perigo se o Vietnã do Sul caísse; a "posição global dos Aliados no Pacífico ocidental estaria sob severa ameaça"; a Índia seria "cercada", a marcha da China vermelha em busca da hegemonia "ganharia alento", dúvidas sobre a capacidade dos Estados Unidos em proteger outras nações contra o comunismo se espalhariam rapidamente pelo mundo; o impacto nos movimentos revolucionários tornar-se-ia profundo, o neutralismo ganharia impulso, juntamente com o sentimento de que o comunismo representava a onda do futuro. Posteriormente, exceto no que tange ao Laos e Camboja, nenhum desses terrores se concretizou.

Por volta de 1964, dez anos tinham decorrido desde que os Estados Unidos se comprometeram a salvar o Vietnã do Sul, depois de Genebra. As circunstâncias mudaram. A União Soviética fora enfrentada em Berlim e na crise dos mísseis cubanos; a influência dos soviéticos sobre os Partidos Comunistas europeus era bem menor; a Otan estava firmemente estabelecida. Por que, então, o jogo parecia ser tão alto no remoto e insignificante Vietnã? O comunismo fizera seus avanços europeus sem engendrar a histeria que infeccionava os Estados Unidos na Ásia. Se o avanço comunista era para ser temido em toda parte, por que os americanos desferiram um golpe ridículo em Cuba ao tempo em que endureciam no Vietnã? Talvez, perversamente, *por se tratar* da Ásia, onde os americanos tinham como certa a imposição de sua vontade e o poderio de seus recursos, sobre o que um senador dos Estados Unidos, Thomas Dodd, de Connecticut, descreveu, com grande "sabedoria", como sendo "um bando de alguns milhares de guerrilheiros primitivos". Acabarem frustrados na Ásia lhes parecia inaceitável. Esse jogo se transformara no exercício do poder americano, e sua manifestação passou a ser denominada "credibilidade". A despeito do velho conselho sobre a inviabilidade da guerra terrestre na Ásia, não obstante as malogradas experiências na China e na Coreia, apesar do acontecido com os franceses no mesmo local em que os americanos agora se encontravam, essa concepção de jogo alto a tudo mais absorveu.

Reminiscentes das velhas visões britânicas da ruína que viria se perdessem a América, as profecias de catástrofes exageradas quanto à perda do Vietnã elevaram as paradas do jogo. Johnson deu voz a essa reação mórbida desde o começo, ao recuar as barricadas até São Francisco. Rusk profetizou, já em 1963, em seu conselho ao presidente, que a retirada "nos conduzirá à ruína e quase certamente a uma guerra catastrófica", e novamente em 1964, quando desenhou o quadro, numa entrevista à imprensa, "de um bilhão de chineses armados com engenhos nucleares". Hanson Baldwin escreveu, em 1966, que a saída do Vietnã resultaria em "catástrofe política, psicológica e militar", significando que os Estados Unidos "haviam decidido abdicar da condição de grande potência" ao "se resignarem à retirada da Ásia e do Pacífico ocidental". O medo conjurava visões, igualmente: "Morro de medo", disse o senador Joseph Clark no Comitê de Relações Exteriores do Senado, de que "estejamos a caminho da Terceira Guerra Mundial nuclear".

O Vietnã do Norte estava nessa época enviando unidades de seu exército regular através da Linha, a fim de explorar a desintegração do Sul. Visando prevenir o colapso do cliente americano, o presidente Johnson e o círculo de conselheiros chegaram à conclusão de que era esse o momento de ingressarem na guerra coercitiva. Seria guerra aérea, embora estivesse bem compreendido que isso levaria inevitavelmente à disposição de forças de terra. Agências civis e militares deram início ao rascunho dos planos operacionais; contudo, não obstante a situação em Saigon se tornar a cada dia mais precária, nada poderia ser iniciado, ainda, porquanto Johnson enfrentava as eleições presidenciais de 1964. Como seu oponente era o belicoso senador Barry Goldwater, ele deveria representar a pomba da paz. E retomou o velho refrão sobre a "guerra deles": "Iremos... tentar ajudá-los a salvar sua própria liberdade com seus próprios homens." "Não iremos enviar rapazes americanos 15 ou 16 mil quilômetros longe de casa para fazerem o que os rapazes asiáticos devem eles mesmos fazer." "Não desejamos nossos rapazes americanos lutando uma guerra que é dos rapazes asiáticos." Quando, seis meses depois, "rapazes americanos" entraram em combate sem qualquer mudança dramática das circunstâncias, essas frases foram facilmente relembradas, começando, assim, a erosão da credibilidade de Johnson. Há muito acostumado às mentiras políticas como regra, esqueceu que seu cargo representava exceção, e quando mentiras vinham à luz, debaixo dos holofotes voltados para a Casa Branca, presidência e fé pública sofriam.

A resposta do povo à campanha de Goldwater, um falcão denunciando a política "sem vitórias", contra Johnson, o obreiro da paz, seguiu facilmente o curso esperado. Depois da Segunda Guerra Mundial e da Coreia, sob a sombra ameaçadora da bomba atômica, os americanos, conquanto anticomunistas, não desejavam mais guerras. As mulheres, especialmente, votaram em massa por Johnson, testemunhando as reservas do sentimento antibélico. A administração deveria ter ficado atenta aos sinais, mas não ficou, pois continuava acreditando que os problemas a serem considerados viriam da direita.

Ao tempo em que enviava um sinal aos eleitores, Johnson necessitava dar outro, sobre suas enérgicas intenções, destinado a Hanói, buscando contê-los, ao menos até depois das eleições. Unidades navais no golfo de Tonquin, incluindo o destróier *Maddox*, que logo se tornaria notório, passaram das ações de coleta de dados a atividades "destrutivas" contra a costa, destinadas a transmitir mensagem a Hanói para que "desistisse de políticas agressivas". Mas a verdadeira mensagem, que todos, virtualmente, julgavam indispensável, agora, seria o bombardeamento pelos americanos.

Johnson, Rusk, McNamara e o general Taylor viajaram até Honolulu para um encontro com o embaixador Lodge e o CINCPAC, onde iriam discutir o programa de ações aéreas americanas e o provável passo em direção ao combate terrestre. O raciocínio do bombardeamento tinha dois terços de motivações políticas: deveria elevar o moral do Vietnã do Sul em fase de naufrágio, quebrando a vontade de lutar do Vietnã do Norte, e levá-los a cessar seu apoio ao Vietcongue, ao mesmo tempo em que buscariam negociar. O alvo militar era deter a infiltração e os suprimentos. Recomendações e avisos pipocavam, iam, voltavam, pois os planejadores não sentiam avidez por beligerância dentro de um conflito asiático, embora o chamassem de "agressão externa". A compulsão subjacente, devido à rápida falência do Sul, jazia no desígnio de recuperar o equilíbrio militar, de forma que os Estados Unidos não negociassem partindo de posição débil. Até atingir tal ponto, qualquer abertura com o propósito de negociar "corresponderia a uma admissão de que o jogo estava perdido".

Como assunto correlato, a desagradável questão das armas nucleares veio à tona, sem merecer defesa de qualquer dos presentes. A única hipótese em que seu uso veio a ser contemplado teoricamente foi contra o vasto perigo – como era entendido – da China comunista, se eles entrassem na guerra. O secretário Rusk, cuja adrenalina sempre atingia índices elevados quando o assunto era esse, manifestou-se no sentido de que, em face da enorme população chinesa, "não podemos nos permitir o sangramento enquanto os combatemos com armas convencionais". Isso significava que se a escalada trouxesse consigo um grande ataque chinês, "ele envolveria o uso de armas nucleares". Ele, no entanto, tinha consciência de que os líderes asiáticos se opunham, vendo em tal uso um elemento de discriminação racial, "algo que faríamos aos orientais, mas não aos ocidentais". Circunstâncias possíveis de utilização tática foram discutidas brevemente. O general Earle Wheeler, novo *chairman* da chefia conjunta, não demonstrou qualquer entusiasmo; o secretário McNamara declarou "não poder imaginar um caso em que se viessem a utilizar tais coisas", e o assunto foi encerrado.

Planos operacionais para o bombardeamento acabaram delineados, com ordem de execução adiada temporariamente, pois a eleição ainda não fora realizada e se tornava necessário preservar a imagem de Johnson, o pacificador. A questão bem mais grave dos combates terrestres foi deixada em suspenso até que um governo confiável pudesse ser instalado na confusão política de Saigon. Futuramente, como o general Taylor ressaltou, o público americano seria educado no sentido de apreciar o interesse dos Estados Unidos no Sudeste Asiático. O secretário McNamara, exibindo a precisão usual, disse que "isso levará ao menos uns trinta dias", como se estivesse tratando da venda ao público de novo modelo de automóvel.

Johnson estava muito nervoso quanto à expansão da beligerância americana por temor de precipitar a intervenção dos chineses. Todavia, se a escalada era inevitável, desejava um mandado do Congresso. Em Honolulu o texto da minuta dessa resolução foi lido e debatido, e em sua volta o supremo manipulador preparou-se para obter o desejado mandado.

A Resolução do Golfo de Tonquin, de 7 de agosto de 1964, tem sido analisada de forma tão exaustiva que bem pode ter tratamento um tanto superficial aqui. Sua importância estava em conferir ao presidente o mandado que havia urdido, deixando o Congresso subitamente às tontas, olhando o vazio. Sem ser um forte Sumter ou Pearl Harbour, o golfo de Tonquin não teve menor significado; numa causa de interesse nacional discutível, representou cheque em branco para a guerra do Executivo.

A causa fora a queixa do destróier *Maddox* e outras unidades navais de que haviam sido alvejados à noite por torpedos disparados de barcos de patrulha norte-vietnamitas, fora do limite das 3 milhas reconhecidas pelos Estados Unidos. Hanói considerava o limite como sendo de 12 milhas. Um segundo choque ocorreu no dia seguinte, sob condições obscuras jamais perfeitamente esclarecidas; *a posteriori*, durante reinvestigação ocorrida em 1967, concluiu-se que tudo fora imaginado ou inventado.

As telecomunicações entre a Casa Branca e Saigon trepidaram envoltas em crise. Johnson imediatamente requereu uma Resolução Congressional autorizando "todas as medidas necessárias para repelir um ataque armado", e o senador J. William Fulbright incumbiu-se, como presidente do Comitê de Relações Exteriores do Senado, de guiar o pedido pelos canais competentes da casa. Fulbright acreditava nas veementes afirmações de Johnson de que não desejava uma escalada na guerra e imaginou que a resolução ajudaria o presidente a suportar melhor os brados de Goldwater em prol da ofensiva aérea, ajudando, também, o Partido Democrata nessa apresentação de sua firmeza contra o comunismo.

A ambição pessoal, que tantas vezes modela o desempenho de estadistas, tem sido citada, também, sugerindo que Fulbright acalentava esperanças de substituir Rusk como secretário de Estado, depois das eleições, o que dependia de ficar nas boas graças de Johnson. Verdade ou não, Fulbright tinha razão ao supor que um dos propósitos da resolução era o de suplantar a direita mediante uma demonstração de força.

O senador Gaylord Nelson, do Wisconsin, tentou restringir a resolução através de emenda contra "toda e qualquer extensão do presente conflito", anulada por Fulbright ao afirmar que, uma vez que o presidente não alimenta tais intenções, a emenda perde o sentido. O senador Sam Erwin, da Carolina do Norte, franzindo as famosas sobrancelhas, insinuou furtivo desconforto entre alguns senadores, abrangendo todo o envolvimento, quando disse: "Não existe algum meio razoável ou honrado pelo qual possamos cair fora desse assunto sem perder o respeito e provavelmente as calças?" O mais violento dos opositores foi, como sempre, o senador Wayne Morse, que denunciou a resolução como "declaração de guerra pré-datada" e, tendo sido alertado por um telefonema de alguém no Pentágono, interrogou McNamara detidamente a respeito de ações navais suspeitas no golfo. McNamara negou firmemente qualquer "conexão *com* ou conhecimento *de*" ações hostis. Morse estava frequentemente certo, mas foi fulminado de forma tão constante, esbatendo-se contra tantas iniquidades, que terminou desconsiderado.

O Senado, um terço de cujos membros estava também lutando por reeleição, não desejava embaraçar o presidente dois meses antes da votação nacional, ou mostrar-se menos protetor das vidas americanas. Após um dia de discussões, a resolução autorizando "todas as medidas necessárias" foi aprovada pelo Comitê de Relações Exteriores por 14 votos a 1, e subsequentemente passou por ambas as casas. Justificava a concessão de poderes de guerra sob escorregadios argumentos ligados aos "interesses vitais dos Estados Unidos e da paz mundial, para manutenção dessa paz internacional e segurança dos povos". Nem a prosa nem seu sentido carregavam na tônica da convicção. Com sua fácil aquiescência, o Senado, anteriormente tão zeloso de suas prerrogativas constitucionais no tocante a declarações de guerra, delegara os poderes ao Executivo. Nesse meio-tempo, acumuladas as evidências de confusão por parte dos técnicos de sonar e radar, relativamente ao segundo incidente, Johnson confessou privadamente: "Pois é, esses marinheiros estúpidos estiveram dando canhonaços em peixes-voadores." Era esse o motivo do *casus belli*...

Alternativas para os Estados Unidos foram oferecidas, à época, pela proposta de U Thant de reconvocar a Conferência de Genebra e por novo apelo feito por De Gaulle em favor da paz negociada. De Gaulle propôs um ajuste através de uma conferência entre Estados Unidos, França, União Soviética e China, seguida da inteira evacuação da península da Indochina por todas as potências estrangeiras e a garantia desses mesmos poderes quanto à neutralidade de Laos, Camboja e os dois Vietnãs. Era algo factível – e, à época, provavelmente viável –, exceto pela circunstância de não assegurar um Vietnã do Sul não comunista, e por essa razão foi ignorada pelos Estados Unidos.

Um emissário americano, o subsecretário de Estado George Ball, fora enviado algumas semanas antes a fim de explicar a De Gaulle que qualquer prospecto de negociação poderia desmoralizar por completo o Sul em sua atual situação de fragilidade, podendo levá-lo ao colapso, e que os Estados Unidos "não acreditavam em negociações até que nossa posição no campo de batalha esteja tão forte que nossos adversários se vejam forçados a fazer as necessárias concessões". De Gaulle rejeitou essa posição de imediato. As mesmas ilusões, disse ele a Ball, haviam conduzido a França ao desastre; o Vietnã era "um lugar sem futuro para lutas desse tipo"; um "país horrível", onde os Estados Unidos não conseguiriam vencer, apesar de seus imensos recursos. Não era a força, e sim a negociação o caminho único existente.

Embora De Gaulle pudesse ter-se rejubilado por ver os Estados Unidos padecendo da mesma forma que a França padecera, considerações bem mais amplas governavam seus desígnios. A razão pela qual ele e outros europeus em muitos esforços subsequentes tentaram com veemência desencorajar os americanos no Vietnã estava no receio de que as atenções e os recursos dos Estados Unidos se desviassem da Europa rumo a um objetivo asiático.

U Thant, nesse meio-tempo, se convenceu, através de canais soviéticos, de que Hanói tinha interesse em negociar com os Estados

Unidos e, nesse sentido, informou o embaixador americano na ONU, Adlai Stevenson. U Thant propôs um cessar-fogo ao longo do Vietnã e do Laos e ofereceu aos Estados Unidos a oportunidade de apresentar por escrito os termos que lhe interessavam, os quais seriam transmitidos sem modificações. Ao enviar essa mensagem, Stevenson apenas encontrou evasivas em Washington e, depois das eleições, negativas sob alegação de que os Estados Unidos souberam, por intermédio de outras fontes, que Hanói não estava realmente interessado. Posteriormente, Rusk disse que os Estados Unidos não enviariam representante a Rangoon, local obtido por U Thant para o encontro, porque qualquer notícia de tal movimento causaria pânico em Saigon – ou, o que os Estados Unidos realmente temiam, mas não diziam, renovaria os interesses em prol do neutralismo.

Sem esconder seu desagrado ante a rejeição, U Thant disse, numa entrevista à imprensa em fevereiro, que o futuro derramamento de sangue no Sudeste Asiático era inteiramente desnecessário, e que apenas a negociação "permitiria aos Estados Unidos retirarem-se respeitavelmente daquela parte do mundo". A essa altura a campanha de bombardeamento dos americanos, apelidada "TROVÃO RETUMBANTE" (*ROLLING THUNDER*), começara, e sob as explosões e mortes ocasionadas pelos raides aéreos desparecera, para sempre, a oportunidade de uma retirada respeitável.

Johnson já deixara fugir uma outra oportunidade ainda maior de desengajamento – representada por sua própria eleição. Derrotara Goldwater pela maior margem popular da história americana, ganhando imbatíveis maiorias no Congresso – 68 a 32 no Senado e 294 a 130 na Câmara. Essa votação foi devida, em grande parte, à rachadura entre os republicanos – moderados de Rockefeller e extremistas de Goldwater – e o disseminado temor das intenções guerreiras de Goldwater; o resultado colocou Johnson em posição de fazer o que bem quisesse. Seus desígnios mais acalentados voltavam-se para os programas de bem-estar social e para a legislação de direitos civis, que deveriam criar a Grande Sociedade, livre de pobreza e opressão.

Ele desejava figurar na história como grande benfeitor, maior do que Franklin D. Roosevelt, igual a Lincoln. A incapacidade de aproveitar a chance do momento e retirar sua administração da lamentável confusão externa se constituiu em sua irreparável insensatez – embora não fosse sua, apenas. Seus principais conselheiros no governo acreditavam, como ele, que seriam mais perseguidos pela direita no caso de retirada do que pela esquerda, se continuassem na luta. Confiante no poder de que dispunha, Johnson imaginou poder atingir ambos os alvos, o doméstico e o externo, simultaneamente.

Os relatórios oriundos de Saigon insistiam no progressivo esfacelamento da situação, levantes, corrupção, sentimento antiamericano, propaganda neutralista pelos budistas. "Sinto-me", declarou um representante americano em Saigon, "como se estivesse no tombadilho do *Titanic*." Esses sinais não sugeriam a Washington a inutilidade dos esforços aplicados e a vantagem de diminuir os prejuízos, mas, ao contrário, impunham a necessidade de maior envolvimento para equilibrar a balança e ganhar pontos. O oficialismo, tanto civil quanto militar, concordava com a necessidade da intervenção sob forma de guerra aérea a fim de forçar o Norte a render-se à realidade. Que os Estados Unidos pudessem atingir esse desígnio através de seu imenso poderio, ninguém duvidava.

A exemplo de Kennedy, Johnson julgava que perder o Vietnã do Sul corresponderia a perder a Casa Branca. Seria algo destrutivo, disse ele mais tarde, que "iria despedaçar a presidência, matar minha administração e danificar nossa democracia". A perda da China, responsável pelo fastígio de Joe McCarthy, era "uma bobagem comparada com o que poderia acontecer, caso perdêssemos o Vietnã". Robert Kennedy viria à frente do cenário dizendo a toda gente: "eu não passava de covarde, que não tinha virilidade nem verticalidade." Pior ainda, tão logo a fraqueza dos Estados Unidos fosse percebida por Moscou e Pequim, eles se movimentariam visando "expandir seu poder no vácuo que deixaríamos atrás de nossos passos... e assim teria início a Terceira Guerra Mundial". Estava tão certo disso "quanto alguém pode estar certo de alguma coisa". Ninguém está tão certo de alguma coisa como o homem que pouco sabe.

Uma alternativa viável, depois do prestígio do segundo mandato, seria acolher as aberturas de U Thant junto a Hanói, e até mesmo utilizar influência para instalar um governo em Saigon (como Kennedy havia sugerido) que convidasse os Estados Unidos a partirem, deixando o Vietnã resolvendo seus próprios problemas. Desde que tal providência inevitavelmente conduziria à tomada comunista, os Estados Unidos se recusavam a contemplá-la, embora pudessem, dessa forma, libertar-se de um íncubo devorador.

Uma olhadela em profundidade teria revelado que a *raison d'être* da intervenção americana diminuíra flagrantemente. Quando o presidente indagou à CIA sua opinião a respeito do problema crucial do eventual controle comunista do Sudeste Asiático, na hipótese da queda do Laos e do Vietnã do Sul, a resposta foi negativa; disseram-lhe que, "exceto o Camboja, dificilmente alguma outra nação da área sucumbirá ao comunismo, como resultado da queda do Laos e do Vietnã". A expansão do comunismo no Sudeste da Ásia "não se constituía em fato inexorável", e as bases americanas nas ilhas do Pacífico "nos permitirão suficiente poder militar na região para deter Hanói e Pequim". Não seria necessário, afinal de contas, armar barricadas em São Francisco.

Outro conselho adveio do Grupo de Trabalho no Vietnã, composto por representantes do Departamento de Estado, Defesa, chefia conjunta e CIA, que bravamente se incumbiu, após as eleições de novembro, de "considerar realisticamente quais são nossos objetivos dominantes". Esse esforço sem precedentes levou o grupo, depois de longa e cuidadosa revisão, a fazer grave advertência: os Estados Unidos não poderiam garantir um Vietnã do Sul não comunista "a menos que nos empenhemos em todo e qualquer tipo de ação militar que se torne necessário para derrotar o Vietnã do Norte e, possivelmente, a China comunista". Tal envolvimento poderia levar a um conflito de grande porte, "com o possível uso de armas nucleares, a certa altura".

Ao mesmo tempo, o subsecretário de Estado, George Ball, que na condição de defensor do primado da Europa e especialista em problemas econômicos tinha o *affaire* do Vietnã sob suspeição, passou a exercer grandes esforços visando derrotar a decisão da guerra. Em longo memorando, argumentou que o bombardeio, em vez de convencer o Norte a abandonar seus objetivos, iria provocar Hanói a enviar maiores forças terrestres, que representavam seus melhores recursos, e isso, por sua vez, obrigaria os Estados Unidos a empenhar cada vez mais recursos humanos para enfrentá-los. Nossos aliados, disse Ball, já acreditam que os Estados Unidos "estão engajados numa luta inútil no Vietnã; se for expandida até o ponto da guerra terrestre, nossa preocupação se desviará da Europa. O que mais devemos temer é a generalizada descrença no bom-senso de julgamento americano". Recomendava advertir Saigon sobre possível desengajamento dos Estados Unidos, sob a alegação de que o esforço de guerra do país era deficiente. Isso provavelmente precipitaria uma negociação com os insurgentes, que ele, pessoalmente, julgava ser a melhor solução possível.

No debate, Ball encontrou os três chefes da administração, McGeorge Bundy, McNamara e Rusk, "coligados" contra seus argumentos e interessados apenas em "como fazer a escalada da guerra de modo a forçar o Vietnã do Norte à rendição". Quando seu memorando foi submetido ao presidente, o resultado não se modificou. Johnson passou os olhos pelo documento, pediu a Ball para abordá-lo ponto por ponto e depois devolveu o papel sem emitir qualquer comentário.

Por que as vozes de advertência – a CIA, o Grupo de Trabalho, o subsecretário de Estado – tiveram tão pequeno impacto? Aconselhamento à base de informes coligidos era o trabalho próprio dos dois primeiros, especificamente do Grupo de Trabalho no Vietnã. Se Johnson leu os relatórios, não se mostrou receptivo à mensagem – e supõe-se que as repartições governamentais não escrevam relatórios para servir de papel de parede. Ball podia ser tolerado como uma espécie de "advogado do diabo aqui dentro", sendo útil nesse papel para demonstrar que a Casa Branca admitia e convivia com os opositores. Todavia, as mentes no topo do sistema estavam bloqueadas na visão de 1954 – de que Ho era agente do comunismo internacional, de que as atitudes dos Estados Unidos, destinadas a evitar que o país caísse nas mãos do Vietnã do Norte, eram corretas e deviam ser levadas adiante. E como não seria assim, quando o próprio Johnson se referia ao Vietnã como "um país de bundas-sujas, de quarta categoria?". A despeito das advertências do Grupo de Trabalho, o presidente, seus secretários e a chefia conjunta estavam absolutamente seguros de que o poder americano forçaria o Vietnã do Norte à submissão, enquanto os Estados Unidos cuidadosamente evitariam um choque com a China.

Hanói também cometia seus erros. Dois dias antes das eleições americanas, como se buscasse beligerância, o Vietcongue atacou pela primeira vez, com morteiros, uma instalação especificamente americana – o aeroporto Bien Hoa. Era uma base de instrução, onde um esquadrão de velhos B-57, recentemente transferido das Filipinas para fins de treinamento, tornava-se um alvo tentador. Seis aviões foram destruídos, cinco americanos morreram, 76 outros ficaram feridos. Certo de que o ataque fora instigado por Hanói, o general Taylor, então embaixador em Saigon, telefonou a Washington pedindo autorização para imediata retaliação. Todos os principais conselheiros na capital concordaram. Aguardando as eleições, Johnson recuou, e a despeito de suas queixas rabugentas sobre a China e os relatórios em torno da acelerada decadência de Saigon, viu-se forçado a um banho-maria de mais três meses.

Cauteloso e hesitante, enviou McGeorge Bundy e o secretário-assistente de McNamara, John McNaughton, para verificarem se a guerra aérea era realmente necessária à salvação do Vietnã do Sul. Enquanto se encontravam no Vietnã do Sul, o Vietcongue fez outro ataque, dessa vez ao acampamento americano em Pleiku, no qual oito americanos morreram e 108 ficaram feridos. Consta que Bundy, ao examinar o campo destroçado, sentiu-se muito injuriado pelo desafio preconcebido, tendo telefonado ao presidente fazendo forte pressão em prol de represálias. Verdade ou não, esses condimentos emocionais não constituíam fatores decisivos. O memorando de Bundy, minutado no caminho de volta, na companhia de Taylor e do general William C. Westmoreland (o comandante que substituiu Harkins), foi gélido e duro: "Sem novas ações dos Estados Unidos, a derrota do Vietnã do Sul surge inevitável... É extremamente valioso o que se encontra em jogo no Vietnã... Está em risco o prestígio dos

Estados Unidos... Não há forma de negociarmos a saída do Vietnã no presente." Consequentemente, "a política de represálias graduais e contínuas", como planejado, era o caminho mais promissor. Negociações de qualquer tipo não devem ser aceitas, agora, exceto na base de um fim à violência do Vietcongue.

Estavam aí descritas as motivações essenciais que conservariam a política dos Estados Unidos em seu garrote: o jogo de altas paradas, a necessidade fundamental de proteger o prestígio dos Estados Unidos contra o fracasso, a estratégia da escalada mediante bombardeio gradual, o aspecto indesejável das negociações antes da escala de punições ter reduzido a vontade do Vietnã do Norte. Explicando o "gradualismo", Maxwell Taylor escreveu posteriormente: "Desejávamos que Ho e seus conselheiros tivessem tempo de meditar sobre a paisagem de sua pátria demolida." Uma fonte de problemas foi identificada, aqui, por John McNaughton, antigo professor de direito especializado em análise profunda. Com desalentadora visão do que estava por vir, ele incluiu numa lista de objetivos de guerra: "Emergir da crise sem trazer nódoas inaceitáveis, oriundas dos métodos empregados."

Em resposta a Pleiku, imediatas represálias foram preparadas horas após o ataque, com o líder da maioria e o presidente da Câmara convocados à Casa Branca a fim de testemunharem a decisão. Após mais três meses de discussões ansiosas, em 2 de março, o programa para uma campanha de bombardeamento, *ROLLING THUNDER*, teve início.

A ansiedade de Johnson a fim de que o ataque não ultrapassasse alguma fronteira desconhecida na tolerância russa ou chinesa, exigia que *ROLLING THUNDER* fosse supervisionado diretamente pela Casa Branca. A cada semana o CINCPAC enviava o programa dos sete dias seguintes, com as munições a serem utilizadas, depósitos de combustível, oficinas de reparações, alvos descritos e localizados e o número de surtidas estimado; isso ia para a chefia conjunta, daí a McNamara e, dele, à Casa Branca, onde tudo era examinado minuciosamente, no mais alto nível governamental, por um grupo incluindo, inicialmente, o presidente, os secretários de Defesa e Estado, o chefe do CSN, que se reuniam para a tarefa à hora do almoço, todas as terças-feiras. Suas escolhas, feitas 15 mil quilômetros distante do local, por homens imersos em centenas de outros problemas, retornavam ao campo de operações pela mesma rota. Posteriormente, os resultados de cada surtida, comunicados pelos pilotos às bases de comando, eram coligidos e comunicados a Washington. McNamara era sempre o mais bem-informado porque, diziam, viajando de automóvel desde o Pentágono, dispunha de mais oito minutos que os demais para estudar sua lista de alvos de bombardeamento.

A presença dominante nos almoços das terças-feiras era o papel de parede da sala de jantar do segundo andar, reproduzindo cenas dos triunfos revolucionários em Saratoga e Yorktown. Sempre faminto em deixar bom nome na história, Johnson convidava o professor da cadeira na Universidade de Colúmbia, Henry Graff, a muitas dessas reuniões das terças-feiras, para que entrevistasse os membros presentes. A contabilidade dos resultados não erigiu o monumento por ele esperado. Em sua própria versão, possivelmente exagerada para obter efeito, o presidente ficava insone à noite, aborrecendo-se com esse gatilho que poderia ativar "tratados secretos" entre o Vietnã do Norte e seus aliados, algumas vezes a ponto de vestir um roupão às 3 horas da madrugada, descendo para a sala de operações, onde os resultados dos raides aéreos estavam marcados num mapa de parede.

Perigo bem maior que a China estava na própria frente doméstica americana. Embora o sentimento nacional, na medida em que se interessava pelo assunto, apoiasse a guerra, a campanha de bombardeamento desencadeou protestos nos *campi* universitários. O primeiro *teach-in* de faculdades e estudantes, na Universidade de Michigan, em março, atraiu massa inesperada de três mil participantes, e o exemplo logo se espalhou às demais universidades, de costa a costa. Um comício realizado em Washington foi transmitido, por ligação telefônica, a 122 *campi*. O movimento não representava súbito caso de amor com a Ásia; tratava-se de extensão da luta pelos direitos civis, da livre expressão e de outros entusiasmos radicais dos começos da década de 1960. Os mesmos grupos encontravam, agora, sua nova causa, e a ela destinavam idêntica energia. Em Berkeley, 26 membros da faculdade uniram-se numa carta que dizia: "Os Estados Unidos cometem enorme crime no Vietnã", expressando vergonha e ira por "tal banho de sangue ser feito em nosso nome". Embora prejudicado pelas disputas das facções rivais, o movimento carreou muita energia, em grande parte irracional, para a oposição.

A necessidade de "uma convincente campanha de informação ao público", destinada a acompanhar a ação militar, fora prevista pelos estrategistas políticos, mas poucos resultados obteve. Equipes de oradores oficiais foram enviadas para debates nas universidades, apenas propiciando novas ocasiões aos protestos e fornecendo vítimas às zombarias dos estudantes. Um Livro Branco intitulado *Agressão do Norte,* distribuído pelo Departamento de Estado, pretendendo demonstrar a infiltração de homens e armas pelo Vietnã do Norte como sendo "guerra agressiva", revelou-se muito fraco. Em todas as justificativas públicas, o presidente, o secretário de Estado e outros oradores enfatizavam as imagens de "agressão", "agressão militante", "agressão armada", sempre comparando-as com o fracasso em deter as agressões que levaram à Segunda Guerra Mundial, sugerindo, invariavelmente, que o Vietnã também se constituía em exemplo de agressão externa. Tanto insistiram nessa tese que algumas vezes a manifestaram explicitamente, como quando McNamara, em 1966, considerou o Vietnã "o mais flagrante exemplo de agressão vinda de fora". A divisão ideológica no Vietnã poderia ser real e insuperável, tal qual a divisão entre Sul e Norte na Guerra Civil americana, mas não consta que a guerra do Norte contra a secessão do Sul tenha sido considerada "agressão vinda de fora".

Em meados de abril tornou-se visível que o *ROLLING THUNDER* não produzia efeito suficiente para quebrantar o ímpeto de luta do inimigo. O bombardeamento das trilhas de suprimento no Laos não evitara a infiltração. Os raides do Vietcongue não apresentavam sinais de enfraquecimento. A decisão de introduzir infantaria americana parecia agora inadiável, e a chefia conjunta fez recomendação nesse sentido. Plenamente reconhecido como presságio, o problema foi discutido exaustivamente, as confiantes posições de uns se chocando com dúvidas e ambivalências de outros, quer civis, quer militares.

As decisões adotadas em abril e maio vieram aos poucos, baseadas na estratégia de bombardeamentos contínuos suplementados por combates no solo, com o objetivo de quebrantar o ânimo do Norte e do Vietcongue, "eficientemente denegando-lhes vitória, forçando negociações pela impotência do inimigo". Essa impotência eles imaginavam possível através do desgaste, isto é, esgotando o Vietcongue em vez de derrotá-lo. As tropas dos Estados Unidos deveriam começar com uma força de combate de 82 mil homens.

Palmilhando duas trilhas – brandindo o machado de guerra e fazendo acenos com o ramo de oliveira –, Johnson produziu magno discurso na Universidade Johns Hopkins, em 7 de abril, oferecendo possibilidades de vasta reabilitação rural e um programa de controle de inundações para o vale do Mekong, dotado com 1 bilhão de fundos norte-americanos, no qual o Vietnã do Norte poderia participar, depois de firmada a paz. Os Estados Unidos "jamais seriam os segundos... na busca de um ajuste pacífico", declarou Johnson, estando prontos desde já para "discussões incondicionais". Dir-se-ia ser esta uma atitude ampla e generosa – mas o significado do "incondicional", na lógica americana, eram negociações depois que o Norte estivesse suficientemente destroçado para tudo conceder. Uma insistência idêntica e oposta, do outro lado, em torno de certos pré-requisitos, completava o quadro que haveria de anular todas as aberturas durante os três anos seguintes.

A cenoura do bilhão de dólares não encontrou quem a quisesse comer. Rejeitando a proposta de Johnson, Hanói anunciou seus quatro pré-requisitos no dia seguinte: 1) retirada das forças norte-americanas; 2) nenhuma aliança estrangeira ou aceitação de tropas estrangeiras por ambos os lados; 3) adoção do programa da FLN (Frente de Libertação Nacional ou Vietcongue) pelo Vietnã do Sul; 4) reunificação do país pelos vietnamitas, sem interferência estrangeira. Considerando-se que o item 3 era exatamente o motivo de luta do Sul e dos Estados Unidos, tornava-se, obviamente, obstáculo irremovível. O interesse internacional em eliminar o conflito ficou, portanto, bloqueado. Uma conferência de 17 países não alinhados, convocada pelo marechal Tito, apelou por negociações sem resultado.

Contatos com Hanói, buscados por J. Blair Seaborn, membro canadense da Comissão de Controle Internacional, não foram obtidos. Os primeiros-ministros de quatro países da Comunidade Britânica, em missão com o objetivo de instar por negociações nas capitais dos países ligados ao conflito, tiveram entrada negada em Moscou, Pequim e Hanói. Um enviado do Reino Unido, com idêntica missão, admitido em Hanói alguns meses depois, recebeu resposta negativa.

Em maio de 1965 os Estados Unidos, em demonstração de boa vontade, fizeram uma pausa no bombardeamento que, esperavam, iria produzir em Hanói sinal favorável às conversações. Ao mesmo tempo, uma nota de Rusk foi entregue à Embaixada do Vietnã do Norte em Moscou, sugerindo reciprocidade na redução de "ações armadas". A nota acabou devolvida, sem resposta, e alguns dias após, recomeçou o bombardeamento americano.

Em 9 de junho, a dramática decisão anunciando "apoio ao combate" do Vietnã do Sul por tropas terrestres norte-americanas veio a público, divulgada pela Casa Branca, embebida em verborreia destinada a apresentá-la como simples aumento no esforço, e não uma mudança básica. A primeira missão de "busca e destruição" ocorreu em 28 de junho. Em julho o presidente anunciou um aumento de 50 mil homens para reforçar as tropas no Vietnã, chegando a 125 mil. Outros acréscimos elevaram o total para 200 mil em fins de 1965. O propósito da escalada, conforme mais tarde o general Taylor explicou ao Senado, era o de "infligir continuadas perdas aos Vietcongues, de modo que não pudessem repor suas baixas" e conseguissem, através desse desgaste, convencer o Norte de que não poderia obter vitória militar contra o Sul. "Na teoria, eles virtualmente fugiriam, às carreiras, de tropas treinadas, por volta de 1966", e a essa altura, em vez de negociar, desistiriam, sumindo de vez. Na persecução de tal objetivo, a necrófila contabilidade de corpos se tornou uma das repugnantes características dessa guerra. O fato de que o Vietnã do Norte, possuindo um exército de mais de quatrocentos mil homens, poderia ativar qualquer número de soldados para substituir as perdas do Vietcongue, foi algo que por razões desconhecidas escapou à sofisticada análise estatística do Pentágono.

A beligerância era, agora, uma realidade. Soldados dos Estados Unidos estavam matando e morrendo; pilotos americanos procuravam esquivar-se em meio às barragens de fogo antiaéreo e, quando abatidos, eram transformados em prisioneiros de guerra. A guerra é um negócio que não admite recuos sem reconhecimento de derrota. Era essa a armadilha, por ela mesma montada, a que a América se deixara arrastar. Somente com as maiores dificuldades e raríssimo sucesso – como beligerantes tolhidos por caprichos fúteis frequentemente constataram – podem os combates terminar em negociação. Por se tratar de resolução derradeira destinada à destruição e à morte, a guerra sempre se fez acompanhar por solene declaração justificativa, nos tempos medievais uma declaração de "guerra justa", nos tempos modernos, Declaração de Guerra (exceto no tocante aos japoneses que desferiam suas guerras através de ataques de surpresa). Conquanto possa ser falsa e ilusória essa justificativa – o que geralmente é –, trata-se de legalismo destinado a apresentar a causa, automaticamente dotando o governo de imensos poderes.

Johnson resolveu agir sem uma declaração, em parte porque nem causa nem objetivos possuíam clareza suficiente em termos de defesa nacional, em parte devido ao receio de que pudesse provocar a Rússia ou a China a responder da mesma forma, mas principalmente, por não desejar o desvio de recursos destinados aos programas domésticos que, esperava, iriam criar sua reputação na história. O temor de provocar alarido na direita a favor de invasão e bombardeamento irrestrito, caso a deterioração do Sul se tornasse pública, era outra razão que o levava a esconder e ofuscar a extensão do envolvimento. Johnson pensava que poderia fazer sua guerra sem que a nação tomasse conhecimento. Não pediu a declaração ao Congresso porque foi assim aconselhado, ou talvez estivesse temeroso de não a obter; nem tampouco solicitou a renovação de voto quanto à declaração do golfo de Tonquim por recear embaraços com maioria reduzida.

Teria sido mais prudente enfrentar o teste, solicitando ao Congresso que assumisse a responsabilidade constitucional de ir à guerra. O presidente poderia, também, ter solicitado aumento dos impostos a fim de equilibrar os custos das operações e das pressões inflacionárias. Evitou tudo isso na esperança de não levantar protestos. Como resultado, sua guerra no Vietnã jamais seria legitimada. Passando por sobre o ato da declaração, abriu larga porta às dissensões e cometeu o erro, fatal para sua presidência, de não dar margem ao apoio público.

Passar por cima da declaração foi um dos resultados do conceito de guerra limitada, desenvolvido durante a administração Kennedy. Em notável declaração da época* McNamara disse: "A maior contribuição que nos está fazendo o Vietnã... é desenvolver a capacidade dos Estados Unidos de lutar numa guerra limitada, de ir à guerra sem despertar a ira popular." Ele acreditava que tal coisa era "quase uma necessidade histórica, porque essa é a espécie de guerra que defrontaremos nos próximos cinquenta anos."

Guerra limitada é, basicamente, uma guerra decidida apenas pelo Executivo, "sem despertar a ira popular" – com isso significando o conhecimento público –, ou seja, dissociando-se do povo, ou seja ainda, descartando o princípio do governo representativo. A guerra limitada não é mais bonita, gentil ou mais justa que a guerra generalizada, como seus proponentes gostariam de apresentá-la. Mata com as mesmas finalidades. Além do mais, sendo limitada para uma das partes, mas total para o inimigo, torna-se provavelmente catastrófica, como os governantes mais habituados ao irracional logo percebem. Pressionado pela Síria e pela Jordânia para desencadear uma guerra limitada contra Israel em 1959, o presidente Nasser do Egito replicou estar pronto a fazê-lo desde que seus aliados assegurassem a obtenção, junto a Ben Gurion, de uma guerra limitada também do seu lado. "Pois uma guerra, para ser limitada, depende do outro lado."

A decisão de Johnson no tocante à guerra, tão logo eleito, mereceu comentário apropriado num *cartoon* de Paul Conrad mostrando-o se olhando num espelho no qual estava refletido o rosto de Goldwater.

---

*Previamente citada em dois trabalhos eruditos, essa declaração, que o Sr. McNamara não recorda, desafiou todos os esforços feitos no sentido de documentá-la junto a uma fonte original. Foi incluída aqui porque o tom é autêntico e suas implicações graves, na época e posteriormente.

O desacordo a partir desse ponto, embora nessa altura restrito principalmente a estudantes, extremistas e pacifistas, cresceu em tom alto e incessante. Um Comitê Nacional de Coordenação para Acabar com a Guerra no Vietnã formou-se, com protestos organizados e um piquete de quarenta mil pessoas, destinado a cercar a Casa Branca. Ampliou-se a queima de cartões de alistamento militar, seguindo o exemplo de um jovem, David Miller, que ritualmente queimou o seu na presença de agentes federais, sofrendo dois anos de prisão por seu ato. Em horrível emulação aos monges budistas, um *quaker* de Baltimore queimou-se vivo nos degraus do Pentágono em 2 de novembro de 1965, seguido por outro suicídio idêntico em frente à ONU, uma semana depois. Esses atos pareceram por demais dementes para influenciar a opinião pública americana, exceto, talvez, negativamente, associando o protesto contra a guerra a desequilíbrios emocionais.

Se o desacordo era apaixonado, longe estava de ser generalizado. O patriotismo reacionário, que tanto diferencia o sindicalismo na América de seus assemelhados no exterior, ficou expresso pelo Conselho da AFL-CIO.* Em clara advertência aos membros do Congresso, quando ia a meio a campanha eleitoral de 1966, o conselho estatuía: "Aqueles que negarem às nossas forças militares apoio irrestrito estarão, na verdade, ajudando os comunistas inimigos de nosso país." As lideranças e bases sindicais partilhavam esse sentimento. Quando um prefeito não ortodoxo de Dearborn, Michigan, o subúrbio da Ford, promoveu referendo indagando, através de voto nas eleições municipais de 1966, se deveria haver cessar-fogo seguido da retirada americana, "a fim de que o povo vietnamita resolvesse seus próprios problemas", a resposta foi negativa de forma avassaladora.

Vozes influentes, contudo, estavam se opondo. Até Walter Lippmann sacrificou sua cordialidade cuidadosamente cultivada com o presidente pelas exigências da verdade. Negando o argumento da "agressão externa", apontou o óbvio: que jamais existiram dois

*AFL-CIO = American Federation of Labor and Congress of Industrial Organizations. (*N. do T.*)

Vietnãs, mas, sim, "duas regiões da mesma nação". Considerou com escárnio a política de globalismo que obrigava os Estados Unidos, no tocante a "essas infindáveis guerras de libertação", a fazer o papel de policial do planeta. A conversão de Lippmann e do *New York Times,* que se opunha, agora, a um envolvimento mais profundo, deram respeitabilidade à oposição, enquanto no seio do governo dúvidas de que a guerra pudesse ser resolvida militarmente chegavam à tona. O secretário de Imprensa do presidente, Bill Moyers, que lhe era muito próximo e digno de confiança, tentou com insistência envolver pelos flancos os falcões no topo da pirâmide governamental, transmitindo-lhes as desilusões de funcionários do segundo escalão, agentes e observadores. O network de Moyers, inicialmente formado por solicitação de Johnson a fim de obter opiniões contrárias, revelou-se penoso demais para o presidente, que não apreciou as "dissonâncias" ou a necessidade de encarar opções múltiplas. Ele partilhava do problema – se não do momento de iluminação interior – havido com o papa Alexandre VI quando, tomado de remorso, compreendeu que um dirigente jamais escuta a verdade e "acaba não desejando escutá-la". Johnson desejava ver sua política ratificada e não questionada; quando a realidade endureceu, evitou tomar conhecimento dos relatórios de Moyers.

Os conselheiros que se preocupavam com a inevitável escalada da guerra estavam propondo alternativas. A Embaixada em Saigon, agora sob Maxwell Taylor, que a despeito de sua responsabilidade pelas primeiras iniciativas de combate, não advogava a expansão da beligerância, propôs, nos começos de 1965, um plano para "terminar nosso envolvimento". Defendia o retorno a Genebra, usando como moedas de barganha a progressiva redução das forças americanas mais "anistia e direitos civis" para o Vietcongue, e um programa patrocinado pelos Estados Unidos destinado ao desenvolvimento econômico de toda a Indochina. O plano foi esboçado por U. Alexis Johnson, adjunto de Taylor e membro de carreira do serviço diplomático; trechos dele foram citados no discurso feito na Johns Hopkins e ficaram ali. Seguiu-se-lhe George Ball, com inúmeros memorandos instando o desengajamento dos interesses americanos dos de Saigon, antes que um sério desastre não mais permitisse escolhas. Sobre comunicações ao presidente, escreveu Galbraith: "O mais provável é que ele jamais venha a ler uma linha sequer."

Dois homens imensamente respeitados pelo presidente, o senador Richard Russell, da Geórgia, e Clark Clifford, ex-conselheiro de Truman na Casa Branca, tentaram desviá-lo do caminho que estava tomando. Russel, presidente até 1969 das poderosas Comissões de Dotações e dos Serviços Armados, e colega de Johnson durante seus anos como senador, fora por muitos considerado capaz de tornar-se o primeiro presidente oriundo do Sul, mas os fatos colocaram Johnson à frente. Julgado publicamente um falcão, ele, em particular, exortou Johnson a desvincular-se da guerra na Ásia e propunha, agora, num raro exemplo de pensamento criativo, uma tomada de opinião nas cidades vietnamitas a ver se o povo realmente desejava socorro dos Estados Unidos e, caso os resultados fossem negativos, se procedesse à retirada. A verificação da opinião vietnamita sobre a apropriação, pelos americanos, de "sua guerra", era ideia original que a ninguém ocorrera antes, mas, é óbvio, a despeito das origens respeitáveis, não foi aceita.

Uma chave para a resposta poderia ser encontrada nos olhos dos aldeões vietnamitas. Um jornalista que cobrira a guerra na Europa lembrava-se dos sorrisos, acenos e alegres ofertas de vinho quando os soldados americanos desfilavam pelas áreas libertadas da Itália. No Vietnã, o povo das zonas rurais, se os americanos passavam nas ruas ou nas vilas, conservava os olhos baixos ou olhava em outra direção, e não oferecia qualquer tipo de saudação. "Eles desejam apenas ver-nos pelas costas." Estava aí um dos símbolos de futilidade do programa "construir a nação". Qual a nação que já foi construída do exterior?

Clifford, importante advogado de Washington e amigo íntimo do presidente, advertiu-o em carta particular que, baseado em elementos fornecidos pela CIA, todas as futuras dotações para forças terrestres não passariam de "novos envolvimentos... sem esperança efetiva de vitória final". Ao contrário disso, aconselhava, o presidente deveria tentar todos os meios que levassem a possíveis entendimentos. "Não será o que desejamos, mas poderemos conviver com isso." O ponto essencial desse e de outros conselhos semelhantes foi confirmado por um observador estrangeiro, o respeitado economista sueco Gunnar Myrdal, que escreveu no *New York Times* em julho de 1965: "A certeza de que a atual política levará ao fracasso é lugar-comum em todos os países fora dos Estados Unidos."

Nenhuma das dúvidas dos conselheiros americanos foi manifestada publicamente e ninguém, salvo Ball, propunha retirada pura e simples. Ao contrário, visava-se a manutenção do *status quo,* sem escaladas enquanto era buscada uma solução diplomática. Afora os pré-requisitos, Hanói não aceitava ajuste algum que não fosse coalizão ou outra forma de conciliação que lhe permitisse absorver o Sul; para os Estados Unidos, concessões de tal natureza correspondiam a admitir o fracasso americano, e isso a administração não poderia aceitar, ainda mais por ter se transformado em prisioneira de seu próprio arcabouço militar. Estavam ligados ao objetivo de assegurar um Vietnã do Sul não comunista para que pudessem sair com a credibilidade intacta. O aspecto principal mudara sutilmente de bloquear o comunismo para o de salvar as aparências. McNaughton, um oficial que não se deixava autoenganar, definiu-o de maneira cáustica ao colocar como primeiro objetivo de guerra na lista dos Estados Unidos "70 por cento para evitar a humilhante queda de nossa reputação como fiadores".

A administração, nesse estágio, começou a estudar as possibilidades de "vencer". Os militares, quando recebem uma incumbência que lhes é própria, necessitam crer em sua capacidade de realizá-la para que possam acreditar neles mesmos e, naturalmente, exigem mais e mais homens para o propósito. Suas declarações eram positivas e as requisições, enormes. Confrontado com a escalada, McNamara indagou ao general Wheeler, presidente da chefia conjunta, que garantia os Estados Unidos teriam "de vencer no Vietnã do Sul, se fizermos tudo o que nos for possível". Caso a palavra "vencer" significasse a supressão de toda insurgência e a eliminação do comunismo do Vietnã do Sul, respondeu Wheeler, isso custaria entre setecentos e cinquenta mil a um milhão de homens, durante mais de sete anos. Se "vencer", entretanto, representasse apenas demonstrar ao Vietcongue que eles não poderiam ganhar, seria necessária uma força menor. Os interesses nacionais que impunham o investimento de tais forças, pequenos ou grandes, não foram tema de discussão; a administração simplesmente seguia adiante por não saber que mais lhe cumpria fazer. Quando todas as opções são inócuas, os estrategistas políticos fazem um reexame da situação a fim de encontrar uma solução.

A ideia de Johnson era lutar e negociar simultaneamente. A dificuldade residia na circunstância de que a guerra limitada, pretendendo fazer o Vietnã do Norte retirar-se do Vietnã do Sul, por si só não era suficiente. O Vietnã do Norte não tinha intenção de jamais permitir o Sul não comunista, e visto que só poderiam ser forçados a isso através da derrota militar, o que se tornava impossível aos Estados Unidos, salvo mediante guerra total e invasão, providência que não desejavam adotar, os objetivos americanos estavam, em consequência, barrados. Embora alguns reconhecessem isso, a situação não foi levada em conta para fins práticos, porque ninguém estava preparado para admitir o fracasso americano. Os ativistas acreditavam que o bombardeamento poderia ser bem-sucedido, os que duvidavam tinham a vaga esperança de que alguma solução seria encontrada.

Infelizmente para o presidente, a súbita morte de Adlai Stevenson em Londres trouxe à luz as circunstâncias da recusa à mediação de U Thant. Eric Sevareid, relatando o que Stevenson lhe dissera momentos antes de morrer, revelou pela primeira vez que Hanói tinha concordado com o encontro proposto por U Thant, ao passo que Johnson recentemente informara à imprensa sobre não ter havido "o mais remoto interesse" do outro lado. O *St. Louis Post-Dispatch* logo após lembrou que, no ano anterior ao ingresso da América na guerra, Johnson, ou seu porta-voz na Casa Branca, assegurara ao menos sete vezes que os Estados Unidos não esperavam uma guerra de maiores proporções. A credibilidade pessoal do presidente foi abalada violentamente.

Além do episódio Stevenson, outra tentativa malograda de paz tornou-se conhecida. Por solicitação dos Estados Unidos, o ministro do Exterior italiano, Amintore Fanfani, então delegado das Nações Unidas, conseguiu que dois professores italianos, um deles antigo conhecido de Ho Chi Minh, fossem a Hanói. Embora encontrando "forte desejo por se conseguir uma solução pacífica", eles também relataram, conforme Fanfani escreveu a Johnson, que as condições de Ho incluíam o cessar-fogo em todo o Norte e Sul, além dos Quatro Pontos previamente anunciados. Ho concordara, entretanto, em iniciar conversações sem a retirada dos americanos. Visto que o cessar-fogo levaria forças norte-vietnamitas ao interior do Sul, isso não era aceitável para os Estados Unidos, mas Rusk justificou a rejeição americana sob o argumento de não encontrar "vontade verdadeira para negociações incondicionais" por parte de Hanói. O episódio chegou ao conhecimento da imprensa, como acontece sempre que alguém deseja que algo se torne bem conhecido.

Desconcertado pela suspeita que se levantou sobre ele de não se interessar pela paz, o presidente determinou uma pausa no bombardeamento durante o Natal e desencadeou espetacular circo voador em prol da paz. Enviados viajaram como pombos-correios às capitais do Ocidente e do Oriente em busca de caminhos para a negociação – Harriman numa volta ao mundo, a Varsóvia, Déli, Teerã, Cairo, Bangkok, Austrália, Laos e Saigon; Arthur Goldberg, sucessor de Stevenson nas Nações Unidas, a Roma, Paris e Londres; McGeorge Bundy a Otawa; o vice-presidente Hubert Humphrey a Tóquio; e dois secretários-adjuntos de Estado à Cidade do México e a países africanos. Nada resultou da exibição, exceto o estímulo a fortes pressões públicas sobre Johnson para que prorrogasse a trégua nos bombardeamentos. Esta foi estendida por 37 dias com o propósito bem divulgado de testar a vontade de Hanói por conversações – em vão. Atento aos seus objetivos finais, Hanói pouco esperava de negociações.

Ao mesmo tempo que o bombardeamento recomeçou, ainda mais intenso, a procura de um entendimento continuou. As conversações em Varsóvia com intermediários poloneses, em meados de 1966, pareciam tomar bom rumo até que, num ponto delicado, os ataques aéreos dos americanos, pela primeira vez dirigidos contra alvos em volta de Hanói, fizeram com que os norte-vietnamitas cancelassem os contatos. O episódio demonstrou que nenhum dos lados encarava seriamente a possibilidade de diálogo. À sua maneira crua, McNaughton definiu o dilema dos Estados Unidos: a busca da vitória poderia findar em conciliação, mas a busca de conciliação somente terminaria em derrota, porque ao revelar "rebaixamento de horizontes, da vitória para a conciliação... daremos ao VN (Vietnã do Norte) cheiro de sangue".

A guerra estava se tornando obscena, com cadáveres queimados por napalm, plantações devastadas pelo desfolhamento, prisioneiros torturados e elevação na contabilidade de corpos. Ficava também dispendiosa, custando, agora, 2 bilhões de dólares mensais. A escalada progressiva, com reforços de 245 mil soldados em abril de 1966, requereu uma suplementação, pelo Congresso, de 12 bilhões de dólares para atender custos. O ingresso de forças americanas de combate detivera os progressos do Vietcongue em sua marcha na direção do controle. Os insurgentes, segundo relatórios, perdiam seus refúgios e eram forçados a se movimentar, tornando-se difícil seu reagrupamento, o que gerava queda no moral e deserções. Suas baixas, juntamente com as das tropas norte-vietnamitas, conforme levantamentos americanos, cresciam satisfatoriamente; o interrogatório de prisioneiros, diziam, demonstrava queda do moral; o sucesso dos americanos parecia ao alcance.

O preço estava na confirmação da opinião dos franceses a respeito de uma "guerra podre". Buscando a guerra de desgaste, Westmoreland dispunha unidades de combate como iscas, provocando ataques de modo que a artilharia e a força aérea pudessem obter bons alvos para matança fácil e gratificante contabilidade de cadáveres. Missões do tipo "localizar e destruir", usando tanques, bombardeamento de artilharia e desfolhamento por meio de aviões, deixavam aldeias e safras arruinadas e refugiados na miséria, apodrecendo em campos ao longo da costa, tomados de amargo ressentimento contra os americanos. A estratégia dos bombardeamentos era também dirigida ao desgaste pela fome através da destruição de diques, valas de irrigação e recursos de agricultura. Missões de desfolhamento mostravam-se capazes de liquidar 120 hectares de arroz entre três e cinco dias, desnudando igual área de selva em cinco a seis semanas. O napalm instituiu-se em terrorismo oficial corrompendo os oficiais americanos, pois lhes era necessário apenas apertar um botão e "observar as cabanas voando pelos ares envoltas num halo de chamas alaranjadas". Reportagens sobre os métodos americanos de combate, escritas por correspondentes em franca divergência com o establishment militar, chegavam aos Estados Unidos. Americanos que nunca tinham visto a guerra antes, viam agora gente ferida e sem lar, a carne liquefeita de crianças queimadas vivas, massacradas por seus próprios compatriotas. Quando até mesmo o *Ladies Home Journal* publicou um relato com fotografias das vítimas do napalm, a esperança de McNaughton de "emergir sem nódoas" se desvaneceu.

A violência, sendo recíproca, potencializava-se. O terrorismo vietcongue, por meio de foguetes, canhoneamento de aldeias, armadilhas, sequestros e massacres, era deliberado e indiscriminado, visando criar insegurança, deixando a nu a falta de proteção pelas autoridades de Saigon. Embora a intervenção armada dos americanos tivesse evitado a vitória dos insurgentes, nada fizera no sentido de derrotá-los. O progresso era decepcionante. Quando o equilíbrio oscilou, China e Rússia enviaram maiores suprimentos ao Norte, fortalecendo seu poderio. O baixo moral deduzido do comportamento dos prisioneiros não passava de interpretação errônea do estoicismo e fatalismo característicos dos orientais. Nas forças americanas, o serviço militar de curto prazo, um ano, adotado para evitar-se o desgaste oriundo da adaptação às condições anormais de guerra na selva, acabou aumentando as baixas, que eram sempre maiores nos primeiros meses de experiência em combate. A adaptação jamais correu paralela às circunstâncias. As táticas de combate americanas eram projetadas em termos de grandes formações de tropas fazendo uso da mobilidade e, quanto à força aérea, os alvos favoritos estavam nas instalações industriais. Uma vez em ação, a máquina militar americana não podia se reajustar a uma guerra na qual esses elementos não existiam. A mentalidade americana contava com seu poderio superior, mas um tanque não pode dispersar vespas.

Outras necessidades, além das militares, causavam idênticas preocupações. O programa de "pacificação" representava desgastante esforço americano destinado a aperfeiçoar a construção política e social do Vietnã do Sul no interesse da democracia. Supunha-se que isso viria ajudar o processo de confiança em Saigon e estabilizar sua marcha. Todavia, os sucessivos governos dos generais Khanh, Ky e Thieu, todos ressentidos da patronagem de que dependiam, não eram colaboradores prestimosos. Nem tampouco o eram as tropas de homens brancos, com sua presença material maciça, os agentes ideais para "conquistar corações e mentes". O programa, conhecido como WHAM* pelos americanos no local fracassou em sua finalidade, não obstante todo o entusiasmo nele aplicado. A oposição ao regime dos generais só fazia crescer, com exigências por governo civil e Constituição. O movimento budista antigovernamental revivesceu e novamente entrou em choque aberto com as tropas de Saigon. Em Hue, a velha capital, agitadores saquearam e tocaram fogo no Consulado americano e no centro cultural.

As opiniões nos Estados Unidos também estavam se transformando, com visível evolução para um sentimento antiguerra, quando o bombardeamento recomeçou depois da trégua de Natal. Membros do Congresso, que Maxwell Taylor, quando os entrevistara em seu retorno como embaixador, julgara "surpreendentemente pacientes e pouco críticos", formavam agora bolsões de descontentamento. Durante a pausa dos bombardeios, 77 membros da Câmara, na maior parte democratas, pediram encarecidamente ao presidente para que estendesse a trégua, submetendo o conflito às Nações Unidas. Quando recomeçaram essas operações, 15 senadores, todos democratas, tornaram pública uma carta ao presidente opondo-se à decisão. Na oportunidade em que o senador Morse propôs revogação da Declaração do Golfo de Tonquim, como emenda a uma aprovação de verbas ao Vietnã do Sul, três senadores – Fulbright, Eugene McCarthy, de Minnesota, e Stephen Young, de Ohio – juntaram-se aos inflexíveis Morse e Gruening, apoiando a emenda. Foram derrotados por 92 a 5.

---

*WHAM – Sigla de *Win Hearts And Minds* ("conquistar corações e mentes"). (*N. do T.*)

Embora não muito ríspidos, eram sinais de oposição ao presidente, dentro de seu próprio partido. Representava o começo de um bloco pró-paz que dividiria o Partido Democrata com respeito ao Vietnã; não possuía, ainda, liderança convincente e determinada, tanto na Câmara quanto no Senado, que estivesse disposta a se opor à maioria.

A insatisfação era bem mais profunda do que a indicada pelos votos escassos. O Congresso continuava votando dotações obedientemente, porque muitos membros não desejavam rejeitar a política da administração quando a alternativa significava admitir o fracasso americano. Além do mais, eles, em grande parte, deixavam-se escravizar pelo gigante que Eisenhower identificara como complexo militar-industrial. Contratos para a defesa se constituíam em sua moeda, manipulados por mais de trezentos lobbyistas que o Pentágono mantinha no Capitólio. Os militares patrocinavam viagens VIP, jantares, filmes, conferências, aviões, fins de semana esportivos e outras vantagens, especialmente aos presidentes de comissões em ambas as casas. Um quarto dos membros do Congresso recebia emolumentos da reserva. Criticar as reivindicações dos militares tornava o congressista vulnerável à acusação de estar minando a segurança nacional. Na reunião do 89º Congresso, em 1965, aquele líder impudente – o vice-presidente Hubert Humphrey – advertiu aos novos membros que "se sentissem encorajados a se levantar e produzir um discurso contra a política no Vietnã, era melhor não o fazer". Depois do segundo ou terceiro mandatos, disse ele, os congressistas podiam dar-se o luxo da independência, "mas se vocês quiserem retornar em 1967, não façam isso agora".

O fato de Fulbright votar com Morse significava rompimento declarado com Johnson. Sentia-se traído pela entrada de tropas em combate, contrariando as garantias que lhe dera Johnson, e um dia iria confessar arrependimento pelo papel que desempenhara na Resolução do Golfo de Tonquim – mais do que por qualquer outra coisa em sua vida. Organizou, durante janeiro-fevereiro de 1966, em seis dias de debates televisados, a primeira discussão pública feita com seriedade e em nível oficial a respeito da intervenção americana no Vietnã. Bem mais do que já fora apreciado na época, os temas básicos emergiram – o alegado "compromisso", o interesse nacional, a desproporção entre esforço e interesse, o nascente reconhecimento da autotraição americana. O secretário Rusk e o general Taylor defenderam o caso pelo ângulo da administração; o embaixador George Kennan, o general James M. Gavin e o próprio Fulbright, além de outros colegas seus, falaram pelos oponentes.

O secretário Rusk insistiu, como sempre, que os Estados Unidos tinham "claro e direto compromisso" em garantir o Vietnã do Sul contra o "ataque externo" do Vietnã do Norte, derivado do acordo com a OTSEA e a carta de Eisenhower a Diem, e que isso impunha "obrigação" de intervir. Com a retórica inventiva dos verdadeiros crentes, ele assegurou que a "integridade de nossos compromissos é absolutamente essencial à preservação da paz no mundo". Quando o suposto compromisso foi rebatido pelo senador Morse ao citar recente negativa de Eisenhower de "haver assumido compromisso unilateral com o governo do Vietnã do Sul", Rusk retornou à posição de que os Estados Unidos estavam "credenciados" pela OTSEA a intervir, e o compromisso derivava das declarações políticas dos sucessivos presidentes e das verbas votadas pelo próprio Congresso. O general Taylor reconheceu sob interrogatório que, no tocante ao uso de forças de combate, esse compromisso "começou, como é óbvio, somente na primavera de 1965".

No que se referia ao interesse nacional, Taylor afirmou que os Estados Unidos tinham "objetivo vital" na guerra, embora sem definir qual fosse. Disse que os líderes comunistas, em sua marcha para conquistar o Vietnã do Sul, esperavam minar a posição dos Estados Unidos na Ásia provando a eficácia das guerras de libertação, e que cumpria aos Estados Unidos demonstrar que elas eram "destinadas ao fracasso". O senador Fulbright achou oportuno indagar se a Revolução Americana não fora uma "guerra de libertação nacional".

O general Gavin questionou se o Vietnã valia o investimento, considerando-se os demais compromissos americanos no exterior. Acreditava que os responsáveis estavam iludidos pelo esquema e que o comprometimento de meio milhão de homens, reduzindo a capacidade em todos os demais lugares, sugeria que a administração perdera completamente o senso das proporções. O Vietnã do Sul simplesmente não tinha tal importância.

A acusação de que a oposição pública à guerra representava "fraqueza" e falha de vontade (revivida pelos revisionistas dos anos 1980) foi brevemente abordada pelo general Taylor, ao definir o repúdio público dos franceses como demonstração de "fraqueza". O senador Morse replicou que não "se passaria muito tempo até que o povo americano repudiasse nossa guerra no Sudeste Asiático", como os franceses haviam feito, e quando isso ocorresse seria "fraqueza"?

Em palavras sóbrias, o embaixador Kennan levantou o problema da autotraição. O êxito nessa guerra seria falso, se êxito houvesse, disse, devido ao dano feito pelo espetáculo da América infligindo "terríveis sofrimentos à vida de um povo pobre e desamparado, especialmente por se tratar de gente de raça e cor diferentes... Tal espetáculo provoca reações em milhões de pessoas por todo o mundo, profundamente hostis à imagem que gostaríamos que tivessem a respeito deste país". Muito mais respeito seria obtido "pela corajosa e resoluta correção dessas atitudes insanas" do que permanecer num obstinado comprometimento. Citou a frase de John Quincy Adams em torno do estandarte da liberdade desfraldado pelo mundo: "Aí estará o coração da América... mas a América não sairá à caça de monstros para serem destruídos." Perseguir monstros significaria guerras sem fim, nas quais "a máxima fundamental da política (americana) insensivelmente mudaria de liberdade para força". Nenhuma verdade tão ríspida como essa foi dita durante os debates.

Apesar de todas as verdades expostas, os debates de Fulbright não foram prelúdio à ação na única maneira em que seria útil – um voto contra as verbas de guerra e o exercício intelectual de examinar-se a política americana. O tema de maiores consequências – o da guerra do Executivo – não chegou a ser formulado senão após os debates, no prefácio assinado por Fulbright da versão publicada. Aquiescência à guerra do Executivo, escreveu ele, vinha da crença de que o governo possuía informações secretas que lhe permitiam dados especiais na determinação da política a ser seguida. Não apenas isso era questionável; com efeito, as decisões de política maior não se fazem "à luz de fatos disponíveis, mas sim mediante julgamento", no que os estrategistas políticos não são mais bem aquinhoados que o cidadão inteligente. O Congresso e os cidadãos podem julgar "se o emprego maciço e a destruição de homens e riquezas servem seus preponderantes interesses como nação".

Embora podendo trazer à discussão os problemas maiores, Fulbright era um professor, não um líder; despreparado até para colocar seu voto onde ele pudesse contar. Quando, um mês após os debates, o Senado autorizou 4,8 bilhões de dólares para o fundo de emergência do Vietnã, a resolução passou contra apenas as negativas fiéis de Morse e Gruening. Fulbright votou com a maioria.

A crença de que o governo decidia melhor foi manifestada justamente nessa ocasião pelo governador Nelson Rockefeller que disse, quando do recomeço dos bombardeios: "Devemos, todos, apoiar o presidente. Ele é o homem que possui todas as informações e conhecimentos daquilo contra o que lutamos." Eis confortável retórica, desobrigando o povo de tomar posição. Trata-se de algo, porém, normalmente falso, especialmente em se tratando de assuntos externos. "As decisões de política exterior", concluiu Gunnar Myrdal após duas décadas de estudo, "são, de modo geral, muito mais influenciadas por motivos irracionais" do que as relativas aos assuntos domésticos.

DEPOIS DA SEGUNDA GUERRA MUNDIAL uma pesquisa sobre bombardeamento estratégico levada a cabo por cientistas, economistas e outros especialistas, chegou à conclusão de que o bombardeio estratégico no teatro europeu (algo distinto de bombardeamento tático combinado com ações terrestres) não fora decisivo. Não reduzira sensivelmente a capacidade física de luta dos alemães, sequer os levou a anteciparem sua rendição.

A pesquisa descobriu extraordinária rapidez nos reparos dos danos e nenhuma queda no moral; na verdade, o bombardeamento levantava o moral. Em março de 1966, quando os três meses em que se distribuiria o *ROLLING THUNDER* se transformaram em mais de ano sem visível "quebra de ânimo", um grupo de respeitáveis cientistas do MIT e de Harvard, incluindo alguns que haviam tomado parte na pesquisa anterior, propôs exame atento dos resultados colhidos no Vietnã. Comissionados pelo Instituto de Análise da Defesa, sob o codinome *Jason,* 47 especialistas de várias disciplinas entrevistaram, durante dez dias os departamentos de Defesa, Estado, CIA, Casa Branca, seguindo-se dois meses de estudos técnicos. O grupo concluiu que os efeitos sobre a disposição de luta do Vietnã do Norte e a avaliação, por Hanói, dos custos em continuar lutando "não se tinham revelado de nenhum modo tangível". O bombardeamento não criara problemas sérios no tocante a transportes, economia ou moral. Os pesquisadores tampouco encontraram base que os levasse a concluir "que os efeitos punitivos indiretos dos bombardeios venham a se mostrar decisivos nesses aspectos".

A razão principal, concluiu o *Jason,* para o relativo fracasso da ofensiva aérea estava nos "objetivos medíocres". O estudo concluía que o "ataque direto a uma sociedade" tendia a fortalecer a estrutura, aumentar a disposição popular, estimular engenhos protetores e a capacidade em reparar danos. Tal efeito social não era imprevisível: foi o mesmo encontrado na Alemanha e na Inglaterra, onde a elevação do moral e o enrijecimento da determinação vieram como resultantes do bombardeamento de terror executado pelos alemães em 1940-41.

Como alternativa ao bombardeio o *Jason* recomendou a construção de uma barreira "anti-infiltração" ao longo do Vietnã e do Laos numa distância aproximada de 260 quilômetros. O projeto estava plenamente detalhado com planos técnicos, e consistia em campos de minas, muralhas, valas e pontos reforçados com arame farpado eletrificado, ambos os lados desfolhados – tudo ao custo estimado de 800 milhões de dólares. Se isso funcionaria, afinal, é coisa que não se pode saber. Ridicularizado pelos comandantes da Força Aérea no CINCPAC, que não poderiam permitir alternativas para suas funções, jamais foi tentado.

Como todo e qualquer conselho "dissonante", o *Jason* chocou-se contra muralhas de pedra. A estratégia permaneceu intocada porque a Força Aérea, preocupada com seu papel futuro, não admitia que o poder aéreo pudesse falhar. O CINCPAC continuou a elevar o nível punitivo do bombardeio à base de um sofrimento calculado consonante com também calculada "teoria de depressão" no comportamento humano: Hanói deveria responder à "depressão" cessando as ações que a causavam. "Prevemos que eles reagirão como pessoas razoáveis", disse, depois, um oficial do Departamento de Defesa. Em fins de 1966, os lançamentos de bombas atingiram a taxa anual de 500 mil toneladas, maior que a taxa utilizada contra o Japão na Segunda Guerra Mundial. Em vez de reagir racionalmente, Hanói respondeu muito emocionalmente em termos de ira e desafio, exatamente como os ingleses o fizeram debaixo da blitz dos alemães e como, sem dúvida, fariam os americanos se fossem bombardeados. Em vez de levar o inimigo castigado à mesa de negociações, a ofensiva aérea tornou-os mais inflexíveis: insistiam, agora, na cessação dos bombardeios como pré-requisito às negociações.

As tentativas de acordo prosseguiram através de Chester Ronning do Canadá e outros intermediários, porque a essa altura todas as partes envolvidas saudariam o fim da guerra, cada uma nos seus próprios termos, que permaneciam irreconciliáveis. Quando Washington tomou conhecimento, por visitantes chegados de Hanói, que lá estavam dispostos às conversações, desde que os bombardeios fossem suspensos, a conclusão dos Estados Unidos firmou-se em torno do êxito do bombardeamento e que, portanto, deveriam ser aumentados até produzirem os resultados desejados. O resultado, como é óbvio, foi o endurecimento da intransigência de Hanói.

O *Jason* fez uma penetração significativa na muralha de pedra. Confirmou as dúvidas que começavam a preocupar o secretário McNamara. Seu próprio serviço de análise de sistemas no Departamento de Estado levara à conclusão de que os benefícios militares não estavam compensando os custos econômicos. Embora disso não desse indicações públicas, em observações aos que lhe eram próximos, ele parecia demonstrar que o reconhecimento da futilidade surgia em sua mente. Acreditando, como escreveu ao presidente, que a prognose de uma "solução satisfatória" não era das melhores, declarou-se favorável à barreira anti-infiltração como substituto do bombardeamento e favorável, também, ao aumento das forças terrestres. Mas não conseguiu prevalecer.

Em todos os escalões do governo, a sensação de futilidade ganhava terreno, causando divergências. Alguns poucos se demitiram; a maioria, porém, era desalojada por manobras do presidente que, não obstante ter suas dúvidas, era incapaz de tolerá-las nos outros, quer se manifestassem ou não. Hilsman foi retirado do Departamento de Estado em 1964, Forrestal, do staff da Casa Branca em 1965, McGeorge Bundy, do Conselho de Segurança Nacional nos começos de 1966, seguidos pelas partidas voluntárias de George Ball e Bill Moyers, em setembro e dezembro de 1966. Sem exceção, todos se foram quietamente, silenciosos Laocoontes que não falaram, muito menos bradaram suas advertências ou divergências à época.

A partida silenciosa de seus membros é uma das mais importantes atitudes dos governos. Revelar coisas, mesmo depois de sair do governo, é precipitar-se no abismo; a exibição de deslealdade barra por inteiro eventual reingresso no círculo. Idênticas razões levam à relutância em demitir-se. O funcionário acaba sempre convencido de que poderá exercer maior influência refreadora dentro do que fora e, por isso, permanece aquiescente para que sua relação com o poder não se interrompa. O efeito da presidência americana com seu poder de nomear na área executiva é esmagador. Os conselheiros encontram dificuldades sérias em dizer "não" ao presidente, ou discutir sua política, por saberem que seus cargos dependem de permanecer na linha. Caso sejam oficiais do Gabinete, pelo sistema americano, não dispõem de assento parlamentar para onde possam retornar, de lá fazendo-se ouvir no governo.

Rusk permanecia como um rochedo. Se tinha dúvidas, conseguia, na condição de serventuário civil clássico, convencer-se de que a política americana estava certa, reiterando, a despeito de todas as demais considerações, o objetivo atinente à manutenção do Vietnã do Sul não comunista.

Numa espécie de tributo à firmeza de suas opiniões, alguém de seu próprio departamento garatujou, numa cabine telefônica: "Dean

Rusk é como uma declaração gravada." Para o lugar de Bundy, foi Walt Rostow, que estivera profetizando o iminente colapso do Vietnã do Norte, desde 1965, e permanecia um entusiasta. No topo, Johnson andava bem menos entusiasmado. Indagado certa vez sobre quando a guerra terminaria, respondeu: "Quem pode responder aos 'quando' e aos 'quanto'? A coisa importante seria saber se estamos certos ou errados." Continuar matando e gerenciando a devastação da guerra com tal questão em dúvida era algo indigno em relação ao público, à sua própria presidência e à história.

Através do ônus que representavam repetidas escaladas, a guerra estava, agora, afetando o público em geral. Em meados de 1966, o Pentágono anunciou que o total de tropas enviadas ao Vietnã atingiria 375 mil homens até fins daquele ano, com mais 50 mil que seguiriam nos seis meses posteriores. No segundo semestre de 1967, o montante chegou a 463 mil, com Westmoreland pedindo mais 70 mil, sendo o total de 55 mil "a força mínima essencial", e Johnson anunciou que as necessidades e solicitações do comandante "seriam supridas". Aos jovens em época de recrutamento, essa guerra não tinha sentido, especialmente para aqueles que a consideravam mesquinha e inglória. Todos os que podiam se valer das prorrogações de recrutamento permissíveis aos universitários utilizavam esse direito, ao passo que os das classes menos favorecidas vestiam uniforme. A convocação iníqua daí derivada, primeiro pecado da Guerra do Vietnã na frente interna, alimentou uma divisão na sociedade americana, somando-se à já existente divisão de opiniões.

Os protestos públicos reuniram muita gente em comícios, demonstrações nos *campi* universitários, marchas antiguerra avolumando-se em estridência e violência, com bandeiras pró-Hanói drapejando e slogans favoráveis a Ho Chi Minh. Uma grande passeata chocou-se contra soldados em uniformes de combate nas escadarias do Pentágono, resultando em manifestantes presos e mulheres espancadas. Uma vez que o protesto estava associado, na concepção do público, às drogas, cabeleiras compridas e contra-cultura da década, isso pode ter enfraquecido, em vez de fortalecer, o repúdio geral. O público, como um todo, de acordo com uma pesquisa feita, considerava as demonstrações antibélicas "meios de encorajar o comunista a lutar ainda mais duramente". A fuga às convocações militares e a queima de bandeiras ofendiam os patriotas. Não obstante, a sensação de desconforto, animada pela percepção de que a guerra era cruel e imoral, ganhava corpo. O bombardeio de um pequeno país rural asiático, comunista ou não, dificilmente poderia ser interpretado como necessidade imperiosa. Reportagens contendo testemunhos, feitas no *New York Times* por Harrison Salisbury, nas quais eram narradas cenas do bombardeio de áreas civis em Hanói, causaram clamor. Elas foram, inicialmente, negadas, depois admitidas, pela Força Aérea. Os percentuais de Johnson nas pesquisas de opinião – abordando o modo como conduzia a guerra – caíram muito e jamais obtiveram novamente o apoio da maioria. Narrativas sobre prisioneiros arremessados de helicópteros em voo e outros incidentes de brutalidade selvagem provaram aos americanos que seu país, também, poderia ser culpado de atrocidades. Opróbio no exterior se fez sentir com as suspeitas dos aliados mais próximos dos americanos – Inglaterra, Canadá e França.

A guerra, supostamente, une o povo, mas uma guerra capaz de despertar repúdio, como a das Filipinas em 1900 ou a dos bôeres, divide o país mais profundamente do que o fazem as divergências normais. À medida que a nova esquerda e os radicais se tornaram mais ofensivos e não podiam ser contidos, aprofundaram o abismo junto à respeitável classe média, elevando o ódio e a violência recíprocos entre sindicatos favoráveis e desfavoráveis ao governo. Até quando seria possível tolerar a "confusão espiritual"?, indagou Reischauer em 1967, no livro *Beyond Vietnam* (Além do Vietnã). Para alguns, a visão de seu país passou a ser negativa. O Conselho Nacional das Igrejas bradou que a América "era vista como um país predominantemente da raça branca, usando sua espantosa capacidade para matar mais asiáticos". Martin Luther King Jr. disse que não poderia mais reprovar atos de violência cometidos por seu povo sem manifestar-se contra "o maior distribuidor da violência no mundo de nossos dias – ou seja, meu próprio governo".

Esse era, um terrível reconhecimento da situação. Vermo-nos, subitamente, no papel de "bandidos" dentro da polaridade do universo, e reconhecer como agente "o meu próprio governo" se constituía em desdobramento de sérias consequências. A desconfiança e até mesmo a repulsa em relação ao governo eram muito sérias, começando com a alienação eleitoral. "Você votou em 1964 e elegeu Johnson: para quê, meu irmão?", lia-se numa faixa de passeata antiguerra em Nova York. O vice-presidente Humphrey foi implacavelmente importunado com apartes na Universidade de Stanford. "A deterioração de qualquer governo", escreveu Montesquieu, no século XVIII, em seu *O espírito das leis,* "começa com a decadência dos princípios sobre os quais se fundou."

Os relatos de guerra da administração liquidaram com sua credibilidade no país, e muito da culpa pode ser atribuída aos militares. Doutrinados em camuflagem para iludir o inimigo, os militares passam a iludir por hábito. Cada um dos respectivos serviços, além dos comandos, manipulavam as notícias para benefício da "segurança nacional", ou para aparecerem sob boa luz, ou para vencerem um round nas disputas entre os serviços, ou para encobrir equívocos, ou para dar publicidade a algum comandante. Em meio a uma imprensa ávida por expor os erros, o público não ficou sujeito apenas à costumeira ignorância de mentiras frequentemente vergonhosas, escondidas por detrás das burlas dos comunicados oficiais.

A discordância espalhou-se pelo establishment. Walter Lippmann dedicou toda uma noite, em 1966, a persuadir Katherine Graham, editora do *Washington Post,* e firmemente integrada no grupo dos falcões, "de que as pessoas decentes não mais poderiam apoiar essa guerra". O custo alarmante, chegando aos bilhões, hipotecava o futuro, levando ao deficit, causava inflação e deixava o país em posição desfavorável na balança de pagamentos – o que preocupava a muitos no mundo dos negócios. Alguns empresários formaram blocos de oposição, pequenos comparativamente à comunidade dos negócios como um todo, mas encorajados quando a imponente figura de Marriner Eccles, ex-presidente do Federal Reserve Board, falou publicamente em favor de um grupo conhecido como Negociação Agora, organizado por Gallbraith e Arthur Schlesinger Jr. Uma eventual voz que já pertencera ao governo, James Thompson, um dos oponentes internos que deixara o staff do Extremo Oriente no Departamento de Estado, em 1966, declarou em carta ao *New York Times* que sempre houvera "alternativas construtivas" e, ecoando Burke, que os Estados Unidos, como maior potência do mundo, "tinham poder suficiente para recuar, admitir erros e agir com magnanimidade".

O desagrado do general Ridgway pela guerra era bem conhecido. Atingindo a independência da reforma, outro, de sua mesma estatura – o general David M. Shoup, recentemente comandante do Corpo de Fuzileiros e herói da guerra do Pacífico –, juntou-se a ele. A premissa governamental de que o Vietnã era "vital" aos interesses dos Estados Unidos não passava, disse ele, de "conversa-fiada"; todo o Sudeste Asiático não "valia uma única vida americana... por que não podemos deixar os povos decidirem seus próprios destinos?". O senador Robert Kennedy, nêmesis do presidente, ou assim considerado, reclamou uma trégua no bombardeamento por sua futilidade e, em outro discurso que enfureceu a Casa Branca, propôs que a FLN tivesse voz em qualquer tipo de negociação. Um marco miliário foi transposto quando um senador honesto, Gaylord Nelson, de Wisconsin, juntou-se ao par solitário, Morse e Gruening, votando contra nova dotação de 12 bilhões de dólares destinados à guerra. O representante George Brown, da Califórnia, apresentou uma resolução para ser apensada à proposta de dotação especificando que, por "decisão do Congresso", nenhuma parcela dos fundos poderia ser utilizada em "operações militares no ou sobre o Vietnã do Norte". Embora em se tratando de resolução, sem poder sobre o Executivo, foi, não obstante, esmagadoramente derrotada por 372 a 18.

A despeito de vinte anos de pronunciamentos, desde os tempos de Truman, sobre o interesse "vital" do Sudeste Asiático para os Estados Unidos e a tremenda necessidade de se deter o comunismo, o propósito da guerra para o grande público permanecia enevoado. Em maio de 1967, quando uma pesquisa Gallup indagou dos entrevistados se sabiam por que os Estados Unidos estavam lutando no Vietnã, 48 por cento responderam "sim" e 48 por cento "não". A falta de uma Declaração de Guerra pode ter feito a diferença.

O propósito da guerra não era o lucro ou a defesa nacional. Teria sido bem mais fácil se assim fosse, pois é mais simples terminar uma guerra por conquista de território ou destruição das forças e recursos adversários, do que estabelecer princípios mediante superioridade bélica, e a isso denominar vitória. O propósito da América estava em demonstrar intenção e capacidade de deter o comunismo, emoldurando a preservação de um Estado artificialmente criado, com motivações inadequadas, e não muito viável. A natureza da sociedade que estava sendo ajudada representava rachadura inerente ao quadro, e, não obstante todos os esforços de se "construir uma nação", ela não mudou em essência.

Como, então, acabar com esse esbanjamento do poder americano num conflito nada promissor, sem vantagens e potencialmente perigoso? Confiante em que o Vietnã do Norte deveria estar sangrando e já inclinado a ceder aos propósitos americanos, a administração tentou repetidamente, durante 1966-67, levar Hanói ao terreno das conversações, sempre nos termos que a ela convinham. Os termos eram aparentemente liberais, ignorando que Hanói insistia numa condição: que os bombardeios cessassem. A abertura dos Estados Unidos prometia, em tempo hábil, cessar as operações aéreas, deter o aumento de forças americanas "tão cedo quanto possível, o mais tardar em seis meses", depois que o Vietnã do Norte retirasse suas forças do Sul e cessasse o uso da violência. Todas as ofertas dependiam de recíproca redução dos combates por parte de Hanói. Hanói não oferecia reciprocidade, a menos que os bombardeios fossem suspensos antes.

Os poderes estrangeiros se esforçaram. O papa Paulo VI apelou a ambas as partes por um armistício capaz de conduzir a negociações. U Thant, solicitado por Washington para exercer seus bons ofícios, instou com os Estados Unidos e ambos os Vietnãs a se encontrarem em território britânico para negociar. A todas as tentativas, partissem de onde partissem, através de pronunciamentos de Ho Chi Minh e de outras autoridades, Hanói reiterou sua insistência, como requisitos prévios às negociações, no término "incondicional" do bombardeamento, cessação de todos os demais atos de guerra pelos Estados Unidos, retirada das forças americanas e aceitação dos Quatro Pontos.

Embora fossem feitas modificações nas outras condições, de tempos em tempos, a demanda pelo término dos bombardeios era básica e jamais variou.

Quando o *premier* Pham Van Dong referiu-se aos Quatro Pontos como "base para entendimento", em vez de pré-requisitos, os americanos julgaram vislumbrar um sinal; e da mesma forma, novamente, quando, numa declaração, Hanói prometia "examinar e estudar propostas" de negociação se os Estados Unidos parassem os bombardeios. Nessa ocasião, representantes da América e do Vietnã do Norte realmente conferenciaram em suas respectivas Embaixadas em Moscou, mas como os americanos prosseguissem com as ações aéreas, nada resultou.

Em outra ocasião, dois americanos relacionados com Hanói levaram pessoalmente uma mensagem enviada pelo Departamento de Estado propondo discussões secretas na base de "algumas freadas recíprocas". O tom era moderado e os aviões, embora não ficassem no solo, por algum tempo deixaram em paz a área de Hanói. À falta de resposta, retomaram os bombardeios, atingindo Haiphong pela primeira vez, em pátios ferroviários e em outros alvos na capital.

U Thant sugeriu a medida óbvia para eliminar toda e qualquer manobra. Insistiu com os Estados Unidos para que adotassem um "risco calculado", suspendendo os bombardeios, o que, acreditava ele, conduziria a conversações de paz dentro de "poucas semanas". A América não fez isso.

Para consumo doméstico, o presidente Johnson descreveu seu país como estando pronto a fazer "mais do que nos cabe num encontro com o Vietnã do Norte, a meio caminho de um possível cessar-fogo, armistício ou negociações de uma conferência de paz", mas a expressão "mais do que nos cabe" não incluía deixar no solo os B-52. Uma carta de Johnson, destinada a Ho Chi Minh, repetia a fórmula da reciprocidade: os bambardeios e o aumento das forças americanas cessariam "tão logo eu receba garantias de que as infiltrações no Vietnã do Sul por terra e mar não mais estão sendo realizadas". A resposta de Ho repetia palavras anteriores.

A análise das reações do Vietnã do Norte indicavam a Washington a "profunda convicção de Hanói quanto à quebra de nossas resoluções em face do custo da luta". Era uma análise correta. A intransigência de Hanói estava ligada, na verdade, à crença de que os Estados Unidos, devido ao custo ou às crescentes dissensões, desistiriam primeiro. Quando o secretário Rusk, indignadamente, relacionou as 28 propostas americanas de paz, não deixava de ter razão; os adversários nada aceitavam até que pudessem impor os seus próprios termos. Visto que as aberturas políticas dos Estados Unidos não apenas deixavam de ir ao encontro de suas aspirações, mas também não indicavam a natureza do acerto político final, Hanói mostrava desinteresse.

A certa altura um movimento real pareceu tomar corpo, quando o *premier* soviético Aleksei Kosygin visitou o primeiro-ministro Harold Wilson na Inglaterra. Atuando como intermediários em comunicação com os litigantes, eles chegaram perto de obter uma base comum para entendimentos. A oportunidade foi perdida quando Johnson, no último momento, no instante em que Kosygin deixava Londres, inesperadamente alterou a redação do comunicado final, em hora tardia para novas consultas. "A paz já estava quase em nossas mãos", lamentou Wilson. Isso, entretanto, parece duvidoso. Prevalece a impressão de que Johnson estaria aquiescendo com tais manobras apenas buscando aplacar críticas, no país e no exterior, quando ele e seus assessores ainda acreditavam em negociações impostas pelo poderio superior.

Uma nuvem se elevava no horizonte doméstico. A escalada progressiva, crescendo como o apetite que aumenta com os alimentos que ingere, sem limite visível, não era aceita sem questionamentos, ainda mais em se tratando de uma guerra só vagamente compreendida. O método de Westmoreland, que consistia em pedir aumentos de setenta mil a oitenta mil homens de cada vez, prorrogava o problema de convocar as reservas, mas, como McNaughton advertiu seu chefe, apenas prorrogava, "com toda a horrível bagagem", para época mais crítica, o ano eleitoral de 1968. McNaughton fez notar a crescente oposição do público, alimentada pelas baixas americanas (haveria nove mil mortos e sessenta mil feridos em 1967), por medo que tinha o povo de que a guerra se ampliasse, e em face da "inquietação pelo montante de sofrimento que atingia" a população de ambos os Vietnãs. "É forte e ampla a sensação de que o establishment perdeu a cabeça... que estamos levando esse conflito a limites extremos... muitos americanos não entendem o porquê de estarmos onde estamos... Todos querem essa guerra terminada e esperam que o presidente a termine. Com êxito ou de qualquer jeito."

Se o "de qualquer jeito" significava "ou então ele que se vá", a alternativa não era inimaginável. Lentamente Johnson compreendia que a enrascada do Vietnã não poderia ser concluída em seu benefício. Êxitos militares não terminariam a guerra nos 18 meses que restavam ao seu mandato, e, com uma eleição à frente, ele não podia se desengajar "perdendo" o Vietnã. A convocação das reservas, as baixas, o protesto público deviam ser enfrentados. Ele fora apanhado e, na opinião de Moyer, "sabia disso. Sabia que a guerra o destruiria politicamente e à sua presidência. Considerava-se um homem arruinado".

Johnson encontrava-se também sob pressão da direita e dos militares e seus porta-vozes, reclamando contra restrições que os mantinham em compasso de espera. A Comissão de Serviços Armados deu ao ressentimento um foro público, em agosto de 1967, em debates de subcomissões sob a presidência do senador John Stennis. Mesmo antes de colher testemunhos, Stennis manifestou a opinião de que se tratava de "equívoco fatal" suspender ou restringir os bombardeios.

O almirante Ulysses Grant Sharp, comandante da Força Aérea no CINCPAC, levou o tema adiante numa argumentação apaixonada em favor da guerra aérea. Proclamou o esplêndido desempenho dos B-52 nas destruições infligidas em quartéis, depósitos de munições, instalações elétricas, pátios ferroviários, indústrias de ferro, aço e cimento, aeroportos, bases navais, pontes e, de modo geral, "na imensa pulverização da atividade econômica" e dos transportes, lavouras danificadas e na cada vez maior falta de alimentos. Sem os bombardeios, prosseguiu, o Norte poderia ter duplicado suas forças no Sul, obrigando os Estados Unidos a empregarem mais de oitocentos mil soldados adicionais ao custo de 75 bilhões de dólares, apenas para ficarem à altura do inimigo. Condenou toda e qualquer pausa nos ataques aéreos à luz de que elas permitiriam ao inimigo reparar linhas de suprimentos, reabastecer as tropas no Sul e melhorar suas formidáveis defesas antiaéreas. O desprezo de Sharp pela escolha de alvos feita por civis, com lentidão e longe do ambiente, acabou manifestado explicitamente. Caso as autoridades civis – disse ele em óbvia alusão ao sistema de almoços das terças-feiras – aceitassem o conselho dos militares, as restrições sobre alvos "vantajosos" nas áreas de Hanói e Haiphong, que eram vitais, seriam eliminadas, acabando com as demoras na aprovação de objetivos e tornando o bombardeio bem mais eficaz. A interrupção seria um "desastre", prolongando a guerra indefinidamente.

O testemunho do secretário McNamara trouxe tudo isso à discussão. Numa análise contundente, apresentou evidências suficientes para demonstrar que o programa de bombardeamentos não havia reduzido de forma significativa o fluxo de homens e suprimentos, e contrariou o conselho dos militares no sentido de suspender restrições, buscando maior amplitude de ataque. "Não temos razões para acreditar que isso enfraquecerá a vontade do povo norte-vietnamita ou modificará o propósito de seus líderes... nem tampouco supomos que eles possam ser arrastados à mesa de negociações através de bombas." Assim, todos os desígnios da estratégia americana acabaram sendo considerados fúteis pelo secretário da Defesa. Ao revelar o abismo existente entre civis e militares, seu testemunho causou sensação.

As projeções do senador Stennis representaram incontido ataque à interferência civil. Disse que a preponderância do julgamento civil sobre assuntos militares tinha "algemado o verdadeiro potencial da força aérea". Era necessária, agora, a vigorosa decisão de "correr riscos que devem ser corridos e aplicar a força indispensável para fazer esse serviço direito".

Johnson estava determinado a não enfrentar qualquer desses riscos, os quais o aborreciam sobremaneira, a ponto de ter pedido desculpas ao Kremlin por impacto acidental em navio mercante soviético que se encontrava num porto norte-vietnamita. Não podia cessar ou parar o bombardeio, como meio que levaria à paz, porque seus conselheiros militares asseguravam que essa era a única maneira de fazer com que o Vietnã do Norte caísse de joelhos. Viu-se obrigado a convocar uma entrevista coletiva depois das manifestações de Stennis, a fim de negar divisões em seu governo ao mesmo tempo em que declarava apoio ao programa de bombardeios, embora sem lançar mão da autoridade relativa à escolha de alvos. Em homenagem aos militares, o general Wheeler, diretor da chefia conjunta, foi convidado para se tornar conviva regular do almoço das terças-feiras; com a suplantação de McNamara, o alvo dos bombardeios deslocou-se gradualmente na direção norte, especificamente para a área de Haiphong.

Em face do testemunho de McNamara, a administração Johnson esfrangalhou-se. O mais forte entusiasta até então, o mais obstinado na equipe herdada de Kennedy, o maior gerente da guerra, McNamara deixou de acreditar no que fazia e, a partir daí, não teve mais influência sobre o presidente. Quando, numa reunião do Gabinete, disse que os bombardeios, além de não conseguirem deter a infiltração, "estavam destruindo os campos do Sul e criando inimigos duradouros", seus colegas o fitaram em silêncio constrangido. Os antibelicistas esperaram que ele repudiasse a guerra, mas isso não aconteceu. Leal ao jogo do governo, McNamara, tal qual Bethmann-Hollweg, na Alemanha de 1917, continuou no Pentágono, presidindo uma estratégia que considerava fútil e errada. Proceder de outra forma, poderiam dizer, seria demonstrar descrença, rejubilando o inimigo. Permanece a pergunta: o dever está ligado à lealdade ou à verdade? Tomando posição de certa maneira intermediária entre uma coisa e outra, McNamara não durou muito. Três meses após os debates de Stennis, Johnson anunciou, sem consulta ao interessado, a designação de McNamara para presidente do Banco Mundial. O secretário da Defesa, ao partir, foi discreto e bem-educado.

Por essa altura, na frente doméstica, a atitude do governo ante a guerra era de índole agressiva. A fim de demonstrar sua posição e restaurar a confiança nele, Johnson chamou o general Westmoreland, o embaixador Ellsworth Bunker, sucessor de Lodge, e outros personagens de relevo com o objetivo de divulgarem predições otimistas declarando sua firme crença na missão de "dominar a agressão comunista". A evidência disponível – não compartilhada com o público

– era bem menos encorajadora. Estimativas da CIA concluíam que Hanói jamais consideraria qualquer nível de ação aérea ou naval "intolerável a ponto de acabar com a guerra". Um estudo da CIA sobre o bombardeamento, calculado, de maneira cruel, em termos de valor em dólar, trouxe à luz o fato de que 1 dólar de danos infligidos ao Vietnã do Norte custavam aos Estados Unidos 9,60 dólares. A seção de análise de sistemas do Departamento de Defesa considerou que o inimigo tinha condições de construir rotas alternativas de suprimentos "mais rapidamente do que nós podemos destruí-las", e concluiu que mais tropas americanas causariam maiores prejuízos que benefícios, especialmente à economia do Vietnã do Sul. O Instituto de Análise da Defesa, confirmando o estudo *Jason,* não conseguiu apurar novas evidências em contrário ao que já concluíra, no sentido de que, em vez do afirmado pela Força Aérea, "não nos parece próprio acreditar que a campanha de bombardeios ao Norte consiga reduzir o fluxo das infiltrações".

Quando evidências objetivas desmentem plenamente crenças firmes, o que passa a ocorrer, segundo os teóricos da "dissonância cognitiva", não é a rejeição daquilo em que se acreditava, mas sua petrificação, acompanhada de tentativas para racionalizar as provas em contrário. Isso resulta na "rigidez cognitiva"; em linguagem leiga, os nós da insensatez se tornam mais apertados. Assim ocorria no tocante aos bombardeios. Quanto mais punitivos e próximos de Hanói, tanto mais a administração se distanciava de seu desejo de negociar a saída da guerra. Em fins de 1967 o Departamento de Defesa anunciou que o total de toneladas de bombas jogadas no Vietnã do Norte e do Sul ia além de 1,5 milhão, superior em 75 mil toneladas ao montante lançado na Europa pela Força Aérea durante a Segunda Guerra Mundial. Um pouco mais da metade atingiu o Vietnã do Norte, suplantando a tonelagem lançada no teatro do Pacífico.

Um dos limites foi demarcado. Em julho, Johnson estabeleceu o teto de 525 mil homens nas forças terrestres, justamente o montante que o general Leclerc, 21 anos antes, declarara necessário, "e mesmo assim não poderá ser feito". Ao mesmo tempo, nova abertura, pelos Estados Unidos, revelou ligeira quebra na insistência de reciprocidade. Dois franceses, Raymond Aubrac e Herbert Marcovich, o primeiro amigo de longa data de Ho Chi Minh, e ambos desejosos de ajudar a pôr fim à guerra, ofereceram-se, através de entendimentos com Kissinger na Conferência de Pugwash, para atuarem como enviados a Hanói. Depois de consultas com o Departamento de Estado, levaram mensagem garantindo que os Estados Unidos parariam o bombardeio se Hanói assegurasse que isso levaria a negociações – e, também, na "pressuposição" de que Hanói reciprocamente diminuiria a infiltração. A resposta pareceu favorecer conversações a partir dessa base, mas discussões posteriores foram iradamente suspensas por Hanói, por ter o almirante Sharp desencadeado violentas ações aéreas buscando isolar Hanói e Haiphong uma da outra, cortando suas rotas de suprimento. Os membros do almoço das terças-feiras deveriam estar cochilando enquanto selecionavam alvos nesse dia – a menos que sua indiferença fosse deliberada.

Um mês depois, com os rumores de divisão aumentando e com as evidências de que se preparava um desafio político a Johnson em seu próprio partido, o presidente entregou-se a um esforço maior, de sua lavra. Num discurso em San Antonio, em 29 de setembro, publicamente repetiu a fórmula da missão Aubrac-Marcovich, dizendo que "nós e nossos aliados sul-vietnamitas estamos perfeitamente preparados para negociar ainda hoje à noite... Os Estados Unidos desejam suspender de todo... os bombardeios ao Vietnã do Norte, desde que tal medida nos leve de imediato a discussões promissoras". Os Estados Unidos "obviamente supunham" que, enquanto as conversas estivessem em andamento, os norte-vietnamitas não tirariam vantagens da trégua nos bombardeios. Hanói rejeitou totalmente a abertura, classificando-a de "falso pacifismo" e "transparente trapaça". Na condição de fonte informativa, Wilfred Burchett, jornalista australiano pró-comunistas, em Hanói, relatou o "profundo ceticismo" no tocante aos tentáculos públicos ou privados de Washington. "Não conheço nenhum líder capaz de acreditar que o presidente Johnson é sincero ao dizer que deseja realmente terminar a guerra, em termos que permitam aos vietnamitas dirigirem livremente seus próprios interesses."

A insensatez da oportunidade perdida cabia agora a Hanói. Se tivessem aceitado a oferta pública de Johnson, os norte-vietnamitas poderiam prendê-la pela palavra, testando os resultados. Caso a paz tivesse sido arrancada da maranha, muito sofrimento evitaria ao país. Entretanto, o bombardeio tornara-os paranoicos e, havendo percebido intento aquiescente na posição do inimigo, estavam determinados a enrijecer para negociar a partir da força.

No decurso de alguns dias ocorreram circunstâncias nos Estados Unidos que transformaram o movimento antibelicista de dissensão em desafio político. Um candidato presidencial foi pensado para opor-se a Johnson dentro do próprio partido. Sem desafio político, bem sabiam os organizadores da frente antiguerreira que o movimento pouco futuro teria e, por isso, mostravam-se ativos na busca do enfrentamento. Robert Kennedy, embora aguilhoado por seu grupo, não se apresentou. Em 7 de outubro, o senador Eugene McCarthy, de Minnesota, vindo de longa linhagem de políticos independentes daquela região, preencheu o vácuo anunciando sua candidatura. Foi envolvido pelo entusiasmo dos grupos antibelicistas. Radicais, moderados, todos aqueles que, sem considerações de natureza política, desejavam ver-se livres da guerra, correram a apoiá-lo. Estudantes trabalhavam em sua campanha. Até as primárias, Johnson e os velhos profissionais, desprezando os seguidores de McCarthy por serem bandos de amadores, não encararam o desafio com seriedade. Na verdade, tratava-se do princípio do fim. Um mês depois, o *Saturday Evening Post* apresentava a intervenção americana num sóbrio editorial que dizia: "A Guerra do Vietnã é o erro de Johnson e, através da força de seu cargo, ele o transformou em erro nacional."

Quando a ofensiva do Tet, pelo inimigo, explodiu no Vietnã ao final de janeiro de 1968, a reviravolta na opinião americana contra a guerra e contra o presidente juntou forças rapidamente. Ao contrário da guerra anterior do Vietcongue contra aldeias rurais, esse era um assalto maciço e coordenado dirigido a mais de cem vilas e cidades do Vietnã do Sul de uma só vez, onde os insurgentes não tinham sido detectados previamente. Agora, com a ferocidade do ataque, que teve condições de penetrar nos terrenos da Embaixada americana em Saigon, os espectadores da televisão nos Estados Unidos viam lutas nas ruas, canhoneios e mortes em instalações americanas, o que produzia terrível impressão. Hue, a antiga capital, ficou nas mãos do Vietcongue durante várias semanas, com milhares de habitantes massacrados antes que os invasores se retirassem. As lutas duraram um mês, e muitas cidades foram perigosamente sitiadas, não tendo ficado definido qual dos lados saíra favorecido nesses choques. Todavia, o simples fato de que tais forças pudessem ser mobilizadas por um inimigo supostamente frágil, liquidou com toda a vanglória das declarações, feriu a credibilidade de Westmoreland e deixou atônitos tanto o público americano quanto o governo.

A intenção da ofensiva pode ter sido a de provocar levantes, estabelecer firme cabeça de ponte ou demonstrar convincente grau de poderio para benefício de futuras negociações. Embora tenha fracassado como fórmula de arrasar o Sul, custando aos do Norte e ao Vietcongue baixas pesadas, estimadas entre 30 mil e 45 mil, foi empresa de sucesso, se considerado o choque que causou. Uma sensação de desastre invadiu os Estados Unidos, aguçada pela citação mais repetida nessa guerra: "Torna-se necessário destruir a cidade, a fim de salvá-la." O que a frase queria significar era que a cidade deveria ser destruída para se desentocar dela o vietcongue, mas parecia simbolizar o uso do poderio da América – destruir o objeto de sua proteção com a finalidade de preservá-lo do comunismo... Assim que a luta serenou, o sóbrio *Wall Street Journal* fez notar: "Concluímos que o povo americano deve estar pronto a aceitar, caso não o tenha feito ainda, que todo o esforço no Vietnã está fadado ao fracasso."

Westmoreland imediatamente requereu o envio aéreo de emergência de 10.500 soldados, seguindo-se uma requisição, endossada pelo general Wheeler e pela chefia conjunta, de mais 206 mil soldados adicionais, bem acima do teto imposto por Johnson em julho. O total de americanos no Vietnã, à época, estava pouco abaixo de 500 mil. Escalada de tal magnitude, que certamente levantaria imensos brados internos, fez com que o Executivo se defrontasse com o momento da opção entre a guerra intensificada e o desfecho não militar. Com a campanha eleitoral em vias de iniciar-se, aceitar o pedido de

Westmoreland era algo assustador, mas, prisioneiro da crença de que o maior poderio acabaria vencendo, Johnson não se encontrava preparado para negociar ou retirar-se em termos que pudessem ser interpretados como "de perdedor".

Designou uma força-tarefa sob a chefia de Clark Clifford, secretário da Defesa interino, para examinar custos e efeitos relativos à mobilização de duzentos mil homens. Quando indagou se essa adição faria a diferença entre vitória e impasse, a chefia conjunta não soube responder. Embora a força tarefa fizesse o possível para se manter dentro de suas atribuições, "assuntos fundamentais" continuavam suscitando controvérsia: no seio da opinião pública, o chamamento das reservas, extensão do recrutamento, o aumento e talvez prorrogação do tempo de serviço militar, custos adicionais em bilhões de dólares, aumento de impostos, ordenados e controle de preços; na frente militar, o fato inegável de que noventa mil homens do Norte se haviam infiltrado em 1967, que a presente taxa era três ou quatro vezes a do ano anterior, que o inimigo poderia produzir sua escalada também, a qualquer momento, que o bombardeio, evidentemente, não os deteria e nenhum nível de desgaste demonstrara ser "inaceitável". Nos assaltos ferozes, frequentemente suicidas, da ofensiva do Tet, o inimigo não hesitara em sacrificar vidas prodigamente, em alguns casos com baixas de até 50 por cento. Que espécie de desgaste eles considerariam "inaceitável"?

Entre a chefia conjunta e o círculo íntimo do presidente, dos quais Rusk, Rostow, os generais Wheeler e Taylor eram membros da força-tarefa, nenhuma inferência parece ter brotado desse conjunto de ponderações. Permaneciam congelados na postura dos últimos três anos, determinados a prosseguir nos combates e dando a Westmoreland o que ele pedia. Eram como "homens em um sonho", nas palavras de George Kennan, incapazes de "qualquer percepção realística dos efeitos de seus próprios atos". Clifford e outros tinham dúvidas, postulando limitações no esforço de guerra e negociação de um acordo. A retirada não era uma opção, pois após três anos de destruição e guerra devastadora a vingança do Norte seria terrível e os Estados Unidos não podiam sair deixando o povo do Vietnã do

Sul desamparado, para ser dizimado pelos inimigos. De forma quase unânime, a força-tarefa recomendou, em 4 de março, um incremento de 13.500 homens destinados a compor a demanda imediata, enquanto que os demais itens do relatório, de acordo com um dos membros, "representaram esforço destinado a prender a atenção do presidente – levando-o a focalizar problemas de perspectiva mais ampla".

Clifford, escolhido por Johnson para restaurar o apoio perdido com McNamara, ironicamente absorveu a desilusão do antecessor tão logo ocupou seu lugar. Ele já se impressionara no verão anterior quando, no desempenho de vistoria da OTSEA, visando urgir maior esforço por parte dos países-membros, defrontou-se com indiferença completa. Os assim chamados "aliados", que eram os "dominós" putativos, estavam engajados sem qualquer vislumbre de seriedade. A Tailândia, sob ameaça na porta ao lado, mantinha um contingente de dois mil e quinhentos homens no Vietnã, embora com população de trinta milhões. Clifford encontrou simpatia e encorajamento em relação ao esforço americano, mas nenhuma disposição em aumentar as forças ou, sequer, sérias preocupações com o assunto. A visão, de dentro do próprio Sudeste Asiático, quanto à conjuntura ali vivida, levantava graves dúvidas no tocante àquilo que os Estados Unidos se propunham a defender.

Ao ingressar no Pentágono, Clifford não encontrou planos para vitória militar, mas, em vez disso, uma série de limitações – não invasão do Norte, alheamento no Laos e Camboja, ordem para não ser minado o porto de Haiphong –, que eliminavam as possibilidades dessa vitória. Entre os assistentes civis e subsecretários, encontrou desencantamento, a partir do memorando de Townsend Hoope sobre a "impraticabilidade da vitória militar" até a disposição de Paul Nitze de se demitir a ter que defender a política de guerra da administração no Senado. Encontrou um relatório oriundo da Análise de Sistemas exarando que "apesar do maciço influxo de 500 mil soldados americanos, 1,5 milhão de toneladas de bombas por ano, 400 mil surtidas ofensivas anuais, 200 mil inimigos MEA (mortos em ação) em três anos, 20 mil americanos MEA etc., nosso controle das áreas urbanas e da hinterlândia é, essencialmente, o mesmo registrado antes de agosto de 1965".

A seguir, Clifford encontrou estatísticas calamitosas sobre o efeito causado na opinião pública a cada nova escalada e prognósticos de expansões orçamentárias da ordem de 2,5 bilhões de dólares, em 1968, e 10 bilhões, em 1969. Observou os investimentos nacionais no Vietnã, drenando as forças disponíveis na Europa e no Oriente Médio, e a evidência de que quanto mais se americanizava essa guerra, menos o Vietnã do Sul fazia parte dela. Convenceu-se, assim, "de que o curso militar buscado por nós não é apenas sem fim, mas sem esperança". A guerra chegara a um beco sem saída. Não sendo homem de comprometer seus refinados talentos e brilhante reputação numa causa perdida, Clifford dedicou-se a desalojar o presidente de sua hierática postura. Contra os "homens mergulhados num sonho" do grupo íntimo, ele era um opondo-se a oito, mas tinha fatos à mão.

As forças políticas estavam ajudando. O sentimento antibelicista aumentava contra os democratas, pois esse era o partido de Johnson. A guerra tornara-se uma maldição, disse o senador Millard Tydings, de Maryland, ao redator dos discursos de Johnson, "a tal ponto que qualquer bom republicano poderia me dar uma surra de votos, se as eleições fossem hoje". Os conselheiros de Tydings disseram-lhe que ele somente se salvaria atacando o presidente e, como não se dispunha a tal, "que falasse, então, contra a guerra. Ela está devorando o país e os democratas em sua esteira". Foram citados diversos outros senadores que relatavam situação idêntica em seus estados. A confirmação veio do Comitê Democrata do Estado da Califórnia em telegrama ao presidente, firmado por trezentos de seus membros, no qual dizia: "O meio único de evitar-se grande derrota democrata neste estado, em 1968, está em desenvolver visíveis esforços para uma solução não militar da Guerra do Vietnã." Pesquisas da época mostravam o presidente com menos prestígio que seis senadores republicanos, cada um deles oponente em potencial nas próximas eleições.

Sinal ainda mais forte veio de Walter Cronkite, através de seu programa radiofônico de 17 de fevereiro, após retornar "daquele país queimado, consumido, em destroços", ainda a fumegar com a ofensiva do Tet. Descreveu os novos refugiados, calculados em quatrocen tos e setenta mil, vivendo em "inacreditável esqualidez" em barracos e choças, acrescentados aos oitocentos mil já incluídos na lista oficial de refugiados. No que se referia à frente política, informou: "Desempenhos anteriores não permitem confiar que o governo vietnamita possa lidar com esse problema." Disse, mais, que a ofensiva do Tet exigia a compreensão "que há muito deveríamos ter revelado" da necessidade de negociações justas, e "não simples ditado dos termos da paz. Por ora, parece mais certo que nunca que a amaldiçoada experiência do Vietnã terminará num impasse". O único "meio racional de ficar fora" é negociar esse "ficar fora", mas "não", advertiu novamente, "como vencedores". O "conselheiro popular" da nação havia proferido seu julgamento e "o impacto de suas palavras", disse George Christian, secretário de Imprensa do presidente, "chegou até o governo", atingindo o topo. "Se eu perdi o Walter", comentou o presidente, "perdi metade da América."

Uma semana depois que o senador Fulbright anunciou que o Senado, revendo a Declaração do Golfo de Tonquim, concluíra ter nela havido "deturpação", tornando-a, em consequência, "nula, sem valor", notícias de que o presidente estava considerando a requisição de Westmoreland de mais duzentos mil homens e concordara com a chefia conjunta no chamamento de cinquenta mil reservistas para cobertura estratégica, vazaram para a imprensa, causando o esperado clamor. Desgostoso com a guerra, o público, caso a imprensa estivesse refletindo acuradamente sua opinião, estava mais disposto que a administração a esquecer o Sudeste Asiático, e pronto a admitir, de acordo com o *Time*, "que a vitória no Vietnã – ou até mesmo um acordo favorável – estava simplesmente além das possibilidades da maior potência mundial". Esse pensamento marcava um rito de passagem na era do Vietnã.

EMERGINDO, NÃO MUITO energicamente, da passividade, o Comitê de Relações Exteriores do Senado iniciou audiências nas quais Fulbright, no discurso de abertura, declarou que o país assistia à "revolução espiritual de sua juventude" contra aquilo que eles "consideram traição de um tradicional valor americano". Com apoio de outros senadores, Fulbright questionou a autoridade do presidente de "expandir a guerra sem consentimento do Congresso". Membros do comitê informaram a Clifford e ao general Wheeler, em particular, que "nós não podemos apoiar grandes aumentos no montante de tropas destinadas ao Vietnã - e se nós não apoiamos, quem mais o fará?". Chamado a depor nas audiências, Rusk manteve os mesmos objetivos ainda da era de Dulles, mas admitiu que a administração estava reexaminando a política do Vietnã "de A a Z", além de considerar alternativas.

No dia seguinte, nas primárias de New Hampshire, o senador McCarthy ganhou surpreendentes 42 por cento dos votos - mas o pior veio a seguir. Robert Kennedy, reconhecendo a temperatura favorável, depois que outrem provara as águas, declarou-se candidato. O demônio (aos olhos de Johnson) estava às soltas e, considerada a aura da popularidade de Kennedy, tratava-se de ameaça política bem mais real que a do senador McCarthy. Com ambos percorrendo o país no papel de candidatos da paz, Johnson era agora um Goldwater sem suas rígidas convicções. Enfrentava campanha eleitoral que poderia despedaçar o Partido Democrata e na qual ele, o titular, estaria permanentemente na defensiva, tentando justificar uma política de guerra sem o mais leve brilho de sucesso. Coisa alguma - o *Jason,* a saída de McNamara, a falta de resultado da estratégia de desgaste, a ofensiva do Tet - conseguira levá-lo a repensar; ao contrário, todas essas circunstâncias só se prestaram a exasperar sua "rigidez cognitiva".

Não se abalou sua posição sobre a guerra, agora demasiado petrificada para sofrer alterações de monta, mas elevava-se a possibilidade humilhante da derrota política. Dean Acheson, a quem Johnson, após o Tet, pedira, particularmente, uma revisão do esforço de guerra, levou-lhe suas conclusões. Depois de rejeitar as "informações enlatadas", e consultando suas próprias fontes no Departamento de Estado - a CIA e a chefia conjunta -, disse a Johnson que os militares perseguiam objetivos inalcançáveis, jamais os Estados Unidos venceriam sem ilimitado emprego de forças - exatamente o que dissera o Grupo de Trabalho em 1964 -, e os discursos de Johnson estavam tão fora da realidade a ponto de ele não ser mais levado a sério pelo público, afinal, o país não mais suportava a guerra.

Era o julgamento de um homem que Johnson não podia ignorar ou enganar com fanfarronices, a quem ele na verdade respeitava; contudo, não se encontrava preparado para aceitar verdades. Nessa mesma semana, produziu um discurso no Sindicato Nacional dos Fazendeiros, no qual, esmurrando a tribuna e apontando o dedo para o auditório, exigiu "esforço nacional total" para vencer a guerra. Disse que não mudaria sua política no Vietnã devido aos sucessos comunistas e denunciou os críticos que "querem nos meter no rabo e violar os compromissos que assumimos". Tratava-se do derradeiro eco enfurecido do voto inicial de que não seria o primeiro presidente a perder uma guerra – mas não foi bem-aceito. James Rowe, velho amigo do presidente e seu conselheiro, relatou a Johnson diversos telefonemas, posteriores ao discurso, de gente "furiosa" pela crítica feita a seu patriotismo e indiferente à oratória do "ganhemos a guerra". "Na verdade", disse Rowe em seu ríspido sumário, "dificilmente alguém hoje em dia demonstra interesse em vencer a guerra. O que as pessoas querem é cair fora, e o único problema está em saber como." Três dias depois Johnson subitamente anunciou a chamada de Westmoreland; convocou o comandante-adjunto, general Creighton Abrams, para consultas com a chefia conjunta. No decurso dessas consultas, adotou-se decisão contrária ao envio de duzentos mil soldados adicionais, mas sem qualquer mudança política. O preço da chefia conjunta foi a concordância de Johnson quanto à convocação de sessenta mil homens destinados à reserva estratégica.

A fim de convencer o presidente de uma vez por todas no tocante ao beco sem saída, Clifford propôs uma conferência com antigos e veteranos estadistas, buscando um veredito. Os "homens sábios", como foram apelidados depois, incluíam três militares fora do comum, os generais Ridgway, Amar Bradley e Maxwell Taylor; o ex-secretário de Estado, Dean Acheson; o ex-secretário do Tesouro, Douglas Dillon; o ex-embaixador Lodge; John McCloy, ex-alto-comissário para a Alemanha; Arthur Dean, que negociara o armistício na Coreia; Robert Murphy, diplomata veterano; George Ball; Cyrus Vance; Arthur Goldberg e seu sucessor na Suprema Corte, o juiz Abe Fortas, amigo íntimo de Johnson. Eram homens do universo interligado da justiça, finanças e governo; não se tratava de contestadores, pseudopacifistas, "cabeludos", mas pessoas interessadas em manter os chamados *vested interests* (interesses determinantes) do sistema, com suas amplas conexões no mundo exterior, bem mais amplas do que imaginava o solitário titular na Casa Branca.

Suas discussões giravam, com ênfase, em torno dos crescentes prejuízos econômicos sofridos pelos Estados Unidos e o amargo ressentimento público, que só crescia. Embora alguns deles continuassem apoiando os bombardeios, a maioria estava contra, concluindo que a insistência em vitória militar havia jogado o país numa armadilha a cada dia mais sufocante e incompatível com o interesse nacional. Ridgway arguiu que, se a premissa de que uma liderança vietnamita podia, realmente, frutificar com apoio dos Estados Unidos, no tempo-limite de dois anos, seria de se avisar Saigon a respeito desse termo, após o qual "iniciaremos a retirada de nossas forças". Embora sem obter unanimidade sólida, a conclusão levada ao presidente estabelecia ser inevitável uma mudança na política: o conselho não verbalizado apontava no sentido de negociações e desengajamento.

Um discurso do presidente na televisão, de costa a costa, a fim de explicar a ofensiva do Tet, fora marcado para 31 de março. No encontro que manteve com diversos dos "homens mergulhados num sonho" – Rusk, Rostow e William Bundy – e também com o redator dos discursos do presidente, Henry Macpherson, Clifford insistiu em que o discurso deveria demarcar ríspido rompimento com a política do passado. Macpherson partilhava de seu desencantamento. Todavia, se tal coisa fosse aprovada, resultaria num "desastre", disseram-lhe eles. O que os conselheiros ainda não tinham percebido, prosseguiu Clifford, era que entre as pessoas influentes ocorria "tremenda erosão no apoio, talvez como reação ao Tet, talvez advinda de um sentimento ligado a esse pantanal desesperador. A ideia de mergulharmos ainda mais fundo no pântano enlouquece-os". Os maiores grupos nacionais, continuou o inexorável Clifford, "empresários, imprensa, igrejas, profissionais liberais, dirigentes de colégios, estudantes e a maior parte da comunidade intelectual voltaram-se contra a guerra".

Para consumo público, o discurso tomou o rumo de séria oferta de paz negociada e suspensão unilateral do bombardeio. A intenção por detrás permaneceu intocada. Os militares haviam assegurado a Johnson que a estação das chuvas obrigava a operações reduzidas e, assim, uma pausa nos bombardeios nada lhe custaria. Além disso, o círculo da Casa Branca e a chefia conjunta acreditavam que nenhuma oferta de paz alteraria o emprego da força das armas porque Hanói certamente permaneceria surda. Seu pensamento ficou cristalino no cabograma expedido aos embaixadores americanos junto aos países-membros da OTSEA, advertindo-os sobre a nova abertura, um dia antes do discurso. Os embaixadores receberam instruções no sentido de que, ao informarem os governos dos países onde se encontravam, tornassem óbvio "que Hanói rejeitará a proposta, deixando-nos livres para agir depois de breve período". Sem dúvida, Johnson e seu círculo não cuidavam de quaisquer mudanças na condução da guerra; o problema estava na opinião pública doméstica no contexto da próxima eleição. No mesmo espírito que presidiu o aviso aos embaixadores, assim foram alertados os comandantes no CINCPAC e em Saigon. Entre os fatores "relacionados com a decisão do presidente", informou o general Wheeler, situava-se a circunstância de que o apoio do público e do Congresso, desde o Tet, "vem decrescendo a passo acelerado" e, caso continue dessa forma, "a sustentação pública aos nossos objetivos no Sudeste Asiático será muito frágil para garantir o esforço". Concluía, porém, manifestando esperança de que a ideia de oferecer trégua aos bombardeios "reverterá a crescente dissensão".

Na aparência, a fala de Johnson mostrou-se nobre e generosa. "Estamos preparados para marchar imediatamente rumo à paz negociada. Assim, hoje à noite, na esperança de que esta atitude possa conduzir às primeiras conversações, adotei medidas preliminares destinadas à desescalada do conflito... O que faço de forma unilateral e imediata." Aviões e navios receberam ordens de não atacar o Vietnã do Norte ao norte do Paralelo 20, mas apenas na área crítica de batalhas na ZD (Zona Desmilitarizada), "onde as continuadas investidas do inimigo ameaçam posições aliadas à frente". A região que ficaria livre de bombardeio continha 90 por cento da população do Norte e zonas produtoras de alimentos. A trégua poderia ser completa, "caso nossa abstenção encontre igual medida por parte de Hanói". Johnson apelou à Inglaterra e à União Soviética, na condição de copresidentes da Conferência de Genebra, para que ajudassem a transformar a desescalada unilateral em "genuína paz na Ásia" e influíssem junto ao presidente Ho Chi Minh para que respondesse "positiva e favoravelmente". Não mencionando a possibilidade de rejeição por parte de Hanói ou de retorno às ações de guerra pelos Estados Unidos, parecia contemplar a "paz baseada nos acordos de Genebra de 1954", permitindo ao Vietnã do Sul "viver livre de qualquer domínio estrangeiro e de nossa interferência ou a de quem quer que seja". Nenhuma referência foi feita ao já requerido acréscimo de duzentos mil homens; a possibilidade de futura escalada permaneceu em aberto.

Depois de comovente peroração sobre divisão e unidade, Johnson entregou-se a inesperado pronunciamento que eletrizou o país e boa porção do mundo: que não permitiria "à presidência envolver-se na divisão partidária que se desenvolvia nesse ano eleitoral", e por isso, "não busco e não aceitarei a indicação de meu nome, por meu partido, para outro período como vosso presidente".

Tratava-se de abdicação, não por reconhecer o beco sem saída quanto à guerra ou por desejo de abandonar o combate, mas em face de que havia constatado uma realidade política. Johnson era um animal político até a raiz dos cabelos. Sua impopularidade tornara-se patente, agora, arrastando em suas águas o Partido Democrata. Como presidente-titular, Johnson não estava preparado para a necessidade de lutar pela reeleição e, possivelmente, perdê-la; não podia sofrer tamanha humilhação. As primárias de Wisconsin, num estado que vociferava através dos protestos estudantis, foram marcadas para 2 de abril, dois dias à frente, e os observadores em campo telefonaram, fazendo rudes previsões quanto a ele ficar atrás de Eugene McCarthy e Robert Kennedy. Assim, com doce palavreado a respeito das "divisões entre todos nós, hoje", seu dever de cicatrizar ferimentos, "fortalecer nossa história", manter os compromissos americanos e outras recomendáveis tarefas, retirou-se da disputa com grandes gestos e em boa hora.

Três dias mais tarde, em 3 de abril de 1968, Hanói deixou atônitos seus oponentes, ao anunciar sua disposição de fazer contatos com representantes dos Estados Unidos a fim de determinar os meios para "cessação incondicional" dos bombardeios e todos os demais atos de guerra, de modo "que as conversações possam ter início".

Os 22 ANOS DE INSENSATEZ desde que navios americanos conduziram os franceses de volta à Indochina estavam agora completos – embora não terminados. Mais cinco anos de esforço dos americanos para sair sem perder prestígio haveriam de completar o quadro. Pela falta de uma legítima motivação, pela vã perseverança e autodestruição completa, a beligerância iniciada na administração Johnson e por ela perseguida representou insensatez de uma espécie incomum, em que não se pode dizer que algum benefício tenha dela resultado; todos os resultados foram negativos, exceto um, o despertar da "ira pública". Muitos americanos chegaram a sentir que a guerra era errada, fora de toda proporção à luz do interesse nacional e, além do mais, malsucedida. Os populistas gostam de falar a respeito da "sabedoria do povo". Os americanos não eram propriamente sábios; estavam irritados com a situação – o que, em certos casos, passa a ser uma espécie de sabedoria. A retirada do apoio público provou o erro de um Executivo que pensava poder conduzir sua guerra limitada sem engajar a vontade democrática nacional.

VI. PARTIDA: 1969-73

A utilização do gás de mostarda na Primeira Guerra Mundial teve que ser abandonada porque esse produto possuía tendências erráticas, voltando ao ponto de partida e atingindo aqueles que o haviam lançado. A Guerra do Vietnã, no seu período final, voltou-se contra os Estados Unidos, aprofundando a falta de estima e desconfiança em relação ao governo e servindo de alimento, por outro lado, à hostilidade do governo contra o povo – algo que viria a ter sérias consequências. Embora a lição de Lyndon Johnson tenha sido patente e visível, o legado da insensatez agrilhoou seu sucessor. Sem melhores habilitações que a levassem a fazer com que o inimigo chegasse a termos aceitáveis, a nova administração, a exemplo da anterior, não soube encontrar caminhos além da coerção militar, daí resultando que a guerra, já rejeitada por largas porções do povo americano, foi prolongada, com todo o seu potencial de danos internos, através de outro mandato presidencial.

O último ano de Johnson no cargo, a despeito da trégua no bombardeamento e da anuência de Hanói a conversações, não trouxe fim visível à guerra. Foram feitas reuniões onde se estudou o modo de discutir, o protocolo, a participação do Vietnã do Sul e da FLN, o número de assentos e até o formato da mesa das negociações. Mantendo a demanda inicial da "cessação incondicional" dos bombardeios como pré-requisito ao diálogo, o Vietnã do Norte não se moveu dos aspectos substantivos aos adjetivos. Os Estados Unidos, embora mantendo a trégua de bombardeamento ao norte do Paralelo 20, triplicaram ataques aéreos contra rotas de infiltração abaixo da linha, operando missões de busca e destruição em ritmo intenso – esforço para melhorar o posicionamento de Saigon na hipótese de conversações. Morriam duzentos americanos semanalmente nesses combates e o total deles caído em ação, em 1968, chegou a 14 mil.

O ano flamejou em violência e ódio nos Estados Unidos, marcado pelos homicídios de Robert Kennedy e Martin Luther King Jr., revoltas nas ruas seguindo-se ao assassinato de King, anarquia e vandalismo entre estudantes, violenta reação e selvageria policial durante a Convenção do Partido Democrata em Chicago. Agências de espionagem no país expandiram atividades contra possíveis subversivos, violando correspondência privada, fazendo emprego de *agents provocateurs,* compilando dossiês sobre cidadãos que, por qualquer associação suspeita, poderiam ser considerados perigosos ao Estado.

Para benefício do progresso do diálogo no Vietnã, os delegados americanos, o embaixador Harriman e Cyrus Vance, pediram ao presidente que declarasse a cessação total dos bombardeios. Johnson recusou, se não houvesse reciprocidade de Hanói na redução da atividade militar, o que Hanói, por sua vez, recusou, a menos que o bombardeio cessasse antes. Atendendo aos desesperados pedidos de seu partido, à medida que as eleições se aproximavam, Johnson declarou suspensos os bombardeios em 1º de novembro, mas o progresso foi então frustrado pelo presidente Thieu do Vietnã do Sul, que esperando maior apoio por parte dos republicanos se vitoriosos nos Estados Unidos, empacou, recusando-se a participar das conversações. Quando, afinal, o diálogo começou, em janeiro de 1969, uma nova equipe, sob a direção do presidente Richard Nixon e seu conselheiro em política exterior, Henry Kissinger, encontrava-se no comando.

Com palavras reminiscentes das promessas eleitorais de Eisenhower quando dizia "iremos à Coreia" para terminar uma guerra impopular, Nixon, em sua campanha pela presidência, assegurava aos eleitores: "Acabaremos com esta guerra e ganharemos a paz." Não informava como, justificando suas reticências sob a desculpa de que nada diria capaz de perturbar as negociações de Johnson em Paris e que o "restringisse mais adiante". Entretanto, ao insistir no tema "findar a guerra e vencer a paz", procurava dar a impressão de que possuía um plano hábil. Parecia, também, adotar visão realística. "Caso a guerra prossiga por seis meses depois de me tornar presidente", confidenciou a um jornalista, "será a *minha* guerra"; disse estar determinado a não "terminar como Lyndon Johnson, encurralado na Casa Branca, temeroso de ser reconhecido nas ruas. Vou acabar com essa guerra – rapidamente". Fosse genuína essa determinação, indicaria a presença de bom-senso, uma faculdade que dificilmente consegue sobreviver nos altos cargos. Depois que Nixon assumiu a presidência, o prometido processo destinado a concluir a guerra transformou-se, em sua mente, num outro, o de prolongá-la. O novo presidente iria revelar-se tão despreparado quanto seu antecessor para aceitar algo menos que o êxito nos objetivos da guerra e, da mesma maneira, obstinado na crença de que força adicional obrigaria o inimigo a entregar os pontos.

Tendo herdado uma situação péssima que só lhes poderia trazer problemas, Nixon e Kissinger – que o presidente escolhera para dirigir o Conselho de Segurança Nacional – teriam feito bem se encarassem o assunto como um letreiro pendendo da parede: "Não repitam aquilo que já falhou." Isso poderia sugerir um olhar de volta a Dien Bien Phu, e um olhar bem mais atento às razões de todos os consistentes fracassos de Johnson em suas tentativas de negociação. Raciocínios posteriores poderiam levar à conclusão de que prosseguir na guerra, a fim de consolidar um regime de liberdade no Vietnã do Sul, além de propósito vão, não se constituía em interesse essencial dos Estados Unidos com respeito à sua segurança, e que tentar obter através de negociações aquilo que o inimigo não estava disposto a conceder era pura perda de tempo – desde que desprovida da disposição de aplicar força ilimitada. Mesmo que as negociações, sob pressão militar, pudessem alcançar os resultados esperados, isso não traria garantias, como já apontara Reischauer em 1967, ao dizer que dez ou vinte anos depois, "o domínio político sobre o Vietnã do Sul não seria nem maior nem menor do que teria sido se nós nunca nos tivéssemos envolvido ali".

O curso lógico teria sido eliminar as perdas, renunciar à manutenção de um Vietnã do Sul não comunista e ir embora *sem* negociar com o inimigo, exceto no tocante à troca de prisioneiros de guerra, sob condição única de um tempo-limite para a retirada. Essa opção, exatamente, fora, em realidade, já apresentada em meio a diversas outras, a pedido da administração, por especialistas da Rand Corporation; mas foi eliminada da lista por Kissinger e seus conselheiros militares antes que as propostas fossem apresentadas ao presidente, que, por sua vez, não as aceitaria, caso as tivesse examinado. Tendo começado com a ficção da segurança dos Estados Unidos, o ponto capital da guerra se transformara, agora, no teste do prestígio e reputação da América e, como ele passaria a encarar o assunto, do próprio presidente pessoalmente. Nixon também não queria presidir a derrota.

Ele tinha um plano que significava completa reviravolta no curso adotado por Johnson – até certo ponto. A intenção era de dissolver os protestos internos, suspendendo as convocações e trazendo de volta as tropas americanas de combate terrestre. Isso, entretanto, não significava abandono dos objetivos da guerra. A guerra aérea seria intensificada e, se necessário, estendida posteriormente contra as linhas de suprimento e bases do Norte no Camboja. Para compensar a retirada das tropas americanas seria desencadeado vasto programa de ajuda a fim de armar, treinar e doutrinar as forças do Vietnã do Sul, de modo a continuarem a luta com apoio aéreo americano. Conhecido como "vietnamização", esse esforço provinha, talvez, daquela concepção oculta atrás da afirmativa – a "guerra deles". A teoria era que uma verdadeira inundação de material resultaria naquilo que não se obtivera nos 25 anos passados – a criação de uma força motivada para a luta, habilitada a preservar um Estado não comunista viável, ao menos durante "lapso de tempo razoável".

Além de acalmar os americanos, a retirada unilateral das tropas destinava-se também a demonstrar a Hanói "que nós falamos a sério na busca de um acerto", encorajando o inimigo, assim, a negociar em termos aceitáveis. Se, todavia, o Vietnã do Norte continuasse intratável, o nível punitivo dos bombardeios cresceria até que, convencidos da impossibilidade de vitória, eles se vissem forçados à rendição ou simplesmente abandonassem a guerra. Para ajudar a persuadir Hanói pequenas indiscrições foram filtradas através da União Soviética a propósito de projetos de bloqueio, lançamento de minas marítimas e ações mais severas contra linhas de suprimento e esconderijos no Camboja e no Laos. Como gesto demonstrativo, o primeiro bombardeio secreto do Camboja ocorreu em março de 1969, quando Nixon estava apenas há dois meses na função; um segundo seguiu-se em abril, tornando-se regulares e frequentes em maio.

A "vietnamização", com efeito, resultou no aumento do EVS. Considerando-se que armar, treinar e doutrinar o EVS sob auspícios americanos fora tarefa tentada durante cinco anos, sem resultado algum digno de nota, a expectativa de que se pudesse, agora, fazê-lo tomar conta da guerra com sucesso poderia ser qualificada como visão bitolada. Relembrando as condições de 1970, um sargento americano adido a certa unidade sul-vietnamita, disse: "Tínhamos, todo o tempo, 50 por cento de doentes baixados e a maioria dos comandantes de companhias e pelotões (do EVS) vivia ausente." Os soldados não tinham ânimo algum para lutar sob comando de oficiais "que passam o tempo roubando e traficando drogas".

A maior insensatez de todas estava em modificar a conduta da guerra apenas pela metade, isto é, retirando os soldados enquanto era mantido o aumento da pressão punitiva aérea (ou "reforço negativo", como passou a ser chamado). Sem se considerar o propósito para fins domésticos, o desengajamento das forças terrestres teria feito sentido apenas se os objetivos a que se propunha tivessem sido abandonados, simultaneamente.

A retirada de tropas combatentes é forma bem inusitada de se vencer uma guerra ou até mesmo de se forçar caminho para negociações favoráveis. Uma vez começada, não pode ser detida facilmente e, tal qual ocorre com a escalada, constrói seu próprio *momentum*: à medida que as forças diminuem, fica irreversível. Compreensivelmente amargurados, os militares americanos consideraram o passo como impeditivo do êxito e, como não tinham confiança na vietnamização, passaram a descrer, também, de um ajuste favorável nas eventuais negociações. Esse se tornara necessário porque a ideia de que a guerra poderia ser realizada sem levantar a ira pública revelara-se uma ilusão. Nixon e Kissinger, apesar de seus cálculos frios, padeciam, aparentemente, de outra ilusão. Ao que parece, julgaram que a retirada dos americanos das operações terrestres poderia ser feita sem enfraquecer o Vietnã do Sul, já com o moral enfraquecido, e sem produzir reafirmação na firmeza do Norte. Como é óbvio, ambas as coisas aconteceram.

Redução dos esforços não abate, no campo inimigo, firmeza e intenções determinadas - bem ao contrário -, como no caso da evacuação da Filadélfia pelo general Howe. Os coloniais americanos viram nessa partida a fenda que levaria embora de vez os britânicos e compreenderam não ser necessário buscar termos de ajuste com a Comissão de Paz Carlisle. Hanói recebeu idêntica mensagem. Quando Nixon anunciou o programa de retirada em junho de 1969, e o primeiro contingente americano de 25 mil homens embarcou de volta em agosto, os norte-vietnamitas souberam que o conflito terminaria a seu favor. Não importava o custo disso, só tinham que se manter firmes. Como se reconhecesse tal coisa, Ho Chi Minh, após cinquenta anos de lutas por sua pátria, morreu em setembro.

No setor doméstico, o plano de Nixon falhou em reconhecer que algo mais além da dor pelas baixas estava ativo na dissensão; que muitas pessoas sentiam o erro dessa guerra e a violação que representava quanto à maneira como entendiam seu país; que, embora o protesto pudesse arrefecer durante algum tempo pelo retorno dos soldados, o sentimento mais profundo era corolário da guerra em si mesma e cresceria cada vez mais forte com a continuada beligerância.

Acreditando firmemente que os americanos, a exemplo dos franceses, perderiam a guerra na frente doméstica, Hanói permaneceu inflexível. Furiosos e frustrados, os Estados Unidos voltaram-se para o "reforço neutralizador". Foram preparados planos para o "golpe decisivo", ou "o golpe selvagem", ou "a opção de novembro", como foram denominados esses planejamentos. Seria estabelecido bloqueio, rios e águas costeiras seriam minados, diques, destroçados, um tapete de bombas em Hanói. "Recuso-me a acreditar que um pequeno país de quarta categoria, como o Vietnã do Norte, não tenha um ponto de ruptura", disse Kissinger no curso de planejamento. Ele estava certo ao dizer que todas as coisas têm seu ponto fraco; difícil é saber o montante de força requerido para tal rompimento. Defrontada com as objeções dos analistas civis, que diziam não serem as medidas propostas suficientes para reduzir a capacidade de luta do Norte, e com medo de despertar aquilo que Kissinger denominava "a fera adormecida do protesto público", a "opção de novembro" acabou abandonada.

Buscou-se, então, uma arrebatada vietnamização do EVS, com seus efetivos duplicados, e repleto de armas, navios, aviões, helicópteros, mais de um milhão de rifles M-16, quarenta mil lançadores de granadas, dois mil morteiros pesados e obuzes. Mesmo quando dez mil oficiais do EVS, pilotos, mecânicos e analistas foram enviados ao exterior para treinamento em técnicas avançadas, já era muito tarde. Através desses mecanismos uma situação mais fortalecida beneficiou o Vietnã do Sul, principalmente porque o Vietcongue jamais se recuperou de suas perdas na ofensiva do Tet, mas com cento e cinquenta mil soldados americanos preparando-se para sair, em 1970, e muitos mais a seguir, tudo isso parecia uma corrida desesperada entre a vietnamização e a saída das tropas americanas.

Os protestos, longe de estarem adormecidos, não paravam. Foi organizado um Dia da Moratória do Vietnã exigindo "paz agora", em outubro de 1969, com demonstrações em todo o país e cem mil pessoas correndo para o parque de Boston a fim de ouvir o senador Edward Kennedy exigir a retirada de todas as forças terrestres dentro de um ano e as unidades aéreas e de suporte no fim de três, ao término de 1972. Um cartaz conduzido por um dos participantes em São Francisco, dizia: "Percam a Guerra no Vietnã - Tragam os rapazes de volta." Em resposta planejada à Moratória, o presidente apelou, numa fala nacional, à "maioria silenciosa" que ele disse tê-lo apoiado, prometendo completar a retirada de acordo com programa escalonado - embora sem termo definido - e "findar a guerra de maneira que possamos vencer a paz".

Caso existisse essa maioria silenciosa, seria principalmente o silêncio da indiferença, enquanto o protesto se mantinha ativo, sem rebuços e, infelizmente, um ponto de convergência de pessoas que Nixon, desavisadamente, embora com certa razão (ante as explosões de bombas nos *campi* universitários), chamou de "vagabundos". Um segundo Dia de Moratória do Vietnã, em novembro, mobilizou duzentos e cinquenta mil manifestantes em Washington. Observando de uma sacada, o ministro da Justiça, John Mitchell, ex-sócio no escritório de advocacia de Nixon, pensou: "Parece a Revolução Russa." Nesse comentário, o movimento antibelicista tomou sua coloração aos olhos governamentais, não como correta dissensão pública contra uma política que imenso número de pessoas desejava ver seu país abandonando, mas como pérfida manobra e ameaça, nascida da subversão. Foi essa concepção que veio a produzir as "listas de inimigos".

Como a dissensão era divulgada pela imprensa e compartilhada por personagens de relevo no establishment, Nixon a encarava como conspiração contra sua existência política, partida de "liberais" que, ele acreditava, "procuravam destruí-lo desde o caso Alger Hiss". Kissinger, perturbado e frequentemente enfurecido - como suas memórias demonstram -, interpretava os protestos à luz de sua interferência na condução dos assuntos estrangeiros, necessário aborrecimento da democracia, que devia ser tolerado, mas absolutamente não poderia influir sobre um estadista responsável. Para ele, os protestos não tinham qualquer importância, mesmo quando manifestados por uma delegação de colegas da Faculdade de Harvard. Tampouco ao presidente nada diziam, e por isso não escutava os cidadãos em cujo nome atuava. Nenhum dos dois encontrou qualquer coisa válida nessas dissenções. Tal qual o clamor por reformas que envolveu os papas da Renascença, não lhes transmitiu nenhuma sensação de ser urgente, no próprio interesse dos dirigentes, uma resposta positiva.

As negociações, fossem através de encontros secretos entre Kissinger e Le Duc Tho, emissário de Hanói, fossem através das conversas do Grupo dos Quatro, em Paris, não conseguiam progredir porque cada um dos lados insistia em condições inaceitáveis para o outro. O Vietnã do Norte insistia na saída do governo Thieu-Ky e sua substituição por uma "coalizão" nominal incluindo a FLN. Como isso significaria o abandono do cliente, foi obviamente rejeitado pelos Estados Unidos, que por sua vez exigiam a retirada de todas as forças nortistas da área meridional. Por violar seu direito de ir e vir a qualquer parte do que jamais deixaram de considerar um único país, a cláusula era totalmente rejeitada pelos norte-vietnamitas. Embora esse conceito fosse exatamente igual à exigência de Abraham Lincoln no tocante à imutabilidade da União, os americanos não concordavam com ele e tampouco acreditavam que Hanói viesse a submeter-se à força.

"Terminar a guerra de maneira a que se possa vencer a paz", ou seja, através da preservação do Vietnã do Sul não comunista, eis o ponto vital das negociações americanas. A premissa foi equacionada com credibilidade chamando-se, agora, "Paz com honra", como Nixon e Kissinger passaram a se referir ao tema inúmeras vezes. "Paz com honra" tornou-se o "terrível problema" dos americanos no Vietnã. "Mostre ser a razão aquilo pelo qual você contende", disse Burke certa vez, "mostre que se trata de bom-senso, ou que se constitui no meio de chegar a uma finalidade útil, e então lhe permitirei envolver seu propósito com a dignidade que achar conveniente." Ao contrário, o que mantinha os Estados Unidos nesse conflito era uma "empresa sem futuro", como Jean Sainteny, baseado em sua longa experiência no Vietnã, disse a Henry Kissinger. Se Kissinger tivesse lido mais Burke do que Talleyrand, o curso de sua política poderia ter sido diferente.

A alternativa estava entre derrotar o Vietnã do Norte por um volume de força que os Estados Unidos não se dispunham a empregar, ou abandonar as pretensões americanas, deixando o Vietnã do Sul, quando fortalecido pela vietnamização, cuidando de sua própria defesa e, como dito pelo próprio Kissinger, "finalizar nosso envolvimento *sem* acerto com Hanói". O maior problema eram os prisioneiros de guerra americanos, que Hanói se recusava a devolver, a menos que fossem atendidas suas condições, mas a promessa de um prazo final para retirada de todas as forças de terra e ar poderia ter comprado sua libertação. Essa alternativa, que viria favorecer uma rápida finalização e o bem-estar da nação americana, era viável, e havia muitos que clamavam por isso. Foi deixada de lado porque a consideravam danosa à reputação da América. Que o término das perdas e o retorno às atividades próprias da nação poderiam ter ajudado em vez de prejudicar sua reputação, eis algo que não foi colocado na balança pelos estrategistas políticos. Entre martelar ou desistir, Nixon e Kissinger escolheram o estéril meio-termo de tentar, pelo emprego de força gradativa, "tornar a continuação da guerra menos atraente para Hanói do que um entendimento". Era um programa que girava e girava há muitos anos.

Tomou a forma de bombardeios intensificados, não ao próprio território do Vietnã do Norte, mas sim às linhas de suprimento, bases e refúgios no Camboja. Os relatórios militares sistematicamente falsificavam essas surtidas por razões ocultas, relacionadas à neutralidade do Camboja, mas desde que a desculpa estava à mão com o fato de que o inimigo há muito violara tal neutralidade, o segredo provavelmente se destinava a ocultar a extensão da guerra ao povo americano. Considerando-se os sentimentos antibelicistas da imprensa e de muitos membros do governo, a suposição de que os raides poderiam permanecer secretos foi uma das tantas ilusões curiosas da alta cúpula. Um correspondente do *New York Times* junto ao Pentágono coligiu provas e narrou os ataques. Embora a publicação não tenha produzido exaltações na opinião pública, iniciou o processo que faria do Camboja a Nêmesis de Nixon. Enfurecido com o que considerava "indiscrições" no bombardeamento secreto, ele chamou o FBI que, sob a direção de Kissinger, estabeleceu o primeiro sistema de espionagem eletrônica contra um membro do próprio staff, Morton Halperin, que tinha acesso aos relatórios classificados. Começava, assim, o vasto processo que iria terminar com a primeira renúncia de um presidente ao longo da história da república.

As operações secretas de Nixon estavam ainda à sombra, mas em abril de 1970, o furor irrompeu quando forças terrestres americanas, juntamente com o EVS, invadiram o Camboja. Expandir a guerra a outro país, nominalmente neutro, quando o brado na América era no sentido de reduzir e não aumentar a beligerância, foi – a exemplo do que fez Roboão, chamando o feitor do trabalho forçado para submeter os israelitas – a escolha mais provocadora nas circunstâncias. Um ato perfeitamente delineado para criar problemas a seu perpetrador representa a insensatez típica a que os governos parecem irresistivelmente atraídos, como se provocados por um destino traiçoeiro a fazer os deuses gargalharem.

As razões militares da invasão eram aparentemente válidas: evitar uma esperada ofensiva do Vietnã do Norte, supostamente destinada a obter o controle do Camboja, colocando o inimigo em posição de séria ameaça ao Vietnã do Sul, durante a retirada americana; ganhar tempo destinado à vietnamização; cortar uma poderosa fonte de suprimentos a partir do porto cambojano de Sihanoukville; apoiar um novo e amigável regime em Phnom Penh, que havia derrubado o príncipe Sihanouk, favorável aos esquerdistas. Contudo, se fosse do interesse de Nixon e da América o término da guerra, a sabedoria no governo teria apresentado, da mesma forma, razões convincentes contra as operações.

Nixon supunha que seu programa de retirada, previamente anunciado, totalizando cento e cinquenta mil soldados em 1970, cancelaria os protestos ou, caso "esses liberais safados" criassem problema de qualquer maneira, dava na mesma que o enforcassem como lobo com vestes de cordeiro. Anunciou a campanha, pois, em discurso combativo, como resposta à "agressão" norte-vietnamita, com a referência já familiar de que não seria o presidente a presidir uma derrota. Um dos objetivos da invasão constava ser a destruição de um suposto quartel-general do adversário, ou seu "centro nervoso", identificado pelo codinome de COSVN (*Central Office of South Vietnam* [Escritório Central do Vietnã do Sul]). Taticamente, a invasão conseguiu capturar quantidades significativas de armas norte-vietnamitas, destruindo fortificações e refúgios, acrescentando duzentos cadáveres à contabilidade de corpos e causando ao inimigo danos suficientes para deter a pretensa ofensiva durante um ano, ainda que o misterioso "nervo central" não tenha nunca sido descoberto, a despeito da majestosa denominação. O resultado global foi negativo: um governo enfraquecido em Phnom Penh, necessitando de proteção; terras e aldeias destroçadas; um terço da população transformado em refugiados sem lar; o Khmer Vermelho, pró-comunista, muito aumentado pelo afluxo de voluntários. Os norte-vietnamitas logo retornaram, inundando diversas áreas, armando e treinando os insurgentes e preparando terreno para o trágico calvário de outra nação da Indochina.

A reação na América à invasão foi explosiva, antagonizando ambos os extremos políticos, tornando o debate passional, atiçando o ódio dos opositores ao governo e vice-versa. Embora as pesquisas frequentemente revelassem surtos de apoio às mais agressivas ações de Nixon, o sentimento antiguerra bradava e os jornais porejavam hostilidade. O *New York Times* denominava as razões de Nixon para a invasão "alucinação militar – novamente" e afirmava que "o tempo, juntamente com amarga experiência, exauriram a credulidade do povo americano". A revelação, poucos meses antes, do massacre em Mylai, no qual soldados americanos, num desvario de brutalidade selvagem, assassinaram mais de duzentos aldeões desarmados, incluindo velhos, mulheres e pobres crianças chorando, já horrorizara o público. O choque foi ainda maior quando, depois do Camboja, americanos mataram americanos. Em 4 de maio, na Universidade Estadual de Kent, em Ohio, a Guarda Nacional, chamada pelo governador para conter o que lhe parecia perigosa violência nos *campi*, abriu fogo contra os manifestantes, matando quatro estudantes. A fotografia de uma jovem estudante de joelhos, em agoniada atonia, ante o corpo de um colega morto, tornou-se signo evocativo mais familiar que qualquer outro, desde o hasteamento da bandeira em Iwo Jima. A guerra, na verdade, explodira pela culatra sobre a América.

O protesto flamejou após o incidente de Kent. Greves estudantis, marchas e protestos invadiram os diversos *campi*. Uma multidão enfurecida de mais de cem mil pessoas aglomerou-se no parque em torno da Casa Branca, onde um anel de sessenta caminhões repletos de policiais formou-se, à semelhança das diligências dispostas em círculo contra o ataque dos índios. No Capitólio, uma passeata marcada por veteranos do Vietnã ganhou relevo quando cada um deles jogou fora suas medalhas. No Departamento de Estado, duzentos e cinquenta membros do staff assinaram declaração contrária ao prolongamento da guerra. Tudo isso foi denunciado como ajuda ao inimigo por encorajá-lo a manter suas posições, o que era verdade, e como impatriótico, o que também era verdadeiro – pois as consequências mais lamentáveis estavam na perda, pela juventude, de um valor inestimável quando passou a rir da palavra patriotismo.

A fímbria lunática do protesto, na idiotia da retórica e na destruição selvagem – ofendia os cidadãos corretos, não necessariamente porque simpatizassem com os falcões, mas sim porque consideravam tais ações ofensivas à respeitabilidade, à lei e à ordem. O antagonismo exasperou-se num choque físico quando trabalhadores da construção civil, com seus capacetes de proteção, atacaram uma marcha de estudantes em Wall Street, batendo com tudo o que lhes pudesse servir de arma. O auge foi atingido em outubro, em San José, na ocasião em que Nixon foi falar, a meio-termo da campanha eleitoral de 1970. Foi saudado por uma multidão vociferante, gritando maldições e obscenidades, e no momento em que deixava o local, as pessoas jogavam ovos e pedras, uma das quais o atingiu, machucando-o sem gravidade. Foi o primeiro ataque da massa a um presidente americano, em toda a história. "Pudemos ver o ódio em suas faces... escutar o ódio em suas vozes", disse ele posteriormente, denunciando os manifestantes como "bandidos violentos", representantes "do que de pior havia na América".

As nuvens da crítica ao seu programa cambojano enfureceram o presidente, antes mesmo do incidente de San José, e aguçaram ainda mais seu sempre agudo senso de perseguição. A "mentalidade de assédio" invadiu a Casa Branca, de acordo com Charles Colson, membro do staff. "Agora éramos 'nós' contra 'eles'." A guarda palaciana, de acordo com outro observador, "acreditava piamente que uma revolução da esquerda era possibilidade viável". O recurso à secreta vigilância dos "inimigos", métodos secretos de espionagem, violação de domicílios, controle de telefones sem autorização judicial, tudo isso tornou-se uma operação em grande escala. Um dos membros da Casa Branca, destacado para observação de grupos terroristas, traçou um plano que acobertava toda sorte de abusos policiais sob o amparo da lei. Aprovado pelo presidente, esse programa teve vida ativa durante cinco dias, até que o FBI, talvez ciumento de suas próprias prerrogativas, aconselhou que fosse abandonado. A procura da fonte das indiscrições no bombardeio secreto se expandiu até que havia 17 controles eletrônicos em ação sobre membros do Conselho de Segurança Nacional e sobre diversos jornalistas. Como no caso do Escritório Central do Vietnã do Sul (COSVN), nada foi descoberto e as histórias divulgadas, na verdade, não passavam de deduções e criações da própria imprensa.

O direito de discordar é absoluto no sistema político americano. A prontidão com que se tentou suprimi-lo em benefício do chefe do Estado, adotando e permitindo, para tanto, métodos ilegais, traça a linha que leva a Watergate. Face à continuada frustração nas negociações e ao prolongamento da guerra em mais um ano, esses métodos progrediram e tiveram seu momento culminante com a divulgação de documentos do Pentágono em 1971. Tratava-se de coleção de papéis altamente sigilosos, cuja classificação fora autorizada por McNamara com a finalidade de descobrir as raízes do envolvimento americano; os documentos foram roubados por Daniel Ellsberg, ex-membro do Pentágono, agora um ideólogo das convicções antibélicas, confiados à imprensa e a certos elementos da Câmara e do Senado. Embora esses registros não abrangessem um período além de 1968, a sensibilidade aos "vazamentos" da equipe Nixon-Kissinger era extrema, principalmente porque cuidavam, em segredo, da reabertura de relações com a China e de um encontro de cúpula com Moscou, e não desejavam que Washington acabasse sendo considerado não confiável para assuntos confidenciais. Um grupo de "bombeiros", encarregados de localizar "vazamentos", funcionava num escritório junto à Casa Branca e suas ordens "vinham diretamente do Oval Office" (de acordo com testemunho posterior), entre elas a de conseguir comprometer Ellsberg de algum modo. O resultado disso foi o arrombamento do consultório do psiquiatra de Ellsberg com o intuito de enquadrá-lo como agente soviético, empresa de utilidade duvidosa, pois se fosse bem-sucedida, poderia prejudicar o intenso desejo de Nixon de uma aproximação de cúpula com os russos. Felizmente para seu patrão, os bombeiros voltaram de mãos abanando, mas não importa o que tivessem descoberto sobre Ellsberg, não seria suficiente para desacreditar 14 volumes de documentos governamentais fotocopiados. A insensatez, no cume, obviamente estava se filtrando nos escalões abaixo. Aqui também, no que tange à falta de escrúpulos em agir ilegalmente, reaparecia a moralidade dos papas da Renascença.

Indícios de problemas no Congresso tomavam corpo, modificando sua feição anterior de mero espectador do drama que atormentava a nação. O Congresso, disse um de seus membros, "é um corpo de seguidores, não de líderes". Visto que se pode presumir que deveria seguir a tendência da opinião pública, seu torpor até o *affaire* do Camboja talvez valha como demonstração de que a "maioria silenciosa" era, realmente, a maioria. Quando os primeiros seis meses de Nixon no cargo não trouxeram o cessar-fogo, que na campanha ele havia prometido, os senadores antibelicistas, Mansfield, Kennedy, Gaylord Nelson, Charles Gaodell, entre outros, começaram a exigir publicamente providências contra a guerra. A invasão do Camboja, sem autorização do Congresso, galvanizou esforços no Senado destinados a assegurar prerrogativas que, no enfrentamento com o Executivo, tinham ficado debilitadas. Uma das revelações advindas da publicidade dos documentos do Pentágono estava na visível ausência, em todas as discussões ou resoluções, de qualquer preocupação quanto ao papel do Congresso em determinar a política externa e a defesa. Depois que a invasão do Camboja tornou-se um fato consumado, Nixon assegurou a um grupo seleto de ambas as casas que as tropas americanas não penetrariam além de 50 ou 55 quilômetros, sem que a aprovação do Congresso fosse solicitada – não disse "obtida" –, e todas essas tropas seriam retiradas entre três e sete semanas.

Os senadores não estavam tranquilizados. Emendas às propostas de dotação de verbas, destinadas a cortar certos fundos e a restringir ou limitar o envolvimento militar de uma forma ou de outra, foram apresentadas, aprovadas nos comitês, debatidas por uma Câmara excitada e adotadas por amplas maiorias. Em cada caso, sob a direção de comissões da Câmara, compostas de "falcões", tudo isso acabou inutilizado ou abafado por táticas parlamentares impeditivas de debate. A Resolução do Golfo de Tonquim foi finalmente revogada, mas somente quando a administração, antecipando-se aos oponentes, passou a apoiar a revogação, alegando que a autoridade para fazer a guerra integrava os poderes constitucionais do presidente na sua condição de comandante em chefe. Eis algo muito discutível: era ele, de fato, comandante em chefe sem um estado de guerra formalizado? A Suprema Corte, entretanto, às voltas com inúmeros problemas, contornou cuidadosamente o pressuposto.

Não obstante, os votos antibelicistas na Câmara aumentavam. Quando 153 representantes, o maior número até então, votaram contra a supressão da Emenda Cooper-Church a fim de cortar fundos para as operações no Camboja após julho, isso teve o impacto de uma revolta. No ano seguinte, o número elevou-se para 177 em favor da Emenda Mansfield, que originalmente fixava o limite de nove meses (modificado pela casa para "tão logo quanto possível") para o prazo de retirada, dependendo da entrega dos prisioneiros de guerra. Embora pequeno, esse aumento de votos significava oposição crescente, até mesmo maior proximidade daquele momento inimaginável em que o Legislativo poderia dizer "Basta!" ao Executivo.

Em 1971, as forças do Vietnã do Sul com apoio aéreo americano, embora sem forças terrestres da América, invadiram o Laos, repetindo a operação do Camboja. O custo da "vietnamização" para o EVS significou, na prática, a aceitação de uma taxa de 50 por cento de baixas, ao que se somava a sensação de que se lutava e morria a fim de permitir a partida dos americanos. Isso foi reforçado pela tendência de Washington a alardear todas as operações como destinadas a "salvar vidas americanas". O antiamericanismo no Vietnã espraiou-se, permitindo sub-reptícia cooperação com a FLN e francas demandas por uma conciliação política. Renasceram os movimentos de protesto – agora contra Thieu, em vez de Dien. O moral entre as forças americanas remanescentes caiu fundo, com unidades evitando ou recusando-se ao combate, largo uso de tóxicos e – fato insólito no Exército da América – casos de assassinatos de oficiais e sargentos com granadas de mão.

Nos Estados Unidos, as pesquisas revelavam uma maioria, começando a emergir, favorável à retirada de todas as tropas até o fim do ano, ainda que disso resultasse o controle comunista do Vietnã do Sul. Pela primeira vez a maioria concordava com a premissa de que "era moralmente errôneo para os Estados Unidos estarem lutando no Vietnã" e que o envolvimento, antes de mais nada, não passava de "equívoco". O público é volúvel, as pesquisas efêmeras e as respostas podem estar ajustadas à linguagem das perguntas. A imoralidade acabou descoberta porque, como dizia lorde North de sua guerra, "os insucessos acabam se tornando impopulares e, então, o povo começa a bradar pela paz".

Por volta de 1972 a guerra já durava mais que qualquer outro conflito externo da história americana, e os seis meses que Nixon estabelecera haviam-se esticado para três anos, com 15 mil baixas adicionais, e o fim cada vez menos à vista.

Todas as conversações em Paris e as missões secretas de Kissinger falharam, essencialmente porque os Estados Unidos tentavam sair (bem) de uma guerra que não poderiam vencer. O Vietnã do Norte tinha sua parte de culpa, também, mas as circunstâncias não eram iguais. Eram sua pátria e seu futuro que, para eles, se encontravam em jogo. Em março de 1972, quando a maior parte das forças americanas já partira, os norte-vietnamitas montaram, afinal, uma ofensiva destinada a dar um fim à luta.

Lançados ao longo da Zona Desmilitarizada, cento e vinte mil soldados do Norte, com tanques soviéticos e canhões de campo, avançaram contra os centros povoados em torno de Saigon. Incapazes de enfrentá-los no solo, os Estados Unidos reativaram o primeiro estágio do "golpe devastador", planejado em 1969, enviando B-52 ao Norte para ataques maciços em depósitos de combustível e de transportes, em Hanói e Haiphong. Nixon anunciou a campanha como sendo "a ação militar decisiva destinada a terminar a guerra". Um mês depois Kissinger ofereceu um plano para cessar-fogo que, pela primeira vez, omitia a exigência da retirada de tropas do Norte que se encontravam no Sul, e declarava que os Estados Unidos estavam prontos para a retirada de todas as suas forças até quatro meses depois do retorno dos prisioneiros. O ajuste político ficou em aberto. O limite de quatro meses deveria ter sensibilizado Hanói para anuência, mas, tendo sempre se negado a negociar sob bombardeio, assim permaneceu.

Às voltas com o problema da reeleição, Nixon mostrava-se enfurecido com a obstinação do inimigo e jurou aos seus associados que "esses safados nunca foram bombardeados como o serão agora". Contra os conselhos dos que temiam violenta reação doméstica e o risco de que os russos pudessem cancelar a reunião em Moscou para assinatura do Acordo SALT, negociado com mil dificuldades, ele anunciou a segunda parte do "golpe devastador" – bloqueio naval e colocação de minas em Haiphong, e bombardeios por B-52 em raides de 24 horas a cada vez. Devido à inquietação gerada pela possibilidade de danos em navios soviéticos e de outras bandeiras, o recurso ao bloqueio e às minas fora sempre evitado, sendo esperado que produzisse um concerto de lamentos por parte da censura doméstica. O staff da Casa Branca, com os nervos à flor da pele, acreditava que tal decisão "poderia fazer ou liquidar um presidente", e por isso gastou 8 mil dólares dos fundos eleitorais num dilúvio de telegramas de solidariedade forjados, além de maquinar anúncios nos jornais sobre como a opinião pública corria em apoio do presidente. Eles bem que poderiam ter poupado tal esforço; enquanto a imprensa e os opositores articulados condenavam o bloqueio, a opinião pública não se mostrava hostil, parecendo apreciar uma ação vigorosa dos americanos em face da intransigência norte-vietnamita.

Outro incidente de trapaça veio à luz pouco depois, quando cinco agentes do CREEP (Comitê de Reeleição do Presidente), em conjunto com dois chefes dos "bombeiros" (Howard Hunt e Gordon Liddy), que haviam executado a Operação Ellsberg, foram apanhados no ato de roubar as fichas e "grampear" os telefones no quartel-general do Comitê Democrata Nacional, no edifício Watergate. As revelações completas sobre o envolvimento do presidente, neste caso, só se tornaram de conhecimento público, com o julgamento dos cinco agentes e os interrogatórios dirigidos pelo comitê especial do senador Ervin, no ano seguinte. Eles viriam a descobrir episódios acumulados de disfarce, chantagem, suborno de testemunhas, compra de silêncio, espionagem, sabotagem, uso de poderes federais para molestar "inimigos" e um programa a ser realizado por cerca de cinquenta operadores eletrônicos destinado a prejudicar e subverter a campanha dos candidatos democratas através de "truques sujos", ou na linguagem seleta da Casa Branca, operações que visavam "foder os ratos". A lista final de crimes imputáveis incluiria arrombamentos, suborno, falsificação, perjúrio, roubo, conspiração, obstrução da Justiça, muitos deles, como no caso da gravação, poriam abaixo o edifício das maquinações, autoinfligidos.

O caráter, uma vez mais, se transmudava em destino. Dominado pelas paixões suscitadas pelo Vietnã, o caráter de Nixon e de seus associados fermentou, transformando sua administração no ensopado que iria azedar todo o respeito existente pelo governo. A desgraça de um governante pouco significa na história da humanidade, mas a desgraça do governo é traumática, pois os governos não podem funcionar sem respeito. Washington não sofreu um saque físico, como aquele que, gerado pelo desrespeito ao papado, aconteceu em Roma, mas a punição não foi de somenos.

Enquanto apenas uma pequena parcela do escândalo Watergate vinha a público, a explosão dos combates no Vietnã estava dando resultados. O bloqueio, combinado com a destruição de depósitos de combustível e munições, reduziu drasticamente os suprimentos do Vietnã do Norte. Os russos demonstraram estar mais preocupados com a *détente* com os Estados Unidos do que com as necessidades de Hanói. Deram boas-vindas a Nixon em Moscou e recomendaram a seus amigos que buscassem termos de entendimento. A China também desejava amortecer o conflito. No entusiasmo das recém-restabelecidas relações proporcionadas por Nixon e Kissinger, eles queriam, agora, jogar os Estados Unidos contra a Rússia, o que induziu Mao Tsé-tung, no decorrer de uma visita de líderes da FLN, a aconselhá-los que abandonassem sua insistência na derrubada de Thieu, até então uma condição *sine qua non*. "Façam como eu fiz", ele lhes disse. "Certa ocasião entrei em acordo com Chiang Kai-shek, quando isso se fez necessário." Persuadida que seu dia também chegaria, a FLN concordou.

O Norte também, penando sob ataques dos B-52, estava disposto a ceder na parte política. Diante dos resultados das pesquisas nos Estados Unidos, onde o candidato dos democratas afundava-se nas gafes de uma campanha infeliz, Hanói concluiu que Nixon estaria no comando pelos próximos quatro anos e que dele obteria melhores termos antes das eleições. As negociações foram renovadas, concessões e intrincados arranjos costurados a fim de permitir o desengajamento americano ao amparo de uma fachada de sobrevivência do governo Thieu; Kissinger teve condições de anunciar em 31 de outubro – prematuramente, como os fatos provaram – que "a paz está ao alcance da mão".

Thieu recusou-se categoricamente a aceitar o acordo, que permitia a permanência de 145 mil soldados norte-vietnamitas no Sul e reconhecia a FLN como participante da solução política futura sob seu novo título de Governo Revolucionário Provisório (GRP). Considerando-se que proceder de outra forma seria anuir com a própria derrubada, sua posição não era de causar espanto. Por essa altura, Nixon foi reeleito por maioria devastadora, a maior e mais popular jamais registrada, triunfo extraordinário para um presidente que, pouco tempo depois, viu-se forçado a informar ao povo americano: "Eu não sou um escroque." Essa vitória política esmagadora foi o resultado de muitas causas: a fraqueza e vacilações de seu oponente, o senador McGovern, cujas estapafúrdias declarações no sentido de que iria "de joelhos" a Hanói e de que daria mil dólares de bônus a cada família a título de *welfare* afastaram os eleitores; o sucesso dos "truques sujos" que haviam destruído um candidato melhor nas primárias; a sensação de alívio do público, na expectativa de paz, afinal; e, no fundo, talvez uma espécie de reação do americano médio no tocante à contracultura dos cabelos compridos, os hippies, as drogas e os radicais – com todas as suas implícitas ameaças aos valores estabelecidos.

Revigorado pelo mandato, Nixon exerceu enérgicas pressões em ambos os Vietnãs, buscando o entendimento. Assegurou em carta a Thieu que, embora sua preocupação quanto à presença de forças norte-vietnamitas remanescentes no Sul fosse perfeitamente compreensível, "o senhor tem minha total garantia de que se Hanói não cumprir os termos do acordo, é minha intenção adotar rápidas e severas providências retaliatórias". A intenção era essa, sem dúvida, visto que o Tratado de Paris não obrigava a retirar o poder aéreo de porta-aviões em águas próximas ou das bases da Tailândia e de Formosa. A chefia conjunta, na verdade, recebeu instruções para elaborar planos de possíveis ações retaliatórias, usando a força aérea com base na Tailândia, e foram ordenadas entregas de armamentos a Saigon no valor de 1 bilhão de dólares. Thieu foi avisado de que, se continuasse obstinado, os Estados Unidos poderiam fazer a paz sem sua presença, o que absolutamente não o abalou. Na reabertura de negociações secretas com o Norte, Kissinger recuou nos termos combinados; ele queria, agora, uma retirada simbólica das tropas do Norte, menor status para a FLN e outras mudanças, tudo acompanhado de ameaças de renovada coerção militar.

Confirmando-se sua crença na perfídia americana, Hanói se recusou a fazer esses ajustamentos. Livre de preocupações no tocante aos protestos públicos, Nixon respondeu com um golpe feroz – o famoso bombardeio de Natal, a mais dura das ações americanas nessa guerra. Em 12 dias de dezembro, a Força Aérea triturou o Vietnã do Norte com maior tonelagem de bombas do que o total lançado nos últimos três anos, reduzindo a cinzas enormes áreas de Hanói e Haiphong – destruídos, em Hanói, seu aeroporto, fábricas e usinas de força. Um dos efeitos foi de ricochete. As perdas de aviões, devidas à concentração de defesas com mísseis SAM em Hanói, custaram aos Estados Unidos 95 a 100 novos prisioneiros de guerra e o aborrecimento dos prejuízos financeiros advindos da perda de 15 bombardeiros pesados (ou 34, de acordo com Hanói). O propósito do bombardeio de Natal era duplo: produzir sensível enfraquecimento no Vietnã do Norte, de molde a permitir a sobrevivência de Saigon por tempo suficiente à retirada americana, e mediante tal prova da determinação americana, sobrepujar as resistências de Thieu ou, ainda, ter a desculpa para seguir adiante sem consultá-lo. "Marchamos a última milha ao seu lado", constou de uma comunicação posterior, "e, em consequência, tínhamos o direito de decidir."

O ataque feroz, pouco antes do fim, maculou a reputação americana, tanto interna quanto externamente, realçando sua imagem de brutalidade. Os novos membros eleitos para o Congresso, pelas normas revisadas nas primárias dos democratas, prometiam um desafio próximo que tomou feição visível quando os lideres democratas em ambas as casas votaram, em 2 e 4 de janeiro, o "imediato" cessar-fogo e suspensão de todos os fundos destinados às operações militares nos países da Indochina, condicionados apenas à libertação dos prisioneiros de guerra e retirada a salvo das forças americanas. Ante a possibilidade há muito desprezada de uma revolta no Congresso, e com as revelações de Watergate vindo à tona na corte do juiz John J. Sirica, a administração propôs suspender o bombardeio se Hanói voltasse às conversações de paz. Hanói aquiesceu; negociações frenéticas foram recomeçadas; esboçou-se um tratado e Thieu recebeu o ultimato: a menos que concordasse, os Estados Unidos retirariam todo apoio econômico e militar, concluindo o tratado sem sua participação.

No acordo final, as duas condições que levaram o Vietnã do Norte e os Estados Unidos a prolongarem a guerra por quatro anos – derrubada do regime Thieu, de um lado, e retirada das forças norte-vietnamitas do Vietnã do Sul, de outro – foram abandonadas; o status político do antigo Vietcongue, agora metamorfoseado em GRP, foi reconhecido, embora não explicitamente, para poupar Thieu; a Zona Desmilitarizada ou linha divisória, cuja eliminação Hanói exigira, foi mantida, mas – retornando a Genebra – como "fronteira provisória, nem política nem territorial". A unidade do Vietnã foi tacitamente reconhecida num dispositivo dizendo que "a reunificação do Vietnã será levada a efeito" mediante discussões pacíficas entre os partidos, dessa forma relegando a "agressão externa", ao longo de uma "fronteira internacional" – *casus belli* americano durante tantos anos –, à lata de lixo da história.

Thieu agarrou-se à recusa com rigidez cadavérica até a última hora do ultimato de Nixon, e afinal cedeu. Assinado em Paris, em 27 de janeiro de 1973, o tratado deixou a situação, no papel, semelhante ao instável Acordo de Genebra, de 19 anos antes. À realidade física, desde então, tinham sido adicionados mais de meio milhão de cadáveres no Sul e no Norte, centenas de milhares de seres feridos e miseráveis, crianças queimadas e aleijadas, camponeses sem posses, uma terra contorcida, desflorestada e repleta de crateras de bombas, além do povo dividido pelo ódio. Os procedimentos para um acordo final entre as duas áreas eram geralmente considerados impossíveis e um pronto recomeço do conflito se constituía no cerne de todas as especulações. A viabilidade de um Vietnã do Sul não comunista, pelo qual a América tinha destruído a Indochina e traído a si mesma, não inspirava confiança em pessoa alguma – a não ser em Nixon e Kissinger, que se haviam convencido quanto a poderem, os Estados Unidos, recuperar a situação, se necessário. O que restou com o tratado foi o cenário provisório por trás do qual a América, agarrada aos andrajos de sua "paz com honra", poderia escapulir.

Como resultado, sabem-no todos, Hanói conquistou Saigon no espaço de dois anos. Quando Nixon já fora destruído por Watergate, e o Congresso – finalmente – reuniu votos suficientes para proibir, através do cancelamento de fundos, uma reintervenção americana, o Vietnã do Norte desfechou a ofensiva global e o Sul, já desfibrado, não teve como evitar a ferocidade do ataque. Por mais que algumas unidades tenham lutado valorosamente, o EVS era, como exército nacional, aquilo que um soldado americano dissera: "Uma casa sem alicerces - seu colapso viria naturalmente." Os comunistas estabeleceram seu domínio sobre todo o Vietnã, e idênticos resultados ocorreram no Camboja. A nova ordem política no Vietnã era, aproximadamente, a mesma que teria sido se a América não tivesse intervindo - exceto pelo acréscimo de vingança e crueldade. Talvez a maior insensatez tenha ficado com Hanói: a de lutar tão obstinadamente durante trinta anos por uma causa transformada em tirania brutal, após a vitória.

A recusa do Congresso em permitir a reintervenção americana representou o funcionamento, e não, como no lamento de Kissinger, "a quebra de nosso processo político democrático". Ao contrário de ser fraqueza na vontade americana, foi a tardia compreensão de um processo nitidamente adverso e ruinoso ao interesse do país, significando, seu término, a vitória do senso de responsabilidade política. Veio muito tarde - entretanto, não a tempo de fazer com que o país escapasse à punição. As perdas humanas são toleráveis quando se acredita que tenham servido a um desígnio válido; são amargas, contudo, como nas circunstâncias, em que 45 mil pessoas morreram e 300 mil ficaram feridas, num sacrifício por coisa alguma. Gastos de cerca de 20 bilhões de dólares anuais por quase uma década, totalizando quase 150 bilhões, muito acima do que seria o orçamento militar normal, prejudicaram a economia a um ponto do qual foi difícil se recuperar.

Mais importante que os efeitos físicos foi a queda na confiança e na autoridade do governo. A legislação do Congresso nos anos posteriores ao Vietnã repetidamente destinou-se a restringir o Executivo em vários tipos de condutas, partindo do princípio de que, sem tais freios, o poder agiria de forma irregular ou ilegítima. O público também aprendeu a suspeitar, e muitos devem ter sentido sua atitude expressa em duas palavras ditas por Gordon Strachan, membro do staff da Casa Branca, que, quando a Comissão Ervin indagou-lhe qual o conselho que daria a outros jovens desejosos de servir no governo, respondeu: "Afastem-se disso." Para muitos, a confiança na respeitabilidade de seu país transformou-se em ceticismo. Quem, desde o Vietnã, correria o risco de dizer, em sã consciência, que a América era "a última esperança do mundo"? O que a América perdeu no Vietnã, para dizer apenas numa palavra, foi a virtude.

As muitas atitudes insensatas que nisso resultaram tiveram início através do exagero das reações: a invenção de ameaça à segurança nacional", a invenção do "interesse vital", a invenção do "compromisso", que rapidamente ganhou vida própria, envolvendo seu inventor. Nesse processo, o maior responsável foi Dulles, decidido a esfarinhar o compromisso de Genebra, tornou a América guardiã de uma zona e incansável oponente de outra, daí surgindo tudo mais. Seu zelo, qual Savonarola da política exterior, iludiu associados e sucessores, levando-os a papaguear "segurança nacional" e "interesse vital" não porque nisso acreditassem, mas da boca para fora, em benefício da Guerra Fria, ou como tática de intimidação, visando extrair verbas do Congresso. Até mesmo em 1975 o presidente Ford disse ao Congresso que o desinteresse em votar ajuda ao Vietnã do Sul minaria a "credibilidade" como aliado, "essencial à nossa segurança nacional". Kissinger retornou ao tema dois meses depois, declarando, numa entrevista à imprensa, que deixar o Vietnã do Sul sem ajuda significaria "ameaça fundamental, dentro de certo tempo, à segurança dos Estados Unidos".

O exagero nas reações esteve presente na conjuração de espectros, na queda dos "dominós", nas visões de "ruína" ao abandonar o Pacífico, armando barricadas em São Francisco, em dragões menores como o COSVN e, finalmente, na paranoia da Casa Branca – Watergate. Mais grave, ainda, as reações exasperadas levaram ao esbanjamento do poderio e recursos da América numa imensa insensatez desproporcional ao interesse nacional envolvido. A falta de pensamento inteligente com respeito a esse problema foi inacreditável, pois, como escreveu o general Ridgway em 1971, "não é necessário ter-se grande visão para perceber... que nenhum verdadeiro interesse dos Estados Unidos se faz presente aqui... e que nos envolvermos em um compromisso de maior envergadura é asneira monumental...".

Uma outra insensatez foi a da onipotência, parente próxima da ilusão de invulnerabilidade dos papas; a terceira, a visão bitolada e a "dissonância cognitiva"; a quarta, recorrer a instrumentos de pressão, em vez de simplesmente raciocinar.

Em sua ilusão de onipotência, os estrategistas políticos americanos tinham a certeza de que, em face de objetivo determinado, especialmente em se tratando da Ásia, a vontade americana deveria prevalecer. Essa crença vinha do aspecto "deixa comigo" de uma nação autoconstruída e da sensação de competência e superpoderio derivada da Segunda Guerra Mundial. Caso isso fosse a "arrogância do poder", na frase do senador Fulbright, não era a de Atenas e Napoleão ou, no século XX, a da Alemanha e Japão, mas sim uma deficiência em compreender que existem problemas e conflitos entre outros povos que não se resolvem com a aplicação de força e técnica americanas, ou até mesmo com a boa vontade americana. "Construir nações", eis a mais presunçosa das ilusões. Os colonos do continente americano construíram uma nação desde Plymouth Rock até Valley Forge e até as fronteiras desejadas; contudo, não aprenderam desse seu sucesso que, em toda parte, somente aos habitantes de cada país compete realizar esse empreendimento.

A visão bitolada, o hábito de se apelar para o "não me aborreça com fatos", é uma insensatez universal – jamais tão bem representada como no caso dos altos escalões de Washington com respeito ao Vietnã. O mais grosseiro dos erros foi subestimar o empenho do Vietnã do Norte em alcançar seu objetivo. A motivação do inimigo foi um elemento que faltou nos cálculos americanos, e Washington, em consequência, ignorou todas as evidências de fervor nacionalista e de paixão pela independência que, já em 1945, Hanói declarara "não ser mais passível de cerceamento por nenhuma força humana". Washington ignorou – igualmente – a predição do general Leclerc de que a conquista absorveria meio milhão de homens "e mesmo assim não será realizada". E foi-lhe possível ignorar, ainda, a demonstração de brio e capacidade que conquistaram a vitória em Dien Bien Phu contra um exército moderno e bem-armado, e ignorar, da mesma forma, todas as evidências posteriores.

A recusa americana em considerar a férrea vontade e capacidade do inimigo foi explicada, pelos responsáveis, como resultante da ignorância da história vietnamita, suas tradições e seu caráter nacional: não havia "especialistas disponíveis", nas palavras de um oficial de alta patente. Todavia, a longevidade da resistência desse povo ao domínio estrangeiro poderia ter sido verificada na simples leitura de um livro de história da Indochina. Consultas atentas aos administradores franceses com longa experiência no Vietnã teriam suprido a falta de especialistas americanos. Mesmo o contato superficial dos americanos com a região, ao tempo dos relatórios, forneceu informações dignas de crédito. Não foi a ignorância, foi, isso sim, a recusa em dar crédito às evidências e, principalmente, a recusa em conceder grandeza e firmeza de propósitos a um país asiático de "quarta categoria". Eis os fatores determinantes, exatamente os mesmos dos britânicos em relação às colônias americanas. A ironia da história é inexorável!

Esse desprezo conjugou-se com a supervalorização do Vietnã do Sul, apenas porque se tornara beneficiário da assistência americana e porque a verborragia de Washington igualava qualquer grupo não comunista com as nações "livres", nutrindo, assim, a ilusão de que seu povo estaria preparado para lutar pela "liberdade" com a energia que se supõe que a liberdade inspire. Eis aí as âncoras da política da América. Evidências dissonantes tinham que ser rejeitadas ou, então, ficaria claro que tal política fora construída sobre areia. Quando as dissonâncias perturbam as atitudes frente a inimigos ou clientes, essas atitudes, de acordo com as regras da visão bitolada, tornam-se rígidas.

A insensatez derradeira residiu na falta de pensamento reflexivo a respeito do que estavam fazendo, a respeito da eficácia em função dos objetivos visados, a respeito de um balanço das vantagens possíveis contra as perdas e os prejuízos, tanto dos aliados quanto dos Estados Unidos. A falta de pensamento inteligente no governo é outra das constantes universais, e nos leva a conjeturar sobre se nos Estados modernos algo existe, inerente à vida política e burocrática, capaz de suprimir o funcionamento intelectual em favor do recurso aos "instrumentos de pressão", desconsiderando as expectativas nacionais. Esse parece ser um processo em andamento.

A MAIS LONGA das guerras chegou ao fim. Esmaecido pela distância de duzentos anos, poder-se-ia ter escutado o sumário de Chatham a respeito da autotraição nacional "(...) através do embuste, de sua própria credulidade, através de esperança falsa, do falso orgulho, e de vantagens prometidas, de natureza romântica e improvável". Uma súmula contemporânea foi expressa pelo congressista de Michigan, Donald Riegle. Falando a um casal de eleitores seus que tinham perdido o filho no Vietnã, viu-se a braços com a terrível compreensão de que não encontrava palavras que justificassem a morte do jovem. "Não tinha como lhes dizer, de forma alguma, que tal coisa acontecera no seu interesse, no interesse nacional, ou no interesse de fosse lá quem fosse..."

Epílogo

"Uma lanterna na popa"

Uma vez que a perseguição de desvantagem após desvantagem é algo irracional, concluímos, em consequência, que o abandono da razão é a primeira característica da insensatez. De acordo com os estoicos, a razão é o "fogo do pensamento" que dirige os negócios do mundo, e o imperador ou dirigente do Estado era considerado "servo da razão divina, (escolhido) para manter a ordem na Terra". Teoria confortadora, mas, então como agora, a "divina razão" foi suplantada por fragilidades humanas não racionais - ambição, ansiedade, busca de posição social, preponderância das aparências, ilusões, autoilusões, preconceitos firmados. Embora a estrutura do pensamento humano esteja assente no procedimento lógico das premissas às conclusões, isso nada significa quando se esbate contra fragilidades e paixões.

O pensamento racional claramente aconselhava os troianos a suspeitarem de um ardil quando acordaram verificando que todo o exército grego desaparecera, deixando apenas estranho e monstruoso prodígio à frente das muralhas da cidade. O procedimento racional deveria ter sido, ao menos, examinar o cavalo em busca de inimigos, tal como foram veementemente aconselhados por Cápis, o Velho, Laocoonte e Cassandra. Essa alternativa esteve presente e bem viável, mas foi posta de lado em favor da autodestruição.

No caso dos papas, a razão talvez fosse menos acessível. Viviam de tal sorte imbuídos na cupidez voraz e na desinibida caça ao prazer, características de sua época, que uma resposta racional às necessidades do rebanho talvez estivesse fora de seu alcance. Isso teria exigido uma cultura baseada em outros valores. Poder-se-ia imaginar que o instinto comum de autopreservação tomasse nota do descontentamento crescente, como água de inundação já molhando os pés, mas a visão que eles tinham do papado era temporal e secular, e estavam por demais imersos em suas guerras por principados e em gastos particulares e pompas para se alarmarem ante o intangível da insatisfação. A insensatez do papado estava não tanto no irracional, mas no fato de se alhear por completo da missão a que estava destinado.

As sucessivas medidas adotadas com respeito tanto às colônias americanas quanto ao Vietnã eram tão nitidamente baseadas em atitudes preconceituosas e tão perfeitamente contrárias ao senso comum, às inferências racionais e aos conselhos judiciosos, que, como insensatez, falam por si mesmas.

Nas operações governamentais a impotência da razão é algo muito grave porque afeta tudo aquilo que se encontra ao seu alcance – cidadãos, sociedade, civilização. Era problema que preocupava profundamente os gregos, iniciadores do pensamento ocidental. Eurípides, em suas últimas obras, concorda em que o mistério do erro moral e da insensatez não pode ser atribuído a causas externas, à peçonha de Ate – como se fosse uma aranha – ou a qualquer intervenção dos deuses. Homens e mulheres têm que aceitar esse ônus como parte da condição humana. Sua Medeia sabe-se controlada pela paixão, "mais forte que minha vontade". Platão, cerca de cinquenta anos depois, desesperadamente desejou o homem agarrado "à sagrada corda de ouro da razão", mas, afinal, ele também compreendeu que os seres humanos encontravam-se ancorados à vida dos sentimentos, balançando como joguetes entre as ondas dos desejos e terrores que os fazem dançar e dançar. Quando o desejo entra em desacordo com o julgamento da razão, concluiu, a alma encontra-se doente. "E quando a alma se opõe ao conhecimento, ou opinião, ou razão, que se constituem em suas leis naturais, a isso eu denomino insensatez."

Com respeito à governança, Platão adverte que o governante sábio tomará maior cuidado com aquilo que ele mais ama, ou seja, o que melhor combina com seus interesses, que será equivalente aos melhores interesses do Estado. Todavia, como não confiava em que a regra funcionaria sempre na medida desejada, Platão aconselhava um procedimento cautelar: que os futuros guardiães do Estado fossem observados e experimentados durante seu período de maturação para segurança de que se conduziriam em consonância com a norma.

Com o advento do cristianismo, a responsabilidade pessoal retroagiu favorecendo o externo e sobrenatural, sob o comando de Deus e do diabo. A razão retomou para breve e brilhante reinado durante o século XVIII, até que Freud nos levou de volta a Eurípides e o poder controlador das sombras, das forças soterradas da alma que, não sendo submissas à mente, são incorrigíveis através de boas intenções ou vontade racional.

A principal entre as forças que afetam a insensatez política é a ambição do poder, designada por Tácito como "a mais flagrante de todas as paixões". Como ela somente pode estar satisfeita com o poder exercido sobre os demais, o governo é seu campo de exercício favorito. O mundo dos negócios oferece uma espécie de poder, mas apenas àqueles muito bem-sucedidos, lá no topo, e assim mesmo sem domínio e títulos, tapetes vermelhos e escoltas de motociclistas, comuns ao poder público. Outras ocupações - esportes, ciências, artes criativas - oferecem múltiplas satisfações, mas não a oportunidade do poder. Podem encantar os que buscam posição social, e sob forma de celebridade, conquistam a ovação das massas, limusines e prêmios, mas essas são apenas armadilhas do poder, não a sua essência. O governo permanece sendo o paradigma, como área da insensatez, porque nele é que os homens obtêm poder a ser exercido sobre os demais - apenas para perdê-lo sobre si mesmos.

Thomas Jefferson, que exerceu os mais altos cargos e durante mais tempo que a maioria dos homens, tinha, a respeito, opinião bem melancólica: "Sempre que um homem passa a desejar (o cargo)", escreveu ele a um amigo, "sua conduta começa a deteriorar-se." Seu contemporâneo do outro lado do Atlântico, Adam Smith, era até mais severo: "E, assim, a *posição*... representa o fim de metade dos trabalhos da vida humana; e é a causa de todo o tumulto e inquietação, toda rapina e injustiça que a avareza e a ambição introduziram neste mundo." Ambos se referiam à falência moral, e não à competência.

Quando examinado o tema, não se obtêm melhores conceitos por parte de outros estadistas. Na década de 1930 estava sendo procurado alguém para presidir uma comissão do Senado que iria investigar a indústria de munições; um líder do movimento pacifista buscou o conselho do senador George Norris. Excluindo-se, por estar muito velho, Norris examinou a lista de seus colegas, eliminando um após outro, considerando-os, um, demasiado estúpido; outro, preguiçoso; outro, muito chegado ao Exército; outro, moralmente covarde, outro, por demais atarefado; outro, com saúde debilitada; outro, em conflito de interesses; outro, às vistas da reeleição. Ao terminar, tinha eliminado todos, menos o senador Gerald Nye, o único entre 96 a quem atribuía competência, independência e estatura para a tarefa. Opinião bem semelhante, em circunstâncias diferentes, foi manifestada pelo general Eisenhower ao discutir a necessidade de líderes inspirados a fim de se criar os Estados Unidos da Europa como fórmula única de preservar a segurança europeia. Ele não acreditava que tal coisa fosse possível porque "todos eles parecem ou demasiado prudentes, ou demasiado temerosos, ou demasiado preguiçosos, ou com muita ambição (pessoal)". Estranha e notável é a presença da preguiça em ambas as listagens.

Grande estimulador da insensatez é o excesso de poder. Após conceber sua maravilhosa visão dos reis filósofos na república, Platão começou a nutrir dúvidas e chegou à conclusão de que as leis constituíam a única das garantias. Demasiado poder, tal como velas muito grandes em um navio, pensava ele, era algo perigoso. A moderação se acaba. O excesso conduz, por um lado, à desordem e, por outro, à injustiça. Nenhuma alma humana consegue resistir à tentação do poder arbitrário e, assim, "ninguém deixará, nessas circunstâncias, de se tornar vítima da insensatez, a pior das moléstias!". Seu reino será minado e "todo seu poder fugirá". Esse foi, na verdade, o destino do papado na Renascença, a ponto de consumir metade, senão todo o seu poder; e o de Luís XIV, embora somente após sua morte; e – caso consideremos que a presidência americana confere poder demasiado – o de Lyndon Johnson, que falava em "*minha* Força Aérea", julgando que a posição lhe permitia enganar e mentir; e, ainda mais obviamente, o de Richard Nixon.

A paralisação mental ou estagnação - manutenção intacta pelos governantes e estrategistas políticos das ideias com que começaram - é terreno fértil para a insensatez. Montezuma se constitui em exemplo fatal e trágico. Líderes no governo, de acordo com a autoridade de um Henry Kissinger, nada aprendem além das convicções que trazem consigo; esse é "o capital intelectual que irão consumir durante todo o tempo em que estiverem no cargo". Aprender pela experiência é uma faculdade quase nunca praticada. Por que a experiência americana em apoiar um partido impopular na China não lhe permitiu ver a analogia com o Vietnã? E a experiência do Vietnã em relação ao Irã? E por que nenhum desses exemplos transmitiu qualquer inferência capaz de evitar ao governo americano da década de 1980 as imbecilidades que cometeu em El Salvador? "Se os homens pudessem aprender com a história, que lições ela nos poderia ensinar!", lamentou-se Samuel Coleridge. "Mas a paixão cega nossos olhos, e a luz que a experiência nos dá é a de uma lanterna na popa, que ilumina, apenas, as ondas que deixamos para trás." É bela a imagem, mas enganosa sua mensagem - pois a luz nas ondas que já ultrapassamos poderia nos tornar capazes de inferir a natureza das ondas à frente.

Em seu primeiro estágio, a paralisia mental fixa princípios e fronteiras que governam um determinado problema político. No segundo estágio, quando dissonâncias e funções em colapso começam a surgir, os princípios iniciais tornam-se rígidos. Esse seria o período em que, caso a sabedoria estivesse em ação, reexaminar, repensar e mudar o curso seriam coisas possíveis, mas isso é tão raro quanto rubis num fundo de quintal. A rigidez conduz ao aumento dos investimentos e à necessidade de proteger os egos; a política fundada em erros multiplica-se, jamais regride. Quanto maior o investimento e quanto mais o ego se envolve, mais inaceitável se torna o desengajamento. No terceiro estágio, a perseguição do fracasso aumenta os prejuízos até causar a queda de Troia, a defecção do papado, a perda do império transatlântico, a clássica humilhação no Vietnã.

A persistência no erro, eis o problema. Os praticantes do governo persistem no caminho errado como se estivessem escravizados a algum Merlim de mágicos poderes para dirigir seus passos. Existiram Merlins nos começos da literatura destinados a explicar as aberrações humanas, mas a liberdade de escolha é um fato – a menos que aceitemos o inconsciente freudiano como novo Merlim. Os governantes sempre procuram justificar uma decisão má ou errada sob alegação – como disse um historiador e seguidor de John F. Kennedy – de que "ele não tinha escolha", mas não importa quão semelhantes duas alternativas possam parecer, sempre existe liberdade de escolha para mudar ou desistir de um curso contraproducente se o líder tem coragem moral para exercer sua vontade. Ele não é uma criatura moldada pelo destino, à mercê dos deuses homéricos. Todavia, reconhecer os erros, eliminar os prejuízos, alterar o curso são as opções mais repugnantes para os governos.

Para um chefe de Estado, admitir erros é algo quase impossível. O infortúnio americano, durante o período do Vietnã, foi ter presidentes a quem faltava suficiente autoconfiança para a grande retirada. Voltamos a Burke: "Não é raro que a magnanimidade em política se torne a verdadeira sabedoria; um grande império e mentalidades tacanhas não combinam bem." O problema está em se reconhecer quando a persistência no erro se torna autodestruidora. Um príncipe, disse Maquiavel, deve sempre ser grande perguntador e escutar pacientemente a verdade sobre aquilo que inquiriu, demonstrando sua ira caso verifique que alguém revela escrúpulos em lhe dizer essa verdade. O que os governos necessitam é de grandes perguntadores...

A recusa em tirar conclusões de sinais negativos, que sob a rubrica de visão bitolada, teve tão amplas citações neste livro, foi reconhecida na criação literária mais pessimista dos tempos modernos, o *1984*, de George Orwell, como sendo o que o autor denominou *Crime-Stop*. "*Crime-Stop* significa a faculdade de parar imediatamente, como se por instinto, no umbral de um pensamento perigoso. Inclui o poder de não se prender a analogias, deixando de perceber os erros lógicos, o poder de confundir os mais simples argumentos... e o de repelirmos qualquer tipo de pensamento capaz de nos conduzir em direção herética. *Crime-Stop*, em resumo, quer dizer estupidez protetora."

A questão está em sabermos se um país pode evitar da estupidez protetora quanto à conduta política, o que, por sua vez, levanta outra questão: se é possível educar para a tarefa de governo. O esquema de Platão, que incluía alimentação e educação, jamais foi tentado. Uma tentativa feita em outra cultura, o treinamento de mandarins na China, não produziu resultados superiores. Os mandarins passavam anos estudando e aprendendo e se submetiam a uma série de exames, mas os aprovados não estavam imunes à corrupção e à incompetência. No final, sumiram engolfados por decadência e ineficácia.

Outro desses esquemas utilizava estrangeiros. Os janízaros turcos, o mais famoso ramo militar de um grande exército – o Kapi Kullari ou Instituto dos Escravos –, exerciam todos os postos civis, desde cozinheiro do palácio até grão-vizir. Crianças cristãs tomadas de seus pais, criadas e exaustivamente preparadas pelos turcos otomanos para exercer funções oficiais, recebiam a mais completa educação jamais concebida e eram legalmente escravas do sultão, convertidas ao Islã, proibidas de possuir família ou propriedades. Livres de tais distrações, supunha-se que se dedicariam inteiramente ao Estado e ao soberano, de quem dependiam inteiramente no tocante a pagamento e necessidades do viver. O sultão, dessa forma, adquiriu não apenas um corpo de administradores de primeira categoria, mas também de sustentadores enérgicos de seu absolutismo. Embora o sistema tenha funcionado de maneira excelente, não salvou o Império Otomano de lenta degeneração, nem, ao final, o sistema conseguiu salvar-se. No decorrer do tempo, o braço militar ganhou poder crescente, desafiou a proibição de casamento e assumiu direitos hereditários, perpetuando-se como clã permanente e dominante, e finalmente, em inevitável desafio ao governante, tentou assumir o poder através de revolta aberta. Foram massacrados e destruídos, levando consigo os restos do Instituto dos Escravos, enquanto o grão-turco se consumia, devorado pela senilidade.

Na Europa do século XVII, depois da devastação da Guerra dos Trinta Anos, a Prússia, quando ainda se denominava Brandemburgo, determinou-se a criar um grande Estado, através de exército disciplinado e um serviço civil primoroso. Os candidatos às posições civis, abertas aos plebeus, a fim de deixar o controle militar com os nobres, tinham que completar um curso inteiro de estudos cobrindo teoria política, filosofia do direito, economia, história, leis penais e estatutos. Somente depois de passarem através de vários estágios e exames recebiam indicação definitiva e oportunidade de promoções. Os postos mais elevados se constituíam em ramo específico, não aberto aos escalões baixos e médios.

O sistema prussiano mostrou-se tão eficaz que o Estado pôde sobreviver tanto à derrota militar por Napoleão em 1807 quanto à explosão revolucionária de 1848. Mas, a partir de então, começou a congelar, como no caso dos mandarins, perdendo muitos de seus cidadãos mais progressistas, que emigravam para a América. A energia prussiana, contudo, conseguiu, em 1871, unificar os Estados germânicos num império sob a hegemonia da Prússia. Esse próprio sucesso carregava consigo as sementes da ruína, pois alimentou a arrogância e a fome de poder que, de 1914 a 1918, o levaria ao desastre.

O choque político fez com que os britânicos prestassem atenção ao problema. Nem a perda da América, nem os impactos da tempestade da Revolução Francesa abalaram seu sistema de governo, mas, em meados do século XIX, quando a insatisfação vinda de baixo tornou-se mais pronunciada, com as revoluções de 1848 no continente, o efeito se fez sentir. Em vez de se refugiar em pânico reacionário, como seria de se esperar, as autoridades, demonstrando grande senso empreendedor, ordenaram investigações em suas próprias práticas de governo, que eram, então, virtualmente reserva das classes de proprietários. O resultado foi um relatório demonstrando a necessidade de um serviço público permanente, bem-treinado, destinado a prover continuidade e manutenção de perspectivas amplas contra soluções passageiras e paixões políticas de momento. Embora sob fortes resistências, o sistema acabou adotado em 1870. Produziu funcionários civis de grande distinção, mas produziu, também, Burgess, MacLean,

Philby e Blunt. A história do governo britânico nos últimos cem anos sugere que outros fatores, distintos da qualidade de seu serviço público, determinaram o destino do país.

Nos Estados Unidos, o serviço público foi estabelecido, principalmente, como barreira contra a patronagem e o *pork-barrel*, e não como busca de excelência. Em 1937, uma comissão presidencial, achando o sistema inadequado, recomendou com urgência o desenvolvimento de "um serviço com carreira... requerendo pessoal do mais alto nível, bem-treinado, ideal, competente em suas tarefas em razão de longa experiência". Depois de muito esforço e algum progresso, esse objetivo ainda não foi atingido, mas, mesmo que o fosse, não afetaria os cargos eletivos e as nomeações na alta cúpula – ou seja, o governo em sua elevada esfera.

Na América, onde o processo eleitoral está inundado por técnicas comerciais de levantamento de fundos e de criação de imagens, poder-se-ia retornar a um processo seletivo tão despreocupado com as qualificações como aquele que fez de Dario rei dos persas. Quando ele e seus companheiros de conspiração – segundo recorda Heródoto – derrubaram o déspota reinante, discutiram que espécie de governo – monarquia ou oligarquia a ser exercida pelos mais sábios – deveriam estabelecer. Dario defendeu a ideia de que seria melhor manter a regra de um único dirigente, escolhendo-se "o melhor homem do país". Persuadido, o grupo concordou em cavalgarem juntos no dia seguinte; aquele cujo cavalo fosse o primeiro a relinchar no momento em que o sol nascesse, seria o rei. Graças ao ardil de um criado engenhoso, que acorrentou uma égua favorita no lugar crítico, o cavalo de Dario reagiu a tempo e seu afortunado proprietário, dessa forma considerado o melhor homem para o cargo, subiu ao trono.

Fatores outros que seleção ao acaso reprimem a influência do "fogo do pensamento" nos negócios públicos. Para o chefe de Estado nas condições modernas, um dos fatores limitadores é a quantidade de problemas em muitas áreas, o que não permite compreensão sólida de qualquer um deles, além do tempo reduzido para pensar entre compromissos e resumos de trinta laudas. Isso deixa o campo aberto à estupidez protetora. Enquanto tal acontece, a burocracia repete hoje o que fez ontem, como vasto computador que, uma vez tendo admitido o erro, duplica-o eternamente.

Mais que tudo, a sedução do poder, conhecido nos Estados Unidos como febre do Potomac, anula o melhor desempenho governamental. O burocrata sonha com promoção, os altos funcionários desejam aumentar sua alçada, legisladores e presidente buscam a reeleição; a norma-guia nessa corrida é agradar ao máximo e ofender o mínimo. O governo inteligente exige que a pessoa investida do cargo possa formular e executar a política de acordo com seu melhor julgamento, conhecimento disponível e judiciosas estimativas quanto aos males menores. Mas a reeleição está em suas cabeças, e esse passa a ser o critério dominante.

Cônscios do poderio controlador da ambição, corrupção e emoção, pode ser que na busca de governos mais sábios nos reste verificar o teste do caráter, antes de mais nada. E o teste do caráter deve ser o da coragem moral. Montaigne acrescenta: "Resolução e coragem, não as aguçadas pela ambição, mas sim as que a sabedoria e a razão implantam nas consciências bem-informadas." Os liliputianos ao escolherem pessoas para os cargos públicos adotavam critérios semelhantes. "Davam maior importância à boa moral do que às grandes capacidades", relatou Gulliver, "pois, desde que o governo é coisa necessária à espécie humana... eles acreditam que a Providência jamais pretendeu fazer dos negócios públicos um mistério a ser compreendido apenas por poucos. Eles supõem que verdade, justiça e temperança estão ao alcance de todos os homens: a prática de tais virtudes, juntamente com experiência e boas intenções, qualificam qualquer homem para o serviço de seu país, exceto quando um tipo qualquer de estudo se torna necessário."

Embora tais virtudes possam, na verdade, estar ao alcance de qualquer homem, elas têm menor oportunidade em nosso sistema que o dinheiro e a ambição grosseira para prevalecerem nas urnas eleitorais. O problema pode ser não tanto o de educar candidatos ao governo, mas o de educar o eleitorado no sentido de reconhecer e recompensar a integridade de caráter, rejeitando os pseudocandidatos. Talvez homens melhores venham a florescer em tempos melhores, e governos sábios exijam como alimento uma sociedade dinâmica em vez dessa ordem tumultuada de agora. Caso John Adams tenha razão, e o "governo seja praticado apenas um pouco melhor, hoje, do que há três ou quatro mil anos", não podemos esperar muita melhoria. Poderemos, tão somente, seguir entontecidos, como temos feito nesses mesmos três ou quatro mil anos, com alternâncias de glória e declínio, grandes esforços e sombras.

fim

Notas e obras consultadas

1. Em busca de uma política contrária aos próprios interesses

Notas

12 JOHN ADAMS: Carta a Thomas Jefferson, 9 jul. 1813, em The Adams-Jefferson Letters, ed. L. J. Cappon, Chappel Hill, 1959, II, 351.
13 HISTORIADOR INGLÊS, "Nada mais injusto..." Denys A. Winstanley, Lord Chatham and the Whig Opposition, Cambridge, 1912, 129.
15 PLATÃO, SOBRE OS REIS-FILÓSOFOS: A República. V, 473.
16 HISTORIADOR, SOBRE FELIPE II: Encyclopaedia Britannica. 14a ed., anônimo.
17 OXENSTIERNA: Bartlett's Familiar Quotations.
18 ROBOÃO: I, Reis, 11:43, 12:1 e 4; II Crônicas, 9:31, 10:1 e 4.
19 "MODELO DE INSENSATEZ": Eclesiastes (Livro de Sirach), 48:6.
21 MONTEZUMA: William H. Prescott, The Conquest of Mexico, Nova York, 1843; C. A. Burland, Montezuma, Nova York, 1973.
24 TREZE MOSQUETES: New Cambridge Modern History, I, 442.
25 VISIGODOS: Dr. Rafael Altamira, Spain Under The Visigoths, em Cambridge Medieval History, II, capítulo 6.
29 SÓLON, "APRENDENDO COISAS NOVAS": Vidas, de Plutarco.
30 SCHLESINGER, citação: The Birth of a Nation, Nova York, 1968, 245-6.
33 VOLTAIRE, citação: M. A. François, The Age of Louis XIV, edição Everyman, Nova York, 1966, 408.
35 LUÍS XIV, COMO INSTRUMENTO DE DEUS: G. R. R. Treasure, Seventeenth Century Trance, Nova York, 1966, 368.
35 DELFIM, O. - Advertências: G. A. Rothrock, The Huguenots: Biography of a Minority, Chicago, 1973, 173.
35 SAINT-SIMON, comentário: Mémoires em Sanche de Gramont, The Age of Magnificence, Nova York, 1963, 274.
35 OFICIAIS HUGUENOTES UNEM-SE A GUILHERME III: Estimativa submetida ao rei pelo marechal Vauban em 1689: Rothrock, opus cit., 179.

37 HISTORIADOR FRANCÊS SOBRE "GRANDES DESÍGNIOS": C. Picavet, em La diplomatie au temps de Louis XIV, 1930; cit. Treasure, opus cit., 353.

37 EMERSON: Journals, 1820-72, Boston, 1909-14, IV, 160.

38 CARLOS X PREFERIRIA SER UM LENHADOR: Alfred Cobban, A History of Modern France, 2 volumes, edição Penguin, 1961, II, 72.

38 300 FRANCOS PARA QUALIFICAÇÃO: Ibidem, II, 77.

40 CHEFE DO ESTADO-MAIOR AO CHANCELER: "Parece mais provável...", Fritz Fischer, Germany Aims in the First World War, Nova York, 1967, 184-5.

41 BETHMANN: "A inevitável presença americana..." Discurso no Reichstag, 10 de janeiro de 1916, cit. por Hans Peter Hanssen, Diary of a Dying Empire, Bloomington, Indiana Univ. Press, 1955.

42 HELFFERICH, "LEVARIA À RUÍNA": Official German Documents Relating to the World War, 2 volumes, Carnegie Endowment For International Peace, Nova York, I, 150.

42 DOIS BANQUEIROS IMPORTANTES: Max Warburg e Bernhard Dernburg, vide Fischer, opus cit., 307.

43 ZIMMERMANN, "Correr o risco de vir a ser despojada...", Fischer, opus cit., 299.

44 CONFERÊNCIA DE 9 DE JANEIRO DE 1917, todas as citações: O relatório verbatim da conferência encontra-se em German Documents, I, 340, 525; II, 1219-77, 1317-21.

44 BETHMANN, Finis Germaniae: cit. G. P. Gooch, Recent Revelations of European Diplomacy, Londres, 1927, 17.

45 RIEZLER – "A Alemanha é como uma pessoa..." cit. Fritz Stern, The Responsibility of Power, ed. L. Krieger, and Stern, Nova York, 1967, 278.

47 ALMIRANTE YAMAMOTO, citação: Gordon W. Prange, At Dawn We Slept, Nova York, 1981, 10, 15, 16.

48 ALMIRANTE NAGANO, dúvida sobre a vitória do Japão: conforme Diário do Marquês Kido, Lorde do Selo Privado, 31 de julho de 1941, cit. Herbert Feis, The Road to Pearl Harbour, Princeton, 1950, 252.

2. Protótipo: Os troianos levam o cavalo de madeira para dentro de seus muros

Obras Consultadas

APOLODORO: The Library (and Epitome), 2 volumes, tradução de Sir James Frazer, Londres e Nova York, 1921.

ARNOLD, MATTHEW: "On Translating Homer", em The Viking Portable Arnold, Nova York, 1949.

BOWRA, C. M.: The Greek Experience, Mentor ed. Nova York (original publicado em 1957).

DICTO DE CRETA E DARES, O FRÍGIO: The Trojan War, tradução de R. M. Frazer Jr., Bloomington, Indiana Un. Press, 1966.

DODDS, E. R.: The Greeks and the Irrational, Berkeley, Univ. da Califórnia, 1951.

EURÍPIDES: The Trojan Women, tradução e notas de Gilbert Murray, Oxford Un. Press, 1915.

FINLEY, M. I.: The World of Odysseus, rev. ed. Nova York, 1978.

GRANT, MICHAEL e HAZEL, JOHN: Gods and Mortals in Classical Mythology, Springfield, Mass., 1973.

GRAVES, ROBERT: The Greek Myths, 2 volumes, Penguin, ed. Baltimore, 1955.

GROTE, GEORGE: History of Greece, 10 volumes, Londres, 1872.

HERÓDOTO: The Histories, 2 volumes, trad. George Rawlindon, Everyman, Nova York.

HOMERO: The Iliad, trad. Richmond Lattimore, Chicago, Univ. of Chicago Press, 1951.

——. The Iliad, trad. Robert Fitzgerald, Nova York, 1974.

——. The Odyssey, trad. Robert Fitzgerald, Nova York, 1963.

KIRK, G. S.: The Nature of Greek Myths, Penguin, ed. Baltimore, 1974.

KNIGHT, W. F. J.: The Wooden Horse at the Gates of Troy, Classical Quarterly vol. 28, 1933, 254.

MACLEISCH, ARCHIBALD: "The Trojan Horse", em Collected Poems, Boston 1952.

MACURDY, GRACE A.: "The Horse-Training Trojans", Classical Quarterly (O. S. 1923), volume XVII, 51.

QUINTUS DE ESMIRNA: The War of Troy, com introdução e notas, Frederick M. Combellach, Norman, Oklahoma Univ. Press, 1968.
SNELL, BRUNO: The Discovery of the Mind: Greek Origins of European Thought, Cambridge, Mass., 1953.
SCHERER, MARGARET S.: The Legend of Troy in Art and Literature, Nova York e Londres, 1963.
STEINER, GEORGE e FAGLES, ROBERT: Homer: A Collection of Critical Essays, Englewood Cliffs, Nova York, 1962.
VIRGÍLIO: The Aeneid, tradução de Rolfe Humphries, Nova York, 1951.

Notas

Nota: Os números das notas da Ilíada, Odisseia e Eneida referem-se às linhas (que variam, de acordo com a tradução) e não às páginas.

54 O NARRADOR, "O que aconteceu...", Powys, prefácio de "Homer and the Aelther", em Steiner e Fagles, 140.

54 DEMÓDOCO, A História do Cavalo de Madeira: Odyssey, Livro VIII, 499-520.

55 HOMERO, seus sucessores: As narrativas em verso que existem principalmente em fragmentos ou epítomes são: Cypria, século VII d.C.; Little Iliad, de Lesches de Lesbos; The Sack of Ilium, de Arctino de Mileto. As obras post-Aeneid sobre a Guerra de Troia são: Apolodoro, Higino – Fabulae: Quintus Esmírnaco, Posthomerica; Sérvio, na Aeneid; Dicto, o Cretense e Dares, o Frígio.

56 POSSEIDON e APOLO COMO CONSTRUTORES DE TROIA: De Sérvio, discutido em Notas de Frazer em Apolodoro II, 229-35; Notas de Murray a Eurípides, 81.

57 CAVALO DE MADEIRA, O – construído a conselho de Ateneia: Aeneid, Livro II, 13-56: Lesches, Little Iliad, cit. Schrer, 110; Graves, II. 331.

57 CAVALO, O – era sagrado em Troia e o Véu Sagrado: Odyssey, Livro VIII, 511 ff; Little Iliad, cit. Knight; Aeneid. Livro II, 234.

57 ÉPIO: Quintus, 221-2, 227.

57 "A MEIO-CAMINHO ENTRE A VITÓRIA E A MORTE": Quintus, 227.

58 TIMÓTEO E CÁPIS: Aeneid, Livro II, 46-55.

58 PRÍAMO E O DEBATE DO CONSELHO: Aretino, Sack of Ilium, cit. Scherer, III.

58 A MULTIDÃO GRITAVA: "QUEIMEM...!": Odyssey, Livro VIII, 499; Graves II, 333.

59 SINON: Aeneid, II, 80-275; Quintus, 228.

59 SERPENTES: Aeneid, Livro II, 285-315.

60 PLÍNIO, A RESPEITO DA ESTÁTUA: cit. Scherer, 113.

61 OUTROS PORTENTOS: Quintus, 231-2.

61 CASSANDRA: Aeneid, Livro II; Quintus, 232-3; Higino e Apolodoro, cit. Graves II, 263-4; 273; Frazer, Notas sobre Apolodoro, II, 229-35.

62 DE PERNAS TRÊMULAS: Odisseus relata a Aquiles em Hades, Odyssey, Livro XI, 527.

62 DESTINO DOS TROIANOS APÓS A QUEDA: Aeneid, Livro II, 506-58.

66 PAUSÂNIAS E O ENGENHO PARA CERCO: Grote, I, 285; Graves, II, 335.

66 UM HISTORIADOR MILITAR: Yigael Yadin, em World History of the Jewish People, Rutgers Univ. Press, 1970, II, 159; também em Art of Warfare in Biblical Lands, Londres, 1965, 18.

66-67 HERÓDOTO SOBRE HELENA: Livro II, cap. 113, 19; "TÃO OBSTINADOS": ibidem, cap. 120.

68 PRÍAMO, "Aos deuses devo...", Iliad, Livro III, c. 170.

68 ZEUS, "Quando é através da cegueira...", Odyssey, Livro I, 30; SOBRE EGISTO: ibidem, 32 ss.

68-69 ATEIA: Aparece primeiro em Hesíodo, anterior a Homero; é algumas vezes chamada Éris ou Erinis; figura às vezes como filha de Éris, Deusa da Discórdia, na Iliad, Livro IX, 502-12; 95-135; em vários dicionários clássicos.

69 LENDA DO DILÚVIO, A – Kirk, 135-6; 261-4; Graves, II, 269.

70 LITAI: Iliad, Livro IX, 474, 87-94.

70-71 AGAMENON CULPA ATEIA: Iliad, Livro XIX, 87-94.

51 MARCO ANTÔNIO E SUA VISÃO: Shakespeare, Julius Caesar, Ato 3, Cena I.

3. Os papas da Renascença provocam o cisma protestante: 1470-1530

Obras Consultadas

A mais completa fonte para a história do papado nesse período, da qual são devedores todos os estudos seguintes, é a *History of the Popes from the Close of the Middle Ages* (História dos papas a partir dos fins da Idade Média), de Ludwig von Pastor, em 14 volumes, publicada pela primeira vez em alemão, entre as décadas de 1880-90. O clássico de Jacob Burckhardt, *The Civilization of the Renaissance in Italy* (A Civilização da Renascença na Itália), publicado pela primeira vez em alemão, na sua nativa Suíça, em 1860, é, da mesma forma, indispensável.

As fontes primárias, nas quais os trabalhos a seguir foram baseados, são os arquivos do Vaticano, correspondência diplomática e outras fontes diversas constantes dos Anais, de Muratori; crônicas individuais, especialmente o "diário" de John Burchard, mestre-de-cerimônias do Vaticano nos reinados de Alexandre VI e Júlio II; e os trabalhos históricos de maior relevo da época, *Storia d'Italia*, de Guicciardini, *Storia d'Italia* de Francesco Vettori, *O Príncipe e Discursos*, de Maquiavel e *Vidas dos Pintores*, de Vasari.

AUBENAS, ROGER, RICARD e ROBERT: L'Église et la Renaissance, vol. XV de Histoire de L'Église, Ed. A. Fliche e V. Martin, Paris, 1951.

BRION, MARCEL: The Medici, tradução, Nova York, 1969.

BURCHARD, JOHN: Pope Alexander VI and His Court (extrato do diário latino do mestre-de-cerimônias papal, 1484-1506). Ed. F. L. Glaser, Nova York, 1921.

BURCKHARDT, JACOB: The Civilization of the Renaissance in Italy, vol. I, Colophon, Nova York, 1958.

CALVESI, MAURIZIO: Treasures of the Vatican, tradução J. Emmons, Genebra, 1962.

ENCICLOPÉDIA CATÓLICA, 1907-12. e NOVA ENCICLOPÉDIA CATÓLICA, 1967.

CHADWICK, OWEN: The Reformation, Londres, 1964.

CHAMBERLIN, E. R.: The Bad Popes, Nova York, 1969.

CHAMBERS, DAVID SANDERSON: "The Economic Predicament of Renaissance Cardinals". Studies in Medieval and Renaissance History, volume III, Lincoln, Neb., 1966.

COUGHLAN, ROBERT: The World of Michelangelo: 1475-1564, Nova York, 1966.

DICKENS, A. G.: Reformation and Society in 16th Century Europe, Nova York, 1966.

ERASMO, DESIDÉRIO: The Praise of Folly (O Elogio da Loucura), trad. H. H. Hudson, Princeton, 1941.

FUNCK-BRENTANO, FRANTZ: The Renaissance, tradução, Nova York, 1936

GILBERT, FELIX: Machiavelli and Guicciardini. Princeton, 1965.

GILMORE, MYRON P.: The World of Humanism, 1453-1517, Nova York 1958

GREGOROVIUS, FERDINAND: History of Rome, 13 volumes, tradução de A. Hamilton, Londres, 1894-1902.

GUICCIARDINI, FRANCESCO: The History of Italy, tradução S. Alexander, Nova York, 1969.

HALE, J. R.: Renaissance Europe, 1480-1520, Berkeley, 1971.

HIBBERT, CHRISTOPHER: The House of Medici: Its Rise and Fall, Nova York, 1975.

HILLERBRAND, HANS J.: The World of the Reformation, Nova York, 1973

HOWELL, A. G. FERRERS: S. Bernardino of Sienna, Londres, 1913.

HUGHES, PHILIP: A History of the Church, vol. III, Nova York, 1947.

HUIZINGA, JOHAN: Erasmus and the Age of the Reformation, tradução, Nova York, 1957.

JEDIN, HUBERT: A History of the Council of Trento, volume I, tradução, Londres 1957.

LEES-MILNE, JAMES: St. Peter's, Boston, 1967.

LOPEZ, ROBERT S.: The Three Ages of the Italian Renaissance, Boston, 1970.

LORTZ, JOSEPH: How the Reformation Came, tradução, Nova York, 1964.

MAQUIAVEL, NICOLAU: The Prince and the Discourses. Modem Library, ed. Nova York, 1940.

MALLETT, MICHAEL: The Borgias: The Rise and Fall of a Renaissance Dinasty, Nova York, 1969.

MATTINGLY, GARRETT: Renaissance Diplomacy, Boston, 1955.

MCNALLY, ROBERT E. S. J.: Reform of the Church, Nova York, 1963.

MITCHELL, BONNER: Rome in the High Renaissance: The Age of Leo X, Norman, Univ. Of Oklahoma Press, 1973.

——. The New Cambridge Modern Library, vol. I, The Renaissance, 1493-1520, Cambridge, 1957.

OECHSLI, WILHELM: History of Switzerland, 1499-1914, tradução, Cambridge, 1922.

OLIN, JOHN C.: The Catholic Reformation: Savonarola to Ignatius Loyola, 1495-1540, Nova York, 1969.

O'MALLEY, JOHN: The Discovery of America and Reform Thought at Papal Court in the Early Cinquecento, in Fredi Chiapelli, ed. First Images of America, vol. I, Berkeley, 1976.

——. Praise and Blame in Rome: Renaissance Rethoric, Doctrine and Reform in the Sacred Orators of the Papal Court, 1450-1521, Durham, N. C., Duke Univ. Press, 1972.

OWST, G. R.: Preaching in Medieval England, 1350-1450, Cambridge, 1926.

PARTNER, PETER: The Budget of the Roman Church in the Renaissance Period em Italian Renaissance Studies, ed. E. F. Jacob, Londres, 1960.

——. Renaissance Rome, 1500-1559, Berkeley, 1972.

PASTOR, LUDWIG VON: The History of the Popes from the Close of the Middle Ages, volumes V-IX, tradução F. I. Antrobus e F. R. Kerr, Londres e Saint Louis, 1902-10.

PORTIGLIATTI, GIUSEPPE: The Borgias, Nova York, 1928.

PREZZOLINI, GIUSEPPE: Machiavelli, Nova York, 1967.

RANKE, LEOPOLD VON: History of the Popes... in the 16th e 17th Centuries, 3 vols., trad. Londres, 1847.

RIDOLFI, ROBERTO: The Life of Niccolò Machiavelli, trad. Chicago, 1954.

RODOCANACHI, E.: Histoire de Rome; le Pontificat de Jules II, Paris, 1928. Les Pontificats d'Adrien VI e de Clément VII, Paris, 1933.

ROUTH, C. R. N., Ed.: They Saw It Happen in Europe, 1450-1600 (antologia de testemunhos), Oxford, 1965.

SCHAFF, DAVID S.: History of the Christian Church, vol. 6, Grand Rapids, Michigan, 1910.

SCHEVILL, FERDINAND: The Medici, Nova York, 1949.

——. History of Florence, Nova York, 1961.

TODD, JOHN M.: The Reformation, Nova York, 1971.

DE TOLNAY, CHARLES: The Medici Chapel, Princeton, 1948.

ULLMANN, WALTER: A Short History of the Papacy in the Middle Ages, Londres, 1972.

VASARI, GIORGIO: Lives of the Artists, ed. Betty Burroughs, Nova York, 1946.

YOUNG, G. F.: The Medici, Modern Library, ed. Nova York, 1930.

As guerras, a política e as relações internacionais do papado e dos estados italianos, as circunstâncias do rompimento de Lutero e do que se seguiu não foram registrados nestas notas porque têm ampla referência nos livros padrões de história e nos estudos sobre Renascença e Reforma.

77 "PRÊMIOS NUM JOGO DE TÊNIS": G. C. Coulton, Social Life in Britain from the Conquest to the Reformation, Cambridge, 1918, 204.
77 "ESFOMEADOS PELA PALAVRA DE DEUS": cit. Owst, 31-2.
77 "SE O PREGADOR": cit. Howell, 251-2.
79 "PARA TRANSFORMAR TODA A CRISTANDADE": Todd, 97; Olin, XXI.
79 Tractatus DE DOMÊNICO: O'Malley, 211-14; "BABILÔNIA, A MÃE DE. cit. ibidem, 211; "DIGNIDADE DA IGREJA", citação ibidem, 86, n. 33.
80-81 MAQUIAVEL "SUPREMA FELICIDADE": O Príncipe, Livro II, capítulo II.
81 JACOB O RICO: Gilmore, 60; AGOSTINO CHIGI: Funck-Brentano, 37.
83 O ASSASSINATO DE GIULIANO DE MEDICI: Burckhardt, 78.
83 "O MAIS CRUEL, MAIS VICIOSO...", cit. ibidem, 52.
84 ELE "DEIXAVA O HOSPITAL": Burchard, 130.
84 PANDOLPHO PETRUCCI: Burchardt, 50. FEDERICO DE URBINO: ibidem, 65.
86 NICOLAU V, "PARA CRIAR CONVICÇÃO SÓLIDA...", cit. Lees-Milne, 124 e Mallett, 47.

1. Sisto IV

87 "TRÊS GÊNIOS DO MAL": New Cambridge, 77.
87 CARREIRA E CARÁTER DE SISTO: Burckhardt, 123; Hughes, 389-90; Mallett 53-6; Aubenas, 87-90.
87 SISTO FAZ 34 CARDEAIS: Chambers, 290; Jedin, 88.
87 SEDES EPISCOPAIS A RAPAZES DE 8 E 11 ANOS: Hughes, 442.
88 BANQUETE DO CARDEAL RIARIO: Pastor IV, 243-5.
88 CARTA DE PIO II A BÓRGIA: cit. Routh, 83.

89 MANIFESTO COMPARANDO SISTO A SATANÁS: Aubenas, 88 e Pastor IV, 136, n. 2.

89 CONSPIRAÇÃO PAZZI: Aubenas, 76-7; Hughes, 393-4.

90 "QUEIRA DEUS QUE VOSSA SANTIDADE...", cit. Aubenas, 77.

90 FORTUNAS DO ARCEBISPO ZAMOMETIC: Jedin, 105.

2. Inocêncio VIII

91 HÁBITOS E CARÁTER DE INOCÊNCIO: Pastor V, 246-70; Burckhardt, 126.

92 PROPINAS DE BÓRGIA DE 25 MIL DUCADOS: Mallett, 100. "TÃO FALSO E ORGULHOSO": cit. Pastor, V, 237.

92 "ENVIE BOAS PALAVRAS...", ibidem, 242.

92 EMPENHOU A TIARA PAPAL: Ullmann, 319.

92 "O SENHOR NÃO DESEJA...", cit. New Cambridge, 77.

92 FALSIFICAÇÃO DE 50 BULAS PAPAIS: Hughes, 402.

94 CARDEAL ANTOINE DUPRAT: ibidem, 447, n. 1.

94 VIDAS DOS CARDEAIS: Pastor V, 354, 370; Chambers, 291, 304, 307.

95 PROGRESSO ECLESIÁSTICO DE GIOVANNI DE MÉDICI: Chamberlin, 211.

96 CARTA DE LORENZO A SEU FILHO: cit. Pastor V, 358-9; Olin, XV; Mallett, 52. Publicado originalmente em Life of Lorenzo, de Fabroni, 1784

96 GÊNOVA "NÃO HESITARIA..." cit. Pastor, V, 246.

98 "PUSILANIMIDADE... DO PAPA", cit. Pastor, V, 269.

98 "MARINHEIRO GENOVÊS": cit. ibidem, 269.

99 "A BESTA DO APOCALIPSE": cit. O'Malley, 234.

99 "QUE PODER MORTAL...", cit. Hughes, 345.

100 RIVALIDADE PELO PRÍNCIPE DJEM E SUBSÍDIOS: Guicciardini, 70; Aubenas, 140.

101 CHEGADA DE DJEM A ROMA: Pastor, V, 299.

101-102 DESEJO DE INOCÊNCIO AO MORRER: Pastor, V, 320.

3. Alexandre VI

102 "NÓS ESTAMOS ENTRE AS MANOPLAS...", cit. Mallett, 120; TOURADAS: Schaff, 442; Mallett, 108.

102 QUATRO MULAS CARREGADAS DE OURO: Mallett, 115, conforme Diário della città di Roma, de Stefano Infessura. A compra de votos pelo Bórgia, com dinheiro e promessas a cada cardeal está detalhada em Pastor V, 418.

103 SENILIDADE DE CALISTO: Cambridge Medieval History, VIII, 175.

103 CARÁTER, RIQUEZA E CONDUTA DE BÓRGIA: Guicciardini, II e XIII; Routh, 92-3; Mallett, 84-6; Ullmann, 319; Chamberlin, 166-71.

104 "FAZIA COISAS DESAGRADÁVEIS": cit. Burckhardt, XIX. "GOSTAVA DE BRILHAR": Sigismondo de Conti, cit. Burchardt, XVII; "BRILHANTEMENTE DOTADO": Jacopo Gherardi da Volterra, cit. Mallett, 84; "COMO FERRO AO IMÃ": cit. Routh, 93. "ENTENDIA DE ASSUNTOS FINANCEIROS": cit. Burchardt, XVII.

104 FAMÍLIA DE BÓRGIA: Guicciardini, 124; Ullmann, 319; VANOZZA SUBSTITUINDO A MÃE: Burchardt, XV.

105 PATERNIDADE DO 8º FILHO: Mallett, 181.

106 PROCISSÃO DE ALEXANDRE AO LATRÃO: Burchardt, cit. Mallett, 120.

106-107 ONZE NOVOS CARDEAIS: Chamberlin, 199.

107 DELLA ROVERE, UM "BRADO DE INDIGNAÇÃO": Pastor, V, 418.

107 TOTAL DE 43 CARDEAIS: Jedin, 88.

107 REFORMA, O TÓPICO MAIS FREQUENTE: Chadwick, 20.

107 PLANOS DE CARLOS VIII PARA INVASÃO DA ITALIA: Guicciardini, 46-8. INTENÇÃO DE DEPOR O PAPA: New Cambridge, 302. PAPEL DO CARDEAL DELLA ROVERE: ibidem, 248-50.

107 "TÃO CHEIO DE VÍCIOS": Guicciardini, 69.

108 "TERRÍVEL ALÉM DE TUDO": ibidem, 68.

108 GEORGE MEREDITH: The Egoist.

109 LUDOVICO O MOURO CONVIDA CARLOS VIII: New Cambridge, 296.

109 "CALAMIDADES INFINDÁVEIS": Guicciardini, 48.

109-110 DESFILE ARMADO DOS FRANCESES EM ROMA: Pastor, V, 451-2.

110 "AS REQUISIÇÕES SÃO ASSUSTADORAS": Ibidem, 454.

112 SAVONAROLA: Aubenas, 130-36; Schevill, Florence, 433-55.

112 "CAUSA DE TAMANHO TERROR": cit. Coughlan, 69. SUA PROFECIA: ibidem.

113 "PAPAS E PRELADOS": Pastor, VI, 14-15.
113 SAUDARAM CARLOS VIII: Schevill, Florence, 444.
113 O PAPA "NÃO É MAIS UM CRISTÃO": cit. Jedin, 40.
114 15 MIL ESCUTARAM ROBERTO DA LECCE: Pastor, V, 177.
114 VINTE EM FLORENÇA ELEGERAM SEU PRÓPRIO "PAPA": Pastor, V, 215.
115 MORTE DE JUAN, DUQUE DE GÂNDIA: Mallett, 154-5: Chamberlin, 187-90-
115 "O MAIS ATROZ DOS PERIGOS": cit. Jadin, 126.
116 PROGRAMA DE REFORMAS PROPOSTO: Hale, 228; Hughes, 450.
116 LUÍS XII: Guicciardini, 139; Aubenas, 143-4.
117 "TUTTO VA AL CONTRARIO": Marino Sanuto, Diarii, Tomo 1, Veneza, 1879, pág. 1054, parágrafo 127.
117 ENVIADOS PORTUGUESES E ESPANHÓIS: Pastor, VI, 62-4.
118-119 A CARREIRA DE CÉSAR: Pastor, VI, 61-8; HOMICÍDIOS: ibidem, 75; Burckhardt. 132. USANDO U'A MASCARA: Burckhardt, XXII.
119 ALFONSO ESPANCADO ATÉ A MORTE: Mallett, 177-8.
119 BALÉ DAS CASTANHAS: Burchard, 155; ÉGUAS E GARANHÕES: ibidem.
121 CARDEAL SANGIORGIO: Jedin, 97.
121 HISTÓRIAS HORRIPILANTES: Burchard, 186-7; Jedin, 97; CARTA DE FRANCISCO GONZAGA, 22 dez., 1503: cit. Routh, 95.
122 "NEM LEI, NEM DIVINDADE": cit. O'Malley, 187, n. 2.

4. Júlio II

122 CONCLAVE NO CASTELO SANT'ANGELO: Pastor, VI, 186.
123 ELEIÇÃO DE PICCOLOMINI: ibidem, 199-201.
123 PIO II, "ABRIGO DE TODAS AS VIRTUDES": cit. ibidem; "AS MAIS ELEVADAS ESPERANÇAS": ibidem, 200.
124 "PROMESSAS... IMODERADAS": Guicciardini, cit. Routh 99.
124-125 CARÁTER E CONDUTA DE JÚLIO: Pastor VI, 213; Gilbert, 125-7; "PEQUENO SINO NA MESA": Gilbert, 124.
126 DE ELMO E COURAÇA: Guicciardini, cit. Routh, 100-1; "CERTAMENTE UMA VISÃO INCOMUM": ibidem.
127 "DETERMINADO A VINGAR": Pastor VI, 329-31; "PENDURAR UM CONCÍLIO": ibid.; "LIDERAR UM EXÉRCITO ATÉ ROMA": ibid.

127 "OS FRANCESES EM ROMA...", cit. ibid. Fuori i barbaril: Aubenas, 156.
128 MATTHÄUS SCHINNER: Pastor, VI, 325; Oechsli, 33, 54.
128 ERASMO SOBRE JÚLIO: Querela Pacis de 1517, cit. New Cambridge, I, 82; Aubenas, 243.
128 "UM FRADE COM ESPORAS A DANÇAR": cit. Pastor, VI, 360.
129 "FORA DE TODA RAZÃO": cit. Gilbert, 123.
130 CRÍTICA CITADA, "PORQUE ELES SE AFLIGEM": cit. Young, 276.
130 CONSTRUINDO S. PEDRO: Vasari. Ullmann, 317; Mitchell, 52.
130 IL RUINANTE: Lees-Milne, 142.
130 JÚLIO E MICHELANGELO: Vasari, capítulo sobre Miguel Ângelo.
131 "PONHA UMA ESPADA AÍ": Vasari, 266.
132 REDESCOBERTA DO LAOCOONTE: Pastor, VI, 488; Calvesi, 125; Hibbert, Notas, 325; Coughlan, 103; Lees-Milnes, 141; Rodocanachi, Jules II, 58-60.
132 O CARDEAL ESCREVE UMA ODE A ISSO: Rodocanachi, Jules II, 60, n. 2; FRANCISCO I TENTA OBTÊ-LO: Hibbert, 222.
134 O SERMÃO DE JOHN COLET: Olin, 31-9.
134 ADVERTÊNCIA DO JURISTA BOLONHÊS: Giovanni Gozzadini, cit. Jedin, 40.
134-135 ORAÇÃO DE EGÍDIO DE VITERBO: Olin, 44-53; Pastor, VI, 407.
135 PRESERVAÇÃO DE SEU PALOR ASCÉTICO: Burckhardt, 169.
136 DECRETOS DE LATRÃO V: Hughes, 480; New Cambridge, 92.
137 OS FRANCESES SE "SUMINDO COMO NÉVOA": cit. Pastor, VI, 416.
137 PROCISSÃO DE AÇÃO DE GRAÇAS: Aubenas, 165.
137 O Julius Exclusus de ERASMO: cit. Hale, 226.
138 "VIRTUDE SEM PODER": cit. Pastor. VI. 452.

5. Leão X

138 "VAMOS DESFRUTAR": Pastor, VIII, 76.
138-139 CARÁTER E CONDUTA DE LEÃO: ibid. 71 ss.; Guicciardini e Vettori, cit. Routh, 104-05; Chamberlin, 209-48.
139 PROCISSÃO DE LEÃO AO LATRÃO: Gregorovius, VIII, 180-8; Lortz, 92.
140 OS GASTOS DE LEÃO: Pastor. VII. 341; VIII. 99-100; Hughes. 434.

140 MÁRMORE DE PIETRASANTA: Vasari, 271. "IMPOSSÍVEL TRATAR COM": de Tolnay, 4.

141 TERIA FEITO UM CARDEAL DE RAFAEL: Vasari, 231.

141 BANQUETE DE CHIGI: Gregorovius, VIII, 244; Pastor, VIII, 117

142-143 HÁBITOS E APARÊNCIA DE LEÃO: Pastor, VII, VIII; Calvesi, 149 CITAÇÃO PAOLO GIOVIO: Chamberlin, 218.

142 MICHELANGELO: "DAQUI A MIL ANOS": de Tolnay, 68.

143 CARDEAL BIBBIENA: Pastor, VIII, 111-12. "DEUS SEJA LOUVADO" Ranke, I, 54; Mitchell, 14.:

143 PROCISSÃO DO ELEFANTE BRANCO: Pastor, VII, 75.

143 INVOCAÇÃO DOS "IMORTAIS" GREGOS: Mitchell, 88.

144 "TENDO FEITO UM ACORDO...", cit. Chamberlin, 228.

145 CONCORDATA DE BOLONHA: Hughes, 448-9.

145 PLANEJANDO ENVIAR UMA CÓPIA: Gregorovius, VIII, 210.

145 O NEPOTISMO DE LEÃO: Young, 297; e outros.

146 ENVIADO PRESO A DESPEITO DO SALVO-CONDUTO: Chamberlin 231; GUERRA EM URBINO: Aubenas, 182; Pastor VIII, 92.

146 A CONSPIRAÇÃO PETRUCCI: Hughes, 431; Mitchell, 109-14; Schaff, 486

147 NOMEANDO 31 CARDEAIS EM 1 DIA: Young, 299.

148 BAGLIONI DECAPITADO: ibidem, 300.

148 AS TOURADAS DE LEÃO: Pastor, VIII, 173.

148 DISSENSÃO CRESCENTE: Ibid. VIII, 177; Hughes, 491.

149 CORTESE E PICO DELLA MIRANDOLA: Pastor, VIII, 407.

150 ERASMO: "COMO PARA ESSES SUPREMOS PONTÍFICES" – Colloquies 33, 98-9. "PESTILÊNCIA DA CRISTANDADE": cit. Huizinga, 141.

150 MAQUIAVEL CASTIGA A IGREJA: Discursos, Livro I, cap. XII.

150 "ESSA BÁRBARA DOMINAÇÃO": O Príncipe, cap. XXVI. "REVERÊNCIA PELO PAPADO": Guicciardini, 149.

151 IGREJA, MÁQUINA DE FAZER DINHEIRO: Hale, 232. (COLET).

151 INDULGÊNCIAS PARA FUTUROS PECADOS: Schaff, 766.

152 VENDAS DE TETZEL: Dickens, 61. "TENHO AQUI...", cit. Chamberlin, 241-2.

154 LEÃO MAIS ATINGIDO PELA MORTE DE RAFAEL: Less-Milne, 147.

154 "O INFERNO EM ROMA": cit. Dickens, 23.

155 MORTE E DÉBITOS DE LEÃO: Hughes, 431, 434; Rodocanachi, Adriano VI, 7; Vettori, de sua Storia delia ltalia, cit. Routh, 104-05. DIATRIBE: Mitchell, 122.

155 OS CARDEAIS VAIADOS: Mitchell, 125.

6. Clemente VII

156 CARDEAL SCHINNER PERDE A ELEIÇÃO POR DOIS VOTOS: Oechsli, 25.

156 ELEIÇÃO DE ADRIANO: Pastor, IX, 25-31, 45. "APENAS PARA PASSAR A MANHÃ": ibid., 329. ATRIBUÍDO AO ESPÍRITO SANTO: Guicciardini, 330. SEU CARÁTER: Mitchell, 126; Burckhardt, 169.

156 "SOB PENA DE DANAÇÃO ETERNA": cit. Pastor IX, 91.

156 "ESSES MERGULHADOS NO PECADO": cit., ibid., 92.

157 "TODOS ESTREMECEM...", cit., ibid., 94-5.

157 MEDIDAS DE ADRIANO: Ranke I, 73-4; Pastor, IX, 52, 70-4, ss., AS COISAS SAGRADAS... MALTRATADAS": Ranke I, 44; Pastor, IX, 125.

158 CARÁTER DE CLEMENTE: Guicciardini, cit. Chamberlin, 258; Routh, 104. "NADA DOAVA": Marco Foscari, cit. Chamberlin, 165. VETTORI, "DE UM GRANDE...", de seu Sommario, cit. Gilbert, 252.

159 CARLOS V SOBRE AS DUPLAS NEGOCIAÇÕES PAPAIS: cit. Chamberlin, 165.

160 DOIS ENVIADOS INGLESES: cit. Lopez, 39.

160 LEVANTE DE COLONNA: Guicciardini, 372.

161 "ESTAMOS À BEIRA DA RUÍNA": Gilbert., cit. Chamberlin, 273.

162 O SAQUE DE ROMA: Pastor IX, 370-429; Partner, Renaissance Rome, 31. "UMA PEDRA PARA A COMPAIXÃO", Pastor IX, 399, e n. 4.

162 "O INFERNO NADA TEM QUE SE COMPARE": Ibid. 400.

163 COMENTÁRIOS DO COMISSÁRIO DO EXÉRCITO IMPERIAL: Mercurino de Gattinara, cit. Routh 106-09. CAJETAN: cit. Hughes, 474, n. 4.

164 CERCO DE FLORENÇA POR CLEMENTE: Brion, 167, e outros.

164-165 MORTE DE CLEMENTE: Guicciardini, cit. Chamberlin, 285. CADÁVER VIOLADO: Brion, 167.

165 "SEM CONDIÇÕES DE RECUPERAR O QUE HAVIA SIDO PERDIDO": cit. Chamberlin, 285.

4. Os britânicos perdem a América

Obras Consultadas

Fontes primárias

ALMON, JOHN, Anecdotes of the Life of William Pitt, Earl of Chatham, 3 volumes, Londres, 1793.

BARRINGTON, SHUTE, BISPO DE DURHAM, The Political Life of William Wildman, Vct. Barrington, por seu irmão, Londres, 1814.

BURKE, EDMUND, Correspondence, ed. C. W. Fitzwilliam e R. Bourke, 4 volumes, Londres, 1844.

——. Speeches and Letters on American Affairs, ed. Canon Peter McKevitt, Londres, 1961 (original, 1908).

——. Writings and Speeches, 12 volumes, Boston, 1901.

CHESTERFIELD, PHILIP STANHOPE, 4º CONDE, Letters, ed. Bonamy Dobreé, 6 volumes, Londres, 1932.

DELANY, MARY GRANVILLE, Autobiography and Correspondence, ed. Lady Llanover, 6 vols. Londres, 1861-62.

FITZMAURICE, LORD EDMOND, Life of William, Earl of Shelburne, 3 vols., Londres, 1876. (Incluindo cartas e diários.)

FRANKLIN, BENJAMIN, Autobiography, ed. John Bigelow, Philadelphia, 1881.

——. Letters and Papers of Benjamin Franklin and Richard Jackson, 1753-85, ed. Carl Van Doren, Phi., 1947.

GEORGE III, Correspondence, 1760-1783, ed. Sir John Fortescue, 6 vols., Londres, 1927-28. (Todas as citações são desses volumes, a menos que anotadas de outra fonte.)

——. Correspondence of, with Lord North, ed. W. Bodham Donne, 2 volumes, Londres, 1867.

GRAFTON, AUGUSTUS HENRY, 3° DUQUE, Autobiography and Political Correspondence, ed. Sir William Anson, Londres, 1898.

HANSARD, Parliamentary History of England, 36 vols. Londres, 1806-20.

PITT, WILLIAM, CONDE DE CHATHAM, Correspondence, ed. William S. Taylor e John H. Pringle, 4 vols., Londres, 1838-40.

ROCKINGHAM, CHARLES, 2º MARQUÊS, Memoirs, ed. Conde de Albermale, 2 vols., Londres, 1852.

STEVENS, B. F. Facsimiles of Manuscripts in European Archives Relating to America, 25 vols., Londres, 1889-95.

WALPOLE, HORACE, Memoirs of the Reign of George III, ed. Denis Le Marchant, 4 vols., Londres, 1845.

——. Last Journals, 1771-83, 2 vols. Londres, 1859.

——. Correspondence, ed. Wilmarth Lewis, 48 vols., New Haven, Yale Univ. Press, 1937-83.

Fontes secundárias

ALLEN, H. C., Great Britain and the United States: a History of Anglo-American Relations, 1783-1952, Nova York, 1955.

AYLING, STANLEY, The Elder Pitt, Nova York, 1976.

——. The Georgian Century, 1714-1837, Londres, 1966.

BAILYN, BERNARD, The Ideological Origins of the American Revolution, Cambridge, Mass., Harvard Univ. Press, 1967.

——. The Ordeal of Thomas Hutchinson, Harvard Univ. Press., 1974.

BARGAR, B. D., Lord Dartmouth and the American Revolution, Columbia Univ. of South Carolina Press, 1965.

BEER, GEORGE L., British Colonial Policy, 1754-65, Gloucester, Mass., 1958

BELOFF, MAX, The Age of Absolutism, 1660-1815, Londres, 1966 (orig. 1954).

——. The Debate on the American Revolution, 1761-1783, Londres, 1949.

BONWICK, COLIN, English Radicals and the American Revolution, Chapel Hill Univ. of North Carolina Press, 1977.

BOULTON, JAMES T., The Language of Politics in the Age of Wilkes and Burke, Londres, 1963.

BREWER, JOHN, Party Ideology and Popular Politics at the Accession of George III, Cambridge, Cambridge Univ. Press, 1976.

BROOKE, JOHN, King George III, Nova York, 1972.

BROUGHAM, HENRY, LORD, Historical Sketches of Statesmen in the Time of George III, 2 vols., Filadélfia, 1839.

BROWN, WELDON A., Empire or Independence; a Study in the Failure of Reconciliation, 1774-1783, Baton Rouge, Louisiana State Univ. Press, 1941.

BUTTERFIELD, SIR HERBERT, George III and the Historians, Nova York, 1959 (original, 1936).

CLARK, DORA MAE, British Opinion and the American Revolution, New Haven, Yale Univ. Press, 1930.

COPEMAN, DR. W. S. C., A Short History of the Gout, Berkeley, Univ. of California Press, 1964.

DERRY, JOHN W., Charles James Fox, Nova York, 1972.

——. Dictionary of National Biography, 22 vols., Londres, 1908.

FEILING, KEITH GRAHAME, The Second Tory Party, 1714-1832, Londres, 1938.

FOSTER, CORNEL1US, Charles Townshend and His American Policy, Providence, Rhode Island, 1978.

GIPSON, LAWRENCE H., The British Empire Before the American Revolution. 15 vols., Nova York, 1958-70.

GRIFFITH, SAMUEL B., II, In Defense of the Public Liberty: Britain, America and the Struggle for Independence, 1760-81, Nova York, 1976.

GUTTRIDGE, G. H., English Whiggism and the American Revolution, Berkeley. Univ. of California Press, 1942.

HARLOW, VINCENT T., The Founding of the Second British Empire, 1763-1793, vol. I, Londres, 1952.

HINKHOUSE FRED J„ The Preliminaries of the American Revolution as Seen in the English Press, 1763-75, Nova York, Columbia Univ. Press, 1926.

HOFFMAN, ROSS J. S., The Marquis; a Study of Lord Rockingham. 1730-1782, Nova York, 1973.

HYAMS, EDWARD, Capability Brown, Nova York, 1971.

JARRETT, DEREK, England in the Age of Hogarth, Nova York, 1974.

JESSE, JOHN HENEAGE, Memoirs of the Life and Reign of George III, 3 vols., Londres, 1867.

KNOLLEMBERG, BERNHARD, Origin of the American Revolution: 1759-1766, Nova York, 1960.

——. Growth of the American Revolution: 1766-1775, Nova York, 1975.

LABAREE, BENJAMIN W., The Boston Tea Party, Nova York, 1964.

LA VER, JAMES, The Age of Illusion: Manners and Morals, 1750-1848. Nova York, 1972.

LECKY, WILLIAM E. H., History of England in the 18th Century, vols. 3 & 4, Londres, 1921 & 1923.

MACAULAY, THOMAS BABINGTON, LORD, William Pitt, Earl of Chatham, em duas partes, Critical and Historical Essays, vols. II & III, Boston, 1901.

MACKESY, PIERS, The War for America, 1775-1783, Cambridge, Mass., 1964.

MEAD, WILLIAM E., The Grand Tour in the 18th Century, Boston e Nova York, 1914.
MILLER, JOHN C., Origins of the American Revolution, Stanford Univ. Press e Londres, 1959 (orig. 1943). (Todas as citações baseadas em Miller referem-se a esse livro, a menos que as anotações indiquem outra fonte.)
——. The Triumph of Freedom, Boston, 1948.
MINGARY, G. E., English Landed Society in the 18th Century, Londres, 1963.
MORGAN, EDMUND S., Birth of the Republic, 1763-89, Chicago Univ. Press, 1956.
—— The Gentle Puritan - A Life of Ezra Stiles, 1727-95, New Haven, Yale Univ. Press, 1962.
—— e MORGAN, HELEN, The Stamp Act Crisis, Chapel Hill, Univ. of North Carolina Press, 1953.
MUMBY, FRANK A., George III and the American Revolution, Londres, 1923.
NAMIER, SIR LEWIS, The Structure of Politics and the Accession of George III, 2ª ed., Londres, 1957.
——. England in the Age of the American Revolution, Londres, 1961 (orig. 1936).
——. Crossroads of Power; Essays on the 18th Century England, Nova York, 1962.
—— e BROOKE, JOHN, Charles Townshend, Londres, 1964.
NICOLSON, HAROLD, The Age of Reason, 1700-1789, Londres, 1960.
OLSON, ALISON G., The Radical Duke: Charles Lennox, Third Duke of Richmond, Oxford, 1961.
PARES, RICHARD, King George III and the Politicians, Oxford Univ. Press, 1953.
PLUMB, I. H., England in the 18th Century, 1714-1815, Londres, 1950.
——. Chatham, Hamden, Conn., 1965.
——. In the Light of History, Boston, 1973.
RITCHESON, CHARLES R., British Politics and the American Revolution, Norman, Univ. of Oklahoma Press, 1954.
ROBERTSON, SIR CHARLES GRANT, Chatham and the British Empire, Londres, 1946.
SACHSE, WILLIAM L., The Colonial American in Britain, Madison, Univ. of Wisconsin Press, 1956.
SAINSBURY, JOHN, "The Pro-American of London, 1769 to 1782", William and Mary Quarterly, julho 1978, 423-54.

SCHLESINGER, ARTHUR, SR., The Colonial Merchants and the American Revolution, 1773-76, Nova York, 1939.
SHERSON, ERROL H. S., The Lively Lady Townshend, Nova York, 1927.
THOMAS, PETER D. G., British Politics and the Stamp Act Crisis, Oxford Univ. Press, 1975.
TREVELYAN, SIR GEORGE OTTO, The American Revolution, 3 vols. Londres, 1921-22.
VALENTINE, ALAN, The British Establishment, 1760-1784; An Eighteenth Century Biographical Dictionary, 2 vols. Norman, Univ. of Oklahoma Press, 1970.
——. Lord George Germain, Oxford, 1962.
——. Lord North, 2 vols. Norman, Univ. of Oklahoma Press, 1967.
VAN DOREN, CARL, Benjamin Franklin, Nova York, 1952 (orig. 1938).
WATSON, J. STEVEN, The Reign of George III, Oxford Univ. Press, 1960.
WICKWIRE, FRANKLIN B., British Subministers and Colonial America, 1763-1783, Princeton Univ. Press, 1966.
WILLIAMS, BASIL, The Life of William Pitt, Earl of Chatham, 2 vols., Londres, 1966 (orig. 1913).
——. The Whig Supremacy, Oxford Univ. Press, 1962 (orig. 1938).
WINSTANLEY, DENYS A., Lord Chatham and the Whig Opposition, Cambridge Univ. Press, 1912.

Notas

Os bem-conhecidos fatos e desenvolvimentos da política britânica e dos assuntos coloniais que levaram à Revolução e à Guerra da Revolução não foram aqui anotados, já que podem ser facilmente encontrados nas fontes arroladas na bibliografia retro. As “referências” foram reservadas para citações e fatos e incidentes comparativamente menos conhecidos. As fontes para assuntos biográficos e traços de personalidade, caso não estejam citadas, são oriundas do DNB – ou Establishment de Valentine. Declarações no Parlamento podem ser encontradas, na data correspondente, nos imprescindíveis volumes do Hansard (Parliamentary History): XVI (jan. 1765 – nov. 1770), XVII (fev. 1771 – jan. 1774), XVIII (nov. 1774 – out. 1776), XIX (jan. 1777 – dez. 1778).

169 BURKE, "A retenção da América": cit. Allen, 239.

170 "PARA SUJEITAR-NOS..." cit.: Kiollenberg, Origin, 91. "NA DEVIDA SUJEIÇÃO", ibidem, 92, 318, n. 17.

171 "CABALAS PARLAMENTARES", cit. Burke, 226.

172 "TORRENTE DE IMPETUOSA ELOQUÊNCIA": John Adams, cit. Bailyn, Ordeal, 56.

173 1732, "O PARLAMENTO ENCONTRARÁ..." cit. Morgan, Stamp Act, 4.

173 WALPOLE: "NÃO! É MUITO PESADO..." cit. Jesse I, 251.

174 PITT, "O MAIS DESAMPARADO DOS HOMENS", Hansard XV, 1307.

174 DASHWOOD, CONHECIMENTO DOS NÚMEROS, Rockingham, Memoirs, 1 117; "O POVO ME APONTARÁ..." cit. Walpole, Memoirs, I, 152.

174-175 GEORGE III, "LORDE NORTH NÃO PODE PENSAR SERIAMENTE": cit. Pares, 57.

176 GRENVILLE, "O MAIS HÁBIL HOMEM DE NEGÓCIOS", Walpole, Memoirs, IV, 188.

176 MRS. ARMSTED: Valentine, Germain, 471, n. 3.

177 23 FILHOS PRIMOGÊNITOS DOS PARES: Namier, Structure, 2.

178 GEORGE SELWIN JAMAIS ESTEVE EM BARBADOS: Laver, 73.

178 SHELBURNE, "O ÚNICO PRAZER": cit. Fitzmaurice, I, 88.

178 WALPOLE, "PAIXÃO PELOS CARGOS ELEVADOS": Memoirs, II, 164.

179 SHELBURNE, "VIREM AQUI COM SUAS OPINIÕES OCIOSAS": cit. em Grafton, introdução por Anson, XXXIV.

179 AS SENHORAS ANUNCIAVAM SEUS JOGOS DE CARTAS: Sherson, 44.

179-180 ALDEIA DE STOWE REMOVIDA: Hyams, 15. PLANTIO EM KNOLE: Valentine, Germain, 5.

180 GOVERNO DE ROMA, "O PIOR POSSÍVEL": cit. Mead, 317.

181 DARTMOUTH POSOU PARA 18 RETRATOS: Bargar, 6.

181 DR. JOHNSON, "APENAS DOIS HOMENS": cit. Lecky, III, 385-6.

181 PITT, "COMPLEXADOS PARA TODA VIDA": cit. Fitzmaurice, I, 72.

181 MANSFIELD, "VOCÊ NÃO PODE ME DIVERTIR": cit. Hoffman, 11.

182 WALDEGRAVE SOBRE JORGE III: cit. Brooke, 222; Namier, Crossroads, 131.

182 JORGE III SOBRE O REI ALFREDO: cit. Namier, England, 93.

183 "O MAIS NEGRO DOS CORAÇÕES" e "VÍBORAS NA GRAMA": cit. Watson, 4.

185 ALMIRANTE ANSON, "DEVO AGORA SOLICITAR": cit. Namier, Structure, 34.

186 INSTRUÇÕES DE LORDE NORTH NAS ELEIÇÕES DE 1774: cit. Trevelyan, I, 201.

187 PARLAMENTAR DE YORKSHIRE "SENTOU 12 HORAS": cit. Namier, Crossroads, 32.

188 RICHARD JACKSON, "TENHO ACESSO A": Letters and Papers of Franklin and Jackson, 138.

188 CÂMARA DE COMÉRCIO PEDINDO PARA ANUNCIAR O MEIO MENOS PROBLEMÁTICO": Beer, 275.

188 GRENVILLE, "NENHUM HOMEM DESEJA SER TAXADO", cit. ibidem, 285.

189 WALPOLE SOBRE GRANDBY: Memoirs, IV, 179.

189 FOX, "DEZ GARRAFAS DE VINHO": cit. Trevelyan, I, 205.

189 WALPOLE SOBRE EGREMONT: cit. Valentine, Establishment, II, 950.

190 "PARA INFINITO PREJUÍZO": cit. Knollenberg, Origin, 105.

191 6.500 TONELADAS DE POLVILHO: T. H. White, Age of Scandal (Londres, 1950), 32.

191-2 WOLFE SOBRE OS SOLDADOS AMERICANOS: cit. Knollenberg, Origin I, 120, 330, n. 17; AMHERST, MESMO TEMA: ibid. 120. GENERAL MURRAY, MESMO TEMA: Letters from America, 1775-80, of a Scots Officer, Sir James Murray, During the War of American Independence, ed. Eric Robson, Manchester Univ. Press, 1951. GENERAL CLARKE, "COM MIL GRANADEIROS": cit. Benjamin Franklin, Writings, IX, 261.

192 CONDIÇÕES DIFERENTES DO SERVIÇO MILITAR: Esse tema, colhido em impressionante pesquisa original, foi desenvolvido magistralmente por F. W. Anderson em "Why Did Colonial New Englanders Make Bad Soldiers", William and Mary Quarterly, XXXVIII, n. 3, jul., 81, 395-414.

194 NOTA AO PÉ DA PÁGINA SOBRE AS MOTIVAÇÕES DE FRANKLIN: sugeridas por Knollenberg, Origin, 155.

195 "PELO PODER DE DEUS": Morgan, Stamp Act, 54 n. 3.

196 RESISTÊNCIA A POLICIA E AO CENSO: Jarrett, 34-36.

196 O PRESIDENTE DO CENSO NO PARLAMENTO FOI SIR WILLIAM THORNTON: Hansard, XIV, 1318-22.

2. *"Assegurando um Direito Que Você Sabe Não Poder Exercer"*

197 MACAULAY, "TANTO QUANTO DURAR O MUNDO": III, 647.

197-198 TRATADO DE HUTCHINSON: Bailyn, Ordeal, 62-3.

198 FRANKLIN, "UM DESGOSTO COMO ESSE": cit. Van Doren, 333.

198-199 DISCUSSÕES DE GRENVILLE COM OS AGENTES E SUAS OFERTAS: Morgan, Stamp Act, 53-70. ASSEMBLEIA DE MASSACHUSETTS: ibid., 60. DECLARAÇÃO DE GARTH: ibid. 58 n. 15. INGERSOLL SOBRE A "ASSUSTADORA APREENSÃO: ibid. 62. WHATELY "ALGUNS IMPOSTOS": cit. Wickwire, 103. PANFLETO DO GOVERNADOR HOPKINS: Morgan, op. cit., 36.

199-200 ASSEMBLEIA DE NOVA YORK: ibid., 37.

200 INTERROGATÓRIOS NO PARLAMENTO, JACKSON, GARTH, TOWNSHEND, BARRE, 6-7 FEV. 65: Hansard, XVI. COMENTÁRIOS DE INGERSOLL: cit. Knollenberg, Origin, 224.

201 TRINITY COLLEGE, "METADE JARDIM DE URSOS": cit. Valentine, Germain, 10.

201 SEGUNDA LEITURA, CONWAY: 15 fev. 65, Hansard, XVI.

201-2 COMENTÁRIOS SOBRE A DECRETAÇÃO DA LEI DO SELO: WALPOLE, "POUCA COMPREENSÃO", Memoirs II, 49; WHATELY: cit. Knollenberg, Origin, 225; SEDGEWICK, ibidem. HUTCHINSON, "SOMOS TODOS ESCRAVOS": cit. Bailyn, Ordeal, 71.

203 "TEMEROSO DE QUÊ?": ibid.; RELATÓRIO EZRA STILES: cit. Morgan, Stiles, 233.

204 LINHO CASEIRO, "MUITO BOM": Manson, George C., Reminiscences of Newport, Newport 1884, 358.

205 "OS MARES ROLAM E OS MESES PASSAM": Burke, no Parlamento, 22 mar. 75.

205 ADAMS, "UMA CIDADE VENAL": cit. Bailyn, Ideological, 136.

206 "PROLIFERAÇÃO DE NOSSOS TRANSPORTES": cit. Miller, Origins, 229. "RAÇA HÍBRIDA": cit. ibid. 203.

206 "REPRESENTAÇÃO VIRTUAL": Miller, 279.

207 PLANO DE BERNARD: Beloff, Debate, 86 8; Morgan, Stamp Act, 14.

207 COMENTÁRIO DE HALIFAX: Morgan, Stamp Act, 19.

207 FRANKLIN, "PASME O MUNDO!": a Lorde Kames, 3 jan. 60, Writings, IV 4. "EU AINDA SOU DE OPINIÃO": Autobiography, Parte III, 165.

208 PANFLETO SOAME JENYNS: cit. Beloff, Debate, 27, 77.

208 CHESTERFIELD, "ASSEGURANDO UM DIREITO": carta de 25 fev. 66 Letters, VI, n. 2410. GENERAL GAGE: cit. Burke, no Parlamento, 19 abr. 74, Hansard, XVIII.

210 PITT, LOUCURA NA FAMÍLIA: Fitzmaurice, I, 71. GOTA: cf. Copeman 95

211-212 "SEI QUE POSSO SALVAR": cit. Macaulay, II, 272. WALPOLE, "SOMOS FORÇADOS A PEDIR": cit. DNB sobre Pitt. "AGARRADOS ÀS RODAS": Macaulay, III, 617. "SENDO RESPONSÁVEL": cit. Williams, Pitt, II, 113. "NÃO PERTENCENDO A NENHUM PARTIDO": cit. Robertson, 69. "NÃO POSSO SUPORTAR": ibid., 2.

212 "SÁBIO E TERRÍVEL": ibid. 16. "TENTOU NO PAPEL": Fitzmaurice I 76, n.

213 NORTHINGTON, "SE EU SOUBESSE": cit. Feiling, 93. BARRINGTON "ALGUMA SORTE": cit. ibid. 71.

216 GERMAIN, "SE VOCÊ COMPREENDE": cit. Morgan, Stamp Act, 174.

216-217 BEDFORD, DEBATE NOS LORDES: cit. Thomas, 365.

217 PRESSÃO ORGANIZADA PARA REVOGAÇÃO: Clark, 4144-5; Miller, 155; FRANKLIN, "A MENOS QUE FORÇADOS... ELES NÃO ENCONTRARÃO UMA REBELIÃO": no Parlamento, Hansard, XVI, 137. "UMA IMPRESSIONANTE MAIORIA": Winstanley, 09.

217 WALPOLE, "O RISCO DE ILUMINAR": escrito em 1768, Memoirs, II, 218.

218 CAMDEN, "CERTAS COISAS QUE VOCÊ NÃO PODE FAZER": cit., Allen, 242.

218 "A FACE DE UM ANJO": DNB, Conway. REAÇÕES A REVOGAÇÃO: Hinkhouse, 74-5; Miller, 159-60; Griffith, 45. ADAMS, "QUIETOS E SUBMISSOS": cit. Trevelyan, I, 2.

3. *Insensatez a toda brida*

220 "HOMENS MAUS E ARDILOSOS": cit. Bailyn, Ideological, 151.

220 TOWNSHEND, "SE NÓS PERDERMOS": cit. Miller, 240.

220 "PARA DEMITIR MEU MINISTÉRIO": cit. Knollenberg, Growth, 35.

221 FRANKLIN SOBRE HILLSBOROUGH: cit. Van Doren, 383; BURKE, "UM MOSAICO DIVERSIFICADO": no Parlamento, 19 abr. 74.

222 CONWAY, "ESSA LINGUAGEM": cit. Macaulay, III, 672. CHATHAM SOBRE NOVA YORK: cit. Ayling, Pitt, 364.

222 "CABALAS CONSTANTES": Franklin, Autobiography, Parte I, 532. GRAFTON, "VÊM UMA VEZ POR SEMANA": Walpole, Memoirs, III, 391. GRAFTON SABIA-SE DESPREPARADO: Brooke, 226.

222-223 BURKE SOBRE TOWNSHEND: no Parlamento, 19 abr. 74; WALPOLE, "O MAIOR DO SHOMENS": cit. DNB. "NADA ESTUDAVA": Memoirs, II, 275; SOBRE NEWCASTLE: cit. Namier, Crossroads, 195. SOBRE DAVID HUME: ibid.

223 WALPOLE, "NÃO A MENOR DAS LOUCURAS": cit. Sherson, 16. "JOGA FORA NUM INSTANTE": cit. Namier, Crossroads, 195. TOWNSHEND, "NÃO TER PARTIDO": cit. ibid. 201.

224 TOWNSHEND APRESENTA O ORÇAMENTO: ibid. 210; Miller, 242, 250.

225 PROPOSTA DE IMPOSTOS ALFANDEGÁRIOS: Winstanley, III. GABINETE SE SUBMETE: Grafton, 126-7, 175-9; Walpole, Memoirs, III, 51-n; Winstanley, 141, 144; Namier e Brooke, em várias passagens.

226 GARTH, "OS AMIGOS DA AMÉRICA": Knollenberg, Growth, 301, n. 33.

226 "POBRE CHARLES TOWNSHEND": Sir William Meredith, cit. Foster, VIII.

227 LADY CHATHAM E GRAFTON SOBRE A DOENÇA DE CHATHAM: Ayling, Pitt, 369; Williams, Pitt, II, 242.

227 EM PYNSENT E HAYES: Walpole, Memoirs, III, 41-2; O PROPRIETÁRIO IRASCÍVEL: Bargar, 16; CAMDEN: "ENTÃO ELE ESTÁ LOUCO", ibidem.

228 A GOTA E O DR. ADDINGTON: Williams, Pitt, 242-3.

228-229 LOUCURA, OTIS: Baylin, Ordeal, 72; ORFORD: Nicolson, 253. OS IRMÃOS DE SACKVILLE: Fitzmaurice, I, 343; Valentine, Germain, 466-70; Mackesy, 51; DUQUESA DE QUEENSBERRY: Jack Lindsay, 1764, Londres, 1959. LORDE GEORGE GORDON: Feiling, 136.

229 MEDO DOS PATRIOTAS COMO "NIVELADORES": Knollenberg, Growth, 48.

231 JORGE III SOBRE HILLSBOROUGH: cit. Miller, 261.

232 "TER UM EXÉRCITO ESTACIONADO": Andrew Eliot, cit. Bailyn, Ideological, 114.

232 NEWCASTLE PROTESTA O USO DA FORÇA: cit. Knollenberg, Growth, 14.

232-233 WEYMOUTH "PARA TOTAL NEGLIGÊNCIA": Walpole, Memoirs, III, 135-6. Vide também Macaulay, III, 600.

234 JORGE III, "ERA O INDISPENSÁVEL": cit. por Shelburne a Sir Henry Moore, governador de Nova York, 9 ago. 66, cit. Mumby, 161.

234 "NEM O PREGO DE UMA FERRADURA": cit. Aylin, Pitt, 340.

235 CLASSE DE FORMANDOS DE HARVARD E DO RHODE ISLAND COLLEGE: Alice M. Earle, Colonial Dames and Goodeives, Boston, 1895, 241.

235 FRANKLIN SOBRE OS "LEVANTES SEM LEI": Autobiography, II, 10.

235-236 "AS PESSOAS QUE DESEJAM": cit. Sainsbur:, 433; CONSELHEIROS E ALMOTACÉS: ibidem.

236 WALPOLE SOBRE WILLIAM BECKFORD: cit. Valentine, Establishment, I, 68.

236 LONDON MAGAZINE E OPINIÃO PÚBLICA: Hinkhouse, 20, 147; Bonwick, 64; RALPH IZARD: cit. Miller, 449.

237 A AMANTE DE GRAFTON: Jesse, I, 460; Laver, 72-3.

238 "TÃO ANTICOMERCIAL": cit. Miller, 277; "TÃO RIDÍCULO!": ibidem.

238 HILLSBOROUGH RESSUSCITA LEI DE HENRIQUE VIII: Winstanley, 252.

239 BECKFORD, "UMA ESTRANHA POLÍTICA": 14 mar. 69, Hansard, XVI, 605. DISCURSO DE POWNALL: 15 mar. 69, ibid., 612-20.

241 HILLSBOROUGH OMITE "A EXPRESSÃO... MITIGADORA": Valentine, North, I, 176.

241 "SE VOCÊ FOSSE AO MENOS TOLERANTE": cit. Bailyn, Ordeal, 834.

241 RELATÓRIOS DA IMPRENSA DE BOSTON: Earle, op. cit. 243.

241-242 CHATHAM, "DESCONTENTAMENTO DE DOIS MILHÕES": nos Lordes, 9 jan. 70, Hansard, XVI, 650. CAMDEN FAZ MOVIMENTOS DE CABEÇA NO GABINETE: ibid. cit. Williams, Pitt, II, 264.

242 SUICÍDIO DE YORKE: Walpole, Memoirs, IV, 51-2; Feiling, 111.

242-243 NORTH, DESCRIÇÃO DE UM CHEFE DE MINISTROS: cit. Brooks, 187.

243 SUA SEMELHANÇA A JORGE III: Feiling, 102. APENAS UM HOMEM CAUSOU-LHE IRA: Jesse, II, 208; Robertson, 137. SOBRE GIBBON: cit. DNB. "CEM ANOS MAIS CEDO": cit. Watson, 149. "ELE ESTAVA TÃO LONGE DA LIDERANÇA": cit. Valentine, North.

244 DESEJO DE REVOGAR OS IMPOSTOS TOWNSHEND: cit. Knollenberg, Origin, 244. O REI LHE DEU 20 MIL LIBRAS: Valentine, North, I. 460.

244 DEBATES, MARÇO-MAIO 1770: Hansard, XVI; BARRÉ, 709-12; POWNALL, 856-69; SIR WILLIAM MEREDITH, 872-3.

245 MOÇÃO DERROTADA; 204-142 : 873; POWNALL VOLTA A OFENSIVA: 8 mai. 70, 980-5.

246 GOLDSMITH SOBRE BURKE: cit. Lecky III, 385; SOBRE DR. JOHNSON: cit. ibid., SOBRE WALPOLE: cit. ibid., 394. NOS COMUNS: 9 jan. 70, Hansard, XVI, 672-3, 720-25.

246-247 RESOLUÇÕES DE 8 DE MAIO DE 70: 1001-09. "MALIGNIDADE DE SUA VONTADE": 1005.

248 PERÍODOS DEPRESSIVOS DE RICHMOND: carta de 10 mai. 69, cit. Olson, 11.

248 "NÃO, DEIXE-ME DESFRUTAR": cit. Trevelyan, I, 130, SOBRE A CONDUTA MINISTERIAL: Hansard, XVI, 1009-13.

248-249 RESPOSTA DE HILLSBOROUGH: ibid. 1016-19.

249 "COM CÃES DE CAÇA E CORNETAS": cit. Trevelyan, I, 131.

250 AS COLÔNIAS REPUDIAM A INDEPENDÊNCIA: Schlesinger, 228.

4. *"Lembrai-vos de Roboão!"*

250-251 INCIDENTE DA GASPÉE: Wickwire, 142; Miller, 326-9; Morgan, Birth, 54-5

251 "DEZ MIL MORTES": cit. Morgan, Stiles, 261.

252 THURLOW: Feiling, 81; SOBRE FOX: cit. Brougham, I, 116; WEDDERBURN "ATÉ A TRAIÇÃO": atribuído a Junius, cit. Williams, Pitt, II, 277.

253 DARTMOUTH: Bargar, em várias passagens.

254 "AS MULHERES ESTÃO ESCRAVIZADAS AO HÁBITO": cit. Miller 343

254 BARRÉ, OS AMERICANOS ERAM NEGROS: Jesse, II, 400.
255 QUINCY, "EM TODAS AS COMPANHIAS": cit. Bonwick, 78.
255 HILLSBOROUGH, "INERENTE PREEMINÊNCIA": cit. Miller, 206.
255 ROCKINGHAM, "CRIANÇAS (QUE) DEVEM SER OBEDIENTES": cit. Valentine, North, I, 170.
256 CHATHAM, "SE ISSO ACONTECE": cit. Williams, Pitt, II, 297.
256 CHATHAM, "SE A LIBERDADE NÃO FOR CONTIDA": discurso de 28 jan. 66, cit. Williams, Pitt, II, 198. "UM POBRE E DEPLORÁVEL REINO DESERTO": cit. Miller, 207. CARTAS A IMPRENSA: Hinkhouse, 106-10.
256-257 COMENTÁRIOS AMERICANOS SOBRE A LEI DO CHÁ: cit. Miller, 342-3.
258-259 FRANKLIN NO RINHADEIRO: Trevelyan, I, 162; VESTIA O MESMO TRAJE DE VELUDO: das Memoirs de William Temple Franklin, cit. em Papers of Benjamin Franklin, ed. William Wilcox, New Haven, Yale Univ. Press, 1978, vol. 21, 41, n. 9.
259 DEBATE SOBRE O PORTO DE BOSTON: Hansard, XVII, 1199-1201, 1210, 1281, 1282-6. ADVERTÊNCIA DE JOHNSTONE: cit. Gipson, XII, 114.
261 BRADOS DE "PAPISMO": cit. Miller, 375-6; Hinkhouse, 172.
261 JOHNSTONE, "UMA GRANDE DISPOSIÇÃO": debate de 22 abr. 74, Hansard, XVII, 1281.
261-262 DUNNING, "GUERRA, SEVERA VINGANÇA": cit. Labarés, 199. OPINIÃO DE HOWE: cit. Trevelyan, I, 262. BURGOYNE, "PARA VER A AMÉRICA CONVENCIDA": debate sobre a revogação da lei do Chá, 19 abr. 74, Hansard, XVII, 1271.
262 HENRY LAURENS PROFETIZOU: cit. Sachse, 180.
262 BURKE, DISCURSO DE 19 ABR. 74: Hansard, XVII.
263 FRANKLIN, "POR PERSISTIR NO ERRO": cit. Van Doren, 335.
263 "IRÃO MANCHAR OS ALTARES AMERICANOS": cit. Page Smith, A New Age Now Begins, 1976, I, 391: PUTNAM CONDUZIU 130 CARNEIROS: W. F. Livingston, Israel Putnam, Nova York, 1901, 78.
263-264 JEFFERSON, "PLANO DELIBERADO E SISTEMÁTICO": cit. Bailyn, Ideological, 120; WASHINGTON SOBRE O MESMO TEMA: ibid.; THOMAS PAINE, NO MESMO: Letter to Abbé Raynal on the Affairs of North America.
264 BURKE, "O QUE APOIAR E O QUE REVOGAR": Discurso de 19 abr. 74, Hansard, XVII.

265 ADAMS, "UM FANTASMA": cit. Alfred O. Aldrigde, Man of Reason: The Life of Thomas Paine, Philadelphia, 1959, 34.

265 JEFFERSON, "UNIÃO SOB UM PLANO GENEROSO": cit. Beloff, Debate, 176. PLANO DE GALLOWAY: ibid. 203. FRANKLIN, "EXTREMA CORRUPÇÃO": cit. Bailyn, Ideological, 136.

266 JORGE III, "A FORÇA DEVE DECIDIR": dito a North, em 18 nov. 75. Correspondence, n. 1556.

266 BARRINGTON, SUA DISSENSÃO: Trevelyan I, 113; Barrington, 141, 144-5.

267 DOIS AMERICANOS COMO XERIFES DE LONDRES: Plumb, Light, 83.

268 DR. JOHNSON, "UMA RAÇA DE BANDIDOS"; Life de Boswell, Everyman, ed. I, 526.

268 CHATHAM, MOÇÃO DE 20 JAN. 75: Ayling, Pitt, 414; "MINISTÉRIO ADORMECIDO E PERTURBADO": cit. Williams, Pitt, II, 304. A OPOSIÇÃO OLHAVA E SACUDIA OMBROS: Walpole e Conway, 22 jan. 75, Correspondence, IV, 91.

269 MOÇÃO DE CHATHAM PELA REVOGAÇÃO: 1 fev. 75. RESPOSTA DE GOWER: Hansard, XVIII, 208.

270 O "POVO ILUDIDO": a frase foi do rei para lorde North, 18 ago. 75, III, 247. AMHERST REJEITA O COMANDO: Trevelyan, I, 260.

270 O PLANO DE NORTH ELIDIA "INCERTEZA, SURPRESA": cit. Miller, 406.

270-271 BURKE, "ABSOLUTA NECESSIDADE": 22 mar. 75, conhecido como Discurso de Conciliação, Sansard, XVIII.

271 WALPOLE A MANN, "A VITÓRIA NOS ARRUINARÁ": 7 mai. 75, Correspondence, XXIV, 98.

271 CORONEL GRANT, OS AMERICANOS "NÃO LUTARÃO": Sansard, XVIII, 226; SANDWICH, MESMO TEMA: cit. Griffith, 154. GOWER, "LINGUAGEM DA RALÉ": Hansard, XVIII, 166.

272 BURGOYNE, "DEMOS UM PASSO": cit. Trevelyan, George M., History of England, Nova York, 1953, III, 73.

273 "A TERRÍVEL TRAGÉDIA"; Sayre a Chatham, 20 mai. 75, cit. Ritcheson, 191.

273 CARTA DE WESLEY A DARTMOUTH: texto completo, Luke Tyerman, Wesley, 1872, III, 197-200. Existe dúvidas sobre se a carta foi dirigida a Dartmouth ou North. Tyeman não o esclarece. Caleb T. Winchester, em Life of John Wesley (Nova York, 1906), diz que o destinatário foi North. DNB, a respeito de Dartmouth, afirma que seria Dartmountr, como faz Valentine em North, I, 349.

274 HARVEY, "UMA IDÉIA TÃO LOUCA": Jorge III, Correspondence, III, XIII.

274 NORTH, "O ARDOR DA NAÇÃO": cit. Brooke, 180.

275 PARA PROSSEGUIR "COM VIGOR": Jorge III a lorde North, 18 ago. 75, Correspondece, III, 247-8.

276 GERMAIN, "FAZENDO OS REBELDES CAIR DE JOELHOS": cit. Valentine, North, I, 390.

276 "SEMPRE LHE DISSE": Fitzmaurice, I, 345. OS ANCESTRAIS "VIVERAM NO MAIOR ESPLENDOR": DNB.

277 AS COLÔNIAS DEVEM OBEDECER À "AUTORIDADE SUPREMA": cit. Valentine, North, I, 409.

278 DR. PRIESTLEY, "QUALQUER COISA COMO A RAZÃO": cit. ibid., 406.

279 RECUSAS EM SERVIR, KEPPEL, EFFINGHAM E O FILHO DE CHATHAM: Trevelyan, III, 202, 206-7. CONWAY, "JAMAIS PODERIA BRANDIR A ESPADA": Hansard, XVIII, 998.

279 CAVENDISH, "ENTERRADOS NO MESMO TÚMULO": cit. Miller, 452. RICHMOND, "PERFEITAMENTE JUSTIFICÁVEL": cit. DNB. SUBSCRIÇÕES PÚBLICAS PARA OS AMERICANOS "ASSASSINADOS": Hinkhouse, 193; Feiling, 134.

280 WALPOLE, "O PAIS FICARÁ DESERTO": ao Conde de Ossory, 15 out. 76, Correspondence, IX, 428. "OH, A INSENSATEZ": a Conway, 31 out. 76, ibid., 429.

280 BOSWELL, "MALDIGERIDO E VIOLENTO": cartas de 18 mar. 75 e 12 ago. 75, Letters, ed. Chauncey-Tinker, 2 vols., Oxford, 1924, I, 213, 239. DR. JOHNSON, "EXCETO UM AMERICANO": Boswell, Life, II, 209. CAMARTHEN, "COM QUE FINALIDADE": debate de 15 abr. 74, Hansard, XVII, 1208.

281 CHATHAM PREDIZ A ENTRADA DOS FRANCESES: cit. Donne, prefácio dos editores à Correspondence of George III with Lord North, II, 9.

281 "SINTO-ME MUITO LÂNGUIDO: 11 dez. 75, vit. Olson, 169. A BURKE, SOBRE UM PARIATO FRANCÊS: Burke, Correspondence, II, 118, 120.

282 FOX, "SOBRE OS WHIGS DE ROCKINGHAM", cit. ibid., II, 182. BURKE, "MUITAS FORTUNAS": ibid.

283 WASHINGTON, "AGORA TODA A FORÇA DA NOVA INGLATERRA": ao General Putnam, Writings of George Washington, ed. John C. Fitzpatrick USGPO, 1931-1944, IX, 115.

283-284 CHATHAM, DISCURSO DE 20 NOV. 77: Hansard, XIX, 360-75.

284 FOX, "ABSOLUTAMENTE IMPOSSÍVEL": ibid. 431-2.

285 CHATHAM, DISCURSO DE 11 DEZ. 77: Donne, em Correspondence of George III with Lord North, II, 114.

285-286 "VOCÊ NÃO FAZ IDÉIA", CARTA A SELWYN: cit. Valentine, Germain 265. "DEPRESSÃO UNIVERSAL": ibid. GIBBON, "SE NÃO FOSSE PELA VERGONHA": Walpole, Last Journals, II, 76.

286 GERMAIN, "OBSTINADA CEGUEIRA": cit. Valentine, Germain, 275.

286 JORGE III, "SEI QUE ESTOU CUMPRINDO MEU DEVER": 26 jul. 75, Correspondence, III, nº 1683.

286-287 QUEIRAM OS CÉUS "GUIAR-ME": ibid., nº 3923.

287 OS CAVALOS DA CARRUAGEM DE GERMAIN: Fitzmaurice, I, 358; Valentine, Germain, 284.

288-289 PROPOSTAS DA COMISSÃO DE PAZ: Hansard, XVIII, 443. "PLENO SILÊNCIO MELANCÓLICO" e "IGNOMINIOSO": Walpole, Last Journals, II, 200. DR. JOHNSON, "ESSE MONTE DE IMBECILIDADE": cit. Robertson, 174; DIA IGNOMINIOSO: Walpole a Mann, 18 fev. 78.

290 ROCKINGHAM E RICHMOND, "INSTANTÂNEA E PUBLICAMENTE": Olson, 172-3.

290-291 ÚLTIMO DISCURSO DE CHATHAM: Hansard, XIX, 7 abr. 78, SUA MORTE: Plumb, Chatham, 156; Robin Reilly, William Pitt, the Younger, Nova York, 1979, 52. DR. ADDINGTON: Williams, Pitt, II, 242-3.

291-292 PREDIÇÕES DE RUÍNA: SHELBURNE: cit. Miller, 453; RICHMOND A ROCKINGHAM: 15 mar. 78, cit. Olson, 172-3; WALPOLE, "ILHAZINHA MISERÁVEL": cit. Miller, 396.

292 BURKE, A ROCKINGHAM: 25 ago. 75: cit., ibid., 453.

292-293 FOX, "DE MANEIRA CONSISTENTE": cit. Derry, 87. WALPOLE, "DEMASIADO INERTE": Correspondence, a Mann, 30 jun. 79. FOX, "DESPREZADO EM TODO LUGAR": cit. Derry, 75.

293 COMISSÃO DE PAZ DE CARLISLE: cit. Brown, 266.

294 SUA FILHINHA CAROLINE: cit. Brown, 266. "NOSSAS OFERTAS DE PAZ": ibid. 63; PROCLAMAÇÃO PÚBLICA DE 3 OUT. 78: Stevens, Facsimiles, XI, nº 1171-2.

294 PRIMEIRA MINUTA DE CARLISLE: 29 set. 78, ibid. V, nº 529; O CONGRESSO RECOMENDA PUBLICAÇÃO DA PROCLAMAÇÃO: ibid., XII, 1200-01.

295 EDEN, "ESSE NOBRE PAIS": Miller, Triumph, 5. PARA WEDDERBURN, "É IMPOSSÍVEL": ibid.

297 PETIÇÃO DE YORKSHIRE: Feiling, 135-6. RESOLUÇÃO DUNNING: Trevelyan, I, 216.

299 MOÇÃO CONWAY: Jesse, III, 357; Feiling, 141; todas as fontes.

299-300 JORGE III, PROPOSTA DE ABDICAÇÃO: Namier, Crossroads, 125.

300 NEGOCIADOR ÚNICO RICHARD OSWALD: Allen, 254 (aqui erroneamente denominado James).

301 JORGE III, "DESMEMBRAMENTO DA AMÉRICA": a Shelburne, 10 nov. 82, Correspondence, VI, nº 3978.

302 ADAMS, "ORGULHO E VAIDADE": carta escrita da Holanda, em 1782, cit. Allen, 255; ver, também, Miller, Triumph, 632.

304 ROCKINGHAM, "TÁCITO COMPACTO": cit. Guttridge, 73-4.

304 SE HAMLET E OTELO TIVESSEM SIDO TROCADOS: J. G. Adams, cit. por William Willcox, Portrait of a General (Sir Henry Clinton), Nova York, 1964, XI.

5. A América atraiçoa-se no Vietnã

Obras Consultadas

ACHESON, DEAN, Present at the Creation, Nova York, 1969.

AMERICAN ENTERPRISE INSTITUTE, Vietnam Settlement: Why 1973, Not 1969?. Rational Debate Series, Washington D.C., 1973.

ANDERSON, PATRICK, The President's Men, Nova York, 1968.

AUSTIN, ANTHONY, The Presidents War: Tonkin Gulf Resolution, Nova York, 1971.

BALL, GEORGE W., The Past Has Another Pattern, Nova York, 1982.

BUNDY, MCGEORGE, Vietnam, Watergate and Presidential Powers, Foreign Affairs, Winter 1979/80.

BUTTINGER, JOSEPH, The Smaller Dragon: A Political History of Vietnam, Nova York, 1958.

——. Vietnam, A Dragon Embattled, 2 vols. Nova York, 1967.

CHICAGO, UNIVERSITY OF, CENTER FOR POLICY STUDIES, Vietnam: Which Way to Peace?, Chicago, 1970.

CLIFFORD, CLARK, A Vietnam Reappraisal, Foreign Affairs, julho 1969.
COHEN, WARREN I., Dean Rusk (American Secretaries of State and Their Diplomacy, vol. 19) Totowa, Nova York, 1980.
COLLINS, J. LAWTON, GENERAL, Lightning Joe: An Autobiography, Baton Rouge, 1979.
CONGRESSIONAL QUARTERLY SERVICE, Congress and the Nation, vol. III, 1969-72, Washington D.C., 1973.
COOPER, CHESTER, The Lost Crusade: America in Vietnam, Nova York, 1970.
COUNCIL OF FOREIGN AFFAIRS, American Dilemma in Vietnam: a Report on the Views of Leading Citizens in Thirty-three Cities, Ed. Rolland H. Buskner, Nova York, 1965.
DE GAULLE, CHARLES, Memoirs (Ed. inglesa), 3 vols. Nova York, 1960.
DONOVAN, ROBERT J., Conflict and Crisis: The Presidency of Harry S. Truman, 1945-48, Nova York, 1977.
DOUGLAS, WILLIAM O., North From Malaya, Nova York, 1953.
DRACHMAN, EDWARD R., United States Policy Toward Vietnam, 1940-45, Rutherford, Nova York, 1970.
DUNN, PETER, An Interpretation of Source Materials for the Period September 1945 Until May 1946 in the Region of Cochinchina and South Annam, dissertação não publicada. School of Oriental Studies, Univ. de Londres.
EISENHOWER, DWIGHT D., Diaries, ed. Robert H. Ferrell, Nova York, 1981.
——. Mandate for Change 1953-56, Nova York, 1963.
——. Waging Peace, 1956-61, Nova York, 1965.
ELLSBERG, DANIEL, Papers on the War, Nova York, 1972.
EVANS, ROWLAND, E NOVAK, ROBERT, Lyndon B. Johnson: The Exercise of Power, Nova York, 1966.
EWALD, WILLIAM BRAGG, Eisenhower, the President, Englewood, Nova York, 1981.
FALL, BERNARD, The Two Vietnams: A Political and Military Analysis, Nova York, 1967.
FIFIELD, RUSSELL H., Americans in Southeast Asia: The Roots of Commitment, Nova York, 1973.
FITZGERALD, FRANCES, Fire in the Lake, Boston, 1972.
FRANCK, THOMAS, E WEISBAND, EDWARD, EDS.: Secrecy and Foreign Policy, Nova York, 1974.
FULBRIGHT, SENADOR J. WILLIAM, The Vietnam Hearings, Vide US Congress, Senado.

GALBRAITH, JOHN KENNETH, A Life in Our Times, Boston, 1981.
GELB, LESLIE, E BETTS, RICHARD K. The Irony of Vietnam: The System Worked Washington, D.C., 1980.
GRAFF, HENRY F., The Tuesday Cabinet, Englewood Cliffs, Nova York, 1970.
GURTOV, MELVIN, The First Vietnam Crisis: Chinese Communist Strategy and United States Involvement, 1953-54, Nova York, 1967.
HALBERSTAM, DAVID, The Best and the Brightest, Nova York, 1972.
HALLE, LOUIS J., The Cold War as History, Nova York, 1967.
HAMMER, ELLEN J., The Struggle for Indo-China, 1940-1955, Stanford, 1966.
HARDIN, CHARLES M., Presidential Power and Accountability, Chicago, 1974.
HARRIS, LOUIS, The Anguish of Change, Nova York, 1973.
HERRING, GEORGE C. America's Longest War: The United States and Vietnam 1950-75, Nova York, 1979.
HILSMAN, ROGER, To Move a Nation, Nova York, 1967.
HOOPES, TOWNSEND, The Limits of Intervention, Nova York, 1969.
——. The Devil and John Foster Dulles, Boston, 1973. (Todas as referências são desse livro, a menos que haja outros registros).
HULL, CORDELL, Memoirs, 2 vols., Nova York, 1948.
ISAACS, HAROLD R., No Peace for Asia, Nova York, 1947.
KAPLAN, FRED, Wizards of Armageddon, Nova York, 1983.
KEARNS, DORIS, Lyndon Johnson and the American Dream, Nova York, 1976.
KENDRICK, ALEXANDER, The Wound Within: America in the Vietnam Years 1945-74, Boston, 1974.
KISSINGER, HENRY, The White House Years, Boston, 1979.
KRAFT, JOSEPH, A Way Out in Vietnam, Harper's, dezembro, 1964.
——. "Washington Inside", Harper's, set. 1965.
KRASLOW, DAVID, E LOORY, STUART H. The Secret Search for Peace in Vietnam, Nova York, 1968.
LA FEBER, WALTER, "Roosevelt, Churchill and Indochina: 1942-45", America Historical Review, dez. 1975.
LAKE, ANTHONY, ED., ET AL., The Vietnam Legacy, Nova York, 1976.
LANCASTER, DONALD, The Emancipation of French Indo-China, Londres, 1961.
LEAHY, ALMIRANTE WILLIAM D., I Was There, Nova York, 1950.
LEWY, GUENTER, America in Vietnam, Nova York, 1978.

LOGUE, CAL M., E PATTON, JOHN H., "From Ambiguity to Dogma: The Rhetorical Symbols of Lyndon B. Johnson on Vietnam", Southern Speech Communication Journal, Primavera 1982, 310-29.
MACPHERSON, HARRY, A Political Education, Boston, 1972.
MANNING, ROBERT, ED. GERAL, The Vietnam Experience: vol. I, Setting the Stage por Edward Doyle e Samuel Lipsman; vol. III, Raising the Stakes, por Terence Maitland e Theodore Weiss, Boston, 1981-82.
MANSFIELD, SENADOR MIKE, Vide US Congress, Senate.
MARSHALL, D. BRUCE, The French Colonial Myth, New Haven, 1973.
MECKLIN, JOHN, Mission in Torment: An Intimate Account of the United States Role in Vietnam, Nova York, 1965.
MILSTEIN JEFFREY S., Dynamics of the Vietnam War, Columbus, Ohio, 1974.
MORGENTHAU, HANS J., Vietnam and the United States, Washington D.C., 1965.
MYRDAL, GUNNAR, With What Little Wisdom, New York Times Magazine, 18 de julho de 1965.
O'DONNELL, KENNETH, LBJ and the Kennedys, Life, 7 ago. 1970.
PATTI, ARCHIMEDES F. A., Why Viet-Nam?, Berkeley, Univ. of California Press, 1981. Pentagon Papers, Vide US Departamento de Defesa.
POWERS, THOMAS, The War at Home: Vietnam and the American People, 1964-68, Nova York, 1973.
RACE, JEFFREY, Vietnam Intervention: Systematic Distortion in Policy Making, Armed Forces and Society, mai. 1976, 377-96.
——. The Unlearned Lessons of Vietnam, Yale Review. Inverno, 1977, 162-77.
RASKIN, MARCUS, E FALL, BERNARD, "The Vietnam Reader", rev. ed. Nova York, 1967.
REISCHAUER, EDWIN O., Wanted: An Asian Policy, Nova York, 1955.
——. Beyond Vietnam: The United States and Asia, Nova York, 1967.
RIDGWAY, GENERAL MATTHEW B., Indochina: Disengaging, Foreign Affairs, jul. 1971.
——. Soldier, Nova York, 1956.
RIEGLE, DONALD, O., Congress, Nova York, 1972.
ROBERTS, CHALMERS M., The Day We Didn't Go to War, em Raskin e Fall, cit. originalmente em The Reporter, 14 set. 1954.
RUSSETT, BRUCE M., E STEPAN, ALFRED, Military Force and American Society, Nova York, 1973.
SAFIRE, WILLIAM, Before the Fall: An Inside View of the Pre-Watergate White House, Nova York, 1975.

——. Saint Louis Post-Dispatch, Richard Dudman et al, Special Supplement on Vietnam, 30 abr. 1975.
SALINGER, PIERRE, With Kennedy, Nova York, 1966.
SCHANDLER, HERBERT Y., The Unmaking of a President: Lyndon Johnson and Vietnam, Princeton, 1977.
SCHEER, ROBERT, How the United States Got lnvolved in Vietnam, Santa Barbara, 1965.
SCHLESINGER, ARTHUR, JR., A Thousand Days, Boston, 1965.
SEVAREID, ERIC, The Final Troubled Hours of Adiai Stevenson, Look, 30 nov. 1965.
SHAPLEN, ROBERT, The Lost Revolution, Nova York, 1966 (todas as referências são deste livro, a menos que haja outros registros).
——. The Road from War, Nova York, 1970.
SHARP, U. S. GRANT, ALMIRANTE, Strategy for Defeat, San Rafael, California, 1978.
SHAWCROSS, WILLIAM, Sideshow: Kissinger, Nixon and the Destruction of Cambodia, Nova York, 1979.
SMITH, R. HARRIS, OSS: The Secret History of America's First Central Intelligence Agency, Berkeley, Univ. of California Press, 1972.
SORENSEN, THEODORE C., Kennedy, Nova York, 1965.
STEEL, RONALD, Walter Lippmann and the American Century, Boston, 1980.
SUMMERS, CORONEL HARRY G., On Strategy: A Critical Analysis of the Vietnam War, Presidio, Calif., 1982.
SZULC, TAD., The Illusion of Peace: Foreign Policy in the Nixon Years, Nova York, 1978.
TAYLOR, GENERAL MAXWELL D., Swords and Plowshares, Nova York, 1972.
THOMPSON, W. SCOTT, E FRIZZELL, DONALDSON D., EDITS., The Lessons of Vietnam: A Colloquium in 1973-74 at Fletcher School of Law and Diplomacy on the Military Lessons of the Vietnamese War, Nova York, 1977.
THOMSON, JAMES C., J., How Could Vietnam Happen? The Atlantic, abr. 1968.
——. Resigning from Government, in Franck e Weisband, cit.
THORNE, CHRISTOPHER, Allies of a Kind, Londres, 1978.
U.S. CONGRESS, SENATE, Committee on Foreign Relations, Mansfield, Senador Mike, Relatório de, On a Study Mission to the Associated States

of Indochina, Vietnam, Cambodia, Laos, 83º Congresso, 1ª sessão, 27 out. 1953.
——. Relatório de... to Vietnam, Cambodia and Laos, 83º Congresso, 2ª sessão, 15 out. 1954.
——. Relatório de... to Vietnam, Cambodia and Laos, 84º Congresso, 1ª sessão, 6 out. 1955.
U.S. CONGRESS, SENATE, 89º CONGRESSO, 2ª sessão. Hearings Before the Committee on Foreign Relations; Supplement Foreign Assistance Fiscal Year 1966 - Vietnam, S. 2793 (Interrogatório Fullbright), Parte I, págs. 1-743. (Os interrogatórios foram também publicados como livro comercial por Random House, com introdução do Senador Fulbright: The Vietnam Hearings, Nova York, 1966).
U.S. CONGRESS, 92º, 2ª sessão: SENATE COMMITTEE ON FOREIGN RELATIONS: The United States and Vietnam: 1944-47. A Staff Study Based on The Pentagon Papers, por Robert M. Blum (citado como PP, Senado). USGPO, Washington, D.C., 1972.
U.S. DEPARTAMENTO DE DEFESA: The Pentagon Papers: United States-Vietnam Relations, 1945-1967. Estudo preparado em 12 volumes pelo Dep. de Defesa e tornado público para o Comitê de Serviços Armados da Câmara (citado como PP). USGPO, Washington, D.C., 1971.
——. The Pentagon Papers: History of United States Decision Making on Vietnam, edição Senador Gravel, 4 volumes e volume-índice, Boston, 1971-72. (As citações são dessa edição, a menos que haja outros registros).
——. The Pentagon Papers: como publicados pelo New York Times, Nova York 1971.
U.S. OFFICE OF THE CHIEF OF MILITARY STORY: Mareei Vigneras. Special Studies: Rearming the French. Washington, D.C. 1957.
U.S. - DEPARTAMENTO DE ESTADO. Foreign Relations of the United States (anuário) USGPO, Washington, D.C.
VIGNERAS, MARCEL, Vide US Office of the Chief of Military History.
WHITE, RALPH K., Nobody Wanted War: Misperception in Vietnam and Other Wars, Nova York, 1968.
WHITE, THEODORE, The Making of the President, 1968, Nova York, 1969.
WICKER, TOM, JFK and LBJ, Nova York, 1968.
WILCOX, FRANCIS O., Congress, The Executive, and Foreign Policy, Nova York, 1971.

Pessoas Consultadas

George W. Bali, McGeorge Bundy, William P. Bundy, Michael Forrestal, J. K. Galbraith, Leslie Gelb, David Halberstam, Morton Halperin, Cari Kaysen, Robert S. McNamara, Harrison Salisbury, Bill Moyers, David Schoenbrun, James Thomson.

Notas

Abreviações

EVS – Exército da República do Vietnã (Sul).
CCS – Chefia Combinada de Estado-maior (II Guerra Mundial).
CINCPAC – Comando em chefe (Pacífico).
RDV – República Democrática do Vietnã (Norte).
FRC – (Senado) Comitê de Relações Exteriores.
FRUS – Foreign Relations of the United States (série anual).
JCS – Chefia Conjunta de Estado-maior.
GAAM – Grupo de Assistência e Assessoria Militar.
CAMV – Comando de Assistência Militar do Vietnã.
CSN – Conselho de Segurança Nacional.
PP – Pentagon Papers (todas as referências são à edição Gravei, a menos que indicado de outra forma).
SEA – Sudeste Asiático.

1. In Embryone

306 ROOSEVELT, "NÃO DEVEMOS RETORNAR AO SISTEMA FRANCÊS", Hull, II, 1957.

306 PRESIDENTE "TEM SIDO MAIS COMUNICATIVO": cit. Thorne, 468.

306-307 O CAIRO, "NÃO VOLTAR!": Stilwell Papers, cit. B. W. Tuchman, Stilwell and the American Experience in China, Nova York, 1971, 405. FIDEICOMISSO "POR 25 ANOS" e "EU PERGUNTEI A CHIANG KAI-SHEK, ibid., 410.

307 GEORGES BIDAULT "COOPERAÇAO DE TODO CORAÇÃO": cit. La Feber, 1292.

308 SETOR DO EXTREMO ORIENTE URGIA INDEPENDÊNCIA: J. C. Vincent. memo. 2 nov. 43, FRUS, 1943, China 866. Vide também Fifield, 69-n.

308 "VOLUNTÁRIO" CONSENTIMENTO DO ANTIGO PODER COLONIAL: Drachman, 51.

308 ROOSEVELT NÃO DESEJAVA "MISTURAR-SE": Memo para o Secretário de Estado, 1 jan. 45, FRUS, 1945, VI, 293. VOLTOU ATRAS: FRUS, 1944, British Commonwealth and Europe, FDR para Hull, 16 out. 44. Vide também Drachman, 80.

309 ROOSEVELT SOBRE A "INDEPENDÊNCIA": para Charles Taussig, Halberstam, 81; Thorne, 630.

309 STETTINIUS SOBRE A SOBERANIA FRANCESA: Boletim do Dep. Estado, 8 abr. 45. DE GAULLE "SE ESTÃO CONTRA NÓS": Caffery ao sec. de Estado, FRUS, 1945, VI, 300.

309-310 GREW, "INTEIRAMENTE INOCENTE": Grew a Caffery, FRUS, 1945, VI, 307. Vide também Grew a Hurley, 2 jun. 45, ibid., 312.

310 PESQUISA FRANCESA DE 1910: Buttinger, I, 450, n. 53.

310 "MAIS ILETRADOS QUE SEUS PAIS": Jules Harmard, "Domination et colonisation", Paris, 1910, 264, cit. Buttinger, Smaller Dragon, 425.

310 "REPRESENTANTES DA RAÇA CONQUISTADA": cit. Manning, Stage, 109 d Milton Osborne, French Presence in Cochin China and Cambodia 1859-1905, Ithaca, 1969, 119.

312 OSS HO CHI MINH: Smith, 332-4. AMÉRICA "OPOSTA AO COLONIALISMO", ibid. OSS CHEFE DISTRITAL: Coronel Paul Halliwell, cit. Shaplen, 33.

313 DE ACORDO COM O ALMIRANTE KING: Thorne, 631.

313 "NAO-OPOSIÇAO" DE TRUMAN A VOLTA DOS FRANCESES: De Gaulle, III, 910. DE GAULLE NA COLETIVA DE IMPRENSA: cit. Drachman, 90.

313-314 DECLARAÇÃO DE BRAZZAVILLE: cit. Marshall, 107; vide também Smith, 324.

314 "CONTINUAREMOS LUTANDO": cit. Shaplen, 30.

314 MENSAGEM EM NOME DE BAO DAI: cit. Hammer, 102.

314 "FACILITADA A RECUPERAÇAO... PELOS FRANCESES": cit. Cooper, 39.

314-315 RETORNO DOS FRANCESES EM NAVIOS AMERICANOS: Dunn; também Hammer, 113; Isaacs, 151-7. "PARA EMPREGAR NAVIOS DE BANDEIRA AMERICANA": PP (HR) livro I, Parte I, A, pág. A-24, cit. Patti, 380.

315 OS BRITÂNICOS USARAM UNIDADES JAPONESAS: Isaacs, 151; NOTA AO PÉ DA PAGINA CITANDO MOUNTBATTEN: cit. Dunn, em um dos seguintes: "Lord Mountbatten's Report to Combined Chiefs of Staff, 1943-45" (Londres, HMSO, 1951), "Post Surrender Tasks, Section E of the above (Londres, HMSO, 1969); INGLATERRA: "Documents Relating to British Involvement in the Indo-China Conflict, 1945-65", Command 2834 (Londres, HMSO, 1965).

315 OBSERVAÇÕES DO GENERAL GRACEY: cit. Buttinger, I, 327.

316 VESTINDO UNIFORMES AMERICANOS: Cooper, 41; Isaacs, 161; Smith, 344.

316 "ESTÁVEL, FORTE E AMIGAVEL": PP (Senado), 13. OSS PARA OBSERVAR "MISSÕES PUNITIVAS": cit. Smith, 347.

316 OITO APELOS DE HO AOS EUA NÃO RESPONDIDOS: FRUS, 1946, VIII, 27; também PP, I, 17.

316-317 RELATÓRIO ARTHUR HALE: Gallagher Papers, PP (Senado), Apêndice I, 31-6.

317 CHRISTIAN SCIENCE MONITOR: por Gordon Walker, 2 mar. 46. DEPTO. ESTADO, "EM SÉRIA DETERIORAÇÃO": 28 nov. 48, FRUS 1945, VI, 1388. n. 37.

317-318 RELATÓRIO CHARLES YOST: 1 dez. 45, ibid., vide também Fifield, 69.70.

318 MARSHALL, "PERIGOSAMENTE SUPLANTADO": minutado pelo Depto. Francês da Embaixada em Paris, PP, I, 31-2. ACHESON A MOFFAT: ibid., 20.

318 MOFFAT, "DAQUI A 50 ANOS": PP (Senado), 13.

319 CÔNSUL AMERICANO EM SAIGON, "SEM ACERTO": Charles S. Reed ao Sec. Estado, 22 dez. 46, FRUS, 1946, VIII, 78-9. LECLERC, "EXIGIRA 500.000": cit. Halberstam, 84, de Paul Mus, oralmente.

319-320 TRUMAN E ACHESON GARANTIRAM O PUBLICO: FRUS, 1945, VI 313. Thorne, 632.

320-321 INSTRUÇÕES DO DEP. FRANCÊS NA INDOCHINA: Fev., 1947, PP. I, 31.

2. Auto-hipnose

323 NSC – SUDESTE ASIATICO "É O ALVO": Junho 30, PP, I, 82. "AREA VITAL": ibid., 83.

324 BAO DAI A PHAN QUANG DAN: PP, I, 71-2. DAN, "SEM IDEOLOGIA": ibid.

324 ROBERT BLUM, "POUCO PROMETEU": Shaplen, 87; PP, I, 73.

325 "VITAL AO... MUNDO LIVRE": 24 mai. 51, cit. Gelb 44.

325 TRUMAN, "CONSPIRAÇÃO MONSTRUOSA": informação radiofônica ao povo americano, 11 abr. 51, PP, I, 588.

325 NSC "ATAQUE ANTECIPADO": 27 fev. 50, PP, I, 83. DEPTO. ESTADO NENHUM TRAÇO DO KREMLIN: ibid., 34.

326-327 TRUMAN, MENSAGEM ESPECIAL AO CONGRESSO: 24 mai. 51, PP, I, 589. ACHESON, "REMOVAM TODAS AS ILUSÕES": cit. Gelb, 42.

327 RUSK,"NOVOCOLONIALISMO":cit.Cohen,75."FERRAMENTA DO POLITBURO": testemunho ao Senado FRC, 8 jun. 1950, cit. Cohen, 50.

327-328 NYT, EDITORIAL "AGORA ESTÁ CLARO": 11 jun. 52, NSC VÊ O JAPÃO SUCUMBINDO: PP, I, 84.

328 MEMORANDO OHLY: Acheson, 674.

328 US, AÇÃO NAVAL E AÉREA NO EVENTO DA ENTRADA CHINESA: NSC 124, PP, I, 88.

329 WALTER ROBERTSON, "NENHUM REGIME TÃO MALIGNO": cit. Hoopes, 147.

329 KNOWLAND, "CONQUISTA SOVIÉTICA": ibid. 203.

329 JOHNSON, "A GRANDE BESTA": cit. Bali 404. DULLES, "PAIXÃO EM CONTROLAR OS EVENTOS": Hoopes, 140.

329-330 DULLES, "FRENTE PACIFICA... AMPLAMENTE ABERTA": no Senado, 21 set. 49, cit. Hoopes, 78.

330 PARTE DE UM ÚNICO PADRÃO": ibid. 115.

330 DULLES, "ESSES DOIS CAVALHEIROS": ibid. 78.

330-331 AUTO DA PLATAFORMA DO PARTIDO REPUBLICANO: Halle, 270. Texto no National Party Platforms, compilado por D. B. Johnson, I, 406-505, Univ. of Illinois Press, Urbana, 1978.

331 DULLES TENTA OBTER PROMESSA DO KREMLIN: Hoopes, 172.

332 ESTADO-MAIOR GERAL, "REAVALIAÇÃO" EM RELAÇÃO AO CUSTO: PP, I, 89.

332 BARRINGTON: cit. Barrington, 142-3.

332 ALMIRANTE DAVIS "DEVERA SER EVITADA": PP, I, 89.

332 CHEFES DO PENTÁGONO ADVERTEM, A CHINA É O INIMIGO: cit. Cohen, 174.

333 TRÊS CONDICÕES DE EISENHOWER: PP, I, 94; Mandate, 345.
334 "PROVAVELMENTE DETERIORARÃO": 4 jun. 53, I, 391-2.
334 "OS FRANCESES NOS CHANTAGEARAM": Entrevista de Acheson com o Prof. Gaddis Smith, NYT Book Review, 12 out. 69.
335 "A LIBERDADE QUE DESEJAMOS": cit. Halle, 286-7.
335 RELATÓRIO TRAPNELL: PP, I, 487-9.
335 "FALTA DE ENTUSIASMO": 3 fev. 54, cit. Gelb, 52.
335 "A POPULAÇÃO APOIAVA O INIMIGO": Eisenhower, Mandate, 372-3.
336 EU PAGANDO 80%: Hammer 313, n. 20a.
338 JUIZ DOUGLAS: North from Malaya, 10, 208.
338 RELATÓRIO MANSFIELD: US Congresso, Senado, FRC, 83º Congresso, 1ª sessão: vide em US CONGRESS, SENADO.
338-339 DULLES, MEDO DE MC CARTHY: Hoopes, 160.
339 NEW LOOK, ESTRATÉGIA DE GABINETE, Eisenhower, Mandate, 451; Hoopes, cap. 13; COMENTÁRIO DE HUMPHREY: cit. ibid., 196.
340 DULLES, "FALSA CAMPANHA DE PAZ": Hoopes, 173.
340-341 RADFORD, PLANO POLÍTICO PARA GENEBRA: PP, I, 448-51.
341-342 DULLES DEIXA A IMPRESSÃO: Hoopes, 212. NIXON, "SE PARA EVITAR": 16 abr. 54, cit. Eisenhower, Mandate, 353, n. 4.
342 EISENHOWER, "NOSSA TAREFA PRINCIPAL": Mandate, 168.
343 CHINESES FORNECIAM 4 MIL TONELADAS MENSAIS: Cooper, 59.
343 MISSÃO ELY E OPERACÃO ABUTRE: Roberts em Raskin e Fall, 57-66; PROPOSTO O USO DE ARMAS ATÔMICAS: FRUS, 1952-54, XIII, 1271; Post, 24 out. 71, cit. Gelb, 57. COMENTÁRIO DE MACARHUR: FRUS, op. cit., ao Sec. Estado, 7 abr. 54, 1270-72.
344 DULLES, ENCONTRO COM LÍDERES DO CONGRESSO: Roberts, op. cit.; Hoopes, 210-11.
344 GABINETE FRANCÊS PEDE INTERVENÇÃO: PP, I, 100-04; Roberts; Hoopes, 207-08. EISENHOWER, "NAO-ENVOLVIMENTO": 10 mar. 54, cit. Gurtov, 78.
345 RELATÓRIO GAVIN: Ridgway, Soldier, 276; também Gavin no Senado, Interrogatórios FRC em 1966.
345 EISENHOWER REJEITA INTERVENÇÃO UNILATERAL: Mandate, 373; PP, I, 129.
346 RELATÓRIO DO COMITÊ ESPECIAL: 5 abr. 54, PP, I, 472-6.
347 DULLES SOBRE A QUEDA DE DIEN BIEN PHU: 11 mai. 54, PP, I, 106, também NYT 24 jun. 54.

348 MENDES-FRANCE, "FAZ MUITO MENOS": cit. Hoopes no Le Monde, 12 fev. 54. CESSAR-FOGO EM 30 DIAS: Embaixador Dillon ao Sec. Estado, 6 jul. 54, PP (HR) Livro IX, 612; CONSCRIÇÃO: ibid.

348-349 DULLES, "AMEAÇA DELIBERADA": 11 jun. 54, cit. Hoopes 230.

349 CONSELHO DE CHOU EN-LAI: conforme contado por Chou a Harriman Salisbury, Salisbury ao autor, 17 fev. 83.

3. Criando o cliente

350 BAIXAS FRANCESAS: Eisenhower, Mandate, 337.

351-352 "Saint Louis Post-Dispatch", "UMA GUERRA PARA SE ESTAR FORA": 5 mai. e outros editoriais, mai. 7, 9, 10, 12, 14, 19, 22, 1954. CARTUM DE FITZPATRICK: ibidem, "procurado", 8 jun. 54.

352 REISCHAUER, "UM EXTREMAMENTE INEFICAZ": 178-9; 251-7.

352 DULLES, "TÃO UNIDOS, TÃO FORTES": cit. Hoopes, 242.

353 ALMIRANTE DAVIS, "NÃO MELHOR PREPARADOS": PP, I, 212.

353-354 CARREIRA DE DIEM: Relatório Mansfield ao Senado FRC, 15 out. 54, 83º Congresso, 2ª sessão; vide também Scheer.

354 JUIZ DOUGLAS APRESENTA DIEM: Scheer e Hinckle, "o lobby vietnamita", em Raskin e Fall, 69.

355 AMERICANOS "DIFERENTES" DOS FRANCESES: William Bundy à autora, 18 fev. 81.

356 CHEFIA-CONJUNTA, "ABSOLUTAMENTE ESSENCIAL": PP, I, 215.

356 CHEFIA-CONJUNTA, "SEM GARANTIA": PP, I, 218.

357 CRISTO MUDOU-SE PARA O SUL": cit. Cooper, 130.

357 "VIETNÃ PROVAVELMENTE SERÁ CANCELADO": relatório da Missão Lansdale, PP, I, 577.

357 FAURE, "NÃO APENAS INCAPAZ, MAS LOUCO": PP, I, 241.

357-358 RELATÓRIO MANSFIELD: US Congress, Senado FRC, 83º Congresso, 2ª sessão.

358 EISENHOWER, CARTA A DIEM: PP, I, 253.

358 RELATÓRIO COLLINS: PP, I, 226; REAFIRMADO: Collins, 408.

360 MISSÃO LANSDALE: PP. I, 573-83.

360 FRANCESES "DISPOSTOS A EXPLORAR": PP, I, 221. SAINTENY, "ÚNICO MEIO POSSÍVEL": ibid., 222.

361 NYT, "PROVADA INÉPCIA": C. L. Sulzberger, 18 abr. 55.

362 EISENHOWER, "MONTES DE DIFICULDADES": cit. Cooper, 142.
362 HEATH, "ACIMA DE $300 MILHÕES": PP, I, 227.
363 SPELLMAN "AI DE MIM!": NYT, 31 ago. 54.
363 DIEM, RECUSA ÀS ELEIÇÕES: PP, I, 245.
363 MÉTODOS "VERGONHOSOS": Buttinger, II, 890.
363 "MAIORIA AVASSALADORA": Leo Cherne em Look, 25 jan. 56; vide também Cooper, 132.
364 KENNEDY SOBRE A "POPULARIDADE" DE HO: no Senado, 6 abr. cit. Scheer 15
364 EISENHOWER "RECUSA-SE A CONCORDAR": Ridgway, Foreign Affairs, 585; vide também Eisenhower, Mandate, 372. DEPARTAMENTO DE ESTADO, "APOIAMOS": PP, I, 246.
364-5 PHAM VAN DONG, "DEVEMOS ENCONTRAR UNIÃO": PP, I, 250.
365 UM ESTUDO POR CIENTISTAS POLÍTICOS AMERICANOS: um de uma série conduzidos no Vietnã de 1955 a 1962, pela Michigan State University, sob direção do Prof. Wesley Fishel, cit. Scheer, 53.
366 GIAP, "NÓS EXECUTAMOS": PP, I, 246.
366 EMBAIXADA AMERICANA, "A SITUAÇÃO PODE SER RESUMIDA": PP, I, 258.
366-367 MANIFESTO DOS DEZOITO E PRISÕES: Cooper, 159; texto do manifesto em Raskin e Fall, 116-21; "INCAPAZ DE SALVAR O PAÍS": ibid. 483; CONGRATULAÇÕES DE WASHINGTON: ibid.
368 NLF, PROGRAMA DE DEZ PONTOS: texto em Raskin e Fall, 216-21.

4. Casados com o malogro

368 "ERA SIMPLESMENTE UM DADO": James Thomson, NYT Livros, 4 out. 70.
369 KENNEDY, "PEDRA ANGULAR... CHAVE": discurso sobre Objetivo Americano no Vietnã, aos American Friends of Vietnam, jun. 1956; cit. Lewy, 12.
371 MCNAMARA, "TEMOS O PODER DE DERRUBAR": consta ter sido dito num "briefing" do Pentágono, Robert D. Heinl, Dictionary of Military and Naval Quotations, Annapolis, 1966, 215.
371-372 BUNDY, PRONTO PARA SER DEÃO AOS VINTE ANOS: cit. Halberstam, 52.

372 THURMOND SOBRE MC CONE: Halberstam, 153.

372 GALBRAITH, "O DESASTROSO E O INACEITÁVEL": Galbraith, 477.

373 "ISSO É O PIOR COM QUE JÁ NOS DEFRONTAMOS": Schlesinger, 320; PP, II, 6, 27.

373 LANSDALE, PROGRAMA: PP, II, 440-1.

373 KENNEDY, "GUERRA DE HOMENS BRANCOS": Schlesinger, 505, 547.

374 "BEM, MR. SCHOENBRUM": Schoembrum à autora.

374 GUERRA LIMITADA, "VANTAGENS DE TERMINAR": cit. Kaplan, 330. CITACÃO KAUFMAN: ibid., 199.

375 KENNEDY LEU MAO E GUEVARA: Schlesinger, 341.

376 DISCURSO DE ROSTOW EM FORT BRAGG: Raskin e Fall, 108-16.

377 LANSDALE, "UM APELO MAIS FORTE": cit. Schlesinger, 986.

377 BURKE, "PERSEVERANÇA NO ABSURDO": discurso nos Comuns, 19 abr. 1774, Hansard, XVIII.

378 DISCUSSÕES NO PENTÁGONO SOBRE "TAMANHO E COMPOSIÇÃO": Action Memorandum, 11 mai. 61, PP, II, 642.

378 ENTREVISTA DE EISENHOWER: Gelb e Betts, 29.

379 7a ARMADA AO SUL DO MAR DA CHINA, E OUTROS MOVIMENTOS: Bali, 363.

379 LEMNITZER SUGERE ARMAS NUCLEARES: Galbraith, 467; KENNEDY CHOCADO: ibid.

380 JOHNSON, "O WINSTON CHURCHILL": cit. Schlesinger, 541. SEU RELATÓRIO: texto em PP, II, 55-9; vide também Bali, 385.

381-382 KENNEDY A RESTON: cit. Gelb e Betts, 70. "NÃO PODEMOS E NÃO FAREMOS": 25 jul. 61, cit. Sorensen, 583 ss. PRONTO A ARRISCAR A GUERRA NUCLEAR: ibid.

382 NITZE, "VALOR PARA O OCIDENTE": Thompson e Frizzell, 6.

382 THEODORE WHITE, "A SITUAÇÃO FICOU PIOR": cit. Schlesinger, 544.

382 ESTIMATIVA DE MC GARR: Taylor, 220-1.

384 ROSTOW COMO DR. PANGLOSS: Macoherson, 258. "O MAIOR ADEPTO DA GUERRA FRIA": cit. Halberstam, 161.

384-385 RELATÓRIO TAYLOR-ROSTOW: PP, II, 14-15, 90-98; Taylor, 227-44.

385 AGRESSÃO EXTERNA: cit. Cohen, 284.

386 ANEXOS DEPTO. ESTADO: PP, II, 95-7

386 RUSK, "CAVALO PERDEDOR": PP, II, 105.

386 REGIME "NÃO VIÁVEL": testemunho in camera ao Senado FRC, 28 fev. 61, cit. Cohen, III.

386-387 MCNAMARA-JCS RESPOSTA: PP, II, 108-9. MCNAMARA-RUSK, SEGUNDO MEMORANDO: PP, II, 110-16.

387-388 KENNEDY A DIEM: ibid. 805-6.

388 DIEM "PARECIA ESPANTADO": Ministro da Defesa em exercício, Thuan Nguyen Dinh ao Embaixador Nolting, ibid. 121.

389 NÚMEROS DAS BAIXAS: PP (NYT), 110.

389 COMITÊ REPUBLICANO NACIONAL: NYT, 14 fev. 62; KENNEDY "NÓS NÃO ENVIAMOS TROPAS DE COMBATE": PP, II, 808.

390 MCNAMARA "QUALQUER MEDIDA QUANTITATIVA": cit. Schlesinger, 549.

390-1 RELATÓRIO DE GALBRAITH: Galbraith, 471-3; PP, II, 122-4; CARTAS DE NOVEMBRO DE 1961 e MARÇO DE 1962: Galbraith, 477-9; também PP, II, 670-1; "CASADOS COM O MALOGRO": cit. Schlesinger, 548.

392 JCS, "COMPROMISSO BEM CONHECIDO": Lemnitzer para JCS ao Sec. Defesa, 13 abr. 62, ibid. 671-2.

392 "O QUE OS JORNALISTAS PENSAM SER MENTIRA": Mecklin, 100; MEMORANDO MANNING: Salinger, 328; para a guerra da imprensa, vide também Manning, ed. Stakes, 58-61.

393 MANSFIELD, O ZELO SERÁ O FRACASSO: Macpherson, 45; DISSE AO SENADO: 88º Congresso, 1ª sessão, GPO Washington D.C. 1963.

393-394 MANSFIELD-KENNEDY, CONVERSAÇÃO: O'Donnell.

394 RELATÓRIO HILSMAN: PP, II, 690-727.

394 DISSONÂNCIA COGNITIVA, "SUPRIMIR, FALSIFICAR": Fico em dívida para com Jeffrey Race por trazer o conceito à minha atenção. As passagens citadas são de seu artigo em Armed Forces and Society. Vide também Leon Festinger, A Theory of Cognitive Dissonance, Evanston, III, 1957.

395 KENNEDY INSINUA RETIRADA A MANSFIELD: O'Donnell.

396 INSTRUI MICHAEL FORRESTAL: Forrestal à autora: "FÁCIL: COLOCO UM GOVERNO": O'Donnell; "SIGNIFICARÁ O COLAPSO": cit. Schlesinger, 989. "NÓS FICAREMOS": 17 jul. 63, PP, II, 824.

396 "NÃO, EU ACREDITO": entrevista NBC com Chet Huntley, PP, II, 828.

398 RUSK, "MOVIMENTO FIRME": cit. Schlesinger, 986.

398 NHU SUSPEITO DE NEGOCIAR COM O INIMIGO: Bali, 370.

399 "ALGUMAS AÇÕES FANTÁSTICAS": State a Lodge, 29 ago. 63, não assinado, PP, II, 738.

399 LIGAÇÃO CONEIN: Bali, 371; PARA ENVOLVIMENTO DOS EUA NO GOLPE: vide PP, II, 256-63, Documentos, 734-51. LODGE, "ESSE REGIME REPRESSIVO": PP, II, 742, e § 8. INSTRUÇÕES de WASHINGTON: State a Lodge, 24 ago. 63, PP, II, 734; NSC a Lodge, 5 out. 63, ibid. 257, 766.

400 LODGE, "FOMOS LANÇADOS": ibid. 738; "ASSASSINATO" DOS NHU: ao State por Lodge, 5 out. 63, ibid. 767.

400 KENNEDY, "TOMADA COMUNISTA": Set. 63, PP, II, 243; Hillsman, 106.

400 BATALHA DE AP BAC: Manning, ed. Stakes, 50-51; CORONEL VANN: Halberstam, 203-05; DOD E O OTIMISMO DO CINCPAC: Cooper, 480.

401 RELATÓRIO RUFUS PHILIPS: PP, II, 246; JOHN MECKLIN "EM DESESPERO": Mecklin, X CONFERÊNCIA KATTENBURG: PP, II, 241; Cohen 190; PREDIÇAO KATTENBURG: Halberstam, 370.

401-402 DE GAULLE FALA: NYT, 30 ago. 63. "FONTES AUTORIZADAS": ibid de Washington; "LARGO REPUDIO": ibid.

402 "SUA" GUERRA; KENNEDY "NA ANÁLISE FINAL": entrevista com Walter Cronkite, set. 1963; cit. Wicker, 186.

403 "VOCÊS DOIS VISITARAM": cit. PP, III, 23, de Hilsman.

403 ANÚNCIO PÚBLICO "EM FINS DE 1965": texto em Raskin e Fall, 128-9.

5. Guerra do Executivo

404 VOLTOU ATRÁS PARA NÃO "PERDER": Bill Moyers à autora.

404 "NÃO SEREI O PRIMEIRO PRESIDENTE": James Reston em NYT, 1º out. 67. VERSÃO ALTERNATIVA: Wicker, 205.

404 IRRADIAÇÃO DO VIETCONGUE SUGERINDO CESSA-FOGO: cit. Wicker, 189, de Jean Lacouture, Vietnam: Between Two Truces, 1966, 170. SEGUNDA IRRADIAÇÃO ESCUTADA EM WASHINGTON: Wicker, ibid.

405 GENERAL "BIG" MINH E SUCESSORES COM OPOSIÇÃO DOS EUA: Joseph Kraft, Washington Insight, Harper's, set. 1965.

405 MC NAMARA, "OS PRÓXIMOS DOIS OU TRÊS MESES": PP, II, 193.

405-406 NYT, EDITORIAL: 3 nov. 63.

407 RUSK, "LEVARÁ A NOSSA RUÍNA": cit. Cohen, 258; "UM BILHÃO DE CHINESES": numa coletiva de imprensa, NYT, 13 out. 67; HANSOM BALDWIN: NYT Magazine, 17 fev. 66. SEN. JOSEPH CLARK: no Senado FRC (Fulbright), interrogatórios de 1966.

407 JOHNSON NA "SUA" GUERRA: cit. Wicker, 231-2.

408 MADDOX, AÇÃO "DESTRUTIVA": PP, III, 150-1 UNIDADES NAVAIS: Bali, 379. "DESISTAM DE AÇÕES AGRESSIVAS": JCS Mem. 19 maio 64, PP, III, 511.

408-409 CONFERÊNCIA DE HONOLULU: PP, III, 171-7; Bali, 375-9.

409 "ADMISSÃO DE QUE O JOGO TERMINOU": cit. Gelb, 115.

409 OPÇÃO NUCLEAR: PP, III, 175; RUSK: PP, II, 322; MC NAMARA, PP, III, 238.

409 MCNAMARA, "AO MENOS TRINTA DIAS": ibid., 176.

410 FULBRIGHT, MOTIVOS PARA A RESOLUÇÃO DE TONQUIM: Hoopes, Limits, 25-6. DEBATE DE TONQUIM EM FRC: SEN. NELSON: Wicker, 223; SEN. ERVIN: Austin, 78; SEN. MORSE INFORMADO POR TELEFONEMA: Austin, 68.

411 C NAMARA, NEGATIVA DE, ibid.

412 "BEM, ESSES ESTÚPIDOS MARINHEIROS": cit. Bali, 379.

412 DE GAULLE PROPÕE ENTENDIMENTOS: PP, II, 193; ENTREVISTA COM BALL: Bali, 377-8.

412-413 U THANT, PROPOSTA DE: Kraslow e Loory, 102; Sevareid em "Look", 30 nov. 65.

414 "COMO SE EU ESTIVESSE NO 'TITANIC'": cit. Kraft, Harpers, dez. 67, em Raskin e Fall, 315-22.

414 "ARRUINAR MINHA PRESIDÊNCIA" e todas as demais frases citadas nesse parágrafo: Kearns, 253, 257.

415 CIA, "COMO NENHUMA OUTRA NAÇÃO": PP, III, 178.

415 ADVERTÊNCIA DO GRUPO DE TRABALHO: PP, III, 217.

416 MEMORANDO DE BALL: Bali, 380-6, 390-2.

416 "PAÍS DE BUNDAS-SUJAS DE QUARTA CATEGORIA": cit. Manning, ed. Stakes, 183.

417-418 BUNDY, MEMORANDO DE: 7 fev. 65, PP, III, 309, 68-9.

418 TAYLOR, "LARES DEMOLIDOS": Taylor, 403.

418 MCNAUGHTON, "SEM MANCHA INACEITÁVEL": plano de ação enviado a Mc Namara, 24 mar. 65, PP, III, 695.

418-419 ALMOÇOS DAS TERÇAS-FEIRAS: Graff, diversas passagens; Evans e Novak, 553-5.

419 PRESIDENTE LEVANTAVA-SE ÀS 3 DA MANHÃ: Kearns, 270.

419 "TEACH-IN" EM MICHIGAN e 122 CAMPI LIGADOS POR TELEFONE: Powers, 55, 61; DECLARAÇÃO DA FAC. BERKELEY; ibid. 80.

420 O DOCUMENTO BRANCO: 28 fev. 65, PP, III, 728.

420 MCNAMARA, "O CASO MAIS FLAGRANTE": cit. St. Louis Post-Dispatch, suplemento especial, D7.

420-421 DISCUSSÕES DE COMBATE: PP, III, cap. 3. Guerra Aérea no Vietnã do Norte, cap. 4, "Tropas americanas ingressam na guerra terrestre".

422 NOTA DE RUSK A EMBAIXADA DO VIETNÃ DO NORTE EM MOSCOU: Kraslow, 122.

422 TAYLOR EXPLICA OS ATRITOS: Senado FRC, Interrogatórios, 1966.

423-424 SOBRE A DECLARAÇÃO DE GUERRA: Summers, 21.9; Nitze, em Thompson e Frizzell, 7.

424 MCNAMARA, "SEM LEVANTAR A IRA POPULAR": cit. por Douglas Rosemberg como epígrafe em Arms and the American Way em Russett, 170. Subsequentemente citado em Summers, 188. Mr. Rosemberg não tem registro da fonte original.

424 RESPOSTA DE NASSER SOBRE GUERRA LIMITADA: cit. Roche, Am. Enterprise, Debate, 137, de Mohamed Heikal, Cairo Documents, Nova York, 1973.

424 PAUL CONRAD, CARTUM: Los Angeles Times, 4 abr. 65.

425 SUICÍDIO PARECIA MUITO LOUCO: NYT editorial, 11 nov. 65.

425 AFL-CIO, CONSELHO: Hardin, 94.

425 DEARBORN, REFERENDO: NYT, 1 nov. e 10 nov. 66.

425 LIPPMANN NEGA "AGRESSÃO EXTERNA": Steel, 565.

426 NETWORK DE MOYERS: Moyers ao autor; Anderson, 341.

426 EMBAIXADA PROPÕE "TERMINAR NOSSO ENVOLVIMENTO": Taylor, cit. Lake, 297.

426 GALBRAITH, "DADOS ENVOLVENTES": Galbraith, 469, n. 7.

427 Sen. RUSSELL EXORTOU PRIVADAMENTE: William P. Bundy ao autor; PROPOSTAS DE PESQUISA DA OPINIÃO VIETNAMITA: PP, IV, 98.

427 UM JORNALISTA RELEMBRA: Herbert Mitganga ao autor.

427 CLIFFORD EM CARTA PARTICULAR: 17 maio 65, cit. Gelb, 371, de LBJ documentos.

428 MCNAUGHTON, "70% A EVITAR": PP, III, 695.

428 MCNAMARA "SOBRE VITÓRIA": PP, IV, 290-2.

428-429 "TRABALHANDO OS NIVELADORES": Bali, 376.

429 SEVAREID, HANÓI CONCORDOU: Sevareid em Look, 30 nov. 65.

429 ST. LOUIS POST-DISPATCH SOBRE NEGATIVAS DE JOHNSON: Suplemento especial D4.

429-430 MISSÃO ITALIANA: Kraslow 130-1. Todas as missões estrangeiras buscando negociações estão detalhadas neste livro.

430 VARSÓVIA FALA: Gelb 152, ss„ em 4 vols., PP negociando com o exterior, não publicados ao tempo desta publicação.

430-431 MCNAUGHTON ESTABELECE O DILEMA: PP, IV, 48.

431 $2 BILHÕES MENSAIS: Wicker, 271.

431 300 ACRES DE ARROZ: Powers, 224; sobre a extensão do desfolhamento, vide Lewy, 258.

432 "AS CABANAS ELEVAM-SE... EM CHAMAS": ibid. 223, citando Frank Harvey, Air War Vietnam, Nova York, 1968.

432 Ladies Home Journal: jan. 1967.

433 CONGRESSO "SURPREENDENTEMENTE PACIENTE": Taylor, 321.

434 300 "LOBBYISTAS" NO CONGRESSO: Hardin, 83.

434 HUMPHREY, "SE VOCÊ SENTE NECESSIDADE": cit. Powers, 48.

434 FULBRIGHT LAMENTA O PAPEL DE TONQUIM: Wilcox, 29.

435 SENADO, FRC INTERROGATÓRIOS: vide sob US Congresso. RUSK: 28 jan. e 18 fev. EISENHOWER, NEGATIVA DE ENVOLVIMENTO: NYT, 18 ago. 65, Military Pledge at Saigon is Denied by Eisenhower, p. 1.

435-436 TAYLOR NOS INTERROGATÓRIOS: 17 fev. 450; FULBRIGHT SOBRE A REVOLUÇÃO AMERICANA: 17 fev. 441. GAVIN: 8 fev. MORSE-TAYLOR "SOBRE A FRAQUEZA": 17 fev. 454-5. KENNAN: 10 fev.

437 ROCKEFELLER, "APOIO AO PRESIDENTE": NYT, fev. 66.

437 GUNNAR MYRDAL; NYT Magazine, 18 jul. 65.

437-438 JASON, PESQUISA DO BOMBARDEAMENTO: PP, IV, 115-20, 166, 702-66

439 NÓS ANTECIPAMOS... COMO PESSOAS RAZOÁVEIS": Warnke, cit. Gelb, 139, de entrevista oral nos diários de LBJ. TAXA ANUAL DE 500.000 TONELADAS: Hanson Baldwin em NYT, 30 dez. 66.

439 MCNAMARA, DÚVIDAS: Halberstam, 630. PP (NYT), 510-16. ANÁLISE DE SISTEMAS, NÃO VALE O CUSTO: PP, IV, 136.

440 PARTIDAS SILENCIOSAS: Thomson, Reigning from Govern ment; vide também Graff, 24 e Studs Terkel, Servant of the State: A Conversation with Daniel Ellsberg, Harpers, fev. 1972.

440 "DEAN RUSK É UM ANÚNCIO GRAVADO": Halberstam, 634.

440 LBJ, "QUEM SABE QUANTO TEMPO"; cit. Graff, 104.

441 "FORÇA MÍNIMA ESSENCIAL": PP, II, 511.

441 PROTESTOS VISTOS COMO "ENCORAJANDO OS COMUNISTAS": Harris, 67.

442 AS PESQUISAS SOBRE JOHNSON TORNAM-SE NEGATIVAS: ibid. 60.

442 "CONFUSÃO ESPIRITUAL": Beyond Vietnam, 6. CONSELHO NACIONAL DE IGREJAS: Logue e Patton, 324. KING, "O MAIOR FORNECEDOR": NYT, 5 abr. 67.

443 "VOCÊ VOTOU EM 64...": NYT, 6 nov. 66.

443 LIPPMANN, "AS PESSOAS DECENTES NÃO MAIS SUPORTAM": Steel, 571.

443-444 CARTA DE JAMES THOMSON: NYT, 4 jun. 67.

444 GENERAL SHOUP, "CONVERSA-FIADA": NYT obit. 16 jan. 83.

444 PESQUISA, 48 SIM, 48 NÃO: Logue e Patton, 326.

446 PHAM VAN DONG, "BASE PARA ENTENDIMENTO": 3 jan. 67, Cooper, 501.

446 AMERICANOS E NORTE-VIETNAMITAS CONFERENCIAM: Kraslow, 167-74. Cooper, 346-7.

446 DOIS AMERICANOS PARA HANÓI: Ashmore e Baggs, Kraslow, 200. U THANT, "RISCO CALCULADO": ibid. 208.

446 LBJ, "MAIS QUE NOSSA PARTE": 31 dez. 66. CARTA A HO CHI MINH: Kraslow, 206.

446 "PROFUNDA CONVICÇÃO EM HANÓI": cit. Gelb, 164, de vols. PP não publicados.

447 NEGOCIAÇÃO HAROLD WILSON-KOSYGIN: Kraslow, 186-98, Herring, 168-9.

447-448 MCNAUGHTON, "COM OU SEM SUCESSO": Mai. 67, memorando ao Presidente, PP, IV, 477-9.

448 "ELE ERA UM HOMEM ARRUINADO": Moyers à autora.

449 INTERROGATÓRIOS STENNIS: PP, IV, 199-204; Sharp ibid. 191-7.

450 MCNAMARA, "DESTRUINDO O INTERIOR": cit. Macpherson, 430-1. OS COLEGAS OLHAVAM: ibid.

450-451 CIA, "TÃO INTOLERÁVEL": cit. Cohen, 277. ESTUDO SOBRE O VALOR DO DÓLAR: PP, IV, 136. ANÁLISE DE SISTEMAS PROPICIAM ROTAS: ibid. 223. "NÃO CONSEGUIMOS DIVISAR": ibid. 224-5.

451 TOTAL DE BOMBAS, 1,5 MILHÃO DE TONELADAS: PP, IV, 216.

451-452 MISSÃO AUBRAC-MARCOVICH: Jul. 67, Kraslow.

452 BURCHETT, "PROFUNDO CETICISMO": Kraslow, 217-8.

453 SATURDAY EVENING POST: 18 nov. 67.

454 "DESTRUAM A CIDADE A FIM DE SALVÁ-LA": escutada pelo público através da TV. A cidade era Ben Tre. Wall Street Journal: 23 fev. 68.

455 FORÇA-TAREFA CLIFFORD: Schandler, 121-76; Clifford, Foreign Affairs.

456 KENNAN, "HOMENS EM UM SONHO": cit. Hoopes, Limits, 178.

456 TOUR DE CLIFFORD NOS PAÍSES DA OTSEA: ibid. 169.71.

456 DESENCANTAMENTO: Clifford, Foreign Affairs: Hoopes, Limits, 186-95. NITZE: ibid, 199.

456 ANÁLISE DE SISTEMAS: PP, IV, 558.

457 CLIFFORD, "NÃO APENAS SEM FIM MAS SEM ESPERANÇA": Clifford, Foreign Affairs.

457 SENADOR TYDINGS: Macpherson, 410. TELEGRAMA DO COMITÊ DEMOCRÁTICO: cit. Powers, 300.

457-458 TRANSMISSÃO DE RÁDIO DE CRONKITE: transcrição fornecida por Mr. Cronkite.

458 "ONDAS DE CHOQUE": cit. Schandler, 198.

458-459 "TIME", "VITÓRIA NO VIETNÃ": 15 mar. 68.

459 SENADO FRC, INTERROGATÓRIOS: NYT, 8 mar. 68. QUESTIONADA A AUTORIDADE DO PRESIDENTE: Schandler, 211. "NÃO PODEMOS": Senador Jackson, cit. ibid.

459-460 REVISÃO ACHESON: Hoopes, Limits, 205; Kendrick, 259.

460 DISCURSO A UNIÃO NACIONAL DOS FAZENDEIROS: NYT, 19 mar. 68. ROWE RELATÓRIOS E CHAMADAS: Rowe, Mem. ao Presidente, 19 mar. 68, cit. Schandler, 249.

461 CONFERÊNCIA DOS "HOMENS SÁBIOS": Ridgway, Foreign Affairs; PP, IV, 266-8. Bali, 407-09.

462 CLIFFORD, "TREMENDA EROSÃO": Macpherson, 435; Hoopes, Limits, 219.

462 CABOGRAMA AO EMBAIXADOR: PP, IV, 595.

462 WHEELER AO CINCPAC SOBRE QUEDA DE APOIO: cit. Schandler, 279

462-463 AGENTES DE OPERAÇÕES TELEFONAM: Theodore White, 118.

6. *Partida*

466 "SE A GUERRA PROSSEGUIR SEIS MESES": a Harrison Salisbury; Salisbury à autora. "TERMINAR COMO LBJ": cit. Herring, 219.

467 REISCHAUER, NENHUMA GARANTIA: Beyond Vietnam, 19.

467 RAND, SÉRIE DE OPÇÕES: Konrad Kallen, um dos especialistas da RAND, à autora.

468 "INTERVALO ACEITÁVEL": cit. St. Louis Post-Dispatch, supl. especial, D2.

470 UM SARGENTO AMERICANO, AWOLS: cit. Richard Dudman, St. Louis Post-Dispatch, supl. especial D10.

470 "OPÇÃO DE NOVEMBRO": Szulc, 152.

470 "UM PODER MEDÍOCRE DE QUARTA CLASSE": cit. ibid. 150.

470 "BESTA ADORMECIDA": Kissinger, 244.

470 ARMAS PARA A VIETNAMIZAÇAO: G. Warren Nutter, Assist. Sec. Defesa sob Nixon, em Am. Entreprise Vietnam Settlement, 71.

471 "PERCAM A GUERRA NO VIETNÃ – TRAGAM OS RAPAZES PARA CASA": cit. Kissinger, 307. "RALÉ": cit. Herring, 232. "COMO A REVOLUÇÃO RUSSA": cit. Kendrick, 296.

471 "VISANDO DESTRUI-LO": Kissinger, 199.

472 "PARA TERMINAR A GUERRA DE CERTO MODO": C. Theodore White, 130.

472 BURKE, "MOSTRE OS OBJETIVOS DE SUA LUTA": Discurso 19 abr. 1774, Hansard, XVIII.

472 SAINTENY, "EMPRESA SEM ESPERANÇA": cit. Bali, 411.

472-473 "SEM ACERTO COM HANÓI": Kissinger, 271.

473 "CONTINUAÇÃO... MENOS ATRATIVA": ibid. 262.

473 SURTIDAS SISTEMATICAMENTE FALSIFICADAS: Shawcross, 19-35; Kissinger, 253.

474 "ESSES MALDITOS LIBERAIS": cit. Szulc, 158.

474 DISCURSO DE NIXON ANUNCIANDO A CAMPANHA DO CAMBOJA: 30 abr. 70; COSVN: Kissinger, 490, 506.

475 "ALUCINAÇÃO MILITAR": cit. ibid., 511, n.d.

476 250 MEMBROS DA CHEFIA DO DEPTO. DE ESTADO: ibid. 513.

476 INCIDENTE DE SAN JOSE: Safire, 325; "PODÍAMOS SENTIR O ÓDIO": cit. ibid. 329; St. Louis Post-Dispatch, supl. especial D3.

476 COLSON, "MENTALIDADE DE ASSÉDIO": cit. Herring, 233. "GENUINAMENTE ACREDITADO": cit. John Roche em Lake, 132. MEMBRO DIRIGENTE NA CASA BRANCA: Thomas Charles Huston, Safire 297. DEZESSETE APARELHOS ELETRÔNICOS: Kissinger, 252.

477 "DIRETAMENTE FORA DO OVAL OFFICE": testemunho de John Dean, cit. Congressional Quarterly Service, 991.

477 CONGRESSO, "UM CORPO DE SEGUIDORES": Riegle, diário, entrada de 8 jun. 71. Sobre o papel do Congresso no Vietnã nos termos de Nixon, vide Frye e Sullivan em Lake, 199-209, também o Congressional Quarterly Service e, obviamente, Kissinger, em diversas passagens.

478 EVS, LUTANDO PARA PERMITIR A PARTIDA DOS AMERICANOS: Fitzgerald, 416.

479 PESQUISA, "MORALMENTE ERRADO": Harris, 73.

480 LORDE NORTH, "SUCESSO DOENTIO": em mai. 1783; cit. Valentine, North, II, 313.

481 "OS BASTARDOS NUNCA FORAM BOMBARDEADOS": cit. Herring, 241.

481 "PODE FAZER OU QUEBRAR": cit. Carl Bernstein e Robert Woodward, All The President Men, Nova York, 1974, 265.

482 "FODER OS RATOS": ibid., 127-8.

482-483 MAO, "FAÇAM COMO EU FIZ": cit. Szulc, 610.

484 NIXON, "MINHA GARANTIA ABSOLUTA": Kissinger, 1412.

484 FORÇA AÉREA DE BASES NA TAILÂNDIA: Gelb, 349.

484 KISSINGER RECUA DOS TERMOS ACERTADOS: Herring, 246.

484-485 "CAMINHAMOS A ÚLTIMA MILHA": Paul Warnke, Assist. Sec. Defesa 1967-69, sucedendo McNaughton, Congress e Nation, III.

485 ULTIMATO A THIEU: Kissinger, 1459.

486 "UMA CASA SEM ALICERCES": cit. Dudman, St. Louis Post-Dispatch, supl. especial D10.

486 KISSINGER, "O DESENLACE": Kissinger, 520.

488 FORD, "CREDIBILIDADE... ESSENCIAL": mensagem ao Congresso, jan. 75. KISSINGER, "AMEAÇA FUNDAMENTAL": entrevista coletiva de 26 mar. 75.

488 RIDGWAY, "NÃO DEVERIAM TER TOMADO": em Foreign Affairs.

489 "SEM PERITOS DISPONÍVEIS": Mc Namara à autora.
490 CONGRESSISTAS DE MICHIGAN: Riegle, entrada no diário em 20 abr. 71.

Epílogo
"Uma lanterna na popa"

Notas

491 "SERVIDO DA RAZÃO DIVINA": Morton Smith em Columbia History of the World, ed. John Garraty e Peter Gay, Nova York, 1972, 210.
492 PLATÃO, "CORDA DE OURO", BONECOS, DOENÇA DA ALMA: Laws, I, 644-5, III, 689 B.
493 TÁCITO, "MAIS FLAGRANTE": "Anais", Livro XV, cap. 53.
493 JEFFERSON, "SEMPRE QUE UM HOMEM": a Tench Coxe, 1799, cit. Oxford Dictionary of Quotations", 3.a ed., 1980, 272 m, n. 11. ADAM SMITH, E ESSE LUGAR": Theory of Moral Sentiment, I, iii, 2, cit. Oxford Dictionary of Quotations, 509, n. 8.
494 SENADOR NORRIS: Waine S. Cole, Senator General P. Nye and American Foreign Relations, Minneapolis, 1962, 67. EISENHOWER, "TODOS SÃO MUITO CAUTELOSOS": Diaries, para jun. 11, 51.
494 PLATÃO, "A PIOR DAS DOENÇAS": Laws, II, 691 D.
495 "CAPITAL INTELECTUAL": Kissinger, 54.
495 COLERIDGE, "SE OS HOMENS PUDESSEM APRENDER": Oxford Dictionary of Quotations, 157, n. 20.
496 "ELE NÃO TINHA ESCOLHA": Schlesinger, 538.
496 "MAGNANIMIDADE EM POLÍTICA": Discurso sobre conciliação em 22 mar. 1775, Hansard, XVIII.
496-497 "CRIMESTOP": Devo a citação dessa passagem a Jeffrey Race, "The Unlearned Lessons of Vietnam", Yale Review, Inverno 1977, 166.
499 HISTÓRIA DE DARIO: HERÓDOTO, Livro III, caps. 82-6.
500 MONTAIGNE, "RESOLUÇÃO E CORAGEM": Complete Essays, trad. David M. Frame, Stanford, 1965, II, 36.
500 LILIPUTIANOS, "TEM MAIS RESPEITO": Jonathan Swift, Gulliver 8 Travcls, Parte i, cap. 6.

EDIÇÕES
BestBolso

Este livro foi composto na tipografia Minion Pro Regular, em corpo 10/12,5, e impresso em papel off-set no Sistema Digital Instant Duplex da Divisão Gráfica da Distribuidora Record.